为了人与书的相遇

WILL DURANT

THE STORY
OF
CIVILIZATION

THE LIFE OF GREECE

文明的故事

2

希腊的生活

[美] 威尔·杜兰特 著　台湾幼狮文化 译

天地出版社 | TIANDI PRESS

致读者

我写本书的目的，是为了记载并探讨自克里特岛及特洛伊城最古老的遗迹到罗马征服希腊为止期间，希腊文明的起源、成长、成熟与衰微。而我想要了解和体会的，不仅是这个复杂的文化在兴衰中微妙而非人为的升沉，而且是其基本因素的诸多变迁：凭借土地谋生的方式，组织工业及商业的方式，对君主、贵族、民主、独裁各种政体及革命的尝试，礼仪及伦理规范，宗教习惯与宗教信仰，对学童教育与对两性和家庭的制度，宅园与寺庙、市场、戏院及运动场建筑，诗词与戏剧、绘画、雕刻、建筑及音乐，科学与发明，迷信与哲学等。我并不想从孤立的理论和学术角度来了解和体会这些因素，而是把它们当作一个伟大的文化有机体，这个伟大的文化有机体，生生不已，相激相荡，拥有数以百计的器官和数以亿万计的细胞，却只有一个躯体和一个灵魂。

在我们的文化中，除机械以外，几乎没有一样现世的事物不是自希腊流传下来的。学校、体育馆、算数、几何、历史、修辞学、物理学、生物学、解剖学、卫生学、医疗术、化妆术、诗词、音乐、悲剧、喜剧、哲学、神学、不可知论、怀疑论、斯多葛学派、伊壁鸠鲁学派、伦理学、政治学、理想主义、慈善事业、犬儒学派、专制政体、富豪政治、民主政治，凡此种种，皆通过希腊文字的记载，得以成形，这一切极少是希腊人自己发明的，但他们充沛的活力却首先使这些文化或好或坏地趋于成熟。今天困扰我们的所有问题，诸如森林的砍伐及土壤的流失，妇女的解放及家庭的节育，在伦理、音乐、政府体制方面，保守主义的确立和实验主义的萌芽，政治的腐败及行为的乖张，宗教与科学的冲突及超自然维系道德力量的式微，阶级间、国家间及洲际间的战争，贫民对抗经济上有权势的富豪的革命及富豪对抗政治上有权势的贫民，民主政治与独裁政治的斗争、个人主义与集体主义的斗争、东方与西方间的斗争，等等，所有这些激起古希腊光辉灿烂而又动荡不安的生活，似乎也为我们后世作为殷鉴。总之，希腊的文明无一不是我们今天文明的缩影。

我们将由两个方面来了解希腊的生活，一是由其各种文化因素的交互作用，二是由其兴衰递嬗生动无比的“五出戏”（five-act drama）。本书由克里特岛及其后复苏的文化叙起，因为希腊史前时代迈锡尼及梯林斯的文化，显然是来自克里特岛及亚洲，才使移入该区的阿哈伊亚人及入侵的多利安人逐渐转变而成为以后文明开化的希腊人。然后我们要略微探讨一下这个雄武世界中的战士及恋人、海盗及吟游诗人，他们的事迹，我们在文笔奔放流畅的“荷马史诗”中知其梗概。其次，我们将窥探莱喀古斯及梭伦统治下斯巴达及雅典的崛起，以及富庶的希腊人以其拓荒的精神遍及爱琴海诸岛屿、西亚及黑海沿岸、非洲及意大利、西西里、法国及西班牙各沿海海岸的殖民情形。我们将可看到民主政治在马拉松为其自身的存在而奋斗的情形，及由胜利而受到鼓舞，于是得以在伯里克利主政下实现，从而孕育出历史上最丰美绚烂的文化；我们将以欢欣雀跃的心情来细述人类的思想领域从迷信中被解放出来，而创造了新的科学、合理化的医学、独立的史学，并且在诗词、戏剧、哲学、雄辩学、历史及艺术各方面的研究达到空前的成就；我们也将以悲叹忧郁的情怀来记载在伯罗奔尼撒战争中，希腊黄金时代自毁性的结束。我们还要探讨骚动混乱的雅典如何英勇努力，由挫折必败中复原过来；甚至她的衰微，反因柏拉图及亚里士多德、阿佩莱斯及普拉克西特列斯、菲利普及狄摩西尼、第欧根尼及亚历山大等天才人物而显赫。然后，在亚历山大的将军们统治的后期，我们可以看到由于希腊文明在其狭小半岛上震撼力太过强大，终至挣脱狭窄的地域限制，再度泛滥流入亚洲、非洲及意大利；对神秘的东方，教以对自身及知识的尊崇，使埃及在托勒密王朝时代的亚历山大城光荣复活；并使罗得斯岛因商业及艺术而致富；亚历山大城的欧几里得、锡拉库萨的阿基米德因而发展了几何学；芝诺及伊壁鸠鲁因而形成了历史上影响最深远的哲学；又雕刻成了米洛斯的阿佛洛狄忒（Aphrodite of Melos）、拉奥孔神（原为特洛伊太阳神庙的祭司，因识破希腊木马计，连其两子皆被雅典娜女神派出的毒蛇缠缚而死）、胜利女神（Victory of Samothrace）大理石雕像以及帕加马地方的神坛。然而希腊人一再的努力，却未能使其政治达到廉正、团结及和平，甚至深陷于内战与阶级战争的混乱中，丧尽了土地，瓦解了民心士气，终向东方的独裁政治、无为主义及神秘主义投降，最后几乎是迎接前来征服的罗马人。罗马人使濒亡的希腊将其科学、哲学、文学、艺术传给欧洲人，进而成为我们现代世界生动活泼的文化基石。

威尔·杜兰特

总　目

目　录

第一部

希腊的兴起

克诺索斯是传说中米诺斯王的王宫，最早的爱琴文化米诺斯文明的主要中心。克诺索斯皇宫装饰壁画充满律动，具有独特的欢愉气质。

第一章 | 克里特岛

地中海

当我们离开大西洋、通过直布罗陀海峡后，便进入了世界上最美丽的水域，这也是希腊历史的舞台。柏拉图曾说："我们就像一群青蛙围着一个水塘，在这片海的沿岸定居了下来。"就在这些偏远的海岸，在耶稣诞生之前的许多世纪，希腊人建立了一些尚难控制自如、周遭全是野蛮人的殖民地：西班牙的黑玛罗斯科庇安（Hemeroscopium）和安普里亚斯（Ampurias），法国的尼斯和马赛，意大利南部和西西里岛。希腊移民在北非的昔兰尼和尼罗河三角洲的诺克拉蒂斯（Naucratis）都建立了繁荣的城镇。他们不断的经营使得爱琴海诸岛和小亚细亚沿岸都跃跃欲试，群起效法，而在达达尼尔海峡、玛摩若海（Marmora）和黑海沿岸，希腊人则建立了市镇，作为贸易的基地。在古代希腊的世界中，希腊本土只占了一小部分。

为什么第二组历史文明形成于地中海，如同第一组成长于埃及、美索不达米亚及印度等地河流沿岸，第三组繁荣于大西洋海岸，第四组出现于太平洋海岸呢？是因为地中海沿岸的气候较佳？这块地区就如现在一样，冬雨滋养了大地，薄霜激发了人们的意志；几乎一年到头，人们都可以在暖和而不恼人的太阳下，过着户外生活。但在地中海沿岸及各岛屿上，绝对找不出一个地方会像恒河、印度河、底格里斯河、幼发拉底河或尼罗河等冲积河谷一样肥沃的土地。夏季的干旱有时来得太早或是延续得太长，并且在薄薄的泥土之下到处都是岩石。北方的温带地区或是南方的热带地区均比这些历史发源地区的土壤更为肥沃，因此，本地的农民在厌倦于与土地相争的情况下，只好逐渐放弃农耕，转而种植橄榄和葡萄。而且，在大约 100 处断层地带附近，随时有可能发生地震。人们脚下土地的震裂，使他们变得非常虔敬。因此，气候因素无法为希腊带来文明，气候因素可能在任何地区都无法带来文明。

吸引人们进入爱琴海的是其中的岛屿，这些岛屿极为美丽，岛上的山丘仿佛神殿浮出波光粼粼的海面，这些山由于阴影的关系产生了富于变化的各种色彩，即使一位疲惫的海员也会感触不已。在今天的地球上也没有几处地方会如此可爱，只要在爱琴海上航行一趟，我们便能了解为什么住在这些岛屿和海岸上的人会将这些景色看得重于生命，例如苏格拉底便认为放逐要比死亡痛苦。船员们更会发现这些如宝石般的岛屿分散四方，并且各岛距离甚近，所以船只不论是南北行或东西行，绝不会远离陆地 40 英里以上。这些岛屿就像大陆的山脊一样，原来也是一度与大陆相连接的陆地的山顶，但这片土地后来逐渐为海水淹没，只留下山顶而成为岛屿。有些岛上的山巅特别引人注目，便成了当时尚无罗盘的船只的航行指标。此外，风向和水流的配合，也使得航行人员得以到达目的地。有一股强大的中心海流从黑海进入了爱琴海，逆流则沿着海岸向北行。夏季的东北季风使得前往黑海载运谷物、鱼类和毛皮的船只得以顺利地驶回南方的港口。[1] 地中

[1] 希腊人称地中海为 *Ho Pontos*，即“通道”“道路”之意。而称黑海为 *Ho Pontos Euxeinos*，即“善待客人之海”，其实这是反语，因为来自南方的船只会遭到逆风逆流的“欢迎”。黑海由于有大河的流入，经常有薄雾，因而蒸发率变低，使黑海水面高出地中海，并有一股强大水流冲过博斯普鲁斯海峡和达达尼尔海峡而进入爱琴海。

海难得有浓雾，几乎终年可见的阳光使得海岸风向发生一定的变化，因此，从春天到秋天，几乎在每一个港口，早晨总有一股微风可以将船送出去，傍晚也会有一阵同样的微风，使船只回到港口。

在这片美好的水域上，贪得无厌的腓尼基人和“水陆两栖”的希腊人创造出航海的技术和科学。他们建造的船只要比以往在地中海航行的任何船只都更大、更快、更易于操纵。虽然海上有海盗和不测的风云，但渐渐的，从欧洲及非洲通往亚洲的水路——经过塞浦路斯、西顿、泰尔或是爱琴海和黑海——变得比漫长的陆路花费更少，这些曲折危险的陆路在此以前是埃及和近东等地的商业要道。贸易的种类增加了，人口繁衍了，也产生了新的财富。埃及、美索不达米亚、波斯等相继没落，腓尼基人在非洲海岸、西西里、西班牙等地的众多城市也都一蹶不振，而希腊却像一朵盛开的玫瑰。

克里特岛的再发现

“有一个地方叫克里特，位于深红葡萄酒色的海中，一片美丽、富庶的土地，四面环水，岛上的人多得数不清，城市有 90 个。”当荷马在大约公元前9世纪吟唱这些歌词时[1]，希腊几乎已经忘了克里特岛曾是非常富庶的地方，也忘了克里特岛曾以一支强大的船队控制了大部分爱琴海和希腊大陆的部分，也忘了克里特岛早在特洛伊城被围攻以前 1000 年左右便发展成世界历史上最富艺术风味的一个文明，但是诗人荷马并未忘记。当荷马谈到所谓“黄金时代”时，他可能就是指爱琴海文化，在这个“黄金时代”中的人要比荷马那个混乱时代的人更为文明，生活也更为高尚优雅。

这个被遗忘的文明的重新发现乃是现代考古学的一个重大成就。

[1] 本书中所有的年代，除非特别注明是公元后，或是一见即知是公元后，否则一律指公元前。

它要比基克拉泽斯群岛（Cyclades）中最大的岛大出20倍，气候宜人，农产众多，林木茂盛，位于腓尼基与意大利、埃及与希腊之间，是战略要冲，也是贸易重地。亚里士多德曾指出这个地理的优越性，以及“它如何使得克里特王米诺斯（Minos）获得了爱琴海帝国”。米诺斯的故事虽然被所有古典学者认为是真有其事，但是现代学者却斥之为传说，并且直到60年前，包括英国历史学家格罗特（Grote）在内，均认为爱琴海文明的历史乃是开始于多利安人的入侵或是奥林匹克竞技。1878年，一个名叫米诺斯·卡罗卡莱里诺斯（Minos Kalokairinos）的克里特商人在甘底亚（Candia）海港[1]以南的一道山麓上挖掘出了一些奇怪的古物。伟大的考古学家施里曼（Schliemann）在发现迈锡尼和特洛伊城之后，于1886年抵达挖掘地点，宣布这个地方便是古代克诺索斯（Cnossus）城的遗址，并与土地所有者展开谈判以便能开始挖掘工作。但是土地所有者漫天要价，以图欺骗。在成为考古学家之前曾是商人的谢里曼，一怒而放弃，失去了一个可以使人类历史增加一个文明的大好机会。几年后他就去世了。

1893年，英国考古学家伊文斯（Arthur Evans）博士在雅典买到了一些希腊妇女戴在身上当作护身符的小石块。他对石块上刻的象形文字甚感好奇，没有一位学者懂得这些象形文字。为了追溯这些石块的来源，他来到克里特岛，在岛上各处游荡，捡拾他认为是克里特古文字的样品。他于1895年和1900年分批买下了施里曼和雅典的法国学校所认定的克诺索斯原址的那片土地。1900年春季，他雇了150个人，连续挖掘了9个星期，终于掘出了现代历史研究中最丰富的宝藏——米诺斯的宫殿。所有已知的任何古代遗物都无法与这个建筑的壮丽相比，它的外观与古代希腊故事中的迷宫（Labyrinth）完全一样。这个迷宫在米诺斯、代达罗斯（Daedalus）、忒修斯、阿里亚德尼（Ariadne）和米诺陶洛斯（Minotaur）等有关故事中是非常有

[1] 位于克里特岛的北部，是当代的首府，已正式更名为赫拉克流姆（Heracleum）。

名的[1]，在这个宫殿以及其他废墟中，就好像是要证实伊文斯的直觉一样，又发现了数千块图记和泥板，上面所刻的图形文字和他最初发现于小石块上面的相同。大火虽然烧毁了克诺索斯城的宫殿，却将这些泥板等保存下来，上面所刻的象形文字的意义尚未被研究出来，因此，人们对于爱琴海早期文明的真相也就无从获知。[2]

来自各国的学者均纷纷赶到克里特。当伊文斯博士正在克诺索斯城进行挖掘工作时，有一群意志坚定的意大利人——霍尔贝尔（Halbherr）、伯尼尔（Pernier）、萨维诺尼（Savignoni）、帕里贝尼（Paribeni）也在圣特里阿达（Hagia Triada，“神圣三位一体”之意）挖出了一个石棺，上面画有克里特岛生活的动人景象。同时，还在费斯托斯（Phaestus）城挖掘出一个宫殿，规模仅比克诺索斯城小一点。此外，两名美国人西格（Seager）和哈威斯（Mrs.Hawes）在瓦西利基（Vasiliki）、莫克罗斯（Mochlos）、古尔尼亚（Gournia）等处有所发现；几位英国人霍格思（Hogarth）、博赞基特（Bosanquet）、道金斯（Dawkins）、迈尔斯（Myres）也在帕莱卡斯特洛（Palaikastro）、扎克罗（Zakro）等地从事挖掘工作……克里特人受此影响，也对挖掘工作产生兴趣，克桑迪斯（Xanthoudidis）和哈齐达基斯（Hatzidakis）两人也在阿卡罗科林（Arkalochori）、梯利索斯（Tylissus）、库马萨（Koumasa）、查马兹（Chamaizi）等地掘出了古代的住宅、洞室和坟墓。欧洲有一半国家在科学研究的旗帜下团结起来，而这时他们国内的主政者正在备战。

但挖掘所得的这些材料——宫殿、绘画、雕像、图记、花瓶、金属器物、泥板、浮雕——将如何分类呢？这些东西将归于过去的什么

[1] 代达罗斯是雅典名工匠，曾为克里特王米诺斯建迷宫，事后与儿子被关入迷宫，于是设计翅膀逃出，但其子伊卡路斯（Icarus）于中途掉入海中。忒修斯为希腊传说中的大英雄，以杀死米诺陶洛斯而出名。阿里亚德尼是米诺斯之女，曾助忒修斯逃出迷宫。米诺陶洛斯系牛头人身的怪物，被米诺斯禁于迷宫，后被忒修斯杀死。——译者注

[2] 伊文斯博士在克诺索斯城工作了数年，他的发现使他被英国皇室册封为爵士，其四大卷的报告《米诺斯宫殿》（*The Palace of Minos*）于 1936 年完成。

时代呢？伊文斯博士采用的方法虽然有点冒险，但随着研究上的互相合作以及知识的逐渐增长，他依据出土的地层深浅和陶器的风格对这些古物的年代进行断定，将克里特岛发掘物的形状或主题与其他地方年代大体已知的相似发掘物互相比较。伊文斯博士在克诺索斯城挖掘到地面以下大约 43 英尺时遇到岩石的阻挡。在挖掘区下半层所发现的东西均具有新石器时代的特征——原始形式的手制陶器线饰简单；由着色的滑石或泥块做成的女神，臀部肥大；磨平石块做成的工具和武器，但是没有青铜或赤铜器。[1] 伊文斯博士在将陶器分类并将所掘古物与古代美索不达米亚和埃及等地古物对照研究后，将克里特岛的后新石器时代文化和史前文化分成三个时代——米诺斯早期、中期及晚期，其中每个时期又分成三个时期。[2]

铜器的出现乃是代表一个滥觞于新石器时代的新文明的兴起。在早期米诺斯之末，克里特人已经懂得以赤铜与锡混合的技术，这就是青铜时代的开始。在中期米诺斯时代的第一个时期便出现了最早的宫殿：克诺索斯、费斯托斯和马里亚（Mallia）等地国王均为自己建造了豪华的住宅，房间无数，储藏室宽大，有专门的工艺厂、祭坛、神庙和大排水沟。陶器色彩鲜艳，墙壁饰有精彩的壁画，一种线形文字已从以前的象形文字演变出来。在中期米诺斯时代的第二个时期之末，克诺索斯城的宫殿倒塌了，这可能是由于地壳的震动，或是受到费斯托斯的攻击。但是不久后，费斯托斯、莫克罗斯、古尔尼亚、帕莱卡斯特洛以及岛上许多城市均遭到相同的噩运。陶器上面盖着灰烬，储藏室里的大瓶子也装满了碎片。中期米诺斯时代的第三个时期

---

[1] 在克诺索斯发现的最底层的赤铜器的年代，若与邻近诸文化的遗物相比，约在公元前 3400 年，即 5300 年前，而且在该处发现的新石器时代的地层约在地面至岩石间 55%的深度，因此，伊文斯博士推算克里特岛的新石器时代至少在铁器出现以前 4500 年已存在——约自公元前 8000 年至前 3400 年。这种依地层深度来计算年代的方式，当然不甚精确；堆积的比率依时代的不同而有别。自公元前 14 世纪放弃以克诺索斯城为都市建地后，地层堆积的速率被认为已降低。在克里特岛并未发现旧石器时代的遗物。

[2] 这几个时期的大略年代，请参见大事年表。

则是一个不景气的时期，这或许因为当时地中海东南地区受到了西克索（Hyksos）[1] 征讨埃及而招致长期动乱的影响。

在晚期米诺斯时代，一切又重新活跃起来。人类在经过大灾难的考验后，重新鼓起希望，提起勇气，再度大兴土木。在克诺索斯、费斯托斯、梯利索斯、圣特里阿达和古尔尼亚等地又出现更加华丽的新宫殿。其王者气派、五层高楼和豪华装饰所显示的财富力量，一直要到伯里克利（Pericles）时代，希腊人才有幸重见。宫廷院落里建起了剧院，人兽相斗的场面愉悦了士绅淑女，如今我们在这些宫殿的壁画中仍可见到他们高贵机警的面貌。人类的需求越来越多，格调也提高了，文学也兴起了。各种行业的蜂起，使穷人得以靠供应富人舒适生活所需而改善生活。国王的宫廷里书记人员的声音四处可闻，他们是在清点收受或寄出的货品；艺工也忙着制作雕像、绘画、陶器及浮雕；高官大员则忙着主持会议，审理案件，处理盖有他们精致图记的文件；细腰的王公和穿戴珠宝、袒胸露肩的公爵夫人则赶着赴宫廷宴会，餐桌上青铜及黄金餐具金光闪闪。公元前 16 世纪和前 15 世纪是爱琴海文明的高峰，也是克里特岛的古典黄金时代。

一个文明的重建

如果我们要从这些挖掘出的古物去整理这个被埋在地下的文化，那么我们必须记住，我们正从事一项冒险的历史重建工作，并且在静态和片断的史料中还要辅以想象力，使整个历史连贯一气。除非克里特岛那些神秘莫测的泥板能够遇到像商博良 [2] 那样的专家，否则，克里特岛文化的真正内涵仍将无法了解。

---

[1] 西克索是一个游牧民族，约于公元前 1700 年至前 1580 年征服并统治古埃及。——译者注

[2] 商博良（Champollion，1790—1832 年），法国学者，研究埃及的专家，他解开了埃及象形文字之谜。——译者注

· 男人与女人

从克里特人的自画像中，我们可以看出，他们那很像两把斧头重叠的奇怪体形，颇富宗教象征意味。男人和女人躯干愈往腰部则愈窄，似乎有崇尚细腰之风。他们大都身材矮小，体格纤细，行动优美，身体矫健，出生时皮肤白皙。女人由于喜好躲在阴影下，面貌姣好、脸色白皙；男人在阳光下谋生，肤色黝黑红润，以至于希腊人称他们（和腓尼基人）为 *Phoinikes*——红皮肤者或深红色者。他们头部呈长形，面貌清秀而高雅，头发及眼睛黑得发亮，就如同今天的意大利人，这些克里特人显然是地中海种族的一支。[1] 男女的头发，部分在头上或颈间盘成圈，部分在额上做成小圈状，另一部分则垂于肩上或胸前。女人以丝带装饰她们的卷发；男人为了保持仪容整洁，均备有各式刮胡刀，这些刮胡刀即使在坟墓中也可见到。

衣服式样也如身材面貌一样奇怪。男女通常都是裸露着头，但是有时男人戴着圆帽或头巾，女人则戴着有如 20 世纪初的那种很华丽的帽子。双足通常没有任何覆盖的东西，但是上层阶级的人则穿白皮鞋，女人的白皮鞋时常有精致的刺绣，鞋带上有缀着彩色的珠子。男人通常在腰部以上赤裸，腰间则穿短裙或围腰布，有时在阴部另用布片遮盖。工人所穿的裙子可能在两边开衩。显要人物或参加典礼的人，男女所穿的裙子都垂到了地上。有时男人也穿内裤，在冬天则加上毛质或皮制的长外衣。衣服都在腰部处束紧，因为当时男女都希望将腰部束成三角形般细小。稍后，女子为了与男人竞争，利用硬质胸衣，使裙子集于臀部，并将赤裸的胸部挺向太阳。克里特女人胸部习惯裸露，或是以透明衬衣覆盖其上；对此，大家都习以为常。胸衣在

[1] 当今的人类学家将新石器时代后期的欧洲人分为三类，各自分布在欧洲北部、中部、南部：(1) 北欧人（Nordic）——长头颅，高大，皮肤、眼珠、头发均极秀美；(2) 阿尔卑斯山人（Alpine）——宽头颅，中等身材，眼珠稍灰，头发近棕色；(3) 地中海人（Mediterranean）——长头颅，身材短小，肤色深黑。

胸部以下束紧，双乳以上则呈圆形展开，而在颈部又以衣领缩收。袖子短，有时鼓起。裙子有褶，颜色华丽，从臀部以下向外展开，以金属丝或圆圈支持。从克里特女人服装的设计及穿着上，可以看出颜色的调和、线条的优美、格调的精致，这处处显示出一个早已娴熟于技艺及花样、富饶且奢华的文明。在这些方面，克里特人对希腊人毫无影响，他们流行的样式，到了现代才在各大都市流行。即使性格拘谨的考古学家都将一幅克里特女人的画像命名为“巴黎女人”——胸部发亮，颈部美好，嘴唇性感，鼻子高耸，全身呈现出一种挑逗性的诱人的美；她是被画在饰带上，机灵乖巧地面对我们坐着，其中还有一些显要人员正望着某一我们无缘得见的奇妙景象。

显然，克里特男人对女人所带来的优雅生活感激万分，因为他们以昂贵的方式增加她们的妩媚。从掘出的遗物中，可以发现许多种类的珠宝——赤铜和黄金发夹，饰有动物或花朵的黄金领针，水晶或石英的钱币人像，金丝及头发编成的戒指或螺旋状饰物，用贵重金属做成的发带与冠冕、耳环和其他垂饰，挂于胸上的珠子、饰板和链子，手臂上的手镯和箍条，用银、滑石、玛瑙、红玉髓、紫石英或黄金做成的戒指。男人也戴一些饰物，穷人戴普通宝石做成的项圈或手镯，如果花得起钱，便戴刻有战争或打猎场景的大戒指。著名的“司酒者”（Cupbearer）便在左臂戴一个由贵重金属做成的宽箍条，手腕处则戴有一个饰玛瑙的手镯。克里特岛人的生活处处表现出人类那种自负且高贵的情操——对美的热忱。

用男人（*Man*）一词表示所有人类，处处显示出父系社会的成见，但这个用法很难适用于古代克里特岛那几乎是女家长制的社会，米诺斯时期的女人不能忍受印度或穆斯林女人那种深居简出、与外界隔离的生活，没有任何迹象可以显示她们被局限于屋内某些范围。她们在屋内工作，就如同今天某些女人一样；她们的工作包括织布、编篮子、磨谷子、烤面包。但她们也与男人一样到田里、陶器厂工作，她们与男人夹杂相处，她们在看戏或比赛时坐在前排，在社会中她们的姿态就像是厌倦了奉承的贵妇人。当克里特创造出其众神时，神像通常是依女人容貌而塑。严肃的学者沉迷于此种女性的权威，在她们的遗物之前缅怀追思，对她们的支配地位更是惊讶不已。

·社会

我们假想克里特在最初被山脉分隔成许多互相妒忌的部族，各自在酋长的领导下住在独立的村落，并且为了争夺领土而互相征战。然后一个有力的领导者将数个部族联合成一个王国，并在克诺索斯、费斯托斯、梯利索斯或其他地方建立堡垒作为宫廷所在地。此后战争不像先前频繁，但规模更大，杀戮更多。最后这些城市相互争夺全岛的控制权，最终克诺索斯获胜。它便组成了一支海军，控制了爱琴海，扫除海盗，征收贡品，建立宫殿，鼓励艺术创造，就如雅典早期的伯里克利时代一样。一个文明之始，常依赖于抢劫，它的维持也常需要奴隶。[1]

从废墟中可以得知国王的权力基于武力、宗教及法律。为利于统治，国王利用了神明：他手下的僧侣向人民解释国王是神子伏尔坎诺斯（Velchanos）的后代，他所宣布的律法都是来自这位神祇。如果国王能干或大方，则每九年，僧侣便把神权再授予国王。为了象征其权力，克里特国王早在罗马和法国国王之前，便采用了斧头和百合花作为标记。为了处理政事，国王选用了（从挖掘出的泥板可知）幕僚、官吏和书记人员。国王还向人民征收实物，将收得的谷物、油、酒等用大瓮储存起来，又将这些东西作为薪俸付给手下人员。国王在宫廷或是宫邸，亲自审理法庭的诉讼。由于他做法官的声名，当他去世后，他便成为阴府里的判官，这可从荷马史诗中看到。我们称他为米诺斯，但是不知道他的名字。也许，这个名字只是一个头衔，就像

---

[1] 谨慎的希腊历史学家修昔底德曾写道："传说中所知第一位建立海军者是米诺斯。他是现在所谓希腊海（the Hellenic Sea）的主人，统治了基克拉泽斯群岛……并在这些海域上扫除海盗，以便有足够的税收为其所用。"

法老和恺撒一样，适用于许多国王。

这个文明在高峰时是非常城市化的。荷马史诗中的《伊利亚特》（*Iliad*）曾谈到克里特的“90座城市”，征服此岛的希腊人对其稠密的人烟感到惊奇；即使在今天，学者也非常叹服当时铺有石板设有水沟的街道、交叉错综的小巷以及在商业或政府中心周围分布着的无数店铺或住家。克诺索斯城宫殿广阔，它可能是岛民财富的主要来源及收受者，当然，著名的城市并不仅限于克诺索斯城。岛的南岸是费斯托斯，荷马说：“黑色船首的船被风浪的力量推向埃及，而离开了费斯托斯的港口。”在米诺斯时期，对南方的贸易都经由这个港口，北方的商人为了避免海上的危险而经陆地将货物集中于这里。费斯托斯成为克里特的大海港，精于商业而不善于艺术，但其宫殿是一座庄严大厦，有宽达45英尺的台阶，其厅堂及院落可以与克诺索斯相比，其中心院子是面积达1000平方英尺并铺石板的四方形，接待室面积为3000平方英尺，甚至比克诺索斯的双斧厅（Hall of the Double Ax）还大。

西北2英里处即是圣特里阿达，这就是考古学家所谓的“皇家别墅”（royal villa），乃是费斯托斯亲王的避暑之地。在米诺斯时期，岛的东端布满了许多小镇：港口如扎克罗或莫克罗斯，村庄如普里索斯或帕塞拉，住宅区如帕莱卡斯特洛，工业中心如古尔尼亚。帕莱卡斯特洛的主要街道有整齐的路面及下水道，两旁是宽大的住宅。在遗留下来的一层住宅中有23个房间。古尔尼亚的街道铺以石膏，住宅则用石块砌成，不用灰泥胶合，一个打铁铺则是用剩余的熔铁炉砌成，一个木匠店则用一套工具盖成，一些小工厂忙着铸铁、制鞋、烧瓶、炼油或纺织；现代的挖掘工人在挖掘出三脚架、花瓶、陶器、炉、灯、小刀、研钵、磨光器、钩子、别针、匕首、刀剑等物后，对各种产品及设备甚感惊奇，称古尔尼亚为“机械之城”。以我们现代的标准而言，那些小街道是狭窄的，只能算是亚热带东方遮蔽阳光的巷道而已。长方形的房子，不论是木造、砖造或石造，大部分只有一层。但是在克诺索斯出土的一些中期米诺斯时代的饰板显示出有 2 层、3 层，甚至 5 层的住屋，并且还有多个角楼或小阁楼；在上层房间的窗户镶有不知用何种材料制成的红色窗板。门是双扇旋转门，门柱由柏木制成，底层的门开向一个院子，并有楼梯通向楼上及屋顶，当夜晚太热时，克里特人通常睡在屋顶。如果晚上在室内度过，便点亮油灯照明，但是依财富的不同，分别使用由黏土、滑石、石膏、大理石或铜制成的灯具。

关于克里特人所玩的游戏我们也知道一些。在家时，他们通常玩一种西洋象棋，因为我们在克诺索斯宫殿的遗址发现了一种西洋象棋，框架由象牙制成，格子则由银及黄金做成，边缘则是以贵重金属及宝石刻成的 72 朵雏菊。在野外，他们非常热衷于打猎，伴以半野的猫和纤细的纯种猎狗。在城里，克里特人则欣赏拳击，在遗留下来的瓶子和浮雕上我们可以看到各式各样的比赛，轻量级选手赤手空拳地互相打斗，次重量级则戴着饰有羽毛的头盔互相勇猛地击打，重量级选手除戴头盔外，还有护颊和长手套，互相斗殴到有一方力竭倒地为止，胜者则趾高气扬地站立在败者的身上。

但是克里特人最大的刺激，是在假日挤入圆形剧场的人群中争看人与凶猛的公牛相斗。克里特人曾一再地描绘这种人牛相斗的各个阶段：当牛低头在一个小池喝水时，猎人一跃而上跨骑牛头。职业驯兽师扭着牛头直到牛对他的恼人诡计无可奈何。身段矫捷的职业演员，在竞技场遇上牛之后，便双手握住牛角，跃入空中，在牛背上翻跟头，然后双足先落地，投入一个女伴的怀中。即使在米诺斯时期，这种比赛也已算是很老的一种技术了，从卡帕多西亚（Cappadocia）挖掘到的一个土制长筒，时间约在公元前 2400 年，显示同样一幅惊险刺激的斗牛图。我们可以看出这种在今天仍然流行的残忍并需要勇气的游戏是很古老的，由此，我们或可了解人类矛盾的复杂性。

· 宗教

克里特人也许是残忍的，但是他们非常笃信宗教。在他们心中，迷信和拜物、理想和虔诚是混为一体的。他们礼拜山岳、洞穴、石头、数字3、树木、石柱、太阳和月亮、山羊和蛇类、鸽子和公牛，几乎没有一样东西他们不礼拜。他们认为空中充满了善与恶的精灵，并传给了希腊人一大堆居于山林空气中的树精、森林之神、河川小女神等。他们虽不直接尊崇阳具的象征，但他们非常尊敬牛及蛇的旺盛生殖力。由于他们的死亡率高，他们非常礼敬生殖力。当他们有了“人神”的观念时，他们想象出一个乳部甚大、侧腹丰满的母亲神，爬行动物在她的手臂和双乳间游走，或蜷曲在她的头发中，或在她头上昂然直立。克里特人在这位女神身上看到了自然界的基本事实：人类最大的敌人——死亡——被女神的神秘力量（生殖力）打败了。他们认为这种神秘力量便是神。这位母亲神代表了一切（包括人类、动物及植物）生命的源泉，在这位女神的周围之所以有许多动物和植物，是因为这些东西的存在乃是由于她的生殖力，因此便作为她的象征和宠物。有时候她怀抱着她在山中洞穴生产的神子伏尔坎诺斯。当我们仔细端详这个古老的神像时，我们可以在其中看出伊西斯（Isis）、何露斯（Horus）、伊什塔尔（Ishtar）、坦木兹、西芭莉（Cybele）、阿提斯（Attis）、阿佛洛狄忒和阿多尼斯（Adonis）[1]，从而感觉到地中海世界中史前文化的统一性以及宗教观念和象征的一致性。

克里特的伏尔坎诺斯（希腊人所谓的宙斯）受克里特人的喜爱

[1] 伊西斯为埃及的生殖神，俄赛里斯（Osiris）的妹妹和妻子。何露斯为埃及太阳神，伊西斯和俄赛里斯之子。伊什塔尔为巴比伦和亚述爱和生殖的女神。坦木兹为巴比伦和亚述一神，其每年的死及复活象征冬季、春季的循环，相当于阿多尼斯。西芭莉是古时小亚细亚人所崇奉的大神母，相当于希腊的莉雅（Rhea）和罗马的俄普斯（Ops）。阿提斯是弗里吉亚古国之神，相当于阿多尼斯和坦木兹，深受西芭莉喜爱，早年去世，血中长出紫罗兰。阿佛洛狄忒为希腊爱与美之神，相当于罗马的维纳斯。阿多尼斯为阿佛洛狄忒所爱的漂亮青年。——译者注

仅次于其母，但是他的重要性日渐增高。他成为滋润万物的雨水的化身，水在克里特人的宗教中，就像在泰勒斯[1]的哲学中是万物之本。他死后，他的坟墓世世代代均放在朱克塔斯（Iouktas）山峰上受人瞻仰。如今，凡富想象力的游客仍可在山上看到他面部的侧影。他从墓中起而复活，作为植物复活的象征，库里特斯（Kouretes）的祭司以舞蹈及互相撞击出声的盾牌庆祝他的伟大复活。有时候他被看成生殖之神，被认为化身为圣牛。在克里特神话中，他就是这样与米诺斯的妻子帕西法厄（Pasiphaë）结合，而生了米诺陶洛斯这个怪物。

为了满足这些神，克里特人实施一套祷告、牺牲、象征、仪式等繁缛的礼节，通常由女祭司主持，有时由政府官员主持。为了驱走鬼怪便烧香，为了引起一位疏忽的神注意，便吹响海螺、吹笛或弹琴，或合唱赞美歌。为了促进果树及农作物的生长，便以庄严仪式向草树浇水，或者女祭司裸着身体狂乱地将果树上的成熟果实摇落，或者妇女携带水果和鲜花游行，向被抬在轿中的女神示意和致敬。克里特人没有庙宇，但是他们在宫廷、神圣的树林或洞穴、山顶建立了祭坛。祭坛设有用来奠酒和放置牺牲的桌子、混杂的神像，以及可能代表圣牛的“圣角”。除了神本身之外，克里特人还供奉了象征这些神的圣物：盾象征身着战服的女神；十字常画在牛的前额或女神的大腿上，或刻在图记中，或浮刻在国王的宫中；重叠的双斧是献祭的工具，它所杀伤动物的血可使其更具神力，它也可以作为神力引导下的一件神圣武器，甚至可以代表以闪电劈开天空的宙斯。

克里特人对死者也相当关怀和尊敬。死人被用土棺或大瓮埋葬，因为如果对死者不加以埋葬，他们可能重回人间。为了使死者在地下安心，在他们棺中放有食物、盥洗用具以及泥做的妇人小像，让她能永远照顾和安慰死者。有时以泥塑动物代替墓中的食物。如果死者是

[1] 泰勒斯（Thales，约公元前624—前546年），希腊哲学家，他认为水是宇宙间的基本物质。——译者注

国王、贵族或富商，死者生前拥有的部分金银珠宝则被用来陪葬。善弈棋的人，陪葬的便是一副泥棋，音乐家便会得到泥乐器，喜爱航海的人则会获得一条小泥船。他们还会定期到墓地为死者补充“食物”。克里特人希望在某处秘密的极乐国度里，公正之神拉得曼修斯(Rhadamanthus)[1] 将会接受净化了的灵魂，并给予他们在人世间稍纵即逝的幸福和安详。

· 文化

克里特人最令人头痛的是他们的语言。在多利安人（Dorian）入侵后，他们便开始使用希腊字母。事实上克里特语与希腊语完全不同，在语音上，克里特语更接近埃及语（Egyptian）、塞浦路斯语(Cypriote)、赫梯（Hittite）语及近东的安那托利亚（Anatolian）方言。在最早时，克里特人只使用象形文字。大约在公元前 1800 年时，他们开始将这种象形文字缩成大约有 90 个音节符号的线形体。200 年后，克里特人发明了另外一种字体，与腓尼基人的字母相似。也许腓尼基人就是从克里特人、埃及人及闪米特人（Semites）等的字母综合研究出来一套字母，并在地中海广泛使用，最后成为西方文明不可缺少的工具。即使普通的克里特人，也会像某些枢密顾问官一样，记下他的思考，并将它留在圣特里阿达宫廷的墙上。在费斯托斯我们还发现了一种史前的印刷：在当地掘出属于中期米诺斯时代第三个时期的一个圆盘上的象形文字，被刻成图记，然后印在泥土上，每一个图记仅刻一字。但是，颇令人困惑的是，这些文体显然不是克里特人的，而是外来的。这个圆盘可能是从东方输入的。

克里特人在泥板上写的字终有一天会告知我们克里特人在科学上的成就。他们一定懂得一点天文知识，因为他们以航海闻名，古

[1] 拉得曼修斯是宙斯和欧罗巴（Europa）之子，公正无私，死后与其兄弟埃阿克斯（Aeacus）及米诺斯同为阴间三判官。——译者注

代米诺斯时代的日历曾传至多利安人的克里特。埃及人也承认从克里特人那里学到一些医药处方，从字源上看，希腊人也从克里特人那里学会使用一些气味芬芳并可药用的植物，如薄荷（*mintha*）、艾草（*apsinthon*）及一种可减肥而不妨碍贪食的理想药物（*daukos*）。但是我们自然不能把猜测当成历史。

虽然克里特人的文学对我们还是一个谜，但至少我们还可研究他们留下的剧院遗址。公元前2000年，他们在费斯托斯城建筑了10排石头座位，沿着一面可俯望剧场的墙壁排列，长达80英尺。在克诺索斯城，克里特人又建了一座剧院，18排座位，长达33英尺，与这呈直角相接的是另外6排座位，长度分别从18英尺到50英尺。这种剧院可容纳400—500人，是我们所知最古老的剧院，要比酒神剧院（Theater of Dionysus）早1500年。我们不知道这些剧院到底演什么戏剧，但从壁画里我们可以知道，观众是在观赏某种表演，可是我们却无法确知是什么表演，很可能是音乐与舞蹈的歌剧。从克诺索斯城的一幅画中，可以看到一群贵妇，在护花使者的环绕下，正在一个橄榄树林里，欣赏着一些穿着鲜艳裙子的少女表演舞蹈；另外一幅则刻画了一个女人头发飞舞、双手伸开的舞姿。在其他的画中，我们可以看到乡村的土风舞，或是男祭司、女祭司及礼拜者在神像或圣树前，疯狂地舞蹈着。荷马曾经这样描写：“在广阔的克诺索斯，代达罗斯曾为秀发如云的阿里亚德尼设计了一个舞场，男青年与迷人的少女携手共舞……一位弹唱诗人配合着他们的舞步弹奏七弦琴。”这种七弦琴，希腊人认为是特潘得（Terpander）发明的，事实上在他出生前1000年，圣特里阿达的一个石棺上便画有一把七弦琴。另外，还有一种具有2根管子、8个音孔及14个音调的笛子，完全与古希腊的一样。在一颗宝石上，有一位妇女吹着一只由大海螺制成的喇叭，在一只花瓶上，也可以看到一群舞者在一种金属响器上打着拍子。

克里特人在舞蹈和游戏方面所表现的青春活力与优雅无虑也再度出现于他们的艺术中。除了建筑之外，克里特人并没留给我们任何规模宏伟、气派不凡的作品。就像其他贵族式的文明一样，他们只接受传统的形式及题材，避免过分新奇，但是在保守的限制范围之内仍能自由创意。他们精于制造陶器，琢磨宝石，嵌宝石座盘的雕刻、浮雕，因为在这些方面他们的精细功夫受到激励并得以发挥。他们也精于金银工艺、嵌镶宝石，使宝石样式花样百出。在他们所刻的作为官章、商标等的图记上面，精细地刻了许多克里特的生活及风光。因此，仅从这些图记我们也不难想象出他们的文明。克里特人将青铜加工成脸盆、水罐、匕首及刀剑，上面装饰着动植物图案，甚至镶嵌着金、银、象牙或稀有的宝石。在古尔尼亚，虽然经过了3000年的窃盗，但我们还是发现了极其精致的银杯。他们还用人头或动物头制作角状酒器，现在看来仍具生命的气息。

他们在陶器的制造上，曾试验了各种形状，并且几乎在各方面均有杰出成就。所烧制的陶器种类有花瓶、盘子、杯子、圣餐杯、灯座、瓮、动物、神像等。最初，在早期米诺斯时代，他们总是依照新石器时代传下的方法以双手塑造各种器皿，再上黑色或褐色的釉，或者任由火将所塑的陶器烧成各种混杂的颜色。在中期米诺斯时代，他们知道了转轮的使用，从而达到了技术的高峰。他们发明了一种釉，足以与瓷器的平滑精美相媲美。他们将黑色和褐色、白色和红色、橙色和黄色、深红色和朱砂等随意混合，呈现出各种新奇的浓淡色彩。他们将黏土做得很薄，以至于他们最完美的陶瓷杰作——在艾达（Ida）峰斜坡卡麦尔斯（Kamares）岩洞所发现的所谓蛋壳陶器，其壳只有一毫米的厚度，并绘有各种图案，处处表现出他们丰富的想象力。从公元前2100年到公元前1950年是克里特陶器的高峰。克里特陶工还在陶器上签名，成为地中海地区受欢迎的一个商标。在晚期米诺斯时代，彩色陶器的技术已有完美的发展，将颜色鲜艳的陶土做成装饰用的牌子、绿蓝的花瓶、色彩艳丽的女神以及非常逼真的海底生物。伊文斯博士还把搪瓷做成的蟹误以为是化石呢。在这个时期，陶器艺术家爱上了大自然，喜欢在陶器上描绘生机盎然的动物、颜色鲜艳的鱼类、娇小可爱的花朵以及非常优美的植物。在晚期米诺斯第一个时期中，克里特陶器还创下了可以传世的杰作，即《拳击者之瓶》（*the Boxers' Vase*）和《收割者之瓶》（*the Harvesters' Vase*）。前者粗略地描绘了拳击者各种不同的姿势，还加上了斗牛者的部分表演情形，后者则详细地描绘了农民在丰收季节唱歌游行的景象。此后克里特陶器的伟大时代便渐近老迈，陶器艺术没落了。谨慎和格调被弃置不顾，奇异、不规、毫无节制的装饰重于一切，慢慢构思和耐心制作的勇气已经消失，所谓自由的懒散粗心取代了卡麦尔斯时代的精致和完美。不过这是可以原谅的没落，也是一个老迈无力的艺术不可避免的死亡，经过1000年的沉睡后，将在雅典完美的陶器中得到再生。

雕刻是克里特不太重要的一种艺术，除了在浮雕和名匠代达罗斯的故事外，雕刻总是停留在小雕像的阶段。许多小雕像似乎都是机械式雕成的，刻板而粗糙。有一个小像是用象牙刻成，描写一位运动员跳跃的姿态。另有一个失去了躯体，只剩下潇洒的头部。其中最好的雕刻在正确及生动方面均胜过米隆（Myron）[1]以前希腊的任何雕刻。最奇怪的是，现存于美国波士顿博物馆的《蛇女神》（*Snake Goddess*）——以象牙及黄金刻成的半人半蛇，在这里，克里特的艺术家终于能相当成功地处理人形。但是当他们试图从事更大规模的雕刻时，绝大部分又以动物为题材，并且仅限于着色的浮雕，就如赫拉克流姆博物馆存藏的牛头一样——在这个令人惊奇的古物上，牛凶野的眼神、似乎发出哼哼之声的鼻孔、张开的大嘴、颤动的舌头等所显示的艺术才华，希腊以后的任何雕刻家都无法望其项背。

古代克里特没有一样东西会像它的绘画那样迷人。克里特的雕刻实在微不足道，陶器艺术是片断的，建筑则只剩下废墟，但是所有艺术中最脆弱、最易受到冷落摧残的绘画，却留给了我们清晰而又令人惊叹的杰作。古典希腊的绘画与之相比，竟找不出一幅别出心裁的

[1] 米隆，公元前5世纪的希腊雕刻家。——译者注

画。克里特的宫殿虽然遭到地震和战争的破坏，但随处仍可看到绘有壁画的墙壁。在其间徘徊，我们似乎见到了为米诺斯各王宫做装饰工作的艺术家。早在公元前 2500 年，墙壁上均涂以纯净的石灰，这些人便想起在石灰泥上饰以壁画，由于在灰泥未干时便拿起彩笔绘画，以致颜色都深入灰泥里面。他们将野外的明亮美景带入宫廷阴暗的厅房，他们使灰泥吐出百合花、郁金香、水仙和芳香的墨角兰；凡是看到这些景象的人绝对不再认为大自然是卢梭发现的。在中期米诺斯时代的博物馆中，所谓《采番红花的人》（*the Saffron Picker*）一画中的人热切采花的样子，就像中期米诺斯时代画这幅图的艺术家一样热衷于艺术。他的腰非常纤细，他的躯体与腿比较起来显得太长，但是头却非常完美，颜色温和，番红花在 4000 年后的今天仍然清新。在圣特里阿达，我们可以发现一个石棺上画有螺旋状的卷轴以及一些正进行某种宗教仪式的奇怪的人。此外，在一面墙上可以看到摇曳的树叶，躲在里头的是一只肥胖、全神贯注的猫，正准备扑食在阳光底下梳理羽毛的一只傲然的小鸟。在晚期米诺斯时代，克里特的绘画达到巅峰。每面墙都吸引着画家，每位财阀都在找画家绘画。画家不但为国王宫室作画，也为贵族及市民做装饰工作。但不久，成功与丰富的收入宠坏了他们，他们急着完工而无法讲究完美，到处都是工作，单调地重复画花，人物画得更糟，仅满足于画轮廓而已。他们陷入了松弛之境，显然其艺术已过了高峰，终将没落。但是大概除埃及以外，从没有哪个地方的绘画如此清新地表现大自然。

在克里特宫殿的建筑上，所有艺术都有其贡献。政治力量、商业优势、财富及奢华、累积的精致和格调等，聚集起建筑家、营造师、艺匠、雕刻家、陶工、金工、木工及画家，将他们的艺术融合起来，合力建造王宫、官署、剧场及竞技场，作为克里特生活的中心及高峰。他们在公元前 21 世纪建造了这些东西，可是在公元前 20 世纪便遭到破坏。公元前 17 世纪时，米诺斯的宫殿重新建立起来，而且在克诺索斯及 50 个左右的城市都矗立起了许多华丽的殿堂，整个克里特岛欣欣向荣，这是建筑史上一个伟大的时代。

建造克诺索斯宫殿时，在材料及人力上均受到限制。克里特非常缺少金属与大理石，因此，建筑材料主要为石灰石和石膏，并利用木材做柱顶线盘、屋顶以及地下室以上的圆柱。石块的角度很小，所以不用灰泥即可将石块砌起。在一块2万平方英尺的中心地带周围，建起了3—4层的楼房，有宽广的石头楼梯，散布广泛如迷宫般的房间——哨房、工作房、葡萄榨汁室、储藏室、行政办公室、用人房、接待室、休息室、卧房、浴室、礼拜堂、地牢、王座厅以及“双斧厅”等。附近还有剧场、国王别墅及墓地。在房子的第一层都是用巨大的方形石柱，以上各层则用圆形柏木柱，愈往下愈尖，其平面柱头是用以支撑天花板，或是在旁边做成遮阳的门廊。在室内与有优美装饰的墙壁相对比的是一把石椅，简单而富有技巧的雕刻，过分热切的挖掘者会以为那是米诺斯的王座，每位观光客见到这把石椅也都会坐下，过一过国王的瘾。这片广大的宫殿很可能就是著名的“迷宫”，或是双斧厅，古代的人认为这是名匠代达罗斯建造的，他的名字以后便用以指任何迷宫——房间、语言或内耳。[1]

克诺索斯宫殿的建筑者，似乎具有较注意水管工程而不注重诗意的现代精神，所以他们在宫殿中建造的排水工程凌驾于古代任何同类工程之上。他们用石头建成的水道将雨水或山上流下的水蓄积后，然后再用管道将水引到浴室或厕所[2]，最后以很现代化的陶土管子将废物脏水排掉。这种陶土管子每段直径6英寸，长30英寸，其中还有一种清除沉淀物的设置，每段管子一端较细，以便接入另一段管子，两段管子相接之处以水泥黏合。其中可能还有特别装备，为王室供应

[1] 当然，这些房子的建造者是否是代达罗斯仅为猜测。几乎所有掘出的古物均被移到赫拉克流姆博物馆。

[2] 现代学者已不再认同地板上有正方形洼地的房间是浴室的看法：这些房间并不与外面相通，并且以缓慢地溶于水的石膏做成。

自来热水。[1]

除了克诺索斯宫殿内部的复杂之外，我们还可见到艺术家所作的非常精细的装饰。有些房间里装饰了花瓶及小雕像，有些则饰以图画和浮雕，有的房中有巨大的石制酒罐或大瓮，另外则有象牙、青铜或彩陶做成的各种东西。有些墙上石灰石的饰带上有美丽的三竖线花样和半圆花饰；在另一面墙上，大理石的表面上有刷成回纹及螺旋形拼成的图案；在其他墙上，可以看到以深浮雕及细工刻成的逼真的人牛相斗景象。在各个厅室之内，我们均可见到画家的杰作：在一间起居室里，我们可以看到穿蓝色衣服、面貌典雅、手臂纤细、乳房丰满的女士在一起闲谈，在另一处我们可以看到充满百合、莲花或橄榄枝的野外景色或是观剧的妇女以及在海中戏水的海豚。最突出的是国王的司酒者，躯干笔直强健，携带一个装着某种昂贵油膏的蓝瓶；他的容貌是由教养及艺术共同雕琢而成；他的头发结成一条大辫子，垂于褐色的双肩上；耳朵、颈项、手臂及腰部都闪耀着珠宝，贵重的袍子上绣着美丽的四叶形图案。很显然，他不是奴隶，而是贵族青年，以侍候国王为荣。唯有一个久耽于秩序和财富、闲暇和高品位的文明，才能追求或创造出如此的奢华和装饰。

克诺索斯城的没落

今天，当我们试图寻求这个杰出文化的渊源时，我们在亚洲与埃及之间踌躇不决。克里特人在语言、种族和宗教方面似乎与小亚细亚的印欧民族相近。在小亚细亚，泥板也被用以书写，谢克尔（shekel）也是钱币和测量的单位。在小亚细亚的卡利亚（Caria），我们可以发现双斧的宙斯受到崇拜；当地人也礼拜柱子、公牛和鸽子。在小亚细

[1] 意大利学者莫索（Mosso）也在圣特里阿达别墅发现了类似的排水管。“有一天，在一场倾盆大雨过后，我很高兴地发现排水系统依然良好，我看见水从下水道中流出，这些下水道的高度，可以让人直着腰走过。我不知在别处是否还有 4000 年后仍可使用的排水系统。”

亚的弗里吉亚也有西芭莉这位女神，非常像克里特的母亲神，所以希腊人称后者为莉雅·西芭莉（Rhea Cybele），并认为两女神实则为一。但是埃及的影响也在克里特文化的每个时期发现。两个文化最初时非常相像，因此，有些学者假定在迈尼斯（Menes）王的混乱时期，埃及曾发生了向克里特移民的浪潮。莫克罗斯的石瓶和早期米诺斯第一个时期的赤铜武器很像在早期王朝（Proto-Dynastic）的坟墓中发现的。双斧在埃及是一种护符，甚至还有所谓“双斧祭司”。度量衡的值虽是亚洲的概念，但形式是来自埃及。雕刻、彩陶及绘画的方法在两地非常相似，以至于德国哲学家施宾格勒（Spengler）误认为克里特文明只是埃及文明的一支。

我们自然不能相信他的看法，因为我们在寻求文明的连续性时，如将各部分的独特性牺牲掉将是有害的。克里特显然有其特质，其他古代民族均无此种生活及艺术上的精致和高雅。我们相信，克里特文化在其种族源流上是属于亚洲的，并且在许多艺术上是属于埃及的；但在本质及整体上，它是独特的。也许它是属于东地中海区共有的一个文明总体，每个国家从一个共同而广泛的新石器文化继承了类似的艺术、信仰和生活方式。从这个文明总体中，克里特在年轻时确实继承了其遗产，但是成熟后它却对这个文明总体有所捐输。克里特的兴起使周围的岛屿形成了一种秩序，克里特商人也进入各个港口。然后克里特的货物及艺术充斥了基克拉泽斯群岛，涌入了塞浦路斯，到达了卡利亚和巴勒斯坦，往北经过了小亚细亚及其岛屿，到达了特洛伊，西边则通过意大利及西西里岛到达西班牙，还穿过希腊大陆直驱色萨利（Thessaly），经过迈锡尼和梯林斯而融入了希腊的传说之中。在文明史中，克里特是欧洲文明之链的第一环节。

我们无法知道克里特是怎样没落的，也许各种原因都有。克里特一度著名的柏木和杉木林消失了，今天岛上三分之二的土地是不毛之地，无法吸收冬天的降雨。也许克里特正像许多没落的文化地区一样，人口控制做得太过分了，生育率大减。也许是由于财富和奢侈的剧增，耽于肉体欲乐而使整个民族活力丧失，削弱了其生活或自卫的意志，造成了克里特人出生时是一个禁欲主义者，而死时已是一个享乐主义者。也许埃及国王埃赫那顿（Ikhnaton）死后，埃及的崩溃中断了埃及与克里特之间的贸易，而使得米诺斯诸王的财富减少。克里特内部并没有什么丰富的资源，它的繁荣有赖于商业及其工业的海外市场，就像现代的英国一样，它的繁荣仅依赖于对海上的控制。也可能是内战削减了岛上的人口，结果面对外侮时不能团结一致。也可能是一场地震使所有的宫殿变成废墟，或是一次革命，在恐怖的一年中报复了数百年的压迫。

大约在公元前 1450 年，费斯托斯的宫殿再度遭到破坏，圣特里阿达的宫殿也被火烧毁，梯利索斯富有市民的住宅也消失不见了。在此后 50 年中，克诺索斯似乎达到繁荣的高峰，掌握了爱琴海的霸权。然后，大约在公元前 1400 年时，克诺索斯的宫殿也遭受了毁灭之灾。伊文斯博士在遗留下的废墟中发现了不可抑制的大火的征象——烧焦的梁柱、烧黑的墙壁，泥板也由于大火的高热而硬化得竟能历经时间的考验而保存下来。这次破坏非常彻底，即使在废物掩盖下的一切金属也都不见了，因此，许多学者怀疑其原因乃是侵略和征服，并非地震。[1] 总之，这次灾变是很突然的。从工匠及艺术家的工作房可以看出，当死亡来临时他们正在工作。几乎同时，古尔尼亚、帕塞拉、扎克罗和帕莱卡斯特洛等城也都被夷为平地。

我们自然不能认为克里特文明在一夜之间消失。宫殿再度兴建，但是规模较小，为期一两个世代。克里特的作品仍然是爱琴海艺术的主流。大约在公元前 13 世纪中叶，我们终于遇到了克里特的一个特殊人物，他就是希腊传说里有许多惊人故事的米诺斯王。他的新娘对他精液里充满蛇和蝎深感烦恼，后来他的一个太太帕西法厄受到了某种秘密

[1] 如果考古年表容许把这次大火的时间延后到公元前 1250 年左右，那么这次灾变可以很容易地解释成希腊在围攻特洛伊之前征服爱琴海时的事件之一。

的指示，终于避开了蛇蝎，安全地为他生下许多小孩，其中包括菲得拉（Phaedra，忒修斯之妻，希波吕托斯的情人）和金发的阿里亚德尼。米诺斯王因为得罪了海神波塞冬（Poseidon），结果这位海神用神力使帕西法厄疯狂地爱上了一头神牛。代达罗斯很同情她，经过他的安排，她终于生下了可怕的人身牛头怪物米诺陶洛斯。米诺斯王便命令代达罗斯建造迷宫而将这个怪物关在里面，并且还定期以童男童女喂之。

有一则关于代达罗斯的有趣传说，它展开了人类历史上一首伟大的史诗。希腊流传的故事中描述他是“雅典的达·芬奇”，由于忌妒他外甥的技艺，盛怒之下便将他杀死，因而被永远逐出希腊。他避难到米诺斯王的宫廷，其机械方面的发明及创新使米诺斯王深感惊奇，于是任命他为国王的首席艺术家及工程师。他是一位伟大的雕刻家，他的名字被用以表示呆板的雕像逐渐演进成栩栩如生的人物雕像的过程。据说，他所雕的人物栩栩如生，所以除非用链子将之与像座连起来，否则便会跑掉。但是当米诺斯王得知代达罗斯曾经有助于帕西法厄与神牛的恋情时，便大怒而将他及其儿子伊卡路斯禁锢在迷宫中。代达罗斯为他们父子俩制造了翅膀，然后两人跃出迷宫高墙而飞向地中海。但是伊卡路斯不顾父亲的劝告，飞得太靠近太阳，阳光的热量将翅膀上的蜡融化，他便坠入海中。伊卡路斯的死留下了一个教训，也为故事增添了一点趣味。代达罗斯伤心之余，继续飞到了西西里岛，并将克里特的工业及艺术文化带到西西里，遂使该岛文明日益勃兴。[1]

比较富有悲剧性的是忒修斯和阿里亚德尼的故事。米诺斯王在一次战争中打败了新兴的雅典，因此要雅典每 9 年进献男女青年各 7 人，以喂食米诺陶洛斯。当第三次雅典国耻到来时，忒修斯便要求他父亲——雅典国王（阿吉斯，Aegeus）——选他为进献的男女青年之

[1] 希腊旅行家兼地理学家帕萨尼亚斯（Pausanias）相信代达罗斯有多座雕像，大多为木雕，并有一座阿里亚德尼在跳舞的大理石浮雕，这些作品在 2 世纪仍旧存在。希腊人从未怀疑代达罗斯的真实性，而且施里曼的经验警告我们要对我们的怀疑加以怀疑，古代的传说本来就常为某一代的学者所排斥，然后下一代学者又努力证实。

一，因为他已下定决心手刃米诺陶洛斯而结束雅典青年的牺牲。阿里亚德尼很同情这位雅典王子，终于爱上了他，并给他一把魔剑，告诉他在进入迷宫时，一路上要留下一根线。忒修斯在杀死米诺陶洛斯之后，便循着原先留下的一根线返回阿里亚德尼处，同时将她带离克里特。他们两人在纳克索斯岛上结婚，但是当她睡觉时，忒修斯便带着同伴逃开。[1]

克里特随着米诺斯和阿里亚德尼而消失，直到大约在公元前7世纪时斯巴达政治家莱喀古斯（Lycurgus）的到达才重新出现。有很多迹象显示阿哈伊亚人（Achaean）是在公元前14世纪及公元前13世纪进攻希腊时到达克里特的，多利安的征服者则是在公元前2000年末期定居在克里特。许多克里特人及一些希腊人认为莱喀古斯和梭伦两人就是在克里特发现了他们法律的典范。克里特被多利安人统治之后，便和斯巴达一样，其统治阶级至少在外表上是简朴自制的。小孩都是在军队中成长，成年男人在公共食堂一起用餐。国家由长老院统治，执行政务的是10名科斯摩耶（*Kosmoi*），相当于斯巴达的长官（ephors）或是雅典的执政官（archons）。现在，很难说是克里特学自斯巴达，或是斯巴达学自克里特。可能两邦都是具有相似情况所引起的结果——一个外来军事贵族阶级统治着本地深怀敌意的大多数农奴人口，处境自然难以安全。1884年在克里特哥提那（Gortyna）镇墙壁上所发现的较开明的法典，显然属于公元前5世纪早期；如果早一点出现的话，它可能会影响到希腊的立法者。在公元前6世纪时，克里特人泰拉塔斯（Thaletas）曾在斯巴达教授合唱音乐，克里特的雕刻家第波奴斯（Dipoenus）和西利斯（Scyllis）也曾指导了阿尔戈斯（Argos）和西塞昂（Sicyon）两地的艺术家。克里特的古老文明通过各种途径而被注入了新文明元素。

---

[1] 雅典人认为忒修斯的故事是真实的历史。数百年中，他们很珍视当初忒修斯前往克里特所乘的船，并经常修理，作为圣船，每年派遣使者前往参加在得洛斯召开的太阳神宴会。

第二章 | 阿伽门农之前

施里曼

1822年，一个婴儿在德国诞生了，他的一生使考古学的挖掘工作成了19世纪的传奇故事之一。他的父亲对古代历史很狂热，从小便教他荷马所写的有关围攻特洛伊和奥德修斯漂游各地的故事。“当我听他谈到特洛伊城被完全毁灭而不留一丝痕迹地消失时，我感到极大的痛苦。”在他8岁时，施里曼已经对这些历史有了成熟的考虑，表示他将尽其一生以发掘失落的特洛伊古城。10岁的时候，他向父亲提交了一篇特洛伊战争的拉丁文论文。1836年，施里曼因为经济问题而离开学校，当杂货店学徒。1841年，他从汉堡出发，在一艘开往南美洲的轮船上当工人。出海后12天，轮船沉没，船员们在一条小船上颠簸了9个小时，被海潮冲上了荷兰的海岸。施里曼在一家公司当了职员，每年赚大约150美元，其中半数用来买书，靠另外半数与梦想来度日。他的智慧及努力终于有了结果。25岁时，他自己独立经商，在三大洲均有事业。36岁时，他觉得自己已经赚够了钱，便从商界退休，将一切时间奉献于考古学。“在商业繁忙之中，我从未忘记特洛伊或是我向父亲所许下的挖掘特洛伊的诺言。”

他到处经商，每到一地便学习当地语言，并用该种语言写日记。利用这种方法，他学会了英文、法文、荷兰文、西班牙文、葡萄牙文、意大利文、俄文、瑞典文、波兰文和阿拉伯文。后来他到了希腊，便在平时学习希腊文。不久后，他阅读古希腊文和现代希腊文的速度就像读德文一样[1]。他还说："此后除非在古典文明的土地上，否则将无法生活。"因为他的俄籍太太拒绝离开俄国，他便公开征求一位希腊籍的太太，并详细开列了各项条件，终于在 47 岁时，从收到的照片中他选了一位 19 岁的新娘。他们几乎在见面后便结婚，他还不知道这是一种古老的买卖式婚姻：女方家长在估计他的财产后向他索要了一笔钱。他的太太替他生下小孩后，他勉强答应给孩子们举行受洗，但为了使典礼庄严，他将一本《伊利亚特》放在小孩头上，并念了 100 行六音步的诗句。孩子的名字叫安德洛玛刻（Andromache）和阿伽门农（Agamemnon），用人则叫泰勒门（Telamon）和珀罗普斯（Pelops），他在雅典的家称作柏勒洛丰（Bellerophon）。他是一名对荷马十分狂热的老人。

1870 年，施里曼前往小亚细亚西北角的特洛得（Troad），一反当时学者的意见，他认为普里阿摩斯（Priam）[2] 的特洛伊城便是埋在名为希斯阿力克（Hissarlik）的山下面。经过一年的交涉，他得到土耳其政府的准许，开始挖掘这个地方。他雇了 80 名工人并开始工作。因为他的怪癖而爱上他的希腊籍太太，也从早到晚与他在一起工作。整个冬天，来自北方的寒冷强风将风沙吹入他们的双眼，并且穿透了茅屋的空隙，使得夜晚无法点灯。虽然屋子里有炉火，水还是每晚都

[1] "为了迅速记得希腊语的词汇，"施里曼这么写道，"我拿了一本《保尔和维吉妮》（*Paul et Virginie*）的现代希腊语译本，并把它看完，一面把每一个字拿来与法文中的对应词语比较。看完之后，我至少认得书中一半以上的希腊字；再看一次时，我全都认得了，至少几乎全认得，不必费时间去查字典了……文法里面，我只学了语尾变化和动词，也没有把宝贵的时间拿来研究规则；就我所知，学生们在学校里少说也要被冗繁的文法折磨 8 年，然而，却没有一个在用古代希腊文写信时不留下一百多处严重的错误，我想各校校长所用的方法必然有误……我学古代希腊语的方式就跟学习当今仍有人使用的活语言一样。"

[2] 普里阿摩斯是特洛伊的最后一个国王，被希腊人所杀。

结冰。“除了对发现特洛伊城的热忱之外，我们并没有什么东西可以使身体保持温暖。”

一年过去了，但是一无所获。不久，一位工人一锄一锄地终于挖出了一个大的赤铜容器，里面竟盛有大约 9000 件金银器。精明的施里曼立刻用他太太的围巾将这个容器掩盖起来，将工人遣开去午睡，立即赶回小屋，把门户上锁后，将宝物排放桌上，把每样东西与荷马史诗中的某段文字联系起来，以一个王冠作为他太太的饰物，并马上通知在欧洲的朋友说他已掘出了“普里阿摩斯的宝藏”。但是没有人相信他，有些批评家还指责他将这批东西放到他从事发掘的地方。同时，土耳其政府控告他从土耳其领土上掘走金子。但是维曹（Virchow）、多普费尔得（Dörpfeld）、伯诺夫（Burnouf）等学者均到现场参观，证实了施里曼的报告，并且留下来与他一起工作，直到发现了好几个特洛伊城。现在的问题已不是特洛伊城是否存在，而是所发现的 9 个特洛伊城中，到底哪一个才是《伊利亚特》中的伊利俄斯（Ilios）城。

1876 年，施里曼决定从另外一个方向证实荷马史诗——证明阿伽门农是否真有其人。依据帕萨尼亚斯对古代希腊的描写[1]，他在伯罗奔尼撒半岛东部的迈锡尼打了 34 个竖坑。这时，土耳其政府却表示要获得他所发掘古物的一半，挖掘工作因而中断。施里曼不愿让古物隐藏在土耳其，他秘密地将这批宝物运到柏林的国家博物馆，而他付给土耳其政府的赔偿是所要求的 5 倍，如此才能重新在迈锡尼开始挖掘。他再度有了发现，工人们掘出了骨骼、陶器、珠宝、金质面具，他随即用电报通知希腊国王说他已发现了阿特柔斯（Atreus）和阿伽门农的坟墓。1884 年，他转到梯林斯从事挖掘，根据帕萨尼亚斯的描写，终于发现了荷马所描述的伟大宫殿和巨大石墙。

---

[1] 帕萨尼亚斯约生于 2 世纪，是希腊旅行家及地理学家。他曾于 160 年左右游遍希腊，并著书记录其事。

从来没有一个人对考古学有这样大的贡献。他也有一些小瑕疵，他的热心使得他迫不及待地想达到心中的目标，以致损坏或混淆了许多挖出的古物。激起他进行挖掘工作的荷马史诗，使得他以为他已在特洛伊发现了普里阿摩斯的宝藏以及阿伽门农在迈锡尼的坟墓。全球学术界怀疑他的报告，英、俄、法等国博物馆很长一段时间均拒绝承认他发现的古物是真的。但他却以自我欣赏来自我安慰，并继续勇敢地挖掘，直到疾病将他击倒。他在最后的日子里不知道是应向基督教的上帝还是向古代希腊的宙斯祈祷，他写道："我向天之骄子阿伽门农（译按：指其子）致敬！我很高兴你将研究普卢塔克（Plutarch），并已经念完了色诺芬的作品……我祈祷天父宙斯和帕拉斯·雅典娜（Pallas Athene）使你长命百岁，健康愉快。"他死于1890年，原因是气候恶劣、学界的敌视和对梦想的狂热。

就像哥伦布一样，他所发现的世界比他所寻求的更为奇妙。他所发现的珠宝比普里阿摩斯和赫卡柏早许多世纪；这些坟墓并非属于阿垂得，而是希腊大陆爱琴海文明的遗物，约同克里特的米诺斯时代一样古老。施里曼不知不觉中证明了罗马诗人贺拉斯（Horace）的名句——"在阿伽门农之前有许多英雄人物"。[1] 以后年复一年，多普费尔得与缪勒（Muller）、托桑塔斯（Tsountas）与斯塔马塔其斯（Stamatakis）、华尔多斯坦因（Waldstein）与维斯（Wace）等人继续在伯罗奔尼撒半岛作更广泛的挖掘。另外，还有其他人在阿提卡（Attica）以及埃彼亚、波奥蒂亚（Boeotia）、弗西斯（Phocis）及色萨利等地从事发掘，终于发现了史前文化的遗物。在这个地方，人类从野蛮进入文明，其过程是由游牧狩猎进到农业定居，铜器取代了石器，并伴随文字的发明和商业的发展。文明常比人类所想的更为古

[1] 在他将要死去之前，多普费尔得和维曹几乎已使他相信他所发现的不是阿伽门农的遗骸，而是早得多的某一代的遗骸。施里曼在几次心脏病发作后也把这件事看开了，他说："什么？这不是阿伽门农的遗体和饰物？好，那么我们就称他为舒尔采（Schulze）好了。"因此以后他们老说是"舒尔采"。

老，在人类所践踏的土地下随处都有人类的骨头，他们同我们一样工作，一样爱，写诗歌，创造出美好的东西，但在时间的飞逝中，他们的名字和存在已经被遗忘。

王宫

公元前 14 世纪，在阿尔戈斯以东 5 英里、海面以北 1 英里的一座长而低的山上，矗立着梯林斯的堡垒式宫殿。今天，我们可以从阿尔戈斯或诺普里亚（Nauplia）驾车抵达这个废墟，并发现它已半掩藏在小麦及玉米田里。我们爬上一些史前石级后，便面临在特洛伊战争以前两世纪阿尔戈斯王普罗阿特斯（Proetus）所建造的巨大石墙。[1] 即在这个时候，梯林斯城已很古老，因为它是百眼巨人阿耳戈斯（Argus）之子梯林斯在人类世界的婴儿期建立的。海神普罗阿特斯将宫殿给予珀尔修斯，后者便与忧郁的安德洛墨达（Andromeda）王后一起统治梯林斯。

保护城堡的墙壁高度从 25 英尺到 50 英尺，墙壁很厚，以至于在某些地方建有宽广的地道，并用巨大石板建成拱形或半圆形顶。许多现在仍维持原状的石板长 6 英尺，宽及高各为 3 英尺，帕萨尼亚斯说最小的石板“两头骡子也拉不动”。城墙之内，在城门之后，有一宽广铺石板的院落，周围有列柱；在院子周围，就像克诺索斯城一样，分布着各式房间，其中一个大厅面积 1300 平方英尺，地面是饰有绘画的水泥，屋顶由 4 根大柱支撑，中间是一个火炉。此种建筑与享乐的克里特形成明显的对比，它树立了希腊建筑的一个原则——男女房间的分开。国王与王后的房间是相邻，但从今天留下的建筑物看来，

[1] 希腊人传说此墙为独眼巨人库克罗普斯（Cyclopes）所建造。在建筑学上，所谓巨型毛石方块（Cyclopean）是指巨大的粗糙石块，不用灰泥黏合，而在石块相交处，用小石头混合黏土砌合。也有传说认为，海神普罗阿特斯曾从利西亚（Lycia）雇来著名泥水匠，名叫库克罗普斯。

两个房间并不相通。施里曼在这里只发现了地面建筑的梗概、列柱底部和部分墙壁。在这座山脚下，可以看到石造或砖造房屋及桥梁的遗迹，以及一些古代陶器碎片。在史前时期，梯林斯城便位于山脚下，受到山顶堡垒的卫护。我们必须想象青铜器时代的希腊生活便是在此种封建城堡的周围及内部进行。

在此以北 10 英里的地方，大约在公元前 14 世纪，珀尔修斯（如果我们相信帕萨尼亚斯的话）建立了迈锡尼城——这是史前希腊最伟大的一个都城。都城之外，有保卫城市的城堡，环绕一个城堡便形成了一座由数个村落组成的城镇，其中有农民、商人、艺匠和奴隶，历史对他们均无记载。600 年之后，荷马称迈锡尼是“一座建筑良好的城市，街道宽广，富有黄金”。虽然经过了 100 个世代的掠夺，仍有部分巨石墙留下，证明当时劳工的廉价和国王的不安。在墙的一侧是著名的狮门，在一个巨大的门楣上由石块砌成一个三角形，上面刻有两头狮子（现在已经模糊并且没有了头），守卫着早已消逝的一片壮观气势。在卫城（acropolis）可以见到宫殿的遗迹，就像在梯林斯和克诺索斯一样，我们仍可看出王室、祭堂、储藏室、浴室和接待室等。在这里，也有绘有图画的地板、柱廊、壁画墙以及气派非凡的台阶。

在狮门附近，在一块直立石板围成的小范围内，施里曼的工人们掘出了 19 具骷髅以及很多遗物，因此，我们可以原谅他认为这些地方是阿特柔斯的儿女的长眠之所。帕萨尼亚斯不就曾描写这些王家坟墓是“在迈锡尼废墟之中”吗？我们可以在这里发现戴有金冠的男子头骨以及脸骨上的黄金面具，女性骷髅的头部也有金冠。还发现了绘有图画的花瓶、青铜锅、琥珀及紫石英的珠子、石膏制品、象牙、彩陶、装饰富丽的刀剑匕首，有如在克诺索斯发现的一个赌台。还有用黄金做成的各种东西——图记、戒指、别针、饰钉、杯子、珠子、手镯、胸甲、盥洗用具以及用黄金小片装饰的衣服。这些自然是皇家的骷髅和皇家的饰物。

在卫城对面的山坡上，施里曼和其他人又发现了9个坟墓，与所谓“竖坑坟墓”（shaft graves）完全不同，从卫城下来的一条路往右转便进入一个走道，两旁为大石块所砌成的墙。走道终点是一扇普通的门，曾以细长圆筒状绿色大理石装饰，现在已被移藏于大英博物馆。在门之上是由两块石头做成的简单门楣，其中之一长达30英尺，重113吨。门内是一圆形屋顶，高及宽均为50英尺。墙以石板砌成，并饰以青铜的圆花饰。石块一层一层重叠。施里曼认为这种奇怪的结构乃是阿伽门农的坟墓，而他太太在附近发现的一个较小圆顶建筑物则立即被认为是克莱登妮丝特拉（Clytaemnestra）之墓。在迈锡尼的所有“蜂窝式”坟墓（beehive tombs）被发现时均空无一物，小偷已在数百年前捷足先登。

这些废墟所代表的文明对于伯里克利，就像查理曼（Charlemagne）对于我们一样久远。目前，学者们均认为这些“竖坑坟墓”时间约在公元前1600年（也就是在传说中阿伽门农时代之前约400年），而“蜂窝式”坟墓则约在公元前1450年，但是史前年代并不是很精确的。我们无法知道这个文明是如何肇始的，也不知道在迈锡尼、梯林斯、斯巴达、阿米克莱（Amyclae）、埃伊纳岛（Aegina）、埃莱夫西斯（Eleusis）、喀罗尼亚（Chaeronea）、奥尔霍迈诺斯（Orchomenos）、德尔菲（Delphi）等地建立城镇的是什么民族。很可能就像大多数民族一样，这个民族的血统已经不纯正了。希腊在多利安人入侵（公元前1100年）前血统之复杂有如诺曼（Norman）人征服之前的英国。就我们所能猜测的，迈锡尼人与小亚细亚的弗里吉亚人和卡利亚人以及克里特的米诺斯人有血缘关系。迈锡尼的狮像与美索不达米亚的相同，此种主题可能是经亚述和弗里吉亚而到达希腊。希腊传统上称迈锡尼人为“佩拉斯吉”（Pelasgi）（其意可能是海上民族），认为他们是来自色雷斯（Thrace）和色萨利而到达雅典和伯罗奔尼撒半岛的，并且时代久远，所以希腊人称他们为土著（autochthonoi，土人之意），“历史学之父”希罗多德也同意这种说法，并认为奥林匹亚诸神是源自迈锡尼，但他“不能确切地说出迈锡尼人的语言是什么”，我们也无法知道。

毫无疑问，这些所谓的土著到达时，其土地从新石器时代以来便已被人开垦了，在该地并没有什么土著。但是他们后来也被征服，因为在迈锡尼历史后期，接近公元前1600年时，我们发现了伯罗奔尼撒半岛遭到克里特产品与移民“文化及商业”征服的各种征象。梯林斯及迈锡尼两地的宫殿除了妇女住室外，全是依米诺斯的样子而设计和装饰的；克里特的花瓶及各种款式都进入了埃伊纳岛、卡尔基斯（Chalcis）和底比斯（Thebes）等地；迈锡尼的妇女及女神均穿着克里特各种流行服装，稍后“竖坑坟墓”中透露出的艺术显然也都是属于米诺斯文化。很明显，迈锡尼是因为与克里特的文明接触后，其文明才达到峰巅。

迈锡尼文明

迈锡尼文明的遗物非常零散，因此，无法像克里特废墟或荷马史诗一样使我们对这个文明有一个清楚的认识。希腊大陆上的生活要比克里特生活稍近于狩猎时代。在迈锡尼遗物中发现的鹿、野猪、山羊、绵羊、野兔、公牛、猪等动物的骨头——更不用说鱼骨和贝类——显示出荷马史诗中的饕餮习性，与克里特人保持细腰迥然不同。到处可以发现古今遗物奇怪地并列——黑曜石的箭头与用来钻石块的青铜钻孔器放在一起。

迈锡尼工业较克里特落后，在大陆上见不到像古尔尼亚那样的工业中心。贸易发展缓慢，因为海盗（其中包括迈锡尼人）猖獗。迈锡尼和梯林斯的国王均雇用克里特工匠在花瓶及戒指上雕刻他们的海盗行为，记下他们的抢劫事迹。为了防范其他海盗的攻击，他们便将城市建于内陆，距离海岸有相当的距离，以防突然遭受攻击，但是仍然方便随时登上船只。梯林斯和迈锡尼是位于阿戈利斯湾到科林斯地峡的路上，位置适中，一方面可以向商人强索关税，另一方面又可偶尔从事海上掠夺。迈锡尼见到克里特因为有规律地从事贸易而致富时，便认清了海盗行为——就如其文明化后的关税一样——可以扼杀商业并使贫穷国际化。它便改变做法，使海盗行为逐渐变成贸易。到公元前 1400 年时，它的海上船队已足以与克里特的海上力量相抗衡。它拒绝将运往非洲的货物运经克里特岛，而是直接运往埃及，这可能就是导致克里特城堡毁灭的一场战争的原因或结果。

从遗留下来的古迹中，我们无法证明迈锡尼在商业财富的增加之外，文化也有相当的成就。希腊一直认为迈锡尼人从腓尼基商人那里学会了字母。在梯林斯和底比斯曾发现了一些瓶瓮上载有一些无法了解其意义的字体，但是并未发现泥板、碑文或文件。也许当迈锡尼人使用文字时，他们是使用了一些易坏的书写材料，就像克里特人在其最后时期一样，因此什么也没留下。在艺术方面，迈锡尼人都是模仿克里特的，并且非常忠实，以致考古学界怀疑他们是否从克里特输入了主要的艺术家。但在克里特艺术衰微之后，希腊大陆上的绘画非常兴盛。檐口及边缘的装饰都属第一流，并且持续到古典希腊时代，留下的壁画也显出对人生的强烈感受。《包厢中的女士》（*Ladies in the Box*）是华丽的贵妇，即使在今天她们参加任何歌剧会，其发式及衣服仍然不会落伍；她们要比午后驱车游公园的《马车中的女士》（*Ladies in the Chariot*）更活泼。画得更好的是《猎猪》（*Boar Hunt*），这是梯林斯的壁画。猪及花朵都是因袭旧往，令人难以相信的是淡红的猎狗身上有猩红、黑色或蓝色的斑点，正向前冲刺的野猪后半身逐渐变细，仿佛一位穿着高跟鞋的小姐从其闺房中跌出的形象，但是追击的样子却是逼真的，野猪情急逃命，猎狗从空中跃过，而动物中最可怕又最善感的人类则举着矛蓄势待掷。我们从这些例子也许可以想象出迈锡尼人活泼有力的生活、妇女的美貌以及宫廷中的生动装饰。

迈锡尼艺术的最高成就在金工方面。在这方面，希腊大陆可以媲美克里特，并且有其自己的形式及装饰。施里曼虽没有发现阿伽门农的骨头，但他发现了同样重要的金银：各种各样的饰物；刻绘狩猎、战争或海盗行为的凹雕；闪亮纯银雕成的牛头，拥有金质的双角及面部玫瑰花结——似乎随时均可听到它发出哀鸣。施里曼甚至认为迈锡尼便是来自牛鸣之声缪肯耐（Mükenai）。梯林斯及迈锡尼遗留下来的最好的金工制品便是两把青铜匕首，镶有琥珀和黄金，并优美地刻着野猫追逐鸭子，以及狮子追逐豹子或与人相斗的情景。遗物中最奇怪的是黄金面具，显然戴在过世的王族脸上。有一个面具完全就像猫的脸部，但是施里曼认为这不是克莱登妮丝特拉的，而是属于阿伽门农的。

迈锡尼艺术的最高杰作既不是在梯林斯发现的，也不是在迈锡尼掘出的，而是在斯巴达附近瓦菲奥（Vaphio）的一座墓中发现的，当地曾有一位小王一度模仿北方诸王的豪华气派。在这里发现的一堆宝物中，有两个以金箔制成的杯子，形式简单，却是以极大的耐心精工制作。其技巧很像米诺斯时代最好的作品，以至大多数学者都认为可能是出自克里特某位大师之手，但如果因此将迈锡尼文化中最完美的遗物夺去的话，未免太可惜。杯上刻画的主题——公牛的被捕及驯服——似乎是克里特的特色，但是迈锡尼戒指和图记或宫墙上经常雕刻或绘有这种景象，显示这项活动在希腊大陆和克里特岛上一样流行。在其中一个杯子上，第一头公牛被粗绳编织的网所罩住，由于想重获自由而挣扎，于是使网子越来越紧，结果鼻孔及嘴巴由于愤怒及疲惫而大张。在杯子的另一面，第二头公牛因为害怕而奔驰，第三头公牛则向抓住它双角的一位牛仔猛冲去。在另一个杯子上，被捕获的公牛正被牵走；在杯子的另一面我们可以看到它已经屈服于文明的束缚，并且如伊文斯博士所说的，正与一头母牛“谈情”。直到数百年后，希腊才重新出现了如此技巧精湛的作品。

迈锡尼人，就像他们的大部分艺术品一样，均可在坟墓中被发现。死者均被卷曲挤入瓮中，很少像英雄时代（Heroic Age）将死人火化。显然他们相信有来生，因为许多有用和宝贵的东西都放入坟墓中。迈锡尼宗教，或源自克里特或与克里特有密切关系。我们同样可以发现双斧、圣柱、神鸽以及母子两神的崇拜，还有蛇形的附属神祇。我们从希腊宗教的转变中可以知道母神仍然存在。在克里特的瑞亚（Rhea）之后有德墨忒尔（Demeter），即希腊的“忧愁之母”；在德墨忒尔之后便是圣母玛利亚。如今，当我们站在迈锡尼的遗迹之上，我们可以在底下的一个小村庄中，看到一个基督教堂。庄严的气派已经消逝，留下了简朴和安慰。文明生生息息，文明征服了大地，又化为尘土，但是信仰超越了每一处废墟。

在克诺索斯没落之后，迈锡尼的发展到达了高峰。“竖坑坟朝代”（Shaft Grave Dynasty，公元前1400—前1200年）由于财富的日增，在迈锡尼和特恩斯（Tiryns）的山丘上建了伟大的宫殿。迈锡尼艺术有了自己的特点，并且占据了爱琴海的市场。希腊大陆上各国王的商业势力，东边已达塞浦路斯和叙利亚，南边则经基克拉泽斯群岛到达埃及，西边从意大利到达西班牙，北边则穿过波奥蒂亚和色萨利直达多瑙河岸，只有在特洛伊受到阻碍。就如罗马吸收并传播希腊的文明一样，受到克里特末期文化影响的迈锡尼，也因此将克里特文明传播到地中海各地。

特洛伊城

在希腊大陆与克里特岛之间有220个岛屿点缀着爱琴海，在得洛斯岛（Delos）四周散布成一个圆圈，总称基克拉泽斯群岛。大多数岛屿崎岖荒芜，它们是半沉入海中的一块陆地的山顶，但是有些岛屿富有大理石或金属，早在希腊有历史之前便已很繁盛，并迈入了文明。1896年，雅典的英国学校（the British School of Athens）在费拉科庇（Phylakopi）的米洛斯岛（Melos）进行挖掘工作，发现了工具、武器、陶器等，与克里特米诺斯时代的很相似。此外，在其他岛上的研究工作同样显示出基克拉泽斯群岛拥有过史前文化，在时间及特点方面与克里特相符，不过在艺术造诣上则不及克里特。这个群岛土地面积小，总共还不到 1000 平方英里，并与古典希腊一样，无法统一在一个政权之下。到公元前 17 世纪时，这些小岛在政治及艺术方面，甚至语言文字上，均受到克里特的支配。随后大约在公元前 1400 年到前 1200 年之间，来自克里特的输入减少，这些小岛在陶器及风格上逐渐代以迈锡尼文化。

向东进入斯波拉泽斯（Sporades）群岛，我们可以在罗得斯岛（Rhodes）发现另外一个属于较简单爱琴海型的史前文化。塞浦路斯的铜矿使它在整个青铜时代（公元前 3400—前 1200 年）中获得了相当多的财富，但是当地的器物[1]仍然粗糙无名，在受到克里特影响之后才有了改变。其人口大多数均源自亚洲，所使用的音节文字类似米诺斯时代的文字，他们所礼拜的一位女神显然是来自闪米特的伊什塔尔，后来便成为希腊人的阿佛洛狄忒。公元前 1600 年以后，本岛的金属工业迅速发展。属于皇家的矿场将赤铜输往埃及、克里特和希腊等地。在恩科米（Enkomi）的铸造厂生产了闻名遐迩的匕首。陶器厂生产的球状碗，其市场从埃及直达特洛伊。森林也出产了木材，尤其是所产柏木开始与黎巴嫩的杉木相互竞争。在公元前 13 世纪，来自迈锡尼的移民建立了一些殖民地，后来成为希腊的帕福斯（Paphos）和基提翁（Citium），以及塞浦路斯的萨拉米斯（Salamis），三城分别是阿佛洛狄忒的圣城、希腊哲学家芝诺（Zeno）的出生地以及雅典立法家梭伦的立法之处。

迈锡尼的贸易及影响从塞浦路斯进入叙利亚和卡利亚，然后继续前进抵达亚洲海岸及岛屿，最后止于特洛伊。施里曼及多普费尔得曾在特洛伊距离海岸 3 英里的山上发现了 9 个城市，一个一个地重叠，就好像特洛伊有 9 条命一样。

最底下一层是公元前 3000 年一个新石器时代村庄的遗址。墙壁

[1] 切斯诺拉（Cesnola）将军搜集了很多，现藏于纽约大都会博物馆。

是以泥土为黏剂，以粗石块为材料砌成的。这一层还有黏土的螺纹、象牙器具、黑曜石的工具、手工琢磨的黑陶。在这之上是第二个城的遗迹，施里曼认为这便是荷马史诗中的特洛伊城。其墙壁就像梯林斯和迈锡尼的一样，都是巨石墙；隔一段距离便有城寨，在角落处有双重门，其中两扇还很完整。有些残留下来的房子高度达 4 英尺，墙壁是用砖及木材造成，基础为石块。红色的陶器虽曾使用陶工轮，但还是颇为粗糙，这表示这座城的存在约从公元前 2400 年到前 1900 年，青铜已代替石器成为工具、武器，并且到处可见珠宝。可是雕像仍然原始，一点也不可爱。第二个特洛伊城显然是被大火所毁，可以发现大火的迹象，这一切使施里曼相信这次大火便是阿伽门农统辖下的希腊部队的杰作。

在这个“被火焚灭的城市”之上出现了三个相叠的村落，既小又贫，不具考古价值。大约在公元前 1600 年时，在这座具有历史价值的山上又建立了另一座城市。施里曼由于太过急切，将本层遗物与第二层混杂起来，而认为第六层是一个不重要的吕底亚（Lydian）移民区。但是多普费尔得在他死后继续挖掘，有一段时间并且还是用他的资金，终于发现了一座远大于第二城的另一座城，城内建有坚固的房子，城的周围有高达 30 英尺的城墙，4 个城门中有 3 个留存下来。在废墟中可以发现单色的花瓶，技术远比以前精细，并有像奥尔霍迈诺斯的米尼安（Minyan）人的器物的各种器皿，以及很像在迈锡尼发现的陶器碎片，因此多普费尔得认为这里的陶器是从迈锡尼输入的，也就是与所谓“竖坑坟朝代”同一时期。根据以上这些证据以及其他时有改变的证据，今天一般认为第六城即是“荷马史诗”中的特洛伊城[1]，并且将施里曼自认为在第二城发现的所谓普里阿摩斯的“宝藏”归于第六城——6 个手镯、2 个酒杯、2 顶王冠、1 条头带、60 只耳环

---

[1] 美国辛辛那提大学特洛伊城考古队（从 1931 年开始）队长卡尔·布里根（Carl Blegen）博士认为第六座特洛伊城毁于公元前 1300 年左右，可能毁于地震，然后在其废墟之上又建立第七城——他认为这就是普里阿摩斯的特洛伊。

以及 8700 件其他东西，全部都是金质。第六城也是毁于大火，时间约在公元前 1200 年后不久。希腊史学家传统上均认为特洛伊城的被围时间约在公元前 1194 到前 1184 年之间。[1]

特洛伊人到底是谁？一张埃及的纸草（纸莎草纸，Papyrus）曾经提到在卡达修（Kadesh）之役（公元前 1287 年）中赫梯人的盟友中有所谓的达得诺伊（Dardenui）人。这些人很可能便是达得诺伊人的祖先，达得诺伊人在荷马的语汇中便是特洛伊人。也许这些达得诺伊人是源自巴尔干半岛，在公元前 16 世纪时与同族的弗里吉亚人越过达达尼尔海峡，定居于斯卡曼得（Scamander）河的下游。但是希罗多德却认为特洛伊人便是条克里安（Teucrian）人，而依据斯特拉博（Strabo）的说法，所谓条克里安人便是定居于特洛得的克里特人[2]，时间可能是克诺索斯城被毁之后。克里特和特洛得都有名叫艾达的圣峰，即荷马和英国诗人丁尼生（Tennyson）所谓“多泉的艾达”。这个地方可能有许多时候均受到来自赫梯人内陆政治及种族上的影响。总之，从挖掘的古物中可以看出其文明掺有米诺斯、迈锡尼、亚洲及多瑙河等地的成分。在荷马史诗中，特洛伊人所说的话及所礼拜的神都是跟希腊人一样，但是以后的希腊人则乐于将特洛伊看成是亚洲的城市，并且还将有名的“特洛伊城之围”解释成闪米特人与雅利安人之间及东方与西方之间长期斗争中的第一件大事。

比其种族肤色更为重要的是特洛伊的战略地位，它是位于通往达达尼尔海峡及黑海周边肥沃土地的要冲。在历史上，达达尼尔海峡便是帝国相争之地。特洛伊城之围，即是公元前 1194 年加里波底

[1] 第七座特洛伊是不设防的小殖民地，存至亚历山大大帝于 334 年在其上建第八座特洛伊以纪念荷马时为止。约在公元后头几年内罗马人建了 Novum Ilium（新特洛伊），这座新城存至 5 世纪。

[2] 特洛伊的城名是根据希腊传说中的英雄特洛斯（Tros）所取，特洛斯是伊洛斯（Ilus）之父，而伊洛斯是拉俄墨冬（Laomedon）之父，拉俄墨冬是普里阿摩斯之父。因此该城的城名就有 Troas、Ilios、Ilion、Ilium 等。所谓“名祖”（eponym）就是某社团或政治团体取名时所源由的传奇人物。例如达达尼人（Dardani）就是源于主神宙斯之子达耳达诺斯（Dardanus），同样的，多利安人也自称源自太阳神阿波罗之子多路斯（Dorus），等等。

(Gaillpoli)冒险之处。特洛伊周围平原堪称富庶，其东部蕴藏贵重金属矿，但这并不是它富有的主要原因，也无法解释希腊人长期围攻的原因。特洛伊城地点适中，可以向通过达达尼尔海峡的船只抽税，而且又远离海岸，不易遭受来自海上的攻击。可能就是这个原因，而并不是海伦的美貌，使得特洛伊遭到千艘艨艟的攻击。另外一种可能的理论是，由于海峡里向南的水流及风向使得商人不得不在特洛伊卸货，然后通过陆路运往内地。特洛伊可能就是因为征收此种过境税而变得富有，并拥有强大力量。不管怎样，它的贸易发展迅速，这从其遗物之多可以看出。从爱琴海南部来的有赤铜、橄榄油、酒、陶器，从多瑙河及色雷斯来的有陶器、琥珀、马匹、刀剑，来自遥远中国的则为稀有的玉。同样的，特洛伊也从内地运出一些东西并外销——木材、银、金、野驴子。"善驯马的特洛伊人"高踞城墙之内，控制着整个平原，并对海陆贸易课税。

我们从《伊利亚特》所得知的有关普里阿摩斯及其家庭的景象，具有《圣经》般的宏伟及家长的仁慈。国王实行多妻制，并不是为了享受，而是贵为国王，应繁衍其高贵血统。国王之子则实行一夫一妻制，并且就如维多利亚时代的人一样循规蹈矩——不过只有帕里斯王子是例外，有如雅典的阿尔喀德斯(Alcibiades)一样，毫无道德观念。赫克托耳、赫勒诺斯(Helenus)、特洛伊勒斯(Troilus)等人都要比犹豫不决的阿伽门农、狡猾的奥德修斯、暴躁的阿喀琉斯等更受人喜欢，安德洛玛刻和波吕克塞娜(Polyxena)都如海伦和伊菲吉妮娅(Iphigenia)一样迷人，赫卡柏要比克莱登妮丝特拉好一点。总之，特洛伊人在其敌人的描写之下，似乎要比征服他们的希腊人较少欺诈，更为忠心，更似君子。他们的征服者后来也有同样的感觉。荷马为特洛伊人说了很多好话，萨福(Sappho)及欧里庇得斯(Euripides)两人也很明显地表示他们的同情及赞扬。不幸的是，这些高贵的特洛伊人阻挡了正在扩张的希腊，希腊虽然有众多的缺点，但最后还是将一个更高级的文明带到特洛伊以及地中海的其他地区。

第三章 | 英雄时代

阿哈伊亚人

在博格里兹科尤依（Boghaz Keui）村发现约公元前1325年赫梯人书写的泥板，泥板中谈到一个名叫“阿希爪哇”（Ahhijava）的民族，其势力与赫梯人相当。一项公元前1221年埃及的记录曾提到“阿维阿莎”（Akaiwasha）与其他“海上民族”加入了利比亚侵略埃及的行列，并描写他们是一群“靠打仗以果腹”的漂泊民族。在荷马史诗中，阿哈伊亚人特指色萨利南部一支说希腊语的民族，因为他们成为希腊各部落中最强大的一支，所以荷马以阿哈伊亚人代指在特洛伊的所有希腊人。古典时代的希腊史家及诗人认为阿哈伊亚人和佩拉斯吉人一样都是希腊土著——远在记忆所及之时即是希腊土著，他们并且毫不迟疑地认为荷马所描写的阿哈伊亚人的文化与所谓的迈锡尼文化完全是同一种文化。施里曼也接受了这种看法，有一段时间全世界的学术界也都持此种看法。

1901年，一位极端反对偶像崇拜的英国人威廉·里奇韦（William Ridgeway）爵士，推翻了这种看法。他指出，虽然阿哈伊亚文明在许多方面跟迈锡尼文明一样，但是在关键特点上则不相同：

(1) 迈锡尼人根本还不知道铁这个东西，而阿哈伊亚人则对它已很熟悉；(2) 荷马史诗中的死者均火化，而在梯林斯和迈锡尼则为埋葬，显示出对来世的不同看法；(3) 阿哈伊亚的神居于奥林匹斯山，而在迈锡尼的文化中则无法发现奥林匹斯众神的踪迹；(4) 阿哈伊亚人使用长剑、圆盾、饰针，但是在迈锡尼的遗物中却没有发现这样的东西；(5) 在发饰及服装方面有很大的不同。里奇韦爵士因此认为迈锡尼人便是佩拉斯吉人，说希腊语；阿哈伊亚人则是金发的凯尔特人（Celts），也就是中欧人，他们从公元前 2000 年开始，经过伊庇鲁斯和色萨利进入希腊，并带来对宙斯的崇拜。约在公元前 1400 年，他们侵入伯罗奔尼撒半岛，讲希腊语，接受希腊的许多生活方式，并以封建酋长自居，在他们的城堡里统治着被征服的佩拉斯吉人。

这个推测颇有启发性，不过其中有很多地方必须加以纠正。希腊文学中从未提到阿哈伊亚人入侵的事情，不能因为铁的逐渐使用、埋葬及发饰方式的改变、刀剑的变更或盾的变圆甚至一支饰针便拒绝了一个颇为一致的传统说法，这是不明智的。更为可能的是，就如所有古典作家所认为的，阿哈伊亚人乃是希腊的一族，由于人口的自然增加，便从色萨利逐渐扩张而进入伯罗奔尼撒半岛，时间约为公元前 14 世纪到公元前 13 世纪，并与佩拉斯戈–迈锡尼（Pelasgo-Mycenaey）的血统混合起来，约在公元前 1250 年成为统治阶级。也可能是阿哈伊亚人把希腊语带给佩拉斯吉人，而非从他们那里接受了希腊语。从科林斯（Corinth）、梯林斯、帕纳索斯（Parnassus）、奥林匹亚[1] 等地名中，我们可以听出克里托–佩拉斯戈–迈锡尼（Creto-Pelasgo-Mycenae）混合语的声音。以同样的方式，阿哈伊亚人也许将他们的山

[1] 还有下列这些希腊词：sesamon（sesame，胡麻）、kyparissos（cypress，柏树）、hyssopos（hyssop，牛膝草）、oinos（wine，酒）、sandalon（sandal，便鞋）、chalkos（copper，红铜）、thalassa（sea，海）、molybdos（lead，铅）、zephyros（zephyr，西风）、kybernao（steer，引导）、sphongos（sponge，海绵）、laos（people，人们）、kitharis（zither，古琴）、syrinx（flute，笛子）和 palan（paean，赞美歌）等。

神和天神添加到其先民的地下神之上。除此之外，迈锡尼文化与阿哈伊亚文化之间并没有明显的分界；两种生活方式似乎已经混合并融成一体，随着融合的进行，阿哈伊亚文明逐渐消失，最后终于因为特洛伊的落败而被消灭，希腊文明也随之开始。

英雄传说

英雄时代的各种传说可以隐约显示出阿哈伊亚人的来源和命运。我们绝不能忽视这些传说，虽然这些传说可能受到一种残忍的想象力的鼓舞，但是它们所包含的历史可能远远超过我们的想象。这些传说与希腊诗歌、戏剧和艺术等互相结合，如果没有这些传说，我们将很难了解希腊在文学艺术方面的成就。[1]

赫梯的刻文中曾经提到公元前 13 世纪时阿希爪哇的国王阿它里西阿斯（Atarissyas），他可能就是阿哈伊亚的国王阿特柔斯。在希腊的故事中，宙斯是弗里吉亚国王坦塔鲁斯（Tantalus）的父亲[2]，而坦塔鲁斯是珀罗普斯之父，珀罗普斯是阿特柔斯之父，阿伽门农则为阿特柔斯之子。珀罗普斯因为被放逐，约在公元前 1283 年到达伯罗奔尼撒半岛西部的埃里斯，并决心娶埃里斯国王奥娜玛斯（Oenomaus）之女希波达米亚（Hippodameia）。在奥林匹亚的宙斯神殿山形墙上，仍然可以看到当初他们恋爱的经过。这位国王立下了一个规则以测验

---

[1] “珀尔修斯……赫拉克勒斯……米诺斯、忒修斯、伊阿宋……现代通常认为这些以及当时的其他英雄人物是纯粹神话的人物。后来的希腊人在批评他们过去的有关记录时，毫无疑问地认为这些都是历史上的人物，他们事实上均统治过阿尔戈斯和其他王国；在经过一段极端怀疑的时期后，许多现代的批评家又回复到希腊人的看法……这些故事里的英雄，就像他们所活动的那些地理环境一样都是千真万确的。”——《剑桥古代史》，第 2 卷，478 页。我们应该假定各主要传说在本质上是真的，而细节上则是富于想象的。

[2] 坦塔鲁斯因为透露众神的秘密而使他们大发雷霆，同时，他还偷窃他们的饮料及食品，但将其子珀罗普斯煮熟切片后奉给众神食用。宙斯将珀罗普斯再度拼合起来，并将坦塔鲁斯降入地狱，令他遭受难挨的口渴。坦塔鲁斯被放在一个湖的中央，在他想要喝水时，湖水便逐渐消失；在他头上有挂满果实的树枝，当他伸手摘取时，树枝也随即远离；在他头上还悬垂着一个大石块，随时都可能掉落击毙他。

他女儿的追求者，就是所有追求者须与他比赛驾车，如果哪位追求者赢了比赛，便可娶他的女儿，否则便会被处死。已经有数位追求者试过，不但比赛失败而且丧失了性命。珀罗普斯为了降低危险，就贿赂了国王的车夫墨提勒斯（Myrtilus），将国王战车的制轮楔都去掉，并答应在事成之后与车夫共分王国。在比赛中，国王的战车果然出事，国王因此被摔死。珀罗普斯于是与希波达米亚结婚并统治埃里斯，但是珀罗普斯并未将国土的一半给予墨提勒斯，反而将他丢入海中。墨提勒斯在下沉之时，曾经诅咒珀罗普斯以及他的所有后代。

珀罗普斯的女儿嫁给史珊尼拉斯（Sthenelus），他是珀耳修斯之子和阿尔戈斯之王；珀罗普斯去世后，王位由其外孙尤利斯特阿斯（Eurystheus）继承，他死后则由其舅阿特柔斯继位为王。阿特柔斯的儿子阿伽门农和墨涅拉俄斯娶了拉西迪蒙（Lacedaemon）国王廷达尤斯（Tyndareus）的女儿克莱登妮丝特拉和海伦；当阿特柔斯和廷达尤斯死后，阿伽门农和墨涅拉俄斯便统治了整个伯罗奔尼撒半岛的东部，首都分别设于迈锡尼和斯巴达。伯罗奔尼撒半岛即珀罗普斯之岛的意思，珀罗普斯的后代几乎全忘了墨提勒斯的诅咒。

与此同时，希腊的其他地区也都是英雄的天下，他们大多已建立了城市。根据传说，在公元前 15 世纪，宙斯对人类的罪恶感到震怒，于是招来一场大水灾，结果有一位男人丢卡利翁（Deucalion）及其妻子皮拉（Pyrrha）获救，他们所乘的一个方舟或是箱子，最后停泊于帕纳索斯山（Parnassus）上。丢卡利翁的儿子赫楞（Hellen）便是希腊各族的祖先，也因此希腊人总称为赫楞人。赫楞便是阿加亚斯（Achaeus）和伊翁（Ion）的祖父，他们便是阿哈伊亚和伊奥尼亚（Ionian）两族的祖先。这两族经过多次迁徙后，分别定居于伯罗奔尼撒半岛和阿提卡。伊翁的后代之一塞克罗普斯（Cecrops）在女神雅典娜的帮助下，建立了一个以这位女神之名为名的城市雅典。根据传说，塞克罗普斯为阿提卡带来了文明，制定婚姻，废除血腥的祭礼，并要求其臣民礼拜奥林匹斯众神，尤其是宙斯和雅典娜。

塞克罗普斯的后代成为雅典世代相传的国王。第四位国王是厄瑞克忒翁（Erechtheus），他被雅典奉为神，以后有一神庙专门奉祀他。他的孙子忒修斯约在公元前 1250 年将阿提卡的 12 个村庄合并为一个政治单元，其人民不管住在何处，一律叫雅典人。可能就是因为这种历史性的市区共同生活（synoikismos），所以雅典就像底比斯和迈锡尼一样都有一个复名。忒修斯使雅典秩序井然、势力大增，终止了将雅典青年男女献给米诺斯的传统，杀死了拦路强盗普洛克路斯忒斯（Procrustes），使其人民得以安全地走在路上。普洛克路斯忒斯常将被虏的人置于其特制的床上，身长不及床身者，均被硬拉扯与床相等，过长者则切去其腿。忒修斯死后，也被雅典奉祀为神。公元前 476 年时，即在伯里克利时代，雅典将葬于西诺斯（Scyros）的忒修斯骨头移到忒修斯的神庙，当作圣物。

在北边的波奥蒂亚，另一个势力相当的首府也有同样令人兴奋的传统，这些传统到古典时代成为希腊戏剧的材料。在公元前 14 世纪末期，腓尼基或克里特或埃及的一位王子卡德摩斯（Cadmus）在希腊东西线和南北线相交之处建立了底比斯城，使其人民认识文字，并杀死一条阻止人民饮用阿瑞儿（Areia）泉水的龙（龙在古代可能是指一种有传染病的生物）。卡德摩斯将这条龙的牙齿埋于土中，结果跃出了许多全副武装的人，就像历史上的希腊人一样，他们互相击杀，直到剩下 5 人，这 5 人便是底比斯王族的创始者。政府设于一个名叫卡德墨亚（Cadmeia）的山上城堡，在这里现代考古学家曾掘出了卡德摩斯的王宫[1]。卡德摩斯之后由其子波利多鲁斯（Polydorus）、孙子拉伯达卡斯（Labdacus）、曾孙雷伊阿斯（Laius）接连即位为王，雷伊阿斯之子俄狄浦斯杀了父亲并与其母结婚。俄狄浦斯死后，其子互相争夺王位，就像其他王子一样。厄特克勒斯（Eteocles）驱逐

---

[1] 卡德摩斯王宫的时间约为公元前 1400 到前 1200 年。在这里曾发现了目前还无法解释的文字书写的碎片，可能是属于克里特系统。

了波利尼西斯（Polynices），后者则请求阿尔戈斯之王阿德拉斯图斯（Adrastus）协助获取王位。阿德拉斯图斯曾经两次出兵协助，第一次约在公元前1213年，即是著名的“七联盟”（Seven Allies）对底比斯之战。第二次则为16年后的“爱匹戈尼（Epigoni）之战”，这一次厄特克勒斯和波利尼西斯均被杀死，而底比斯也同时被焚为平地。

在底比斯贵族中有一位叫安菲特律翁（Amphitryon），他有一名迷人的妻子阿尔克墨涅（Alcmene）。当安菲特律翁出外作战时，宙斯到访，于是她生了赫拉克勒斯。[1]宙斯之妻赫拉对宙斯与凡间妇女的罪孽颇为不悦，于是她派出两条巨蛇前往结束摇篮中的婴孩性命。但是这个婴孩双手各执一蛇，将它们捏死，所以他就叫赫拉克勒斯，即由赫拉赢取荣誉之意。在音乐史上最早的音乐家利努斯（Linus）曾试图教导青年赫拉克勒斯如何演奏和歌唱，但是赫拉克勒斯对音乐不感兴趣，并用七弦琴打死了利努斯。当他长大后——一个笨拙、嗜酒、好吃而善良的大个子——他答应杀死一只蹂躏安菲特律翁和泰斯庇斯（Thespius）羊群的狮子。后来，泰斯庇（Thespiea）之王要将他的家及他的50个女儿送给赫拉克勒斯。他果然勇敢地杀死了狮子，并用其皮做衣服。他后来娶了底比斯的吉安（Creon）的女儿麦加拉（Megara），并试图定居下来，但是赫拉却使他突然发了一阵疯，在不知不觉中将自己的儿女杀死。他到德尔菲去求神卜，结果依据指示他应移居梯林斯，并在阿尔戈斯国王尤利斯特阿斯手下服务12年；在此之后，他将可成为长生不死的一位神。他答应了，并为尤利斯特阿斯完成了12件著名的艰难工作。[2]获准离开后，他便

[1] 历史学家狄奥多鲁斯（Diodorus）说：“宙斯使当天晚间变成通常的3倍长；由于双方交合时间之长，宙斯预料将来小孩的力量将超乎常人。”

[2] 他杀死骚扰尼米亚羊群的狮子；杀死九头怪蛇；捕获一只速度奇快的公鹿送给尤利斯特阿斯；在厄律曼托斯（Eurymanthus）峰捕获一只野猪，将它献给尤利斯特阿斯；在一天之中引来河水以清洗奥格阿斯（Augeas）养有3000头牛的牛栏；消灭了怪鸟；将蹂躏克里特的狂牛捕获，背着送给尤利斯特阿斯；驯服了狄奥墨得斯（Diomedes）的食人马；几乎将亚马逊（Amazon）族人完全杀死；他在地中海入口分立了两个海角（即“赫拉克勒斯之柱”），逮获革律翁（Geryon）的牛只，并经高卢、阿尔卑斯山、意大利，越（转下页）

回到了底比斯。

他再度完成许多艰巨的工作：他参加了阿尔戈英雄（Argonauts）的远行，劫掠了特洛伊城，协助诸神打败巨人，释放了普罗米修斯，使阿尔克提斯（Alcestis）复活，并时常意外地将自己的朋友杀死。死后他被称为英雄与神，并且因为他处处留情，许多部族均声称他是他们的祖先。[1]

他的儿子们最后居住于色萨利的特拉奇斯（Trachis），但是尤利斯特阿斯唯恐他们会推翻他，以报复其父无端被迫去完成如此众多艰难的工作，于是命令特拉奇斯的国王将他们驱逐到希腊境外。赫拉克勒斯后裔（Heracleidae）最后避难于雅典，尤利斯特阿斯派军攻打他们，但是他们合力将他击败并杀死他。稍后，阿特柔斯又率领军队攻打他们，赫拉克勒斯的另一个儿子希拉斯（Hyllus）提议与阿特柔斯手下任何一人单独决斗，如果他赢的话，赫拉克勒斯后裔便将接收迈锡尼王国；如果失败了，他们兄弟便将离开，直到50年后再回来接收迈锡尼。结果希拉斯失败了，并率领其众离去。50年后，另一代赫拉克勒斯后裔回到迈锡尼。根据希腊传说，征服伯罗奔尼撒半岛而结束英雄时代的便是他们，而不是多利安人。

如果珀罗普斯及其后代的故事表示阿哈伊亚人是源自小亚细亚的话，他们命运的情节可以在阿尔戈英雄的故事中见到。就像希腊许多可当作历史传统及民间故事的传说一样，这是很精彩的故事叙述，有冒险、考察、战争、爱情、神秘及死亡等因素，织成一块华美的布料，在雅典的剧作家几乎将它穿破后，又被爱琴海罗得岛的阿波

（接上页）海送给尤利斯特阿斯；他发现了赫斯帕里特斯（Hesperides）的苹果，并曾为阿特拉斯（Atlas）托住地球；进入地狱援救忒修斯和阿斯卡拉福斯（Ascalaphus）。赫斯帕里特斯是阿特拉斯的女儿，赫拉将她与宙斯结婚时该亚（Gaea）所送的金苹果托付阿特拉斯的女儿保管。这些苹果由一条龙负责监管，凡吃食此种苹果者均可获得半神性。

[1] 历史学家狄奥多鲁斯认为这位奇异的“文化英雄”是一位原始的工程师，也是史前的恩培多克勒（Empedocles）；有关他的传说表明他净化了泉水，劈开了山脉，改变了河道，开垦了荒地，清除森林的凶猛野兽，而使希腊成为适合居住的土地；另一方面，赫拉克勒斯是神的爱子，他为人类受苦，起死回生，跌入地狱，最后进天堂。

隆纽斯编成一首非常流行的史诗。故事开始于波奥蒂亚的奥尔霍迈诺斯，也是与以人献祭有关，就如阿伽门农的悲剧一样。国王亚瑟马斯（Athamas）见到国内发生饥荒，决定以其子弗里克斯（Phrixus）奉献众神。弗里克斯听到这个消息后，便与其妹赫里（Helle）逃离奥尔霍迈诺斯，两人共骑一只金毛的公羊从空中逃走。但是山羊不太稳定，赫里掉了下来，在一个海峡淹毙。为了纪念她，人们把这条海峡命名为赫里斯庞特（Hellespont），即达达尼尔海峡。弗里克斯着陆后，便前往黑海边的科尔基斯（Colchis），在这里以这只山羊献祭给神，并且吊起金羊毛作为战神阿瑞斯（Ares）的献礼。科尔基斯的国王埃厄忒斯（Aietes）派了一条终日不眠的龙看守金羊毛，因为有一卜言说如果金羊毛被外人偷去的话，他便会死亡；为了能够免除麻烦，他下令任何到达科尔基斯的外人均须处死。他的女儿美狄亚（Medea）因为喜爱外国人及其生活方式，同情进入科尔基斯的旅行者并协助他们逃走。她父亲于是下令将她关起来，但是她逃到海滨一处圣址，在痛苦沉思的日子中度日，直到伊阿宋（Jason）发现她在海岸上徘徊。

约在20年前（约公元前1245年），海神（波塞冬）的儿子珀利阿斯（Pelias）夺取了色萨利的伊奥尔科斯（Iolcus）的国王埃森（Aeson）的王位。埃森的婴孩伊阿宋被友人隐藏起来，并在树林中长大，臂力和勇气均过人。有一天他出现于市区，穿着豹皮衣服，带着两根长矛，要求珀利阿斯将王国还给他。他虽健壮，却很单纯，珀利阿斯说服他去从事一项艰巨的工作以作为拿回王位的代价——找回金羊毛。于是伊阿宋造了一艘大船，并将它命名为“阿尔戈”（Argo，“迅速”之意），并呼吁希腊最勇敢的青年跟他从事这项冒险。其中有赫拉克勒斯和他的密友希拉斯（Hylas）、阿喀琉斯的父亲珀琉斯（Peleus）、忒修斯、麦利弋（Meleager）、奥菲厄斯、快腿少女亚特兰大（Atalanta）。船进入达达尼尔海峡时便停止了。可能是受到来自特洛伊某队人马的阻挡，因为赫拉克勒斯在这时便脱离了探险队，去劫掠特洛伊城，并杀死其王拉俄墨狄亚（Laomedon）及除普里阿摩斯以外的诸王子。

经过许多艰险后，阿尔戈英雄抵达了目的地，但是美狄亚警告了他们外人将有被处死之虑。但是伊阿宋坚持完成使命，美狄亚也同意协助他获得金羊毛，但是他必须将她带到色萨利，并娶她为妻，至死不渝。伊阿宋提出了保证，在美狄亚协助下拿到了金羊毛，带她及手下人回到船上。多人都受了伤，但是美狄亚用树根及草药立刻将他们治好。当伊阿宋抵达伊奥尔科斯时，他再度要求珀利阿斯归还王国，但是后者再度拖延。美狄亚于是用魔法欺骗珀利阿斯的女儿将她们的父亲煮死。当地人民慑于她的魔法，于是将她及伊阿宋赶出伊奥尔科斯，永远禁止他登上王位。其余有关的故事则均属剧作家欧里庇得斯的创作。

神话常是一个民族的智慧以诗意的言辞表现出来，例如伊甸园的故事乃表示对知识的失望以及随爱情而来的其他负担。传说常是一个历史片断，随着年代的消失而逐渐加上各种捏造的内容。很可能在特洛伊遭受历史性的围城以前一个世代中，希腊人曾经企图穿过达达尼尔海峡，打通黑海，从事殖民及贸易。阿尔戈英雄的故事很可能便是这种商业探索行为的戏剧化。“金羊毛”也可能是指毛皮或布料，被小亚细亚北部的古代人用来捞获从河流冲下的金沙。大约在这个时候，希腊确曾在距离达达尼尔海峡不远的利姆诺斯（Lemnós）岛上殖民。黑海也不是很欢迎外来客，特洛伊在受到赫拉克勒斯的劫掠后再度兴起，使得在达达尼尔海峡一带的探险工作遭受阻碍。但是希腊人对此并未忘怀，他们将会再来的，但不是只有一艘船，而是几千艘。在伊利昂（Ilion）平原上，阿哈伊亚人为了使达达尼尔海峡能够自由通行，将做出伟大的牺牲。

荷马文明

我们该如何从有关传说的诗歌中梳理出阿哈伊亚时代的希腊生

活呢？这个时代约公元前1300年至公元前1100年。我们主要的依据便是诗人荷马，然而是否真有荷马其人尚难断定，而且其史诗至少要比阿哈伊亚时代晚了300年。令考古学家感到惊奇的是，考古学竟然证实了《伊利亚特》史诗中描述的特洛伊、迈锡尼、梯林斯、克诺索斯及其他城市，并且还发掘出与荷马史诗中所描写的很相像的迈锡尼文明。因此，我们今天都认为荷马史诗中各个故事的主角人物是真有其人。但是，我们无法知道荷马史诗到底受他所生存时代的影响有多大。我们想知道，从荷马史诗所得知的希腊传统来设想荷马时代，会是怎么一个样子。总之，我们可以见到希腊从爱琴文化转变成历史上著名的希腊文明。

·劳力

阿哈伊亚人（英雄时代的希腊人）给我们的印象是他们的文明不及在他们之前的迈锡尼，但却超过在他们之后的多利安人。关于他们的身材，男人高大健壮，女人则非常美妙动人。就像1000年后的罗马人一样，阿哈伊亚人轻视文绉绉的文学，认为那是无丈夫气的堕落。他们唯有不得已时才使用文字书写，他们所知的唯一文学是军歌及游吟诗人未诉诸文字的歌唱。如果我们相信荷马的话，我们必须认为宙斯已在阿哈伊亚的社会中实现了一位美国诗人的梦想，这位美国诗人曾写道："如果他是上帝的话，他将使所有的男人身体健壮，所有女人美丽动人，然后他自己也将变成男人。"荷马的希腊是一场美人梦。男人也都英俊潇洒，长发美须。男人所能赠人的最大礼物便是割下头发，放在友人火葬柴堆上作为献礼。当时尚不流行裸露，男女均以一件四方形衣服挂两肩，以一个别针固定住，长度几乎可及膝部。女人可能加上一片面纱及腰带，男人则围上腰布——随着他们重视尊严，这种腰布将演进成内裤和长裤。有钱的人则穿着贵重衣服，就像特洛伊王普里阿摩斯送给阿喀琉斯以求赎回其子赫克托耳的衣服一样。男人腿部赤裸，女人则露出手臂，男女在外出时都穿鞋，但在室内则通常赤足。男女均戴珠宝，女人和帕里斯王子均以“玫瑰香油”涂抹身体。

当时他们又是怎样过日子的呢？荷马告诉我们说他们耕地，愉快地闻着新耕过的暗色土地的味道，眼睛扫视着犁得笔直的畦沟，播种小麦，灌溉土地，筑堤以防冬天的水患。他使我们感觉到农民经过数月耕耘的成果被涨满的洪水冲走时的失望心情。“洪水泛滥奔腾，震塌了堤防，长列的土墩无法支撑，果实丰饶的果园园墙也挡不住洪水的突袭。”土地均难以耕种，因为大部分是山区、沼泽或树木茂盛的山丘。村庄时有野兽出没，狩猎起初是一种不得已的行为，而后才变成一种运动。富人均是大畜牧业者，养着牛、绵羊、猪、山羊和马。有一位伊利奇桑琉斯（Erichthonius）的人养了3000匹带着小马的传种母马。穷人三餐吃的是鱼及谷物，偶尔还有蔬菜。战士及富人则吃大块的烤肉，早餐则为肉类及酒。奥德修斯和他的养猪人共同吃一小只烤猪当午饭，晚餐则吃一只5岁的猪的三分之一。他们以蜂蜜代替糖，食用动物的脂肪而非奶油，他们不吃面包而是食用谷类做成的饼，用一块铁或石块所烤成，大而薄。他们吃饭时不像雅典人那样躺靠着，而是坐在椅子上。他们也不是围着一张桌子，而是沿着墙坐，座位之间有小桌。他们不用叉子、汤匙或餐巾，而是只用自己携带的刀子，吃东西时用手指。穷人及小孩通常饮用的酒都是加水稀释过的。

土地的所有权属于一个家庭或家族，而不是个人。做父亲的有管理和控制的权力，但是他无权卖掉土地。在史诗《伊利亚特》中，有大片的土地称为国王的御地，实际上是属于整个社区的，任何人均可在其中牧羊。在史诗《奥德赛》（*Odyssey*）中，这些公地均经过划分，被有钱或有势者购去或占用。

除生产粮食外，土地可能也蕴藏着金属，但是阿哈伊亚人未从事开采工作，反而满足于自外输入的赤铜、锡、银、金以及一种奇异的新奢侈品——铁。在为纪念帕特洛克罗斯（Patroclus）而举行的竞技赛中，一块不成形的铁被作为一项贵重的奖品，阿喀琉斯说这块铁可以制成许多农具。他并没提到可制成武器，因为当时的武器还是用青铜制成的。《奥德赛》曾经描写了铁的锻炼方法[1]，不过这首史诗相比《伊利亚特》，属于一个更晚的时代。

铁匠及陶工均各自有店，荷马史诗中的其他匠人——马鞍匠、泥水匠、木匠、家具匠——均是到订做这类东西的人家里工作。他们不是为市场而生产，不是为营利或出售。他们每天工时很长，但是很从容，并未受到互相竞争的影响。每个家庭都设法供应自己大部分的需要，每个成员都要动手工作，即使是一家之长，甚至地方小王，如奥德修斯，都要为自己家庭做床造椅，并为自己制造皮靴和马鞍。他不像以后的希腊人，他对于自己的手艺非常自豪。珀涅罗珀（Penelope）、海伦和安德洛玛刻以及她们的侍女都是同样忙着纺织、刺绣和家庭琐事，当海伦把她的女红展示给忒勒玛科斯（Telemachus）看时，似乎要比她在特洛伊的城垛上行走时更为可爱动人。

古代希腊的匠人都是自由人，从来不曾做过奴隶。农人在紧急状态时可能被征召为国王服役，但是从未听过受到地主束缚的农奴。奴隶的数目不大，而且其地位也并不低下，他们之中大多数是家庭女佣，其地位与今天家庭中的保姆同样高，除非他们是由主人买卖做长期服务而非短期不固定的雇佣。有时他们也遭到残酷的对待，但通常他们被视为家庭中的成员，他们在疾病、衰弱或年老时会受到照顾，与男女主人之间可能会有深挚的感情。瑙西卡（Nausicaa）就协助她的用人在溪水里洗衣服，和他们一起玩球，总之是将他们看成同伴。如果女仆与男主人生了小孩，那么这个小孩通常便成为自由人。但是任何人都可能因为在战场或海上被俘而变成奴隶。这是阿哈伊亚人生活中最痛苦的一面。

---

[1] “当铁匠将一把大斧或斧劈浸入冷水中时，它发出了嘶嘶之声，这就是使铁变得刚强有力的方法。”

荷马史诗中的社会是很乡村化的。所谓“城市”，也不过是聚集在山上城堡周围的村庄而已。通信单靠传令官或信差，如果是长距离的话，则由一个个山头传递烟火。陆地上的交通因为山区无路、河流无桥以及沼泽等关系而显得困难危险。虽然木匠可以造四轮车子，轮上还有辐条及木质轮箍，但是大部分货物还是由人或骡运输。海上贸易则较容易，虽然有海盗和暴风雨，但天然港口甚多，只有从克里特到埃及的 4 天航程中才见不到陆地。通常船在夜间都靠岸，船员及旅客则找安全的地方过夜。在这个时期，腓尼基人的贸易及航海技术均超过希腊人。希腊人因此轻视贸易并从事海盗行为。

这个时代的希腊人没有“钱”这个东西，他们用以交易的媒介是铁、铜或金的铸块，公牛或母牛也当作一种价值标准。重 57 磅的金块称为 1 塔伦（talent）。然而以物易物的买卖到处可见。财富是以物品计算，尤其是以牛，而非以金属或纸制物为准，因为金属等物的价值，随时随地可因人的“经济神学”（economic theology）的交易而有所变动。荷马时代的社会中也有贫富之分，社会像是一辆在崎岖路面上行驶、不时发出隆隆声响的车子，不管车子结构如何精良，车内的某些物件最后一定跑到最下面，有些东西则将升到上头。陶工所做的器皿不全是用相同的泥土，其强度或脆性也有分别。在《伊利亚特》的第二章中我们已可以听到阶级战争之声，并且当瑟塞提兹（Thersites）斥骂阿伽门农时，我们已可以看出一个经常存在的问题的端倪。

·道德

当我们读荷马的史诗时，我们所得到的印象是：我们目前的这个社会要较克诺索斯或迈锡尼的社会更不守法纪、更原始。阿哈伊亚文化反而是倒退一步，它是光辉灿烂的爱琴文明与多利安征服后黑暗时代之间的一个过渡时期。荷马史诗中的生活拙于艺术而富于行动，不爱沉思，轻快而节奏迅速。它太年轻力壮，以致无暇顾及道德或哲学。

当然，他们也有许多温柔的气质和景象。即使战士们也都慷慨慈爱，父母与子女之间的爱也是深挚的。当奥德修斯经过长期流浪抵家时，他的家人认出他后，便互相亲吻对方的头及肩部。当海伦和墨涅拉俄斯获悉勇敢善战的忒勒玛科斯就是奥德修斯的儿子时，他们都喜极而泣。阿伽门农哭泣时泪眼汪汪，就像“一条溪流奔过岩石”。英雄间的友情坚定不移，不过阿喀琉斯对帕特洛克罗斯的痴情可能夹杂一点同性恋的因素。好客之风很盛，因为“所有陌生人和乞丐也都来自宙斯”。少女为客人洗濯脚或身体，并用药膏涂抹其身体，也可能送给他新衣服。如果必要的话，客人还可接受食宿招待，甚至礼物。当“美丽的海伦”将一件贵重的衣服放入忒勒玛科斯的手中时说：“瞧！孩子！我将这件礼物送给你，这是我亲手做成的，希望留待你盼望多时的结婚来临时，送给新娘子穿。”从这里可以看出人类的慈爱和细致的心，但在《伊利亚特》中，这些感情只能藏于战争的表面之下。

即使战争也无法阻止希腊人对比赛的爱好。成人和小孩都参加各种富于技巧而困难的竞赛，他们公平又心平气和地举行这些竞赛。珀涅罗珀的追求者下棋、掷铁饼或标枪，曾经招待奥德修斯的菲阿刻斯（Phaeacian）主人玩掷铁圈和一种跳舞和球戏混合的娱乐。[1] 当帕特洛克罗斯被火化之后，根据阿哈伊亚人的习俗，随之便举行各种比赛，为奥林匹克竞赛立下先例——赛跑、铁饼、标枪、弓箭、摔跤、赛车、武装决斗，大家兴致勃勃，但是只有统治阶级可以参加，也只有诸神才能作弊。

---

[1] “然后阿尔喀诺俄斯（Alcinous）便命令哈力亚斯（Halias）和卢达玛斯（Loodamas）开始跳舞，因为没有人敢于和他们跳舞。他们似乎拿那个紫色和精致的球……并开始玩起来。第一人将身体向后弯，将球掷向暗地里的群众，但第二人便高高往上跳，在双脚落地之前以优美的姿势接住了球。在他们练习将球掷高之后，他们便开始互相传球，同时在肥沃的土地上跳着舞。”

但就另一方面而言，我们所见到的景象并非令人欣慰。阿喀琉斯提供了“一位善于手工的女人”作为赛车的奖品；而在帕特洛克罗斯火化的柴堆上，放了马、狗、牛、羊和人作为牺牲，使他死后仍享受到好的照料及食物。阿喀琉斯虽然以礼对待普里阿摩斯，但这是在他将普里阿摩斯的儿子赫克托耳的尸体拖着在柴堆绕了几圈之后。对阿哈伊亚男人而言，人命是不值钱的，夺去一个人的性命并不是严重的事，片刻的欢乐便可忘却这回事。当一座城被攻下时，男人不是被杀便是被贩为奴隶，美丽的女人则被纳为妾，否则的话便收为奴隶。海盗行为仍然受到尊敬。即使国王也组织劫掠行列，抢劫村镇，奴役其人民。修昔底德便说：“实际上，这是早期希腊人赖以谋生的主要来源，对这种行为毫不感到羞耻。”相反，他们认为这是一种荣耀，就像我们的时代中，大国可以征服毫无防卫力的民族，而不损于其尊严或正义。当奥德修斯被问到是否经商时，他觉得是受到侮辱，因为商人仅记挂着自己贪心的所得，但是他却很自豪地谈着自己从特洛伊回来时，由于补给消耗殆尽，便劫夺了伊斯库斯（Ismarus）城，将食物装满他的船只，或是他如何上溯埃吉普图斯（Aegyptus）河“以抢掠一片美好的土地，带走了妇女小孩，并杀死男人”。没有一个城市可以免遭如此无缘无故的突然攻击。

阿哈伊亚人除了喜爱抢劫和杀戮之外，他们还对说谎毫不在乎。奥德修斯几乎每次说话都免不了说谎，每有行动也都难免狡诈。他和迪奥梅（Diomed）俘虏了特洛伊的侦察员多伦（Dolon）后，告诉他如果提供所需的情报，便可饶他一命，他果然照做，但是却仍难逃一死。当然有许多其他阿哈伊亚人不如奥德修斯狡诈，但是并非他们不愿这样做，他们都欣羡和赞佩他，并且以他为模范人物。诗人把他描述成十足的英雄人物，即使女神雅典娜都赞扬他的说谎，并且以此作为她喜欢他的原因之一。雅典娜以一只手抚摸着他，微笑地告诉他：“能在各种诈欺行为中超过你的人一定是一位狡猾的恶棍，即使他是一位神祇，是一个大胆、狡猾、欺诈的人！似乎在你自己境内都免不了编造欺人之谈和奸计，这其实就是你衷心喜爱的。”

说真的，我们为这位古代的明希森（Munchausen）[1]所吸引。我们在他身上和他耐劳精明的族人中可以发现一些可爱的气质。他是一位慈父，在其王国内也是一位公平的统治者，他“对国内任何人从没在言行上有所伤害”。他的养猪人说：“不管我到什么地方去，即使回到父母身边，也无法找到一位如此仁慈的长者！”我们羡慕奥德修斯“如神一样的身材”，他的身体非常强健，虽然年近50，但是掷铁饼可以掷得比任何菲阿刻斯的青年更远；我们赞赏他“坚定不移的心”，他的“智慧有如主神朱庇特”；我们也会同情他，例如当他失望于重见“起自他土地上的烟火”而想了此一生时，或是当他遭逢困难痛苦而以苏格拉底喜欢引用的话自我安慰、坚强起来时——“我的灵魂呀，现在耐着性子吧！你曾遭遇过比这更困苦的事。”在身心两方面他都是铁人，但又是百分之百地有人性，因此他令人怀念。

这个问题的答案乃是阿哈伊亚人的判断标准，与我们的不同，就像战争与和平的不同一样。他生长在一个混乱、不安、饥饿的世界，人人必须自卫，时常准备着弓箭，并且面临流血事件时须能镇静应付。就如奥德修斯所说的：“谁也掩藏不了凶狠好吃的肚子……因此，才会派出船只去劫掠海面上的敌人。”因为阿哈伊亚人在自己国内都不安全，在外当然不尊重别人的安全。弱者才讲究公平，他们认为至上的美德乃是勇敢无情的智慧。所谓美德（Virtue）实际就是*Virtus*（拉丁文），即男子气概，也是*Arete*（拉丁文），即战神（*Ares*或*Mars*）的气质之意。并不是说温柔、容忍、可靠、冷静、勤劳、诚实的人就是好人，好人必须勇敢善战。而所谓坏人也不是指酗酒、说谎、谋杀、背叛，而是指一个畏怯、愚笨或软弱的人。早在哲人斯拉西马克斯（Thrasymachus）和尼采（Nietzsche）之前，于欧洲早期不成熟但充满活力的时代中，便有了类似尼采的人。

---

[1] 明希森（1720—1797年），德国军人及冒险家，因夸大的冒险故事而闻名。——译者注

· 男女两性

阿哈伊亚的社会是父权独裁，但掺以女人的美、怒以及亲情的热烈温柔。[1]在理论上，父亲至高无上，他可以随意纳妾[2]，他可以将她们送给客人，他可以将子女置于山顶任其自生自灭，他也可以杀害子女以献祭于饥饿的神。此种父权至上的社会并不一定就是残忍的，父权至上的存在是因为国家的组织尚不足以维持社会秩序。在此种社会中，“家庭为了维系秩序，便需要父亲的权力，最后生杀予夺之权为国家所有，父亲的此种权力也就被国家所替代”。随着社会组织的演进，父权和家庭势力逐渐消失，自由及个人主义日见滋长。事实上，阿哈伊亚男人通常都是讲理的，耐心地听着家庭中的唠叨，疼爱子女。

在这种父权结构的社会中，妇女的地位在荷马史诗时代远高于伯里克利时代的希腊。在传说及史诗中，妇女占有重要的地位，从珀罗普斯对希波达米亚的追求到伊菲吉妮娅的温柔和厄勒克特拉（Electra）的怨恨中，可以得到证明。闺房及家庭束缚不了她们；她们在男女群中自由来往，有时还参加男人的正式讨论，就如海伦与墨涅拉俄斯、忒勒玛科斯的讨论一样。当阿哈伊亚的领袖要使其人民激起同仇敌忾之情以对付特洛伊时，他们并不是诉诸政治、种族或宗教的思想，而是诉诸对妇女美貌的情愫。海伦的美貌使得一个攻城略地、争夺贸易的战争更多彩多姿。如果没有了女人，荷马史诗中的英雄将变成粗俗的莽夫，再也没有什么东西值得为之生为之死了。女人多少教导了男人一些礼貌、理想和温柔的方式。

---

[1] 某些迹象显示出此前“母权社会”的情况：根据雅典的传说，在塞克若普斯以前，“孩子们不认识他们的父亲”——那就是说，据推测，后代只有因其母亲而被承认；甚至在荷马时代，有许多被希腊诸城邦特别崇拜的神明都是女神——阿尔戈斯（Argos）的赫拉、雅典的雅典娜、埃莱夫西斯的德墨忒尔和珀耳塞福涅（Persephone）——均未明显地附属于任何男性神明。

[2] 忒修斯的妻子不可胜数，某历史学家甚至还为她们编了一个研究的目录。

婚姻是一种买卖，通常是以牛或相等的东西计算，由追求者付给女子父亲。荷马曾谈到“牛带来的新娘”。这种买卖是相互的，通常女方父亲会给新娘相当丰富的嫁妆。典礼是家庭性及宗教性的，充斥着大吃大喝，尽情跳舞和嘈杂的娱乐。“在火炬的亮光之下，他们携带着各自的新娘，离开房间，穿过街市，新婚歌曲随之响起。青年婆娑起舞，在他们中高高响起横笛和七弦琴的声音。”人生的要求总是少有改变的。女人一旦结婚后，便成为家中的女主人，与其子女所受的尊敬相等。最真实的爱，也就是一种深深的相爱和关心，无论对希腊人还是法国人来说，是在婚后而非在婚前才会有的。它并不是肉体的相亲相近而爆出的火花，而是在家庭日常操心及勤劳中长期厮守结出的果实。荷马史诗时代的妻子很忠贞，而其丈夫则不然。在荷马史诗中有三位与人通奸的女子——克莱登妮丝特拉、海伦及阿佛洛狄忒，但是她们所伤害的如果不是众神，则为凡人。

在此种背景之下，荷马所描写的家庭（除掉在荷马史诗中不占地位的奇怪传说之外）是一个健全而宜人的制度，大多是美丽善良的女人和孝顺的子女。妇女不但养育子女，而且还要从事各种工作，如磨谷、梳毛、纺织及刺绣，她们很少缝制衣服，因为衣服通常不用线缝。烹饪工作则由男人负责。此外，妇女还须养育孩子，疗治他们的创伤，调解他们的争吵，教导他们礼节、道德规范及他们部族的传统。当时没有正式教育，孩子显然不学字母、拼字、文法，更没有课本，这真是男孩的乐园。女孩所学的是家庭中的各种手艺，男孩则学习狩猎及战争。男孩要学习钓鱼、游泳、耕地、埋设陷阱、驯养动物、射箭掷枪，并且学习如何在几乎没有法治的社会里应付各种突发事件。家中最大的男孩成年后，如果父亲不在，他便成为一家之主。当他结婚后，新娘便一起住到他父亲家里，世世代代又因之继续下去。家庭的成员因为时间而改变，但是家庭却是持续不变的单位，也许经历数百年之久，在家庭的冶炼中，塑造了政府所赖以存在的秩序及性格。

· 艺术

阿哈伊亚人将书写的艺术留给商人及低等的书记员，文字可能是迈锡尼人传给他们的，但是阿哈伊亚人轻文事而重武功。在整个荷马史诗中仅有一次提到文字，并且是在很特殊的一个场合：有人把一个折叠的书板交给一位使者，请收受书板的人将使者杀死。如果阿哈伊亚人有时间从事文学的话，那只是在战争及劫掠之后短暂的平静之时。国王召集了他的部下举行宴会，然后一位游吟诗人弹着七弦琴，以简朴的诗句叙述祖先的英勇事迹。对阿哈伊亚人而言，这便是诗歌，也是历史。荷马大概就像天文学家菲狄亚斯一样想将自己的影像深印在其作品中，在其史诗中曾描述菲阿刻斯的国王阿尔辛努斯（Alcinous）在招待奥德修斯时便准备这类诗歌。“去把诗人德莫多克斯（Demodocus）请来，神所赋予他的诗歌能超过任何人……然后传令官走向前来，引导着这位善良的游吟诗人，他是缪斯最喜爱的人，给了他长处和短处。她夺去了他的视力，但给了他吟唱优美诗歌的天赋。”

除了诗歌以外，最令荷马感兴趣的一种艺术是金属工艺。他没有提到绘画或雕刻，但是竭尽想象力描写阿喀琉斯盾牌上金属镶饰的景象或是奥德修斯饰针上的浮雕。他对建筑谈得不多但很清楚。当时的普通住宅的墙是以石块为基础，以晒干的土块砌成，地面是夯平的泥土，肮脏时则将泥土铲去。屋顶是芦苇覆以黏土，斜度刚好可使雨水流泻。门是单扇或双扇，上有锁钥或插销。在较好的住宅中，屋内的墙壁漆以灰泥并有绘画、边饰或饰带，且挂有武器、盾牌和挂毡，没有厨房、烟囱及窗户。中央厅堂的屋顶开有一个出口，可使炉子的部分烟气散出去，其他的则从门出去，或是在墙上留下煤垢。有钱的人家会有浴室，其他人则使用澡盆。家具是用厚重的木材做成，常常很有艺术地予以雕刻和装饰，埃克马琉斯（Icmalius）曾为珀涅罗珀造了一张镶有象牙及贵重金属的太师椅，奥德修斯为自己和妻子做了一张大床，可以使用 100 年之久。

这个时代的一个特色便是其建筑忽视了庙宇，而全力注重于宫殿，就如伯里克利时代的建筑忽视宫殿而专门重视庙宇一样。我们知道了“帕里斯的豪华住宅，这是王子请了特洛伊最灵巧的建筑师为他造成的”。此外，还有阿尔辛努斯的大厦，铜墙、蓝色玻璃质混合物做成的饰带、金和银的门及其他可能是属于诗歌而不是建筑的特色。我们也知道一点阿伽门农在迈锡尼的王宫，关于奥德修斯在伊萨卡的宫殿我们也听了很多。奥德修斯的宫殿有一个前院，部分是以石块铺成，周围是灰泥墙，栽有树木，并有马房，以及奥德修斯的爱犬阿尔戈斯在阳光底下作为床铺的一堆粪便。[1] 一个有列柱的门廊通向屋里，门廊常是奴隶或客人过夜的地方。屋里，有一个前堂对着一个由大柱支撑的厅堂，有时亮光不但来自屋顶的开口，而且也来自柱顶过梁与屋檐之间的空隙。夜晚时火盆在高高的架上发出不稳定的光亮。厅堂的中央是炉子，在其圣火四周，整个家庭在夜晚时欢聚取暖，争论邻居的行为、孩童的任性、事态的无常。

· 政府

这些热情而精力充沛的阿哈伊亚人受到什么样的统治呢？在平时，他们由家庭控制，在危急时由部族统治。所谓部族即是一群遵从同一祖先及共同族长的人。族长的城堡即是城市的起源及中心，由于其力量逐渐变成习惯及法律，一族一族的人逐渐聚集而形成一个政治及血族社区。当族长希望全族或整个城市采取某种一致的行动时，他便召集所有自由的男人参加一个公共集会，提出一项建议由集会表决，同意或否决均可，但是唯有族中最重要的成员才有权提议修改这项建议。在这种村庄的集会中——这是一个实质上的封建及贵族社会中唯一的民主因素——善于演说、能够影响他人意见的人对政府是颇

[1] 在分别 20 年之后，与其主人奥德修斯重逢时，阿尔戈斯喜极而死。

具价值的。在老内斯特（Nestor，发自他喉头的声音甜过蜂蜜）和狡猾的奥德修斯（他的话语“如雪片落在人们身上”）的身上，我们可看到雄辩滔滔的口才，演讲在希腊的成就远超过任何其他文明，最后也是它使希腊文明堕落。

当所有各族必须一致行动时，各族族长便遵从他们之中最强者为国王，率领自由人和奴隶组成的军队向国王报到。最接近及亲近国王的族长被称为“国王的伴臣”（King's Companions），在菲利普（Philip）王的马其顿及亚历山大的营中也是如此称呼。在他们的会议上，贵族享有完全的言论自由，国王在他们之中只是暂时居于首席者。从这些制度中——公众集会、贵族会议、国王——产生了现代西方世界种类繁多的组织法。

可以说，国王的权力被限制得很严，但同时又可能很大。他们的权力在空间上是有限的，因为其王国面积小。在时间上也有限，因为他可能被贵族会议免职，或是被阿哈伊亚人所承认的“强者为王”的规则所推翻。然而，他的统治权是世袭的，其疆界也是很模糊的。最重要的，他是一位军事统帅，非常照顾他的军队，因为如果没有军队支持的话，他可能会被认为是虚设的。他让军队装备良好，粮食充足，训练精良；军队的装备有毒箭、枪、矛、盔、胫甲、胸甲、盾牌、战甲等。只要军队支持他，他便是政府——立法权、行政权、司法权集于一身。他也是国教最高的祭司，为其人民奉献牺牲。他的命令便是“法律”（那时尚无“法律”这个名词），他的决定任何人都不能变更。贵族会议有时可以与国王一起审理重大争端，然后贵族会议似乎是要为所有法庭立下先例，判决时都是依判例而决定。判例对法律影响很大，因为判例就是习惯，而习惯便是法律的“善妒兄长”。但是在荷马的社会中任何种类的审判都很少，也没有什么政府的司法机构，每个家庭必须为自己辩护，自己采取报复行动。暴行到处可见。

国王并不是用征税的方法维持其地位，但他偶尔从其臣民中接受一些“礼物”。但是如果完全靠这些礼物的话，他一定不会富有的。国王的主要收入来自向他的士兵及船只所劫掠的财物抽取通行税。这大概就是为什么在公元前13世纪末，在埃及和克里特都可见到阿哈伊亚人。他们在埃及做海盗，但不很得意，在克里特则是短暂的征服者。然而，突然地，我们看到阿哈伊亚人以他们一位女人被奸辱的事件激起同胞的义愤，集合了各个部族的部队，武装了10万大军，搭乘了史无前例的1000艘船只，到亚洲前端的特洛伊平原和山丘上去碰运气。

特洛伊之围

果真有特洛伊围城之事吗？我们只知道每位希腊史家、诗人以及几乎希腊每一项庙宇记载或传说都当它是真有其事。考古学已使这个被毁的城市——重叠的好几个不同时代的城市——呈现在我们面前。今天，这个围城的故事及其英雄，基本上均被认为是真实的。埃及国王拉美西斯三世（Rameses III）时的一件刻文说接近公元前1196年时，"各个岛屿很不安定"；普林尼（Pliny）也曾提到埃及某一位拉美西斯王在位时特洛伊城被攻陷。希腊一位学者厄拉多塞（Eratosthenes）根据地理兼历史学家赫克特斯（Hecataeus）在公元前6世纪末所整理的传统家谱资料，推定特洛伊城被围时间为公元前1194年。

古代波斯人和腓尼基人同意希腊人的看法，认为这场战争的原因是因为4位美丽女人被诱拐。他们说埃及人从阿尔戈斯偷走爱奥，希腊人则从腓尼基骗走欧罗巴，并从科尔基斯拐走美狄亚；因此，为了公平起见，帕里斯诱拐海伦不是当然的吗？[1] 诗人斯泰西克勒斯（Stesichorurs）在晚年，以及在他之后的希罗多德和欧里庇得斯均不

[1] 不必赘言，海伦是宙斯的女儿。宙斯化身为天鹅，引诱斯巴达国王廷达尤斯之妻丽达（Leda）。

认为海伦曾去过特洛伊，海伦是被迫去了埃及，并且在埃及等了10多年，等着墨涅拉俄斯来找回她。希罗多德还问道：谁相信特洛伊人会因一位女人而打了10年的战争？欧里庇得斯则认为希腊远征特洛伊是因为希腊人口过剩导致了扩张的野心，权力欲的借口倒是很早就有了。

但此类说法可能是为了使这次出征能为一般希腊人所接受，要人民牺牲，必须要有借口。不管这次战争的表面和借口如何，毫无疑问的是，其原因及要素在于两个集团势力争夺达达尼尔海峡以及黑海周围的肥沃土地，整个希腊和西亚均认为这是一场决定性的冲突。希腊的各小城邦都协助阿伽门农，小亚细亚各民族也都一再派兵增援特洛伊。这只不过是一场争斗的开端而已，以后在马拉松、萨拉米斯、伊苏斯（Issus）、阿贝拉（Arbela）、都尔（Tours）、格兰那达（Granada）、莱潘托（Lepanto）、维也纳等地都将爆发同样的冲突。

关于这场战争的大事及余波，我们仅能写出希腊诗人和剧作家所告诉我们的。我们认为这些东西是文学而非历史，更因为这一点而成为人类文明史的一部分。我们知道战争是丑恶的，而《伊利亚特》是美丽的。艺术甚至可以将意义及形式赋予恐怖而使之变成美丽，并将它净化。《伊利亚特》的形式并不很完美，其结构松弛，叙述也时有矛盾不清之处，并且还留下一个不算结论的结语，但是其局部的完美补偿了整体的混乱，虽然有瑕疵，但这故事仍成为文学，甚至是历史上伟大的戏剧之一。

（第一章）在史诗《伊利亚特》的开头，希腊人已经围攻特洛伊9年而无果，希腊人感到失望，思乡，并被疾病夺去很多生命。他们当初出征时，在奥利斯（Aulis）受到疾病及海上无风的延宕。阿伽门农激怒了其妻克莱登妮丝特拉，他牺牲女儿伊菲吉妮娅以求得微风，使船只能够出航。当希腊人沿海岸航行时，曾在各地停留以补充食物和侍妾；阿伽门农得到了美丽的克里赛斯（Chryseis），阿喀琉斯也占有了漂亮的布里赛斯（Briseis）。一位预言者宣称，太阳神阿波罗不会将胜利给予希腊人，因为阿伽门农侵犯了太阳神祭司克莱赛斯（Chryses）的女儿。阿伽门农随即将克里赛斯归还其父，但是为了自我安慰，他于是强迫布里赛斯离开阿喀琉斯并前来代替克里赛斯。阿喀琉斯召集了一次大会，愤怒地指责阿伽门农，他的愤怒便成了《伊利亚特》中经常出现的一个主题。他发誓他和手下的人绝不再出手帮助希腊人。

（第二章）我们看到了希腊军队的所有船只及部族。

（第三章）我们可以看见粗率的墨涅拉俄斯正与帕里斯进行决斗以决定这场战争。双方军队则坐下休战。普里阿摩斯和阿伽门农则以牺牲献祭诸神。墨涅拉俄斯打败了帕里斯，但是爱神阿佛洛狄忒利用一朵云将帕里斯带走，把满身香水脂粉味道的帕里斯置于其床上。海伦要他回到战场上，但是他却建议两人“利用这段时间调情”，海伦也就屈服了。

（第四章）阿伽门农宣称墨涅拉俄斯为胜利者，战争本应结束了，但是众神在奥林匹斯山上集会后，要求继续打下去，流更多的血。宙斯本来赞成和平，但是当他的妻子赫拉指着他说话时，他就撤回了他的意见。她建议，如果宙斯同意毁灭特洛伊的话，她便将迈锡尼、阿尔戈斯和斯巴达等夷为平地。战争又再度开始，许多人被箭、矛或剑刺穿而倒地，“黑暗掩上他的眼睛”。

（第五章）诸神也都加入了这场抢夺战。可怖的战神阿瑞斯被迪奥梅的矛所伤，“他的痛苦叫声就像 9000 人的声音”，并立刻跑去向宙斯告状。

（第六章）在一个优美的插曲中，特洛伊军队领袖赫克托耳在重返战斗之前，正与他的妻子安德洛玛刻依依不舍。她低声向他说：“亲爱的，你的勇敢将使你归天。你不可怜你的儿子和我，我不久将成寡妇。我的父亲、母亲和兄弟们都已被杀。赫克托耳，你现在是我的父母及丈夫，可怜我，留在城堡里吧。”赫克托耳答道：“我很清楚特洛伊即将陷落，我也可预见我兄弟及国王的悲伤，对于他们我不感到悲伤，但是一想到你在阿尔戈斯当人家的奴隶就几乎使我失去勇气。但是即使如此，我也不能躲开这场战争。”在襁褓中的小孩，那注定不久后被获胜的希腊人从城墙上往下摔死的阿斯蒂安纳克斯(Astyanax)，一看到他父亲头盔上飘动的羽毛装饰便惊吓得大叫，赫克托耳于是摘下了头盔，为他那可爱的小孩大笑、哭泣、祷告。然后他便走下了堤道，前往战场。

(第七章)赫克托耳与萨拉米斯的国王埃阿斯(Ajax)进行决斗，他们勇敢地战斗，直到天黑才分开，互相交换礼物，彼此赞扬——这真是一片血海上漂浮的一朵礼貌之花。

(第八章)特洛伊获得一天的胜利后，赫克托耳下令军队休息。

> 因此，赫克托耳就向士兵们发表演说，特洛伊人则报以雷鸣般的掌声。
>
> 每个驭者都站在战车旁边，把淌汗的战马从车轭上解下，并用皮条拴住马匹。然后他们匆匆地从城里带来壮牛和肥羊，还有蜂蜜般的美酒……还从屋里拿来谷物。他们又收集了柴火，于是香味随风从平地飘向天际。而这些战士就在战场边，怀着希望坐待天明，许多做信号用的篝火也燃烧个不停。
>
> 即使在天空中，众星也拱绕着月亮不停地闪烁，这个景象真是奇妙，而风已静，山峰和海岬也高耸入天，灿烂的苍穹一望无垠。繁星点点闪烁，使得工作劳累的牧羊人见景心喜——同时多如天上繁星的营火也在黑色的战船和(桑索斯)河间闪烁不停。
>
> 这些营火是善于驯马的特洛伊人在伊琉姆周围所生的。
>
> 同时，那些疲惫的战马也停立在战车旁边，一面嚼着小麦或大麦，一面等待着那个坐在金色宝座中的“黎明”到来。

(第九章)伊利安·匹拉斯(Elian Pylus)的国王老内斯特劝告阿伽门农将布里赛斯还给阿喀琉斯，他同意了。并且，如果阿喀琉斯重新参加围攻特洛伊的话，他将可获得希腊的一半土地。但是阿喀琉斯仍然继续发脾气。

（第十章）奥德修斯和迪奥梅在夜晚突袭特洛伊阵地，杀死了十多名族长。

（第十一章）阿伽门农勇敢地率军出战，受伤后退下。奥德修斯陷入包围，奋战如一头狮子。埃阿斯和墨涅拉俄斯为他杀出一条活路，救了他的命。

（第十二至十三章）特洛伊人攻向希腊阵地的围墙。

（第十四章）赫拉感到愤怒而决心拯救希腊人。她全身涂以膏油、香水，穿上诱人的衣服，并围上爱神阿佛洛狄忒的爱情带，而诱使宙斯睡觉，海神波塞冬则利用这个时候协助希腊人击退特洛伊人。

（第十五章）双方胜负时有变化。特洛伊人攻到了希腊船只附近，荷马热情高昂地描写着希腊人奋力作战而不幸逐渐倒退，面临败亡的景象。

（第十六章）为阿喀琉斯所喜爱的帕特洛克罗斯终于获得准许，率领阿喀琉斯的军队攻打特洛伊，结果反被赫克托耳所杀。

（第十七章）赫克托耳与埃阿斯为争夺帕特洛克罗斯的尸体而猛烈决斗。

（第十八章）阿喀琉斯惊闻帕特洛克罗斯噩耗后，决心再度上战场。他的母亲（忒提斯）说服天上的铁匠赫菲斯托斯为他制造了新的武器及一个大盾。

（第十九章）阿喀琉斯与阿伽门农和解。

（第二十章）阿喀琉斯与埃涅阿斯（Aeneas）激战，正要杀他时，海神波塞冬救了他，这使罗马诗人维吉尔（Virgil）有了写史诗的素材。

（第二十一章）阿喀琉斯杀死了许多特洛伊人，并且还长篇大论地数说他们的家系。诸神也加入了战斗：雅典娜以一块石头击倒了阿瑞斯；当爱神阿佛洛狄忒想救他时，却被雅典娜一击倒地。赫拉打了月亮女神阿尔忒弥斯几个耳光。海神波塞冬和太阳神阿波罗则仅是互相叫骂而已。

（第二十二章）除赫克托耳外，所有特洛伊人见了阿喀琉斯就逃。普里阿摩斯及其妻赫卡柏都劝其子赫克托耳留在城墙里面，但是他拒绝了。突然间，当阿喀琉斯冲向他时，赫克托耳却溜之大吉。阿喀琉斯穷追不舍，绕着特洛伊城墙跑了三圈，赫克托耳后来站住了，立即被阿喀琉斯所杀。

（第二十三章）在史诗接近尾声时，帕特洛克罗斯在华丽的典礼中进行火化。阿喀琉斯以许多头牛、12 名特洛伊的俘虏、他自己的长发作为对帕特洛克罗斯的祭礼。希腊人并为他举行竞技运动。

（第二十四章）阿喀琉斯将赫克托耳的尸体拖在其战车之后，围着火化柴堆跑了 3 圈。普里阿摩斯很悲伤地前来请求领回其子赫克托耳的尸体。阿喀琉斯气平之后，答应停战 12 天，并准许老王普里阿摩斯领回赫克托耳被洗净并涂上膏油的尸体。

返乡

这篇伟大的史诗突然在此收尾，好像诗人已经用尽了他所知道的部分，而必须将其余部分留给其他游吟诗人去完成。我们从以后的文学中得知，后来站在旁边观战的帕里斯一箭射进了阿喀琉斯唯一没有遮掩的脚后跟而使他毙命，以及特洛伊城如何由于木马计的使用而被攻陷。

胜利者本身也被胜利所征服，他们在疲惫忧伤之中返回久已期待的家园。许多人中途遇到海难，有些人则搁浅在异地的海岸上，而在亚洲、爱琴海及意大利等地建立希腊的殖民地。曾经发誓要手刃海伦的墨涅拉俄斯，在一见到这位人间仙女后又爱上了她，他高高兴兴将她带到斯巴达去做他的王后了。当阿伽门农返回迈锡尼的故土时，亲吻了家乡的泥土，热泪夺眶而出。但是他在离家期间，他的妻子克莱登妮丝特拉却勾搭上了他的表亲埃吉斯图斯（Aegisthus），将他纳为丈夫并让他即位为王。阿伽门农一进入宫廷便被他们杀死。

奥德修斯返乡更是曲折艰苦，有关他的故事可能是另外一位“荷马”所写的，其诗比起《伊利亚特》来显得较没有气势，但温柔有趣。[1] 根据史诗《奥德赛》，奥德修斯遭遇海难而抵达奥吉纪亚（Ogygia），这是一个像大溪地的乐园，该地女神王后卡吕普索（Calypso）将他留住 8 年作为情人，而他与在伊萨卡（Ithaca）家乡的妻子珀涅罗珀和儿子忒勒玛科斯则日夜互相思念。

（第一章）雅典娜说服宙斯命令卡吕普索释放奥德修斯。雅典娜赶去找忒勒玛科斯，怀着同情听着他诉说伊萨卡和其附属岛屿的贵族如何追求珀涅罗珀，以便夺取王位，以及这些人如何住在宫里消耗奥德修斯的财产。

（第二章）忒勒玛科斯下令这批追求者离开，但是他们均嘲笑这位青年的幼稚。他于是秘密出发寻父，而珀涅罗珀这时却为他们父子俩担心，为了抵拒追求者，她答应在织完一匹布后跟其中一人结婚，但是每晚她又将白天所织的布解开，以拖延时间。

（第三章）忒勒玛科斯到匹拉斯访问内斯特。

（第四章）忒勒玛科斯并且到斯巴达会晤墨涅拉俄斯，但两人均无法告诉他到何处寻找他的父亲。诗人为驯服安定下来的海伦，描绘了一个美妙的形象，她的罪过早被原谅，她并且说：当特洛伊陷落时，她已厌倦了这个城市。[2]

---

[1]《奥德赛》比起《伊利亚特》，可能历史真实性较少。在海上漂流很久的海员或战士，当他们返家时妻子都已不认得的故事显然要比特洛伊城的故事古老，并且几乎在每种文学中均可见到。奥德赛就是希腊人的辛巴达（译按：《天方夜谭》中的巴格达行商，因其七次古怪的航海而致富）、鲁滨孙（译按：英国小说家笛福所著《鲁滨孙漂流记》中的主人公）、伊诺克·阿登（Enoch Arden）（译按：英国诗人丁尼生作品中的主人公）。本史诗的地理背景是一个谜。

[2] 根据希腊的传说，海伦死后被奉为神。希腊人一般相信凡是说她坏话的都会受到神的处罚，甚至荷马的眼瞎了，也被认为是他在诗中持有海伦是私奔到特洛伊而非被挟持到埃及的看法，才有这样报应。

（第五章）奥德修斯首次进入本故事。坐在卡吕普索的小岛海岸上，他已哭干了眼泪，面容日益憔悴，昼夜忧伤地盼望返乡。夜间他不得不陪卡吕普索睡在山洞里，不情愿地陪着这位深情的女神，但是在白天他则经常坐在岩石或沙地上，以眼泪和叹息折磨着心灵，昂首远望波浪起伏的海面。卡吕普索再将他留了一夜之后，终于让他造了一个木筏，独自一人出发，踏上归途。

（第六章）在海上经过多次挣扎后，奥德修斯终于抵达了一个神秘的国度菲阿刻斯，被一位少女瑙西卡发现，并带到其父亲阿尔辛努斯国王的宫中。这位少女爱上了这位身体强健又勇敢的英雄，她向其女伴透露："听着，我白色手臂的小姐们……以前我觉得这个人一点也不英俊，但是现在他就像天上的神一般。但愿这样一个人能做我的夫君，住在这里，但愿他能高兴地住下来。"

（第七至八章）奥德修斯给阿尔辛努斯留下了很好的印象，国王终于提议招他为驸马。他推辞了，但是却很乐意叙述他从特洛伊回来时的各种遭遇。

（第九章）他告诉国王说他的船队迷失了航线，到达了忘忧国（the land of the Lotus-Eaters），他的手下吃了忘忧树的果实后，许多人忘了家人和思乡之情，奥德修斯不得不强迫手下回到船上。然后他们驶向了独眼巨人库克罗普斯之岛，这些巨人靠野生谷物及水果为生。奥德修斯和手下被巨人波吕斐摩斯（Polyphemus）关入一洞中，有多人被吃掉，他最终以酒诱使这个怪物入睡，然后再以木棒点火烧瞎他的独眼，然后救了手下逃命。

（第十章）他们一行再度上船航行，到达了叫拉斯忒吕戈涅斯（Laestrygonians）的地方；但是这里也是吃人的野蛮人，只有奥德修斯的船逃脱。不久，他及同伴抵达了伊尼亚（Aenea）岛，岛上可爱而狡猾的喀耳刻（Circe）利用歌声将他大部分手下诱到洞中，使用药物使他们变成猪。奥德修斯本打算杀她，但是又改变了主意，接受她的爱。他的手下也被恢复了人形，并一起在岛上住了一年。

（第十一章）再度起航后，他们抵达了一个终年黑暗的地方，这便是地狱的入口处。奥德修斯曾与其母亲、阿伽门农、阿喀琉斯等人的鬼魂晤谈。

（第十二章）最后他们通过了塞壬（Sirens）岛，奥德修斯用蜡塞住同伴的耳朵以免受到塞壬歌声的诱惑。他的船在斯库拉（Scylla）与卡力布狄斯（Charybdis）之间的墨西拿海峡遭到重大破坏，只有他一个人幸存，在卡吕普索的岛上长住了 8 年。

（第十三章）阿尔辛努斯很为奥德修斯的经历所感动，下令手下用船将他载回伊萨卡，但是将他眼睛蒙住以防他知道并透露他们这片乐土的所在。到达伊萨卡后，雅典娜将他引导到老猎人尤缪斯（Eumaeus）的茅舍。

（第十四章）后者虽认不出前者，但还是很慷慨地招待他。

（第十五章）忒勒玛科斯也被雅典娜带到同一所房子。

（第十六章）奥德修斯于是将身份透露，父子两人“放声大哭”。父亲告诉儿子如何除去珀涅罗珀的追求者。

（第十七至第十八章）奥德修斯扮成乞丐进入了宫中，看到追求者正在大吃大喝，当他听到那些追求者晚上与宫中女侍睡觉、白天又追求他的妻子时，心中大为愤怒。

（第十九至第二十章）他受到了追求者的侮辱及伤害，但是他耐心地控制着情绪。

（第二十一章）这时追求者发现了珀涅罗珀织布的秘密，并强迫她将布织完。她同意嫁给任何能将奥德修斯弓上的弦拉开，并且将一支箭射过排成一列的 12 把斧头的空隙的人。所有追求者都试过，但全部失败。奥德修斯要求一试，结果成功了。

（第二十二章）这使各追求者震惊，他随即大怒并抛弃伪装，以箭射向追求者，并在忒勒玛科斯、尤缪斯及雅典娜的协助下，杀尽所有追求者。

（第二十三章）他好不容易说服了珀涅罗珀相信他便是奥德修斯，

要使她骤然放弃20个追求者、回到丈夫身边并不容易。

（第二十四章）他遇到了诸追求者的儿子们的进攻，但终于安抚了他们，并重建了他的王国。

与此同时，于阿尔戈斯发生了希腊传说中最伟大的悲剧。阿伽门农的儿子俄瑞斯特斯（Orestes）长大成人后，在其悲愤的妹妹厄勒克特拉（Electra）的鼓舞之下，杀死了母亲及其情人，以报父亲被杀之仇。经过多年的漂荡及疯狂后，俄瑞斯特斯终于登上了阿尔戈斯暨迈锡尼的王座（约公元前1176年），最后还使斯巴达成为其王国的一部分[1]。但是自从他即位后，珀罗普斯王朝便开始衰落。也许这种衰落在阿伽门农时代已开始了，并且这位犹豫不决的首领企图利用战争以团结一个早已分崩离析的王国。但是他的胜利使他完全没落。因为他手下没有几位族长回国，而其他许多王国则已失去对他的忠诚。在围攻特洛伊城结束之前的时代，阿哈伊亚的势力已耗尽，珀罗普斯王朝已到尾声，人们耐心地期待着一个更清新的时代。

多利安人的征服

大约在公元前1104年，从日益扩张的北部拥来了一股移民（或入侵者）的新浪潮，进入了希腊。他们是沿着伊利里亚（Illyria）与色萨利，在诺帕克图斯（Naupactus）越过科林斯湾及科林斯地峡而侵入伯罗奔尼撒半岛，控制了一切，并且几乎完全摧毁了迈锡尼文明。这是一支好战、高大、圆头颅、不识字的部族。对其来源及所走的路线只能猜测，但是我们清楚他们的性格和外表。他们仍是在放牧和打猎的阶段，偶尔他们也停下来耕地，但是他们主要还是依赖牲

[1] 伊文斯博士在波奥蒂亚城迈锡尼人的墓里发现许多木刻，上面的图是一个年轻人攻击一个狮身人首的怪物，还有一个青年正要杀死一个老年人与一个妇人。他认为这些图指的是俄狄浦斯和俄瑞斯特斯，由于他认为这些木刻大约是公元前1450年之物，因此，他指出俄狄浦斯和俄瑞斯特斯的年代应比所列的年代早200年左右。

口，因此经常处在游牧之中。他们拥有大量前所未闻的铁，他们是初期铁器时代（Hallstatt）[1]文化派到希腊的使者。他们所拥有的铁制刀剑以及心肠的坚硬使得他们完全控制了阿哈伊亚人和克里特人，后两族仍然利用青铜做成的武器。他们可能是从东西双方，由埃里斯和麦加拉侵入伯罗奔尼撒半岛各个独立的小国，铲除了统治阶级，而将剩余的人变成他们的农奴。迈锡尼和梯林斯都毁于大火，此后有数百年之久，阿尔戈斯成为珀罗普斯群岛的都城。在科林斯地峡上，这些入侵者夺取了一个高峰阿克罗柯里苏斯（Acrocorinthus），并在其周围建立了多利安人的科林斯城。残余的阿哈伊亚人有一些逃到半岛北部山区，有些则到了阿提卡，另外有些人则逃往亚洲的小岛和海岸。征服者也曾追击到阿提卡，但被击退，他们也曾追到克里特，终于使克诺索斯城完全毁灭。他们也夺取了米洛斯、赛拉（Thera）、科斯、克尼都斯（Cnidus）及罗得斯等地，并使之成为殖民地。迈锡尼文化最为兴盛的克里特及伯罗奔尼撒半岛全境，一切旧的文化被摧毁殆尽。

这种对文化的摧毁即是现代史学家所称的多利安人的征服，也是希腊传统上所说的赫拉克勒斯之子女的返国。因为这批胜利者不仅认为他们的胜利是野蛮人征服了文明人，而且他们坚信赫拉克勒斯的后代本可堂而皇之地进入伯罗奔尼撒半岛，但是因为受到了抵抗，才不得不以武力占领半岛。我们不知道这其中到底有多少是历史，或者有多少是“外来神话”，以图将一场血腥的征服说成一种神圣的权利。我们很难相信在人类世界的婴儿期的多利安人便是如此优秀的说谎者。虽然有人不会相信，但这两种说法可能都是真的：多利安人是来自北方的征服者，但是由赫拉克勒斯的后代所率领。

不管这次征服的形式如何，其结果则是希腊文化的发展受到了长期的重大阻碍。政治体制受到了几百年的骚扰；人人自危，随身携带

---

[1] 哈尔斯塔特（Hallstatt）是奥地利一城镇，由于它的铁器遗物，欧洲铁器时代之第一期于是因此为名。

武器；日渐增多的暴乱行为破坏了农业生活、陆地贸易及海上商业的进展。战争不停，贫穷日益加深和扩大。各个家庭到处流离，寻求安定和平，但因而使生活变得不安定。诗人赫西俄德（Hesiod）称这个时期为铁器时代，并悲叹它的堕落。许多希腊人相信“铁的发现乃是对人类的不利”。艺术衰落，绘画受到轻视，雕刻家仅满足于雕像，陶器舍弃了迈锡尼和克里特时代的栩栩如生的风格，并衰落成毫无生气的“几何形式”，这成了希腊以后数百年陶器的主要形状。

当然，这也并非一无是处。纵使入侵的种族极力避免在血统上与被征服的民族相混（多利安人与伊奥尼亚人之间虽因种族仇恨而血染希腊），但是在希腊南部拉哥尼亚（Laconia）地方的里里外外，新旧种族之间正进行着血统上的大混合，也许阿哈伊亚及多利安人强健有力的血统与希腊南部较古老易变的种族结合起来后会形成一种强有力的生物性刺激力量。经过数百年的混合之后，最后产生一个新而复杂的民族，其血统中有着地中海、阿尔卑斯、北欧及亚洲等民族的成分。

迈锡尼文化也不是完全被毁灭。爱琴文化的某些遗产——社会秩序和政府组织、技术工艺因素、贸易形式及路线、礼拜的对象及形式、陶器及冶金术、壁画艺术、装饰及建筑形式——在数百年的暴乱之中仍然“奄奄一息地保存着”。希腊人相信有些克里特的制度传入了斯巴达，阿哈伊亚的“集会”（assembly）仍然是希腊后来民主制的主要结构之一。迈锡尼的“大厅”可能就是多利安大神庙的样品，后者再加上自由、匀称、力量等性质。希腊的艺术传统逐渐复兴，促使科林斯、西塞昂及阿尔戈斯等成就达到文艺复兴的水准，甚至有一段时间使得阴沉的斯巴达也出现了艺术和诗歌的花朵。它在这个没有历史的黑暗时代孕育了诗歌，它随着佩拉斯吉、阿哈伊亚、伊奥尼亚、米尼安等流亡的人们到达爱琴海及亚洲，而使这些殖民地在文学和艺术上超越了他们的母国。并且当这些流亡人士到达爱琴海诸岛和伊奥尼亚时，爱琴文明的遗迹唾手可得。在这些地区一些较大陆上安定的古老城镇中，铜器时代仍然保存了一些它古代的工艺及光辉。希腊的第一次觉醒便是发生在亚洲地区。

最后，五种文化的接触——克里特、迈锡尼、阿哈伊亚、多利安及东方——使一个开始没落的文明获得了新生。这个文明在大陆上由于战争和劫掠而变得粗野，而在克里特岛则由于天赋的滥用而柔弱不堪。不同种族及生活方式的混合须经过数百年的时光才能获得相当的安定，但是它却有助于创造希腊思想及生活上无与伦比的多彩、弹性、精致。我们不可将希腊文化看成在一片黑暗的野蛮中突然如奇迹般射出的火焰，而必须视之为一个民族——充满热情和记忆，并且受到好战部族、强大帝国及古代文明的包围、挑战及教益——缓慢而混乱的创造过程。

第一章至第三章历史大事年表

（所载年代均为约略年代。人名之前的年代指其鼎盛时期——大约在此人生后40年。统治者的年份指其在位期间。每项纪事前有问号的，指希腊传统的年代。）

公元前

9000	克里特岛之新石器时代
3400—3000	早期米诺斯、希腊、基克拉泽斯群岛文化（第一期）
3400—2100	色萨利的新石器时代
3400—1200	克里特岛的铜器时代
3000—2600	早期米诺斯、希腊、基克拉泽斯群岛文化（第二期）
3000	在塞浦路斯发掘的铜器
2870	特洛伊城的第一次殖民
2600—2350	早期米诺斯、希腊、基克拉泽斯群岛文化（第三期）
2350—2100	中期米诺斯、希腊、基克拉泽斯群岛文化（第一期）
2200—1200	塞浦路斯青铜时代
2100—1950	中期米诺斯、希腊、基克拉泽斯群岛文化（第二期，第一系列克里特岛之王宫）
2100—1600	色萨利的查尔可里斯时代（属铜器时代）
1950—1600	中期米诺斯、希腊、基克拉泽斯群岛文化（第三期）
1900	克里特岛第一系列王宫的毁坏
1600—1500	晚期米诺斯、希腊、基克拉泽斯群岛文化（第一期，克里特岛第二系列王宫）
1600—1200	色萨利的青铜时代
1582	？塞克若普斯建立雅典
1500—1400	晚期米诺斯、希腊、基克拉泽斯群岛文化（第二期）
1450—1400	克里特岛第二系列王宫的毁坏

1433	？传奇人物与大洪水
1400—1200	晚期米诺斯、希腊、（迈锡尼）、基克拉泽斯群岛文化（第三期，梯林斯与迈锡尼的王宫）
1313	？卡得马斯建立底比斯
1300—1100	阿哈伊亚人统治希腊的时代
1283	？传奇人物珀罗普斯进入埃里斯
1261—1209	？大力士赫拉克勒斯
1250	英雄忒修斯在雅典；俄狄浦斯在底比斯；克里特岛王米诺斯和名匠代达罗斯在克诺索斯城
1250—1183	特洛伊城的“第六城”；荷马史诗中的英雄时代
1225	？阿尔戈英雄的航行
1213	？“七强”与底比斯之战
1200	？阿伽门农即位
1192—1183	？围攻特洛伊城
1176	？俄瑞斯特斯即位
1104	？多利安人侵入希腊

第四章 | 斯巴达

希腊的形势

让我们取阅一幅古希腊时代的世界地图，并借以了解当时希腊各邻接地区的情形。当我们提及希腊时，无论使用 Greece 或 Hellas，均指古时使用希腊语民族所占领的地区。

我们可以从多数入侵者的路径——越过伊庇鲁斯的山岭和峡谷之地——开始。因为在这里，希腊的祖先们曾在多多纳（Dodona）为其伟大的天神宙斯建有神殿。迟至公元前 5 世纪，希腊人还在那里求教神谕，在大斧叮当或神圣橡树叶的沙沙声中宣读神旨，因此，我们可以判定他们一定在那里停留了很多年。在伊庇鲁斯南部有阿克伦（Acheron）河，谷渊深暗，因此，希腊诗人称之为“地狱之门”，或直接称之为“地狱”。在荷马时代，伊庇鲁斯居民大部分操希腊语，并遵从希腊生活习惯，但野蛮人不久自北方汹涌侵入，于是使其与希腊文明脱节。

自亚得里亚海向内进即为伊利里尔，由尚未开化的游牧民族所居住，他们人口稀少，贩卖牲畜和奴隶以交换食盐。在这个海岸的埃皮达姆努斯（Epidamnus）（罗马时代称迪拉基乌姆 [Dyrrachium]，今

日为都拉佐 [Durazzo]），恺撒的军队曾在这里登陆追击庞培。跨过亚得里亚海，向外扩张中的希腊人又从当地部落民族中攫得了各沿海地区，将文明带入意大利（最后，这些土著部落向希腊人大肆反扑，其中一族直到亚历山大时代几乎还处于野蛮状态，终将希腊人连同其本土加以吞噬，建立空前大帝国）。在阿尔卑斯山的另一边为高卢人，当时对希腊的马萨利亚城（Massalia，今日马赛）颇为友善。地中海西端为西班牙，当公元前 550 年希腊于恩波里厄姆（Emporium，今安朴里亚斯）建立其小殖民地时，业已半开化，并且已由腓尼基人和迦太基人充分开发。在非洲沿海，根据传说，于公元前 813 年由狄多（Dido）女王和腓尼基人所建立的具有侵略性的迦太基帝国，隔着西西里虎视眈眈。那并不是一个小村镇，而是一个拥有 70 万人口的大城，垄断了西地中海的商业，主宰着尤提卡（Utica）、希波（Hippo）及其他 300 个非洲城镇，并且控制着繁荣的土地、矿产，以及在西西里、撒丁与西班牙的殖民地。这一惊人富庶的城市注定了要自西方向东突击希腊，一如波斯自东攻击一样。

由非洲沿岸向东即为希腊的昔兰尼城，它面对着黑暗的利比亚内陆与埃及。大多数希腊人相信他们的许多文明因素来自埃及，在传统中他们也认为许多希腊城是由来自埃及的卡德摩斯及达诺斯（Danaus）等人所建立，或经由腓尼基或克里特输入埃及文明。在塞特（Saïte）诸王时代（公元前 663—前 525 年），埃及商业和艺术再度复兴，尼罗河诸港口首次开放，与希腊进行贸易。自公元前 7 世纪起，很多著名的希腊人，例如泰勒斯、毕达哥拉斯、梭伦、柏拉图及德谟克利特等陆续访问了埃及，并且对埃及文化的充实与历史悠久留有深刻印象。这里没有野蛮民族，并且远在特洛伊陷落前 2000 年已经有了成熟的文明和高度发展的艺术。一位埃及祭司曾向梭伦说过："你们希腊人不过是一群幼儿，言多而自负，实则对历史一无所知。"当米利都（Miletus）的赫克特斯向诸埃及祭司夸耀他可以追溯他的祖先远至 15 代前的一位神明时，这些祭司静静地在神殿中向他展示了345座大祭司的塑像，每位大祭司都是前一位的儿子，自从诸神统治大地后，共计345代。许多希腊学者如希罗多德和普卢塔克都相信，希腊人死后接受其审判的奥菲厄斯信仰以及在埃莱夫西斯的德墨忒尔与珀耳塞福涅的复活仪节，都是根据埃及的崇拜伊西斯和奥赛里斯而来的。可能米利都的泰勒斯在埃及学到了几何，萨摩斯岛的罗尔库斯和狄奥多鲁斯在埃及习得了青铜的中空铸造术；希腊人也在埃及获得了陶瓷、纺织、金属品制造及象牙雕刻等技术；希腊雕刻家也从亚述人、腓尼基人及赫梯人那里学习从而奠定了他们的塑像的早期形态——丰腴的面庞、微倾的双目、握拳、肢直而坚挺。在萨卡拉（Sakkara）和贝尼—哈桑（Beni-Hasan）两村落的柱廊及迈锡尼时代的希腊遗迹上，希腊建筑家发现了他们关于凹柱和其多利安式的部分灵感。希腊未长成时，谦卑地向埃及学习，而埃及枯竭时，希腊也随之而衰（或说它是死在埃及的“怀抱”中）。在亚历山大城，希腊人将自己的哲学、宗教仪式及诸神，与埃及、犹太的合并，以便他们能在罗马和基督教中寻得复苏的生命。

就影响希腊的文明而言，仅次于埃及的是腓尼基。泰尔和西顿两地积极进取的商人好像文化的巡回传播媒介，并且在科学、技术、艺术及埃及与近东的礼拜仪式上刺激了地中海的每一地区。他们精于造船，可能也训练了希腊人的造船技术；他们也在金属品制造、纺织及染色上以较佳方法教导希腊人；他们也与克里特及小亚细亚合作，共同将已在埃及、克里特和叙利亚发展的闪米特字母形式传授给希腊。再向东方，巴比伦把它的度量衡制，水钟及日晷，奥勃（obol）、米纳（mina）和塔伦等古币单位，天文原理、仪器、记录、计算、60分年制、圆周四象限（将一圆周自圆心区分，四象限共为360度，每度为60分，每分为60秒）等传授给希腊，而且可能由于希腊与巴比伦和埃及的天文学相接触，遂使泰勒斯得以预测日食。赫西俄德有关万物起源的混沌观念也可能是来自巴比伦。伊什塔尔与坦木兹两种传说也类似阿佛洛狄忒与阿多尼斯、德墨忒尔与珀耳塞福涅的神话故事。

在维系古希腊世界商业关系的东端末处就是希腊最后敌人的所在地。就某些方面而言（虽然不多），波斯文明优于当时的希腊。波斯陶冶了一种除了在智力、慧敏与教育以外各方面均优于希腊的绅士型人民，同时，也发明了一种帝国式的行政组织，这种制度很自然地优于雅典与斯巴达式的松散霸权，只是缺乏希腊酷爱自由的热情。（伊奥尼亚的希腊人自亚述学得了一些动物塑像技术，他们的早期雕刻特征为形象肥壮、衣着平淡，建筑墙壁与天花板间腰线及器物铸造很注意装饰，偶尔也采用浮雕，令人喜爱的阿里斯蒂安石碑即是一例。）吕底亚和伊奥尼亚曾保持甚为亲密的关系，前者的辉煌首都萨迪斯曾经是美索不达米亚和希腊诸沿海城市的货品与观念的交换场所。广泛贸易的需要刺激了银行的兴起，同时，使吕底亚政府约于公元前680年发行了由国家担保的币制。这种由贸易获得的恩赐迅即由希腊人加以模仿和改善，并且和文字的引入一样，产生了重大而永恒的影响。弗里吉亚的影响较早也较精妙。被弗里吉亚人尊为圣母的西芭莉女神直接和间接地介入了希腊宗教，且其狂欢式的笛乐成了所谓的“弗里吉亚时尚”，在希腊民众中极为流行，使希腊的道德家大为困扰。这种狂乱音乐自弗里吉亚越过达达尼尔海峡进入色雷斯，并在狄奥尼索斯酒神的祭礼中演奏。这位酒神是色雷斯给予希腊的重要礼物，但是一个已经希腊化了的色雷斯城阿布德拉（Abdera），想给予希腊相等的贡献，因而给了希腊三位哲学家留基波（Leucippus）、德谟克利特和毕达哥拉斯。崇拜天文学、艺术、科学等9位女神是自色雷斯传入希腊的。根据不太可靠的传说，希腊音乐的创始人——奥耳甫斯（Orpheus）、缪西尤斯（Musaeus）和泰米利斯（Thamyris）——也是色雷斯的歌唱家和自编自唱的游唱家。

从色雷斯向南到马其顿，我们对希腊文化的环游即终止。马其顿风景秀丽，矿产丰饶，平原肥沃，盛产谷物与水果，而且山区特性将人民培育成一个坚毅勇敢的民族，故已注定了要征服希腊。山地人与农夫是一种混血民族，主要为伊利里尔和色雷斯两族，可能与征服伯罗奔尼撒的多利安族有血统关系。统治阶级的贵族宣称他们属于希腊血统（自大力士赫拉克勒斯本人起），并且操一种希腊方言。其较早期的首都埃德萨（Edessa），位于延至伊庇鲁斯的平原及迄爱琴海的山岭之间辽阔的高原上，再向东为培拉（Pella），即马其顿王（菲利普）与亚历山大大帝的未来首都；近海处为皮特娜，罗马人随后在这里征服了惯于征服他人的马其顿人，并且获得将希腊文明传播给西方世界的权利。

这就是当时希腊周围的形势：诸如埃及、克里特和美索不达米亚的文明，给了希腊以技术、科学和艺术的要素，使其随后在历史上大放异彩；波斯和迦太基等帝国深感希腊商业扩张的威胁，势必联合起来与希腊作战，力图将它征服，使其陷于不足为害的臣属地位；在北方，好战的游牧民族养精蓄锐，不停地前进，迟早要突破山区障碍南下，仿效多利安民族的作为，即冲破西塞罗（Cicero）所称的穿着野蛮民族外袍的希腊边境，并且破坏他们所不能了解的文明。这些周围的国家很少重视当时希腊在人类生活（在为人、思想、言论和行动上的自由）中的重要性，除腓尼基人外每一民族都处在专制统治下，迷信极深，也鲜有自由刺激或理性生活的经验。这也就是希腊人将他们不分彼此，一律称为野蛮人的原因。所谓野蛮人，也就是一个人满足于盲信同时过度缺乏自由的生活。结果两种不同的生活观念（东方的神秘主义和西方的理性主义），必将为希腊的身与灵而战。理性主义在伯里克利领导下自会胜利，一如以后在恺撒、里奥（Leo）十世及腓特烈领导下，但神秘主义每次仍会卷土重来。在历史巨轮下，这两种互补哲学的交互胜利，形成了西方文明的主要历史。

阿尔戈斯

在各国的环伺下，渺小的希腊逐渐扩展，其后裔几乎遍布每一个地中海沿岸地区。其向南部伸展进入海洋的势力异常微弱，仅是与我们有关的希腊人历史的一小部分。在其发展过程中，无法阻遏的希腊人伸入爱琴海中每一个小岛，伸入克里特、罗得斯及塞浦路斯，伸入埃及、巴勒斯坦、叙利亚、美索不达米亚及小亚细亚，伸入土耳其西北的马尔马拉海（Marmora）和黑海，伸入北爱琴海沿岸和半岛，伸入意大利、高卢、西班牙和北非。这些希腊人在各地区建立独立而不尽相同的城邦，但均属希腊式：这些人操希腊语言，崇拜希腊诸神，读写希腊文学，对希腊的科学有所贡献，也依希腊贵族方式实施民主制。当他们自本国向外殖民时，并未将希腊抛诸脑后，甚至将希腊土壤携往各处。在将近1000年的时间里，他们把地中海变成了希腊内湖，同时也使其成为世界中心。

最令研究希腊古文明的史学家感到困难的工作，是如何将散处各地的希腊子民依据同一方式纳入同一历史。[1]我们不妨以一种轻松旅行的方式试图达到此目的：我们手边展开一张地图，除想象力外，可以不需要任何费用，如此逐城巡视希腊世界，并于每一中心观察波斯战前人民的生活——包括经济及政府方式、科学家及哲学家活动、诗歌成就与艺术创造。这种方式的研究计划也有很多缺点：地理顺序无法与历史顺序相切合，我们势必将自一个世纪跳入另一个世纪和自一个岛跳入另一个岛；我们也将会在聆听荷马与赫西俄德之前，先与泰勒斯和安纳西曼德（Anaximander）交谈。但是就伊奥尼亚怀疑论的实际背景来观察冒昧不敬的《伊利亚特》，或是在先访问他父亲所饱受困扰的阿托利亚殖民地后，再聆听赫西俄德的怨诉，并无任何坏处。当最后到达雅典时，我们将可明了它所承受的文明的丰厚，以及在马拉松为保存这个文明所表现出的英勇。

如果我们自阿尔戈斯开始，胜利的多利安人在那里建立了他们的政府，但我们却会发现置身于具有希腊特性的气氛中：一处不太肥沃

[1] 几乎在写任何时期的希腊历史，都会感到相当的困扰，甚至乏味……因为没有一致的或中央的组织借以使各地的希腊人彼此构成隶属或联系的关系。

的平原，一座狭小而异常拥挤的城市，城内充塞着砖和灰泥建筑的小型房屋，卫城内的一座神殿、山腹上的一座露天戏院、并不连续也不豪华的宫殿、窄巷和未铺平的街道，另外就是在远处有诱人但无情的海水。希腊是由山岭与海洋组成的国家，景色异常优美，希腊人置身其中，钟灵毓秀，但在其书册中却很少提及。冬季湿寒，夏季干热。希腊人在我们的秋季播种，在我们的春季收割，而造雨的宙斯是众神之神。河流短浅，春季湍急，在炎夏时则河床内满布圆滑的卵石。在整个希腊内类似阿尔戈斯的城市有上百个，类似而较小的有上千个；每一个城市都基于希腊人的好战特性，或由于危险的水隔，或因缺乏道路的山地，而与其他地区分离，拥有自己的主权。

阿尔戈斯人认为他们的城市是由佩拉斯吉族百眼巨人阿耳古斯所建，并将他们的首次繁荣归功于一位埃及人达诺斯，他率领一群部属前来，教导当地人用水井灌溉田地。这种命名方式，我们不必加以深究，因为希腊人喜爱这种无法作无穷尽追溯的神话传说，我们姑且以神秘视之，不必穷究。阿尔戈斯在泰曼努斯（Temenus，一位返回居住的赫拉克勒斯后裔）治理下，逐渐成长为希腊最为强盛的城市，使梯林斯、迈锡尼及所有阿戈利斯均隶属其统治下。到公元前 680 年，政府被诸多独裁者中的一位所攫得，这位独裁者在未来两个世纪中风靡了希腊各大城。这位独裁者可能是费顿（Pheidon），如同其他的独裁者一样，领导着正在兴起中的商人阶级，对抗拥有土地的贵族（与平民作短暂性的密切结合）。当埃伊纳受到埃皮达鲁斯（Epidaurus）和雅典的威胁时，费顿驰往救援，但随即乘机将之攫为已有。他采取了巴比伦的度量衡制（可能经由腓尼基人传来），及吕底亚人由国家担保的货币制度，在埃伊纳建立了铸币厅。由此，埃伊纳“龟”（镌有该岛标志的硬币）成了希腊首批官定币制。

费顿的开明专制开创了一个昌盛时期，带给阿戈利斯许多艺术。在公元前 6 世纪时，阿尔戈斯的音乐家在希腊颇负盛名。赫尔米纳（Hermione）的拉苏斯（Lasus）在当时的抒情诗人中享有很高的地位，并将其诗歌修养传授给品达（Pindar）；阿尔戈斯人的雕刻学校也在那时奠立基础，而后这所学校向希腊贡献了波利克列特斯（Polycleitus）及其法典；戏剧也在那里取得地位，该处设有一座拥有2万个座位的剧场；建筑家也为阿尔戈斯最喜爱和最崇拜的新娘女神赫拉（每年恢复童贞一次）兴建了辉煌的神殿。但是费顿的后裔不能保持先人的成果，日益腐败，这也可能是专制的报应，加上与斯巴达一连串的长期战争，于是使阿尔戈斯的势力日蹙，最后被迫臣服于伯罗奔尼撒半岛的斯巴达人的统治下。如今，阿尔戈斯是一座安静的小城，“遗失”在其周遭诸境域中。当地人依稀追思昔日光荣，并且以其悠久历史从未被遗弃而感到自豪。

拉哥尼亚

在阿尔戈斯城之南，离开海岸，便是帕瑙（Parnon）山脉的峰峦。这些山峰风景甚佳，但其中更令人赏心悦目的是蜿蜒各峰间的欧罗塔斯河（Eurotas）和位于西部较高、较暗然而戴有雪帽的泰格杜斯（Taygetus）山脉，这个常有地震的谷地，就是荷马所称的“拉西迪蒙”（Lacedaemon）凹地（古斯巴达）。这个平原四面环山，因此其首都斯巴达可以不需要城墙。在其极盛时期，斯巴达是5个村落的集合，拥有7万人口。如今，它仅是一个4000人口的小村，就是在它那很平凡的博物馆里，昔日胜迹也几乎荡然无存，使人对这个曾经蹂躏并统治希腊的城市，不禁兴起不胜今昔之感。

· 斯巴达的扩张

自这个天然城堡，多利安人统治并奴役了南部的伯罗奔尼撒人。对蓄有长发的北方民族而言，因为生长在山地，自幼受山地环境影响，习于战事，所以其生活中除战争与奴役外再无其他。战争就是他们的职业，这些人也自战争中取得其所谓的诚实生活：不属于多利安族的土著，由于从事农业和享受和平，早已积弱，显然需要有人领导。因此，斯巴达诸王首先征服拉哥尼亚的土著居民，然后攻击麦西尼亚。这一片在伯罗奔尼撒半岛西南角的土地，平坦而肥沃，当时是由一个爱好和平的部落耕种。我们可以自帕萨尼亚斯的著作中知悉，当时麦西尼亚王阿里斯托德谟斯（Aristodemus）在德尔菲就如何击败斯巴达一事请示神谕，阿波罗神如何命令他在其王族中选出一位童女做牺牲献予诸神，他如何将其亲生女儿杀死致祭，但最终仍战败。（可能是他会错意，以为神要他自己的女儿。）60 年后，勇敢的阿里斯托德谟斯领导麦西尼亚人英勇地反抗斯巴达。在围城 9 年和连续攻击下，斯巴达人终于得逞。城陷落后，在屈辱的条件下，麦西尼亚每年必须向斯巴达贡献其全部收成的一半，并且有数千人被俘沦为奴隶（Helot）。

现在，我们要开始描述莱喀古斯以前拉哥尼亚社会的轮廓，这个社会也和其他古代社会一样，有三个阶层。最上层是居于统治阶层的多利安人，这一民族居于斯巴达大部分地区，以农产为生，虽然土地主权为其所有，实则由奴隶代其耕种。居住于周围，社会地位处于统治阶层与奴隶之间的是皮里阿西（Perioeci）（也称“周围居民”），这一族是在山区或拉哥尼亚郊区 100 个村落中的自由居民，在各城镇以从事贸易与工业为生；有纳税及服兵役义务，但不能参加政府组织，也不能与统治阶层通婚。处于最低阶层也是人数最众多的是奴隶，根据斯特拉博的说法，奴隶是根据赫拉斯（Helus）城而命名，此城的居民最早为斯巴达人所奴役。仅由于对非多利安族的征服或运回战俘，斯巴达便使拉哥尼亚拥有 22.4 万名奴隶，12 万名皮里阿西，以及 3.2 万名（包括男女老幼）公民阶层。

奴隶享有中古时期奴隶的一切自由，可随意结婚，任意生育，在田间依自己的方法耕作，在村中与邻居相处，因地主不在现场，所以可不受其干扰，唯一条件是定期向地主缴纳政府所规定的田租。他们与土地结为一体，但其本身与土地均不得出售。他们有时也进入城镇充作家仆；在战时可被征召伴随主人，有命令时也须为国作战，如在战斗中表现良好可获得自由。其经济状况通常并不比阿提卡以外其他希腊地区的村中农民或现代城市中的非熟练劳工恶劣。他们可从其住处、各种不同工作及田野树木的恬静中获得慰藉。但经常有遭受军法审判的可能，也常遭受秘密警察的秘密监视，也可能在任何时候不经审判而遭受秘密警察的杀害。

在拉哥尼亚，一如在其他地区，智慧低者须向智慧高者呈献贡物，此习惯基于“对以往有成就者须予尊敬，对未来有希望者须予鼓励”的原则。在大多数文明社会中，生活用品的分配通常是通过价格制度的和平行为达成，即智慧较高者能生产一种不易立即被仿造或复制的奢华产品，或提供一种他人不易提供的服务，因而使想要获得该项产品或服务的人付出较高代价，如智慧较低者不欲付出该项代价，当然只能获得容易获得的次级产品或服务，这也是一项较公平的交易。但在拉哥尼亚，财富的集中是通过一种令人愤怒的方法，使得奴隶义愤填膺，因此，在斯巴达历史上几乎每年都饱尝颠覆国家的革命威胁。

· 斯巴达的黄金时期

斯巴达在莱喀古斯之前的暗淡时期，仅为希腊的一座城市，与其他城市无异，但以歌唱与艺术著称（莱喀古斯以后，风尚即变）。音乐在该地异常普遍，并与古人相媲美。尽量追溯希腊历史，我们可以发觉希腊是一个歌唱的民族。斯巴达在战时，音乐也采取军事方式，即所谓强劲而简单的“多利安进行曲”；其他的曲子非但不予鼓励，而且如果多利安进行曲中有离谱时，还要依法律处罚。即使是特潘得，虽然曾赖他的歌声平息了一次叛乱，但只为了适合自己的声音，他竟敢在琴上另加一弦，因而遭到执政官的处罚，他的琴也被钉挂在墙上不得使用；到下一代，提摩修斯（Timotheus）将特潘得的七弦琴增为十一弦，然而直到执政官除去招致物议的各附加弦后方能参加竞赛。

斯巴达和英国一样，当从别的地方吸引来伟大的作曲家后，便使他们成为本国人。到公元前670年，可能是由阿波罗神谕的吩咐，将特潘得自莱斯博斯岛接到斯巴达，以筹划卡尼亚（Carneia）节日的合唱比赛。同样的，在公元前620年将泰拉塔斯自克里特招来，不久，提尔泰奥斯（Tyrtaeus）、阿尔克曼（Alcman）及波利门斯吐斯（Polymnestus）也相继而来。这些人的工作主要是制作爱国歌曲，并训练群众合唱。斯巴达很少对个人教授音乐，特别注意群体精神，所以音乐也采取群体形式，在重大的歌舞节日举行团体比赛。这种合唱方式也使斯巴达人获得了另外一种纪律和集体行动的训练机会，因为每一个声音都需要与领导人和谐一致。在海厄辛西亚（Hyacinthia）王阿格西劳斯（Agesilaus）的宴会上，每个人都要按合唱指挥者指定的地点与时间歌唱；在吉姆诺皮狄亚（Gymnopedia）的节日，全体斯巴达人不分年龄性别，都要参加和谐舞蹈和对唱的集体行动。这种行动无疑对其爱国情绪的激发有很大作用。

特潘得是诗人、音乐家中最杰出的，他在萨福之前一代揭开了莱斯博斯岛的伟大时代。传说中，特潘得发明了宴饮歌，并且将当时的弦琴从四弦增至七弦。但是我们可以看到七弦琴和米诺斯一样古老，据推断，人们在远古以前已在纵酒歌唱。诚然，特潘得曾经在莱斯博斯岛获得了基萨罗得斯（Kitharoedos，抒情音乐作曲家和歌唱家）的声誉。由于在争斗中他杀死了一个人而被放逐，后来发觉接受斯巴达的邀请可能会有很多便利，因而到了斯巴达。他似乎在那里靠教授音乐和训练合唱度过了余生。据说他死于一个宴会上，当他正在歌唱时（可能是正在唱他在音阶上所增列的一个音符时），一个听众向他投掷了一个无花果，恰好投入他口中并进入气管，因而窒息而死。

在第二次麦西尼亚战争时，提尔泰奥斯在斯巴达继续特潘得的工作。提尔泰奥斯来自阿菲德纳（Aphidna）——可能在拉西迪蒙，也可能在阿提卡。雅典人有一个关于斯巴达人的笑话，大意是当斯巴达人将要在第二次战争中失败的时候，一个跛足的阿提卡学校校长挽救了失败的厄运，这个校长的战歌唤醒了委顿的斯巴达人，鼓舞了他们的士气，因而获得了胜利。显然，他是在大众集会的时候奏笛唱出自己的歌声，设法将战场的失势转换为令人欣羡的胜利。我们在他的断简残篇的歌词中还可发现如下的记述："勇者为国家奋战时，必勇敢争先，男儿当求战死于阵前……让我们每个人站稳脚步，脚踏实地，坚忍不拔……让我们齐步并肩，盾甲相连，豪气冲霄汉，壮士视死如归去，勇者马革裹尸还，所有枪剑齐指，奔向敌人，不胜誓不还。"斯巴达王里昂尼达斯（Leonidas）曾说："提尔泰奥斯实在是激励青年的能手。"

阿尔克曼是提尔泰奥斯同时代的歌唱家，也是其朋友兼竞争对手，但阿尔克曼歌唱类别较广，且较为通俗。阿尔克曼来自遥远的吕底亚，有人说他曾经是一个奴隶，虽然如此，因为那时拉西迪蒙人还没有学会憎恨外来人（这种憎恨外来人后来成了《莱喀古斯法典》的一部分），所以依然欢迎他。而后的斯巴达人对于他给予爱情与食物的颂扬，以及他所罗列的拉哥尼亚酒名单感到惊异。传说他极为好古，同时对女人的追求永无餍足。在一首歌曲中，他告诉人们如何幸运地离开了萨迪斯（Sardis），因为在那里他可能成为一个被阉的西芭莉祭司，幸而来到斯巴达，可以与他的金发情妇自由相爱。他为我们揭开了情诗诗人时代（至诗人阿那克里翁达于极盛）的序幕，同时被亚历山大时代的批评家选为古希腊"九大抒情诗人"之一，并且高居首位。[1] 他可以谱出赞美诗歌，也可以写出醇酒美人的曲词，斯巴达人特别热爱他为女合唱团所作的处女之音。在遗留的残篇中，我们还不时可以体察出那些蕴含在诗歌中的想象力。有一段大意如下：

沉睡于山巅，沉睡于溪谷，在山涧，在肩部；虫类出自土壤，

[1] 指阿尔克曼、阿尔凯奥斯（Alcaeus）、萨福、斯特西科罗斯（Stesichorus）、伊比科斯（Ibycus）、阿那克里翁、西摩尼得斯（Simonides）、品达、巴克基利得斯（Bacchylides）9人。

牲畜食于山麓，蜜蜂繁衍不息，巨怪出没海底深处；所有生命均安眠，仅有群鸟翱翔云端。[1]

我们不难从上述各诗人而得知斯巴达人并非永久黩武好勇，在莱喀古斯以前的一个世纪中，他们与其他希腊人一样珍视诗歌及艺术。当雅典戏剧家编写剧中合唱抒情诗歌时，虽然对白是用阿提卡语，但诗歌是用多利安方言，足见合唱诗歌与斯巴达人关系之密切。在那个太平盛世，究竟是否还有其他艺术盛行于拉西迪蒙，很难判定，因为斯巴达人本身也疏于各事迹的记载与保存。拉哥尼亚陶瓷和铜器在公元前 7 世纪时颇负盛名，一些次要的艺术也为少数富人增添了若干享受。但这个小型的文艺复兴却因各次麦西尼亚战争而终止。被征服的土地由斯巴达人瓜分，战俘的增加也使奴隶数字倍增。但 3 万公民如何能长久控制 4 倍于他们的皮里阿西和 7 倍于他们的奴隶？在这种情形下，只能放弃对艺术的热衷和追求，把每一个斯巴达人都变为兵士，并且保持高度战备，以便随时可以扑灭叛乱或发动战争。《莱喀古斯法典》已达到此目的，但其所付出的代价甚大，除政治外，从各方面而言，竟使斯巴达退出文明历史。

· 莱喀古斯

希罗多德以后的希腊历史学家均认定《斯巴达法典》是莱喀古

[1] 这首诗与 25 个世纪后歌德（Goethe）的作品《漂泊者的夜歌》（*Wanderer's Night-Song*）颇为类似：

山巅高处	über allen Gipfeln
一片寂静	Iet Ruh,
于诸树梢	In allen Wipfeln
你难感到	Spürest du
一丝气息	Kaum einen Hauch；
小鸟寂寂栖于林中	Die Vögelein Schweigen im Walde.
等待，不久	Warte nur，blade
你也得归去如是	Ruhest du auch.

斯所拟订，一如接受特洛伊之围与阿伽门农被杀是史实一样。由于现代学术界否认特洛伊和阿伽门农真有其事其人，因此，对于莱喀古斯其人真实性的承认，也颇感踌躇。以前历史学家判断他在世的时期约为公元前900年至公元前600年；然而一个人如何能想出一套在整个历史中最令人厌恶且令人困惑的立法，于数年中不仅加诸被征服的臣民，且加诸自由意志与好战的统治阶层？虽然如此，如果一概拒绝所有希腊历史学家曾经接受的一种具有理论基础的传说，似乎有过于大胆之嫌。姑且不必论及约书亚（Josiah）在耶路撒冷圣殿发现摩西戒律（约公元前621年），公元前7世纪实为个人立法者的特殊世纪——如扎留库斯（Zaleucus）之于洛克利（Locris，约公元前660年），德拉科（Draco）之于雅典（公元前620年），及查罗达斯（Charondas）之于西西里的卡塔纳（Catana，约公元前610年）。可能在这些事例中，与其说是个人立法，倒不如说是将一些习惯加以调谐和阐述，制为法律，然后为方便起见，便以起草人或编纂人之名命名。同时，在大多数情形下均以文字记载，因此，我们并不太认同它是一种个人立法。然而，只要我们牢记在各方面都像是将一种变迁过程，即自习惯变为法律（这当然需要很多的执笔人和多年的时间）加以人格化并予以缩短精简，我们仍将这种传说列入记录。

根据希罗多德的说法，莱喀古斯是斯巴达王查利劳斯（Charilaus）之叔及监护人，自德尔菲阿达那（Adana）神殿接奉敕谕，若干人认为这种敕谕就是莱喀古斯法律的本身，另有一些人说这是他所提议的法律经由神意的认可。显然是一些立法者认为如果要改变若干习惯，或建立新习惯，最安全妥善的方法是将其建议托诸神旨，这并不是首次出现一个国家将其基础托之于天意。传说中还有说莱喀古斯曾经旅行到克里特，对其制度倍加推崇，并决定在拉哥尼亚实行。诸王及大多数贵族勉强地接受了这些制度对他们的安全是不可缺少的说法，但是一位叫阿尔坎特（Alcander）的青年贵族咆哮反对，并且击落了莱喀古斯的一只眼睛。普卢塔克曾以其简明而动人的惯用语调叙述其经过：

> 莱喀古斯对此意外事件非但毫无畏缩与恐惧，稍停片刻后，即将其面目全非的面容及被击落的眼睛出示于其同胞。国人睹此后深感惊恐与耻辱，于是即将阿尔坎特捕交莱喀古斯加以处罚……莱喀古斯对国人深致感谢，除留阿尔坎特外，将群众遣散，然后将其带返家中，既未予以严厉处置，也未深责，仅……嘱咐在餐桌边伺候。这位青年生性坦诚，胸无城府，即应命工作且未出怨言；莱喀古斯因此同意与其同住，阿尔坎特也获得机会对莱喀古斯作深入观察，他发现莱喀古斯除具有良好风度及从容严谨外，还极端冷静、孜孜不倦；因此自原先的敌视，一变而为其最热烈的崇拜者，并告知其亲友，莱喀古斯并非他们所认为的阴沉与乖张之人，实为世界上一和蔼并具有良好风度的君子。

莱喀古斯在完成其立法后（根据有关其传说的结尾叙述），呼吁公民在其返回前勿对法律作任何修正或变更。“他认为一个政治家有一种死得其所的责任感，如可能，应认为其死是对国家的一种服务”，随后他前往德尔菲退隐，并绝食而亡。

· 古斯巴达法典

每当我们想要说明莱喀古斯的改革时，我们就会发觉传说的矛盾与混乱。也很难说《斯巴达法典》的哪一部分先于他，哪一部分是由他或他同代的人所创制，或哪一部分是在他之后所增列。普卢塔克和波利比奥斯（Polybius）很肯定地告诉我们，莱喀古斯曾经把拉哥尼亚的田地重新按照公民的数目平均分为 30 000 块相等的土地；修昔底德则说根本没有这样一种分配。可能是旧的财产未予变动，新征服的土地曾予以平均分配。一如西塞昂（Sicyon）的克里斯提尼和雅典的克里斯提尼一样，莱喀古斯废弃了拉哥尼亚的血统社会组织，而代以地理区分，如此，旧式家庭的权力即行崩溃，而较宽广的贵族制度随即形成。因为商人阶层正在阿尔戈斯、西塞昂、科林斯、麦加拉和雅典逐渐获得领导地位，为防止这个阶层取代地主寡头专制，莱喀古斯禁止公民从事工业或贸易，禁止使用或输入金银，还命令只能使用铁作为钱币。他还决定斯巴达人（即拥有土地的公民）应不遭受其他拘束，以便随时能参与政府及从事战争。

古代的保守主义者都夸耀《莱喀古斯法典》之所以能实施甚久，是由于三种政府形态（专制、贵族及民主）融合在该法典中，且三者之比例配合，最终能互相制衡，任何一派都不易形成优势。斯巴达因为同时有两个王，所以它的专制政体其实是两头政治，而这种政治体制又是从入侵的赫拉克利特遗传下来的。这个奇异制度的形成，可能是由于两个家族势力相当，因此也就处于互相竞争的态势。同时为王算是一种折中方案，或者是为了保持社会秩序与国家声望，因为同时两家为王，可以避免皇族地位与特权心理使用的绝对主义。两个王家的权力是有限制的：他们执行国教的祭献，任司法首长，及在战时统帅军队。在所有事务上均须服从元老院，同时在普拉塔亚（Plataea）后其权力逐渐转移至民选的执政官。

法典主要的组成部分，表面和实际上就是元老集团；通常在 60 岁以下的人都被认为尚未成熟，不应担任这一职位。普卢塔克说元老院的人数共 28 人，同时也告诉我们令人难以置信的选举方式：在遇有空缺时，候选人逐一沉默着通过民众大会的前方，其获得喝彩声最高与最长者即被宣布当选。当时可能认为这是一种实际而经济的，且更具充分民主程序的方式。我们并不知道哪些公民具有被选举的资格，可能权利是平等的，不妨假定他在拉哥尼亚拥有土地，曾经服过兵役，并向公共食堂提供其应分摊的食物。元老院制定法律，对死刑犯执行最高法院权力，同时拟定国家政策。

民众大会是斯巴达对民主的一种让步。显然年满 30 岁的男性都有参加的权利，在 37.6 万人民中约有 8000 男性拥有这种资格。大会在每次月圆日集会一次，所有重大公众问题均须向大会提出，非经大会的同意不能通过任何法律。但是在莱喀古斯制定的法典之外增列的法律很少，大会对这些提议增列的法律可以接受或拒绝，但不能讨论或修正。本质上这是一种古荷马式的群众集会，在敬畏的心情下聆听首领或元老会议或统帅军队的国王发言。理论上主权属于民众大会，但在莱喀古斯后，一条修正条款将权力交付给元老院，倘若元老院认为民众大会的决定有偏差时，当即将该项决定加以更正。从前有一位思想颇为进步的公民要求莱喀古斯建立民主政治，莱喀古斯当即答道:“朋友，请先在您的家庭开始。”

因斯巴达的5位民选长官（ephor，意即“监督者”）每年由民众大会选举，所以西塞罗曾将其比作罗马保民官（tribune），但因其所操行政权力只有在元老院的抗议下才能得以遏止，因此可以说与罗马的执政官（consul）更为相似。民选长官制在莱喀古斯之前就已存在，但在我们所获《莱喀古斯法典》的各项报告资料中都未提及。公元前6世纪中叶时，民选长官权力已与两王相埒；在波斯战争后，事实上其权力又凌驾于两王之上。他们接见外国大使，决定法律纷争，统帅军队，并对两王拥有指导、罢黜或惩罚的权力。

政府法令的贯彻与实施由军队及警察负责。习惯上，民选长官将某些斯巴达青年武装为特别及秘密警察，以侦察民众行动，对奴隶则可视情形自行杀戮。这一组织通常出其不意地行动，甚至被用来消灭在战时为国家勇敢作战的奴隶，因为作为主人的斯巴达人认为他们既然能勇敢为国，就是有能力的人，因此也就是危险人物。在伯罗奔尼撒战争8年后，公正的修昔底德曾有如下的报道：

> 斯巴达人通知奴隶选拔自认在对敌作战中表现优异的人员，以便他们使之获得自由；真正的目的是在试验他们，因为在斯巴达人看来，首先请求获得自由的也就是意志最昂扬和最容易反叛的。当2000人被选出后，这些人喜不自禁，于是群往神殿，以

庆幸他们获得自由，但斯巴达人旋即消灭了这些人，没有人知道这些人是如何死亡的。

斯巴达最高的权力和荣誉都在军队手里，因为军队的勇毅、纪律和作战使斯巴达获得安全，同时贯彻其理想。每一个公民都接受作战训练，从 20 至 60 岁都有服兵役的义务。在这种严格的训练下更产生了斯巴达的重甲步兵——由公民组成、披重装甲、挥舞长矛的密集步兵部队，这种重步兵即使在雅典人看来也是一种恐怖，事实上直到底比斯将军伊巴密浓达（Epaminondas）在留克特拉（Leuctra）把他们击败为止，他们一直保持着常胜军的荣誉。在这支军队里，斯巴达人也建立了自己的道德守则：强健与勇敢才是良善；战死沙场才是最高荣誉与喜乐；战败而生，在母亲看来也是难以宽恕的耻辱。斯巴达的母亲在与出征的儿子道别时用语是“与你的盾牌同归或死在你的盾牌上”，携带着笨重的盾牌逃脱是不可能的事。

· 斯巴达的体制

如果要想训练一个人接受一种理想，而这种理想非常违背其血肉之躯的欲望，就必须要从出生起，同时也要有最严格的纪律。第一步便是无情的优生学：不仅每一个婴儿要面对父亲杀害婴儿的权力，同时每个婴儿也要送到一个叫作“邦检查团”的部门（state council of inspectors）检查。任何被认为有缺陷的婴儿都要从泰格杜斯山的悬崖掷下，死在悬崖下边的尖石山。进一步的淘汰可能就是斯巴达人对其婴儿艰苦与公开的锻炼。全国男女都受到警告，对结婚对象的健康程度与品性必须慎重考虑；纵然是阿克达莫斯王也因为娶了一个矮小的女人为妻而遭受罚款。丈夫鼓励将妻子借给不寻常的人，这样优秀的儿童可以倍增；如果丈夫因为年龄或疾病失掉了性能力，则必须邀请年轻力壮的人代他生育更活泼强健的儿童。根据普卢塔克的说法，莱喀古斯曾对嫉妒和性的独占加以嘲笑，并且认为人类尽各种能力并付出金钱代价以渴求其犬马能与良种相交，获得优生，而偏要将妻子关在家里只为他们生男育女，何况这些丈夫有的可能是愚蠢、无能和疾病患者，这种做法实属荒唐。根据古时的一般观点，在所有希腊人中，斯巴达的男人比较强壮俊秀，女人比较健康可爱。

与优生相比，训练可能是这一结果更为重要的原因。修昔底德曾经使阿克达莫斯王作出如下表示："人与人之间的区别（可能指出生时）甚少，但在最严格的学校接受训练与生长者能获得优势。"斯巴达男童自 7 岁起即离开家，由国家抚养，送入一所学术和军事训练的学校，由一位儿童监督人负责训练。在一班中，由最有能力与最勇敢的儿童充任首领，其他儿童必须服从他，作为首领的儿童可对其他儿童加以处罚，其他儿童也需要设法在工作与纪律上与首领相埒，甚至设法超过他。其目的并非和雅典人一样着眼于体育或技能，而是在于军事性的激励与价值。所有的竞赛在长者与双方情人的注视下裸体举行。年长者设法在儿童间制造纠纷（各个或两个群体间），以便测验出其活力及坚忍力，并予以训练；一有怯懦的行为表现，即会招致多日的耻辱。每个人都需要忍受痛苦、困难及逆境而毫无怨言。每年都要在阿尔忒弥斯·奥西亚（Artemis Orthia）神的祭台前鞭笞精选的青年，一直到血溅台石为止。到 12 岁后，儿童就要被褫去内衣，整年只能穿一件衣服，他们不像雅典的青少年一样经常沐浴，因为他们认为水和软膏可使一个儿童变得软弱，而寒冷的气候与清洁的土地则可使其坚强和富有抵抗力。冬夏都要露天过夜，并且是睡在断残的欧罗塔斯河岸上。以至于到 30 岁他们都是和同伴生活，居住在营房内，不知家庭安适为何物。

对儿童也教授阅读和书写，但仅止于能阅读及书写；在斯巴达购买书籍的人很少，因此出版商尽可好整以暇。根据普卢塔克的说法，莱喀古斯并不愿意儿童依书写或文字学习他的法典，而是依口授并且在成人的细心指导与良好榜样下自幼年起开始在行动上实施；他认为训练一个人能在不经意的习惯上成为好人，较之依赖理论的说服为佳；一个适当的教育必可导致一个良好的政府。但是这样的教育应当是道德性而非智慧性的，品性较诸智慧更为重要。斯巴达人训练他们的青年要随时保持清醒和冷静，同时强迫奴隶喝过量的酒，以便斯巴达青年可以看出酗酒和醉酒的愚蠢和丑态。他们要接受准备作战的训练，要能在战场上自行搜寻食物，或忍受饥饿，在这种情形下允许偷窃，但是如果被侦知偷窃就成为应受鞭笞的罪行。但如果一个青年表现良好，就可获准参加公民的公共食堂，同时应当在那里细心听讲，以便了解或熟悉国家的问题，并学习能作愉快谈话的艺术。年满 30 岁后，倘若能圆满度过青年时代的艰苦训练，就会被承认具有公民的权利与责任，并与年长者共坐同膳。

至于女童，虽然留在家庭抚育成长，但也要遵守国家的规定。必须参加积极性的竞赛——赛跑、摔跤、扔铁圈、掷铁饼，以便长大后强壮健康，能很顺利地做一个完美的女性。女子必须裸体参加群众舞蹈及游行，甚至在男人面前也不例外，以激励其能对身体作适当爱护，同时发现并矫正身体缺点。道德观念很强烈的普卢塔克曾说："少女裸体并没有什么羞耻，裸体使她们感觉质朴，并且可因此摒除淫荡。"当她们舞蹈的时候会一齐向作战表现勇敢者唱歌赞颂，而对怯懦者则尽量蔑视。这种理智性的教育对斯巴达少女并没有浪费。

至于恋爱观，每个青年都可以尽情恋爱，同时可以不必考虑性别。几乎每一个男童都有一个年长的男情人，从这个情人那里可以希望获得更多的教育，为报答这种教育，他应当献出热情并且要服从。这种"交换"往往发展为一种热情的友谊，而激励双方都能勇敢作战。青年在婚前有相当的自由，因此，娼妓在斯巴达很少，蓄妾也不多见。据说，在整个拉西迪蒙只有一座阿佛洛狄忒神殿，同时，这座神殿的女神头纱遮面、持剑，并戴脚镣，俨然象征为爱情而结婚是愚蠢之举，应将整个爱情献与战争，婚姻应由国家严格控制。

国家所指定的最佳婚姻年龄为男人 30 岁、女人 20 岁。在斯巴达独身是一种罪行，单身汉不得享受各种特权，也不得参观由青年男女裸体跳舞的游行行列。根据普卢塔克的说法，单身汉被迫在公众前游行，即在冬季也必须裸体，行进中必须歌唱，歌唱的意义在于其未服从国家法律，受此惩罚实属罪有应得。经常逃避婚姻的男人可在任何时间遭受一群女人的猛烈攻击，结婚而未能生育子女者遭受的羞辱不过仅轻于“极不光彩”而已。据知，不能做父亲的人就不能够享受斯巴达青年对年长者所表现的宗教式的尊敬。

婚姻通常是由父母安排，但非买卖方式；经双方同意后，一般情形下须前往强力抢亲，而新娘也将抵抗。婚姻一词在当时用希腊词 harpadzein 表示，即强夺之意。如果在此项安排下仍有若干成年人未能结婚时，就将同数量的男女推进一暗室，使他们在黑暗中选择自己的终身伴侣。斯巴达人认为这样的选择较之经过恋爱所作的决定并不会更盲目。通常，新娘与其父母居住，新郎仍居住于营房内，仅在暗中与妻子幽会。普卢塔克说：“夫妇在这种情形下生活很久，甚至妻子已经生育，而夫妇尚未能在白天晤面。”当他们已完成做父母的准备时，习惯上也准许他们建立自己的家庭。爱情的培养和发展是在婚后而非婚前，夫妇间的情爱在斯巴达也和其他文明社会一样强烈。斯巴达人曾夸称他们之中没有私通，这种说法可能是对的，因为他们在婚前有充分的自由，同时，很多丈夫可被说服与他人尤其是自己的兄弟共妻。离婚的情形很少。斯巴达的将军莱桑德曾经因为要离开自己的妻子与一个较美丽的女人结婚而遭受处罚。

总之，斯巴达女人的地位较其他希腊社会要来得高。女人在斯巴达也比在其他地区较多地保存了她们的荷马式身份和早期所遗留下来的母系社会特权。普卢塔克曾说：“斯巴达的女人勇敢而强健，经常压制她们的丈夫，即使对最重要的事务也公开表达意见。”女人可以继承及遗赠财产，随着时间的演变，在斯巴达接近半数的不动产掌控在女人手里，足见其对男人影响之大。女人在家中享受奢侈和自由的生活，在连年战争中男人首当其冲，或在公共食堂里吞咽粗茶淡饭。

按照法典的特殊规定，所有的斯巴达男性，自 30 至 60 岁，都要在公共食堂用膳，公共食堂的膳食在品质上较差，在分量上也稍感不足。按照普卢塔克的说法，立法者的宗旨是预先磨炼他们以适应战时的匮乏，同时也使他们不致因享受和平而消沉堕落。他说："他们不应当消磨其生命于家庭，躺睡在奢侈靠椅和坐在华丽的桌子上，把自己托付给商人和厨子，而自己躺在角落里像一个贪婪的野兽一样养尊处优，日益痴肥。这样不仅毁灭他们的思想，而且还会毁灭他们的身体，身体如果因享受及食用过量而衰弱，则需要睡眠、热水浴和免于工作的自由。总而言之，如果他们长期享受和腐化，就需要较多的照顾。"为供应公共食堂所需要的食物，每位公民都需要定期向其所属食堂提供所指定数量的谷物和其他食物，否则就会被取消公民资格。

在实施此项规范的最初几个世纪，通常对斯巴达青年所实施的简单与刻苦生活的训练都持续至人生的后期阶段。胖人在拉西迪蒙实属罕见。对于腹部的尺寸虽无法律规定，但倘若有人腹部过度凸出被认为不雅或妨碍战斗行动时，可能当众遭受斥责，或被从拉哥尼亚驱逐出境。在斯巴达并没有在雅典所盛行的狂饮或欢宴。人民有贫富之分，但隐而不见，无论贫富均穿着相同的简单服装，即一件毛质披肩外衣或外衫，该件衣物均仅悬于肩上，既不讲求美观，也不讲求款式。累积动产财富颇为困难，因为在当时要贮存相当于今天 100 美元的铁制钱币需要一大间贮藏室，要想搬运，至少需要一对壮牛。但人类的贪婪依然存在，官吏与公务人员的贪污也有门路。议员、民选长官、使节、将军及国王都可出资购得，所出价格与其地位相称。当萨摩斯岛派到斯巴达的使节展示其金盘子时，斯巴达王克莱奥梅尼（Cleomenes）一世立刻要求撤回该使节，深恐斯巴达人由于外国人的坏榜样而腐化了。

斯巴达深恐国人遭受外国人的污染，所以对外国人表现出空前的冷淡，外国人很少是受欢迎的。通常对外国人均设法使其明了访问必须短暂，如停留时间过长，即由警察护送至边境，强行遣出。斯巴达人非经政府许可不得出国，为压制斯巴达人的好奇心，特施以"夜郎自大”的训练，并使其深信他国实无可供“借鉴”之处。因为要保护自身，所以它的制度自然也就谈不上合理；因为在这个社会里三分之二的人是奴隶，所有的主人也等于奴隶，这个与世隔绝的世界如果能呼吸到一点自由、奢华、文学和艺术的空气，就足以使这个奇异的社会崩溃。

· 对斯巴达人的评价

这样一个体制究竟产生了何种类型的人和何种方式的文明？最重要的是培养强壮的身体，能极度忍受艰苦和匮乏。一位酷爱奢侈享乐的锡巴里斯人曾对斯巴达人做过如下的评语：“斯巴达人在战时视死如归，义无反顾，并非可称赞之事，因为只有如此，才可免除艰苦劳动和悲惨生活。”在斯巴达，健康是最主要的德行，疾病是罪恶。柏拉图在发现这样一片没有医药也没有民主的土地后一定会心情愉快。在这里充满勇毅坚强，在无惧与胜利的纪录上，只有罗马人才可与斯巴达人相比。当斯巴达人在斯法克特里亚（Sphacteria）投降的时候，希腊人几乎不敢相信，因为从来没有听说过斯巴达人不战至最后一人，纵然是斯巴达的普通士兵，在许多情形下也是宁可自杀而不愿战败后苟且偷生。当斯巴达在留克特拉的灾难消息（其影响之大实际上是结束了斯巴达历史）送达主持吉姆诺皮狄亚竞技大会的各长官时，这些长官未发一言，仅仅把这些新烈士的名字增列到那个竞技会所尊敬的先烈的名单下（那个竞技会是为缅怀先烈而举行的）。克己、节制、对顺境与逆境处之泰然（雅典人曾把这些品性写出，但甚少实施），被每一个斯巴达公民视为自然。

倘若服从法律是一种德行的话，那么斯巴达人的德行是超过大多数人的。斯巴达国王德马拉托斯（Demaratus）曾经告诉波斯国王薛西斯（Xerxes）说：“虽然拉西迪蒙人是自由了，但他们并没有在所有事务上都获得自由，因为在他们上面有了法律，他们恐惧法律甚于你的人民恐惧你。”很少有民族（恐怕除罗马人及中世纪的犹太民族外）

曾经像斯巴达人那样因尊敬法律而加强团结的。斯巴达在《莱喀古斯法典》的治理下，至少历经两个世纪之久，始终保持强盛的地位。斯巴达虽然未能征服阿尔戈斯或阿卡狄亚，但在伯罗奔尼撒联盟中除阿尔戈斯和阿哈伊亚外，它均能说服所有伯罗奔尼撒人接受其领导，而这个联盟在几乎两个世纪中（公元前 560—前 380 年）维持了这个半岛的和平。全希腊都称赞斯巴达的政府和军队，在想废除横征暴敛的虐政时都向它求助。色诺芬（Xenophon）曾经告诉他人："当我第一次注意到斯巴达在希腊各邦的杰出地位时不胜诧异，因为它的人口稀少，同时却享受着特殊的权力和社会声望。我对这个事实异常困惑。而后当我考虑到斯巴达的各种特殊制度时，我的怀疑随即消逝。"如同柏拉图和普卢塔克一样，色诺芬乐此不疲地称赞斯巴达的各种制度与习尚。当然，柏拉图在这里发现了他的乌托邦的轮廓。（因为人们对于理想的一种奇异冷漠，其乌托邦的轮廓于是遭到污玷蒙蔽。）由于许多希腊思想家对于民主的庸俗和混乱感觉厌倦和恐惧，因而逃避现实，转向于对斯巴达社会秩序和法律的崇拜。

因为他们并不居住在斯巴达，所以不妨对其尽量赞颂。他们也无法感觉出自私、冷酷和残忍等斯巴达特性；他们不能就所见的精选绅士或所赞扬的远处英雄，看出斯巴达体制除产生优秀战士外一无是处；更不能体会处在斯巴达的制度下，对于事物的思考力已被抹杀，以至于仅有肉体上的强壮与残酷存留着。由于这种体制、规范和风尚的胜利，使得在它崛起之前一度兴盛的艺术文物毁于一旦。因为自公元前 550 年后，我们就无法知悉斯巴达有什么诗人、雕刻家或建筑家。[1] 只有群体的合唱和舞蹈仍旧保存，因为借此可以发扬斯巴达的纪律，同时也可以使个人消失在群体中。在商业上，斯巴达与世界隔绝，禁止人民旅行，忽视成长中的希腊的科学、文学及哲学。斯巴

---

[1] 吉提亚达斯（Gitiadas）用精制的铜碟装饰帕特农神庙；马格尼西亚（Magnesia）的贝特克利（Bathycles）建造阿波罗宝座于阿米卡莱（Amyclae）；而萨摩斯岛的狄奥多鲁斯为斯巴达建了著名的市政厅。此后，未曾出现过任何斯巴达的艺术家。

达变成了一个优秀的重甲步兵国，人人只愿终身做一个步兵。希腊的旅行家对于这样简单和朴实的生活、非常有限的公民特权，对于每种习惯和迷信的牢执固守，对于坚毅和纪律的颂扬与限制，气质如此高贵，目的如此卑贱，而效果又如此渺小等情形，异常惊异。同时，雅典人正在从以往千百次的不当与错误中，建立一个范围宽广但行动积极的文明。这个文明可容纳每一个新观念，急于与世界交往，且具忍耐、变化、复杂、丰美、革新、怀疑、想象、诗意、狂烈及自由等特性。这和斯巴达文明恰成鲜明对比，这个文明不仅使希腊文明多彩多姿，同时也几乎描绘出整个希腊历史的轮廓。

结果，斯巴达的狭隘意识和精神甚至背叛了它的内在力量，它不惜一切以求达成斯巴达的目的，到最后竟向征服者屈服到底，甚至将雅典在马拉松为希腊所获得的自由出卖给波斯。它沉湎于军国主义中，一度使它极为荣耀，也成为各邻邦痛恨的恐怖者。等它一旦倒下去的时候，所有国家都感觉惊异，但是没有人哀悼。时至今日，在这个仅有少许残留的废墟中，几乎很难看到一个雕像残躯或倾倒的石柱来证明希腊人曾经在这里居住过。

被遗忘的各邦

自斯巴达再向北是欧罗塔斯谷地，跨越拉哥尼亚边疆可以到达阿卡狄亚崎岖的山脉。如果不是过度险峻，当然会更加吸引人。这些山峦起伏的山地对于那些傍山凿石所筑成的狭路并不欢迎，因为这些山路会给阿卡狄亚的静谧带来干扰。由于形势险峻，交通状况不良，难怪胜利推进中的多利安人和斯巴达人都在这里望而却步，使阿卡狄亚一如埃里斯和阿哈伊亚一样，仍为阿哈伊亚和佩拉斯吉人所有。旅行家到了这个平原或高原后，不时发现一些繁荣的新城镇，如特利波利斯（Tripolis）、奥科玛那斯（Orchomenos）、麦加罗波利（Megalopolis）、泰吉亚（Tegea）和曼提尼亚（Mantinea）等古城残迹。伊巴密浓达在那里获得胜利，而后也死在那里。但这里大部分是农民和牧人散居的土地，这些农民和牧人与他们的畜群住在贫瘠的山地，且经常迁徙。虽然在马拉松战役后这些城市对文明和艺术有所觉醒，但一直到波斯战争前几乎未能进入世界历史。在这些垂直的森林中，曾经是希腊伟大牧神潘（Pan）的游巡之地。

在阿卡狄亚南部，欧罗塔斯谷地几乎与一条颇为著名的河流相交。阿尔菲（Alpheus）河湍急地流经帕拔西亚（Parrhasian）山脉，再悠闲地蜿蜒而入埃里斯平原，并自此将旅行家导入奥林匹亚。根据帕萨尼亚斯的记载，埃里斯族系出自阿托利亚或佩拉斯吉系，自埃托利亚跨越海湾而来。他们的第一个王埃特利俄斯（Aethlius），是月神所宠爱的美少年恩底弥翁（Endymion）之父，这位少年的俊美，使月神情不自禁，于是她闭上双目永远沉睡，与他纵情欢乐，因而生了半百女儿。阿尔菲河在这里与来自北方的克拉迪斯（Cladeus）河会流，这个会流处也就是希腊世界圣城所在地，因为它的神圣，所以很少被战争所干扰，埃里斯在这里有很光荣的历史，在此战争被竞技所取代。在两河会流的角落是阿尔底斯（Altis），或奥林匹亚山宙斯神的圣地。所有的入侵者驻足此处并朝拜它，而后，他们的代表又定期回来向它求助，同时增饰它的神殿；在战胜波斯后，把希腊所有最伟大的雕刻家和建筑家集合一起，用无限感恩的心情修复并朝拜它们，宙斯和赫拉神殿的财富和声名日益增高。赫拉神殿可回溯至公元前 1000 年，目前它的废墟是希腊最古远的神殿遗迹。20 根多利安柱头的残体显示出那些石柱如何经常用不同的形式来更换。在最初的时候，那些柱子毫无疑问是用木材制成，当帕萨尼亚斯到达时，还有一根橡木柱竖在那里，这是在安托尼尼斯（Antonines）时期。

自奥林匹亚可以经过古都多利安的所在地进入阿哈伊亚。当多利安族攻占阿尔戈斯和迈锡尼时，许多阿哈伊亚人逃难至此。这里和阿卡狄亚一样也是山地，随着季节的转移，有耐性的牧人在山坡上下赶着他们的羊群。在西海岸是目前仍欣欣向荣的帕特拉斯（Patras）港，据帕萨尼亚斯说，当时那里的女人比男人多一倍，同时，只要是女人就会对爱与美之神阿佛洛狄忒异常虔敬。沿着科林斯湾面对诸山的许多城市，如爱吉姆（Aegium）、赫利刻（Helice）、埃吉拉（Aegira）、佩来纳（Pellene），目前几乎已被人淡忘了，但它们曾活在无数男女和儿童的脑海里，并且每个城市也都曾是世界的中心。

科林斯

再过几道山后，旅行家就可再进入西塞昂，也就是多利安族的定居地。公元前 676 年，西塞昂暴君奥塞格拉斯（Orthagaras）教给了世界若干世纪后仍可应用的政治权术。他向农民解释他们是佩拉斯吉或阿哈伊亚血统，而剥削他们的地主贵族则是入侵的多利安族的后裔。他呼吁被剥夺的人要振起种族荣誉，进而领导他们革命并且获得了成功，自己做了独裁者，同时使得制造业和贸易两个阶层得势。而后，在他的两位能力非常卓越的继承人迈伦和克里斯提尼的领导下，制造业和贸易阶层使西塞昂成了一个半工业城市，虽然它仍按照附近所种植的胡瓜命名，但是它却以它所生产的鞋和陶器而著名。

更向东的一个城市，依其地理位置及经济迹象，应当是希腊最富庶和文化水准最高的中心。因为科林斯地处海峡要冲，占尽地利，其位置之重要，多数城市无法企及。它可以关闭通往伯罗奔尼撒半岛的陆上门户，可以夺取希腊南北间的陆上贸易，也拥有通往沙罗尼克（Saronic）和科林斯湾的港口和航运。在两海之间建有一条收益很好的木质滑行道，在这个滑行道上，船只借滚轴之利在陆上拖行滑动 4 英里。[1] 阿克罗柯里苏斯是它坚不可破的要塞，设在 2000 英尺的山顶

[1] 这条滑行道对商旅甚为方便。它足以承担希腊当时商船的重力，实际上，奥古斯都在亚克兴角（Actium）战役之后，就是通过这条滑行道转运他的舰队追击安东尼与克娄巴特拉（Cleopatra），而希腊在 883 年也曾有类似的行动。科林斯王佩里安德（Periander）曾经计划将它变为运河，但他的工程师认为工程过于浩大而未果。

上，具有永不枯竭的水源。斯特拉博曾经将站在城寨上瞭望到的令人兴奋的景色，作如下描述："城市本身延展在下面两处明亮的梯层上，可以展望到露天剧场、广大的公众浴场、有柱廊的市场、辉煌的神殿，护墙一直延伸到北部海湾的拉克留姆港。在最高的山顶上建有阿佛洛狄忒神殿，俨然象征着这是一个工业城市。"

科林斯的历史可以追溯到迈锡尼时代，甚至在荷马时代，就以富庶著称。在被多利安族征服后，由历代名王统治，然后由一个以巴齐亚达伊（Bacchiadae）家族为主的贵族统治。但是这里也和阿尔戈斯、西塞昂、麦加拉、莱斯博斯岛、米利都、萨摩斯岛、西西里和雅典一样，凡是希腊贸易繁盛的地方，商业阶层都通过革命或阴谋，攫得政治权力。这是公元前 7 世纪希腊爆发专制或独裁的真正意义。大约在公元前 655 年，塞普色鲁斯（Cypselus）夺取了政权。他曾向宙斯许诺，如果他获得成功，就奉献整个科林斯的财富，因此在当权后，每年对所有财产征税 10%，然后将这项所得献给神殿，10 年后他实现了他的诺言，而这个城市仍然像以前一样的富庶。他受人欢迎而睿智的统治持续 30 年，因而奠定了科林斯繁荣的基础。

他那位残酷的儿子佩里安德，在经过希腊历史上最长的独裁（公元前 625—前 585 年）后，建立了秩序和纪律，遏止了剥削，鼓励了商业，赞助文学和艺术，并使科林斯一度成为希腊的第一城。他通过创制一种国币以刺激贸易，降低捐税以振兴工业。他因发动广大的公共建设工程而解决失业危机，并在海外建立殖民地。他保护小商业使其不至于被大商业的竞争所毁灭，限制一个人雇用奴隶的最高数量，并禁止继续输入奴隶。他强迫富有者把剩余的黄金捐出，铸造一座巨大的塑像作为城市的装饰。他邀请科林斯城里全体贵妇参加饮宴，剥夺了她们昂贵的礼服和首饰，将她们半数装饰收归国有后遣回。他的敌人众多而强悍，除非在强大的保护下，否则他不敢随便外出，这种恐惧和隐居使他阴沉而残酷。为巩固其本身不被叛乱推翻，他按照与他同时代实施独裁的米利都的色拉西布洛斯（Thrasybulus）的秘密建议，定期整肃地位最高和最强的人物。他的姬妾们向他控诉他的妻子，在震怒下，他将怀孕的妻子掷下楼摔死。他也因此深为苦痛，然后他又把那些姬妾活活烧死。他的儿子里科弗洛（Lycophron）因悲母之死不与其交谈，被他放逐到科孚。等科孚人将他的儿子里科弗洛处死后，佩里安德又将该地贵族的少年捕捉了300人送往吕底亚王阿尔雅底斯（Alyattes）处，以便在那里将他们阉作宦官。但当运送这批少年的船只停靠在萨摩斯岛的时候，萨摩斯岛人不顾佩里安德的愤怒而将这批少年释放。这个独裁者得享高寿而终，在他死后，有些人把他列入古希腊七哲人之林。

在他死后数十年，斯巴达人推翻了科林斯的独裁，并建立一个贵族政体——这并不是因为斯巴达人爱好自由，而是因为斯巴达人赞成地主而反对商人阶层。虽然如此，科林斯的财富仍然是基于贸易，并不时得助于阿佛洛狄忒的虔敬者和潘希勒尼克（Panhellenic）地峡竞技大会。在这个城里，娼妓数目异常众多，因此希腊人须常使用*Corinthiazomai*一语以表示娼妓。在科林斯城内，妇女将自己献身阿佛洛狄忒神殿，充作娼妓，然后将卖淫所得奉献给祭司，是非常普通的事。一位名叫色诺芬（Xenophon）的人（非“万人”领袖色诺芬将军）曾向女神许愿，如果她能帮他在奥林匹克竞技大会上获胜，就奉献50名娼妓。虔诚的品达人在庆祝他的胜利时，毫不退缩地提及这个誓言。斯特拉博曾说：“阿佛洛狄忒神殿曾拥有千名以上的奴隶和娼妓，这些奴隶和娼妓都是由一些男女献给女神的。也是由于这些女人，所以城里挤满了人，并且财富也因而日增，例如来自各地的船长都在这里恣意挥霍。”科林斯城对这些女人很感激，认为这些“对人亲切”的女人使大众俱蒙其惠。文法家阿特纳奥斯（Athenaeus）曾引证一位早期作家的话说：“按照古时科林斯的习惯，凡是在向阿佛洛狄忒祈祷时，要尽量使多数的娼妓参加。”这些娼妓也有自己的宗教庆典，称作阿佛洛狄西亚（Aphrodisia），她们以虔诚及壮丽的场面庆祝。圣保罗在《科林斯前书》里，对这些女人公开指责，可见她们在圣保罗时代仍然在那里从事原始的交易。

在公元前480年，科林斯有5万公民和6万奴隶——自由人与奴隶的比例很不寻常。追求享乐和黄金吸引了各阶层的人，因此，很少人有精力去从事文学和艺术。我们虽然听说公元前8世纪有一个诗人欧梅路斯（Eumelus），但是科林斯人的名字很少使希腊的文学增添光辉。伯利安达在他的宫廷内对诗人很礼遇，他从莱斯博斯岛请来了诗人阿利昂（Arion）在科林斯组织音乐活动。在公元前8世纪时，科林斯的青铜和陶器很著名；在公元前6世纪，它的陶瓷绘画家在这一行业上傲视全希腊。帕萨尼亚斯告诉我们有一个西洋杉木箱，科林斯暴君塞普色鲁斯曾藏在这个箱子里从巴齐亚达伊逃出，在这个箱子上雕刻家刻有精美的浮雕，箱内镶有象牙和黄金。可能是在伯利安达时代，科林斯为阿波罗神建造了一座多利安式神殿，这座神殿以7根独石柱而著名，其中5根迄今尚存，可能是科林斯人爱美不止一点。可能是时间和机会都对这个城市没有好感，而它的历史或年鉴是由一些其他信仰所写。如果科林斯人死而复生，一定会对后代的历史学家关于他们的记载扼腕叹息。

麦加拉

麦加拉和科林斯一样喜爱黄金，也同样因商业而繁荣。但麦加拉有一位伟大的诗人，在他的诗歌中，描绘古城市生活，而他所叙述的历次革命就好像是我们自己的革命。这座城是通往伯罗奔尼撒半岛的门户，港口雄踞海湾两侧，因其地位重要，很适合与入侵之敌周旋，也适于对贸易商征收税捐。在那里建有很繁忙的纺织工业，工人包括男女，如果用当时很诚实的称呼，所谓工人实际上就是奴隶。麦加拉在公元前7世纪和公元前6世纪最为繁荣，当时正与科林斯进行地峡的商业竞争，也是在那个时期向外殖民（作为贸易前哨），当时殖民地远及博斯普鲁斯的拜占庭和西西里的麦加拉希布来亚（Megara

Hyblaea)。财富日益增加，但聪明人获得这种财富也很不容易，仅可以说是小心翼翼地勉强到手，因为普通大众（在富人中间的奴隶）随时可以听从许诺他们较好生活的鼓动而采取行动。大约在公元前630年，西阿根尼（Theagenes）决定成为一个独裁者，颂扬穷人而谴责富有者，领导一群饥饿的暴民进入富有者的牧场，在那里众人决定他可以拥有随身卫士，并将卫士人数扩大，就用这些卫士推翻了政府。西阿根尼统治麦加拉达30年，释放奴隶，贬抑权势者，并奖励艺术。到公元前600年时，富有者又把他推翻，但是又发生了第三次革命，这次革命又重建了民主，没收了贵族的财产，夺占了富人的家产，取消了所有债务，并且通过了一个命令，使富有者退还所有债务人所付出的利息。

诗人西奥格尼斯（Theognis）曾经目睹了这几次革命，他在诗中对这些革命予以严厉的攻击，这也可能就是我们这个时代阶级战争的呼声。他告诉我们（因为他是关于这个问题的唯一权威），他出生于一个古老而高贵的家庭。因为他曾是一位名叫西努斯（Cyrnus）的青年的导师和情人，这个青年后来成了贵族党的一位领袖人物，因此，可以判知诗人西奥格尼斯一定是在一个很安乐的环境中长大。他给予西努斯很多建议和辅导，唯一要求的报酬就是爱情。他也和其他的情人一样，抱怨爱情次数和程度的不足，在他现存最佳的诗中提醒西努斯，他只有通过西奥格尼斯的诗才能永垂不朽：

看哪，我已经给了你赖以飞翔的双翼
飞越无边的海洋和大地；
诚然，你的未来将寄托于众口的毁誉，
还有他们饮宴和欢乐中的伴侣。
爱河中的青年将对你赞誉
他们银笛中奏出和谐的歌曲；
当你夜暗履危

一直要看到地狱的哀凄，
噢，且勿在荣耀之途裹足不前，
但要徘徊，寻求永垂青史，
西努斯，要渡过许多岛屿走上大陆，
跨越希腊的海洋之岸深入腹地。
你不需骏马，有时姑可轻骑，
缪斯神的紫罗兰荣冠终将归你。
天地既永存，人类将永续，
后世歌声将为你的荣耀谱出新曲。
我给了你飞翔的双翼，但你的回报，
却是令我愤懑的蔑视。

他另外一首诗是警告西努斯，说贵族的不公正可能激起革命：

我们的邦国如妊娠待产，不久添丁，
又像长期滥权，复仇屠户的粗野蛮横。
百姓一直头脑冷静，
主政者则颟顸无能。
治国精神高洁勇毅，
和平康乐慎勿危害。
高傲和自大的虚饰，
狭隘和脆弱的无礼。
正义、真理、法律弃如敝屣，
代以诡谲的高傲和贪恣。
这将是我们的毁灭，西努斯！慎勿作他想
（表面上或将宁静无乱）。
为了邦国未来的和平与保障，
流血和暴乱终将此仆彼继。

革命终于到来，西奥格尼斯被胜利的民主政体列入被驱逐者之列，同时他的财产也被没收。他把妻子和子女交给朋友照顾，自己则漂泊于埃彼亚岛、底比斯、斯巴达和西西里。最初，因为他的诗受到欢迎而颇受礼遇，然而，随即他沉入痛苦和未曾经历的贫困。由于心情愤怒难平，他致诗给宙斯神，而其内容恐怕正是约伯（Job）应当询问耶和华的：

> 万福和至高的天神！我的困惑似海深
> 按照你的旨意观察世界，难见纯真……
> 如无是非，福祚灾祸同降
> 如何使你的子民信服，感觉良善者始获庇荫？
> 你的恩赐究竟洒向邪恶或洒向善良？
> 你的戒律如何使人明了？使人体认？

他对民主政体领袖异常憎恨，他向这个不可思议的宙斯神祈祷，求神恩赐他能喝到他们的血。他首先使用这个比喻：他把麦加拉城邦比作一艘船，可是这个船上的舵手已由混乱和不熟练的水手所取代。他认为有些人天生比他人能力优越，因此，某种方式的贵族制是不可避免的。同时，人们早已发觉大多数人是没有治理邦国的才能的。他认为善仅是贵族的同义语，而在另一方面则用恶、卑劣及无用等词形容大众。他认为这种天生的区别是无法铲除的，他也使用“没有任何教育能使一个坏人变为好人”一语（虽然在这里他的真正意思是“没有任何训练能使一个平民变为贵族”）。他也和所有其他善良的保守分子一样，强烈地主张优生学：世界的罪恶并非由于“善良者”的贪婪，而是由于身份不相称者的通婚和贵族的不育。

他与西努斯策划另一场革命。他主张纵然是已经对新政府曾经宣誓效忠的人也可以刺杀暴君。他公开宣示他将与他的朋友奋斗到底，直到他们能对其仇敌实施彻底的报复。虽然如此，在他多年的放逐生活和孤单之后，他贿赂了一个官吏而得以归返麦加拉。他因为这种口是心非而遭受嫌弃，同时写下了千百首希腊人都会引用的绝望诗：

永勿再生厌见天
尘间那堪再留恋
只愿此身速死去
荒丘野冢伴草眠

最后，我们发现他已回到麦加拉，老迈贫困，且为安全原因，允诺永不再执笔评政。他以酒和忠贞的妻子自慰，最后尽量学习“任何合乎自然的都是可宽恕的”教训：

西努斯，要学习敞开你的胸襟；
心扉打开，迁就他人。
人性不一，多如其面；
见怪不怪，遇事容忍。
人间事永远善恶同行，
欲求更高的境界殆不可能。
至善的事并非白璧无瑕，其余的，
为一般用途，亦可如至善者。
如果除此以外另有天意
工商百业如何能有收益？

埃伊纳岛和埃皮达鲁斯城

从麦加拉和科林斯跨过海湾，便是它们早期工业和贸易的竞争对手——埃伊纳岛（因地震而形成）。在迈锡尼时期那里发展了一个非常繁荣的城市，它的坟墓里埋葬了许多黄金。入侵的多利安人发现这块土地过于贫瘠，不适合耕作，但其地位特别适于商业。当波斯人来到的时候，岛上这些从事贸易的贵族只知道急于脱售他们工厂所生产的美丽花瓶和铜器，来换取他们需要在工厂工作或在希腊城市出售的大量奴隶。在大约公元前 350 年，亚里士多德计算埃伊纳岛有 50 万人口，其中有 47 万的奴隶。在这里铸制了希腊最早的货币，同时它的度量衡直到被罗马征服前一直作为希腊的标准。

像这样的一个商业社会从追求财富逐渐转变到探索艺术上去，是在 1811 年由一个旅行家发现的。这个旅行家在大堆的废物中发现用来装饰阿菲亚神殿三角墙的雕刻品，这件雕刻品非常生动精美。神殿内仍有 22 根多利安直柱竖立在那里，承托着楣梁。这座神殿可能是埃伊纳人在波斯人入侵之前刚刚建造的，因为虽然它的建筑是古典式，但它的塑像在很多迹象上都表现出已经颓废的半东方色彩。塑像也可能是在萨拉米斯之役以后塑制的，因为塑像代表埃伊纳人对抗特洛伊人，可以象征希腊与东方的长期冲突，以及希腊舰队最近在萨拉米斯所赢得的胜利。这个小岛对那次获得胜利的舰队提供了 30 艘船，其中一艘因作战英勇由希腊人颁予最高奖励。

自埃伊纳到埃皮达鲁斯可以乘船前往，并且这是一次愉快的航行，目前这个地方只有 500 名居民，但在历史上曾经是希腊最有名的城市之一。因为这里——或更准确一点说是在阿戈利斯最高山岭的峡谷之外 10 英里——是专司医疗的英雄神阿斯克勒庇俄斯（Asclepius）的主庙所在地。阿波罗神自己在德尔菲的神谕中曾说："阿斯克勒庇俄斯呀！你的诞生使所有人欣悦，你是可爱的科洛尼斯（Coronis）在多石的埃皮达鲁斯为我所生的爱子。"阿斯克勒庇俄斯治愈了无数的人（甚至使一个死人复活），于是冥府之神普卢托向宙斯神抱怨几乎没有一个人会死亡；如果没有死亡，宙斯神几乎不知道如何管理人类，于是用雷电毁灭了阿斯克勒庇俄斯。但是在西萨利和希腊，人们都把他当救世主来朝拜。人们在埃皮达鲁斯为他建造最大的一座神殿，在这座神殿里的医生祭司（因着他的名被称为阿斯克勒庇俄斯）

成立了一所疗养院，以其对疾病治疗的成功驰名全希腊。埃皮达鲁斯成了希腊的卢尔德（Lourdes）[1]。朝圣者自地中海世界各地拥来，在这里觅求希腊人所谓最大的恩赐——健康。这些朝圣者睡在神殿里，满怀着希望的心情执行所规定的养生术，把他们认为非常神奇的医方记录下来刻在石板上，现在这些石板在神圣的丛林废墟中还随处可见。埃皮达鲁斯人用这些病患者所交的费用和礼物建造了一座剧场，看台的座位和出口仍旧在邻近各山的山脚下，它那可爱的圆环形柱廊建筑残迹，至今仍然保存在小型博物馆里，在希腊最精美的大理石雕刻中占有重要的地位。今日类似的病患者则到基克拉泽斯群岛的忒诺斯（Tenos），在那里希腊正教的祭司如2500年前阿斯克勒庇俄斯的祭司治疗病患者一样来医疗他们。从前是埃皮达鲁斯人用牺牲来奉献宙斯和赫拉的阴暗山巅，现在却是圣伊莱亚斯（St. Elias）的圣山。神灵也会死亡，但人类的虔诚长存。

学者热切地在埃皮达鲁斯寻求的，并不是已经倒塌了的阿斯克勒庇俄斯神殿废墟。这个地区现在已树木遍地，在道路急转弯后，延伸至山腰巨大的扇形石处才能看出整个剧场面目。波留克列特斯之子在公元前4世纪建筑了这个剧场，但时至今日仍然保存良好。当旅行者站在跳舞位置的中心（一个用石板敷设的大圆场），可以看到逐次升起1.4万个座位，其设计之精巧令人咋舌，因为感觉到每一个座位都是直接对着自己。当观察者自舞台向上展望，向200英尺以外最远和最高座位上的朋友低声谈话时，会发觉到每个字都是清晰可闻：这时就可以闭目而思，用思想上的双目观察昔日埃皮达鲁斯的繁荣，好像一批批的观众自庙堂、自城市随意来到这个地方，倾听和观赏悲剧作家欧里庇得斯作品的演出，同时也可以感觉到古希腊人那种精力充沛和潇洒爽朗的生活。

---

[1] 卢尔德是一个法国小镇，圣母玛利亚在该地连续18次向一名圣女伯尔纳德显现，泉水治愈绝症多人，朝圣者络绎不绝，也建有圣殿。——译者注

第五章 | 雅典

希腊诗人赫西俄德笔下的波奥蒂亚城

道路在麦加拉以东分叉——南至雅典，北至底比斯。向北的道路进入山地，把旅客带入西赛伦（Cithaeron）山的高处。这时，远在西面的帕纳索斯山业已在望。在前面，跨过山冈，远处便是肥沃的波奥蒂亚平原。山脚下是普拉蒂亚城，10 万希腊人曾在那里歼灭了 30 万波斯人。再稍向西是留克特拉镇，在那里，希腊将军伊巴密浓达首次战胜斯巴达人。再稍向西是赫利孔（Helicon）山，这就是 9 位女诗神（缪斯）和英国诗人济慈的"红色灵泉"（blushful Hippocrene）所在地——这口著名的灵泉也称为"神马之泉"（Horse's Spring），因为据说是当双翼的神马珀加索斯（Pegasus）蹴地一跃升天的时候涌出了这口泉。直接向北是塞斯比阿（Thespiae），这个地方经常和底比斯处于敌对状态。在很近的地方是纳西索斯曾自恋其水中倒影的泉水——另一个神话说是凝视他所爱慕的已故姐姐之影。

在靠近塞斯比阿的一个小镇阿斯克拉（Ascra），是诗人赫西俄德的故居，他在这里居住，并在这里辛勤工作，他对古希腊文学的爱好仅次于荷马。传说他的生卒年代是公元前 846 年和公元前 777 年，但若干当代学者认为他的卒年应该是公元前 650 年，他的时代可能比近代的说法早一个世纪。他诞生于小亚细亚埃奥利亚（Aeolia）的西梅（Cyme），但是他的父亲因为在那里受尽了穷苦的折磨，便移居阿斯克拉镇，赫西俄德形容这个地方为："冬季甚为可怜，夏季无法忍受，从来没有好过的日子。"其实这种情形和人类所居住的大部分地区是类似的。那时，他是一位农民也是一个牧童，随着他的羊群徜徉于赫利孔山坡间，他梦见了 9 位女诗神向他的身体注入了诗的灵魂。因此，他开始写作和歌唱，在音乐比赛中得奖，甚至有人说他曾经自荷马本人手中领过奖品。

赫西俄德和其他希腊青年一样，喜爱神话，他撰写了一部诸神的系谱（对这方面我们一向有很多模糊不清的地方）[1]，详载诸神的朝代和家世，其对宗教上的重要性和各帝王年谱对历史的重要性一样。他首先唱歌赞颂 9 位女诗神，我们不妨说可能因为这些神是他在赫利孔山上的邻居，在他那年轻人的想象中，似乎可以看到这些女神在山坡上轻歌曼舞，也好像在希波克里尼（Hippocrene）灵泉中洗涤她们细嫩的肌肤。然后他略微叙述奥林匹斯山以前诸神如何代代相生。最开始是"混沌神"，然后是广阔的"大地神"，大地是诸神的永久所在地；按照希腊宗教的说法，神是居住在地上或地中，并且永远接近人类。其次是塔耳塔洛斯（Tartarus），也就是冥世之神，在他之后是厄洛斯（Eros），也就是爱情之神，是"诸神中最美者"。混沌神生了"黑暗神"和"夜神"，两者又生了"日神"和"苍穹神"，"地神"生了"山神"和"天神"，"天神"和"地神"结合生了"海洋神"。我们现在在英文里把这些代表神的单词如 Chaos、Heaven、Earth、Mountains 等的首个字母写成大写，但在赫西俄德时期，希腊文并没有大写字母，我们对他的了解主要是根据顺序，最开始是混沌，然后是地、地的中间各部分，接着是夜、日和海洋，最后是欲望又生出了

[1] 除了 2 世纪的某些波奥蒂亚城的文人外，古典学者对这部著作的真实性从不置疑。

一切。很可能，赫西俄德是被 9 位女诗神启示过的哲学家，然后把这些抽象事物人格化再写入诗中。一两个世纪后，西西里的恩培多克勒也使用了同样的手法。这样的一种神学观可能就是进入伊奥尼亚人自然哲学的一个步骤。

赫西俄德的神话沉迷于巨怪和血腥，他并不反对神学上的色情文学。天神乌拉诺斯（Uranus）和地神该亚（Ge 或 Gaea）的结合，生出了一支泰坦（巨人）族，这个族的每个人都具有 50 个头和 100 双手。天神并不喜爱他们，于是把他们罚入地狱。但是地神对此颇为不满，于是建议他们应当把他们的父亲杀死。泰坦族中的一个叫作克罗纳斯的愿意执行这个任务。于是地神大悦，她把克罗纳斯隐藏在树丛里，交给他一把带着锯齿的镰刀，并教给他所有的策略。于是天神带着夜神厄瑞玻斯（Erebus）来了，急于要求爱，用夜围绕地神，并向四面伸展。于是克罗纳斯杀死了他的父亲，锯断他的肢体，并将他父亲的肉扔到海里。从滴在地上的血中产生了愤怒之神，海水中的肉周围浮起的泡沫产生了爱与美之神阿佛洛狄忒。于是泰坦族夺取了奥林匹亚山，废黜了天神乌拉诺斯，并且立克罗纳斯为王。克罗纳斯娶了他的姐姐莉雅为妻，但他的父母天神和地神曾经预言他将被他的一个儿子废黜，他吞噬了除宙斯外所有的儿子，而宙斯没有被吞噬的原因是因为莉雅在克里特秘密地生下了他。当宙斯长大后，又废黜了克罗纳斯，强迫他吐出所有被吞噬的儿子，于是又把泰坦族驱回了地狱。

按照赫西俄德的说法，这就是诸神的诞生和神道。这里也有“远见者”和“带来火种者”普罗米修斯的传说；这里也可看到冗长而不可胜数的神祇的奸淫故事，这些故事使众多的希腊人和乘“五月花”号船自欧洲横渡大西洋到美洲的美国人一样，将他们的年谱追溯到诸神——我们从来不会想到奸淫故事能这样的枯燥无聊。我们不知道这样的神话在原始或几乎野蛮的文化中，它的流传普遍到何种程度，以及对赫西俄德究竟产生多大的影响。荷马的写作比较正派，因此很少提及这类神话。也可能在哲学批评及道德发展时代，这些故事将诸神陷于几分名誉扫地是由于阿斯克拉吟游诗人的灰暗幻想。

举世对赫西俄德唯一认可的诗，是他自奥林匹斯山走到了平地（并不是写山上诸神）后写出的一首关于农民生活非常有生气的田园诗。《工作及度日》（*The Works and Day*）这首诗是对他哥哥珀尔修斯（可能只是为了文学的需要而作）的长篇斥责和忠告。这篇诗对他哥哥的描述非常奇特，里边有句话是："过度愚蠢的珀尔修斯，现在我向你提出善意的忠告。"据说这个珀尔修斯欺瞒了赫西俄德应有的继承权，这位诗人在首次为人所知的劳动尊严说教中，告诉自己的兄弟：诚实与辛勤比罪恶与奢侈的逸乐更为明智。同时又有如下的诗句："请看，你可能很容易选择罪恶，甚至乐此不疲，因为它的道路平坦，同时唾手可得。但永生的神在成功之前安置了流汗和辛劳，这个道路险峻也遥远，开始时也会令你艰辛和苦恼，但一旦到达巅峰，你将发现它确实康庄平坦，虽然在初期你遭受了不少困扰。"因此，这位诗人定下了辛勤从事农事的原则以及耕作、种植和收获的适当天数，而后维吉尔又把这些格言润饰成美好的韵律。他警告珀尔修斯夏季不宜饮酒过度，冬季不宜穿单薄衣服。他对波奥蒂亚城的寒冬有深刻的形容："刺骨的寒风足以剥掉牡牛的皮。"海洋和江河被北风吹得卷起了浪花，树林和松柏也在呼号呻吟，躲避白雪的兽类在栏中瑟缩一团。但是一所建筑良好的小屋如何温暖舒适，这也就是勇毅和辛勤的长期报偿。这里当然也有一位帮助自己的妻子，用辛勤的工作来偿还丈夫对自己所作的贡献。

赫西俄德对娶妻一事似乎很难下定决心。他一定是一个单身汉或一位鳏夫，因为一位有妻室在身边的人谈起女人来不会那样苛刻。诚然，在这个片断的神谱之后，这位诗人也开始写一个侠义的女人谱录，列举叙述那些时代的种种传说，因为毕竟在那个时代女英雄和男英雄一样众多，同时大多数的神是女神。但他在两部主要著作里都以尖酸的口吻告诉人类，那位美丽的潘多拉（Pandora）如何把所有灾祸带给男人。其原因是普罗米修斯从天上偷取了火种，于是宙斯恳求诸神塑造了女人，这个故事也算是希腊给予人类的礼物。

> 宙斯命赫菲斯托斯以最快的速度将泥和水混合，然后赋予人声音和力量，并且在形貌表情上使其与永生女神那种可爱的处女美相似。然后他又命雅典娜教导她如何编造精巧的布匹，命美丽的金色阿佛洛狄忒围绕她的头部放射幽雅、痛苦的欲望和浪费四肢的多虑，但为赋予她一个如狗一样的思想以及诡诈的态度，他又命使者赫耳墨斯……这些神都服从了宙斯的吩咐……诸神的使者给了她一个动人的声音。因为所有在奥林匹亚华厦居住的诸神都给了她一件礼物，那件礼物对创造性的人类而言是灾祸，所以他叫她潘多拉。

宙斯将潘多拉赐给厄比米修斯（Epimetheus），他虽然曾受其兄普罗米修斯的警告，不可从神处接受礼物或赐予，但他这次认为自己无法抗拒她的美丽。普罗米修斯曾经留给厄比米修斯一个神秘的盒子，并且告诉他无论在什么情况下都不可开启。潘多拉无法克服好奇心的驱使，打开了那个盒子，于是一万个恶魔逸出盒外，开始为祸人间，而留在盒内的只有“希望之神”。赫西俄德说：“潘多拉一族是温柔的女人，她所生的是有害的一族。所谓的女人就是一个大害，她们和男人同处，虽然是伴侣，但只能与你共富贵，不能共贫贱……因此，宙斯将女人赐给男人实际上是赐给了一个灾祸。”

但是我们这位反复无常的诗人又说：“呀！独身和结婚一样不是好事。老境孤寂固属可怜，而没有子嗣的人在死后他的财产就要转入宗族。因此，还是结婚好（虽然不要在30岁以前），最好还是有后（虽然不要超过一个），为的是避免财产被瓜分。”另外，他有一首诗：

> 当你已届盛年的成熟，
> 自然想到娇妻和华屋；

三十而娶是明训，
过早过晚均非福……
选妻应选童贞女，
明智的爱情可令伊人衷心折服。
先在已知和邻区处女中观察；
千万谨慎，切勿轻忽，
深恐偶一不慎，
随时可被粉红色的陷阱颠覆。
淑女人间不易见，
仅有天赐是良缘。
尘间也有不幸事，
那便是一个无才无德、只知挥霍的妻室。
她不需要点燃物欲的火，
就可焚毁你辛勤耕耘的成果。
她可以使你粉身碎骨，
在未届盛年就可以结束你宝贵的前途。

按照赫西俄德的说法，人类在这个灾难降临之前在地上度过了很多快乐的世纪，在克罗纳斯时期（维吉尔所说的“农神朝代”[saturnia regna]），诸神创造了金族（Golden Race）人类，这些人本身就像神，无忧无虑地生活，大地自动为他们生长了充足的食粮，并养育他们的肥健畜群，他们欢度许多愉快的节日，且从不衰老，死亡最后的来临，就像一种无痛和无梦的睡眠。但后来诸神由于一时的心血来潮，又造了银族（Silver Race）人类，这一族远不及金族，要经过很长的时间才可长成，经过一个短暂而受折磨的成熟时期，随即死去。然后宙斯又造了铜族（Brazen Race）人类，有四肢，有武器，并居住于铜屋内，他们之间发生了多次战争，于是“黑死神”笼罩了他们。随后宙斯又造了“英勇族”（Heroic Race），这些人曾经在底比斯和特洛伊作战，在他们死亡后，即赴“福岛”（Isles of the Blest）诸岛过无虑的生活。最后和最糟的是铁族（Iron Race），卑鄙贪污，穷而脏乱，昼夜辛劳悲惨，子不敬父，对神祇既不虔敬又很吝啬，懒惰而爱植党朋，互相争战残杀，收受贿赂，互不信任且有内讧，并轻蔑污辱贫穷者。赫西俄德呼喊说：“但愿我没有生在这个时代，早到晚来均佳。”他并且希望宙斯很快埋葬这一族。

以上是赫西俄德利用神学史对他那个时代的贫穷和缺乏正义所作的说明。他对这些罪恶的了解是出自亲身经历，而他用英雄和神祇所形容的以往人类，当然要比较高贵可爱。诚然，人类不会永不长进，更不会永如他在波奥蒂亚所见的农民那样困扰和可怜。他并不知道他对他那个阶级所抱的成见有多深，他对生活和劳动以及女人与男人的看法有点狭隘与尘俗，甚至完全是一种商业的眼光。荷马对人类事物的看法则稍有不同，他认为这既是一种罪恶和恐惧的展露，但同时也有伟大和高贵的一面。荷马是一个诗人，他了解对美善的一次接触可以偿赎许多的罪恶；赫西俄德是一个农民，他嫉恨娶妻子的代价，也抱怨敢与丈夫同席而坐的妻子的厚颜卑鄙。赫西俄德用带有狂暴性的坦诚来告诉我们早期希腊社会的丑恶无耻——王室和贵族的华贵和战争都是依赖于奴隶和小农的胼手胝足，但奴隶和小农都生活于极端的贫困中。荷马为王公及贵妇歌颂英雄王子；赫西俄德不重视什么王子，只是歌咏一般平民，并高声地歌颂。在他的诗歌里，我们可以听到农民揭竿而起的喧闹声，好像而后梭伦在阿提卡的改革和以后庇西特拉图（Peisistratus）夺取政权后的独裁都是由这种声音所激起的。[1]

在波奥蒂亚城一如在伯罗奔尼撒一样，土地是属于居住于城镇或城镇附近的贵族。城内最繁荣的地区是在柯帕伊斯（Copais）湖的周围，这个湖现在虽已枯竭，但曾经供应一个包括许多涵洞和复杂的

[1] 历史上对于赫西俄德的死亡没有记载。但传说中有云：在他80岁时，他因勾引克吕墨涅（Clymene）而被她的兄弟所杀，其尸体被投入海中，然而克吕墨涅为他生了一子，即抒情诗人斯特西科罗斯，据说生于西西里。

沟渠灌溉系统的用水。在荷马时代的末期，这个令人欣羡的地区曾经被住在埃皮达鲁斯的波埃昂（Boeon）山附近并以该山命名的民族入侵。这些入侵者攻占了喀罗尼亚（在其附近，而后菲利普结束了希腊的自由）、底比斯（他们未来的首都），最后还夺取了米尼安古都奥尔霍迈诺斯。在古希腊时代，这些和其他若干城镇都在波奥蒂亚邦联制度下接受底比斯的领导，公共事务由每年所选出的波奥蒂亚执政团负责处理，所有人都在克罗尼亚（Coronea）共同庆祝泛波奥蒂亚节日。

在习惯上，雅典人讥讽波奥蒂亚人麻木不仁，并且把他们思想行动的迟钝归因于饮食过量和潮湿、多雾的气候——很像法国人对英国人的批评。这种论点可能有几分真实性，因为波奥蒂亚人在希腊历史上扮演了一个令人生厌的角色，例如他们在底比斯协助入侵的波斯人，几个世纪中雅典人都感觉如芒在背。但我们对勇敢而忠诚的波奥蒂亚人，辛勤工作的赫西俄德和唱技高超的品达，高贵的伊巴密浓达以及特别受人欢迎的普卢塔克则持不同的看法。因此，我们从雅典人批评其敌人的观点来论其敌人，必须保持谨慎的态度。

德尔菲

自普卢塔克的喀罗尼亚城出发，冒着生命危险连续越过 12 座山，在帕纳索斯的山坡上，就是圣城德尔菲。下降 1000 英尺是克里西亚（Crisaean）平原，那里有上万株的橄榄树，树叶闪烁发光；再下降 500 英尺是科林斯海湾的一个港口；远处的船只好像停滞般缓缓移动。更远的地方是其他山脉，对面被夕阳所映红的落霞所笼罩，呈现出很有气魄的紫红色。在一个道路转弯处是卡斯塔利亚（Castalian）喷泉，这个喷泉四面都是成直角的垂壁，形成了一个深谷。根据传说，德尔菲的公民将伊索（Aesop）从这些垂壁上投下（这也就对他写的寓言增加一页内容）；依据历史记载，洛克利安罗的弗罗梅洛斯

（Philomelus）在第二次圣战中在此战胜并驱逐了洛克利安人。[1] 这上面便是帕纳索斯的双峰，也是 9 位女诗神在赫利孔山后的定居之地。希腊人攀登数百英里的曲折山路，置身于烟雨濛濛的高峰或阳光普照的海边岩石上，四周或是天然美丽的景色，或是充满幽暗的恐怖，这时很难怀疑在这些大石下面的山内居住着一些可怖的神祇。这里一再发生地震，首先吓走了劫掠的波斯人，一个世纪后又吓走了劫掠的弗西斯人，再过一世纪后又吓走了劫掠的高卢人，这似乎是神在保护自己的庙堂。根据希腊最古老的传说，所有顶礼膜拜的人一直群聚于此，以求发现谷中吹出的风和地下冒出的气，这风和气就是神的愿望。对希腊人而言，那块几乎封闭地气出口的大石，就是希腊的中心，因此也就是“世界之脐”（*omphalos*）、全世界的中心。

希腊人就在这个中心建立了他们的祭坛，首先奉祀地神，后来是奉祀英勇的征服者阿波罗。那个谷口曾经由巨蛇把守，使人无法接近，后来太阳神阿波罗将巨蛇射死，于是变成了神殿的偶像。当早期的神殿遭遇火灾（公元前 548 年）后，自雅典放逐的阿尔克迈翁家族（Alcmaeonids）的富有贵族利用全希腊捐助的金钱和他们自己的财富，重建神殿。新殿的正面用大理石筑成，周围绕以多利安式环柱，而支柱则为伊奥尼亚式列柱，希腊人是很少看到过这样华丽庄严的神殿。有一条蜿蜒的圣路通往山上的神殿，这条路的每一步都用神像、柱廊和“财宝库”（treasuries）加以装饰（这里所说的“财宝库”是指希腊城市在各圣地——奥林匹亚、德尔菲及得洛斯所建的小型神殿，用以储藏金钱或用作个人对神的奉献）。在马拉松之战前的数百年，科林斯和西塞昂在德尔菲修建了这种“财宝库”，后来雅典和底比斯所建的可

---

[1] 希腊人因阿波罗神殿的财物与权利曾发生过两次圣战：第一次于公元前 595 至前 585 年，这次南部希腊人结束了邻区的居民对经其港口前往德尔菲进香膜拜的旅客的横征暴敛；第二次为公元前 356 至前 346 年，希腊联合军队在马其顿王菲利普领导下，驱逐了攻占德尔菲并将庙产没收的弗西斯人。第一次圣战结果导致德尔菲中立化，并建立皮西亚赛会（Pythian games），第二次则导致马其顿征服全希腊。

以和前者媲美，而克尼都斯和西弗诺斯所建的则超越了他们。为了使人不致忘记戏剧是希腊宗教的一部分，在帕纳索斯山坡上所有建筑物当中，建了一座戏院。最高地方建造的是一座环形看台的竞技场，希腊人就在那里对他们所最热衷的健康、毅力、美丽和青春举行崇拜。

我们可以用想象来描述当时阿波罗节日的盛况——狂热的朝圣者拥塞于通往圣城的道路上，嘈杂的旅店和帐幕中满是旅客，无数善于利用机会的商人在路边搭起临时摊位，百物杂陈，朝圣客带着好奇和怀疑的心情从这些摊位前面经过，通往阿波罗神殿的路上自然满是人潮，朝圣客把他们的奉献或祭品恭谨地置于殿前，虔敬地恭颂祷词，带着敬畏的心情在戏院观赏表演，再步履维艰地攀登数百级台阶前往竞技场目睹皮西亚赛会，或向远处眺望高山和大海。在这样热切的期望下，他们度过自己的生命。

次要的城邦

在希腊历史上，其西部大陆地区一直过着田园式和被征服的生活，并对这种生活感到满足——即使时至今日，也不例外。住在洛克利、阿托利亚、阿卡纳尼亚（Acarnania）和埃尼亚尼亚（Aeniania）的人们过于接近原始生活，而对瞬息万变的交通和贸易一无所知，也没有时间接近文学、哲学和艺术，也无法看到在阿提卡非常重视的健身房和戏院一类的设施。至于他们的神殿，只是毫无艺术装饰的村庄庙宇，根本谈不上激发民族感情。在长期历史中也偶尔出现过中等城市，例如在洛克利的阿姆披撒（Amphissa），阿托利亚的诺帕克图斯（Naupactus），墨勒阿革洛斯和亚特兰大曾经猎野猪的地方小卡利顿（little Calydon）。在卡利顿附近西海岸是现代化的迈索隆吉翁（Mesolongion，或称 Missolonghi），希腊爱国者马可·波扎利斯（Marco Bozzaris）曾经在那里作战，而拜伦（Byron）死在那里。

在阿卡纳尼亚和阿托利亚间流着希腊最大的河阿刻罗俄斯河

(Achelous)——富于想象的希腊人把它敬为河神，并向之祷告与奉献牺牲以祈求免灾（勿泛滥）。在埃皮达鲁斯的发源地附近有斯佩耳刻俄斯（Spercheus）河，流经埃尼亚尼亚小邦的两岸，那里曾经居住着荷马时代之前的阿哈伊亚人和一个被称为“希腊人”（Hellenes）的小部族，由于偶然被使用，所有希腊人此后采取了这个名字作为族名。向东是色摩比利山脉，因为它的硫黄温泉和山岭与马利卡（Malic）湾间的自北向南的战略要道而被称为“温泉关”（Hot Gates）。然后跨过奥斯利斯（Othrys）山，再通过阿哈伊亚、弗西奥蒂斯，就可进入色萨利大平原。

就在此地的法萨卢斯（Pharsalus），恺撒的疲惫军队歼灭了庞培的军队。色萨利的谷物在全希腊是最丰饶的，马是最灵骏的，但艺术却是最贫乏的。很多河流自各方汇流于珀纽斯（Peneus），使自本邦的南部到北部诸岭的山麓整个形成一片肥沃的冲积层。自珀纽斯出发，披荆斩棘，跨越色萨利山可以到达色雷斯海。在奥萨（Ossa）和奥林匹斯山两峰间形成了尖陡如削的滕比河谷（Vale of Tempe），在这个地区，足有4英里湍急的河流被高出河床1000英尺的陡峭绝壁包围。各大河沿岸有很多城市，如弗里（Pherae）、格兰农（Crannon）等，这些城市都是由依赖奴隶的辛劳为生的封建贵族所统治。这个地区的极北部便是奥林匹斯山，即希腊的最高峰，也就是奥林匹亚诸神的居所。在其北部与东部的山坡上是比埃里亚（Pieria），缪斯诸神在移居赫利孔山前曾居于此地。[1] 沿着海湾南行是马格尼西亚，是自奥萨和皮立翁升起的连绵山岭。

自马格尼西亚渡过海峡数英里处便是埃彼亚大岛，这个大岛在内湾与外爱琴海间沿着大陆海岸平行延伸，使自己成为查尔西斯的

---

[1] 英国诗人亚历山大·蒲柏（Alexander Pope）有首富有哲理的打油诗：

> 一知半解是危险；
> 痛饮比埃里亚的泉水，否则一滴也不沾。

一个半岛的枢轴，几乎和波奥蒂亚连接。岛的中央山脉形成一条脊骨，也就是奥林匹斯山、奥萨、皮立翁和奥斯利斯诸山的延长，并终止于基克拉泽斯群岛。因为它的沿岸平原异常肥沃，在多利安人入侵时期，伊奥尼亚人曾从阿提卡到达这里。在公元前 506 年招致了雅典人的征服，雅典人的借口是：如果雅典在比雷埃夫斯遭到封锁，不能获得埃彼亚人的粮食，则必遭受饥荒。其在邻区蕴藏的铜、铁矿产和贮藏的骨螺，使查尔西斯获得财富，并因此得名。曾经有一个时期这里是希腊冶金业的主要中心，其所制造的利剑独霸全国，铜花瓶也极为精美。岛上的贸易，使用一种自查尔西斯运出的希腊古币，使岛上的公民更为富有，也因此使他们在色雷斯、意大利和西西里建立了利于商业的殖民地。埃彼亚人的度量衡制度几乎成为全希腊的标准制度；查尔西斯的字母，由埃彼亚在意大利库迈（Cumae）的殖民地传给罗马，再由罗马人通过拉丁文传入其他国家，于是成了现代欧洲所使用的字母。在查尔西斯以南数英里，是其古代竞争对手艾瑞特利亚（Eretria）。柏拉图的一位学生迈内德姆斯（Menedemus）在那里设立了一所哲学学校，但就其他方面而言，无论艾瑞特利亚或查尔西斯在希腊思想或艺术史上均无辉煌成就。

自查尔西斯通过一座于公元前 411 年所建的木桥，跨越欧里普斯海峡可转回波奥蒂亚城。波奥蒂亚沿岸数英里以南是小镇奥利斯，阿伽门农曾在那里向神奉献了他的女儿作为牺牲。在这个地区曾经居住着一个不大著名的格拉伊（Graii）部族，这个部族随同埃彼亚人共同派人到距那不勒斯不远的库迈殖民；罗马人通过这些人给予所遇见的赫楞（Hellenes，希腊人当时自称）一个新名称叫 Graici（Greeks，希腊）；从这时起，全世界都知道了所谓海拉斯（Hellas），而这个名称则是其居民从没有自行用过的。向南行是塔那格拉（Tanagra），这里的女诗人科里纳（Corinna），曾于公元前 500 年自大诗人品达处获奖；这里的陶工曾于公元前 5 世纪至公元前 4 世纪制作了历史上最著名的小塑像。再向南行 5 英里便到了阿提卡。从帕内斯（Parnes）山脉的诸峰上此时已可分辨雅典的各山。

阿提卡

·雅典的城镇

这里的整个气氛似乎颇为不同——洁净、爽朗和光明，每年有300天的晴天。这时我们立刻会想起西塞罗对雅典清爽气候的赞美，他认为这种气候对雅典敏锐的思想大有贡献。阿提卡秋冬有雨，夏季极少。雾与烟雨也少见。降雪在雅典每年约一次，周围山顶每年约四五次。夏季很热（虽然干燥但尚能忍受），而且在古时因低洼地区有瘴疠之气，对健康有损。阿提卡的土壤甚为贫瘠，几乎所有地区的地下石均接近地表，使所需极简单的农作也极为困难，令人极为沮丧。仅有冒险性的行业及需要耐心培植的橄榄与葡萄，才促成阿提卡的文明。

在此不毛之地能出现很多城镇，实在令人惊异。这些城镇散布各处，在沿海各港和各山谷中随处可见。一个活泼而进取的民族在新石器时代到阿提卡定居，他们受到了伊奥尼亚人的欢迎并互相通婚（伊奥尼亚是一个迈锡尼族和阿哈伊亚族的混合民族，在北部民族南迁并入侵时从波奥蒂亚城波埃修和伯罗奔尼撒撤逃于此）。这里没有外来民族剥削当地居民，他们是中等身材，面色较黑，有混合的地中海血统，直接承袭古赫梯文明的血统和文化，对其固有气质引以为自豪，而将傲慢自负的半野蛮人多利安族摒于国家神殿和卫城之外。

血统关系形成了他们固定的社会组织。每一个家庭都隶属于一个部族，每一部族都说他们属于某一神圣英雄之后，他们参与同一宗教仪式，有共同的执政官和财宝库，共同耕作公田，彼此间共享通婚和继承遗产的权利，也接受互助、复仇和共同守护的义务，最后也葬于同一墓地。阿提卡四个部族各自包括三个氏族，每个氏族包括三个宗族，每个宗族可能包括30个家庭。阿提卡社会的这一血族区分不仅使其形成了自然的军事和动员组织，也形成了一种以宗族为基础的古老家庭贵族。因此，克里斯提尼（Cleisthenes）在其能建立民主之前不得不先将这些部族重新分配。

可能每一个村镇的起源就是一个宗族的居处，有时这个村镇即以宗族之名为名，或以其所崇祀之神或英雄命名，雅典即是一例。旅客自东波奥蒂亚进入阿提卡之后首先到达奥罗普斯（Oropus）。这是一个边境城镇，因此不会留下什么印象，不但以往如此，如今也不例外。公元前300年，哲学家狄凯阿克斯（Dicaearchus）曾经说过："奥罗普斯是一些叫卖贩子聚居之所。这里关卡官员的贪婪举世无出其右，他们的诡谲不仅根深蒂固而且与生俱来。他们扫除了社会上有礼仪的人士，所以大多数人非常粗蛮。"自奥罗普斯南行要经过一连串距离很近的城镇——拉姆诺斯（Rhamnus）、艾费登（Aphidna）、德塞里亚（Deceleia，伯罗奔尼撒战争时的一个战略要点）、阿夫奈（Acharnae，喜剧家阿里斯托芬的"好战的绥靖主义者狄凯俄波利斯"的故乡）、马拉松和布劳伦（Brauron）——在这里的大神殿中放有俄瑞斯忒斯和伊菲吉妮娅自陶里—切尔松尼斯（Tauric Chersonese）运来的月神阿尔忒弥斯塑像，同时在陶里—切尔松尼斯，每四年一度，阿提卡人可尽量来参加对月神的虔敬活动。然后是普拉西厄（Prasiae）和图里库斯（Thoricus）；紧接着是对雅典经济和军事极为重要的劳留姆（Laurium）银矿区；然后是在半岛顶端的苏纽姆（Sunium），在这里的绝壁上矗立着一所美丽庙宇，可以作为水手的灯塔，以期他们能对那不可捉摸的海神波塞冬提交奉献。然后就可向西岸阿提卡（阿提卡是半海岸区，其名得自"*Aktike*"，沿海地之意）前进，经过安那弗里斯（Anaphlystus）到达萨拉米斯岛[1]，这里是埃阿斯和欧里庇得斯的家乡；然后是埃莱夫西斯，是德墨忒尔女神和她诸种神秘传说的圣地，从这里就可回到比雷埃夫斯。各种货物从地中海沿岸各地运送到这个遮蔽良好的港口（在雅典将军狄密斯托克利发现这里可能成为良港以

[1] 其名称可能是腓尼基人从 Shalam 一词而来，意即和平。

前，一直被人忽略），供雅典人使用及享受。因为土地贫瘠，接近海岸以及港口众多，于是诱使阿提卡人从事贸易；因为人们坚定勇敢，富于发明创造，使其赢得了爱琴海市场。通过这个商业帝国，雅典在伯里克利时期获得了财富和权力，并达到文化的最高峰。

·寡头政治下的雅典

上述各城镇不仅是雅典的背景，也是雅典的成员。根据希腊人的说法，我们已可了解，忒修斯将阿提卡人统一于一个政治组织及一个首都。[1] 在距比雷埃夫斯 5 英里的伊米托斯山（Hymettus）、彭特利库斯（Pentelicus）和帕内斯中，雅典围绕着古老的迈锡尼卫城发展，所有阿提卡的地主都是它的公民。最古老和最富有的家族经常支配并制衡着权力：在动乱和遭受威胁时，他们容忍王权；但当秩序恢复、局势稳定后，又要向中央政府索回他们的封建势力。在科德罗斯（Codrus）王抵抗入侵的多利安人英勇牺牲后（可能在公元前 1068 年），按照传说，他们认为没有人能有资格继承他，因而选举了终身任职的执政官。公元前 752 年，他们又将执政官的任期限制为 10 年，公元前 683 年又改为 1 年。而后，因为一个机会，又把执政官的权力由 9 人分享：一位“命名”（*eponymos*）执政官，在这一年中所发生的事件以他的名字记录日期；一位“王者”（*basileus*）执政官，仅拥有“王”的头衔，实际上只是宗教领袖；一位“统帅”（*polemarchos*）执政官，作为军队的指挥官；另外 6 位“立法”（*thesmothetai*）执政官。因此，在雅典和在罗马与斯巴达一样，推翻一个专制政体并不代表平民的胜利，或任何有计划地向民主之途迈进，只不过是封建贵族的重新掌权，或是历史性的中央集权与地方分权的交替、选择采用而已。由于这样的零星或逐次革命，王权逐渐被削除，其职权也仅限于祭司

---

[1] 根据传统说法，忒修斯于公元前 13 世纪统一阿提卡。然而，雅典人统一阿提卡大概不会早于公元前 700 年，因为撰写于当时的荷马史诗中的《德墨忒尔颂》提到埃莱夫西斯城有自己的君王。

的功能。“王”一词在希腊宪法上一直保留到古希腊历史的结束，但实际的王权从未恢复。名称即使未变，制度也可能无恙，但实质则已因上述情形而变更或破坏。

贵族（Eupatrid）寡头政治执政者统治阿提卡近5个世纪之久。在他们的统治下，形成了三个政治阶级：*hippes*，即武士，拥有马匹，可编组为骑兵；*zeugitai*，战时可作为重甲步兵；*thetes*，即受雇佣的劳力，可作轻甲步兵使用。前两者被视为公民，只有武士可作执政官、法官及祭司。各执政官于任期满后，如无不良声誉，即自动成为议会（*boule*）议员，议会通常于凉爽的傍晚在亚略巴古山（Areopagus，又称Ares' hill，战神山）集会，选举执政官，治理全邦。即使在专制时期，此议会也能限制王权的扩张；而今于寡头政治下，其权力的崇高与罗马元老院（*senatbls*）一样。

从经济角度讲人也有三种区分。最上层为*eupatriols*，这些人在城镇中居住，生活比较奢华，奴隶及雇佣的工人为其耕作乡间的田地，商人利用其贷款为其经营谋利。其次的富有者为*demiurgoi*，或称劳工大众，即有固定职业者、手工业者、从事贸易者及自由劳工。通过殖民开拓新市场以及货币制度使贸易得以自由后，这一阶级的势力有爆炸性的增长，因为在梭伦及庇西特拉图时期使其在政府中获得职位，而在克里斯提尼和伯里克利当权时，其影响力达到巅峰。大多数劳力均是自由人，奴隶的地位虽更低，但仍为少数。最贫苦者为*georgoi*，其实际意义为“耕田者”，小农终身胼手胝足以求一饱，并须设法应付债主与地位崇高的地主的贪婪压榨，其唯一的安慰是本身也拥有一小块土地。

若干小农以往也拥有相当广大的土地，但是他们的妻子比田地更为多产，一代代的繁衍，土地也一再重分。田产由宗族共有的情况迅即消逝，篱笆、沟渠、矮丛篱等标志，均显示土地的分配及私有。当原有土地越分越小，乡间生活越来越艰苦时，很多小农就出售其土地（虽然这将遭受罚款及褫夺公权的惩罚）后前往雅典或其他较小城镇从事贸易和手工艺。其他在无法应付对地主应尽的义务时，只好变为佃农，将收获留一部分作为报酬，其余则呈缴地主。另一部分的奋斗更为艰苦，在无法度日时以土地作抵押高利贷款，最后无法偿还时，发现其本身及土地均成为偿债工具，土地被债主没收，本身沦为奴隶。没收抵押土地的债权人被认为是土地主权的假定所有人，其权力至所抵押的债款偿还为止，而债权人则在土地上竖立一块石板，以说明土地的所属。于是自由小农的土地越变越小，而其人数也逐渐减少，但另一方面大地主的土地则越变越多。亚里士多德说："少数地主拥有全部土地，而实际耕作的农民因无法缴纳地租或偿还债务，只有被卖作奴隶，甚至卖往外方。"对外贸易及废止以物易物而代以货币，使小农的生活更为困苦；因外国进口食物的竞争使农作物价格无法升高，而制造品的价格则非其本身所能控制，且该项制造品价格每十年均有不可思议的上涨。一个荒年可改变很多农民的命运，其中若干人甚至饿毙。阿提卡地区的贫穷情形已到不可想象的地步，农民甚至欢迎战争来临，因为期望在战争中可夺取较多土地，同时人员战死后则可减少许多吃饭的嘴。

同时，在城镇内的中产阶级不受法律限制，逐渐用奴隶代替自由劳工，因而使自由劳工的生活更为贫困。体力劳动的低廉出人意料，任何有能力购买体力者均不肯再亲自工作。用手工作已成为一种被束缚的象征，已成为自由人不屑的工作。地主因嫉妒贸易商财富的增加，将其佃农急需的食物售到外邦，最后，基于债务法，只好将雅典人也出售。

有一个时期，人们希望德拉科（Draco）的立法可以矫正这些罪恶。约在公元前620年，这位立法者被任命从事立法，也是首次在书面上草拟一种可以恢复阿提卡秩序的法律制度。据我们所知，他的法典的主要进步体现在将新富者可以膺选执政官的资格作适度或缓和的扩大，并且用法律代替家族的复仇，之后所有杀人案件均由最高法院审理。最后一点是一种基本和进步的变更，但是要想能够付诸实施，必须使想要复仇者相信法律比他自己的复仇行动更为可靠、更为严重。德拉科立法中的惩罚极为严峻，因此，当他的法律大部分被梭伦的法律取代后，人们所能想到的是他的处罚而非他的法律。德拉科的法典冻结了未经节制的封建主义的残酷习惯，但是对于如何使债务人免于奴役、如何缓和弱者遭受强者的剥削，则毫无贡献。对公民权利虽稍有发展，但仍使贵族完全控制法庭，使贵族对影响其本身权益的争端完全基于自身利益来解释法律。对财产所有权的保护较以往任何时期更为加强：零星的偷窃，甚至怠惰，如果是公民要遭受剥夺公权的处分，其他人则被处死。

在公元前 7 世纪行将结束的时候，无助的贫困人民所遭受的痛苦和富人在法律保护下所积聚的财富形成尖锐对立，已将雅典带到了革命的边缘。平等并非自然的，如果能力和诡谲均可自由发展，不平等自将成长，直到在社会战争不分轩轾的贫穷中自行毁灭为止。自由与平等并非伙伴，而是仇敌。财富的集中是不可避免的，但同时它又是注定要失败的。普卢塔克说："贫富不均已甚为严重，这个城市已真正到了危险的境地……似乎除了一个高压力量外，并无其他方式可以解除这种困扰……"贫者发现他们的处境每况愈下，政府和军队都在他们主人的手里，腐败的法院所裁决的案件总是与他们的利益相反，于是开始讨论暴力反抗，将财富作一次彻底的重新分配。富人既不能合法地收回所贷出去的债务，同时愤怒于对他们的积蓄与财产的挑战，于是求助于古老的法律，并准备以武力对付似乎不仅威胁他们财产，同时也威胁固有秩序、整个宗教及文明的暴民。

· 梭伦改革

说起来很难使人相信，雅典在这种情形下（各国在历史上也一再出现这一情形），能有一个人，既不诉诸暴力，也不作慷慨激昂的演说，而能说服贫富双方达成折中方案，不仅扭转社会的暴乱，也为雅典的独立发展建立一个新颖而更宽宏的经济秩序。梭伦的和平革命实在是历史上一个令人兴奋的奇迹。

梭伦的父亲是一位有纯正英雄血统的贵族，属于科德罗斯王的后裔，他的祖先可以追溯到海神（波塞冬）。他的母亲与庇西特拉图的母亲是堂姐妹，后者后来成为僭主，也是第一个违犯后又巩固《梭伦法典》（*Solonian Constitution*）的人。梭伦在幼年时期也积极地参加那个时代的活动：他写诗，欢唱“希腊之友谊”（Greek Friendship），同时也像诗人提尔泰奥斯一样，用他的诗文鼓励征服萨拉米斯。迨至中年，他的道德观与诗成反比例的发展，他的诗已不动人，而他对人的忠告则甚为卓越。他告诉人们：“许多不应富的人富了，而品德较佳者仍贫困。但我们不会用我们的品德换取他们的财富，因为品德永远芳香，而财物经常易手。富人的财富并不比仅有肠胃、心肺和双足的人更为伟大，因为这个肠胃、心肺和双足带给后者的是快乐而非痛苦；当然也不比能欣赏童子和幼女如花般的活泼美丽和能适应季节变化随时调整其生活的人更为伟大。”有一次雅典发生暴乱，梭伦保持了中立，幸亏是在他著名的法典规定这种中立行为是一种罪行前，否则将受处分。但他毫不踌躇地谴责富人将大众陷入痛苦挣扎的赤贫所使用的方法。

如果我们相信普卢塔克的说法，那梭伦的父亲“因为行善而散尽了家财”。梭伦则从事贸易，其经营极为成功，获利颇丰，足迹遍及各处并因此获得了丰富的经验。公元前 594 年，当中产阶级代表要求他成为“命名”执政官，但授予独裁力量以缓和社会战争、建立一新宪法并恢复邦内稳定时，其年龄尚轻（44 岁或 45 岁）。上层阶级由于相信一个富人必仍具保守主义色彩，所以也勉强同意。

梭伦最初的措施虽甚为简单，却是很激烈的经济改革。他没有采取行动来重新划分土地，这使极端分子颇感失望。这种极端分子的态度势将导致内乱和长期的暴乱，并将迅速回复至不平等。但是他的著名的《解负令》（*Seisachtheia, Removal of Burdens*）则极为成功，根据亚里士多德的说法，梭伦取消了所有的债务（包括私人和国家债务)[1]，并一举解除了阿提卡所有土地的抵押关系。所有奴隶及因债务而遭受奴役者均被释放，对售予外邦遭受奴役者也全部索回释放，并禁止将来再有任何奴役制度。投机取巧本是人类的天性，梭伦的很多朋友听说他将要取消所有的债务，因而以抵押方式购入了广大的土地，后来保留了购入的土地，但并未付出抵押。关于这一点，亚里士多德在他的描述中特别明显地说明这是很多人发财的原因，但因其事过于久远，旋即不复为人所记忆。梭伦一直被人怀疑在上述的套购土地中有串谋行为。后来才发现，他作为一个很大的债权人，因自己的法律而遭受了损失。富人对此曾强烈抗议，认为这是一种没收财产的法律，但并无结果。不出 10 年，众人一致认为他的这一行动确实平息了阿提卡的一场动乱。

关于梭伦的另一项改革很难明确解释，也不易肯定。亚里士多德说梭伦大幅度地以欧波克（Euboic）制代替了菲多尼安（Pheidonian）制（即在阿提卡一直使用的艾吉内坦货币，Aeginetan），并将原来每 1 米纳相当于 70 德拉克马（drachmas）改为相当于 100 德拉克马。按照普卢塔克更完备的记载，梭伦将原被视为 73 德拉克马的米纳改为相当于 100 德拉克马，是因为在还债的时候所偿还的数目虽然相同，但价值则较低，这对必须偿还大量债务的人助益甚大，而对债权人则无损失。也只有和蔼慷慨的普卢塔克才能想出梭伦所采用的是一种通货膨胀方式，使用这一方式可减轻债务人的负担而无损于债权人——除了在若干情形下半片面包比全无更好外。[2]

[1] 此项法律很可能不适用于商业债务，因为其中并不涉及个人劳役。

[2] 英国历史学家格罗特和其他人解释普卢塔克的说法为：梭伦先将币值贬值 27%，可以减轻一些地主的负担，因为这些地主已被剥夺了应获得的抵押，同时也是他人的债务人，他们原希望收回抵押以偿还债务，但抵押既被剥夺，因此借贬低币值以减轻其负担。但对向商人大量放款的地主则是另一重击，因为这种贬值的受惠者是商人而不是地主或小农（小农的抵押早已被免除）。也可能梭伦根本没有贬低币值的意思，只是想实行便于在富足和成长中的伊奥尼亚市场通用的欧波克币值，来代替已往在伯罗奔尼撒贸易中甚为便利的币制。

较经济改革更能垂之永久的是那些形成梭伦宪法的历史性法令。梭伦首先实施大赦，释放那些曾经企图篡夺政权而被入狱或放逐的政治犯。然后直接或由暗示废止大部分的德拉科法令，仅保留其有关凶杀的法律。因此，梭伦立法的本身便是一种革命，之后所有自由人在法律前一律平等，无论贫富都要受同样的约束和惩罚。因为得到工商阶层的支援，而且这一阶层已有相当的人数供职于政府，梭伦将所有在阿提卡的自由民依照财富区分为四个集团：第一个集团是 *pentacosiomedimni*——500 蒲式耳人（five-hundred-bushel men），即其所得达到或相当于 500 蒲式耳；第二个集团是 *hippes*，即其所得在 300—500 蒲式耳之间；第三个集团是 *zeugitai*，即其所得在 200—300 蒲式耳之间；第四个集团是 *thetes*，即所有其余的自由人。荣誉与税捐也依此区分，不纳税捐就不能享受荣誉。进而，对第一级是依其年度所得 12 倍课税，第二级为 10 倍，第三级为 5 倍，财产税事实上是一种累进的所得税。第四级则免税。只有第一级可膺选为执政官及军事指挥官，第二级可任政府较低级官员及骑兵，第三级可充任重甲步兵，第四级则仅能充任国家的一般士兵。这一特别区分法削弱了寡头政治权力所依赖的宗族组织，建立了“财富及荣誉政治制度”的原则（依公民可征缴税捐的贡献决定其在政治生活中的荣誉或声望的制度）。在整个公元前 6 世纪和公元前 5 世纪的部分时间内，也有一种类似的“豪富政治”盛行于希腊的大多数殖民地内。

《梭伦法典》在政府的最上层保留了原有的议会，但多少削减了它的独占性和权力，使第一阶级的人都能加入，同时使之对所有人民和官吏的行为仍拥有无上权力。在这个机构下面，他成立了一个“四百人议会”（Council of Four Hundred），由 4 个部族各推选 100 人组成，这个议会选择、审查并准备所有被提交到民众大会的事务。在这个寡头政治的最高阶层下面，梭伦为迎合强者，可能出于善意的预谋，设立了一个基本上的民主体制。荷马时代古老的 *ekklesia* 又被恢复，所有公民都应邀参加民众大会的商讨。此前所有执政官均由议会指定，此后每年由民众大会选举。民众大会也可随时向这些官吏提出质询、指责及惩戒；当执政官任期届满时，民众大会对其一年内的公职行为详细审阅检讨，如果认为必要，则阻止其依常例进入议会；尤其重要的是（虽机会不多），民众大会可使较低阶级的公民和较高阶级的公民一样，能够依票选获得进入 *heliaea* 的同等权利（*heliaea* 是一由 6000 陪审员组成的机构，由该机构成员组成各级法院，除凶杀及叛国罪外均可由该法院审理，人们对地方官吏的任何行为也可向该法院提出上诉）。亚里士多德认为若干人相信梭伦故意使其立法有晦暗不清处，以便一般民众能依其司法权力扩大其政治力量。普卢塔克更补充说："因为各级间的差异未能通过法律文字予以调整，因此必须将其各项问题提诉于法官，而法官于是又成为法律的主人。"因此这一项民众上诉权成为雅典民主的阶梯与保障。

在此基本立法之外，对希腊历史最重要的，是梭伦增列若干其他法律，以求解决当时的各项次要问题。首先，他使在习惯上早已被认可的私有财产制合法化。如果一人有子嗣，在死亡时可将财产分配给诸子；如果无子嗣，可将其财产遗赠给任何人，在此种情形下，通常其财产会自动转入宗族。因此，雅典自梭伦开始实施有关遗嘱的权力与法律。因为梭伦本人是商人出身，通过开放公民权利以促进雅典的工商业，凡外国人具有各行业专长、欲携眷永久定居雅典的，可获得公民权利。除橄榄油外，其他产自土地中的产物均禁止出口，目的是将生产过剩的农产品转移到工业。梭伦制定法律，凡父亲未传授其子一技之长的，儿子对父亲无奉养义务。对梭伦而言（并非对之后的雅典人），工艺具有其本身的荣誉与尊严。

梭伦的法律甚至涉及道德和礼仪的领域。长期的怠惰被认为是一种罪行，而生活荒唐淫乱者不得在民众大会发表演说。他使娼妓合法化并予课征税捐，他建立公共妓院，由政府发给执照并予以监督，并用国库经费建了一座阿佛洛狄忒—潘德摩斯神殿。当时，一位叫莱基（Lecky）的人曾向他歌颂："啊！梭伦，我们歌颂你，你为本城和本城道德的利益而设置公娼，因为这个城市充满了精力充沛的青年，如果没有你这个明智的措施，他们一定向良家妇女骚扰，因而对社会造成困扰。”他建立了“非德拉克的惩罚”（the un-Draconian Penalty），凡是冒犯自由妇女者，处罚100德拉克马，凡当场捕获通奸者（男方），准许将其就地处死。他限制妆奁的价值和数量，希望双方以爱情及为生育与抚养子女的目的而结合；他采取一种率直的信任，禁止妇女在衣橱内拥有超过3套服装。他被要求订立反对单身汉的立法，但他认为妻子毕竟是一个很重的负担，因而拒绝。他制定法律，认为诽谤死者，或在神殿、法院、公共场所及竞技中中伤他人均为罪行，但这仍不能钳制雅典人爱说话的口舌，因为雅典和我们现在的情形一样，闲言和造谣似乎是民主的一个重要部分。他规定在雅典发生暴乱时采取中立的人将丧失公民资格，因为他认为大众对国事漠不关心可致国家灭亡。他对浮夸的典礼、奢侈的牺牲和对丧葬的冗长哀悼都加以谴责，他也对殉葬的财物加以限制。他制定了一个非常有益的法律，凡殉国者的子女应由国家抚养与教育，这个法律成为雅典人多年勇敢作战的主要原因。

梭伦对他的法律都定有罚则，虽较德拉克所订较缓，但仍很严厉。他规定任何公民都可以对认为是罪犯的人提出控诉，为了使他的法律更能被人了解与遵守，他把这些法律写在“王者”执政官“朝中”的木滚或棱柱上，以便能一面转动，一面阅读。他并没有像莱喀古斯、米诺斯、汉谟拉比和努马（Numa）一样说他的法律是得自神谕，这种情形当然也反映了时代、城市和人们气质的不同。人民曾邀请他作永久的独裁者，他未予接受，他认为“独裁者是一个很好的位置，但上去后没有路下来”。激进分子批评他未能建立财产和权力的平等，保守分子批评他不应让一般人民享受特权及进入法院。甚至连他自己的朋友塞西亚的哲人阿那卡西斯（Anacharsis），也对新法典加以嘲笑，说这部法典的精神将是“智者恳求，愚者决定”。此外，阿那卡西斯还说，因为强者和诡诈者对任何制定的法律都要设法使其符合个人利益，因此对人不可能建立持久的正义；法律是一面只能捕捉小蝇而让大虫逃跑的蛛网。梭伦很谦虚地接受了这些批评，承认他的法典并不完美。当有人问及他是否已给予雅典人以最佳法典时，他的答复是："不，但那是一部雅典人所能接受的最佳法典。"——也就是当时在雅典能劝服各种不同利益集团共同接受的最佳法典。他采取中庸之道且保全了邦国，他可以说是"生于亚里士多德前的亚里士多德的好学生"。传说在德尔菲阿波罗神殿所刻的格言"从无过度"就是他的写照，同时，所有希腊人都一致把他列入"希腊七哲"（the Seven Wise Men）之林。

立法效力的持久是他智慧的证明。虽然有无数次的改变和发展，虽然也历经独裁制度的介入和肤浅的革命行动，但5个世纪后，西塞罗仍说梭伦的法律在雅典仍有效。就法理而言，他的杰作借无数可变易的法令指明了政府覆灭之因，更借成文与不变的法律揭示了政府源起之道。当人们问他一个有秩序而组织良好的国家基础是什么时，他的答复是"人民服从治理的人，而治理的人服从法律"。他的立法给予阿提卡的恩惠是将农民从奴隶制度中解救出来，并建立一个小农制度。由于这些小农拥有自己的土地，雅典的小型军队能自行保护其自由达数代之久。当伯罗奔尼撒战争结束，有人提议仅不动产的自由持有人才可享受投票权时，全阿提卡仅有5000名成年人未能符合此项要求。同时，贸易及工业也已脱离政治不稳及财政困难的束缚，开始活泼而积极地发展，进而使雅典成为地中海的贸易霸主。新的财富贵族实际上奖励了智慧而非出身，刺激了科学和教育，也在物质和精神上为黄金时代的文化成就铺了路。

公元前572年，年届66岁时，梭伦已任执政官22年。他退休了，经由官员的宣誓，雅典保证在10年内遵守他的法律不变更，他开始旅行，以考察埃及和东方的文明。显然是在这个时候，他说出了他的名言："活到老，学到老。"根据普卢塔克的说法，他在赫利奥波利斯城求教于埃及的祭司，研究埃及历史和思想；据说从这里他听说了关于最后一个下沉的大陆亚特兰蒂斯（Atlantis）的故事，他曾在一首未完的史诗里描述了这个故事，也是这个未完的史诗故事使两个世纪后富于想象力的柏拉图入迷，对其极为醉心。而后他自埃及航行至塞浦路斯，他在那里又为这个城市制定了法律，为纪念他，这个城市就更名为索里（Soli）。希罗多德和普卢塔克以奇异的记忆描述他在萨迪斯和吕底亚王克罗苏斯（Croesus）的谈话：吕底亚王先说明众多稀世之宝如何把他自己装饰得雍容华贵、花团锦簇，他问梭伦是否认为他是一个快乐的人，然而梭伦却以希腊式的回答大胆地说：

> 王啊！诸神对希腊人的赐予都是中度的；对智慧也不例外，那只是一种快乐与朴实，并非一种极度崇高的智慧。在所有情形中发生的无数不幸，使我们无法对现有的享受作无理的欣悦，也不能对任何随时间流逝而遭受改变的任何人的喜乐加以称赞。因为未来的时间尚未到来，幸福灾祸均尚未定。仅获有神灵护佑，使其幸福持至最后永不改变的才算是快乐。对一个尚在生命旅途，随时可能遭遇危险的人欢祝他的快乐，和对仍在比赛中的一位角斗士宣告胜利一样太早。

这一不寻常的解释，希腊戏剧家称之为“无礼的成功”（*hybris*），普卢塔克对这种智慧特别推崇。然而，我们只能说普卢塔克关于此事记述的措辞较希罗多德为佳，可能这两个人的记述都是属于想象中的谈话。诚然，梭伦和克罗苏斯两人的死亡方式都证明了这段传道式谈话所含意义的不谬。克罗苏斯于公元前 546 年被居鲁士所推翻，当然（倘若我们可以用但丁的话重写希罗多德的记录）在他的忧患中可以回忆昔日辉煌时期的愉快时日，也可忆及希腊哲人严厉的警告。至于梭伦，则回到雅典以终其余生，在他的晚年曾经目睹他一手制定的法典被毁弃。独裁制度的建立，显然使他全部的心血毁于一旦。

· 庇西特拉图的"独裁"

三个由梭伦控制达30年之久的利益冲突集团，在他离开雅典后，很自然地又开始了政治权力和阴谋的斗争。三个集团互相争权：一个集团可称为"海岸派"，由港口的商人领导，他们拥护梭伦；另一个集团可称为"平原派"，由富有的地主领导，他们憎恨梭伦；第三个集团可称为"山地派"，是小农和城镇劳工的结合，他们仍在为土地的再分配而斗争。庇西特拉图和一个世纪后的伯里克利一样，虽然在出身、财富、仪态和兴趣上都是贵族式的，但他接受了对大众平民的领导。在一次民众大会上，他展示了一处伤口，他说是人民的仇敌企图加害于他，因而要求拥有随身护卫。梭伦了解他这位堂兄弟的诡计，怀疑他的伤口是自伤的，认为拥有随身护卫将为他开辟独裁的途径，于是提出抗议。他向民众大声疾呼："雅典的民众呀！我比你们之中若干人要明智，比其他的人要勇敢；我比你们之中未能察知庇西特拉图奸计的要明智；比已察知其奸计，但由于恐惧而不敢有所行动的要勇敢。"虽然如此，民众大会仍表决通过许可，允许庇西特拉图拥有50人所组成的护卫。但他召集了400人而非50人，占领了雅典卫城，并宣布了独裁。梭伦向雅典人发表了他的意见："雅典人呀！你们个人行动起来像狐狸，集体行动起来像一群鹅。"然后他把自己的兵器和护盾置于门外，以表示绝缘政治，在晚年专心于诗文。

"海岸"和"平原"两派暂时联合，并于公元前556年驱逐了独裁者。但庇西特拉图与"海岸派"秘密谋和，并且可能是在其默许下，重入雅典，这种情形似乎证明了梭伦关于群体智慧的判断。一位高大而美丽的女人，一身雅典女神雅典娜的装束，傲然地坐在一辆战车上引导庇西特拉图的军队进城，这时雅典传令官宣称雅典守护女神也支持庇西特拉图复位（公元前550年）。根据希罗多德的说法，雅典人完全相信那位女人真是女神，全体伏身跪拜，并迎接庇西特拉图回城。"海岸派"的领袖在公元前549年又起来反对他，并第二次将他放逐；但于公元前 546 年庇西特拉图击败前往迎击他的军队，又一次回城，这次他保持他的独裁达 19 年之久。在这次的长期独裁中，他政策的明智几乎完全洗刷了他手段的寡廉鲜耻。

庇西特拉图的个性确实是文化和智慧、行政才能和个人魅力的一种罕见结合。他能够无情地斗争，但也能立即对仇敌宽恕。他能够走在他那个时代思想的最前端，他的治理明敏爽快，没有一般知识阶层的犹豫不决，在执行时也没有踌躇不前的怯懦行为。他的态度谦和，决定合乎人性，对每一个人都慷慨大方。亚里士多德曾称赞他的治理温和而有节制，他表现得像是一个政治家，而非一个暴君。他对能改过自新的敌人鲜有报复行为，但对无法调和的对手则予以放逐，并将其财产分授贫者。他曾改进军队，并建立了一支海军以抵御外侮，但他设法使雅典置身于战争之外。在这个曾充满阶级冲突的城内，他保持了良好的秩序，使居民能获得安乐，因此，一般人常说他把城邦治理得像米诺斯时的黄金时代。

使每个人惊奇的是，他对《梭伦法典》的细节鲜有变更。他也像奥古斯都一样，了解如何用民主的让步和形式来装饰和支持独裁。执政官照旧选举，民众大会和公共法院、四百人议会和最高法院的程序和执掌都照旧进行，唯一不同的是庇西特拉图的提议能得到特别的注意。当一位公民控告他杀人时，他出现在最高法院，请求依法审理，但控诉人之后又不愿将此事继续追诉。年复一年，与他们的财富呈反比例的增长的人们，逐渐对他的治理感到满意，人民很快以他为荣，最后又很喜爱他。可能雅典在梭伦后需要像他这样的一个人：一个充满精力和毅力、能使雅典摆脱混乱状态走上强壮与稳健之途的人，并且在最初的冲力中就能为社会建立秩序与法律习惯（秩序与法律对社会的重要如同脊骨对动物一样，虽然不一定是在生活创造性上，至少在形式与力量上是如此）。在 30 年后独裁制被扫除时，这些秩序、习惯和《梭伦法典》的架构仍留作民主的遗产。庇西特拉图可能自己还不了解，他的独裁实际上并没有破坏而是实施了法律。

他的经济政策是继续执行在梭伦时代业已开始的“对人民解救”。他将国有土地及被放逐的贵族的土地分给贫民以解决土地问题。成千上万因闲散而成为危险分子的雅典人都通过土地问题的解决而获得安置，因此，此后数个世纪中未闻在阿提卡有严重的土地问题。他进行大量的公共设施建设以解决就业问题，他兴建了水道和道路系统，并为诸神建造堂皇的庙宇。他鼓励在劳留姆地区开采银矿，并发行了独立的币制。为支援这些建设所需要的费用，他对所有农产品课税 10%（然后似乎降低为 5%）。他在达达尼尔设立了战略性殖民地，并与许多城邦签订贸易条约。在他的治理下，贸易甚为兴隆，不仅少数人，整个社会的财富都在增长。贫者不再更贫，而富者则更富。以往因财富集中几乎使雅典陷于内战的危险已被控制，生活普遍的改善以及就业机会的增多已为雅典民主政治奠定了良好的基础。

在庇西特拉图和他儿子的治理下，雅典在精神和物质上都起了很大的变化。在此之前雅典在希腊中仅能称作二流城市，在财富、文化及生活与思想的活力上都次于米利都、艾菲索斯、米蒂利尼及叙拉古。现在各处用石材和大理石建成的建筑物可充分反映雅典当时的繁荣。在卫城的雅典娜女神古殿已经用多利安式列柱廊加以美化。修建奥林匹亚的宙斯神殿的工作也已经开始，这个神殿庄严的科林斯式石柱，今日纵然于其废墟中，仍可使自雅典至其港口的道路备增光辉。因为他建立了一个泛雅典竞技大会，并赋予它一种泛希腊的特性，不仅给雅典带来光辉，并且因此使雅典人能够多看到外邦的面孔、外邦的方法，并刺激与外邦的竞争。在他的治理下，泛雅典成为全国性的伟大节日，即使今日帕特农神庙的饰带上仍可看到当时庆祝盛典的活动景况。由于公共工程和他个人的德惠与声望，他的宫廷吸引了很多雕刻家、建筑家和诗人，同时在宫廷中也建立了希腊最早的图书馆。他指定了一个委员会赋予《伊利亚特》和《奥德赛》两首史诗以一定的形式，这种形式也就是我们今日所知的。在他的指导和鼓励下，所有泰斯庇斯的悲剧和其他著名的戏剧都经改进，可由昔日哑剧演员的模拟表演，进而由雅典舞台的三人团充分演出。

庇西特拉图的“暴政”[1]，是在公元前6世纪希腊商业蓬勃发展的城市内，利用中产阶级与贫民的暂时结合以代替封建地主贵族统治的普遍运动之一部分。这种独裁是由于财富的病态集中，同时又不能与富有者达成折中方案所促成的。如果被迫作一选择，那么贫者也和富人一样，宁取财富而舍弃政治自由。唯一能够持久的政治自由是将其做法加以适度调整，使富者不能依其能力或诈术剥削贫者，而贫者也不能依暴力或投票掠夺富者。因此，在希腊商业城市，通往权力之路很简单：打击贵族，保护贫者，与中产阶级达成谅解；在获得权力后，独裁者即取消债务，或没收巨富的财产，向富者征税以兴建公共设施，或将过度集中的财富重新分配。在依上述措施获得大众的拥护后，通过调整国家币制与商业条约以促进贸易，使自己取得商业团体的支持，并设法提高中产阶级的社会声望。因独裁制都有赖群众支援而非承袭权力，所以大多数均避免战争，支持宗教，维持秩序，振兴道德，赞成妇女取得较高地位，鼓励艺术发展，并在美化其城市上花费大量金钱。以上各项陆续兴办后，在多数情形下，仍保持民治政府的形态与程序，故而在专制政府下的人们仍可过上自由的生活方式。当独裁制度破坏贵族制度，而人民又破坏独裁制度后，仅需微小的变更即可达成自由人所需民主制的实质与形式。

· 民主的建立

庇西特拉图于公元前527年逝世时，将其权力移交给两个儿子。在他去世后的每件事都可证明他的明智，只有他的父爱除外。希庇亚斯（Hippias）允诺人民做一个明智的统治者，在13年中继续了他父亲的政策。他的弟弟希帕恰斯（Hipparchus），虽然在爱情和诗上有

---

[1]“暴君”或“专制君主”（tyrant）一语出自吕底亚，可能来自提尔（Tyrrha）城，其意义为堡垒；或许它与“塔”（tower，希腊文为tyrris）有关系。显然，它最初使用于吕底亚王裘格斯（Gyges）。

些沉迷，但尚无大害，由于他的邀请，诗人阿那克里翁和西摩尼得斯来到了雅典。雅典人对于庇西特拉图未经他们同意而将权力传给儿子感觉不快，他们认为独裁制固然给了他们一切，但是未能鼓励爱好自由。虽然如此，雅典仍很繁荣，若非遭遇真正希腊式爱情的波折，他的恬静统治仍可平安结束。

一位名叫阿里斯托吉顿（Aristogeiton）的中年人获得了少年哈莫狄奥斯（Harmodius）的爱情，修昔底德形容这位少年具有如花般的少年美。但希帕恰斯同样对性别不甚认真，也向这位少年求爱。阿里斯托吉顿听说后即决心杀死希帕恰斯，并为自卫起见，欲推翻专制政体。哈莫狄奥斯和另外一些人士参加了这项预谋（公元前514年）。他们计划在希帕恰斯安排泛雅典游行时将他杀死，但希帕恰斯却躲过了谋杀，而后把他们杀死。使这个故事益加复杂的是一个作为哈莫狄奥斯情妇的娼妓里尔娜（Leaena），因为不肯供出幸存的共谋者的消息，在迫害下勇敢就死；如果我们相信希腊的传说，她是咬掉了自己的舌头，然后吐向迫害者，以表示决不答复他们的问题。

虽然人民没有明显支持这次叛乱，但希帕恰斯深为恐惧，因此将其温和统治一变而为高压、间谍及恐怖活动。雅典人在经历一代繁荣后已甚为坚强，有能力为奢侈的自由付出奢侈的代价，独裁愈演愈烈，而人民对自由的呼声也愈呼愈高。希帕恰斯和阿里斯托吉顿的争斗最初不过仅为爱情与肉欲，并非为民主，而此时在民众想象中阿里斯托吉顿已成为自由烈士。这时远在德尔菲的阿尔克迈翁家族（曾被庇西特拉图两度放逐）认为时机已经成熟，于是组织一支军队开向雅典，并声明其目的在于推翻希帕恰斯。同时，也贿赂了皮西亚执掌神殿的女祭司，假借神谕说：斯巴达人应将雅典的专制政体推翻。希帕恰斯在最初抵抗阿尔克迈翁军队时甚为成功，但随着拉西迪蒙军队加入对方后，他被迫退守阿雷奥帕古斯。唯恐他一旦身亡后危及其诸子安全，希帕恰斯于是将诸子秘密送出雅典，但被入侵者截获；为保其子之安全，他被迫同意让位并接受放逐（公元前510年）。于是阿尔克迈翁的军队由勇敢的克里斯提尼[1]领导，顺利进入雅典，那些被放逐的贵族也接踵而归，准备庆祝对他们财产和权力的归还。

在紧接着的选举中，代表贵族的伊沙格拉斯（Isagoras）获胜，当选首席执政官，而失败的候选人克里斯提尼又煽动民众叛变，将伊沙格拉斯推翻，建立一公共独裁制。于是斯巴达人再度进攻雅典，以期使伊沙格拉斯复位，但雅典人的抵抗甚为英勇，斯巴达人不逞而退。随后，领导阿尔克迈翁军队的贵族克里斯提尼开始建立民主。

他的第一次改革就是打击阿提卡贵族的基本组织结构，这里4个部族和360个宗族的领导权，几个世纪以来都是在最年长和最富有者的家庭手里。克里斯提尼废除了这种血亲的组织关系，代之以地区区分，依地区划分为10个部族，每个部族拥有不同数目的地区。为防止形成地理或特别的地区结合，例如以往的“海岸派”、“山地派”或“平原派”，每一部族均自海岸、城市及内陆区划入相等数目的地区。为了平衡以往宗教在每一旧地区所形成的神圣性，每一新部族或地区均建立宗教典礼，将每一新地区的古代英雄选作当地的守护神。在以往，公民资格的贵族式决定是以血统为准，外邦出生的自由人很少能享受公民权利，而今则不费吹灰之力地成为了新居地区的公民。因此一举而使投票人数几乎倍增，同时，也使民主获得新的支持，其基础也较前扩大。

每一新部族均可推选一位将军（*Stratégoi*），由这10位将军共同指挥军队。每一部族也选出501人组成“501人议会”，以代替梭伦的“400人议会”，并掌握最重要的最高司法权力。各议员的任期为一年，其产生是由抽签而非票选决定，凡年满30而以往并未曾两次出任议员者均有资格。这一奇异的代表制政府开始后，以出身为主的贵族政治的原则及以财富为准的豪富政治均不适用，使每一公民不仅有平等的投票机会，也有同等进入政府最有影响力部门的机会。通过

[1] 西塞昂独裁者克里斯提尼之孙（祖孙两人都叫克里斯提尼）。

这一方式所选出的议会，负责审查提交给民众大会的事务或提案，本身则保留各种司法权，执行广泛的行政职能，并监督所有官吏。

因为新公民也可参与民众大会，其规模已较之前扩大，如全体出席时其人数约 3 万人。所有公民均有进入各级法院的资格；但第四级人民，一如梭伦时，仍不得进入各政府机构。民众大会的权利也因拥有放逐权而扩大，克里斯提尼增列这一权力，似乎想使根基不稳的民主政治获得保护。任何时期，满 6000 人的法定人数，经过超过半数写于陶器碎片的秘密投票，可将任何认为对于本邦有危险的人物放逐 10 年。这样，具有野心的领导人物在行为上必须小心翼翼，并对人谦和，对有阴谋的嫌疑分子可不受法律审判而立予处置。依照程序应向大会询问："各位是否认为在各位当中有对国家甚为危险的人物？如有，何人？"于是大会即可投票决定应行放逐任何公民——提案者也不例外。这项放逐并不包括没收财产，也并非不名誉，而仅仅是民主方式的预防措施或整肃。民众大会也从不滥用该项权力。在雅典自开始这一制度起，到时其废止的 90 年中，仅有 10 人被逐出阿提卡。

据说其中一人即克里斯提尼本人。但实际上我们并不了解其后半生的历史，可能其后半生历史已被其光辉的成就所吸收并湮没。他的功业开始于毫无宪法依据的叛乱，然后面对阿提卡最有势力的豪门建立了民主宪法，这部宪法一直实施到（仅有微小的修正）雅典自由的结束。当然这次的民主并非完整的民主，因其仅适用自由人，且对担任公职资格者仍有某种程度的财产限制。但它已经把立法、行政和司法权力交给了民众大会和由公民所组织的一个法院，交给由民众大会所指定并对民众大会负责的地方官吏，也交给了一个委员会，其成员可由所有公民票选，且通过抽签程序，成员中至少 1/3 在其一生中也至少有一次担任最高权力机构成员的机会。世界上从没有这样普及政治权利的制度。

雅典人民本身对于此项向政治权利冒险猛进的方式非常兴奋。他们了解他们所进行的是一种艰巨的工作，但仍以勇气、骄傲及自制力向前迈进。自那时起，他们了解到在行动、言论和思想上享有自由的味道，也是自那时起，他们开始在文学及艺术，甚至在政治作风与战争上领导全希腊。他们学会了重新尊敬一个基于他们慎重考虑所形成的法律，以史无前例的热情去爱护作为他们团结、权力和责任对象的国家。当那时最大的帝国决定毁灭这个称为希腊但分散各处的城市，或迫使各城市向这位伟大的君王纳贡时，它忘记了那会遭到阿提卡人的反对，那些人拥有他们所耕种的土地，他们自己治理他们的国家。克里斯提尼在马拉松战役前 12 年完成了他本人和梭伦的工作，这对希腊和整个欧洲而言都是非常幸运的。

第六章 | 大迁徙

原因及迁徙路线

为了把斯巴达和雅典的历史顺利地叙述到马拉松战役前夕，我们牺牲了时间性的完整而迁就地区的一致。当然，希腊大陆上的城市比在爱琴海和伊奥尼亚地区希腊人的移民城镇古老。同时，这些城市也经常向外拓展殖民地。这些殖民地对希腊历史意义重大，我们现在必须加以叙述。还有一个在正常顺序上令人困惑的现象，那就是有几个殖民地不仅后来成长为比其母城更大的城市，而且在艺术和财富的发展上也占了先。希腊文化的真正创造者并非我们今日所说的希腊国家的希腊人，而是那些为逃避多利安人的征服，在外国海岸上奋力抵抗以期获得立足之地的人。由于他们对迈锡尼文明的追忆和惊人的精力，远在马拉松战役以前创造了作为西方世界文明先驱的艺术、科学、哲学和诗。因此，希腊文明是母城承继了这些子城的成就。

在希腊历史上，最重大的事件就是希腊人迅速广布于整个地中海地区。[1] 在荷马之前希腊人也是游牧民族，似乎那时在整个巴尔干半

[1] 英国散文家佩特（Pater）曾说："在希腊早期殖民史中，这或许是最灿烂、最生动的插曲。"

岛都充满着这种游牧民族的流动，但是而后爆发于爱琴海岛屿和亚细亚西部海岸的诸次迁徙则主要由多利安人的入侵造成的。所有各地的希腊人都设法在征服者势力以外的地区觅求新居和自由。早前各邦政治党派和家族宿仇的斗争也促成了人民的迁徙。战败者有时宁愿出走或被放逐，而胜利者也尽量鼓励战败者大量出走。特洛伊战争的幸存者有的就在亚细亚落居，另一部分人由于船舶遇难或冒险而定居于爱琴海诸岛屿，有的在经过艰苦的旅程后回到故园，但发现他们的王座和妻子都已被他人占有，只好又回到船上，设法在异邦重建家园和寻求财富。对希腊本土而言，当时的殖民和近代欧洲殖民一样具有很多利益，例如：殖民地可以成为剩余人口的转移地，培养冒险精神，也可成为农业歉收时的“保安阀”（safety valve）；殖民地为本国产品建立了外国市场，也形成了食物和矿物输入的战略仓库；最后，殖民地也建立了一个商业帝国，由于在这个帝国内货物、艺术、生活方式和思想的频繁交换，促成这个包罗甚广的希腊文化。

大迁徙沿着5条主要路线——埃奥利阿、多利安、欧克森(Euxine)、伊奥尼亚及意大利。最早的迁徙开始于希腊本土的北部诸邦，因为北部诸邦首先感觉到了来自北方和西方侵略的冲击力。在公元前12世纪和公元前11世纪，从色萨利、弗西奥蒂斯、阿托利亚和波奥蒂亚川流不息的内迁逐渐缓慢地跨越了爱琴海，到达特洛伊一带，并且在那里建立了埃奥利十二城联盟（Aeolian League）。第二区（线）的迁徙从伯罗奔尼撒开始，成千上万的迈锡尼和亚加亚人逃避所谓“赫拉克勒斯后裔的归返”。其中一部分在阿提卡、一部分在欧波埃（Euboea）定居，更有很多人移入基克拉泽斯群岛，冒险渡过爱琴海，并在西小亚细亚建立了所谓伊奥尼亚十二城（Ionian Dodecapolis）。第三区（线）的迁徙是由多利安人的入侵造成的，大批多利安人涌入伯罗奔尼撒，再进入基克拉泽斯岛，征服了克里特和昔兰尼，并且围着罗得斯群岛建立了所谓多利安六城（Dorian Hexapolis）。第四线是从整个希腊开始，这次迁徙止于色雷斯海岸，在达达尼尔海峡普罗彭蒂斯（Propontis）和欧克森海沿岸建立了100座城市。第五线向西移至希腊人所谓的伊奥利亚岛屿，自此越过意大利及西西里，最后到达高卢和西班牙。

仅有设身处地的细心想象和敏锐地回溯我们自己的移民历史，才可真正体会到这个历经一个世纪的迁移所遭遇和克服的困难。离开祖坟所在地及由家神所呵护的田园，远征陌生而毫无保障的异域（虽然假定是由希腊诸神所守护），这可以说是相当大的冒险。因此，这些迁徙的民众都从家乡带一把土，以便到达新地区后撒布于异乡，他们还从家乡的公祠祭台上严肃地取下火种，以便点燃异乡的炉火。理想的新居应建在海岸上或接近海岸的地方，以便在遭受内陆敌人攻击时可乘船（船被视为希腊人的第二个家）逃避；更理想的地点则是一个有山地保护的沿海平原，该山地可在后方对进攻之敌形成障碍，在城市内有卫城可对城镇实施直接防御，而在海上则有一个由海岬所掩护的海港。有了以上几点，再加上一条就是理想乐园：能沿商业航道或河口，如此就可接受由内陆运至的货物以供出口或交换。在这种条件下，繁荣发展仅是时间问题。理想地区几乎全部已被人占据，想要获得，必须依靠策略或强力从他人手中取得。关于这方面，希腊人的道德观念也不比我们高。在很多情况下，这些远征异域、寻求自由的人，常使当地居民沦为奴隶。更常见的是，带给当地居民一些希腊礼品，利用优越的文化诱惑当地居民，向当地妇女献殷勤，也承认和崇拜当地的神祇，以便能与当地居民和睦相处。他们通常不破坏当地民族的纯洁性，也经常在他们众多的万神殿中发现类似当地神祇的神座，以便能在宗教信仰上取得和谐。最重要的是，这些移民用希腊手工艺品同当地人民交换谷物、矿产及牲畜，然后向整个地中海地区输出——主要是向大城市，或其所来自的母城，也通过这一方式，长达数个世纪之久与其母国保持一种虔敬关系。

这些殖民地一个一个逐渐成长，因此，希腊已不像荷马时代的狭长半岛，而是散布于自非洲至色雷斯及自直布罗陀至黑海东端各独立城市的一种颇为松散的结合。对希腊女人来说，这也是一个划时代的杰作，在这个时期，她们比任何时期的生殖力都强。通过这些繁忙、充满精力和智慧的中心，希腊人向整个南欧撒布一种微妙而不稳定、人类称之为“文明”的奢华种子。如果缺乏所谓的“文明”，生命里就再没有美，历史也就没有意义。

伊奥尼亚的基克拉泽斯群岛

从比雷埃夫斯沿阿提卡海岸南行，再转东绕过苏纽姆的多庙海岬，就可到达塞俄斯（Ceos）小岛。如果我们不怀疑斯特拉博和普卢塔克两位记述的权威，就会相信那种令人难以置信的记载，也就是在这个地方“曾经有一种法律，强制到 60 岁的人吞饮毒芹（hemlode）做的毒药而死，以便其余的人可以有充足的粮食”，并且“在 700 年中未闻有犯奸淫行为者”。

这也可能就是她的最伟大的诗人在中年后自愿从塞俄斯出走的原因，可能他已经发觉了在故乡他很难活到 87 岁（希腊传说中的年龄）。整个希腊都知道西摩尼得斯在 30 岁以及在公元前 469 年死亡时，是当时公认的最杰出的作家。因为他是负有盛名的诗人和歌唱家，受到雅典独裁者希帕恰斯的邀请，他发现在希帕恰斯的宫中能和另外一位诗人阿那克里翁和平相处。他在波斯战争后还活着，曾又被选聘，为阵亡将士撰写墓志铭。在老年时，他住在锡拉库斯独裁者海厄洛一世（Hieron Ⅰ）的宫中。那时他的声望极高，令人仰若泰斗。公元前 475 年，海厄洛与阿克拉加斯（Acragas）独裁者索伦（Theron）失和，两人即将兵戎相见时，他能使两位独裁者达成和议。普卢塔克在他不朽的《是否老年人应行统治？》（“Should Old Men Ctovern?”）一文中告诉我们，西摩尼得斯到很高的年龄仍在抒情诗和合唱歌曲方面获奖。他死后依王者的哀荣葬于阿克拉加斯。

西摩尼得斯的特殊个性和他作为一个诗人一样著名，希腊人对他的缺点和癖性既恨又爱。他酷爱金钱，如果没有金钱诱惑则文思不灵。他是第一个为报酬而写诗的人，他的理由是诗人也和其他人一样需要生活。这种做法首开希腊作风的先河，因此，剧作家阿里斯托芬支持大众对他的反感，他说“西摩尼得斯会为赚一个铜板坐着囚车下海”，以形容其嗜财如命。西摩尼得斯对他能发明记忆术颇感自豪，西塞罗对这种记忆术很称赞，并予以采用。其主要原则是将所要记的东西或事务作一种合逻辑的区分和顺序安排，以便每一个项目能自然地导出下一个项目。他富于急智，才华横溢，妙语连珠地灵活应对，像一股智力旋风一样横扫希腊各城。但届老年时，他曾表示深悔不该多说话，然而事实上他从未停止发言。

我们深感惊异，在一个获得这么多喝彩和如此丰厚报酬的诗人现存的断简残篇中，能发现那股在荷马之后对希腊文学发生重大影响的忧郁之情（在荷马时代的希腊人过于活泼因而不会悲观，过于冲动因而不会感觉枯燥）。其中，有一段的内容如下：

> 我们这个时代的生活特征是匮乏和罪恶，但我们在地下的长眠却永无休止……人类的力量甚为渺小，他们的过失也不易窥见。在短暂的生命中忧患却接踵而至，最后，无人可以幸免，死亡终于逼临。在整个生命中也善恶兼备……属于人的，没有永生。塞俄斯岛的吟游诗人曾巧喻人类的生命和绿叶的生命一样；但是听过这句话的人很少铭记于心，因为青年满怀壮志，充满希望。人值青年，如盛开的花朵，心情敞畅，富于幻想，希望永不衰老，更无死亡；健康时也不会想到病患时的忧伤。仅作这种想象的人实在是愚者，他们也未曾了解我们青年时期和整个生命如何短暂。

这些幸福的岛屿并未能使西摩尼得斯获得安慰，奥林匹斯山诸神的神圣也变成了他作诗的工具，而非灵魂的慰藉。当海厄洛向他提问，请他对神的本质与品性加以解说时，他要求给予一天的准备时间。翌日他要求给予两天的宽限，每次要求宽限的时间都加倍，以便作较久的思索。最后当海厄洛要求他说明时，他的答复是越思索越感到困惑。

塞俄斯不仅出了这位大名鼎鼎的西摩尼得斯，同时，也出了他的侄子——抒情诗继承人巴克利德斯（Bacchylides），并且在亚历山大时代出了伟大的解剖学家埃拉西斯特拉图斯（Erasistratus）。就人物而言，塞利弗斯、安得罗斯、忒诺斯、米克诺斯、西西诺斯及伊俄斯就不如塞俄斯鼎盛。菲勒塞德斯（Pherecydes，约公元前 550 年）曾生活于西罗斯（Syros），他因为是毕达哥拉斯之师而著名，也是第一位写散文的哲学家。至于得洛斯，根据希腊传说，阿波罗神曾诞生于此。因此，该岛和他的神殿同样神圣，在其境内生死都不允许；所有将生将死的人都要迅速运离该岛，所有岛上已有的坟墓也都移走，以便保持该岛的纯洁。在波斯人被击退后，雅典和其盟邦伊奥尼亚将所谓德里亚（Delia）邦联的“财宝库”设于该岛。伊奥尼亚人每四年在此举行一次虔敬却是欢宴性的集会，以庆祝美神（男性）的节日。在公元前 7 世纪，曾有诗歌对当时情形作如下描述：女人束着美丽的腰带，商人在其摊位极其忙碌，群众列队路旁以观赏神圣游行的行列；神殿内进行着紧张的仪式和庄严的献祭；因美丽和歌喉被选出的雅典和得洛斯的少女载歌载舞；运动和音乐竞赛在露天剧院进行。雅典人每年派遣一个使节团到得洛斯庆祝阿波罗诞辰，在使节团未返回前不得处决任何死刑囚犯。因此，这让对苏格拉底判决和执刑的间隔拉长了，而使文学及哲学大受其益。

在基克拉泽斯群岛中，纳克索斯是最大的一个岛，而得洛斯几乎是最小的一个。这个最大的岛以酒及大理石闻名，公元前 6 世纪时已经很富足，拥有自己的海军和雕刻学校。纳克索斯东南是阿莫尔戈斯（Amorgos），也就是令人不易亲近的西摩尼得斯的家乡所在地，他那种对女人毫不恭维的讽刺诗一直都被由男人所写的历史谨慎保持。[1]西面为帕罗斯，几乎全是由大理石组成，其公民在这些大理石山造屋而居。雕刻家普拉克西特列斯（Praxiteles）在那里发现那些半透明石块后，曾把它雕琢磨光，使其类似人类肉体的组织和有温暖感。约在公元前8世纪末期，阿基罗库斯诞生于该岛，虽是一名女奴之子，他却成为希腊最伟大的抒情歌唱家。一个从军的机会使他来到了北方的萨索斯岛，在那里与土著作战。但他发现他的生命比盾牌更可贵，因此弃盾而逃，而后他对他的潜逃做了很多隽语以示解嘲。回到帕罗斯后，他与富有的里卡贝斯（Lycambes）之女纽贝勒（Neobule）坠入情网。他形容她是一位谦逊而秀发垂肩的少女，并且叹息（而后很多世纪也作了同样的叹息）“仅仅触摸到了她的手”。但是她的父亲里卡贝斯只是称赞他的诗，而不屑于他的收入，于是好事未成。因此，阿基罗库斯以里卡贝斯、纽贝勒和她的妹妹为目标作了很尖刻的讽刺诗来发泄。根据传说，三人均因此自缢而死。阿基罗库斯也黯然离开帕罗斯丰盛的无花果和鱼产，再度踏上从军的征途，这次没有逃脱，他在与纳克索斯人的战斗中阵亡。

我们从他的诗里可以了解到他无论对朋友和仇敌都出言粗鲁，且有失恋者纵情色欲的嗜好。我们可以描述他是一个有灵感而音韵调和的海盗，他的散文粗率而诗韵优美；他采取已经大众化了的民谣抑扬音韵，重新将之琢磨为简短、尖刻的六音步诗，这就是后来成为希腊悲剧古典媒介的“抑扬三音步诗”。他很愉快地试验抑扬格的六音步诗、抑扬格的四音步诗和近乎一打的其他音步诗。他为希腊诗赋予音步式，希腊人将这种形式一直保持到底。现在他的诗残存的仅有数篇，我们无法从他的遗著内判定其成就，因此，必须接受古人的说法，他是荷马后最著名的诗人，贺拉斯喜爱模仿他技术上的多变；而

[1] 西摩尼得斯那时将女人比作狐狸、驴子和猪，也比作多变的海洋，并且信誓旦旦地说任何丈夫没有在一天内不遭受妻子盘诘的。

使用希腊语的伟大批评家、拜占庭的阿里斯托芬，当有人问及他最喜爱阿基罗库斯哪首诗时，他的答复仅是三个字“最长的”。

自帕罗斯向西，经过一上午的航程便到了西弗诺斯，该地以金银矿驰名，人们由于政府的授权而拥有这些矿产。岛上矿产量极丰富，因此，该岛能在德尔菲自建财宝库，且财宝库建筑使用的是女雕像柱，安详华丽，并建有许多其他纪念碑、纪念塔建筑物，而财宝库仍然在每年岁末为民众分配相当数目的盈余。公元前 524 年，来自萨摩斯岛的一批海盗登陆西弗诺斯岛，强索 100 塔伦（相当于今日的 60 万美元）。希腊其余各地以平静和坚韧的心情接受了这一次“英勇的”掠夺行为，而人类通常也都是以这种相同的心情去忍受朋友的不幸或灾祸。

多利安人的涌入

多利安人也来到基克拉泽斯群岛，并将他们尚武的精神加以转化，耐心地将山坡改为梯田，以便能蓄贮稀少的雨水，以用于谷物和葡萄的灌溉。他们在米洛斯岛承继了铜器时代先人开采黑曜石的方法，因而使这个岛得以异常繁荣。由于这种繁荣的结果，将来我们会看到，雅典人不惜一切努力，希望能在对抗斯巴达的战争中获得米洛斯的支援。1820 年，曾在这里发现米洛斯的阿佛洛狄忒神像。

向东然后转南，多利安人征服了赛拉和克里特两岛，并且从赛拉又派出一批人向昔兰尼殖民。若干人在塞浦路斯定居，在那里，自公元前 11 世纪起曾有一小批阿卡狄亚的希腊人奋起斗争，以与古老的各腓尼基王朝争夺主宰权。根据传说，在这里的一个小腓尼基王皮革马利翁（Pygmalion），对他亲手雕刻的一座阿佛洛狄忒神像极为倾慕，以至于坠入情网，因此，他祈求女神赐予这座神像生命，以便能与之结为夫妇。当女神同意后，他终于如愿以偿，与自己的作品结了婚。铁的出现减低了对塞浦路斯铜的需求，因此使该岛不再位于希腊经济发展主要来源之内。本地人采伐木材炼铜，腓尼基人采伐后用来造船，希腊人则伐林后用来开垦农田，使塞浦路斯成为炎热与半荒芜的状态。岛上的艺术，也和岛上的居民一样，在希腊时代是一种埃及、腓尼基和希腊影响的混合，但从未形成自身的特色。

多利安人在塞浦路斯岛仅是希腊居民的一小部分，但在罗得斯岛及南罗得斯岛和希腊大陆连接地区，多利安人则已成为统治阶层。罗得斯岛在自荷马至马拉松战役各世纪都很繁荣（虽然在亚历山大大帝征服各地后300年内才达巅峰）。在一个自亚细亚伸出的海岬上，多利安移民建立和发展了克尼都斯城，因其位置良好，自然成为一个沿海贸易港口。天文学家欧多克索斯（Eudoxus）、史学家（或寓言家）克特西亚斯（Ctesias）以及在亚历山大建造那座有名的灯塔的索斯特拉托斯（Sostratus）就是在这里诞生，我们除了能在这里发现古庙的废墟外，也会在大英博物馆内发现哀伤但具有庄重气质的德墨忒尔神像。

在克尼都斯对面是科斯岛，这里是“医药之父”希波克拉底的故乡，与克尼都斯同为希腊的医学中心。画家阿佩莱斯及诗人忒奥克里托斯均诞生于此。沿着海岸再稍向北行是哈利卡纳苏斯（Halicarnassus），这里是希罗多德的诞生地，并且在亚历山大大帝后300年曾是卡利亚王摩索拉斯（Mausolus）及其所宠爱的阿尔忒米西亚（Artemisia）的王朝所在地。这个城与科斯、克尼都斯及罗得斯岛三座主城（林杜斯[Lindus]、加米路斯[Camirus]、拉里苏斯[Ialysus]）形成了所谓多利安六城，也曾有一个时期成为伊奥尼亚十二城较弱的竞争对手。

伊奥尼亚十二城

·米利都与希腊哲学的诞生

向卡利亚西北行进约90英里是一多山的河岸地区，其宽度约

20—30 英里，即古伊奥尼亚之所在。希罗多德曾称赞“这里的空气和气候为普世之冠”。大部分城市位于河口，或在道路的末端，自内陆运出的货物，通过这些河流或道路经地中海运往各地。

伊奥尼亚十二城最南端的米利都，在公元前 6 世纪是希腊最富有的城市，自米诺斯时代起卡利亚人居住于此。约公元前 1000 年，伊奥尼亚人从阿提卡来到这里，他们发现了古爱琴海文化（虽已衰颓），这个遗存的文化显然将来可以作为他们文明发展的起点。伊奥尼亚人到达米利都时并未带女人同来，他们的做法很简单，就是把当地居民中的男性杀死，然后娶这些寡妇为妻，因此，文化与血统同时混合。米利都也和其他大多数的伊奥尼亚城市一样，最初臣服于领导他们作战的国王，然后听命于拥有土地的贵族，最后顺从代表中产阶级的“专制君主”。公元前 6 世纪初期，在独裁者色拉西布洛斯（Thrasybulus）统治之下，米利都的工业和贸易发展登峰造极。由于财富的聚集增长，文学、哲学及艺术开花结果。羊毛自内陆丰饶的牧场运到后进入城内纺织厂做成衣服。伊奥尼亚人从腓尼基人那里学到了很多事物，它本身的教育也逐渐改善，因而也在埃及、意大利、普罗彭蒂斯及欧克森等地建立殖民地作为贸易站。仅米利都就设有 80 个这种殖民地，其中 60 处在北方。米利都从阿比多斯、基齐库斯、西诺波、奥尔比亚、特拉佩佐斯及狄俄斯库里阿斯，获得亚麻、木材、水果及金属，而用手工艺品作为交换。这个城市的财富和奢华为整个希腊世界所知，也招致了很多反感。商人因财源茂盛、利润滚滚，对许多偏远地区的工厂贷出许多金钱。这些商人可以说是伊奥尼亚复兴的“美第奇”（Medici）。[1]

在这种富于激励性的环境中，希腊发展了她对于世界最特殊的两种礼物——科学和哲学。贸易的枢纽就是思想交换地、不同习惯及信仰的摩擦场；由分歧产生矛盾、比较和思想；进而，多种迷信相继

---

[1] 美第奇为 15—16 世纪意大利佛罗伦萨城的豪富家族，一门中出了三位教皇。——译者注

消失，理性逐渐开始。现在在米利都和以后在雅典一样，人们自成百个分散的城邦前来。由于商业的竞争，思想自然很活跃；由于长期离开原乡的祭坛和家乡，思想自然也就没有传统的束缚。米利都人自己也远赴其他国家各城，也由于目睹吕底亚、巴比伦、腓尼基和埃及文明而眼界大开。因此，埃及的几何学和巴比伦的天文学进入了希腊人的思想领域。贸易和数学，外国商业和地理，航海和天文得以携手发展。同时，财富创造了闲暇，“文化贵族”在思想自由之下日益成长（因为只有少数人有阅读能力）。没有强有力的僧侣集团，也没有古老而具有授意性的典籍限制人们的思潮；就是在某种意义上成为希腊圣经的荷马史诗，也还没有真正定型；同时，其神话也还带有伊奥尼亚怀疑论和具有诽谤性欢愉的痕迹。此时思想首次大众化和尘世化，而且对世界和人类的各项问题寻求合理和一致的答案。[1]

一棵新植物（虽有其变化与盛衰）也有其根源。埃及祭司的古老智慧和波斯的东方哲贤，可能甚至印度的卜者、迦勒底的僧侣科学、赫西俄德的人格化的宇宙论等与腓尼基人及希腊商人的自然现实主义混合后，产生了伊奥尼亚哲学。希腊宗教因为谈论命运是神和人的主宰，所以也为这个哲学铺了路：因为法律的观念优于不可靠的个人论断，因而也就表示出科学与神话以及专制与民主的本质区别。当人认识或了解他隶属于法律时，也就真正获得了自由。据我们所知，希腊人首先获得了这个认识，而他们在哲学和政府上的自由也是他们成就的秘密，也是他们在历史上占有重要地位的原因。

因为生命是由承袭和变异、稳定习俗和经验更新来推进，所以希望哲学的宗教根源能够建构并滋养它；而且，在结束之时，它必遗留下神学的有利因素。希腊哲学史上曾有两派并驾齐驱，一派是自然主义者，一派是神秘主义者。后者源于毕达哥拉斯，承其衣钵者为巴门尼德斯（Parmenides）、赫拉克利特、柏拉图及克里安塞（Cleanthes）

[1] 公元前 6 世纪，中国与印度也出现了类似的运动。

至普罗提诺（Plotinus）、圣保罗；前者由泰勒斯开其先河，而后历经阿那克西曼德、色诺芬尼、普罗泰戈拉（Protagoras）、希波克拉底、德谟克利特至伊壁鸠鲁和莱喀古斯，偶尔也有许多伟大的哲学家如苏格拉底、亚里士多德、马可·奥勒留（Marcus Aurelius）等把这两种主流加以混合，以期将尚未形成定论的生命范畴予以公平处理。但纵然是在这些伟大哲学家当中，其主要的努力或者说希腊思想的特性，仍为对理性的热爱与追求。

泰勒斯诞生于约公元前 640 年，出生地可能是米利都，一般人认为他的父母是腓尼基人，他所受的很多教育来自埃及和近东；从这里我们可以看到东方文化传入西方。他也曾经经商，但是他经营的程度仅以取得生活的必需为度。每个人都知道他在榨油投机上的成功故事。[1] 其余的时间他则用于研究，有一个故事说他在观察星体时落入沟中，这可以证明他在研究时的专注和精力集中。虽然他很爱孤独，但对城市的事物仍有兴趣，他与独裁者色拉西布洛斯私交甚笃，同时也主张伊奥尼亚各邦应组成联邦，以联合对抗吕底亚和波斯。

据说，是他将数学和天文学传入希腊的。古人曾说他在埃及的时候，在人影等于人实际高度时去丈量各金字塔的阴影，以测知金字塔的高度。回到伊奥尼亚之后，他对几何的定理研究异常着迷，他把这种研究视为一种演绎科学，他发明了几则定理，而后由欧几里得加以搜集。[2] 这些定理奠定了希腊几何学的基础。而他对天文的研究，也为西方文明建立了天文学，因而脱离了东方的占星术。他曾作了几次不太重要的观察，曾因成功预言公元前 585 年 5 月 28 日的日食而震

---

[1] 根据亚里士多德的说法：“一般人传说泰勒斯通过观察天文，知道橄榄在来年要丰收，因此在冬季以最低廉的代价把米利都和塞俄斯岛两地的榨油业者都先雇好，因为在冬季，没有人和他竞争。等到榨油季节一到，许多人都需要这些工人，他立刻依照自己的条件以高价将这些转雇于他人，因而获利甚丰。他以这种方法向众人证明，如果一个哲学家选择致富途径是很容易的。”

[2] 圆被其直径所等分；任何等腰三角形底边上的两底角相等；半圆所对的圆周角是直角；两直线相交，其对顶角相等；如两三角形有两角及一边相等时，则两三角形全等。

惊了整个伊奥尼亚，他这次预言可能是基于埃及的记录和巴比伦的计算。他的宇宙理论的其余部分并不比当时的埃及和犹太宇宙论显著优越。他当时想象的世界是一个浮在浩瀚无垠水域上的半球，而大地是一个平盘，这个平盘又漂浮在这个半球内部的平面上。因此，我们不要忘记歌德对他的批评：他具有他那个时代人类所有的错误，但他内在观察所得则是他自己的创造。

一如若干希腊神话所说的海洋神是万物之父，泰勒斯也认为水为万物的第一来源，水既是万物的原始，也是万物的归宿。亚里士多德认为他这种说法可能是“基于万物的助长成分或营养成分以及万物的种子都含有水分……既然万物都来自水也因水而生，自然水就成了第一来源”。也许是由于他相信水是气体、液体及固体三态的最基本形态（理论上三态均能变为水）。他的思想要点并非是将万物化为水，而是将万物化为一种物质，这也就是历史上的首次一元论。亚里士多德描述泰勒斯的看法为物质主义者或唯物主义者，但泰勒斯本人则进一步说明世界上所有的微粒（particle）均有生命，物质和生命实是一体而不能分离，植物、金属以及动物和人类都有一个不朽的“灵魂”。巨大的力量可以改变其形态，然而其“灵魂”永不死亡。泰勒斯习惯的说法是生与死之间并无显著区别。当有人想刺激或激怒他，而以既然生死并无显著区别，何以他仍选生而不选死相问时，他的答复仍然是：“因为生与死并无区别。”

在老年时，在众人的同意下他接受了“哲人”（*Sophon*）的称号。当希腊人而后列举“七哲人”时，他们以泰勒斯居首。当有人问及什么事情最困难时，他以那句最著名的箴言“认识你自己”为答。当问及何者最易时，他的答复是“向人提供意见”。对于何谓神的答复是“无始无终者”。对于何者才是最道德与最公道的生活方式的答复是“我们永远不要做责备他人的事”。根据作家第欧根尼·拉尔修（Diogenes Laertius）的说法，他是在观赏一次竞技比赛时死于热、渴及衰弱，因为他的年事实在太高了。

斯特拉博说泰勒斯是第一位写自然科学（*physiologia*，物理学），或事物存在与发展原则的人。他的著作由他的学生阿那克西曼德积极推展。阿那克西曼德虽然生活于公元前611—前549年，令人惊讶的是他所解说的一部分哲学与赫伯特·斯宾塞（H.Spencer）于1860年所发表的非常类似（斯宾塞对他本人的独创力深为疑虑）。阿那克西曼德所说的第一个原则是极大的“无法确定的无极限”（*apeiron*），也就是不具备特别品性的无限质量，但是能依固有力量发展为宇宙间所有各种不同的实体。[1]这个有灵性、永存，但非人性也不涉及道德的“无极限”，是阿那克西曼德的体系中唯一的神。这个神是不变而永恒的，因此，也与尘世间可变且短暂生存的诸神迥异。（这里也就产生了埃利亚学派［Eleatic School］的形而上学——只有永恒的神才是真神。）从这个不具特性的“无定形”产生了许多变幻无穷的新世界，这些新世界在经过无穷的变化后又依进化及死亡的方式回到这个“无极限”。所有相反的事物也为这个原始的“无极限”所包容——冷与热、湿与干、液体与固体及气体等；在发展变化中这些具有潜能的品性变为现实，成为多种及确定的事物；在分解中这些相反的品性仍旧分散归于“无极限”。（这是赫拉克利特和斯宾塞学说的一个来源。）在这种事物的升沉中各种元素互相斗争，也作为一种对立力量互相侵占。在发生相反力量时即产生分解现象，于是“事物即消失于其所诞生之处”。

虽然阿那克西曼德在天文研究上犯了奇怪的错误，由于当时仪器的缺乏，这种错误是可以原谅的，他较泰勒斯的想法更进一步，认为大地是悬于宇宙中间的一个圆柱体，并且只有在距其他所有物体等距离时才可存留。他认为日、月、诸星体都是围绕大地作圆形旋转。阿那克西曼德为说明他的想法，在斯巴达制作了一架日晷仪（可能是

---

[1] 参照斯宾塞的进化定义，进化乃是“从不确定、松散的同质进化到确定、凝聚的异质”的本质上的一种变迁。

按照巴比伦的式样），在这架仪器上可显示各星体的运动、黄道的倾斜[1]、至点（冬至、夏至）、分点（春分、秋分）及季节的连续。在朋友赫克特斯（Hecataeus）的帮助下，他画了一幅已有人居住的世界地图（显然是在一块铜片上）[2]，使地理学成为一门学问。

阿那克西曼德认为大地在其最初时期为流体状态，外面的热力使一部分干燥成为陆地，一部分蒸发成为云。同时，在大气中热度的变化造成了风的移动。有机体是由于原始的潮湿经各时期逐渐形成的。陆地上最初的动物是鱼，由于地面上逐渐干燥，鱼才形成了今日的体形。人在最初也是鱼，人在最初诞生下来时体形结构和今日不同，因为如此无法觅取食物，也就会被消灭。

另外一位较次要的人物是阿那克西曼德的学生阿那克西米尼（Anaximenes），他认为万物的原始是空气。所有其他物质都是自空气产生，经由稀释产生了火，或因为凝缩而逐渐产生云、水、土及石。至于灵魂则是气体，这个气体或灵魂使我们灵肉一体。因此，世界上的空气是遍布的灵气、呼吸或神。他这个思想足以抵御所有希腊哲学的风暴，并且可在禁欲和精神超脱及基督教中发现乐园。

在米利都的全盛时期，不仅产生了希腊最早的哲学，也产生了最早的散文和历史编纂。诗对一个处于青春期的国家似乎是很自然的事（当想象力大于知识时），同时，强烈的信心就会赋予土地、树木、海洋和天空等自然力量一种品性。诗既很难避免泛灵论（animism），泛灵论也同样不易避开诗。散文是不受想象和信仰拘束的一种心声，是人间、俗世与“平淡无奇”事情的语言，是一个国家成熟的表征，也是幼年时期的墓志铭。到这个时期（公元前600年）几乎所有的希腊文学都是诗体。教育方面，已用韵文传授特殊知识和道德，甚至早期的哲学家如色诺芬尼、巴门尼德斯及恩培多克勒也把他们的思想披上

[1] 所谓黄道就是太阳每年在天上经过的大圆。既然这个圆的平面也是地球轨道的平面，黄道的倾斜就是赤道平面及其旋绕太阳轨道平面间的斜角（约23°）。

[2] 埃及人此前曾绘有地图，只是所含地区较为有限。

诗的外衣。就如同科学在最初是哲学的一种，但极力奋斗以期脱离全体性、臆断性及无法证明的境界，哲学在开始也是诗的一种，但极力想脱离神话、泛灵论和譬喻的范畴。

因此，菲勒塞德斯和阿那克西曼德用散文以解说他们的学说算是一件大事。当时被希腊人称为理性作家或散文作家的人也开始使用这种新媒介编纂他们各邦的年谱。因此，卡德摩斯编了米利都年谱（于公元前550年），欧加昂编了萨摩斯的年谱，桑索斯编了吕底亚的年谱。在这个世纪结束之前的赫克特斯完成了两部著作——《探询集》（*Historiai*, Inquiries）和《地之周围》（*Ges Periodos*, Circuit of the Earth），使历史和地理获得了划时代的进展。《地之周围》一书将已知的世界区分为两大洲——欧洲和亚洲，并且将埃及包括在亚洲内。倘若（许多人怀疑）现存的断简残篇是真迹，对研究埃及确有贡献，后来希罗多德从这里边剽取了许多资料（但希罗多德本人并不承认）。他写的《探询集》一开始就是一连串的怀疑："我仅写出我认为真实的，因为许多希腊传说对我而言似乎是荒谬可笑的。"赫克特斯把荷马的作品当作历史，并且闭着眼睛接受许多故事，虽然如此，他仍然作了一番诚实的努力，以便能将事实与神话加以区分，并追溯有关系谱，使之能成为希腊的信史。因为这位"历史之父"诞生得很早，因此，希腊的历史编纂由来已久。

对赫克特斯和当时大多数城市及希腊殖民地的理性作家与散文作家而言，"历史"一词的意义是对任何事物事实的探查。就现代观念而言，也同时适用于科学、哲学及历史编纂。但这个名词在伊奥尼亚则有一个怀疑性的含意，其主要意义为诸神及神人英雄（半神半人的英雄）的奇异故事已由尘世间的事件记载及因果的合理解释所取代。赫克特斯开始了这种程序和方法，希罗多德加以发扬光大，而修昔底德则将之完成。

在希罗多德以前，希腊散文的贫乏与散文文学开始时的米利都被外来征服和社会贫穷有密切关系。内部腐化后自然就会循着历史的惯例为外来的征服铺路。财富的增长和社会风气奢侈又使享乐主义大行其道，同时，禁欲主义和爱国主义似乎就会被人遗弃，被认为可笑或荒谬。这一现象所产生的结果，使希腊人中流行一句“米利都人从前曾经很勇敢”的轻蔑语。昔日缓和阶级斗争的信条是“给强者以少量，给弱者以慰藉”，当这一信条丧失力量后，对世间的财物竞争更加尖锐。富人支持一个寡头式的独裁政治，形成一个联合党派以对抗企求民主政体的贫民。一旦贫者控制政府，便将富者放逐，在打谷场集合起富者所留下的子孙，加以奴役，终至饱受虐待而死。若干年后，富者重掌政权，于是将民主领导人物置于薪堆上活活烧死。约公元前 560 年，吕底亚王克罗苏斯开始将自克尼都斯至达达尼尔海峡的亚洲希腊海岸归属于吕底亚的统治时，米利都因拒绝帮其姐妹邦得以保全其独立。但在公元前 546 年，波斯王居鲁士征服了吕底亚后，便毫无困难地将由于党派倾轧陷于不振的伊奥尼亚城市吞并入波斯帝国。米利都的伟大时代已成陈迹。在各邦的历史中，科学与哲学在腐败介入后达到极盛，而智慧却成为死亡的预兆。

·萨摩斯的波利克拉底

自米利都渡过港湾，在接近迈安德河河口的地方是不太显赫的米乌斯（Myus）镇和较著名的伯利纳（Priene）城。公元前 6 世纪，在这里居住着“七哲人”之一的比阿斯。一如赫尔米普斯（Hermippus）所说，希腊的“七哲人”是 17 人；因为不同的希腊人列有不同的名单，但大多数人同意这七人是泰勒斯、梭伦、比阿斯、米蒂利尼的庇达库斯、科林斯的佩里安德、斯巴达的奇伦（Chilon）及罗得斯的克里奥布卢斯（Cleobolus）。希腊人尊敬智慧一如印度人尊敬神圣、文艺复兴时代的意大利尊敬艺术天才、年轻的美国尊敬经济企业。希腊的英雄不是圣人，不是艺术家，也不是百万富翁，而是贤哲之士。希腊最荣耀的哲人并非纯理论家，而是能将其智慧很活跃地运用于现实的人。这些人的嘉言在希腊人中成为名言，甚至有时雕刻在德尔菲阿波罗神殿内。例如人们多喜欢引用比阿斯以下的名言：最不幸的人是不了解如何忍受逆境的人；人们应当随时安排自己的生命，既可享高寿，也不虑早折；我们应当珍视智慧为一个自青年过渡到老年的工具，因为智慧较之任何其他财产更可持久。

伯利纳以西是伊奥尼亚第二大岛屿萨摩斯岛。本岛的首府位于东南岸，当进入掩护良好的港口（这个港口曾出入萨摩斯舰队著名的红色船只），就可看到城池在山顶上矗起，俨然是这些山的头饰：首先是码头和商店，继之为住宅，其次为设有工事的卫城，然后是伟大的赫拉神殿，再向后是海拔5000英尺的高峰和冈峦起伏的山区。在这种形势和气魄下，自然可使每一个萨摩斯人的爱国心油然而生。

萨摩斯于公元前550至前525年在波利克拉底统治下达到极盛。因为港内商贾云集，收入颇丰，使得这位独裁者能够利用公共建设计划（这个计划的推行曾获得希罗多德的称赞）的推行来解决失业危机。公共建设工程中一个最伟大的项目是为向城内供水所建的一个长四五百英尺的山洞；如果我们明白在凿这个山洞时是由两端同时开始，相遇于中间，其方向上的误差为18英尺，高度上的误差为9英尺，即不难了解当时希腊的数学与工程能力。[1]

萨摩斯远在波利克拉底之前已经成为一个文化中心。约在公元前590年，富于想象的寓言家伊索曾是希腊雅德蒙（Iadmon）的弗里吉亚奴隶。一个未证实的传说曾述说雅德蒙如何将他释放（给予自由），伊索如何旅行各地，遇到梭伦，居住在克罗苏斯的宫中，盗用了克罗苏斯命他在德尔菲分配的金钱，并且在愤怒的德尔菲人的手里惨遭横死。他的寓言多半取自东方，在古典时代为雅典所悉知，普卢塔克说苏格拉底把这些寓言写成了诗句。虽然那些寓言在形式上是东方式的，但在哲学上仍具希腊特性。“自然、大地、海洋、星辰以及日月轨道的美丽异常可爱，但其余的却是恐惧和痛苦”，尤其是当

[1] 今日从事类似工程，其两端相遇时误差仅数英寸，或没有误差。

人盗用公款后忐忑难安时更是这样。现在我们仍然可在梵蒂冈的博物馆内看到他，在这个博物馆里有一只伯里克利时代的杯子留有他的形象：半秃头而蓄有短尖和修整的胡须，很有心得地聆听一只快乐的狐狸讲话。

伟大的毕达哥拉斯诞生于萨摩斯，但于公元前529年离开这里前往意大利克罗通纳（Crotona）居住。阿那克里翁自忒俄斯来到此地，目的是歌颂波利克拉底的魅力和做他儿子的师傅。在宫廷中最伟大的人物是艺术家狄奥多鲁斯，真可谓萨摩斯的“达·芬奇”，他是万事通，在许多方面都有很高的成就。希腊人说他（可能是根据多数人的说法）发明了水平仪、曲尺和车床；他精于石刻、金属品制作、石工、木工、雕刻及建筑。他参加了在艾菲索斯的第二阿尔忒弥斯神殿设计，建筑了一个大亭供斯巴达人公共集会之用，协助将泥塑方法介绍给希腊，与罗尔库斯共享自埃及或亚述将青铜中空铸制法导入萨摩斯的荣誉。在狄奥多鲁斯之前制生铜神像时是将铜片钉于木型上，现在已可依新法铸制“德尔菲马车御者”和米隆的“掷铁饼者”等杰作。萨摩斯的陶瓷也很著名；普林尼对萨摩斯的陶瓷很推崇，他告诉我们西芭莉的祭司不用其他刀类，而仅用萨摩斯的陶瓷碎片以自行去势。

· 艾菲索斯的赫拉克利特

自萨摩斯渡过卡斯特里亚（Caystrian）海湾就是伊奥尼亚最著名的艾菲索斯城。这个城是约在公元前1000年时由雅典移民所建，由于开拓与卡斯特里亚和迈安德河的贸易而繁盛。其人口、宗教和艺术都含有强烈的东方成分，阿尔忒弥斯在那里始终都被崇拜为东方的母性和生殖的女神。她著名的神殿被毁过多次，也重建多次。在一个古老祭坛的位置上两次重建，两次被毁，第一次建于约公元前600年，可能是最早期的伊奥尼亚式重要建筑。第二次建于约公元前540年，部分是由于克罗苏斯的慷慨所促成，由艾菲索斯的帕纽斯、萨摩斯的狄奥多鲁斯和神殿的一位祭司德米特里共同设计。当时是希腊已经建造的最大神殿，无疑也是世界七大奇观之一。

这个城市的著名不仅是因为庙宇，也因为它的诗人、哲学家及穿着华丽的妇女。早在公元前690年，据说最早的希腊挽歌诗人卡里努斯（Callinus）就住在这里。更为伟大和丑陋的是希波那克斯（Hipponax），在约公元前550年他开始写诗，题目极为粗鲁，语句晦暗，诗体却极为高雅，全希腊开始讨论他，整个艾菲索斯开始憎恨他。他既瘦且矮，跛而残，简直一无可取。在他残存的文稿中告诉人们，女人只能带给男人两天快活——“第一天是娶她时，第二天是葬她时”。他也是一个无情的讽刺作家，他用诗文攻击艾菲索斯每一位名士，从最低的罪犯到神殿中最高的祭司无一幸免。当两位雕刻家布帕路斯（Bupalus）和阿西尼斯（Athenis）展览一件关于他的讽刺画时，他用最恶毒的诗文对这两位雕刻家加以反击，有些诗句的流传比雕刻家的刻石还持久，措辞的尖刻在当时无出其右者。有两句典型而经过琢磨的句子如下：“请代我拿着外套，我现在就要击穿布帕路斯的眼睛。我练习有素，手法精巧，永远不会有失误。”传说希波那克斯是自杀而死，这可能是大家一致的愿望。

艾菲索斯最著名的子民可能是“隐者”赫拉克利特，他生于约公元前530年，出身贵族家庭，认为民主是一种错误。他曾说（111）[1]：“坏人太多，好人太少。”“对我而言，一个顶好的人抵得上一万人。”（113）但是贵族、女人、学者也都没有使他满意。他也曾以愉快的心情、苛刻的笔调写出：“学识丰富并不能形成一种思想，如果有的话，丰富的学识应已使赫西俄德、毕达哥拉斯、色诺芬及赫克特斯等获得了良好的教导。”（16）“因为唯一真正的智慧是了解一种思想，这种思想本身能在任何情形下支配任何事物。”（19）因此，他像一位中国贤哲一样，遁迹山林，去沉思能解释所有事物的思想。他不屑于用一

[1] 括弧内的数字，是学者比沃特就赫拉克利特的断简残篇所标示的号数。

般人都能了解的语言去解释他的结论，宁可在生命及言语上隐而不彰，希望从自我毁灭的党派或群众中获得安全。他用含蓄而深奥的格言来解释他的观点，他把这个格言存在阿尔忒弥斯神殿，使后世百思难解，困惑迷惘。

在近代文学中，人们一般认为赫拉克利特是以流变为中心概念而建立其哲学，但在现存的不完整文稿中很难支持这种解释。他也和大多数哲学家一样，衷心希望能在“繁多”（Many）后面发现“唯一”（One），在世界的慌乱升沉和纷沓中发现思想稳定的统一和秩序。他也和巴门尼德斯一样热情地说过“万物归于一”。这是一个哲学问题，究竟什么是这个“万物归于一”的“一”？他的答复是“火”。可能他是受了波斯人拜火的影响。由于他将火和灵魂与神联系起来判断，可能他在象征和现实层面上都认为“能量”与火是二而一的。他的残稿对此未能确定。“这个世界……既不是由一个神，也并非由一个人所造，很早就是，现在也是，将来也是一个永存的火，无论就点燃或熄灭而言，均不例外。”（20）万事皆是火的一种方式，或是火的“下沉”而逐渐凝结成为水蒸气、水及地，或是遵循着火的“上升”，从地而水，而潮湿，以至于火。[1]

赫拉克利特虽然在“永恒之火”里发现了一个令他安慰的和谐，但他仍为这火的无休止变迁所困惑。他的第二个思想核心是变化的永恒性和无所不在性。他发现宇宙间、思想上或灵魂上没有静止的东西。没有一件东西真正是它的现况，万物都在变。没有任何物体

[1] 在赫拉克利特的思想中可能有一个星云说：世界始于火（或热或能量），这个火变为气体或蒸汽，然后降落为水，这个水在蒸发后的化学残余凝为地的固体；水和地（液体与固体）是变化的两个阶段，也是一种实体的两种形式（25）。“所有万物都变化为火，火也变为万物。”（22）所有的变化都遵循着一种“上升或下沉”，也是自能量或火的一种形式过渡到另一种形式（有时多，有时少，有时凝结）。“上升与下沉实际是二而一的”（69）；稀释与凝结是在变迁的永久振动上的运动；所有物体都是在下沉及凝结或上升及稀释的实际过程中形成，并且都是自火而生或回归于火；所有形式都是一种基本能量的形成方法。按照斯宾诺莎的说法：火与能量是永恒而无所不在的东西，或最基本的来源；凝结与稀释（下沉和上升）是其支流；其模式或特别形式则为世界上可目睹的事物。

可持续不变，即使在短暂的时间内。所有物体已不再像以往的形态，都朝向着其未来的形式而变化。这是哲学上的一个新着眼点：赫拉克利特不仅像泰勒斯一样质问事物是什么，并且也和阿那克西曼德、留克利希阿斯、卢克莱修（Lucretius）和斯宾塞一样询问事物如何变成了现况；他也和亚里士多德一样主张对第二个问题的研究才是解答第一个问题的最佳途径。在他的残稿中无法找到他那句名言："万物皆流变，无物常驻。"但所有历史资料都异口同声地承认是出自赫拉克利特之口。"你永远不能两次踏进同一条河流，因为水永远是在流动。"(41)"我们既存在，又不存在。"(81)（因为我们本身也在变）关于这一点，和黑格尔的说法一样，宇宙是一个广大的"变迁"。众多、多样、变化和单一、同一、存在一样真实；众多也和唯一一样无异。"众多"即"唯一"；所有变化都是事物来自或归返火的一种过程。"唯一"即是"众多"，火的中心永远闪动着变化。

赫拉克利特由此过渡到了他哲学的第三个要素——对立的统一，矛盾的互赖，斗争的和谐。"神就是昼和夜、冬和夏、战争与和平、饱餍与饥饿。"(36)"善与恶无异，善与恶为一。"(57—58)"生命与死亡无异，睡与醒、年幼与年长也莫不皆然。"(78)这些相反的现象都是波动的阶段，永变之火的过渡时刻；彼此在意义与存在上都有必要；对方的冲突和互动、改变和交换、统一与和谐才是实际。"他们并不了解如何自行差异又自行一致。有相对紧张的可以产生和谐，例如弓和竖琴即是如此。"(45)例如弦的紧张，在松紧之间可以产生震动的和谐，我们称之为音乐或一个音阶，因此，对立的交替和斗争可以造成生命与变化意义与和谐上的真谛。在有机物与有机物、男人与男人、男人与女人、世代与世代、阶级与阶级、国家与国家、意识与意识、信仰与信仰的斗争中，斗争对立的两方即"生命之机"上的经与纬，其作用即在交互对立中产生一种整体的、不可见的、统一的和隐藏的和谐。"从相异的物体中产生最美的和谐，任何喜爱者对此均可了解。"(46)

这三个根源（火、变化、对立的统一）进入了赫拉克利特有关神和灵魂的观念。他对“因犯杀人罪祈求宽宥而更以牺牲血染自己，因而毫无所得的人”（130）或者这些人“为此而向神像祷告，这些人对神的真实特质实在是毫无所知”（126）付之一笑。他也不承认人的不朽，人和其他所有物质一样，是在变化中的一阵火焰，“如黑夜的蜡烛一样有点燃和熄灭”（77）。虽然如此，人仍是火，灵魂或最主要根源是所有物质中的永恒能源的一部分，因此，也永无死亡。所谓生与死，不过是人类对事物流动分析观念上任意选定的两点，但如从宇宙公正的立场来看，这也不过是形式无穷变化中的现象而已。在每一刹那间我们都有一部分死亡，但整体仍活着，在每一秒我们之间有一人死亡，但世界上的生命仍然存在。死亡是一个开始，也是一个终结；诞生是一个终结，也是个开始。我们的语言、思想，甚至我们的道德都是具有偏见的，因为这些只代表一部分或某些群体的利益；哲学对事物的观察必须基于整体。“对神而言，所有事物都是美丽的、良好的和正确的，只有人才能判定何者为错，何者为对。”（61）

灵魂是经常变迁中的生命火焰的短暂火舌，因此，神才是永恒之火，世界上永不毁灭的大能（indestructible energy）。他能包容所有对立的统一，冲突的和谐，所有斗争的总结与意义。这个神圣之火，和生命一样（因为两者无所不在且实为一体），经常变化形式，经常通过变化之梯（或上或下），经常消耗也经常重新制造物质。事实上，在遥远的某一天，“火将审判万物并行判决”（26），在最后审判或宇宙大灾祸时将破坏万物，并为新形式开辟道路。虽然如此，不灭之火的运行并非毫无意义或纷乱无章，如果我们能对世界有整体了解，就可在这个世界里发现广大的非人类智慧——一种理性或智慧的语言。我们应当按照这种“自然”之道来铸塑我们的生命，这种宇宙的规律、这种智慧或有秩序的大能便是神。“最好不要倾听我，而去倾听智慧的语言”（1），以寻求并遵循整体的无穷尽理性。

当赫拉克利特将他这四个思想基本观念应用于伦理道德时，他阐释了所有生命及行为。利用“能量”以产生理性，与秩序结合，是为至善。变化不是一种罪恶，而是一种恩赐。“人只有在变化中才可发现休憩，始终辛劳于同一事物（无变化）或总是新的开端久而必觉厌倦。”（72—73）相反事物的相互需要使彼此互相了解，因此，斗争和生命的痛苦也是可原宥的。“人们若皆能获得所期望的事，未必是很好的，因有疾病才使人感到健康的可爱；同样，罪恶、饥饿、辛勤也使人感到善良、饱餐和休憩的欢欣。”（104）他指责那些希望结束宇宙斗争的人。没有对立的紧张，也就不会产生和谐，没有生命之布的织造，也就没有发展，和谐并不是冲突的结束，而是一种紧张，在这个紧张的持续中，没有一方真正胜利，但双方在彼此依附下发展（如青年的激进和老年人的保守）。为使优秀者能有别于拙劣者，生存的斗争是必需的，因此也可产生最高的境界。“斗争是万物之父，万事之王；斗争的结果区分了哪些是神，哪些是人，哪些是奴隶，哪些是自由人。”（44）结果，“斗争是一种公正裁判”（62）；个人、群体、种族、机构和帝国间彼此的竞争构成了自然界的最高法庭，对这个法庭判决的结果是无法上诉的。

总之，我们现有的赫拉克利特130件残稿，可以说是希腊的主要思想之一。“神圣之火”（Divine Fire）的理论过渡到禁欲主义；“最后大火”（Final Conflagration）的观念又经过禁欲主义到达基督教。理性在犹太哲学家斐洛（Philo）和基督教神学那里成为“圣言”（Divine Word），神通过人格化后的智慧创造并掌管万物；在某种程度上，这也为自然规律的早期的现代观念铺路。德行，如同对自然的服从一样成了禁欲主义的口号；对立的统一在黑格尔的思想中又行复活，并且黑格尔对这种观念有着很强烈的主张；变迁的思想也在法国哲学家柏格森（Bergson）的思想中再度出现。斗争决定一切的观念在达尔文、斯宾塞和尼采时代再度出现，这些人在24个世纪后，又继续赫拉克利特的反民主之战。

我们对赫拉克利特的生活可以说毫无所知，关于他的死亡，我们仅可从作家第欧根尼·拉尔修的说法（这个说法并未获得支持）中获得一点端倪，据此，我们或许可以得到一个平淡的结局：

> 他终于变成一个极度的愤世者，习惯上，他把时间耗费在徜徉山水之间，以野草及植物为食。由于这种习惯，他患了水肿症，于是回到了城里求医，但他并不将病情直接告诉医生，而是说给医生一个谜语："雨后是否可以产生干旱。"医生无法了解他，因此，他把自己关在一个牛舍里，蒙以牛粪，希望依此法所获的热力能将身上的湿气蒸发。因为这种方法无效，终致死亡，享年70岁。

·忒俄斯的阿那克里翁

在艾菲索斯以北数英里是科洛封（Colophon），这个城的得名可能是由于位居山坡上。[1] 反对僧侣的齐诺弗尼斯（Xenophanes）生于公元前576年，他形容科洛封人为："穿着高贵紫服，发型奢华，油光满面，他们颇以此自豪。这里的社会浮华有很长久的历史。"诗人米姆奈尔摩斯（Mimnermus）曾在这里，也可能是在士麦那（Smyrna），为一个已感染上东方悲观色彩的民族歌唱他飞逝的少年及爱情的抒情歌。他倾心于娜诺（Nanno），这个女孩在他唱歌时用她的笛子奏出哀怨的伴奏。当她拒绝了他的爱情后（可能她认为对一个诗人而言，结婚即等于死亡），他写了连篇累牍的挽诗来纪念她：

> 我们的奔放欢欣像春天初展的绿叶，
> 阳光何时照射，何时转烈，

[1] 希腊文Colophon、拉丁文Colliss、英文Hill均为"山"意，以这个城里的骑兵对失败的敌人给予最后一击而出名。在希腊文里，Colophon成了"最后一击"的同义语，这个词传入英语后，成了出版商使用的一种标记，出版商最初时把它印于最后一页，以示已经完毕。

少年的欢欣何其短暂，
发自神灵的善恶颇不易见；
但幽暗之神永远靠近我们的目标，
握在她手里，一是死亡，一是悲惨年代的煎熬。

另外一位较著名的诗人在一个世纪后居住附近的忒俄斯镇。这个诗人便是阿那克里翁，他虽然漫游各地区，但生（公元前 563 年）死（公元前 478 年）均在忒俄斯镇。很多宫廷都愿意罗致他，因为在当时仅有西摩尼得斯和他齐名。我们发现他曾加入到一批色雷斯的阿夫季拉的移民行列，曾从军，参加了一两次战役，但以当时诗歌般的作风弃盾而逃，而后即安于舞文弄墨；在萨摩斯城波利克拉底的宫中住过很多年；雅典暴君希帕恰斯从那里依官方仪节用 50 桨大船把他接到雅典，以光耀其宫廷；后来，在波斯战争后他回到忒俄斯镇，以诗歌和美酒安度晚年。他饮食过度，虽享高寿（85 岁），但终因饮食而死（据称因一葡萄籽哽入喉中致死）。

亚历山大港曾保存阿那克里翁的 5 本著作，但仅有零乱的双韵诗留传下来。诗的题材是酒、女人和儿童，处理抑扬格诗时，他的态度颇为诙谑。在他完美无瑕的结构中似乎无任何题材令人感到不洁，或在高雅的韵律中感到粗俗。既不像希波那克斯的粗鄙恶毒，也不像萨福的战战兢兢，阿那克里翁提供了一个宫廷诗人高雅优美的声韵，使后来的贺拉斯足以取悦任何奥古斯都，在奥古斯都愉悦之余，赐以醇馥美酒，作为报酬。文法家阿特纳奥斯认为他不稳定的诗歌和多变的爱情是一种姿态；可能阿那克里翁隐藏了他那使女人很感兴趣的忠诚，并且藏匿了他的清醒以扩大其声誉。一个慎重的传说告诉人们，在他酒醉的时候如何被一个儿童绊跌，并且用粗鲁的语句咒骂这种过错，又如何在年老时再度与这个青年陷入情网，并且用一些溺爱的赞词作为赎愆。他的厄洛斯（爱神）的手段极有技巧，达到了在男人和女人中左右逢源的境地；但是在晚年他还是选择了女人，对女人大献殷勤。在一个美丽的残稿中曾有如下的叙述："看呀！金发的爱神用他的紫色球掷向我，她召我向前与一个穿花色拖鞋的少女相嬉。但她站在高高的莱斯博斯呼唤，却发现了我的头发苍苍，因而转寻其他猎物。"后来一位才智之士为阿那克里翁写下了以下有启示性的墓志铭：

> 噢！葡萄树呀！你可酿成醇馥醉人的美酒，愿你青葱、蔓长，生长在阿那克里翁的坟上，因此，嗜酒的朋友将在长夜的饮宴中轻抚一位钟爱童子者的诗琴，而在他埋首之处也随风飞舞着多产的嫩枝，因雨露愈益娇嫩，气味芳香，却像他干老的口中能吐气如兰。

·塞俄斯岛，士麦那，福西亚

希腊本土自忒俄斯向西，是一连串的海湾和海岬，从渡过10英里的海路到达塞俄斯岛为止，可能在这里，荷马在无花果、橄榄树和阿那克里翁的葡萄丛中度过了他的幼年。酿酒是塞俄斯岛的重要工业，也雇用很多奴隶，公元前431年，这个岛上有3万名自由人，10万名奴隶。当时塞俄斯岛成为奴隶交换场所，奴隶贩子自债权人手里购入无力偿还债务的人，购入男童售到吕底亚和波斯的宫中成为阉人。公元前6世纪，特利马库斯（Drimachus）领导与他同为奴隶的人起来反抗，击败了所有派往镇压他们的军队，在一个山寨中自立为"王"；他用差别的掠夺方法加重富者的负担，凡富者顺从他的可获得"保护"，对富者加以威胁以使他们能以更为公正的待遇对待奴隶；最后，他自愿把他的头割下交给他的朋友，以便他们能因此向政府要求所公布的赏金。因此，在而后许多世纪内他被推崇为奴隶的守护神：这可能是写斯巴达克斯（Spartacus）[1]一类史诗的最佳题材。艺

[1] 斯巴达克斯死于公元前71年，曾领导奴隶反抗罗马统治者。

术和文学在财富和奴役的滋养下甚为昌盛；在这里产生了一个组织，这个组织也可以说是游吟诗人的延续；戏剧家伊翁和史学家泰奥彭波斯（Theopompus）均诞生于此；传说格劳科斯（Glaucus）于公元前560年在这里发现了铁的焊接技术；阿基尔莫斯（Archermus）和他的两个儿子布帕路斯与阿西尼斯也在这里创造了公元前6世纪最美的希腊塑像。

从这里返回希腊本土，可以经过埃利色雷和克拉佐曼纳——伯里克利的亦师亦友阿那克萨戈拉（Anaxagoras）的诞生地。从此再向东行，有一个遮蔽良好的港湾，那里就是士麦那，士麦那原是由伊奥尼亚人远在公元前1015年所开拓，后来由移民及外来的征服变成了一个伊奥尼亚城。这个城在阿喀琉斯时代已很著名，约公元前600年，被吕底亚的阿尔雅底斯劫掠，一再遭受破坏，且于1924年又被希腊人所毁。士麦那历史之悠久，堪与大马士革相媲美，曾目睹历史上一切的兴衰更替。[1] 从它的遗迹中，我们可以看出它以往富足而多姿多彩的生活：一个室内运动场，一个室外周围有看台的竞技场和一个自地下掘成的剧院。街道广阔且完善，庙宇和宫殿点缀装饰其间；主街称为黄金街，在整个希腊闻名遐迩。

伊奥尼亚最北部的城为福西亚，今日称为福基亚（Fokia），赫耳墨斯河几乎把它与萨迪斯本身连接一起，希腊人与吕底亚的商业使它获得相当的利益。福西亚的商人为寻觅市场而航行很远，他们把希腊文化带到了科西嘉，他们还建立了马赛城。

这便是伊奥尼亚十二城，这样的叙述一方面像是走马看花，另一方面像做了一小时的时空飞行。虽然这十二城竞争激烈，互相嫉妒，未能在共同防御上结成同盟或统一阵线，但各城的公民都承认他们有共同的背景和利益，并且在帕尼欧尼翁（Panionium）的伟大节

---

[1] 目前的名称为伊兹密尔（Ismir，这个名称和之前的名字士麦那可能都与没药——一种有香气带苦味的树脂，用于制作香料及药剂，自古在西亚及东欧一带被视为贵重物品——的贸易有关），在人口上为土耳其的第二大城。

日，定期在接近伯利纳的米卡利海峡集会。泰勒斯曾请求他们组成一个统一的政治体，在这个体制中，每一个男人除了是本城的公民外，也是泛伊奥尼亚联邦的公民。但是各城市间的商业竞争过于激烈，这个意见未能被各城所接受，各城市间宁可从事两败俱伤的战争，也不愿组成政治联盟。因此，当波斯入侵时，临时组成的联盟显得根基太弱，无法发挥战斗力，伊奥尼亚各城沦于“大王”的权力之下。虽然如此，独立和竞争精神给予伊奥尼亚社会以竞争的激励和对自由的酷爱。也是在这种情形下，伊奥尼亚发展了科学、哲学和历史，以及营建和发展了伊奥尼亚式都城，同时，也产生了许多诗人，使希腊在公元前 6 世纪文风之盛，几可与公元前 5 世纪相埒。当伊奥尼亚沦落之后，各城将其文化遗产赠给了前来解救他们的雅典，将希腊智识领导地位拱手让给雅典人。

莱斯博斯的萨福

在伊奥尼亚十二城之上是埃奥利斯（Aeolis）大陆十二城，这十二城是在特洛伊陷落后，由北希腊而来的埃奥利斯和阿哈伊亚移民所建。这十二城大多数都很小，在历史上也处于不太显著的地位，但是莱斯博斯的埃奥利安（Aeolian）岛，在财富、文明和文学天才上都可以和伊奥尼亚的各中心分庭抗礼。岛上的火山土壤使它成了一个天然的兰花与葡萄园。岛上 5 座城以密特里尼最大，因为商业而致富，其富足程度几可与米利都、萨摩斯及艾菲索斯相比。公元前 7 世纪之末，商人阶层与贫穷公民成立联盟，推翻了地主贵族，使勇敢、粗鲁的庇达库斯享有梭伦般的权力，而任其独裁了 10 年。贵族阴谋重掌权力，但被庇达库斯击败，其领导人物（包括阿尔凯奥斯和萨福）先自密特里尼然后自莱斯博斯被放逐。

阿尔凯奥斯是一个作威作福的煽动者，他将政治与诗混为一体，使每一首抒情诗歌都敲响了叛乱的警钟。他出身贵族，但以极为粗鄙下流的语句攻击庇达库斯，因此，他的放逐可以说是罪有应得。他塑造了自己作诗的风格，后人称之为“alcaics”（“阿尔凯奥斯式”之意）；据说每一节都有其本身的韵和美。有一个时期他歌颂战争，表示他的家产都来自军事的战利品和装备，但到他有表现英雄气概之机时，却和阿基罗库斯一样弃甲而逃，并将他做这个决定的勇气以抒情诗加以歌颂。偶尔他也对爱情予以讴歌，但他的笔最喜欢称赞的还是酒，酒在莱斯博斯和诗一样颇负盛名。他劝我们四季痛饮，莫负良辰，因为酒在夏天可以解除我们的口渴，在秋天可使肃杀之气获得一层光辉，在冬季可以温暖我们的血液，在春天可以庆祝万物的复苏。

> 宙斯神已兴云作雨，九霄之上风暴无已。
> 溪流似长日潺潺作声，寒气乍降只见霜冰。
> 让我们！战胜严冬，多集柴薪，火光熊熊。
> 美酒醇郁，其甜如蜜，举杯痛饮，再无寒意。
> 甘醴入口，卷发下垂，人间乐事，舍我其谁。
> 心志愉悦，永勿悲痛，勿为俗务，羁绕回萦。
> 朋友啊！哀伤毫无助，亦无所偿。
> 醇露是万能灵丹，最能刺激我们如泉的灵感。

在他同时代的人物中有一位最著名的希腊女人，虽然他对此处之泰然，不以为意，但这仍是他的不幸。这位女人就是萨福，当她在世的时候，全希腊已经很尊敬她。根据编纂家斯托比亚斯（Stobaeus）的述说，梭伦的侄子艾克舍斯底德斯（Execestides）于酒后唱了一首萨福的歌，梭伦极为喜爱，立即要求他的侄子教他。这时有一位朋友问他，学此歌何用？梭伦的答复是“我宁愿学会即死”。苏格拉底可能也具有相同的看法，称她为“唯一的美人”或“美神”，柏拉图则为她写出了令人狂喜的短句：

或谓希腊有九位文艺女神。她们何其轻盈！
看！莱斯博斯的萨福岂非第十位！

斯特拉博也曾说过："萨福实在是一位了不起的女性，因为我们自亘古以来的史料中还无法找出另外一位女性能在诗文上望其项背。"在从前只要一提到"诗人"，人们知道指的是荷马，而现在只要提到"女诗人"，人们也知道指的是谁。

萨福（在轻柔的埃奥利斯方言里，她自称为 Psappha）约于公元前 612 年生于莱斯博斯的艾莱苏斯（Eresus），但在她仍为孩提时举家迁往密特里尼。在公元前 593 年，她是阴谋推翻庇达库斯而被放逐到皮拉（Pyrrha）的贵族之一。在 19 岁时，她已在诗歌和政治方面崭露头角。她并不因貌美而著名：她的身材小而纤弱，头发、眼睛和皮肤较一般希腊人稍黑，但她举止高雅，风度优美，仪态超俗，具有内在聪慧而无令人感觉老于世故的矫饰。她自己也曾说："我具有一颗赤子之心。"普卢塔克曾说："从她的诗词里我们知道她是一位热情洋溢的人，她每一句话似乎都含有火焰。"她一个心爱的学生阿提西斯（Atthis）说她好像穿着番红和紫色，然后再饰以美丽的花圈。她必定是小巧玲珑而具有魅力。因为和她一齐放逐到皮拉的阿尔凯奥斯很快就向她示爱。他的示爱词句如下："戴着紫罗兰花冠、洁白而甜蜜的萨福，我很想向你倾诉衷曲，但羞耻使我难以启齿。"而她的答复倒并不这样转弯抹角，比较率直："倘若你的居心纯洁高尚，而且你并不准备出口鄙俗，羞耻将不能遮蔽你的眼目，当然也不妨直接讲出你要说的话。"这个诗人曾用抒情歌和夜曲称颂她，但是我们没有听说他们之间曾有更进一步的亲密交往。

原因可能是由于萨福的第二次被放逐。庇达库斯由于恐惧她那支逐渐成熟的笔，可能是在公元前 591 年（当时人们也许还认为她是一个无害或不能兴风作浪的女孩）把她放逐到西西里。大约在这个时候她嫁了一个安得罗斯的富商，许多年后她曾写道："我现在有一个小女孩，美丽如金花，我亲爱的克拉斯，我宁舍去整个的吕底亚、可爱的莱斯博斯，也不能舍去她。”她宁可舍去从她早死的丈夫那里继承的在吕底亚的财富，在5年的放逐后她回到了莱斯博斯，成为这个岛上社会和知识界的领袖。在她的一件残稿中，我们发现了奢华的魅力：“但我希望大家知道，我爱轻松的生活，对我而言，光明与美是属于上天的愿望。”后来她对她的弟弟查拉克苏斯（Charaxus）极为依恋。在一次赴埃及的商业之旅中，她弟弟与一名娼妓坠入情网，并不顾她的恳求，终于与该娼妓结婚，这简直使她苦恼透顶。

同时，她也感到了热情的需要，期盼要过活泼的生活。她开办了一个训练少女的学校，她教这些少女诗、音乐和舞蹈。这可以说是历史上的第一所女子精修学校（finishing school），她不称呼她的学生为学生，而称呼她们为伴侣（hetairai），当时这个字还没有男女不分的含义。没有丈夫的萨福，与这些女孩子逐一发生恋情，遗稿中有一段说：“爱情好像下降的疾风横扫橡叶般震撼我。”另一残稿上记载着：“阿提西斯，很早以前我就爱着你，当我的少女之青春正像一朵盛开的花朵时，你在我眼里好像一个拙陋的孩子。”但是那时阿提西斯接受了一个密特里尼少年的求爱，萨福写了一首诗来发泄她无比的嫉妒，这首诗由哲学家朗吉努斯（Longinus）保留，然后由文学家约翰·阿丁顿·西蒙兹（John Addington Symonds）以不完美的萨福式韵律译出：

他好像神仙的俦侣，幸福无比
和你并肩并首，向你的花容凝睇，
相偎相依，听你如银的倾诉
还有你那，对爱情的淡笑浅讥，
是否我应再晤你片刻，倾吐胸中抑郁
我满怀淤闷，心底战栗！
啊！我欲语无言，肝肠寸断

> 我热血沸腾！火辣直冲双颊。
> 我双目失神，哄声震耳欲聋。
> 四肢颤抖，汗下如雨，
> 面枯胜秋草，难堪死神缠
> 我蹒跚，我得之于爱情的是恍惚失神，而非狂喜。

阿提西斯的父母令她退了学。有一个认为是属于萨福的函件记下了她们离别的经过和感触：

> 她（阿提西斯？）痛苦伤感地离开了我，并且说："呀！我们的命运多舛呀！我发誓，我离开你是违反我的意愿的。"我（萨福）答复她说："你欢欣地离去吧，但是请你不要忘记我，你知道我是如何地喜爱你。如果你不能记忆我的时候，我就会提醒你，因为我们共同度过的生命是那样的可爱和美好。因为在有很多用紫罗兰做成的花圈，更有许多芬芳玫瑰的环绕中，你在我身旁装饰你的飘然秀发，还用百朵鲜花织成的花环，围绕你的香颈；也用很多昂贵而极精美的香膏涂抹你的嫩肤，然后倒向我的怀中。我们去过所有附近的山丘、圣所和溪流；我们也从未感觉充满树间的多种早春的声音和夜莺的婉转是一种聒叫，你仍然和我前行，徜徉林丛。"

在这个同一手稿的后面我们发现了她悲痛的哭号："我从此不要再看到阿提西斯，我宁愿已经死亡。"这真是纯真的爱情呼喊，升华为诚与美，超乎善与恶的境界。

稍后的古代学者曾经辩论这些诗是否就是女同性恋的解说，或者仅是诗兴的模拟之作。对我们而言，这些诗都是一流佳作，给人以肃然感觉，思维活泼，在语言和方式上都完美无疵。一张残稿描写"百花盛开的春之足音"，另一篇写"喜爱肢体松懈者，苦而甜的惨痛"；

还有一篇是将无法达到的爱情比作“远在枝头尽处的红熟苹果，摘果的人错失了这个苹果，不仅是错失，同时，也是高不可攀”。萨福在爱情之外还写了许多其他的题材。就是在现有的存件中，她也使用了半百的韵律；她本人也曾把她的诗谱成曲，以便用竖琴来演奏。她的诗稿共有9本，总数1.2万行；其中有600行目前尚存，但能连续者甚少。1073年，萨福和阿尔凯奥斯的诗曾被君士坦丁堡和罗马教会当局当众焚毁。然后于1897年，两位英国学者格莱丰（Grenfell）和亨特（Hunt）在法姆（Fayum）的俄克西林库斯（Oxyrhynchus）发现制混凝纸棺的原料是古书废纸，而这些废纸上有些是萨福的诗。

后世的男性为了报复她，世代相传，可能捏造了一个关于她如何因单恋一个男人而死的故事。苏伊达斯（Suidas）有一段记载告诉我们“这个娼妓萨福”（通常也是指女诗人）因为海员费昂（Phaon）不肯还以爱情而在莱夫卡岛上跳下悬崖而死。米南德（Menander）和斯特拉博及许多其他的人都曾引述这个故事，诗人奥维德更将它作了较详细的叙说。但它实在是具有太多传说的特色，其真假仍是一个谜。据传说她在晚年又重新喜爱男人，在埃及所存关于她的零星记载中，有一段她对一个求婚者的答复，内容异常令人伤感：“倘若我的胸部仍能哺乳，我的子宫仍能怀孕，则我对结婚的床笫毫不踌躇逡巡，但我的皮肤呈现了很多的皱纹，因此，爱神的催促将不再来临。”——同时，她也劝她的求爱者设法寻求一个年轻的妻子。事实上我们并不知道她何时及如何死亡，我们只知道她在诗、热情和温雅上留下了令人难忘的记忆，甚至她的歌声在当时比阿尔凯奥斯的更悦耳动听，因而风头也更健。在她最后的残简里，她责备那些不承认她的歌已经结束的人：

> 孩子们哪！当你们说“亲爱的萨福，我们尊崇你是七弦琴最佳的演奏者”时，你们是污辱了诸女神的恩赐。你们没有看到我的皮肤已经满布皱纹，头发由黑变白吗？……诚然，一如多星的

黑色紧随灿烂如花的破晓，并且把黑暗带到大地的尽头，死亡也追踪每一件有生命的事物，终于将他们捕捉于尽头，使其无从逃逸。

北部帝国

在莱斯博斯以北是较小的特纳多斯（Tenedos），古时的旅行家认为这里的女人是全希腊最美丽的。然后可以跟随着富有冒险精神的希腊人进入北部希腊群岛：伊姆布罗斯、兰诺斯和萨摩色雷斯。企图控制达达尼尔海峡的米利都人于约公元前 560 年在南岸建立了阿比多斯镇，这个镇迄今仍然存在；[1] 从这里里安达（Leander）和拜伦游过了海峡，波斯王薛西斯的军队利用一座舟桥渡入欧洲。向东，福西亚人定居并建立了兰普斯库斯，也就是欧里庇得斯的诞生地。在普罗彭蒂斯范围内有两个岛群：一个是普罗克纳苏斯，这里盛产大理石，因而使普罗彭蒂斯获得了今名大理石海（Sea of Mormora）；另一个是阿克顿纳苏斯，米利都人于公元前 757 年在它的最南角建立了大港基齐库斯。沿着海岸的希腊城市逐一兴起：巴勒莫、达斯西利姆、阿帕梅亚、阿斯塔库斯、卡尔西登。希腊人为了急于获得金属、谷类和贸易，建立了克利索波利兹和西泽波利兹——“胜利之城”。然后沿着黑海南岸在希拉克勒亚、波的卡和西诺波建立了许多城镇。斯特拉博说西诺波是一个由室内运动场、大会会堂和遮阳柱廊装饰得很美丽的一个城市。犬儒学派的第欧根尼（Diogenes）的诞生地不会超出这个范围。然后是阿米苏斯、欧诺、特利波利斯和特拉佩佐斯——色诺芬将军的 1 万大军在这里看见渴望已久的海水后曾欢呼雀跃。可能先是伊阿宋然后是伊奥尼亚人开启这个地区以供希腊殖民，使各母城的剩余人口与贸易获得出路，并获得食物和金银等资源，其情形和近代初

[1] 本章所述的各城，虽然换了名称，但现在几乎全部存在。

期欧洲发现美洲的情形一致。

沿着欧克森东岸向北行进入米底的科尔基斯，希腊人在那里建立了法色斯，并在克里米亚建立了西奥多里亚和潘蒂卡皮翁。在接近布格和特尼伯尔河口的附近建立了奥尔比亚城；在特尼伯尔河口建立了特拉斯镇；在多瑙河口建立了特罗弥斯镇。然后沿着黑海西岸南行，他们建立了伊斯特鲁斯的城市：托米（诗人奥维德死在这里）、奥德苏斯和阿波罗尼亚。对历史敏感的旅行家看到这些现存城市的悠久历史会感到异常震惊，但现在的居民，因为全神贯注于当前的工作，对隐藏于他们居地的深远背景反而无动于衷。

约公元前 660 年，麦加利亚（Megaria）人又在博斯普鲁斯海峡建立了拜占庭[1]。这个城从前名为君士坦丁堡，今名伊斯坦布尔。约在伯里克利之前，这个城已成为后来拿破仑所称的“欧洲之钥”。在公元前 3 世纪时，波里比阿形容它的海上地位为“就安全与繁荣而言，在世界既知城市中无出其右者”。拜占庭的致富来自对通过海峡的船只征收通行税，并将塞西亚和巴尔干的谷物向希腊世界出口。另外，鱼群拥塞于狭小的海峡内，几乎是唾手可得。因为城市的形状是弯曲形，加上由于渔业所积聚的财富，拜占庭后来获得了“金角”（Golden Horn）的名称。在伯里克利时期雅典人控制了拜占庭，在那里征收通行税以在紧急时弥补国库的不足，调节自黑海运出的谷物以作为战时禁运手段。

沿着普罗彭蒂斯的北岸或沿色雷斯海岸，希腊人在色里布利亚、伯利苏斯、比萨勒、加利波利和塞斯杜斯建立了许多城镇。而后的移民又在色雷斯西南海岸伊努斯和阿夫季拉等地建立了城市。同时留基波和德谟克利特是在阿夫季拉深思他们的原子唯物主义哲学。离开色雷斯海岸是萨索斯岛，“荒芜和丑陋得像一只浮在海中驴子的背部”，虽然阿基罗库斯对它作了以上的形容，但它的金矿极丰富，其产量足

[1] 其名称可能取自一土耳其王，名为拜萨斯（Byzas）。

以支付整个政府的开支。在（或接近）马其顿的东岸，希腊的淘金者（主要是雅典人）建立了尼阿波利斯和安费波利斯——而后马其顿王菲利普攻陷这两座城从而导致了战争，雅典因而失去自由。其余的希腊人，大多数来自查尔西斯和艾瑞特利亚，征服了三指形的查尔西地半岛，并为之命名。而公元前700年时在那里建立了30个城镇，其中数个注定了要在希腊历史上扮演重要角色：斯塔格鲁斯（亚里士多德的诞生地）、西诺、门德、波蒂迪亚、阿坎索斯、克利奥纳、托罗内和奥利苏斯，这些城市于公元前348年被菲利普攻陷（经由狄摩西尼的演说记录获知）。最近在奥利苏斯的挖掘发现了一个相当大的城镇，有许多二层楼房，其中若干备有25个房间。在菲利普时期，奥利苏斯似乎已经有了6万居民，我们可以根据这个数字判断一个次要城市的富饶和希腊人在伯里克利以前生机勃勃和积极的扩展。

最后，在查尔西地和欧波埃之间，伊奥尼亚人则殖民于埃彼亚各岛——格罗提亚、伯利雅哥斯、伊科斯、波帕来索斯、斯干第勒、西诺斯。我们已经绕完了在北方和东方的帝国轨道。希腊的扩展和进取使爱琴海的各岛屿、小亚细亚的海岸、达达尼尔海峡、黑海、马其顿和色雷斯都成了繁忙而希腊化了的城市，农业、工业、贸易、政治、文学、宗教、哲学、科学、艺术和演说都很发达，但也充满了奸诈和性放纵。现在剩下的是如何征服另一个在西方的希腊，以搭建古希腊和现代世界的桥梁。

第七章 | 西方的希腊人

锡巴里斯人

现在让我们幻想中的船再度沿着苏纽姆向西航行，我们会发现阿佛洛狄忒常到的西塞拉岛，因而这里也是华托（Watteau）的名画《舟发西苔岛》所表示的目标。[1] 约在 160 年，帕萨尼亚斯在那里看到了“希腊人为阿佛洛狄忒女神所建造的最神圣和最古老的神殿”，1887 年施里曼也在那里将废墟掘出。西塞拉是伊奥尼亚群岛中接连希腊西海岸最南端的一个岛，这些岛屿的得名也是因为伊奥尼亚的移民在那里定居。其余的岛屿为扎西索斯、色法勒尼亚、伊萨卡、莱夫卡斯、帕克索斯和科孚。施里曼曾经认为伊萨卡是奥德赛所居之岛，想在地下掘出证明有关荷马故事的东西，但是徒劳无功。多普费尔德则相信奥德赛的家乡是在多石的莱夫卡斯。根据斯特拉博的说法，古时莱夫卡斯人照习惯为祭阿波罗神，每年从悬崖上掷下一个人作为牺牲，但是无论常人或祭司，对这种被祭献的人都深感同情与怜悯，因此，把牺牲系在大鸟上，希望借鸟翅的力量能抵消这种直接的

[1] 华托的作品《舟发西苔岛》(*Embarkation for Cythera*)，象征 18 世纪法国上流社会的精神。

坠落：关于萨福跳崖自杀的传说与这种掷祭典的联想可能也有关联。科林斯的移民约于公元前 734 年占据了科孚，并且很快非常强盛，乃至打败了科林斯的舰队而独立。许多希腊冒险家自科孚溯亚得里亚（Adriatic）海而上达至威尼斯，一部分人在达尔马提亚（Dalmatian）海岸和波河（Po）谷地建立了小殖民地，其他的则渡过 50 英里波涛汹涌的水域进入意大利的南端。

他们在那里发现了一个非常优良的海岸线，不但形成了天然港口，而且有丰饶的腹地支援，但当地人对这种优良条件几乎视若无睹。这些希腊入侵者用无情的殖民扩张夺得了这片沿海地区——当地人未曾开发的天然资源像一种化学吸引力般吸引其他人来开采，并将这些开采所得注入世界商业及其他各种用途。新来的移民（主要是多利安人）自布林迪西越过半岛的下端，在塔拉斯（Taras）建立了一个重要城市——塔伦都（Tarentum）（现在称塔兰托 [Taranto]），他们在那里种植橄榄、畜马、制造陶器、造船、捕鱼，并采蚝以制造远较腓尼基人所生产的更为有价值的紫色颜料。正如大多数的希腊殖民地一样，开始是地主专政的寡头政治，然后经过由中产阶级所资助的独裁，最后到了活跃而动乱频繁的民主。公元前 281 年，传奇人物皮洛士（Pyrrhus）将在这里登陆，在西方扮演亚历山大的角色。

另外一批移民（大多数为阿哈伊亚人）渡过塔伦都海湾，建立了锡巴里斯（Sybaris）和克罗托那（Crotona）两城。这些同源的各邦相互间凶残的妒忌，说明了希腊人的创造力和破坏力。希腊东部和意大利西部间的贸易有两条路可循，一条是水路，另一条是陆路。经由水路的船只到达克罗托那，在那里交换许多货物，然后通过莱吉姆，缴付通行税，再经过海盗出没和波浪滔天的墨西拿海峡到达埃里亚和库迈——希腊在意大利最北部的殖民地。为了避免这些危险和通行税以及多行 100 英里的路，有些商人选择另外一条路，把货先在锡巴里斯卸下，再经陆路运往劳斯（Laus）的西岸，而后又装船运往波塞冬尼亚，即将货物在意大利中部销售。

由于在贸易线上的战略位置，锡巴里斯在最兴盛的时期曾拥有30万人口（倘若我们相信狄奥多鲁斯的说法），它的财富在希腊城市中很少有可与之相匹的。锡巴里斯人变成了享乐者的同义语。所有需要体力的劳动都由奴隶操作，公民则盛装在舒适的家中享受外来的珍品。[1] 制造噪音的工人如木工和铁工都不得在城垣内工作。在有些较富裕地区的道路使用布篷遮蔽，以躲避日晒和雨淋。亚里士多德说锡巴里斯的阿尔西尼斯（Alcisthenes）有一件极为名贵的罩袍，后来锡拉库萨的狄奥尼西一世（Dionysius Ⅰ）将它以120塔伦（相当于72万美元）售出。锡巴里斯的斯密底利斯（Smyndyrides）到西塞昂去向克里斯提尼的女儿求婚，随行有1000个仆役。

在锡巴里斯与其邻邦克罗托那进入战争前（公元前510年），一切都很顺利。据一个不甚可靠的说法，锡巴里斯人以30万人编成的军队投入战争。我们进一步获知，克罗托那人只是奏起了平时锡巴里斯人教马跳舞的曲调而使这支军队陷入混乱。马开始跳舞后，锡巴里斯人就遭受了大屠杀，而他们的城市也遭受敌军的大焚掠，这个富庶的城市于一日之间从历史上消失。事隔65年之后，当希罗多德和其他的雅典人在其附近建立了图利（Thurii）新殖民地时，他们几乎无法寻觅到当时希腊人最感自豪的踪迹。

克罗托那的毕达哥拉斯

克罗托那存在的时间较久，该城约建于公元前710年，现在它的工业和贸易仍很繁盛。当时它在塔拉斯和西西里之间只有一个天然港，对在锡巴里斯卸载货物的船只自然不能放过。发达的贸易使其公民能享受一个舒适的繁荣期。不论其财富如何，一次有裨益性的战败，长期的经

[1] 据阿特纳奥斯记载，任何厨师或糖果商，如有新发明时，可以享专利一年。阿特纳奥斯也许把当时的讽刺当作了历史。

济萧条，干冷的气候，以及民间某种程度的高贵气质，以上种种仍促其保持一种积极进取的士气。米洛（Milo）及与他一样伟大的运动家在这里成长，而且当时最大的医学学校也设在这里的玛格纳格莱西（Magna Grecia）。

可能是因为克罗托那拥有有益健康的佳处的声誉吸引了毕达哥拉斯。他名字的意义是“德尔菲城阿波罗神殿神谕代言人”，他的很多信徒认为他本人就是阿波罗，其中有一些说曾经一瞥他的金股（golden thigh）。传说他约在公元前580年生于萨摩斯，少年时异常好学，并说他在各地游历30年，赫拉克利特（他对人不轻易称赞）说：“在所有人中，毕达哥拉斯是最勤勉的学者。”据说他曾经访问过阿拉伯、叙利亚、腓尼基、迦勒底、印度和高卢。他回来后，为旅行者提供了一个非常好的格言：“到外邦旅行时不要带着本国的成见。”这也就是说到一个地方的时候就要问俗。更可靠的是他曾访问埃及，在埃及他曾和祭司研究并学习了很多天文和几何知识，同时也可能学了一些微不足道的技能。在他回到萨摩斯后发现波利克拉底的独裁干扰了他本人的独立自主性格，所以移往克罗托那，那时已经年逾五旬。

他在那里设馆授徒。由于他的威仪和博学，而且男女生兼收，他的学生人数很快就达到了数百人。在柏拉图以前两个世纪他就奠定了男女机会平等的原则，不仅如此宣传，而且也如此实行。但他也深知男女两性在职能上应有差别，他对女生授以很多的哲学和文学知识，但也教许多的家政和母仪，因此，古时称赞的“毕达哥拉斯式的女人”（Pythagorean women）是希腊曾经教育出来的最高级的女性。

他对学生的一般规定几乎把学校变成了一座隐修院。所有的学生都要宣誓，对“校长”（Master）和其他同学都要忠诚。古时的传说一致承认，凡是居住在毕达哥拉斯周围的人都采用一种财物共享的制度。他们不食肉类、蛋类和豆类，并不禁酒，但建议饮水——在今天的意大利南部地区这是很危险的一个食谱。禁食肉类可能是一种宗教禁忌，这种禁忌与轮回信仰密切相关，食肉者应避免可能啖食自己的祖先。这些规定也有例外，英国史学家发现角力家米洛是毕达哥拉斯的一个门徒，如果没有牛肉的帮助，他的身体很难这样强健（虽然小犊吃草也可长成强壮有力的公牛）。[1] 所有他的门徒都禁止杀害不伤人的动物，也不得砍伐一株培植长大的树木。他们的衣着很简朴，行为也很谦虚，“既不要笑，也不可表情严肃”。他们不用神的名字发誓，因为“每个人都应当建立很好的信誉，就是不发誓也可见信于人”。他们祭神不用牺牲，但可对不为血污所玷的祭坛朝拜。每天自问犯了何种过失，疏忽了何种职责，做了何种善事。

毕达哥拉斯本人是一个最佳演员，他比任何学生都更严谨地遵守这些规则。当然，他的生活方式获得了学生的尊敬，也建立了权威，没有一个学生对他教学上的独裁发出怨言，“他自己说了”，几乎成了任何行为或理论决定的最后公式。据说“校长”本人从未在日间饮过酒，他的食物仅是面包和蜜，用蔬菜作为餐后甜点，这种情形也真令我们肃然起敬；他的外袍经常洁白无瑕，从未见他过饱或恋爱；也从未有纵情大笑、戏谑或浸淫于故事掌故等情形；他从未责罚或鞭笞任何人，对奴隶也不例外。雅典的第蒙（Timon）认为他是故作严肃，虚意矫饰，以赢取人心；但他的妻子西阿诺（Theano）和他的女儿达玛（Damo）也都是他忠诚的信徒，他们很容易将他的哲学和生活，也就是将其言行是否一致作一比较。据第欧根尼·拉尔修说，有一件事可以看出达玛对她父亲的忠诚：她父亲将自己的《纪事》（*Commentaries*）交付给她，并训诫其绝不可出示本家以外任何人，她本来可以将父亲的谈话或论述售以高价，但她不肯放弃，认为服从父亲的训谕比金钱更为可贵，虽然她是一个女人，但也深明此义，甚为可贵。

要进入毕达哥拉斯的圈子，除了克己和自制以净化身体外，还需要科学的研究、学习以净化自己的思想。新学生需要保持 5 年的“毕

---

[1] 参见第九章第四节。

达哥拉斯式沉默”（Pythagorean Silence）——也就是（假定）在成为一个正式分子或准许看到毕达哥拉斯（或在他的指导下学习）以前，只能接受教训，不得发问或有所争辩。学者也分为两类：一类是外围学生（*exoterici*），一类是内部分子（*esoterici*），只有内部分子才能享受“校长”本人的秘密智慧。课程共有四类：几何、数学、天文和音乐。数学是最初教授的课程。[1] 他的数学观点并不像埃及人那样，把它作为一种实用科学，而是作为一种数量的抽象理论，同时也用作一种理想的逻辑训练，在这种训练中，利用积极而严谨的推理演绎形成目睹的证明，以迫使学者的思维纳入正轨和进入清晰的境界。然后是几何，它对各种定理及公理加以探讨，并利用示范。毕达哥拉斯所使用的方法是，依照待证定理的顺序，逐步带领学者进入新境界，通过新境界的逐渐扩展，进而窥知世界结构的更多奥妙。根据希腊的传说，毕达哥拉斯本人发明了很多定理，其中最重要的是三角形内各角之和等于两个直角，以及一个直角三角形斜边的平方等于其他两边平方之和。阿波罗多洛斯（Apollodorus）告诉我们，当“校长”发现这个定理时，曾屠宰 100 头牛作为牺牲祭献，以感谢神恩；但这个说法很不合他的做法和信条，多少有点诽谤的意味。

毕达哥拉斯又反转现代教学的顺序，从几何进入算术，但不是把算术看作一种计算的实际方法，而是看作数目的抽象理论。这个学校似乎是首先将数字区分为奇偶数、素数和可分解因数；由此他们形成了比例的理论，通过该项理论及“面积的应用”，创造了有系统的代数。可能因为对比例的研究，使毕达哥拉斯将音乐还原为数字。有一天，他经过一个铁匠铺，显然他的耳朵为铁砧所传来的有规律的音韵所吸引。他发现各铁锤的重量不等，他的结论是音质决定于数字比率。我们听说在少数几项古典科学试验中，有一项是他使用张力和粗细相等的两根弦，倘若一根的长度为另一根的 2 倍，当弹这两根弦

[1] 毕达哥拉斯的门徒似乎首先将希腊文 *mathematike* 作为今日数学（*mathematics*）之意。

时发出第 8 音；倘若一根为另一根的一半长时，则发出第 5 音（*do*，*sol*）；倘若一根较长 1/3，则发出第 4 音（*do*，*fa*）。如此，每一个音阶可以用数字计算并用数字表示。因为在空中移动的物体都发出声音，其声音高低依物体体积及速度而异。这样，每一个在围绕地球轨道上的行星（毕达哥拉斯的主张）所发出的声音都与其运动速度呈比例，而运动速度则又因与地球的距离而产生。这个多种不同的音阶则构成了“星体音乐”（music of the spheres）的和谐，不过这个音乐因为我们无时无刻不在听闻，以致无法感觉出来。

毕达哥拉斯认为宇宙也是一个有生命的天体，它的中心是地球。地球也是一个天体，像其他星体一样，自西向东旋转。地球（实际上是整个宇宙）分为五个地带：北极、南极、夏季、冬季和赤道。我们所见的月亮有大有小，其关键在于月亮面对太阳的那一半有多大部分面向地球。月食是因为地球或其他星体介入了太阳与月球之间。第欧根尼·拉尔修说：毕达哥拉斯是第一个说地球是圆的人，并且给了世界一个 *kosmos*（英文为 Cosmos，指“井然有序的宇宙”，与“混沌”相对）的名称。

毕达哥拉斯在完成上述数学和天文学贡献后（比欧洲任何建立科学的人的贡献都多），继续研究哲学。哲学这个词显然是他所创造的名称之一。他拒绝使用 *sophia*（智慧）这个词，他认为这个词过于自负，他把他对知识的追求描述为 *philosophia*——智慧的爱好。在公元前 6 世纪，哲学家（*philosopher*）和毕达哥拉斯学派（*Pythagorean*）是同义语。其实泰勒斯和其他米利都人都在物质上追求所有事物的真相，而毕达哥拉斯则在形式上追求。他发现了音乐上的数字规律关系和顺序之后，把这种发现假定应用于星体，宣布这种数字规律关系和顺序存在于各处，所有事物的关系都是数字，使整个哲学研究向前跨进一大步。恰如斯宾诺莎所主张的有两个世界存在[1]——一个是一般

[1] 语见斯宾诺莎的《知性改进论》（*On the Improvement of the Intellect*）。

人类感官所能接触的事物世界，另一个是由推理所能察知的哲学家的定律和恒常世界，也只有第二个世界才是永恒的真实，因此，毕达哥拉斯认为任何事物的唯一基本和永恒形态是各部分之间的数字关系。[1] 可能健康就是身体各部的适当数字关系或适切的数字比例，甚至灵魂也可能是数字。

毕达哥拉斯孕育于埃及与近东的神秘主义，可以不受拘束地供人玩味。他相信灵魂分为三个部分：感觉、直觉和推理。感觉集中于心，而直觉和推理则在脑。动物和人一样具有感觉和直觉[2]，而推理则为人所独有，而且是永恒性的。灵魂在人死亡后到冥界经过一个时期的涤罪，然后经过一连串的轮回，再回到世界上进入一个新的肉体，这种循环只有经过一个完全修德的生命才可结束。可能是为了使他的门徒开心，也可能是基于教诲的目的，毕达哥拉斯告诉他的门徒，他本人曾经是一个妓女，曾是英雄欧福耳玻斯（Euphorbus）转生。他可以很清晰地记忆当年参加特洛伊围城之战的情形，并且在阿尔戈斯的神殿内可以很清晰地认出他在当年古代生活中所穿用的盔甲，在听到一个被打的狗叫嗥后，他立即奔出前往救援，他告诉其他人他可以清楚地分辨那是一个已死亡朋友的呼救声。当我们回想轮回观念渗透在印度的想象中、希腊的奥尔菲克（Orphic）崇拜以及意大利的哲学学派里时，我们又可对在公元前 6 世纪希腊、非洲和亚洲思想交流的事实和原因获得多一层的认识。

我们在毕达哥拉斯的道德观里面可以强烈地感觉到印度悲观主义与柏拉图清晰光明气氛的混合。毕达哥拉斯式生活目的是从转世（reincarnation）中获得超脱，其方法是修德，而修德或德行即为灵魂

---

[1] 科学设法将所有现象依数量、数学及可证明的方式加以说明；化学则以符号和数字说明各物，将各种元素依周期律用数学方法加以安排，并且把各种元素缩小到原子内的电子；天文则成为天体的数学；而物理则设法以数学公式解释包括电磁及重力等现象，在我们这个时代的若干思想家则试图用数学方式解释哲学本身。

[2] 我们应当注意的是，在“发生”观念上，毕达哥拉斯稍先路易·巴斯德一着，拒绝承认自然产生之说，其主张及教法为：所有动物均是通过“种子”由其他动物转生。

本身及与造物主间的一种和谐。很多时候，这种和谐可以通过人工方式获得，因此，毕达哥拉斯学派也和希腊的祭司与医生一样，用音乐来医治精神错乱。在更常见的情形下，灵魂通过智慧（一种对基本真理的安静了解）获得和谐，因为这种智慧教人谦逊、适度和中庸。相反的一种方式是不和谐、过度和罪行，这种方式不可避免地导向悲剧和被惩罚的命运；正义是一个“数字平方”，各种过失犯罪迟早都要由相对应的惩罚所“结算或清算”。这里也就是柏拉图和亚里士多德道德哲学的根源。

毕达哥拉斯的政治观念和制度在柏拉图的观念形成以前即已实现。按照古时的一般传说，毕达哥拉斯的学校是一个集体主义的贵族政治体制：所有男女学生都要把他们的财物集中，共同接受教育，学习数学、哲学及音乐，训练他们修德及从事高境界的思维，并把自己当作国家的统治者。实际上也是由于毕达哥拉斯努力使他自己的群体成为本城的现实政府而给他本身和他的门徒带来毁灭。最初加入政治的门徒极为活跃，而且绝对站在贵族的一面，因此，克罗托那城的民主派或大众派，在狂怒下焚毁了毕达哥拉斯门徒集会的房屋，杀戮了几个人，把其余的人逐出城外。至于毕达哥拉斯本人，根据一个记载，在逃脱时因为拒绝践踏豆田被捕，并惨遭杀戮；另一个说法是他逃到了梅塔蓬图姆（Metapontum），在那里禁食 40 天——可能认为 80 高龄已经不虚此生——终至绝食而死。

但他的影响永远不泯，时至今日仍极享盛名。他的理论在数个世纪内散布于希腊各地，产生了科学家如底比斯的菲洛劳斯（Philolaus）及政治家如塔拉斯的独裁者阿尔克塔斯（Archytas）和朋友如柏拉图。英国诗人华兹华斯（Wordsworth）在他最著名的抒情诗上，不知不觉的也是毕达哥拉斯派。柏拉图被毕达哥拉斯的含混风格所吸引，在每件事物上他都采取毕达哥拉斯的思想——在他对民主制度的讥讽上，在哲学家统治的集体主义贵族政治的渴望上，他的修德及和谐观念，他对自然界的理论和灵魂归宿主张，他对几何的喜爱，以及对数字神秘主义的沉溺，都不例外。总而言之，就我们所知，毕达哥拉斯是欧洲科学和哲学的创始者——任何人能有这样的成就，都是不凡的。

埃里亚的色诺芬尼

克罗托那以西是古洛克利。据亚里士多德的说法，这个殖民地是由从希腊本土洛克利逃出的奴隶、犯奸淫罪者和盗匪所建立的。但也可能是因为亚里士多德也存有“旧世界”对“新世界”的轻视。因为他们的气质低劣，颇受混乱之苦，于是向德尔菲的神殿请求神谕指导，神谕告诉他们应建立一个法律。可能是扎莱乌库斯（Zaleucus）传达了这个神谕，因为在约公元前664年他给洛克利制定了一些法令，据他说是雅典娜命令他这样做的。这是希腊历史上第一部成文法典（虽然不是第一次由神传达下来的）。洛克利人对这部法律极为喜爱，因此，如果有人想建议新法律时，先将吊绳套在他的头上，如果他的提议不成，就将其吊死。[1]

绕着意大利的南端北行，可以到达繁荣的莱吉奥（Reggio），在约公元前730年由美塞尼亚人所建，当时的名称是莱吉姆，罗马人称之为勒基乌姆（Rhegium）。越过墨西拿海峡（可能是《奥德赛》史诗内描述奥德赛腹背受敌之地）可以到达劳斯，然后可以到古代的希勒（Hyele），罗马人称它为维利亚（Velia）。因为柏拉图把它写作埃里亚，并且也因为只有它的哲学家为人所怀念，所以，在历史上一直称为埃里亚。科洛封的色诺芬尼约于公元前510年来到这里，并创立了埃里亚学校。

色诺芬尼和他所乐道的对手毕达哥拉斯一样有其独特的个性。他

[1] 希腊人太喜欢这个故事了，他们将它也说成了关于卡塔纳及图利法律的故事。蒙田（Michel de Montaigne）对于这一计划特别感兴趣，它的效用可能仍然存在。

有勇敢的精力和不顾一切的进取心，他告诉我们他在希腊各地游历 67 年，在各处观察并制造仇敌。他写作和吟诵哲学诗，因为荷马不虔敬的亵狎而对之公开指责；他对迷信加以讥笑，在埃里亚觅得栖身之地，固执地度过了他百年的生涯。在他的歌里有“荷马和赫西俄德把人类认为耻辱和不荣誉的偷盗、奸淫和欺诈等行为归之于神”等语句。但他本人却也不是一个正统的支持者：

> 以往没有，未来也不会有人真正了解关于神的真相……人类想象神的出生、声音和着装像他们自己一样。如果牛、狮子和人一样有手和能够画像，而根据它们想象所绘出的神像一定类似它们。马想象的一定像马，牛想象的一定像牛。衣索匹亚人所画的神像皮肤黝黑、狮鼻，色雷斯人想象的神是蓝眼红发……有一个在神和人之上的至高的神，形象和思想上都不像人。他无所不见，无所不知，无所不闻。他不需辛勤而能借其智能统治万物。

根据第欧根尼·拉尔修的说法，色诺芬尼认为这个神就是宇宙。这个哲学家告诉我们，所有万物，甚至连人在内，都是来自土和水。因为海洋化石可在遥远的内陆和山顶发现，因此，整个大地曾经被水所覆盖，未来大地可能再度被水所掩覆。但历史上的变化以及所有物体的分离仍属内在现象，所有形式的变迁和繁多的种类内核，却是一个永不变化的统一，这就是神最深入的真实性。

色诺芬尼的门徒、埃里亚的巴门尼德从这个起点开始进入了理想哲学，由理想哲学再塑了柏拉图思想和整个古代甚至今日欧洲的思想。

从意大利到西班牙

在埃里亚以北 20 英里是波塞冬尼亚城（罗马人叫帕埃斯图姆[Paestum]），这个城是由锡巴里斯的殖民者建立的，作为米利都人在意大利的主要贸易终点站。如今我们可以从那不勒斯经过萨勒诺（Salerno）的一个愉快航行到达这里。忽然，在荒野的道旁出现了三座神殿，虽已荒废，仍很壮观。因为河流的淤泥在这里封闭了河口，这个异常良好的河谷变成了沼泽地，甚至原来在维苏威火山斜坡上耕耘的那个胆大而鲁莽的民族，也因为这个平原的瘴疠之气太盛，绝望地离去。古代的断垣尚存，但是希腊人用质朴的石灰石为谷物和海洋诸神所建的各个神殿（但式样几近完美），似乎是因为荒僻的关系，保存比较良好。最古老的建筑物，最近被称作“巴西利卡建筑”（Basilica），大半是海神的神殿，这座神殿是在令人惊异的公元前 6 世纪（在这个世纪内创造了自意大利至中国的伟大艺术、文学和哲学），由以地中海的水果和商业为生的人们献给海神的。内部和外部的柱廊尚存，这也可证明希腊人对柱形建筑的偏爱。接下来的一代建筑了一个较小神殿，也具有多利安简单而坚固的风格；我们称这个神殿为“色利斯之殿”（temple of Ceres），但终究不知道哪位神歆享其香火。在更晚的时期，在波斯战争的前后，建造了最伟大和最均衡的三座神殿，这三座神殿也可能是供奉海神的，因为由门廊上可以望见怒海的动人波涛，这些建筑的安排颇为适切，此处几乎完全又是柱形建筑：一个内外层都是壮丽而完全圆形的列柱，另外一个双层柱廊在昔日支撑着屋顶。这里是意大利最引人入胜的风景区。而比任何罗马人的建筑物保存得更完美的，竟是基督降生前 5 个世纪希腊人建造的这些神殿，这真是令人难以置信的一件事。我们可以先想象一个社会的美丽和生气使他们有这种资源和兴趣来筹建像这样的宗教生活中心，然后不妨再回忆一下像米利都、萨摩斯、艾菲索斯、克罗托那、锡巴里斯和锡拉库萨等较大较富城市的兴盛情形，他们能兴建一些伟大建筑，自然不须惊异了。

在今日那不勒斯稍北，便是当年来自查尔西斯、艾瑞特利亚、伊奥尼亚的西梅和格拉亚的冒险家约于公元前 750 年所建立的伟大的库迈港，也是希腊人在西方的最古老城镇。因为能将希腊东部的产品销售到意大利中部，库迈很快就积聚了很多财富，向勒基乌姆殖民并加以控制，也获得了对墨西拿湾的掌控，并对在贸易上未与其联盟的城市的船只拒绝放行或征收重税。再向南行，库迈人建立了狄凯阿科亚（Dicaearchia），即后来罗马的普泰奥利（Puteoli）或波佐利（Pozzuoli）港及尼阿波利斯（Neapolis），或我们所称的那不勒斯新城。希腊的思想经这些殖民地进入粗陋和年轻的罗马，更向北进入伊特鲁里亚。罗马人在库迈获得几个希腊神——尤其是阿波罗和赫拉克勒斯，并且从库迈的阿波罗年老的祭司处以过高的价格购买了据说能预言罗马未来的卷轴。

在约公元前 6 世纪初，伊奥尼亚的福西亚人在法国的南岸登陆，建立了马萨利亚，并将希腊产品沿罗讷及其支流上运至奥勒斯和尼姆斯。他们与土著做朋友，并娶土著女子为妻，将橄榄和葡萄介绍给法国作为礼品，因而使南高卢得以接近希腊文明，罗马人在恺撒时代也因此发现在这个地区容易传布其与希腊很接近的文化。沿着海岸向东，福西亚人建立了奥地波利、尼斯和摩纳哥，向西冒险进入西班牙，并在那里建立了罗得、恩波里厄姆、黑玛罗斯科庇安和玛纳卡。希腊人在西班牙因开采塔得斯的银矿昌盛了一个时期，但在公元前 535 年，迦太基和伊特拉斯坎人的联合部队歼灭了福西亚的舰队，自此希腊人在西地中海的权力日益衰弱。

西西里

我们叙述了希腊在东方、北方和西方的殖民，但也不能将各殖民地中最富庶的地区置于最后，上天给予了西西里希腊本土所没有的由雨水和火山熔岩所形成、显然无法耗尽的沃土。由于生产的小麦和玉米极为丰富，一般认为西西里纵非女神德墨忒尔的出生地，也是其常到之处。这里有果园、葡萄园、橄榄林，处处都是果实累累；蜂蜜甜而有味，与伊米托斯山（在希腊东南接近雅典处，以盛产蜂蜜而闻名）所产者无异，终年花开花谢，永无休止。葱绿的草原最适于放牧牛羊；各山林材也颇茂盛，一望无际；周围沿海的渔产，比西西里人所能食用的速度要快得多。

公元前3000年的新石器时代文化，在这里极为昌盛；在公元前2000年，又有了铜器时代的文化；在米诺斯时代，贸易已将西西里和克里特与希腊联结在一起了。在公元前1000年稍前，三批移民在西西里海岸登陆：来自西班牙的西干（Sican）人，来自小亚细亚的艾利米（Elymi）人，以及来自意大利的西塞尔（Sicel）人。约公元前800年，腓尼基人在西岸莫他亚和巴勒莫定居。自公元前735年起（也可能晚30年），希腊人开始涌入，迅速地建立了纳克索斯、锡拉库萨、莱昂提尼、墨西拿、卡塔纳、格拉、希梅拉、塞里努斯和阿克拉加斯诸城。在建立上述各城时，每次都是用武力将土著驱离海岸。大多数土著退而耕作内陆的山地，一部分成为入侵者的奴隶，更多的一部分人与征服者通婚，因此，使希腊人在西西里的血统、特性和道德，显然染上了当地人热情和纵欲的色彩。希腊人一直未能完全征服该岛。腓尼基人和迦太基人仍然控制着西海岸，500年内不断的战争，标志着希腊人与闪米特人、欧洲与非洲为争夺西西里的过程。在罗马统治了13个世纪之后，诺曼和撒拉逊人（Saracen）对西西里的争夺，又于中世纪再度展开。

卡塔纳以它的法律而闻名，利帕里群岛是其集体制度，希梅拉是其诗人，塞杰斯塔、塞里努斯和阿克拉加斯是其神殿，锡拉库萨是其武力和财富。查罗达斯在梭伦一代以前由卡塔纳制定的法律，不但成了西西里和意大利许多城市的典范，而且在缺乏古圣先贤或神圣先例保护的社会中，创造了公共秩序和两性道德规范。查罗达斯说："丈夫可以与他的妻子离异，妻子也可与她的丈夫离异，但是离异后不得与比其离异的对方更为年轻的对象结婚。"根据一个典型的希腊故事，查罗达斯禁止携带武器进入集会。但有一天，他本人却忘记了这个规定，携剑进入一处公共集会。这时一个投票人责备他破坏自己的法律，他答复说"我将自己证明它”，于是自刎而死。

我们若要对各殖民地因暴烈的征服所形成的生活上的艰难情形获得一个概念，只需想象一下利帕里岛（“光荣之岛”，在东西西里以北）上奇异的“集体主义”，就可获得一个大概的认识。约在公元前580年，来自克尼都斯的一批冒险者把这里打造成海岛乐园。他们在海峡里掠夺商旅，然后把“战利品”带到岛上的巢穴中，使用最为标准的平等方式来均分。该岛为整个社会所共有，指定一部分人耕种，收获也由所有公民共享。但有一个时期，个人主义再行抬头：将土地分为若干私有地块，因此，生活又恢复了因竞争所形成的不平均方式。

西西里北岸是希梅拉，它注定要成为西方的普拉蒂亚。当希腊人对史诗感觉厌倦时，斯特西科罗斯（称为“合唱队的编组训练者”）将民族的神话重新铸成合唱抒情诗的方式，甚至给美人海伦和英雄阿喀琉斯的传奇故事也披上了“现代服装”，斯特西科罗斯将爱情故事用韵文写出，俨然是要在垂死的史诗和未来小说中间搭建一座桥梁。里面有一篇叙述一位纯洁而羞怯的少女死于单恋的故事，所用的是普罗旺斯（Provençal）恋歌或维多利亚（Victorian）小说的形式。同时，他对牧者达佛尼斯（Daphnis）之死也写了一首牧歌，因而为忒奥克里托斯开辟了道路。忒奥克里托斯也有他自己的罗曼史，他的对象并不次于海伦，也是一位非常不凡的女性。当他双目失明后，他认为这一灾祸的造成是因为他叙述了海伦的不贞；为了向她赎衍（因为当时她已成为女神），他又重新作了一首诗，向世人保证海伦是被暴力所劫持，她从未向帕里斯屈服，从未前往特洛伊，而是很忠贞地在埃及等待，直到墨涅拉俄斯来救她。在这位诗人年老的时候，他警告希梅拉不要把独裁的权力交给阿克拉加斯的法拉利斯（Phalaris）。[1]

[1] 他的警告是用寓言的方式提出：有一匹马，因为一只牡鹿经常侵入它的草地而异常困扰，因此要求一个人协助它惩罚这个侵犯者。这个人答应了马的请求，但他提出了一个条件，要马让他手持标枪骑在它的背上。马同意了这个条件，牡鹿是被吓逃了，但这时马也发觉自己变成人的奴隶了。

由于他的劝告未被重视，因而移往卡塔纳，他在那里的碑墓成了罗马西西里的一景。

希梅拉以西是塞杰斯塔，这儿除了一些未完成的多利安式的列柱矗立于周围的芦苇中，令人产生一种奇异的感觉之外，已经一无所有了。我们若要看到西西里最完好的建筑，必须向南跨越全岛，进入当年塞里努斯和阿克拉加斯两大城市的所在地。从它于公元前 651 年建立到公元前 409 年被迦太基人破坏为止的这段悲剧性生活期间，塞里努斯为那些默默无闻的神祇建造了 7 座庙宇。这些庙宇体积很大，但造工并不完美，外面覆以着色灰泥，并饰以粗糙的浮雕。地震的恶魔在某一天破坏了这些庙宇，除了折断的列柱和柱头散落地上外，可谓无一幸存。

阿克拉加斯（罗马人称为 Agrigentum）是公元前 6 世纪西西里最大与最富的城市。现在且从它那繁忙的码头写起，向里是一个喧闹的市场，然后是山坡上的住宅区，再向后就是一个雄伟的卫城，它的神殿几乎将拜神的人举到天空。这里也和大多数的希腊殖民地一样，地主贵族将权力交予主要代表中产阶级的独裁政治。在公元前 570 年，法拉利斯获得了政权，并因为使用一种特殊的刑罚处死其敌人而赢得不朽的“令名”。他将敌人置于一个铜牛腹中烤焙，同时发明了一项装置，使痛苦的敌人如兽一般的叫声通过一根管子传到牛体之外，他颇以此自娱。虽然如此，他本人和他以后的独裁者索伦，却使这个城市的政治获得了稳定，因而使它的经济发展成为可能。阿克拉加斯的商人，也和塞里努斯、克罗托那、锡巴里斯的商人一样，成了当时的百万富翁，老希腊（发展较早地区）的老富人，则以一种隐藏的嫉妒和补偿性的讽刺来看待这些新富。老世界（老希腊）说这个新世界阿克拉加斯只有庞大和虚假的外表，而没有情调或艺术风味。在阿克拉加斯的宙斯神殿，无疑是以“大”为着眼点的，波利比奥斯形容说：“以体积和设计而言，在希腊可谓无出其右的了。”由于地震和战争已将其破坏，人们对它的优点已无法作直接的判定。几十年后，到了伯里克利时代，阿克拉加斯又兴建了更多的中等建筑。其中一座是康科德（Concord）神殿，目前几乎是完整的存在，而赫拉神殿则尚存有给人印象甚深的列柱。这两座建筑物都足以说明希腊格调并不仅限于雅典，甚至以商业为重的西方也知道“美不在大”。——伟大的恩培多克勒的生死之地，可能即是阿克拉加斯，而非埃特纳的火山口。

锡拉库萨在开始时和今日一个地区的发展过程一样——首先是拥挤在奥底吉亚海岬的一个小村落上。远在公元前 8 世纪时，科林斯就派出了一批移民，携带着“正义”和优越的武器，占领了这个小小的半岛（当时可能是一个岛）。他们建立或是扩大了与西西里本岛的关系，将大多数的西塞尔人驱入内陆。他们在这个充满资源的乐土上迅速繁衍，不久，他们的城便成了希腊最大的一个。城周长达 14 英里，人口 50 万。约于公元前 495 年，地主贵族政治在无特权的平民和被奴役的西塞尔人的联合反抗之下被推翻了。倘若亚里士多德的说法可信，这个新的民主政治结果未能建立一个稳定的社会。因此，在公元前 485 年，格拉的格伦（Gelon）用了一个聪明的诡计，建立了一个独裁政治。他像其他许多和他同类的独裁者一样，能干而又狂妄。他蔑视所有道德规条和政治节制，为了便于统治而将奥底吉亚建成了一个坚固的要塞，征服了纳克索斯、莱昂蒂尼和墨西拿，并且对整个东西西里加以征敛，将锡拉库萨变为希腊最美丽的都城。希罗多德很悲伤地说：“就这样，格伦变成了一个伟大的国王。”[1]

当波斯王薛西斯的舰队开向雅典时，迦太基也派遣了一个在数量上仅次于波斯的舰队前来夺取希腊人这个岛上乐园时，格伦终于得到了补偿，成了西西里偶像化的“拿破仑”。西西里与希腊的命运，

[1] 卢奇安（Lucian）曾有以下的说法：“锡拉库萨的格伦呼吸时有很难闻的气味，但他自己都没有发觉，也没有人敢冒险向一个专制暴君提及这样的事情。后来一位与他有染的外国女人终于大胆地告诉了他，他找到他的妻子，责骂她经常有机会知道此事，而未能及早向他提出警告，他妻子分辩说她从来没在拥挤的地方与男人相处过，以为所有男人都是这样的。”于是他怒气遂消。

在同一个月中（传说是在同一日）——格伦在希梅拉面对哈米尔卡（Hamilcar），而狄密斯托克利则在萨拉米斯遭遇薛西斯时，结成了一体。

希腊人在北非

迦太基人感觉困扰是有道理的，因为希腊人在北非海岸不但已建立了城市，而且占据了那里的贸易。早在公元前 630 年，赛拉的多利安人就已派遣了无数人在埃及与迦太基中间的昔兰尼殖民，他们在那儿沙漠的边缘觅得了良好的土地，雨水多得使当地土著认为那里的天上有一个洞。希腊人在那里使用部分土地做牧场，输出羊毛和皮革；在那里栽植和生产一种香料，极受希腊人欢迎；他们也将希腊产品售到非洲，并发展了自己的手工艺，使得昔兰尼的花瓶成了当时最佳的产品之一。这个城市也很明智地使用它的财富，以大花园、庙宇、雕像、室内运动场去装饰自己。第一个享乐主义的哲学家阿里斯提波（Aristippus）诞生于此，且在流浪了很多地区之后，又回到这里创立了昔兰尼学校。

希腊人在对任何外国移民一概敌视的埃及本土中，首先取得了一个立足之地，最终打造了一个帝国。约于公元前 650 年，米利都人在尼罗河坎诺比克（Canopic）支流上的诺克拉蒂斯开设了一个“工厂”或贸易站。法老王萨姆提克（Psamtik）一世因为这些希腊人可以成为良好的佣兵，他们的商业又使他的关署获得了良好的税收，故而对他们颇为宽容。雅赫摩斯（Ahmose）二世给予他们相当程度的自治。诺克拉蒂斯几乎成了一个工业城市，制作陶瓷、赤土陶、彩陶。此外，它又是一个贸易中心，进口希腊的油和酒，出口埃及的小麦、亚麻品及羊毛、非洲象牙、乳香及黄金。就在这些贸易交流中，埃及的宗教知识与技术、建筑、雕刻和科学，终于逐渐地流入了希腊，而希腊的文字和生活方式等也进入了埃及，为亚历山大时期对非洲的统治铺好了道路。

倘若我们在想象中是乘一艘商船自诺克拉蒂斯到雅典，我们环游希腊世界的旅程可以说是已经完毕。为使我们能看到并感觉到希腊文明的博大和繁富，我们绕上这样一个长长的圈子，自属必要。亚里士多德描述了 158 个希腊城邦的构成史，尚有 1000 个没有描述。每一个城邦，在商业、工业和思想上都给我们提供了所谓的希腊特色。有一点很重要，那就是希腊的诗歌、散文、数学、形而上学、演讲术和历史，都诞生于这些殖民地中，而非希腊本土。没有这些殖民地，没有延伸到“老世界”各个角落的成千触角与世界各地接触，希腊历史——这个世界历史上最有价值的产品，可能始终无法形成。埃及和东方的文化经由这些殖民地逐渐传入希腊，而希腊文化也借此逐渐地扩及到亚洲、非洲和欧洲。

第八章 | 希腊的神祇

多神主义的起源

希腊各城邦相距甚远，当我们寻求能使这个分散甚广的文明统一一致的要素时，主要获得了五点：(1) 带有各地方言色彩的共同语言；(2) 一个共同的智力生活，文学、哲学及科学上杰出人物不拘于政治上的界限；(3) 对运动的共同爱好，可在本城比赛，并可参加各邦间的比赛；(4) 各城邦都很爱美，这种美有地方色彩，但在艺术观点上与整个希腊社会一致；(5) 部分一致的宗教仪式和信仰。

宗教分离了各个城市，但也将各个城市加以统一。全希腊都对遥远的处于奥林匹斯山的诸神致以礼敬和一般性的崇拜，但对当地的神祇及其权力更致以虔诚的尊敬，而这些当地神祇并不被认为是天神宙斯的臣属。部族和政治分离主义孕育了多神主义，而使一神主义无法实施。在早期每一个家庭都有家神，在壁炉里为家神燃烧着永不熄灭的火，在每餐前都先要以酒食奉祀。这种神圣的神交，或与神共享酒食，也是家庭最基本和最主要的宗教行为。生育、婚姻和死亡都在圣火前依古时的宗教仪式使其成为圣事。这样，宗教在人类生活的主要历程中便充满了神秘的诗意和稳定的庄严。依此，每一个人、每一氏族、每一部族和每一城市都有自己的神。例如雅典崇奉雅典娜、埃莱夫西斯崇奉德墨忒尔、萨摩斯崇奉赫拉、艾菲索斯崇奉阿尔忒弥斯、波塞冬尼亚崇奉波塞冬。城市最中心和最高的地方也就是神殿的所在地。参加祭神是一个公民的象征、权利和要求。当本城出战时，要将神的形式和标志置于部队前头，除非先经过祭神仪式祈求神的指导，否则绝不采取重要步骤。结果，神也为本城而战，有时似乎有神出现于士兵的头上和锋镝上。胜利不仅是一个城征服另一个城，也是一个神征服另一个神。每个城市也和家庭或部族一样，在庙堂的公共祭坛上燃烧着永恒的圣火，以象征本城建立者和英雄的神秘能力与永久的生命。公民还定期在这个圣火前分享共餐。一如在家庭里父亲就是司祭，各城的首领或执政官也是该邦的大祭司，他的权力和行为也都是神所认可的。用这种超自然的征募或集结方法，将所有人由猎人驯为公民。

各邦局部独立获得解放后，希腊的宗教想象产生了丰富的神话和无数的万神殿，于是地方或天上的每一个力量，每一种使人幸福或恐惧的因素，每一种人类品质（甚至各项罪恶）都使其人格化而成为神祇（通常是采用人的形象）。世界上没有任何宗教像希腊这样神人同体。每种手艺、职业和艺术都有它们的神性，或者更妥帖地说，有它们的守护神（patron saint）。此外，还有恶魔、女鸟怪（头及身似女人，而翼与尾似鸟类）、复仇女神、小仙女、女魔、海上女妖、山泽林泉之女神等，其数目之繁多，几乎可与人类相匹。“宗教是否由祭司所创造”这个老问题这时算是解决了。人们想，原始时期神学家的阴谋，绝不能创出这样过多的神祇。希腊能有这么多的神，这么多令人着迷的传说，这么多的神殿和这么多庄严和令人喜悦的节日，一定是神的恩赐。多神和多妻一样自然，能够长期存在，并适合世界在矛盾中的潮流。因为多神主义孕育了简单的生活和使人获得慰藉而激发情感的诗歌，给予谦卑的心灵以帮助和安慰，而这些帮助和慰藉，通常是一般人不敢从高不可攀、令人敬畏而又遥远的神那里直接希望获得的。

每一位神都有他的神话或故事，把他和某一城市生活或崇敬他的仪式联系起来。这些神话，多半是同时起因于某一地区或人们的知识，或起因于史诗吟诵者的发明或润饰，于是立即成为早期希腊的信仰、哲学、文学和历史。也由这些神话产生了装饰希腊花瓶的题材，也使希腊艺术家因而创作了无数的绘画、塑像和浮雕。虽有科学上的成就和少数人企图传播一神主义，但一直到希腊文明结束，人们继续创造神话，甚至创造神。赫拉克利特等人曾以讥讽的方式解释神话，柏拉图曾将神话加以改编，色诺芬尼曾对神话公然指责，但在柏拉图之后 5 个世纪帕萨尼亚斯巡游希腊时，发现那些传说和荷马时代一样深入人心，使人津津乐道，并温暖人心。神话诗和神学诗的发展过程也是很自然的事，今日和他日一样永远存在；神的降生率和死亡率一样高；神祇虽然形态发生变化，但数量永存，代代相传，几乎毫无变更。

诸神列举

·次要神祇

如果我们依人为的方法把这无数的神祇分为 7 组，可以勉强定出一个顺序，使其形象更为鲜明。这 7 组分别是：天神、地神、生殖神、动物神、地下神、祖先或英雄神和奥林匹斯山诸神。一如赫西俄德所说，对一个人来讲，述说所有诸神的名字将是一件很麻烦的事。

（1）据我们所知，最初入侵希腊人的一位大神，正如吠陀的印度人一样，是崇高而多变的天本身，逐渐变为神人同形的乌拉诺斯，而后又成为形云、作雨和集雷的宙斯。在长期阳光普照、过度干旱的地区，太阳神赫利俄斯（Helios）仅是一个小神。阿伽门农向他祈祷，斯巴达人以 4 匹马作为祭献请求他在天上驾驰他的带火战车。[1] 罗得

[1] 赫利俄斯的儿子法厄同（Phaëthon）请求驾驶太阳神的战车横驰天上以求刺激，但他纵驰天上，毫无控制，几乎使世界被火焚毁，后被雷电所击而落入海中。希腊人可能使用这个类似于伊卡路斯的故事，作为对青年的说教。

斯人在古希腊时代尊赫利俄斯为他们的主神，每年以4匹马和1辆战车驰入海中供其使用，并为他塑造了著名的巨像。甚至在伯里克利时代的雅典，阿那克萨戈拉（Anaxagoras）因为说太阳只是一个火球，而并非神，几乎丢掉了他的性命。但一般说来，古色古香的古典希腊对太阳的崇拜很少，对月神塞勒涅（Selene）的崇拜更少，对其他星体几乎没有。

（2）大多数希腊的神是住在地上，而非天上。首先是地神（女神）本身，她是一个丰足和富于耐性的母亲，因受降雨的乌拉诺斯（天）拥抱而受孕。成千上万次要的神居住在地上、地上的液体里或和其邻接的空中：精灵居住在树上（尤其橡树上）；涅瑞伊得斯（Nereids）、那伊阿得斯（Naiads）、海神的诸女是居住在河、湖和海里；有些神涌出井或泉，或流动成溪流，如迈安德河或斯佩耳刻俄斯河；有些风神如波利亚（Boreas）、泽菲尔（Zephyr）、诺图斯（Notus）和欧路斯（Eurus），以伊路斯（Aeolus）为其首领；伟大的潘神（半人半羊），他头有角，足如蹄，好色，是一位面带笑容的滋养者，也是牧人和羊群的神，他也是森林和野生动物的神，隐伏于森林或野生动物里，他的魔笛在每一条河流和每一处山谷都可听到，他慑人心灵的吼声可使漫不经心的兽群惶恐，他的侍者则为半人半兽的农牧神和半人半兽的森林诸神，年老的森林神叫作赛林奈（*sileni*），其形象一半为羊，一半为苏格拉底。大自然的各处都是神。所有空间简直充满了善恶的各种神祇，因此，某一位诗人曾说："（因为空间都被神占满了）简直无法找到一个可以插进玉米穗尖的空隙。"

（3）大自然间最有能力和最神秘的是再生。因此，希腊人也和其他的古代民族一样，在崇拜土地的肥沃和再生之德以外，也崇拜男与女再生的根源和表征。作为再生象征的阴茎，就出现在德墨忒尔、狄奥尼索斯、赫耳墨斯的祭典上，甚至对贞洁的阿尔忒弥斯的祭礼也不例外。这种象征在古典时代的雕刻和绘画上也一再出现，其出现次数之频繁，令人生发反感，希腊伟大的宗教节日狂欢节（在当天还上演希腊剧)，就是由阴茎游行引起的，在这一天，希腊各殖民地都很虔诚地送去一些阴茎。这些节日无疑会使他们获得一些淫荡的情绪，我们可以从阿里斯托芬的作品中得到判断，但我们也可以说这种情绪仍然是健康或有益的，因为可能由此达到刺激爱欲和促进出生率的目的。

这种生殖崇拜，也有其丑恶的一面，可从亚历山大之后300年和罗马时代的崇祀普里阿普斯（Priapus）中看出。普里阿普斯是由狄奥尼索斯和阿佛洛狄忒的奸情所生，与这个故事相关的图画在庞培城的花瓶和壁画上甚为普遍。关于这个再生题目，一种比较可爱的变化，是对代表母性的女神的崇敬。阿卡狄亚、阿尔戈斯、埃莱夫西斯、艾菲索斯、雅典和其他地区，对于女性神祇极为虔敬，这些女神是经常没有丈夫的，其由来可能反映了婚姻制度形成以前的一种原始母系时代。而把宙斯奉祀为诸神之上的父神，可能代表以男性为族长原则的胜利。可能女人在农业里的优先权，有助于最伟大的“母性之神”德墨忒尔的形式。一个最美丽的希腊神话（这个神话很技巧地在德墨忒尔的赞颂诗里吟诵，据传是出自荷马之手）告诉我们，德墨忒尔的女儿珀耳塞福涅（Persephone）正在采花的时候被冥府之神普卢托（Pluto）攫入冥府。伤心的母亲在各处寻找她，终于发现了她，劝请普卢托准许她的女儿每年在世界上生活9个月，这就是土壤每年死亡和再生的美丽象征（冬天3个月象征土壤的死亡）。由于埃莱夫西斯人对于乔装“坐在途中伤心”的德墨忒尔很同情，所以她把农业秘密教授给他们和阿提卡人，并且派遣埃莱夫西斯王的儿子特利波勒姆斯（Triptolemus）到人间传播这种农艺。大体说来，这个神话和埃及的伊西斯和俄赛里斯、巴比伦的坦木兹和伊什塔尔、叙利亚的阿斯塔和阿多尼斯，以及弗里吉亚的西芭莉和阿提斯，并无差异。对母性的崇敬，在度过古典时代后，到了尊崇圣母玛利亚为天主之母时，又获得了一种新生命。

（4）在早期的希腊，有些动物被尊为半神祇。在希腊的雕刻时代，其宗教过度重视神人同性或神人同形，因而不能容纳兽类进入神圣范围，这与埃及和印度的情形颇为不同。但在不太正统的古代遗迹里，我们却发现了经常有神与兽的结合。牡牛因为它强劲的体力与潜力而被视为神圣，且往往被认为与“天神”宙斯和“酒神”狄奥尼索斯相关联，或为他们的装束，或为他们的标记，甚至可能先他们而为神。因此，牛眼的赫拉便被认为可能原是一头圣牛。猪因为它的生殖力强，也被认为神圣，猪可能与温善的德墨忒尔有关，在播种宴会（Thesmophoria）上，祭品表面上是一头猪，实际上可能也就是向猪致祭。在迪亚西亚（Diasia）的祭日，祭品名义上是献给宙斯，实际上是献给当时很著名的地下蛇。无论这个蛇是否被认为是神圣而永生，或作为一个生殖的标记，我们发现，它自从作为克里特蛇神（雌性）到进入公元前5世纪的雅典，一直都被看作神祇；在雅典卫城雅典娜的神殿里有一条蛇，人们每月奉献一个蜜饼，以作为安抚性的祭献。在希腊艺术里，时常见到一条蛇以赫耳墨斯、阿斯克勒庇俄斯和阿波罗的形态出现；菲狄亚斯的雅典娜的盾下面就饰有（盘绕着）一条很强猛的蛇；法尔内塞的雅典娜也一半被蛇所掩遮着。蛇往往被用作庙宇或家庭守护神的标志或形象，因为蛇经常出入于坟墓，也常被认作亡者的灵魂。有人认为，皮西亚赛会最初的目的，是为了纪念阿波罗在德尔菲所杀死的巨蛇。

（5）最恐怖的神是地下诸神，他们住在洞穴里、裂隙里或冥府里。希腊人对这些神祇，并不在白昼以爱慕的心情来祭拜，而是在夜间以摆脱恐惧的心理去祭祀，这种模糊的非人类力量才正是希腊土生土长的事物，实际上可能比希腊人古老，可能也比迈锡尼人早，也可能是由迈锡尼人传入希腊。倘若追本溯源，我们可以发现，这些神是怀有复仇性动物精灵的延续，这些动物在早期由于人的进化和繁殖被驱入林中或地下。地下神中最大的神叫作地底宙斯（Zeus Chthonios），但这里Zeus的意义与阳界的宙斯神无关，只是表示神（god）。或者他被称作地府宙斯（Zeus Meilichios），意思是仁爱神，但这个称呼又带有欺骗和讨好的意味，因为这个神是一条恐怖的大蛇。阴府的冥王哈迪斯（Hades）是宙斯的兄弟，也是地下的主宰，希腊人为安抚他称他为普卢托，意思是丰富的赐予者，因为他的权力可以赐福，也可以摧毁所有生长在地下诸植物的根。[1] 更具鬼气也更可怖的是赫卡忒（Hecate），这是一个恶鬼，他从冥界来到世上散布灾祸，他散布灾祸的方法是用他邪恶的眼，凡经他光临拜访的都不能逃脱。知识较欠缺的希腊人以小狗为牺牲来祭献他，希望他不要光临。

（6）在古典时代以前，死者也被认为是可对人赐福或为祸的神灵，因此也以祭献和祈祷来安抚他们。死亡者并非真正的神，但原始的希腊家庭也和中国人一样，对于他们已亡的祖先要比对任何神祇都要尊敬。在古希腊时代，对这些魂灵是恐惧多于钟爱，因此也以憎恨式的仪式来安抚，在安塞斯特里亚（Anthesteria）的节日便是一例。对英雄的崇拜也是对死者崇拜的一种扩大。神可以使伟大、崇高和美丽的男女复苏，获得永恒的生命，并成为次要的神祇。因此，奥林匹亚的人们每年祭祀希波达米亚；卡桑德拉在拉科尼留克特拉，海伦在斯巴达，俄狄浦斯在克罗纳斯，也都享受祭祀。神也可以降入人体，使这个人具有神性，也可以与一个人同居而生一位英雄神，例如宙斯和阿勒梅纳生了赫拉克勒斯。很多城市、团体，甚至各行业，都上溯到他们神生的英雄始祖，因此，希腊的医生就可追溯到阿斯克勒庇俄斯。一个神在开始可能是一个死人、一个祖先或一个英雄，一个庙宇在最初也可能是一座坟墓，一个祠庙类的建筑在多数地区仍作保管圣人遗体之用。一般而言，希腊人对人神的区分并不如我们严格，他们的神除了在出生方面与我们所称的圣人很接近之外，与他们的崇奉者也没有太大的差别。他们的神虽然称为永恒者，但其中很多也可能死

[1] 普鲁托斯（Plutus）是财富之神，是普卢托的另一形式。早期的希腊财富主要以谷物为主，谷物无论生长在地上，还是收获后贮在坛里或置于地上，都要接受他的保护。

亡，如狄奥尼索斯即是一例。

·奥林匹亚山诸神

所有以上诸神，虽然不一定是比较不受尊敬的，却是希腊神中不太著名的。在荷马的著作里，关于以上诸神的资料何以很少，而对于奥林匹亚山诸神的资料却那样丰富呢？可能因为奥林匹亚山诸神随阿哈伊亚人和多利安人同来，遮掩了迈锡尼和居住在地下的诸神。也就是说，先前的神和崇祀他们的人，都被后来的神和后来的人征服了。我们可以看出他们在多多纳和德尔菲两地的变化情形，在这两个地方的神，一个是地神被宙斯所取代，另一个地方的神则被阿波罗取代。我们不妨说，被击败的神并没有被消灭，而是退居于臣属地位，他们惨痛地退隐地下，仍被一般人民所崇拜，而获得胜利的奥林匹亚山诸神则高居山顶，接受贵族的崇祀。因为荷马是为上层社会写作的，因而几乎没有提到冥府诸神。荷马、赫西俄德和雕刻家，因散布对奥林匹亚山诸神的崇奉，也协助了征服者政治地位的提高。有时，次要的神也会被大神合并或吸收，或变为大神的仆从，很像次要的小国往往配属或臣属于大邦，因此，半人半兽的森林之神和半人半羊的神归属了“酒神”狄奥尼索斯，海上诸神归属了波塞冬，山林诸精灵归属了阿尔忒弥斯。于是较原始的仪式和神逐渐消灭，鬼魔出没大地的混乱情形，由半神圣的治理所取代，这也象征了希腊世界政治稳定的成长。

这个新神国的首领是伟大而年高的“天神”宙斯。但他并不是到来得最早的神，如我们所知，乌拉诺斯和克罗纳斯都在他之先，但他们两位和泰坦神族都与路西法（Lucifer）[1] 一样被推翻了。[2] 宙斯和他

---

[1] 路西法原为天使首领，地位尊高，不久因狂妄自大，拟与天主分庭抗礼，天主于是命另一大天使米歇尔（Michael）率诸善使，将路西法及其党从驱入地狱而成为魔鬼。

[2] 天神宙斯及其从属与泰坦族的斗争，是希腊人用文明及理性征服野蛮与残暴力量的象征，也经常成为艺术题材。

的弟兄拈阄来分配这个世界，宙斯赢得了天上，波塞冬得了海洋，而哈迪斯则获得了大地的低洼处及地下。这个神话并没有谈到创造，因为世界在诸神之前已经存在，诸神也没有用泥土造人，而是他们之间结合生人，或是与他们所生的人也就是他们的子孙结合再生他人。天主是希腊神学上真正的大父。奥林匹亚山上诸神既非全能，也非全知；他们之间互相抵制，甚至互相反对；他们之间任何一位，尤其是宙斯，都是可以被欺骗的。但各神仍承认宙斯的宗主权或领导权，并且群集于他的朝中，好像封建王朝的家臣一样，宙斯经常与他们议事，不时地采纳他们的意见，也经常安排他们的职掌。最初，他是天和山的神，也是不可缺的雨的制造者。[1] 如同耶和华一样，他早期的形象是一位战神，他曾和自己争论或详加思索，是否应当终止特洛伊之围，或“更惨烈地进行战争”，并决定而后应采取的步骤。而后逐渐成为其他各神和人类镇定而有力的统治者，雄踞奥林匹斯山上称王。他是世界道德秩序的首领和泉源；他惩罚不孝，维护家庭财产，承认誓愿，追查伪证，并保护边界、家庭、恳求者和客人。最后，就如菲狄亚斯在奥林匹亚为他所雕刻的肖像一样，他也是判决的安详执行者。

他的一个缺点是，也和一般青年一样，轻易陷入恋爱。他并没有创造女性，但对女性异常称赞，认为女性的美丽和温柔对神也是不可估价的礼物，他发觉女性的魅力是无法抗拒的。赫西俄德对宙斯的恋情和荣耀的后嗣，列举了一个很长的名单。他第一个伴侣是狄俄涅（Dione），但当他移居色萨利的奥林匹斯山的时候，把她遗留在伊庇鲁斯。在奥林匹斯，他的第一位妻子是美狄丝（Metis），她是量度、心灵和智慧的女神。因为传言她所生的儿子将要把他推翻并篡夺他的王位，因此他吞噬了她，并吸收了她的品质而成为智慧之

[1] 天神宙斯 Zeus 一词，与今日拉丁文 *dies* 可能有关，也许是出自印欧语系的词根 *di*，其意为照耀。Jupiter 即 Zeu-pater——父神 Zeus ；故其所有格为 *dios*，曾经一度献给宙斯的某些地方或山头，如今皆用希腊教会的雨神伊莱亚斯（Elias）命名或献与。

神。当他把他的妻子美狄丝吞噬后，她在他的体内生产雅典娜，雅典娜剖开了宙斯的头以便出世。孤单地追求貌美可爱的宙斯，又以忒弥斯（Themis）为伴侣，因她而再生了12位司季节、秩序、正义及和平的诸神（twelve hours）；宙斯再以欧律诺墨（Eurynome）为妻，生了司温雅、美丽的三女神格雷丝（Graces）；接着又以摩涅莫辛涅（Mnemosyne）为妻，生了司文艺、科学、艺术的九女神缪斯；接下来的一位是勒托（Leto），因此也就成了阿波罗和阿尔忒弥斯的父亲；再依序娶他的妹妹德墨忒尔和另一位叫珀耳塞福涅的女神；终于纵情享乐，之后又娶了她的妹妹赫拉，并封她为奥林匹斯山之后，生了赫柏比、阿瑞斯、赫菲斯托斯和艾莱西雅。但后来他和赫拉相处得并不和谐。她也和他一样是资深的神，在很多邦内深受尊敬；她是婚姻和母性的主保神、婚姻关系的保护者；她端庄、严肃而有德，对宙斯的胡作非为颇感不快；同时，她也是一个有名的悍妇，他曾想殴打她，但发觉别恋更容易获得安慰。他第一位凡人伴侣是尼俄柏；最后一位是阿克玛拉——她也是尼俄柏的第16代后裔。[1] 他也和一般希腊男女的兼容并蓄一样，爱上了俊俏的盖尼米得（Ganymede），把他攫上奥林匹斯山作为他的执杯童子。

生殖力如此强盛的父亲，当然会有一群辉煌的子孙。雅典娜从宙斯的头上生出时就已成熟，且全身武装配备，这也就为世界文学提供了一个它最常用的比喻。她是雅典一个很适当的女神，用自己足以自豪的童贞来安慰少女，用军事的热情鼓励男人，将属于宙斯和美狄丝的女儿的智慧加于伯里克利以象征自己。当泰坦族的帕拉斯想与她做爱时，她把他杀掉，将他的名字加在自己的名字上，以警告其他的求爱者。因此，雅典人也向她献出了最可爱的神殿和最华丽的节日。

比雅典娜更广泛受人尊奉的，是她英俊的弟弟阿波罗。他是光明

[1] 为了使死者获得公正的评价，我们必须说明，这些故事可能是由诗人或亟欲将先祖上溯至大神的部族所撰造。

的“太阳神”，音乐、诗歌和艺术的保护人，城市的建立者，法律的创造者，医学之神和阿斯克勒庇俄斯之父，强力的射手和战争之神，地神和月神的继承者，在德尔菲，是希腊最神圣的传神谕者。他也是谷物成长之神，因此，在收割时获得 1/10 的奉献。为偿报农民的奉献，他从得洛斯和德尔菲以金黄色的阳光照耀土壤，以增加它的肥沃。对其他神的很多崇祀，具有一种恐惧和迷信的成分，而在德尔菲和得洛斯对于阿波罗的伟大节日，则是一个智慧民族对健康和智慧、理性和诗歌之神的一种愉悦和欢欣。

他的姐妹阿尔忒弥斯也是很快乐的一位，由于过度热衷于动物生活和林间的乐趣，因而没有时间与男人恋爱。她是野生动物、森林、山丘和圣枝的女神。正如阿波罗是希腊青年的理想人物一样，阿尔忒弥斯也是希腊少女的典型——强健、爱体育、高雅、贞洁；同时也是产妇的护卫者，产妇在生产时向她祈祷，以求减轻自己的痛苦。在艾菲索斯，作为母性和生殖的女神，她仍保留她的亚洲特性。但因为既崇敬她的童贞又崇拜她的母性，所以在崇拜上造成了混乱。基督教在这方面比较聪明，在 5 世纪就把这种崇拜转移于玛利亚，又把 8 月中期阿尔忒弥斯的收获节日转变为圣母升天节。如此可把旧的办法保留于新方式之中，每件事情都变了，但要点仍然保留。历史和生命一样，如不继续就会死亡。特性和制度可以变更，但必须徐徐行之。发展上严重的破坏，可以造成民族的健忘或精神混乱。

在这个万神殿中，完全类似人类的一位，是奥林匹斯山上的工艺大师、跛足的赫菲斯托斯，罗马人叫他沃尔坎（Vulcan）。起初，他好像是既可怜又可笑的一位，这种情形污辱和损伤了天上的卡西莫多（Quasimodo）。但最后，我们同情的是他，而不是那些谲诈、狂妄和虐待他的神祇。在他变为异常接近人之前，可能曾是往来于火与铁厂之间的神灵。在荷马的神谱上，他是宙斯和赫拉生的儿子；但其他的神话都告诉我们，因为赫拉嫉妒宙斯吞噬美狄丝后自行生出雅典娜，因而她不借任何男性之助生出赫菲斯托斯，因为母亲发现他既丑且弱，便将他从奥林匹斯山掷下。但他找到了归路，又回到奥林匹斯山，并且为山上诸神建造了很多华厦。虽然他母亲曾经待他很残酷，他对她则非常亲近和尊敬。有一次他母亲与宙斯发生争吵，他异常热切地袒护他母亲，因而使宙斯非常愤怒，提起他的腿丢到山下地上，赫菲斯托斯跌卧一整日，最后在利姆诺斯岛（Lemnos）登陆，并伤了足踝，从此变成了痛苦的跛子（荷马说他此前已经是跛子）。他又回到奥林匹斯山。在他著名的工厂里建造了有 20 个巨大风箱的铁砧，建造了阿喀琉斯的盾和甲胄，建造了可自行移动的铸像和其他甚为奇特的制品。希腊人尊他为各种金属行业之神，而后又尊他为各种工艺之神，并以火山作为他地下工厂的烟囱。他娶了阿佛洛狄忒是他的不幸，因为美丽的女人多半无德。他获知了阿佛洛狄忒和阿瑞斯私通，于是制造了一个捕机，当他们做爱的时候把他们捉住；于是这位跛神也获得了报复机会，他召请其他各神在大笑中来参观这一对被捉的爱神和战神。荷马告诉我们：

> 阿波罗曾对赫耳墨斯说："赫耳墨斯，宙斯之子……你是否真正甘愿满身桎梏，堕入陷阱，与美丽的阿佛洛狄忒同榻？"然后这位使者答说："阿波罗我的主，如果真有一天这种情形实现，即使增加三倍无法解脱的桎梏，你们所有的神和所有的女神都可以来看，我仍愿与美丽的阿佛洛狄忒同榻。"

"战神"阿瑞斯从未以他的智慧和诡诈著称于世，他的工作和兴趣是战争，即使阿佛洛狄忒的美丽和魅力，也不能给予他得自滥杀和杀戮中的刺激。荷马称他为"人类的诅咒者"，并且津津乐道雅典娜如何把他系在巨石上而放平，"当他卧倒时，一共掩覆了 7 英亩的土地"。赫耳墨斯更为有趣。最初他是一块石头，对他的崇敬也是源自希腊人对圣石的崇拜，这从他本人进化的过程也可看出。他是置于坟墓上的高石，换言之，他就是这块高石的精灵。他也是界石或是界石之神，标示并保护一个区域。由于他的职掌中也有促进生殖，阴茎于是成为他的标志之一。他也是石柱，有雕刻的柱头，未雕刻的柱身，也就是很显著的男性生殖器——装设在雅典各显要住宅之前；我们将看到这些石柱（柱头雕有其像的方柱）如何在远征锡拉库萨之前被肢解，造成阿尔西比亚德斯和雅典的毁灭。他也是旅行者和传令者的保护神，旅行者和传令者所持的有二蛇双翼的手杖，是他的标记之一。因为他是旅者之神，也成为幸运、贸易、狡猾和获利之神，因此也成了度量衡的发明者及保证者以及伪证、盗用公款和窃盗的保护神。因为他自己是传令者或使者，持奥林匹斯山的信笺或命令来往于神与神或神与人之间，他穿着带有飞翼的芒鞋（仅有编条而无整个鞋面的便鞋），行动快速如风。来往奔驰使他体态轻盈优美，使后来的普拉克西特列斯得以为他雕出优雅的雕像；他是行动迅速和精力充沛的青年，成为运动员的主保圣人。因为是传令者，也就成了辩才之神；既然是神间的译述员，也就成了历史悠久的诠释工作之神。荷马在一首赞颂诗里告诉我们，他幼年如何将琴弦伸展于龟壳上，发明了七弦琴。然后轮到他来讨好阿佛洛狄忒，我们得知，他们所生出的是一个优美的两性体（hermaphrodite），既有他们的魅力，也以他们共同的名字命名。

除了贞洁、童贞和母性的女神之外，应当还要有美和爱的女神，这是希腊人的特性。以她在近东出生和在塞浦路斯的中东故乡而言，阿佛洛狄忒无疑是所有女神中的第一位。直到她受尊敬的晚期，仍在植物、动物和人类生命的全部领域里，与再生及生殖力相联系。但当文明愈加发展后，安全性的增高，消除了高出生率的需要，因此可以用审美的观点任意在女人身上寻求其他美德，而不再仅仅是多子多孙的要求了。因此，除使阿佛洛狄忒成为美的理想化身之外，还要成为异性之爱或异性相悦的神。希腊人以多种方式和目的崇奉她：视之为天上之神阿佛洛狄忒·乌拉尼亚（Aphrodite Urania），司天文并为贞洁或圣爱之女神；视之为时髦之神阿佛洛狄忒·潘得摩斯（Aphrodite

Pandemos)，以各种方式表现性爱的女神；甚至还称她为美臀女神阿佛洛狄忒·卡丽吉格斯（Aphrodite Kallipygos）。雅典和科林斯的妓女为她建造神殿，尊她为她们的主保圣者。每年4月初，希腊多个城市庆祝她的节日阿佛洛狄西亚（Aphrodisia）；这一天，凡是参加的民众，都可享有性的自由。她是热情奔放注重肉欲享受的南方爱神，也是气候寒冷、以打猎为主的北方爱神阿尔忒弥斯的古老对手。几乎和历史一样的讽刺的神话，把她说成跛足的赫菲斯托斯之妻，但她却以阿瑞斯、赫耳墨斯、波塞冬、狄奥尼索斯和很多凡人如安基斯和阿多尼斯等作为安慰。[1] 在她与赫拉和雅典娜竞争后，帕里斯赠给她一枚金苹果作为美的奖品。但她原来也许并不美丽，直到雕刻家普拉克西特列斯为她重新构思，替她雕出美来，使希腊人因此得以宽恕她的罪恶。

除了宙斯的合法子女与私生子女之外，我们必须在奥林匹斯山的主要神祇中，增列他的姐妹赫斯提（Hestia）和他那不易控制的兄弟海神波塞冬。这位控制水域的希腊海神，自认为他的地位完全与宙斯相等，毫无优劣。甚至地处陆地的国家也崇奉他，因为他不仅控制海洋，也控制河流和泉水，他指挥神秘的地下水流，制造地震和海潮。希腊的水手都向他祈福，并在危险的海岬为他兴建神殿，希望他不要降祸。

由于化身无尽，即使在奥林匹斯山，次要或从属的神祇也多得不胜枚举。赫斯提（罗马人称 Vesta）是主司家中壁炉及其圣火的女神。虹神伊利斯，有时也作宙斯的使者；赫柏是青春女神；厄勒梯亚帮助

[1] 关于阿多尼斯的神话，是植物生长的另一种说法——也就是土壤每年一度的死亡和复苏。阿佛洛狄忒和珀耳塞福涅，都希望拥有这个俊美的少年。阿瑞斯嫉妒他获得阿佛洛狄忒的欢心，因而扮作野猪将他害死。秋牡丹是阿多尼斯的血所生，诗的泉涌则来自阿佛洛狄忒的哀伤。天神宙斯劝这两位女神分享阿多尼斯的时间和爱情，让阿多尼斯每年以半年的时间在冥府陪伴珀耳塞福涅，另外半年回到阳世享受阿佛洛狄忒的时间和爱情。在腓尼基、塞浦路斯和雅典，妇女手指“主”（因为这是他名字的意义）的肖像，大声地为他的死亡哀号，然后又为他的复活而欢呼。

和保护生产中的妇女；达克（Dike）也称正义之神；堤喀（Tyche）职掌机会；厄洛斯是爱神，赫西俄德称他是世界的创造者，而萨福则称他为“溶解的肢体，又苦又甜，不切实际的野兽”。此外，还有希梅纽斯（Hymeneus），职司婚姻；许普诺斯（Hypnos），职司睡眠；奥涅伊洛斯（Oneiros），职司梦幻；格拉斯（Geras），掌管老年人；李特（Lethe），主管遗忘；塔那托斯（Thanatos），主管死亡。其他还有许多，无法一一列举。缪斯神一共有9位，专门启发艺术家和诗人的灵感，属钟灵毓秀之神：克利欧（Clio）掌历史，欧忒耳珀（Euterpe）掌以笛伴奏的抒情诗，塔利亚（Thalia）掌喜剧和田园诗，墨尔波墨涅（Melpomene）掌悲剧，忒耳西科瑞（Terpsichore）掌合唱队的歌舞，埃拉托（Erato）掌情诗及打油诗，波利妮娅（Polymnia）掌赞颂歌，乌拉妮娅（Urania）掌天文，卡利奥佩（Calliope）掌史诗。有掌美丽、温雅的三女神，和她们的12位侍者，称为时序女神，职司季节、秩序、正义和平等。另有纳梅西斯（Nemesis），为人类奖善惩恶，降祸于那些犯了“杂交”罪——污辱繁荣的人。再就是可怕的“愤怒之神”艾瑞尼（Erinnyes），他有仇必报，毫不留情。希腊人为消灾降福，特意以委婉而动听的名字称呼他为善意者欧迈尼德斯（Eumenides）。最后是命运之神莫拉（Moirai），规定人生不可避免的事件，人神皆管。希腊宗教在这种观念下遭遇到了它的限制，因此，也就进入了科学和法律的领域。

现在，我们来谈希腊诸神中最麻烦、最为人所知和最难归类的一位，那就是酒神狄奥尼索斯，在他生涯的后期，才获准进入奥林匹斯山。在色雷斯，他是麦酒之神，被视为赠予希腊的一种希腊礼物，人们称他萨白修（Sabazius）。在希腊，他成为酒神，是葡萄的滋养者和保护者。他原是一位生殖守护神，后来变为中毒者的神，最后变成一位为救人类而死的神。有关他的神话，是由多种形象和传说混合而成的。希腊人认为他是扎格留斯（Zagreus），是宙斯的女儿珀耳塞福涅为他所生的“长角儿”。他最受父亲的宠爱，坐在天神父亲的宝座旁边。当嫉妒的赫拉鼓动泰坦杀他的时候，宙斯先把他变成山羊，然后又变成公牛。虽然如此，泰坦仍然捕获了他，把他的身体剁碎，放到一个大锅里煮。雅典娜，如同另外一位特里劳尼（Trelawney），救出了他的心，将它送给宙斯，宙斯把它交给了塞美勒（Semele），她食后怀孕，为这位神作了第二次降生，取名狄奥尼索斯。[1]

人们为狄奥尼索斯的死亡而哀悼和为他的复活而庆祝，在希腊人中形成了一个散布极广的仪式的基础。每逢春季，葡萄花开的时候，希腊的妇女便到山上去迎接这位再生的神。她们毫无节制地接连纵饮两天，并像不太虔诚的纵饮者一样，认为他没有智慧，也就不会失去智慧。她们由忠于狄奥尼索斯的狂热妇女领导，排成狂野的行列前进；她们对狄奥尼索斯的受苦、死亡和复活的故事虽然很熟悉，但仍倾心静听；她们在纵酒和狂舞时陷入狂乱，在这种狂乱中再无任何约束。这个仪式的高潮和中心是捕获一头山羊，或一头公牛，有时是一个男人（认为他们是神的化身），然后把这个被捕获的牺牲者撕为碎片，用以纪念狄奥尼索斯被肢解，接着就像食用圣餐一般饮这个牺牲者的血，并食其肉，认为如此神就可进入她们的身体，并占有她们的灵魂。在这种神圣的神秘狂热仪式中[2]，她们认为她们可以在这个神秘的胜利结合中与神结为一体。她们用他的名字称呼自己，把自己的名字加在他的一个称号之后，因而也就知道自己不会再死亡。或者她们称她们的状态为“狂喜”，意思是她们的灵魂出壳并与狄奥尼索斯化而为一，因而她们可以感到摆脱了肉体的负担，可以获得神圣的内心悟见，可以预言，她们也成了神。这种自色雷斯传入希腊的狂热崇

[1] 早在公元前 50 年，狄奥多罗斯（Diodorus Siculus）将其解释为植物生长的神话。扎格留斯是由宙斯（雨）使德墨忒尔（地）受精（使地肥沃）所生的儿子。葡萄和这个神一样，经过修剪而获得新的生命；葡萄汁则经蒸煮以制酒。葡萄每年经雨的滋润而再生。由于希罗多德发现狄奥尼索斯和俄赛里斯的两个神话之间有很多相似处，因而在他第一篇比较宗教的文章里，认为这两个神实际上就是一个。

[2] 希腊文 entheos，theo 系“神”，en 为“在内”，故为“有一位神在内”（a god within）之意；enthusiasm（热情，狂热）原意为“由一神所有”。

拜，就像中世纪的宗教狂热一样，将受全国崇敬的冷静而明晰的奥林匹斯山诸神从这一区域带到另一区域，变为满足刺激和放纵、渴求热情和拥有的神秘信仰与仪式。德尔菲的祭司和雅典当局曾企图禁止这种崇拜，但终究无效；唯一的途径就是接受狄奥尼索斯，并将之入祠奥林匹斯山，使之希腊化、人性化，给他一个正式节日，将他的崇拜者那种在山丘上由纵饮所获得的狂欢转变为希腊狄奥尼索斯节日庄严的游行、雄壮的歌声和高贵的鼓乐。有一个时期，他们虽使狄奥尼索斯臣属于阿波罗，但结果是阿波罗被狄奥尼索斯的后继者耶稣基督所征服。

神秘仪式

希腊的宗教主要有三个部分和阶段：地下神（chthonian）、奥林匹亚山诸神和神秘主义者。第一种可能是出自迈锡尼，第二种可能出自亚该亚—多利安人，第三种可能来自埃及和亚洲。第一种崇拜地下诸神，第二种崇拜天上诸神，第三种崇拜复活的神。第一种盛行于穷人，第二种盛行于富裕阶层，第三种则盛行于较低的中产阶级。第一种盛行于荷马之前的时代，第二种盛行于荷马时代，第三种则盛行于荷马之后的时代。在伯里克利的开明时代，希腊宗教中最活泼和兴盛的部分是神秘仪式。按照希腊文的意义，所谓神秘仪式就是举行一种秘密仪式，在这个仪式里揭示出神圣象征，也实施对这个象征应举行的仪式，只有经过正式仪式引进的人，才能参与礼拜。这种仪式通常是以半戏剧性的形式表演，纪念一个神的受苦、死亡和复活，以追溯以前的生长主题和奇迹，并许诺正式信徒个人的不死或永生。

希腊有很多地方都举行或庆祝这种神秘仪式，但在这方面，任何一个地方都无法与埃莱夫西斯相比。埃莱夫西斯的各种秘密仪式在阿哈伊亚以前就存在，最初的出现似乎是一个秋季的耕种节。一个神话告诉我们，德墨忒尔如何为酬报她在漂泊时期阿提卡人民对她的亲切和同情，他们在埃莱夫西斯建立了她最大的神殿（这个神殿在希腊历史上屡毁屡建）。雅典在梭伦、庇西特拉图和伯里克利当政时采取了在埃莱夫西斯所庆祝的德墨忒尔节日，并使这个节日的计划和举行更为周密与壮观。春季雅典附近举行较次要的秘密仪式时，所有准备正式成为信徒的人先自行跳入伊利西斯河（Ilissus）中做预行净洁仪式。到 9 月，做过净洁仪式的人和其他人等，沿着通往伊利西斯的圣路走 14 英里庄严但甚欢欣的朝圣旅程，队伍的前面举着的是“地下神”伊阿科斯（Iacchus）的肖像。朝圣的队伍在火炬的照耀下到达伊利西斯，严肃地将神像置于神殿中，然后这一天就在神圣的歌舞中结束。

更大的神秘仪式要再持续 4 天。曾经斋戒沐浴以净洁自已的人，现在可以参加较次要的仪式了；一年以前已经完成这种仪式的人这时进入“始式厅”（Hall of Initiation）准备正式加入，在始式厅举行秘密仪式。此时，这些准备正式加入的人，就要参加为纪念德墨忒尔而举行的圣餐式而开斋，饮用一种谷粉与水的混合物，并进食圣饼。至于秘密仪式的经过为何，我们完全无法获悉，因为凡是泄露仪式经过的人都要被处以死刑，所以古时的人都守口如瓶，就是最虔诚的埃斯库罗斯（Aeschylus），如对任何秘密稍有泄露，也很难逃脱谴责和处分。但无论如何，仪式的内容是象征性的表演，还有一部分是与狄奥尼索斯有关的戏剧。表演的主题很可能是珀耳塞福涅被冥王普卢托强奸，伤心的母亲德墨忒尔到各处寻找，珀耳塞福涅回返阳世，和德墨忒尔一起教阿提卡人民以稼穑。典礼的概略经过是一位代表宙斯的祭司和一位扮演德墨忒尔的女祭司的神秘结婚。这个象征性的婚姻也以神奇的速度产生结果，因为很快就郑重地宣布“我们的夫人已经生了一个神圣的儿子”，接着就展示一个已经成熟的谷穗，以象征德墨忒尔辛勤的成果——也是对大地的恩赐。然后，这些朝拜者在暗淡的火炬引导下进入代表冥府的黑暗巨穴，接着又上行进入一个灯光照耀的房间，这似乎是代表幸福的人们的居处，接着到了最重要的阶段，在庄严兴奋的情形下，向他们展示至此一直掩藏着的圣物、遗体或偶像等。据说，看到这些展示后在极度的喜悦下，他们感觉已与神结合，神与灵魂已合而为一；他们的心不但超脱了本性的迷惘而上升，同时了解到被神吸纳与神合一的平安。

在庇西特拉图时代，狄奥尼索斯的神秘仪式由宗教传播而进入埃莱夫西斯的宗教崇拜仪式：有人认为伊阿科斯和珀耳塞福涅的儿子狄奥尼索斯是同一个神，狄奥尼索斯·扎格留斯的传说则套在德墨忒尔的神话上。尽管形式众多，其神秘崇拜的基本观念并无二致：正如种子再度发芽一样，死者也可获得新的生命；不仅有可怕而阴暗的冥府，也有快乐和平安的生命。当希腊宗教中的其他一切几乎均已消逝之时，这个由亚历山大与埃及的永生信念结合而成的安慰思想（希腊信仰是由此而产生），给了基督教用来征服西方世界的武器。

在公元前 7 世纪，由埃及、色雷斯和色萨利传入希腊另一种神秘崇拜，在希腊历史上几乎比埃莱夫西斯的神秘仪式更为重要。我们发现它的起源是阿尔戈英雄时代的一个不甚著名但甚为迷人的俄耳甫斯（Orpheus），他是色雷斯人，他在“文化、音乐和诗歌方面，远超过我们已知的一切人之上”。虽然我们现在所了解的一切都带有神话的成分，但这个人很可能曾经真正存在过。他被描述成一个温和的精灵，高雅、温柔、热情、爱沉思。有时是一个音乐家，有时是一个狄奥尼索斯的改革派苦行祭司。他弹奏七弦琴的技能极高，歌声也极其优美，甚至人们一听到他的琴声和歌声，就想拜他为神。狂野的动物听到他的声音就变得驯良，树木和石块也离开原来的位置追随他的琴音。他娶了美丽的欧律狄刻（Eurydice）为妻，当死神将欧律狄刻攫去的时候，他痛苦得几乎陷入疯狂。他跳入冥府，以琴声迷惑珀耳塞福涅，于是冥王提出一个条件，如果他一直到达地面而不回头转望，就准许他将欧律狄刻带回阳世。但到最后一道障碍时，他深恐妻子未能追随，无法再自我克制，于是回头转望，最终只能看到他的妻子再度被拖回冥府。色雷斯的女人因为他不肯在她们身上寻取安慰，于是在一个狄奥尼索斯的狂欢节上把他撕裂肢解。宙斯对这件事很是遗憾，他代这些女人表示忏悔，于是把俄耳甫斯的琴置于星辰间成为一个星座。他被砍断的头仍在歌唱，就被埋在莱斯博斯的一个裂罅间，后来这里成为一个很著名的神谕地，据说在这里的夜莺唱得特别甜美柔婉。

而后的时日里据说他留下来很多圣歌，可能确有其事。根据希腊的传说，一位名叫俄诺玛克里图斯（Onomacritus）的学者受希帕恰斯的嘱托，约于公元前 520 年将这些遗作加以编辑，一如几十年前编辑荷马的短诗一样。在公元前 6 世纪或更早，这些赞美诗获得了一种神圣的性质，因为有得自神的默启或灵感，并且形成了与狄奥尼索斯崇拜有关的神秘崇拜的基础，但在教义、仪式和道德影响上，则远为优越。这个信仰主要是确定圣子狄奥尼索斯·扎格留斯的受难、死亡和复活，以及所有人类均将复活，接受未来的赏罚。因为相信杀死狄奥尼索斯的泰坦们是人类的祖先，因此也就有原罪的污点存在于所有人类之中；为了对这种罪恶加以惩罚，因此把灵魂关在肉体中，就如囚于监狱或坟墓之中一样。但人类知道泰坦们曾经吃掉狄奥尼索斯，因而在每个人的灵魂里面，都有一点不能毁灭的神性而获得安慰。在秘密的圣餐礼中，俄耳甫斯派的崇拜者生啖象征狄奥尼索斯的牛肉，以纪念他的被戮和被吃，并以此再度吸收神的本质。

俄耳甫斯派的神学说，人死之后，灵魂就要进入冥府，接受阴间诸神的审判；因此，俄耳甫斯的赞美诗和仪式，也和埃及的《亡灵书》（*Book of the Dead*）一样，训示其信众为这个详尽的最后审判做准备。倘若判决有罪，就得遭受严重的惩罚。有一个教条说这种惩罚永无止境，因而在以后的神学中变成了地狱的观念。另一种教义采取灵魂轮回的观念：灵魂按照前生行为的善恶一再地转生为较乐或较苦的生命；这种转生的轮子转动不息，直到灵魂完全洁白无瑕，获准进入极乐岛为止。另一个说法提供了向善的希望：在地狱的惩罚可在生前由其本人忏悔改进或于死后由其亲友代行而得以结束；由于这个说法，产生了一种炼狱和大赦之说；柏拉图曾以几乎与马丁·路德相当的愤怒形容公元前 4 世纪在雅典举行的这种大赦：

> 托钵的先知走到富人的门前，劝告富人说，他们（先知）得了一种能力，可用祭献或咒语的方式，为富人或富人祖先的罪恶举行忏悔仪式……他们拿出许多由姆萨俄斯（Musaeus）和俄耳甫斯所写的书，劝告人们按照这些书来举行仪式。他们不仅劝告个人，并对全城的人说，祭献和娱乐（仪式）可以使罪恶得到补救和宽恕，这种祭献和仪式可在一个空闲的时间举行，对于生者和死者都同样有益。他们称后者（仪式）为神秘仪式，这种神秘仪式可以免除我们的地狱之苦，但如果我们忽视这些，无人可知将来会发生何种后果。

一种罪恶和良心的概念——肉体是恶和灵魂是圣的二元论进入了希腊人的思想。压制肉体以使灵魂超脱，成了宗教的主要目的。俄耳甫斯派正式信徒的兄弟关系，既没有教会组织，也没有单独生活，但所有的信众都穿白袍，令人一望而知，同时也不食用肉食，也做一般与希腊生活方式无关的某种程度的苦行。在某些方面，他们代表了希腊历史上的清教改革。他们的仪式逐渐侵占了大众对奥林匹斯山诸神的崇拜。

这个教派的影响，广泛而又持久。毕达哥拉斯学派曾采纳他们的食物、服装和轮回理论，目前有一点值得注意的是，可能就是他们发现了意大利南部俄耳甫斯教派的最古老的文件。柏拉图虽然排斥了俄耳甫斯派的许多教义，但接受了他们肉体和灵魂的对立、较严肃的道德倾向以及对永生的希望。斯多葛学派的泛神论与苦修主义，与俄耳甫斯派有部分的渊源。亚历山大的新柏拉图学派收集了大量的俄耳甫斯派的著作，并以这些著作为基础，建立他们的神学和神秘主义。地狱、炼狱、天国、肉体与灵魂、圣子的被戮和再生、在圣餐式中食圣体和饮圣血以及神的圣性等教义，都直接或间接地影响了基督教，基督教本身也是一个赎罪和希望、神秘结合与超脱的神秘宗教。因此，我们可以说，俄耳甫斯派崇拜的基本观念和仪式，如今不但仍旧存在，而且颇为兴盛。

崇拜

希腊的宗教仪式和他们所崇敬的神一样，多而且杂。诸神所接受的，是一种安抚和摆脱性的阴沉仪式；奥林匹亚山诸神所接受的，则是一种欢迎和赞颂的欢乐仪式。任何仪式都不需要神职人员：父亲就是家庭的祭司，行政长官就是邦城的祭司。希腊生活并不像一般所说的那样世俗化，宗教在任何地区都占有很重要的地位，任何一个政府都认为正式崇拜对社会秩序和政治安定极为重要，因而加以保护。埃及和近东是僧侣控制的国家，而在希腊则是国家掌握宗教的领导权，将僧侣的地位降为神殿中的执事人员。神殿的财产，在不动产、金钱和奴隶方面，由政府官员稽查与掌管。希腊没有类似于修道院的机构训练僧侣，只要熟悉祭神的仪式，任何人都可以被很容易地选派为祭司，而且在许多地区，这个职位可由出价最高者得到。僧侣没有等级系统，神殿与神殿的祭司之间通常也没有关系。没有所谓教会，没有正统，也没有严格的信仰。宗教虽不宣称某种信仰，却要参加正式的仪式。只要不公然拒绝或亵渎本城的神祇，任何人都可以有自己的信仰。希腊是一个政教合一的国家。

崇拜的地点可在家庭的炉火前，或本城大会堂的炉火前。对地下神祇，有时是在一个地隙之中；对于一个奥林匹斯山的神，则在神殿之内。神殿是神圣不可侵犯的地方，崇拜者在此相聚，即使是犯有重罪的逃犯，在此也可得到庇护。神殿是为神而建立的，并非为了集会。因此，神殿就是神的家，在殿里建起他的塑像，像前燃起长明灯，永远不得熄灭。人们经常认为，这个塑像就是神，因此小心翼翼地擦洗它，为它着装和照料，有时也因为它的疏忽职责而叱责它。有时，希腊人也告诉我们神像如何出汗、流泪和闭目的情形。神殿里保存一部记录，记载该神的节日以及崇拜他的城市或群体生活上的重大事件，这也就是希腊历史编纂的根源和最初形式。

典礼包括游行、吟诵、献祭、祈祷，有时还有圣餐。在游行中可能也有魔术、化妆及戏剧表演。在大多数情形下，基本礼仪由风俗习惯决定，赞颂诗与祈祷文的每一个文字，均由家庭或政府保存在圣书之中，每个音节、动作或韵律，都鲜有更动；他们的神也许不喜欢或不了解新奇及变化，尽管流行语言已有变化，但仪式用语仍然如故；尽管人民已不能了解仪式中所使用的语言，但古典文字所给予的兴奋可以代替了解。典礼本身比当初举行该项典礼的原因更能持久，于是又产生新的神话以说明其建立的目的；神话及信仰可以变更，但仪式仍旧。在典礼的整个过程中，音乐甚为重要，如无音乐，宗教则无能为力。正如宗教产生音乐一样，音乐也产生宗教，诗是在神殿和游行吟诵中产生，然而这种诗的韵律后来也装饰了阿基罗库斯强烈的亵渎文字、萨福毫无拘束的热情和阿那克里翁引起丑闻的优美。

到达祭坛（通常在神殿之前）后，祭拜者便用祭品和祈祷以求转移神的愤怒或博得神的庇佑。以个人而言，他们可以奉献任何有价值的东西——塑像、浮雕、家具、武器、大锅、三脚架、服装及陶器。当神不能使用这些器物时，祭司就可取用之，军队可像色诺芬的“万人”大军在撤退时所做的一样，奉献他们的部分战利品，团体通常奉献田里的水果、葡萄或树木，但动物更投其口味。有时，在特别需要的场合，甚至以人献祭。阿伽门农为求一阵风牺牲了伊菲吉妮娅；阿喀琉斯在帕特洛克罗斯的柴火堆上奉献了 12 名特洛伊青年；为满足阿波罗的胃口，经常将活人从莱夫卡斯和塞浦路斯的悬崖上投下。其他如塞俄斯岛和特纳多斯，也用活人祭献狄奥尼索斯；据说狄密斯托克利曾在萨拉米斯之战将波斯的俘虏祭献狄奥尼索斯；斯巴达人为庆祝阿尔忒弥斯奥西亚的节日，在祭坛上鞭笞青年，有时将人鞭笞致死。至 2 世纪，宙斯还在阿卡狄亚斯接受人祭。在马萨利亚瘟疫流行时，公众出资豢养一个贫苦公民，替他穿上圣袍，饰以圣枝，然后在祈祷中将他从悬崖掷下，希望他能顶替所有人罪恶应受的惩罚。在雅典，凡是遇到饥荒、瘟疫或其他危机时，便照习惯找一个或一个以上的代罪者，或利用仪式的模仿，或实际牺牲，以求涤除本城的罪愆。此外，在萨吉利亚（Thargelia）的节日上，每年也举行一个类似仪式，有的仅属模仿性质，也有实际奉献。[1]这种以人作牺牲的做法随着时间的发展逐渐缓和，后来限制为仅能使用已判死刑的罪犯，并以酒麻醉其感官与知觉，最终以动物代替。当留克特拉之战（battle of Leuctra，公元前371年）的前夜，波奥蒂亚的领袖皮罗皮达斯（Pelopidas）做了一个梦，好像是神要求一个活人致祭作为胜利的代价，他的幕僚中有一部分赞成，但另一部分表示反对。反对的人认为，这种野蛮和不敬的做法，不可能使任何最崇高的神感到愉悦；台风和巨怪并没有主宰世界，主宰世界的是所有神和人的一个慈爱大父；如果认为任何神圣或有大能者喜欢牺牲人的生命以享受祭献，那是一种荒谬可笑的事。

以动物当作祭品是人类文明发展史上的一大进步。在希腊，顺应这个进展而首当其冲的动物是牛、羊和猪。在每次交战前，敌对双方的军队，依照他们所期望的胜利按照比例奉上祭品。在雅典，每次集会前，先以猪做祭品，以洁净集会的场所。但人们的虔敬在重要关头就崩溃了：因为给神的仅是骨头和包着肥油的一点肉，其余的则由祭司和崇拜者予以保留。希腊人为给自己找寻宽恕的借口，曾列举了一个故事：在巨人的时代，普罗米修斯将牺牲动物的可食用部分用皮包好，另将骨头用肥肉包起，请宙斯自行选择。宙斯“用双手”选择了后者（肥肉包骨）。当宙斯发现他被欺骗后，当然异常愤怒，但因为那是他自己的选择，只得忍受，并且永远忍受。只有对地下诸神祭祀时，才把全部祭品奉上，并且将整只动物烧为灰烬使成燔祭；人们对

[1] 这种牺牲者在雅典被称作“pharmakoi”。“pharmakoi”最初的意义是魔术家；“pharmakon”的意义是有魔法的符咒或处方，然后又转为医疗剂。至于这个祭品（人）是否被真正杀死，说法不一，目前仍在争论中，但最初的牺牲是被真正杀死，这是毫无疑问的。

地下诸神，比对奥林匹斯山诸神更为恐惧，所以不敢马虎。在对地下诸神祭献后，人们不敢继之以同餐，怕的是把神诱来加入。但对奥林匹斯山诸神并非一种敬畏的赎罪，而是一种心情颇为愉悦的灵交。因此，在奉献牺牲后，崇拜者便去共享祭品，人们希望经过咒语祝祷过的祭品浸入了神的生命和能力，并能将神的生命和能力神秘地传给他们，因此，他们也将酒倾倒于祭品上，然后再注入崇拜者的酒杯里，所以说成与神共饮。在雅典，很多行业和社会团体组成许多组合或团体（如公会或兄弟会），这种宗教共餐式的神交观念，形成了各团体的约束力量和形式。

以动物作为牺牲祭献，在希腊一直持续至基督教兴起。基督教的做法则比较聪明，他们废除动物祭，而代以精神和象征性的弥撒。祈祷在某种程度上也代替了牺牲，将血肉的奉献转变为连续祷文，这是一种明智的改良。因为人随时随地都可能碰到机会或悲剧，自可以随时利用这种比较缓和的办法，向宇宙间的神秘力量呼求援助。

迷信

在希腊宗教的上层和冥府——奥林匹斯山诸神和地下神之间，出现了无数的魔术、迷信和巫术。在我们即将称颂和引述的一些天才下面和后面，是一些贫苦和思想简单的大众。对这些人而言，宗教是一个恐怖的网孔，而不是一个希望的阶梯。宗教不仅是一般的希腊人接受的神奇故事，例如忒修斯从死亡中复活参加马拉松的战斗，狄奥尼索斯将水变为酒。这些故事出现于各处和每个人间，而且成了光耀日常生活的诗歌的一部分。人们甚至可以忽视雅典欲得忒修斯的遗骨和斯巴达想把俄瑞斯特斯遗骨从泰吉亚（Tegea）运回的焦急之情，但真正赋予这些遗骸神奇力量的可能是统治方法的一部分。虔诚的希腊人所受到的精神压力是周围的精灵，他们认为这些鬼神随时随地可以观察到他们的行动，可以干预他们，也可以给他们降祸。这些鬼怪经常觅取机会进入他们的身体，因此必须经常对它们加以提防，并且举行有法力的仪式来驱除它们。

这种迷信不但与科学颇为接近，而且在某种程度上预测了我们关于病菌的原理。对希腊人而言，所有的疾病都是由灵怪附身而起，接触一个病人就是感染他身上的不洁或“邪魔”。现在我们所说的病菌，就是希腊人叫作“Keres”或小恶魔的时髦名称。因此，一个死了的人是“不洁”的，他已被小恶魔所攫了。当希腊人离开一个停放尸体的屋子时，一定要在门口的一个容器里取水向身上撒，以驱除征服那个亡者的恶魔。这种观念应用到很多的范围里，甚至连我们现在的细菌恐惧症都难以与之相比。性交使人不洁，生子和杀人（即使过失杀人）也是如此。发疯是由于外来精灵的侵入，疯人则本身精神错乱。在所有此等情形下，都需要举行一次洁净仪式。家庭、庙宇、营舍甚至整个城市，都要定期用水、烟或火去加以净化（很类似我们今天的消毒）。每一个神殿的进口处，都放有一碗净水，以备前来礼拜的人用来自净其身，这也许是一种富有暗示性的做法。祭司是“涤净的专家”，他们可以用击敲铜器、念咒、施用法术和祈祷等来祛除不祥(鬼怪)。甚至是由故意杀人罪所招致的不洁，用适当的仪式也可予以涤除。在这些情形下，忏悔并非绝对必需，所需要的只是摆脱带祸的恶魔，宗教在道德事务上不如处理鬼怪的技术来得重要。虽然如此，由于宗教禁忌和涤净仪式的逐渐增多，在宗教性的希腊，产生了一种与清教徒罪恶观念极为接近的心理状态。如果我们一读品达和埃斯库罗斯的作品，就会认为希腊人没有良心与罪恶观念之说难以成立。

由于相信人类是被鬼怪的气氛包围，导致了成千的迷信。亚里士多德的继承人提奥夫拉斯图斯（Theophrastus）在一篇关于迷信的记述里曾有如下摘述：

> 迷信似乎是对神明的一种怯懦行为……众所周知的迷信者，除非他在“九泉”（Nine Springs）先洗手和给自己洒水，并将神

> 殿的一片桂叶置于口中，不然不外出开始一天的工作。如果有一只猫跨过了他所经之路，除非另有一个人经过，他绝不继续前进；或者，他必须先用三颗石子投过街道，然后再行。如果他在家里发现一条蛇，而这条蛇是红的，他就要求助于狄奥尼索斯；倘若那是一条圣蛇，他就得立即在那儿建一个神龛。倘若他在十字路口路过一个光滑的石柱，他就要从瓶中取出油来加以涂抹，除非先跪下祈祷，绝不继续走。倘若老鼠将他的饭袋咬了个洞，他就要到男巫那里请教处理办法。如果他所得的建议是“找皮匠补好”，他就会不予理会，然后以憎恨的仪式去除霉气……如果看到一个疯子或患癫痫病的人，他就会颤抖着向他的胸上吐口水。

比较单纯的希腊人相信或教导他们的子孙相信很多的鬼怪。如果有了不好的“兆头”或发生了奇异的事件，例如动物生出畸形兽或人生出畸形儿等，全城的人就会发生间歇性的骚动。希腊人对日期的迷信颇为普遍，在认为不祥的日子里他们都不举行婚礼、不集会、不议朝政，也不从事任何商业。打一个喷嚏或跌上一跤，都可能是放弃一次旅行或停止一项事务的原因。一个微小的日食或月食，可以使军队停止前进或撤回，而使一次大战结果悲惨。此外，有些人似乎有天赋的能力，能够发出有效的诅咒：愤怒的父母、一个被冷落了的乞丐，可以用咒术伤人，甚至使人丧失生命。另一些人身怀异术，他们可以调配春药，可以用秘药使男人丧失性能力，使女人变为不孕。柏拉图甚至认为，除非制定法规制裁那些以妖术害人的人，否则他的法律便不算完整。如果我们注意一下欧里庇得斯的美狄亚和忒俄克利托斯的西美萨（Simaetha），便知道女巫并非中世纪的发明。迷信是社会现象中最为稳定的一种，它经过了很多世纪和文明，几乎仍然未变，不仅在根源上如此，甚至在形式上也没有更动。

神谕

在这个处处都充满超自然力的世界里，人类生命中的重大事件，似乎完全被神鬼的意旨左右。为了发现这种意旨，好奇而谨慎的希腊人求助于占卜者和神谕，后者以观星、解梦、检验动物的内脏或观察鸟的飞行，以预言将来。职业预言家受雇于家庭、军队和各邦。尼西亚斯在出发远征西西里之前，曾经请教过一群祭祀者、占卜家和预言家，虽然所有的将军并不一定都像这位拥有众多奴隶的尼西亚斯如此虔诚，但几乎所有的人都一样地迷信。这种宣称有神的启示和具有千里眼的人，男女都有：在伊奥尼亚，特别被称为预言家的是某些女人，她们发布的神谕被无数希腊人相信。据说有一个叫作希罗菲拉（Herophila）的女预言家从埃利色雷漫游，历经希腊各地，到达意大利的库迈，在那里成为最著名的预言家，有人说她在那里活了1000岁。雅典也和罗马一样，搜集了古代神谕，政府还在大会堂内请了一些善于解释的专家。

希腊各地的许多神殿里，都设有公共神谕，最著名和最受尊重的是早期在多多纳的宙斯神谕以及在德尔菲富于历史性时期的阿波罗神谕。“野蛮人”也和希腊人一样询问神谕，甚至罗马也派遣使者请询或探求神的旨意。由于一性（女性，因为女性较男性富于直觉）的直觉特别接近或富于预言能力，所以设有3位女祭司（每位均在50岁以上），予以特别训练，使她们产生一阵神情恍惚，以接受阿波罗的启示。在神殿下面一个地穴里，经常冒出一种特别的气体，据说从前被阿波罗所杀死的那条巨蛇在永久分解。主其事的女祭司称为皮西亚，坐在这个裂罅上面的一个很高的三脚凳上面，嘴里嚼着麻醉性的月桂树叶，呼吸从洞里冒出的这种恶臭，然后就陷入一种错乱、谵语或痉挛状态，因此就受到默启，说出一些很合逻辑的话，然后男祭司把这些话的意义译给在场的目睹者。最后的答话往往容许其他甚至相反的解释，如此，无论未来事情的真相如何，这种预言都可以说是灵验有效，万无一失。解释预言的男祭司和说话的女祭司可能都是傀儡，有时候他们也接受贿赂，以便迎合求取者的意旨宣布预言。大多数时候，宣布神谕的声音甚为柔和、悦耳动听，在希腊很能产生一种主导的影响。虽然如此，当这些祭司不在外力的约束下时，他们在教人节制和政治智慧方面，也对希腊人提供了宝贵的教训。他们虽在希腊人的道德观念开始反对以人做牺牲但对奥林匹斯山诸神的失德不加抗议后，进行了谴责，却也协助了希腊人制定法律，鼓励解放奴隶，并且购买了很多奴隶来释放。他们并没有走到希腊思想的前端，但也没有以教义上的褊狭去妨碍它的发展。他们对希腊许多必需的政策，提供了超自然的有益约束，也为散布于希腊各地的城邦之间提供了某种程度的良知和道德上的统一。

由于这种的影响，产生了所知的希腊最早的各邦的联盟。"近邻同盟"原为住在德摩比勒（Thermopylae）附近以及德墨忒尔神殿周围地区各族人民的宗教联盟。参加联盟的各邦主要有色萨利、马格尼西亚、弗西奥蒂斯、多利安、艾菲索斯、波奥蒂亚和阿哈伊亚。各邦每半年集会一次，春季在德尔菲，秋季在色摩比利。他们缔结的条约是：不得毁灭彼此的城市、不得切断各城市的水源、不得劫掠或容许他人劫掠在德尔菲的阿波罗宝藏，对任何违犯该誓约的国家，必须共同加以攻击。以上为各国联盟的纲要，但这个纲要由于各国财富和权力的自然波动，以及人和群体的传统竞争而未能完成。色萨利组织了一个臣属各邦的集团，永久控制了这个联盟。此外，也成立了几个其他近邻联盟，例如雅典就隶属卡劳利亚（Calauria）联盟。彼此竞争的联盟，在其促进各国和平的同时，为了反抗其他集团而变成了阴谋和战争的工具。

节日

希腊的宗教纵然未能消弭战争，却以无数的节日安抚了一成不变的经济生活。阿里斯托芬曾经这样说:“我们向神奉献了多少生命!我们建立了多少神殿、塑像……举行了多少次的神圣游行!在一年内每个时期我们都可看到节日和饰以花圈的牺牲。”这些费用由富户支付,政府也提供神款,以使一般民众能够入场参观特意为庆祝每一个节日所准备的竞技和表演。

雅典所用的历法,大体上是一种宗教日历,许多月份的名称都是出自他们的宗教节日。在第一个月“百牛大祭月”(Hecatombaion,7—8月)有克罗尼亚(Cronia)节(相当于罗马的Saturnalia),在这一天,主人和奴隶坐在一起享受一顿愉快的盛餐。在同一月里,每四年有一个泛雅典娜节(Panathenaea),在这个节中,连续4天的比赛和竞技后,全体公民组成一个庄严而多姿多彩的游行行列,将一件华丽的绣袍抬送给雅典娜的女祭司,当然这是之后要给本城的守护女神穿的。举世皆知的还有菲狄亚斯(Pheidias)为帕特农神庙选择墙饰的故事。在第二个月梅塔该尼(Metageitnion)有梅塔该尼节(Metageitnia),这是一个为纪念阿波罗的次要节日。在第三个月波特罗米尼节(Boedromion),雅典人出发到埃莱夫西斯去举行一个更大的神秘仪式。第四个月皮亚诺普西昂(Pyanepsion),庆祝皮亚诺普西昂节(Pyanepsia)、奥斯弗尼亚节(Oscophoria)和播种宴会,此时,雅典的女人用一种奇怪的祭地下神仪式,展示一些男性阴茎标志,交换一些亵猥的语言和动作,并象征性地走下冥府,然后回来,显然是借神秘仪式以促进土壤和人类的生殖力。只有叫作麦马克特利昂(Maimakterion)的那一个月没有节日。

在波塞冬(Poseideon)月,雅典人举行伊塔罗阿(Italoa,收获果实的节日);在迦姆里昂(Gamelion)月举行里那亚节(Lenaea),纪念狄奥尼索斯。在安塞斯特利昂(Anthesterion)月,有3个重要庆祝:次要或准备性的神秘仪式,底亚西亚或对梅利查斯(Meilichios)的祭献,最重要的是安塞斯特里亚节或“花节”。在这个连续3日纪念狄奥尼索斯的节日里,每个人都可以毫无拘束地纵酒,因此每个人多少都有醉意；此外，还有饮酒比赛，街头到处都充满着酒宴的欢乐。王者执政官的妻子坐在一辆车上的狄奥尼索斯神像旁边，并在神殿里与神举行结婚仪式，以象征雅典与神的结合。在这种欢乐宴饮的另一面也有一种阴沉的低调，那就是对已亡者的恐惧和慰解；活人先行食用一餐很庄严的饭食以纪念他们的祖先，然后将满锅满碗的酒食留给他们。在这个节日的最后，人们用固定的驱魔咒语，将死者的鬼魂从家里赶出："灵魂们，滚开吧！安塞斯特里亚节已经结束了"——这句话成了打发乞丐的话。[1]

在第九个月埃拉弗洛里昂（Elaphebolion）里，有一个盛大的狄奥尼索斯节，由庇西特拉图于公元前 534 年创立。这一年泰斯庇斯在雅典开始以戏剧作为庆祝节日的一部分。时当 3 月下旬，正是春暖花开的时候，海洋已可航行，商旅和观光客群集城内，会场和剧场都拥挤不堪。所有买卖均已停顿，所有法庭也都关闭，连监狱的罪犯也都释放出来，让他们分享这个节日的欢欣。所有雅典人，不分年龄和阶级，都着盛装，参加将狄奥尼索斯神像从伊留特拉（Eleutherae）迁移至剧院的游行行列。富人驾驶战车，穷人徒步而行，注定要成为祭神牺牲的动物排成很长的行列跟随在后。阿提卡地区各城镇的合唱队，也都前来加入游行，或参加歌舞比赛。在第十个月莫尼卡昂（Munychion），雅典庆祝莫尼卡亚节，并在阿提卡庆祝布劳罗尼亚节（Brauronia）以纪念阿尔忒弥斯（5 年一次）。在第十一个月塔吉里昂（Thargelion）里，有塔吉里节，或称收获节。到了第十二个月斯奇洛弗里昂（Skirophorion），有斯奇洛弗里亚（Skirophoria）、阿里托弗里亚（Arretophoria）、第波利亚（Dipolia）和保弗尼亚（Bouphonia）4 个节日。这些节日并非每年举行，但即使是 4 年一次，也可使人们日常劳碌的生活获得一个安适的调剂。

[1] 在欧洲许多地区，人们至今仍然相信死者的灵魂每年要返回人间一次，因而特别设定一个"万灵节"来招待它们。

其他各邦也有类似的假日。在乡村，每逢播种和收获，也都有宴饮庆祝。远比以上各节日较为重大的是泛希腊节，这些节日称为“潘涅吉里斯”（*panegyreis*），意为“总集会”，其中包括在米卡利日举行的帕若尼亚节（Panionia），在得洛斯举行的阿波罗节，在德尔菲举行的皮西亚节，在科林斯举行的伊斯米尼节（Isthmian），在阿尔戈斯附近举行的内梅节（Nemean），以及在埃里斯附近举行的奥林匹克大会。这些节日中虽有各邦参演的竞技，但基本上还是以假日为主。能有这样富于人性的宗教，与艺术、诗歌、音乐、竞技乃至道德作欢欣而富创性的结合，对于希腊而言，实是一大幸事。

宗教与道德

乍看之下，希腊的宗教对道德似乎没有什么重大影响。最初，宗教原是一个法术而非一个伦理道德的体系，乃至最后，就大体上言，仍旧如此。因为人们对正确的仪式要比良好的行为更为重视，而奥林匹斯山和地下诸神本身，在诚实、贞洁和高雅上，也颇有不足。即使是埃莱夫西斯的神秘仪式，虽然提出了超自然的希望，但他们的得救是奠基于仪式的净化，而非高尚的生活之上。善于讽刺的第欧根尼曾经说：“贼盗帕泰基死后的命运将比阿格西劳斯或伊巴密浓达为佳，因为帕泰基曾在正式仪式中加入这个教派。”

虽然如此，但在更为重要的道德关系上，希腊宗教却也在无形中帮助了这个民族和国家。尽管净化仪式是一种外在的形式，但它仍然做了道德的启发象征。尽管含混而无定则，但诸神对美德仍然作了一般的支持：他们憎恨邪恶，矫治傲慢，保护恳求者和陌生人，并用恐怖维护誓愿的神圣。据说，达克有罪必罚，可怕的欧迈尼德斯和艾瑞尼一样，将杀人者逼上疯狂或死亡的道路。人类生活的中心行为和组织，如诞生、婚姻、家庭、氏族和国家，都从宗教获得了神圣的尊严，而不致陷于混乱和反常的贪婪。各代经由纪念死者的方式而得以连接在一起，继续履行宗族的义务，以使一个家庭不仅是夫妇和其子女，甚至不仅是父母、儿女、孙子等一个家族的集合，而是一个前至过去、后至未来的血与人的联结，将死者、生者及尚未诞生者，结合在一个比任何其他国家更为强固的神圣联盟。宗教不仅使生育子女成为对祖先的一种庄严责任，并使缺乏子嗣的人恐怕死后无人埋葬、祭祀及照顾坟墓而对生育发生鼓励作用。只要这种宗教影响存在一天，希腊人民不论贫富，都积极地大量生育，这样，加上无情的自然选择之助，种族的元气与品质也就得以维系了。宗教与爱国心在无数隆重的仪式中结成一体。在公众祭礼中，最受尊敬的神或女神，表现了本城的神圣理想。每一项法律，议会或法庭的每一次集会，军队和政府的每一种重要计划，每一座学校或大学，每一个经济和政治的组合，无不具有浓重的宗教仪式和祈祷的气氛。希腊的社会和民族，就以这些方式，将宗教作为一种防御个人主义泛滥的武器加以利用。

艺术、文学和哲学首先强化了这种影响，但后来又削弱了它的力量。品达、埃斯库罗斯和索福克勒斯将他们个人的道德热诚或洞见倾注于对奥林匹斯山诸神的信仰之中，而菲狄亚斯则用美与庄严使神灵更加高贵。毕达哥拉斯和柏拉图将哲学与宗教互相结合，并支持永生或不死的教义，作为一种道德观念刺激剂。然而，普罗泰戈拉怀疑、苏格拉底轻忽、德谟克利特否定、欧里庇得斯嘲笑那些神祇。因此到了最后，希腊哲学虽非出于本愿，却毁灭了塑造希腊道德生活的宗教。

第九章 | 早期希腊的共同文化

各邦的个体主义

欧洲文化的两个巅峰时代——古希腊和文艺复兴时期的意大利——与其说是以较大的政治组织为基础，不如说是植根于城邦。希腊的地理环境对这一结果的促成可能有着重大的关系。希腊到处都被山岭或水域所阻隔，桥梁很少，道路很差，海洋虽是敞开的大道，但它所连接的只是商业上的城市，而非地理上的邻邦。地理关系并不能完全说明当时的城邦状况。同在波奥蒂亚的平原之上，底比斯与普拉蒂亚之间和底比斯与斯巴达之间存在着相等的分离主义。在同一个意大利海岸之上，锡巴里斯和克罗托那之间比锡巴里斯与锡拉库萨之间所存在的分离主义更多。经济和政治利益的分歧使各城市不能结合，彼此间不是为了遥远的市场或谷物而互相斗争，就是为了控制海洋权而结为敌对的联盟。种族起源的不同更助长了他们的分裂。希腊人认为他们都出自一个种族，但是对部族的区分——埃奥利族、伊奥尼族、阿哈伊安族、多利安族——甚为敏感，雅典和斯巴达因人种的差异而互相嫌弃，同我们这个时代的种族仇视并无两样。宗教的差别加深了政治分离，正如政治分离加深了宗教上的差异一样。各地区和民族各有其不同的崇拜对象，因而导致了不同的节日和历法、不同的习惯和法律、不同的法院和裁判，甚至不同的边界，因为界碑所定的不仅是社会的界限，同时也是神区的划分，所谓“地区不同，宗教亦异”（*Cujus regio*，*ejus religio*）即基于此。以上各项因素和其他有关事项，共同形成了希腊的城邦体制。

城邦并非新奇的行政形态，我们可在荷马和伯里克利数百或数千年前的苏美尔（Sumeria）、巴比伦、腓尼基和克里特看到这类城邦。就历史而言，城邦是村落社会互相结合或发展的较高层次——也就是在一个地区耕种、属于一个群体、崇拜一个相同的神的人民所建立的共同市场、共同集合地和共同的裁判所。从政治看来，对希腊人而言，这种体制最能调和人类社会两个敌对而又波动的要素——秩序和自由，因为再小不够安全，再大容易形成暴政。就哲学家的期望和观点而言，最理想的方式是，希腊各城邦都具有本身的主权，然后依毕达哥拉斯式的和谐来互相合作。亚里士多德认为，城是一群承认一个政府而又能同时在一地集会的一群个人自由地结合。他认为如果人数超过1万公民，则不可能或不切合实际。在希腊文中，只用“polis”一词，就足以表达城和邦两种意义。

众所周知，这种政治原子论带给了希腊许多兄弟争斗的悲剧。因为伊奥尼亚未能团结自卫而屈服于波斯；因为整个希腊未能团结一致，虽有联邦与同盟之名，它所崇拜的自由终归破灭。但是，如果没有这种城邦制度，希腊也就无法成为希腊了。也只有通过这种公民的个人主义意识，这种几乎毫无限制的独立主张，此种制度、习惯、艺术以及宗教的差异，通过竞争和模仿，使整个希腊在一股强劲的激励下度过其他社会闻所未闻的一种热情、充实而富有创造力的人生。即使在我们这个时代，是否有和希腊城邦人口或面积略等的社会，一如希腊那种近乎骚乱的自由，向人类文明的洪流倾注同样众多的贡献？

文字

虽然如此，但在这些采取分离主义的互相提防的各邦生活之中，却也不乏某些共同的因素。我们发现，远在公元前 13 世纪，整个希腊半岛就已使用一种共同的语言。这种语言一如波斯语和梵语、斯拉夫语和拉丁语、德语和英语一样，同属印欧语系。在这些语言中，无数表示生活中主要关系或物体的词语，都有着共同的词根，这不仅表示了这些事物在人类分散前即已存在，同时也说明了使用这些语言的民族在历史萌芽时期的血族或相关关系。[1] 希腊语区分为各种方言，如埃奥利安语、多利安语、伊奥尼安语、阿提卡语，这是事实，但彼此之间不仅可以相互沟通，而且在公元前 5 世纪及公元前 4 世纪已合并为一种共同方言（*koine dialektos*）。这个方言主要出自雅典，但几乎整个希腊受过教育的阶层都使用。阿提卡语是一种高贵的语言，生动、优美、和谐，虽和其他任何有活力的语言一样不规则，但极易拼成富有表达能力的复合词，有微细的变化和意义的区别、微妙的哲学观念，自"怒涛澎湃"的荷马诗至平静流畅的柏拉图散文，都充分表现出文学的优美。[2]

根据希腊传说，希腊的书写文字是在公元前 14 世纪从腓尼基传入。对此，我们并不知道任何与此相反的说法。最古老的希腊碑铭（公元前 8 世纪及公元前 7 世纪）和公元前 9 世纪莫亚比特（Moabite）刻石上的闪米特文字颇为相似。这些碑铭是以闪米特的方式自右向左书写；公元前 6 世纪的碑铭（例如在哥提那发现的）则自右向左和自左向右交互书写；再晚的碑铭则完全自左向右书写，因此，也就有些

[1] 除了数字与常用语外，参阅梵文如 dam（as）（屋），希腊文 domos，拉丁文 domus，英 文 timber；dvaras，thyra，fores，door；venas，（f）oinos，vinum，wine；naus，naus，navis，nave；akshas，axon，axis，axle；iugom，zygon，iugum，yoke；等等。

[2] 古希腊文究竟如何发音，我们不得而知，使我们深感困惑的音调，在古典的希腊著作中很少使用，但于公元前 3 世纪，由拜占庭的阿里斯托芬插入古代典籍中。这种音调在读希腊诗时不可忽视。

字母反转了方向，例如“ꓭ”和“Ǝ”变作了“B”和“E”。希腊人采用了闪米特的字母名称，稍加修正[1]，但也作了几个基本改变。最重要的是，他们增加了闪米特所省略的母音字，以若干表示子音字或气音符号的闪米特文代表 a、e、i、o 和 ü。而后伊奥利安文又增列了长母音字“eta”（长 e）和“o-mega”（长 o 或双 o），10 个不同的希腊字母曾为争取主权而斗争，正如各城邦间的战争一样。伊奥尼亚式的文字在希腊占得了优势，因而传入了东欧，至今仍在使用。在罗马，采自库迈的哈尔基斯（Chalcidian）式文字，变成了拉丁文和英文字母。哈尔基斯字母没有长 e 和 o，但与伊奥尼安文不同的是，保持了腓尼基的“vau”作为一个母音（一个与 w 音差不多的 v），因此，雅典人读酒字为“*oinos*”，哈尔基斯人读为“*voinos*”，罗马人读为“*vinum*”，英文读作“*wine*”。哈尔基斯人保留了闪米特的“Koppa”或“q”，然后传给了罗马文和英文；伊奥尼亚人放弃了这个字母，认为有“k”已经足够。伊奥尼亚人以“L”表示“A”，哈尔基斯人写作“*L*”，罗马把这个“L”摆直，然后传给了欧洲。伊奥尼亚人用“P”作“R”，但在意大利居住的希腊人给“P”加了一条尾巴变为“R”。

文字在希腊最早可能是在商业或宗教上被使用。很显然，祭司们的咒语和吟诵的祷词是诗歌之母，而提货单则是散文之父。字体区分为两类，正楷用于文学碑铭或题词，草书则供一般用途，当时既无重音，词与词之间也无空白间隔，更无标点符号，但在变换题目时则画一条称作“*paragraphos*”的横线——也就是“画在旁边”的一个横线符号。用于作为书写的材料很多：倘若我们相信罗马学者普林尼的说法，最初是用树叶或树皮，作碑铭时则用石、铜或铅，一般书写时则用泥板（例如在美索不达米亚）[2]，然后是涂蜡的木板。据说，这种方

---

[1] 希腊字 alpha，腓尼基为 aleph（bull）；beta，beth（tent）；gamma，gimel（camel）；delta，daleth（door）；e-psilon，he（window）；zeta，zain（lance）；beta，kheth（paling）；iota，yod（hand）；等等。

[2] 希腊文 *Graphein* 一词，我们译作“书写”，其原意为“刻入”。

法在学童之间颇为流行。为永久目的使用者则书写于纸草，该材料是由腓尼基人从埃及带入，而在希腊及罗马时代，则书写于羊皮之上。在蜡板上书写时使用一种称作“stylus”的金属针，在纸草上或羊皮上书写时则使用芦苇蘸墨水。要想把蜡板上的文字擦掉，则使用金属针握把的平滑部分；要擦掉墨水时使用海绵；因此，诗人马提雅尔（Martial）在把他的诗作送给朋友时，总要附带一块海绵，以便一下子可以擦掉。很多批评家对这种礼貌的消失都感到惋惜。

在传流下来的古老语言的领域中，最有规则的要算是书写的文字了。纸当然是来自纸草，而使用的材料是压缩的植物。书写的一行希腊文称作“*stichos*”，在英文里称作“*row*”，拉丁文称作“*versus*”，英文今天也称作“*verse*”，亦即“转回”之意。将文章分段写在纸草或羊皮上时，其长度为20—30英尺，然后卷在一支木棍上。这样的卷轴希腊文称为“*biblos*”，这是腓尼基的一个城名，因为希腊的纸草是由这个城传入。较小的卷轴称作“*biblion*”。我们的《圣经》一词，原来为“*ta biblia*”，亦即“卷轴”之意[1]。当卷轴形成一部较大作品时，则称为“*tomos*”，意即“剪接”。卷轴的第一张称为“*protokollon*”，意即“贴在木棍上的第一页”。卷轴的边缘[2]用轻石磨光，有时并加以着色。倘若作者有能力负担，或卷轴内记载着重要事项，可以卷在“*diphthera*”（薄膜）内，或如拉丁文所称的“*vellum*”。因为过大的卷轴在处理和参考上都不方便，文学作品通常都分为数个卷轴，因此，“*biblos*”（书）一词，并非适合于一部作品的全部，而是适用于每个卷轴或每一部分。作者很少作这样的区分，后来将希罗多德的《历史》分为9卷，将修昔底德的《伯罗奔尼撒战争史》（*peloponnesian war*）分为8卷，将柏拉图的《理想国》分为10卷，将《伊利亚特》和《奥德赛》分为24卷。因为纸草价格昂贵，每份都要

[1] 拉丁文称卷轴为*volumen*，意为“卷起”。
[2] 英文*frontispiece*（扉页）系来自拉丁文*frontes*。

用手书写，因此古时的书籍都很有限。虽然当时想博学多才和目前一样困难，但当时的教育要比现在容易。当时的一切并不完全仰赖阅读，大部分的知识是历代口头传述，技艺也是一代一代地向下传授，大部分的文学作品，是由训练有素的诵读家向以耳学习的人朗读。[1]在公元前 7 世纪以前，希腊尚无识字或能阅读的大众，直到公元前 6 世纪波利克拉底和庇西特拉图开始搜集图书，希腊才开始有图书馆。听说公元前 5 世纪欧里庇得斯和执政官欧克拉底已有私人图书室，公元前 4 世纪则有亚里士多德书斋。亚历山大的公共图书馆是首开先河，雅典则到哈德良才开始有公共图书馆。伯里克利时代的希腊人之所以那样伟大，可能就是因为他们不必读太多或太长的书。

文学

文学和宗教一样，分化了希腊，同时也统一了希腊。诗人虽然只用他们的方言吟咏，而所吟咏的内容也多是他们故乡的风光，但是所有的希腊人都喜欢聆听较为动人的声音。因此，他们不时刺激诗人，以使他们能接触更宽广的题材和领域。时间和偏见把这些早期的诗破坏得太厉害，使我们无法领略到它的丰富和广阔，以及它那活泼的音调和完美的形式。但当我们遨游公元前 6 世纪希腊诸岛或各城，看到伯里克利时代以前的希腊文学就已那样丰富和优美时，我们的惊异之情就油然而生了。抒情诗反映了贵族社会，在那个社会里，只要遵守教养上的礼貌规范、感情、思想和道德，其余皆无拘束，但这种娴雅优美的诗歌在民主政制之下，颇有逐渐消失的倾向。这种诗的结构和韵律虽有很丰富的变化，却很少为其韵律所拘。对希腊人而言，诗是感情的想象和韵律的表现。[2]

---

[1] 自印刷术发明以来，我们一直都是用心、眼读各种作品，很少高声朗诵，而格式和标点也只是为了便于读者换气而作，以及构成字间有节律的读音而已。

[2] 韵律大多是限于神谕和宗教上的预言。

当抒情诗的诗人把他们的题材转向爱情和战争时，那些游唱诗人则在巨大的厅堂中，以读史诗的方式吟诵本族的英雄史迹。游唱协会的歌唱家经过了若干代的努力，以底比斯和特洛伊的围城与战斗英雄的回乡为中心，编成了一整套的故事。歌唱在这些行吟诗人中已经成了社会化的活动，每个人都把自己根据早期的片断所作的故事连缀在一起，没有人伪称他曾将这些故事作了有秩序的编组。在希俄岛有一个这样的游唱氏族，自称荷马游唱组（Homeridae），声称他们是诗人荷马的后裔，他们说这个游唱组在整个希腊东部所唱的史诗，原先是出自荷马的手笔。这个盲目的诗人也许只是一个名称上的祖先——一个部族或集团的想象祖先，这种情形和赫楞、多路斯或伊翁一样。公元前 6 世纪的希腊人，不仅把《伊利亚特》和《奥德赛》这两部作品归于荷马，而且还把当时所有的其他各种史诗也都说成是荷马的著作。据我们所知，荷马史诗是最古老的，但从这些诗本身的卓越以及其所提及的早期游唱者看来，现存的这些史诗，其时期已经到了从简单的歌唱到冗长的“连缀”这一长期发展的末期。在公元前 6 世纪的雅典，可能是在庇西特拉图的时期，也可能是在梭伦时期，一个由政府指定的委员会，把《伊利亚特》和《奥德赛》从以前各世纪的史诗文学中选出或予以校勘，指明是由荷马所著，并且将它们编纂——也许是编织——成为现今的形式。

诗的起源这样复杂，而其结果又这样艺术化，也真是一项奇迹。无论就语言还是结构上讲，《伊利亚特》这部史诗可以说是相当不成功：例如爱奥利斯和伊奥尼亚的形式似乎是由一位通晓多种语言的士麦那人混合而成，所需要的韵律又时而用这种方言，时而用另一种方言；故事的结构又被前后不相符合，计划和重点的变更，以及性格的矛盾所毁损；在故事的过程中同一个英雄可以被杀两三次；原始的主题——阿喀琉斯的愤怒及其结果，又因为在每一个接续处插入显然是取自其他歌曲的插曲，而被打断或混淆。虽然如此，但就大体而言，它仍然是个伟大的故事，所用的语言生动而有力量，仍是“人类口中吟出的最伟大的史诗”。这样的一部史诗只能从希腊人充满活力的青春时期开始，也只能在艺术成熟时期完成。所有的人物，几乎全部是战斗英雄和他们的女人，甚至哲学家如内斯特也表现了令人羡慕的战斗精神。这些人物都得到了亲切和充满同情的构思，在整个希腊文学上，其中最好的一件事，也许要算是那种公正无偏的态度，使我们时而站在赫克托耳的一边，时而又站在阿喀琉斯的一边。在帐幕里的阿喀琉斯，完全不是一个英雄而是一个不讨人喜爱的人物。他向母亲抱怨他的运气与他的半神出身不相符合，阿伽门农偷劫了他的宠物——不幸的布里赛斯；当他在船上或帐幕中饮食、生气或睡眠时，希腊人成千上万地去死；使帕特洛克罗斯死于无助，然后使各处充满悲恸。当他终于走向战斗时，并非出于爱国热情，而是由于丧失朋友的悲愤。他在暴怒之下丧失一切节度，在对付里卡昂（Lycaon）和赫克托耳的战斗中完全陷入了人性的野蛮残酷。实际上，他的理智并未开化，既未成熟，也不能自制，并且被死亡的预言所遮蔽。当里卡昂倒下后向他乞求怜悯时，他说：“不，朋友，像别人一样死吧！为什么要徒自悲伤？帕特洛克罗斯已经死了，他比你好得多。现在看看我！我是否很英俊高大，是否有一个很好的父亲，生我的母亲是否也是一位女神？但是，看，死神已经笼罩了我，还有那命运之神的巨手也已伸来了一个黎明、一个中午或一个黄昏，但我知道的那只手将不会让我死亡。”因此，他将利刃刺入了里卡昂的颈部，将其尸体丢入河中，并且作了一个动人的演说来修饰《伊利亚特》中的屠夫，为希腊人的演说术奠定了基础。半数的希腊人已经拜阿喀琉斯为神拜了几个世纪，我们却像对儿童一样地接受他和原谅他。最坏的看法，他只是诗人想象中的一个超级造物。

当我们不需研究或解释时，将我们带入《伊利亚特》这部作品的，并不仅是这些多而且杂的人物造型，也不单是故事的流动与骚乱，而是诗词的流畅华美。我们必须承认的是，荷马不时打盹和反复；在叠句中回顾某些词句和诗行是他计划中的一部分，因此，他很喜欢重复歌唱“Emos d’erigeneia phane rhododactylos Eos”（当清晨的女儿、指尖粉红的黎明出现之时）。但如果说这些是瑕疵的话，它们已被语言的光辉所掩盖了，而在战争的震撼中不时出现的大量明喻则带给我们平时战场的宁静之美：

当成千上万的苍蝇骚扰牧人的厩舍时
当奶桶中注满了新鲜奶汁时
成群结队的长发希腊战士
聚集在广阔的原野

或：

当时是在一个干燥山坡的深涧
一堆熊熊大火开始蔓延
层层密树尚未烧尽
疾风横扫四处烈焰
暴怒的阿喀琉斯驰骋沙场
忽东忽西，杀声震天
每次交锋都使对手难逃恶劫
锋镝盾牌声震耳欲聋，血染大地

至于《奥德赛》则与《伊利亚特》迥异，一开始我们就怀疑它并非出自一人之手，甚至许多亚历山大时代的学者也有这种想法，素以精密深入著称的阿利斯塔克（Aristarchus）也被人请出来平息争端。在某些标准用语上，《奥德赛》与《伊利亚特》相互一致，例如“枭眼的雅典娜”“长发的希腊士兵”“酒色的海洋”“指尖粉红的黎明”等，这些用语可能是《伊利亚特》的作者取自同一传统诗歌的渊源。但《奥德赛》中含有很多显然是《伊利亚特》编成后的词句。在第二部史诗《奥德赛》里，我们经常听到“铁”字，而在第一部《伊利亚特》里则用“青铜”一词；第二部里经常有“写作、私人的土地、财产、自由人及解放”等字语，在第一部里则从未提及；每一部里面的神和他们的职掌也不尽相同；两者所用的韵律，如所有希腊史诗一样，都是抑扬格六音步，但《奥德赛》的格调、精神和实质，则与《伊利亚特》相距甚远。如果这两部作品是出自一人之手，那么他真可谓是一位复杂变化各种情态意境的大师了。第二部史诗的作者较富文学和哲学气质，暴乱和好战的色彩也较淡薄，自我意识和默省的工夫较深，意态悠闲而富于教养，神韵如此温文尔雅，以致人们认为《奥德赛》乃是为仕女而写。

此外，《奥德赛》是否出自多人而非一人之手，其判定比《伊利亚特》更难。这部史诗也有缀合的迹象，但其针线似乎较前者巧妙得多，其情节的安排虽然也有迂回偏差之处，但其结果极为连贯，几乎不亚于当代小说家的作品。故事一开始就已隐约地显露某结局，每一个插曲都向这个目标进行，结局的出现则使全书脉络一贯。这部史诗可能也和《伊利亚特》一样，是根据以前的歌曲撰述，但其统合的技巧更为完整。我们很难自信这个判断正确，但《奥德赛》可能比《伊利亚特》要晚出一个世纪，很可能出自一个人的手笔。

这部书中的人物构想和描述，没有《伊利亚特》那样生动活泼。对珀涅罗珀的描述很隐晦，除了在故事的结局，她对丈夫的归来发生片刻的怀疑——也许是后悔之外，并没有真正从她的织机后面出来过。对海伦的描述则比较清楚，也很突出。在这部史诗里，千艘战舰的出发和万人的死亡，仍然是为了“女人中的一位女神”，她具有中年妇女的成熟之美，比年轻时更温柔文静，但仍和以前一样自豪，把一位皇后所享受的一切服务视为当然。诺西卡在男人的眼中是一篇优美的散文，我们很难想象希腊人中会有这样一幅雅致而浪漫的画像。对于忒勒玛科斯的描述则不稳定，他似乎有一点哈姆雷特式的犹豫气质。但《奥德赛》确实是所有希腊诗歌中最完整和复杂的一幅画像。

总之，《奥德赛》是用韵文所写的一部令人入迷的小说，充满了柔美的情感和冒险惊奇的故事，对不太好战和年龄较高的人而言，比雄伟血腥的《伊利亚特》更为有趣。

这两部硕果仅存的长篇史诗已成了希腊文学遗产中的瑰宝。荷马的著作是希腊教育的主要教材、希腊神话的宝库、成千戏剧的源泉、道德熏陶的基础，最奇怪的也是正统神学的“圣经”。希罗多德说荷马和赫西俄德给了奥林匹斯山诸神以明晰的人类形态，厘清了天庭的秩序（可能有几分夸张）。荷马所描写的诸神颇为雄伟庄严，而我们却因他们的缺点而喜爱他们，但是因为诗人把它们描述为一种玩乐的怀疑主义，因此学者一直认为它们不配作为国家的“圣经”。这些神灵和一般亲属一样地争吵，如跳蚤一样地通奸，与人类一样有亚历山大所谓人类的弱点——需要爱情和睡眠，除了饥饿和死亡之外，凡是人类的事他们都做。在智慧方面，他们中间没有一位能和奥德修斯相比；在英雄气概上，没有一位能和赫克托耳比肩；在温和上，没有一位比得上安德洛玛刻；在自尊上，没有一位堪与内斯特伦比。只有公元前 6 世纪的一位诗人，才能用伊奥尼亚式的怀疑对诸神做出这些滑稽的嘲谑。本质上以奥林匹斯山诸神担任喜剧角色的这些史诗，居然能在希腊受到普遍的敬重，被人认作道德和信仰的支柱，说来真是一出历史的幽默。结果证明，这种反常的具有爆炸性的幽默终于摧毁了信仰，人类道德的发展也叛离了诸神废弃的道德。

竞技

宗教未能统一希腊，但（定期的）运动却办到了。人们前往奥林匹亚、德尔菲、科林斯和尼米亚，不是去拜神——因为拜神任何地方都行——而是去看各地选手英雄式的竞赛和各色希腊人的全体大集会。因此，亚历山大把奥林匹亚看作希腊世界的首都。

此处，我们可在运动的仪规之下看到希腊的真正宗教——对健、美、力的崇拜。西摩尼得斯曾说:“人类最佳的事是健康，其次是美的形式和特质，再次是享受由非诈取而得的财富，最后是在朋友间表现得有青春的朝气。”《奥德赛》书上说:“人生在世，最大的光荣，莫若用自己的双手和两脚赢得胜利。”对于拥有众多奴隶、经常奋起保卫领土的贵族而言，保持健壮的精神与体力，是一件不可忽视的事情。由于古时的战争是以体力和技巧为基础，希腊人用以争取荣誉的竞技，其原始的主旨也就在此。我们不可把一般希腊人都当作埃斯库罗斯或柏拉图的弟子和拥护者。实际上，他们都跟典型的英国人或美国人一样，不但喜欢运动，而且把他们所喜爱的运动员视若尘世的神祇。

希腊的竞技或运动，有私人的、地区的、城市的、全希腊的之分，我们即使是在古迹的一点残余中，也可看出他们运动的范围。雅典博物馆中的一个浮雕上，一面雕有角力比赛，而另一面是曲棍球比赛的图案;游泳、无鞍赛马、马上投掷或躲避标枪等，并不是所有公民都能做的运动。打猎原是生活中的一种必需行为，但当其不再成为必需之事后，就成了一种运动。球类运动在当时和现在一样种类繁多，也和现在一样普遍，在斯巴达，“球员”和“青年”两词是同义语。运动场内建有室内球场，这些室内球场称为“*sphairisteria*”，室内球场的教练则称为“*sphairistai*”。在另外一个浮雕上，我们可以看到一些人从地板或墙上弹回一个球，然后用手掌将它击回，他们是否像现在的球手一样轮番击球则不得而知。另一种球赛颇似加拿大的长曲棍球，这是曲棍球的一种，但是使用球拍攻击。对此，普鲁克斯(Pollux)在公元前2世纪有一段记述，其使用的几乎是现代术语:

> 一些青年被分为人数相等的两组，在他们曾经准备过和度量过的平地上放有一个皮做的球，球的体积类似一个苹果。他们从固定的出发点冲向这个球，好像它是置于两组中间的目的物。每一个球员右手都有一个拍子……末端是一种扁结，中间织以肠线……好像是一个网。每一组都在力图防护自己的地盘，设法首

先将球攻到对方场地的一端。

同一位作者又描述另外一种比赛，在这个比赛里，一组将球掷出，力图超越或穿过对方，“直至一方将另一方逐回其目标线后为止”。公元前 4 世纪安提丰在他不完整的手稿里，曾经这样描写一位运动“明星”：“当他得到球时，很喜欢将球传给一位球员，同时躲避另一位球员；他从一位球员手里将球击出，同时以高声叫喊激励另一位。出界，一个长传，超越他，过顶，一个短传……”

从这些私人运动产生了地区和偶然的运动，例如像帕特洛克罗斯等英雄人物死后或一件重大事件获得成功后，例如色诺芬将军的万人大军迈向海洋。然后是城市运动会，在这个运动会里，每个运动员都代表这个城邦各地区或各团体。几乎成为但并未真正成为国际性运动会的是庇西特拉图于公元前 566 年所创立的每四年一度的泛雅典娜运动会。在这个运动会里，运动员大都是来自阿提卡，但来自其他地区的也一样受欢迎。除了一般的体育竞赛，还有战车竞赛、火炬竞赛、划船竞赛，歌唱、竖琴和笛的音乐竞赛，舞蹈和诗歌朗诵（主要是诵荷马的诗）。阿提卡区中每区都以健康、有活力和俊美为标准选拔 24 名代表，然后经过评判，将奖品赠予最能代表男性气质的 24 人。

由于竞争是体育所必需，如果没有竞争，运动就很难存在，因此，为了提供最高的刺激和鼓励，希腊各城邦安排了全希腊运动大会。这种全国性的运动大会，最早的一次是于公元前 776 年在奥林匹亚举办，每四年举行一次。这是希腊历史上第一个确定的日期。当初仅限于埃里亚人（Eleans），不到 100 年的时间，就吸引了全希腊的选手。到了公元前 476 年，优胜名单中，已经包括了从西诺波到马赛的代表。于是，宙斯的节日成了国际性的假日。在此月内，全希腊境内的所有战争，都要宣布休战，如果有前往运动会的旅客在希腊任何城邦境内遭到侵害或干扰，埃里亚人就要向这个城邦征收罚款。马其顿的菲利普王，因为他的几个士兵抢劫了一个前往奥林匹亚的雅典人，曾经谦逊地缴纳罚款。

所有的朝圣者和运动员，都于一个月前从遥远的城市出发。那是一个节日，同时也是一个市集，平原上布满了为观光客遮蔽 7 月骄阳的帐篷，其他各处也都是摊位，数以千计的合法商人展示他们的货品，酒类和水果、马匹和塑像等应有尽有，卖艺者和魔术师也为观众表演各项技艺。有些人空中耍球，有些人玩些灵活的花招和技巧，还有一些人吃火和吞剑。一些类似迷信的娱乐方法，令人发思古之幽情。著名的演说家如高尔吉亚（Gorgias）、著名的诡辩家如希庇亚斯，可能还有著名的作家如希罗多德，曾在宙斯神殿的柱廊上发表演说或朗诵诗歌。因为不许已婚妇女参加这个节庆，它就成了男人的一个特有假期；已婚妇女在赫拉的节日另有自己的竞赛。米南德把这个场合归纳为下列五点：拥挤、市场、特技、开心、窃盗。

只有非奴隶所生的希腊人可在奥林匹克运动会上参加竞赛。各地区的运动员经过淘汰赛初选，晋级后由职业 *paidotribai*（青年选手）和 *gymnastai*（体育家）严格训练 10 个月。当到达奥林匹亚后，即接受有关人员的检查，并宣誓遵守一切竞赛规则。犯规或不法事件甚为稀少，我们曾经听说欧波利斯曾贿赂其他拳击手设法输给他，但是这种犯规所招致的惩罚和耻辱非常巨大，颇有震慑作用。当万事俱备后，各运动员就被引入会场，这时一位传令官便宣布各运动员的姓名和他们所代表的城市。不分年龄段，所有运动员均须赤裸，间或可以在腰间系一条窄带。竞技场内，除在起点供竞赛运动员所踏的狭石条外，不留任何物体。4.5 万名观众成天在场内守着位子，忍受昆虫、炎热和干渴，而且不得戴帽，水质甚劣，还有蚊蝇的滋扰。但宙斯也被视作驱蝇神，因此不时向他奉献祭品，希望能减少蝇害。

把最重要的项目联结在一起称作“五项全能”（pentathlon），为促进在五项中对每一项的发展，所有参加人员必须参加每一项的竞赛；要想获得胜利，必须五项中能有三项取胜。第一项是跳远，运动员两手持状似哑铃的重物，从站着的位置作起点起跳。古书的记载告诉我们，有些运动员可以跳 50 英尺；但我们对书上所写的一切也不必完全相信。第二项是掷铁饼，是一个金属或石头做的圆盘，重约 12 磅；据说最佳的选手可掷到 100 英尺。第三个项目是掷标枪，在枪杆中间装有一条皮带，以提高投掷距离。第四个项目也是最主要的项目，是全长赛跑，也就是竞技场的全长（通常为 200 码，约 183 米）全速冲刺。第五个项目是角力，这种竞争在当时的希腊极为普遍，希腊文“体育”（*palaistra*）一词即是由此而来，而关于角力冠军的故事，更是多得不胜枚举。

拳击也是一项很古老的竞赛，显然是从米诺斯的克里特和迈锡尼的希腊留传下来的。拳击手开始练习时是打击悬挂得与头同高的皮囊，里面装有无花果的种子、谷粉或细沙。在古典时期的希腊（公元前 5 世纪和公元前 4 世纪），拳击手均戴着长可及肘的柔软的牛皮手套。出击的目标仅限于头部，但并无规定禁止击打已经倒地的对手。其间并无休止或回合，双方互击至对手屈服为止。参加的人也无量级之分，任何重量的人都可以参加。因此，体重成了一种资本，原是技巧的竞赛沦落为一种膂力的竞争。

随着时间的进展，残酷的成分与时俱增，拳击和角力两者也就合并成为一种称为“全力竞赛”（pankration）的比赛。在这种竞赛中，除了口咬和挖眼之外，一切都不禁止，即使足踢腹部也不例外。自这种方式开始后，3 位英雄的大名因能折断对手的手指而流传下来；另外一位以挺直的手指和尖锐的指甲戳穿对方的皮肉，进入腹内而将肠子拉出。克罗托那的米洛更是一位令人欣赏的角力家，据说他天天托着一匹牛犊，一直到它长成为一只完全成熟的大牛，用这样的方式来加强他的力量。他有很多技巧和花招使人们非常喜欢他：他可以在手中握牢一枚石榴，没有人能够取去，但石榴却仍然完整无损；他可以站在一个涂油的铁圈上，没有人能够使他移动位置；他可以用绳索在头上绕一个圈，然后将血液运至脑部，屏住气将绳索崩断。但结果是善泅者死于水，根据帕萨尼亚斯的说法，有一次，他偶然碰到一棵枯树，被人插入了若干楔子而分开着。他不假思索地决定用手掰开这棵树，但结果楔子滑落，他被夹入树中，被狼捕杀。

除掉五项全能中的径赛之外，还有数种用脚的竞赛。第一种是400码；第二种是24圈，或2.7英里；第三种是武装竞赛，参加的人都要携带笨重的盾牌。我们对于这些竞赛的纪录一无所知，因为竞技场的面积各城不同。同时，当时的希腊也没有精密仪器测量微小的时间差。但有些故事告诉我们当时希腊人的成绩。有一个人可以追到奔跑的野兔；另外一个和马竞赛，从克罗尼亚到底比斯（全程约20英里），结果也获胜；其次是菲迪皮茨（Pheidippides）以两天的时间跑完从雅典到斯巴达150英里的全程，虽然牺牲了他的生命，但为雅典带来了马拉松（24英里外）胜利的消息。当时希腊还没有“马拉松比赛”。

在奥林匹亚竞技场下边的平坦处，另外修建了一所赛马场。男女都可参加，当时的制度和现在一样，奖品属于马主，而非骑师——虽然优胜的马有时也可得一座塑像。竞技的高潮是战车大赛，比赛时使用骈马或驷马并肩齐奔，经常10辆驷马战车一起竞赛。因为每辆战车都要在赛场的末端回绕标桩23次，因此意外事件成了竞赛过程中的最大刺激。有一次，40辆战车出发，结果仅有一辆跑完全程。我们不难想象观众在这些竞赛中的兴奋和刺激，他们各自对喜爱的驾驭者辩论、争吵，以及胜利者在驰骋最后一圈时他们在情绪上的放纵。

当5天的艰辛疲劳度过后，优胜者即接受奖励。每位优胜者都在头上束一条毛织发带，裁判员便将橄榄花冠放于其上，同时传令官宣布得奖者的姓名和所代表的城市。这顶桂冠是奥林匹克运动会仅有的奖品，但也是希腊人力图争取的荣誉。纵使波斯人的入侵都未能阻止奥林匹克运动大会的举行，其对希腊人的重要性可想而知。就在战争的那一天，希腊仅有少数人在色摩比利山口阻挡薛西斯的军队，成千上万的人照例观看萨索斯岛的西阿根尼赢得角斗（角力与拳击的混合竞赛）的胜利桂冠。因此，有一个波斯人向他的将军叹息说：“天呀！与我们对战的民族作风真是奇特，这些人不爱金钱，只爱荣誉！”这个波斯人，或创造这个故事的希腊人，为希腊人带来了巨大的光荣，并不仅仅是因为那天希腊人应该在色摩比利山而非奥林匹亚。虽然优胜者在运动会上所得到的直接奖品微不足道，但是间接的报酬则很大。很多城市在他们的选手胜利归来后，立即用大量的金钱来酬报他们，有的城市则将他们升为将军，观众公开崇拜他们，致使嫉妒的哲学家因而表示不满。像西摩尼得斯和品达等诗人都被优胜者或其监护人预约为他们编写赞颂诗，由男童合唱队在欢迎他们凯归的队伍中歌唱，雕刻家受雇为他们塑制铜像或石像，有时他们在市政厅吃免费供应的营养品。据说米洛每天吃一头 4 岁小母牛，而西阿根尼每天吃一头公牛，当然，这种说法也很可疑。

希腊体育的光辉和普遍，于公元前 6 世纪达到了顶点。公元前 582 年，近邻同盟为纪念阿波罗，在德尔菲建立了皮西亚赛会；同年，为纪念波塞冬，在科林斯也创立了伊斯米尼运动会；6 年之后，为庆祝内梅·宙斯，又展开了内梅赛会；所有这 3 个运动会都变成了希腊全国性的节日。这 3 个新创的运动会与奥林匹克运动会采取循环举行的办法，希腊运动员最大的野心就是在这 4 个比赛中都获胜。在运动会中，除了体能的竞赛外，又加入了音乐和诗歌的比赛，实际上，这种音乐比赛远在皮西亚赛会建立以前就已经在德尔菲的节庆日实施了。最原始的项目仅是一首歌颂阿波罗战胜德尔菲大蛇的赞美诗。在公元前 582 年的比赛中，增列了歌唱和七弦琴与笛子的演奏。类似的音乐比赛在科林斯、内梅亚、得洛斯和其他各地也同样进行，因为希腊人相信，经常的公开比赛不仅能提高演奏者的才能，并且还可以激发大众的兴趣。这种原则不仅适用于音乐，对所有其他艺术如陶瓷、诗歌、雕刻、绘画、合唱、演讲术和戏剧都适用。通过这种和其他方法，运动会对艺术与文学，甚至对历史的编著，都产生了非常深远的影响。在以后希腊历史编纂上，计算年代的主要方法，便是依照四年一次的奥林匹克运动大会，以竞技场全长距离比赛优胜者的姓名而命名。公元前 6 世纪内全能运动员的体形完美，产生了理想的塑像，到米隆和波利克里托斯时达于至善。裸体竞赛以及在健身房和节日举行的比赛，使雕塑家有了不寻常的机会，得以观察人体在各种自然形式和姿态中的情况，这个国家也在不知不觉中成了它的艺术家的模特儿。因此，希腊的体育和宗教结合起来，产生了希腊的艺术。

艺术

现在，我们终于谈到希腊文明最完美的产品，但我们很悲哀地发现，它留下的东西太有限了。希腊文字由于时间、偏见和心理趋向所造成的损害，与希腊艺术所遭受的破坏相比，实在微不足道。它所留存下来的，只有一件古典的青铜器——德尔菲的马车御者；一件古典大理石雕像——普拉克西特列斯的赫耳墨斯。没有一座神殿，甚至连忒塞姆在内，是依古希腊原始形式和色彩留传给我们的。希腊的纺织、木工、象牙、银和金等制品，几乎荡然无存。不是由于所用材料无法持久，就是因为东西过于稀贵，以致无法逃避时间和野蛮的破坏。因此，我们不得不像用遇难船的残余木板重新造船一样拼凑，来追溯、研究当年的艺术。

表现和装饰的冲动、希腊宗教的人神同性（或同体）特性，以及运动特性和理想，是希腊艺术的来源。早期的希腊和其他原始民族一样，随着时代的逐渐发展，放弃了杀生以陪伴或侍奉死者，以埋葬雕刻物或画像作为代替品。然后再将祖先的像供奉在家里；或将本人或其所钟爱人的像供奉在神殿内，这种做法像是许愿，认为这些肖像在殿内可以获得神的保护，而这些肖像所代表的人自然也可以得到保护。米诺斯和迈锡尼的宗教，甚至希腊人对地下诸神的崇拜，都过于模糊和不近人性，且有时过于恐怖或过于奇异，因而很难产生美术形式。但是，奥林匹斯山诸神的坦诚人性和他们需要庙宇作尘世的居留，为雕塑、建筑及成百的附属艺术开辟了道路。也许除了天主教之外，或许从来没有任何其他宗教这样刺激和影响了文学和艺术：几乎从古希腊递传下来的每一本书，每一出戏剧，每一个雕像、陶器或建筑，在主题、目的或灵感上都涉及宗教。

但仅有灵感并不能使希腊艺术这样伟大。除了灵感之外，必须有源自文化接触和技艺传播与发展的卓越技术。实际上，对希腊人而言，艺术就是一种手工艺，艺术家也很自然地从工匠中产生，因此，希腊人也从未对这些人真正加以区分。艺术家当然也需要一些关于人体的知识，例如人体各部分的比例标准，对称和美的健康发展；艺术家对美也需要有感官和感情热烈的喜爱，因而对一件辛苦的工作，不致视为异途而会全力以赴，如此可使他的成就得以永垂不朽。斯巴达的妇女在她们卧室里放置着阿波罗、纳西索斯、雅辛托斯或其他俊美神祇的像，以便能帮助她们生育俊美的孩子。塞普色鲁斯远在公元前 7 世纪就建立了一种妇女赛美会。阿特纳奥斯告诉我们，这种定期赛美会一直举行到基督教时代为止。提奥夫拉斯图斯说："在若干地方有妇女关于谦和及管理的比赛……也有些地方举行选美大会，例如……在特纳多斯和莱斯博斯。"

· 陶瓷

希腊有一个很美丽的传说，说第一只杯是以海伦的乳房为模型塑制的。如果属实，那么这个塑制品也在多利安人入侵时丧失了，因为从早期希腊所传下来的陶瓷没有能使我们发现与海伦有关的地方。这次入侵一定造成了不少损害，极度地扰乱了艺术，使工艺家陷入贫困，毁灭了学校，并且在一个时期内中止了技术的传播，因为希腊在被入侵后又重新自原始而简单粗陋的阶段开始，好像克里特从来没有将陶瓷发展到艺术的境地一样。

入侵的多利安人可能使用了米诺斯—迈锡尼以后的粗糙技术方法，生产了几何形的陶器，这些制品也控制了荷马时代以后的最早希腊陶瓷。富有克里特式装饰意味的花卉、图景、植物被一扫而空，代之以表现多利安庙宇光芒的严肃精神，这就是希腊陶瓷毁灭的原因。

这个时期的巨缸对美的贡献不大，因为这些缸瓮之类的设计目的是用于盛酒、油或谷物，而不是引发陶瓷鉴赏家的兴趣。这些器物上的装饰，几乎千篇一律的是一些一再重复的三角形、圆圈、链形、格子、菱形、万字（卍）或简单的水平平行线，甚至所插入的人像也是几何式的，例如人体的躯干是三角形、股和腿是圆锥形。在整个希腊都是这种懒惰形式的装饰，并且也在雅典决定了第比伦（Dipylon）陶器的式样。[1] 但是在这些巨大的盛器上（通常用来盛装尸体），却在图形的线间画上了吊祭者、战车和动物的侧影（虽然很粗糙）。但在公元前 8 世纪的末期，更多的生命进入了希腊陶瓷的画境，底色改为两色，曲线取代了直线、棕榈和荷花、后足立地腾跃的马匹以及被猎获的狮子。（人们将图）先绘制于未焙烧前的泥型上，同时装饰华丽的东方色彩，代替了单纯的几何图形。

紧接着是一个繁忙的试验时期。在米利都的市场上充斥着红陶器，在萨摩斯是雪花石膏，在莱斯博斯是黑陶瓷，在罗得斯是白陶瓷，在克拉佐曼纳大多是灰色产品，同时，诺克拉蒂斯则出口彩陶和半透明玻璃。埃利色雷以其陶器的质薄闻名，查尔西斯以其陶器润饰的光泽闻名，西克高和科林斯则以其精致的“科林斯式”香水瓶及精美彩绘（类似罗马 Chigi 花瓶）花壶闻名。这时各城市的陶瓷工人好像在进行陶瓷战，其中少数人发现在地中海每一个港口，同时在俄国、意大利和高卢的内陆都有顾客。在公元前 7 世纪科林斯似乎占了上风，它的产品销往各地和各户人家，它的陶瓷工人在雕琢和着色上发现了新技术，在形式上也有新的创造。但约于公元前 550 年时，色拉米库斯的陶瓷大师抢了先，他们抛弃了东方的影响，用他们的黑纹产品占据了黑海、塞浦路斯、埃及、伊特鲁里亚和西班牙的市场。从这个时期起，最好的陶瓷工人纷纷移往雅典或是诞生在那里，经过许多世

[1] 之所以如此称呼，是因为它们主要是在格拉米库斯（Geramicas）城的重门（Double Gate）附近被发现的。

代的父子相传之后，形成了一个声势颇大的派别和一个很重要的传统，于是阿提卡的陶瓷业独领风骚。

陶器上也不时绘有制作厂的图画，师傅与学徒共同工作，或细心地监督各种处理程序，例如颜料和黏土的混合、形式的塑制、未烧制前的画底、花样的雕刻、塑型的焙烧，最后看到这些美丽的成果出自己手，当然别有一番乐趣。阿提卡上百名陶瓷家都留名后世，但时间粉碎了他们的杰作，留下来的只是姓名。在一个饮水用的杯子上曾有一句很荣耀的话："尼可西尼制造了我。"比尼可西尼更著名的一位是艾克西亚斯，他手制的双耳长颈瓶目前保存在梵蒂冈。他是在佩西斯特底斯治下的承平时代所培养出来的许多艺术家之一。约于公元前560年，从克里提亚斯和艾尔哥迪莫斯手里产生了著名的法兰西斯花瓶，这个花瓶是由一位法国人在伊特鲁里亚发现的，现在珍藏在弗劳伦斯考古博物馆里，这个瓶实际上是一个混合（搅拌）物品用的钵，上面塑制着一层又一层取自希腊神话的小像和风景。这些人物都是公元前6世纪阿提卡黑陶时代杰出的工艺家。我们也不需过度夸大他们制品的优越，因为无论在构想和技巧上都不能和中国唐宋的佳作相比。但希腊制品的主旨与东方不同：希腊人不仅重视色彩，也重视线条；不仅重视装饰，也重视式样；希腊陶瓷上的人像是传统式的、因袭的，双肩过度夸张，而双腿则很细，这种风格一直持续到古典时代，因此我们必须假定希腊的陶瓷家从未梦想过一个生动正确的人像。希腊人的做法是在写诗，而非在写散文；是在表现想象，而非在表现实体。希腊人在颜料和材料上限制了自己：他们取用色拉米库斯优良的红陶土，然后用黄色细心地雕刻人物，再将这个画底的沟槽填以光泽的黑釉。他们做出了很多美丽而有用的容器，例如水瓶、双耳瓶、酒碗、水杯、研钵和油膏瓶。他们先构想和试验，创造新品种，并发展了由铜工、雕刻家和画家所采用的技术。他们发明了为表示远近而将景物缩小、远近配合、明暗对照和造型等技术，他们也为而后塑制千百种主题和式样的赤色陶像铺了路，他们摆脱了多利安的几何图形和东方的过度渲染，而以人像作为其生命的来源和中心。

到了公元前 6 世纪最后 25 年，雅典的陶瓷家对红底黑像已感厌倦，于是把像与底的颜色颠倒，创造了“红像式”陶瓷，这种产品统治了地中海市场 200 年。人像仍旧是僵直和有角度的，双目完全画在人体侧面像上，但纵然有这个限制，在观念和技巧上还是有了新的自由，范围也比以往宽广。他们用一个细尖物将人像画在陶底上，再用一支笔作较细密的描绘，用黑色涂描背景，然后增润少量的彩釉。这里又有一些名家名垂后世。一个双耳长颈瓶上写着向欧弗罗纽挑战的字句：“波利亚斯之子欧西米德绘，永非欧弗罗纽所能及。”这意思是要他也试试能否绘出相同水准的杰作。虽然如此，欧弗罗纽仍被列为他那个时期最伟大的陶瓷家。很多人认为，一个绘着赫拉克勒斯与安泰角力的大钵，即是他的杰作。另外，和他同时代的索西阿斯也很杰出，人们认为有一件著名的希腊陶器即是他的作品，上面的像是阿喀琉斯正在包扎帕特洛克罗斯受伤的手臂，绘制得甚为精细，因而使这位青年斗士的无言之痛也流传了很多世纪。对于这些人，还有其他一些如今已被遗忘的无名英雄，当我们看到以下的杰作时，就会对他们肃然起敬：首先是一个杯子，我们可以看到里边有达恩哀悼她儿子的故事；其次是一个水壶，现存纽约的大都会博物馆，上面画着一个希腊军人——可能是阿喀琉斯——将长矛投向一个美丽但并非没有胸部的女战士。使得英国诗人济慈成天站立，着迷终日，直到“狂野的喜悦”和“疯狂的追求”触动了他的心弦，带给他一首较任何希腊陶瓮更伟大的诗歌的，也正是这些陶瓷之一。

· 雕塑

希腊在西亚的殖民和在公元前 660 年与埃及的通商贸易，使得近东和埃及雕像的形式和方法进入了伊奥尼亚和希腊的欧洲部分。大约在公元前 580 年，两位克里特的雕塑家第波努斯和西利斯接受了在西塞昂和阿尔戈斯的任务，他们所遗留下来的不仅有雕像，还有学生。

从这个时候起，在伯罗奔尼撒创立了一座积极而活泼的雕塑学校。这种艺术具有很多目的：最先是用简单的柱状物纪念亡者，然后是仅将方柱头雕成人头，再其次是将柱体完全雕琢成圆形，或雕成墓碑浮雕。而后为竞赛胜利的运动员雕像，起先是雕成典型，接着雕成个体。希腊在宗教信仰的鼓励之下，制作了无数的神像。

直到公元前 6 世纪，所使用的材料多半是木质。我们听了很多关于科林斯的独裁者塞普色鲁斯胸部雕像的故事。根据帕萨尼亚斯的记载，那座像所使用的材料是西洋杉，里面嵌入象牙和黄金，外面饰以极为复杂的雕刻。而后随着财富的增加，木像外面的全部或局部可能覆以珍贵的材料。菲狄亚斯用黄金和象牙制作雅典的万神庙和奥林匹亚宙斯神像，也是如此。在古典艺术时期的末期，青铜与石头在作为雕刻材料上互争短长，可惜的是，这些铜像都禁不住改做其他价值较高物品的诱惑而被熔毁，但是硕果仅存的德尔菲马车御者的铜像可能地位太不重要，仅居于附属品地位，然而仍不难看到自从萨摩斯的罗尔库斯和狄奥多鲁斯把空铸法引入希腊后，这个铜像几乎是使用这种方法的完美制品。最著名的一些雅典塑像，如“诛杀暴君者”（哈莫狄奥斯和阿里斯托吉顿）是在希庇亚斯被逐后不久由安特诺在雅典用青铜所铸制。在希腊使用斧锤和凿子以雕制各种较硬材料之前，很多种类的软石都被使用过，一旦学会这门技术，他们几乎将纳克索斯和帕罗斯两岛的大理石开采净尽。这些雕像在古代（公元前 1100—前 490 年）经常被涂以油漆，但到了这一时代的末期，人们发现磨光的大理石更能表现女人肌肤的柔滑之美。

伊奥尼亚的希腊人首先使用服装作为雕塑的要素。埃及和近东将雕像的服装弄得颇为僵硬——一件宽大的石裙使雕像的生气丧失殆尽。但公元前 6 世纪的希腊雕刻家则将褶皱引入了雕像的服装，并用这种服装以显示美的最高源泉和标准，而且展示健康的人体。但埃及和亚洲的影响仍然异常强烈，致使大多数古希腊的雕像都显得笨重、僵硬而毫无韵致，甚至在休息状态中的双腿也是僵直地挺伸着，双臂软弱地悬于两侧，两眼如杏，偶尔带有东方式的倾斜，面部千篇一律，呆滞而缺乏表情。这个时期的希腊雕像完全接受了埃及的正面规则，雕像的制作完全着眼于从正面观赏，而且两侧必须极为对称，一条垂直线通过鼻、口、脐及生殖器，既不可偏右，也不可偏左，也不能有动作和休息所形成的屈曲。这种呆滞的严格规定可能是由于传统造成的。希腊的法律规定，运动员除非在五项全能运动中完全获胜，否则不得塑制自己的像。希腊人认为只有在这种情形之下，他的体格才获得了和谐的发展，才有资格雕塑自己的像。由于这一点，也可能由于如同在埃及一样，在公元前 5 世纪前宗教传统支配着神的形象或表现，希腊雕塑家将他们局限于少数姿势和类型，也遵循着这个方向研究和发展他们的艺术。

这两类研究终于获得了一些成就：一种是青年塑像，几乎全裸，左腿微向前伸，臂在两侧或部分伸出，握拳，表情安静而严肃。另一种是少女像，发式梳理谨慎，姿势和服饰都很适中，一只手提着外袍，另一只手则向神呈献礼品。后来历史上称这些青年像为阿波罗，但实际上他们可能是运动员或纪念亡者的碑碣。其中最著名的是特尼亚的阿波罗，最大的是苏纽姆的阿波罗，最矫饰的是艾弥克莱（接近斯巴达）的阿波罗宝座。其中最精美的一个，是现存大英博物馆的小型斯特朗·福特（Strang Ford）的阿波罗。更精美的一个，是罗马所仿制的公元前 5 世纪早期的戈菲尔（Gouffier）的阿波罗。至于那些少女像，至少在男人眼里更为悦人：她们的体态细长轻盈，她们的脸部常带着蒙娜丽莎式的微笑，她们的服饰也开始脱离传统的僵硬，其中一部分，例如存于雅典博物馆中的，在任何其他国家都可称为杰作。其中有一件我们可以称之为希俄岛的“*Kore*”[1]，纵然在希腊也是上乘之选。在这些作品中，颇富美感色彩的伊奥尼亚特征突破了阿波罗原有的埃及式的呆板和多利安的严肃。希俄岛的阿基尔莫斯创造了

[1] 现存于雅典国家博物馆，编号第 682 号。

另一种形式，或是遵循着已经失落了的得洛斯胜利女神模型风格，由此开始产生了奥林匹亚的帕纽斯的胜利女神、萨莫色雷斯的有翼胜利女神以及基督教艺术中的有翼天使。在米利都附近，有一些姓名不详的雕刻家，为勃兰基达神殿雕制了很多着衣而坐的女性，这些像看起来很有力但也很粗糙，颇有威严但很笨重，颇为深沉但无生气。[1]

浮雕的历史很古老，有一个很美丽的故事告诉我们它的起源。科林斯的一个少女，把她爱人投射在墙上的头影勾画了一个轮廓，她那身为陶工的父亲布塔德，将轮廓的沟中填以黏土，压成坚硬的形式，然后取下烘焙。普林尼告诉我们，半浮雕（或浅浮雕）就这样诞生了。这种艺术在神殿或坟墓的装饰上，甚至比雕刻还重要。阿里斯托克勒斯在公元前 520 年就制了一个浮雕，这个浮雕也成了雅典博物馆许多珍品之一。

因为浮雕几乎永远是先画后雕，因此雕刻、浮雕及绘画是互相关联的艺术，通常也都为建筑所使用，同时大多数的艺术家对这四项都精通。神殿的嵌线、墙壁与天花板之间的横饰带、横饰带上面两个竖条纹饰之间的方形墙面和山形墙的背景，通常都要绘画，而主要结构通常则保留了石料的天然颜色。至于绘画作为单独艺术这方面，希腊的遗迹实在很少，但我们可以从很多诗词里面了解到使用颜色混以溶解的蜡在板上作画，在阿那克里翁的时期就已开始。绘画在希腊发展最晚，也是消失最晚的艺术。

然而在公元前 6 世纪，希腊的艺术除了建筑之外，完全没有达到哲学和诗在同期所达到的观念上的无畏和形式上的完美。这可能是由于仍然以乡村为主，并且在贵族体制下，对艺术的提倡奖励发展过缓，而在一个过于年轻的工商社会阶层，人们仍然以寻求财富为第一要务，不太重视风格。虽然如此，在各独裁者统治时期，仍然是各种希腊艺术的刺激和改进的时代——最重要的是庇西特拉图和希庇亚

[1] 现存于大英博物馆，纽约大都会博物馆有复制品。勃兰基达为神殿的世袭祭师。

斯治理的雅典时代，在这个时代的末期，对雕刻的严格限制开始松动，正面像的规则已经崩溃，两腿开始移动，两臂也离开了两侧，手也开始伸开，面部开始有表情和特点，身体也开始弯曲作多种姿势，表示对解剖和动作有了新的研究。这种在雕刻上的革命，赋予了石材生命，成为希腊历史上重大的事件，脱离正面像是希腊一项显著的成就。埃及和东方的影响被抛弃，希腊艺术变成了希腊式的艺术。

· 建筑

建筑科学自多利安人入侵后缓慢地恢复了，恢复的程度超过了多利安侵袭所造成的损坏。跨过自阿伽门农到特潘得的黑暗时期，迈锡尼的麦格伦将其建筑的主要精神传入希腊。长方形的建筑，里外使用柱体、圆形柱竿和简单的方柱头，台口的竖条纹饰和两个竖条纹饰之间的方形墙面，都在多利安或希腊艺术的伟大成就中保存了。但其实迈锡尼建筑显然是世俗性的，专注于宫殿和住宅，而古典的希腊建筑则几乎完全是宗教性的，因为王朝的（独裁）统治衰落，宗教和民主结合了希腊的热情以荣耀各城市的保护神，因而皇家的“麦格伦”艺术转变为民间的庙宇。

最早的希腊神殿是木造或砖造的，原因是能适应黑暗时期的社会贫穷。当大理石成为神殿的正统建筑材料后，其建筑形式仍和使用木材的时期无异，殿宇的长方形本体（主要部分）、圆形柱体、主桁的楣梁、桁端竖条纹饰、人字屋顶，都遵守木造建筑时的原始形式，甚至最初的伊奥尼亚式螺旋形，显然也是绘在木块上的花样。随着希腊财富的增长和旅行的增加，石料的使用也随之增多，约于公元前 660 年希腊与埃及开始贸易后，使用材料的转变最为迅速。在公元前 6 世纪前，石灰石是最受欢迎的建筑材料；到了公元前 580 年，开始使用大理石，最初仅用于装饰部分，然后用于建筑物的正面，最后整个神殿从基础到顶瓦全部使用大理石。

希腊建筑发展了三种“柱式”（orders）：多利安式、伊奥尼亚式以及公元前 4 世纪的科林安式。因为神殿的内部是留给神和他的辅佐者使用，所有的崇拜都是在殿外实施，三种柱式都极力使外表美观动人。首先从地面开始，通常是在较高的地方奠基——二或三层基石向后倾形成阶梯。自最上一层开始立起多利安式石柱，每个石柱不再单独使用柱石，而是直接升起，柱上刻有浅而边缘垂直的凹槽，而在柱的中部又显然加粗，希腊人称之为“entasis”（圆柱收分曲线——柱的隆起或阳纹）。此外，多利安式柱在上部又渐细，好像是模仿树的形状，成功地反对了米诺斯—迈锡尼式（一种不变细的柱体——甚至愈下愈细——似乎是头重脚轻，颇不顺眼。而宽阔的基底则可增加稳定感，所有建筑都应当如此表达才是。但是多利安式柱在与其高度相比上，可能过重过粗了，雕刻部分过度用力而使人有迟钝之感）。在多利安柱上安装简单而有力的柱头：一个柱颈或圆形带，一个坐垫式的凸圆线脚，一个方形柱顶板在楣梁下面向周围分布柱子的支撑力。

当多利安人正在由“麦格伦”发展这种建筑方式，并可能对埃及原属于多利安式的建筑和贝尼哈桑柱廊加以修正时，希腊的伊奥尼亚因受亚洲影响也在修正这种相同的基本方式。在最终的伊奥尼亚式中，将细长的柱竖起在单个的基础上，自柱的底部开始，至顶端为止，束以狭带。与多利安柱身相比，伊奥尼亚的柱身较高、直径较小，半圆的沟槽被扁平的边线隔离。伊奥尼亚式柱头上有凸圆线脚，一个更狭窄的柱头板，凸圆线脚和柱头板之间是一对螺旋形饰物，几乎可将凸圆线脚和柱头板遮蔽，这个螺旋饰物很像被封入的卷轴——这是一个自赫梯、亚述和其他东方方式修改而成的饰物，式样很优雅美观。这些特性，连同柱顶线盘的精心装饰，不仅代表一个方式，也代表一个民族。这些特性在石头上代表了伊奥尼亚的动人、柔软、温顺、优雅以及对微末细节的兴趣，甚至也和多利安式一样代表着多利安人的不露傲态、集体力量和严肃简单。各地区人民的雕塑、文学、音乐、仪态和服饰，与他们建筑方式的和谐上，各有不同。多利安建筑是数学，伊奥尼亚建筑是诗，两者都借重石材的持久性。一个是北欧式，一个是东方式，两者都构成了男性和女性和谐的主题。

希腊建筑的特性是同时将柱子发展为一个美的要素和结构上的支撑。外边柱廊的主要作用是支撑屋檐，同时也增强内殿墙壁对山墙（人字墙）屋顶的支持力。各柱上端是台口，也就是大厦的上层结构，希腊建筑在这里也和支撑物一样，一方面追求自己独具的风格，也力求能将各部分密切结合。楣梁（连接各柱头的巨石）采用多利安式的序次设计，或绘以简单的饰线。伊奥尼亚式共含三层，每层都向下凸出，每层上面都有一个大理石檐板，被多种极为复杂的细部装饰所分割。因多利安式下垂屋顶是以斜梁为主要结构，这些斜梁到达屋檐是由两个水平横梁连接牢固，这三个梁的连接末端形成（最初用木材，而后改用石材，但仍仿照木材方式）一个竖条纹饰或作三区分的表面。当屋顶由木头或赤陶瓦所造时，每两个竖条纹饰之间留有一个空间，作为窗用。在使用半透明大理石瓦时，这些竖条纹饰之间的方形墙面（或能看出去的空间）则用刻有浅浮雕的石板填充。在伊奥尼亚式的建筑里，神殿主要部分外墙上端可能绕以刻有浮雕的横饰带。在公元前 5 世纪，两种浮雕（两个竖条纹饰之间的方形墙面上和墙上的横饰带）常在同一个建筑物中同时使用，在帕特农神庙中即是如此。雕塑家在山形墙（人字屋顶在前后所形成的三角形）发现了大好的表现机会，也可以说是用武之地，在这上面所创作的图像可以用显著的隆起浮雕，并将图形加大，以便在下面容易瞻视。同时，狭窄的屋角或山墙凹面，也是工作表现最困难的部位，可以真正检验艺术家的巧妙技术。最后，屋顶本身也是一种艺术工作，上面覆以有光泽的彩色瓦和富于装饰性的排水设计，或装尖顶花样，由山形墙的棱角上耸起，别有一番气象。一般而言，希腊神殿里可能有过多的雕刻，在各柱之间、墙上和建筑内，到处都可看到。画家当然也不能置身度外：除了塑像、装饰线条和浮雕须绘画以外，神殿的全部或局部也可能需要绘画。当岁月无情地剥蚀了那些神殿和神像颜色的光辉，含有二价铁的物质给大理石增添了一些天然和无法估算的色彩，在希腊的晴空下衬托这些大理石的光泽，这个时候来称赞希腊人，也可能会使人感觉我们对他们恭维过分了。但即使我们这个时代的艺术，也可能要到将来才会显得美丽。

两种互相竞争的建筑方式，在公元前 6 世纪臻于辉煌，到公元前 5 世纪达于完美。两种方式在地理位置上的分配也不平均：伊奥尼亚式盛行于亚洲和爱琴海，多利安式则盛行于希腊本土和西部。伊奥尼亚式在公元前 6 世纪的突出成就是在艾菲索斯的阿尔忒弥斯神殿、在萨摩斯的海拉神殿和在米利都附近的勃兰基达神殿，但伊奥尼亚建筑在马拉松的前面只留下了废墟。现存最佳的公元前 6 世纪建筑是波塞冬尼亚和西西里较老的神殿，都是多利安式。在公元前 548 至前 512 年间，由科林斯人斯宾萨斯设计的德尔菲大殿的平面设计图仍然存在。这座神殿毁于公元前 373 年的地震，后来又根据同一设计重建，当帕萨尼亚斯到希腊旅行时，这座重建的神殿仍然矗立在那里。那个时期雅典的建筑几乎全部是多利安式，庇西特拉图自公元前 530 年起开始依照这种形式在卫城脚下平原处建造伟大的奥林匹斯山宙斯神殿。在公元前 546 年波斯征服伊奥尼亚之后，数百名伊奥尼亚的艺术家迁往阿提卡，在雅典介绍或发展了伊奥尼亚建筑。在这个世纪的末期，雅典建筑家同时采用两种建筑，并且因此奠定了伯里克利时代的技术基础。

·音乐和舞蹈

希腊文“*mousike*”（音乐）一词原意为奉献于司文学、艺术、科学等 9 女神中的任何一位的任何事物。柏拉图学院称为“*museion*”（博物馆）——奉献给 9 女神和各女神所职司诸文化事务的场所。亚历山大的博物馆是文学和科学活动的一所大学，并非一般搜集各种事物的博物馆机构。就狭义及近代观念而言，音乐在当时希腊人中至少和我们现在一样普遍。在阿卡狄亚，所有的自由人在 30 岁以前都要学习音乐，每人都要通晓几种乐器，不会歌唱便是一种耻辱。抒情诗（lyric poetry）这一名称就是因为要由七弦琴、竖琴或笛子伴唱而得名。诗人通常要将音乐（乐谱）和歌词同时写出，并且唱自己所谱成的歌曲。在古希腊时代作为一个抒情诗人远比今日的诗人更为困难，因为今日的诗人所写出的诗仅供默读或独自阅读，在公元前6世纪之前，几乎没有任何希腊文学能够脱离音乐而存在。教育和文学，跟宗教和战争一样，都与音乐结下不解之缘：军乐在军训方面担任了一个重要角色，几乎所有记忆上的训练也都是运用诗歌的背诵来实施。到公元前8世纪时，希腊音乐已经算是很古老，种类和格式已经有了数百种。

乐器都很简单，类似今日较大的乐器库一样，都是以撞击和管弦乐器为基础。上等的乐器并不普遍。笛子在雅典直至亚瑟比雷斯以前一向受人欢迎，但亚瑟比雷斯认为他的乐师在吹奏时鼓着双颊的样子很可笑，他本人也拒绝吹奏这种可笑的乐器，因此在雅典青年中造成了一种风气，大家都反对吹笛子（此外，雅典人甚至还说，包伊夏斯在奏笛上超越了他们，使艺术陷入庸俗）。简单的笛子是一个茎管或钻空的木棍，有可随意装上或取下的口管，有27个指孔，可装上活动塞子以调整音阶。有的演奏者使用双笛——一支“阳性”或低音笛持于右手，一支“阴性”或高音笛持于左手，两支笛都用一根带子绕于双颊纳入口中，吹奏出简单和谐的音调。希腊人把笛子配装于一个可膨胀的口袋内，制成了一种风笛。将数支渐变的笛子连接在一起，制成一种束管乐器，或称潘笙（神话中阿卡狄亚河的女神为潘所追求，变为一束芦苇，潘即以此作为笙）。将管伸长及开底，并封闭指孔，制成欧氏管或小喇叭。帕萨尼亚斯说，笛乐通常很阴沉，永远是用于丧曲或挽歌，但是“奥拉特利达（Auletridai）”（希腊的奏笛艺妓）所奏的似乎并不阴沉。弦乐只限于用手指或琴拨（金属或骨制，戴于指上）。弓乐（如小提琴类）则没有听说。七弦琴、福尔明克斯（phorminx）和基萨拉琴（kithara）大体相似——4根或4根以上的羊肠弦横跨过金属或龟壳共鸣体的桥架之上。基萨拉琴是一种小型竖琴，用于叙事诗的伴奏；七弦琴类似吉他，用来伴奏抒情诗和歌。

希腊人告诉我们许多奇异的故事，说神（赫耳墨斯、阿波罗和雅典娜）如何发明了他们的乐器。阿波罗如何使用他的七弦琴和马西阿斯（Marsyas，弗里吉亚的女神西芭莉的祭司）的管和笛相竞赛，由于将他自己的声音加到琴上而获得了不公平的胜利，把倒霉的马西阿斯活活剥皮，以结束比赛，这个传说活灵活现地说明了笛为七弦琴所击败。还有一些较美丽的故事，说明古代的音乐家如何建立或发展了音乐艺术：一个是马西阿斯的学生，名叫奥林波斯（Olympus），他在接近公元前 730 年的时候发明了四分音音阶[1]；一个是赫拉勒斯的教师利努斯，发明了希腊音乐符号和建立了若干“音阶”；再一个是狄奥尼索斯的色雷斯祭司奥耳甫斯，还有他的学生缪西尤斯，后者说：“歌是人类的甜品。”这些故事反映希腊音乐的风格得自吕底亚、弗里吉亚和色雷斯的可能事实。[2]

歌唱几乎进入了希腊生活的每一个方面。对狄奥尼索斯有狂热

---

[1] 一个使用 1/4 音调的音阶；例如：E E' F A B B' C E 强调的是每个音符比其以前的音符高 1/4 音。

[2] 希腊的音乐所用音阶远比我们所使用的多和复杂，我们全音阶中没有较半音更小的音阶，同时 12 个半音组成我们的第 8 音程；希腊人使用 1/4 音阶，并且有 18 个音符的 45 个音阶。

这些音阶共有 3 组：全音阶，根据 E D C B 四阶；半音阶，根据 E D ＃ C B；四分音阶，根据 E D C_b B。经由各种希腊音阶，加以简化，形成了中古时期的宗教音乐，再经由这种宗教音乐，形成了我们自己的音乐。在全音阶的四分阶（tetrachord）、七阶（modes）是由调整琴弦以变更在第 8 音程中半音位置所产生的。最重要的音阶是多利安的 E F G A B C D E，虽然是在低调，但富于军事化和严肃性；吕底亚的 C D E F G A B C，虽然是在大调，但柔和而哀伤；弗里吉亚的 D E F G A B C D，虽然在小调上，却有闹饮的热情和狂野。当我们读到关于音乐、道德和医药影响的激烈争论，无论是可以恢复或灾难性的，希腊人（主要为哲学家）都把这些归诸半音变化，听来颇为有趣。据说，多利安音乐使人勇敢、尊严；吕底亚音乐使人伤感、柔弱；弗里吉亚音乐使人兴奋、坚强。柏拉图认为大多数音乐的后果是使人变为优柔、颓废、粗野、失德，因而希望在他的理想国里废除所有的乐器演奏。亚里士多德则希望所有青年都受多利安音乐训练。而提奥夫拉斯图斯甚至对弗里吉亚音乐也极为推崇，他告诉我们，纵然得的是很严重的疾病，只要在接近患处演奏弗里吉亚曲调，就可不再感觉痛苦。

希腊的音乐符号不是在五线谱上使用棒状和椭圆形符号，而是使用字母，把字母倒转或横放以增加变化，并用点或划以扩大其范围使成为 64 个符号，用法是把这些符号放置在歌词的上面。这些符号虽然都已丧失，但有几段残篇传到我们手中，也算差堪自慰了。这些符号所表现的歌调很接近东方，而非欧洲韵味，对于印度人、中国人或日本人，可能比对我们这些不惯于 1/4 音阶的西方人容易适应得多。

的合唱歌，对阿波罗有欢乐歌，对每一位神都有赞颂歌，对于富人有"*enkomia*"（赞颂歌），对于运动员有"*epinikia*"（胜利之歌）；在用餐、饮酒、恋爱、结婚、哀悼、送葬时，有"*symposiaka*"、"*skolia*"、"*erotika*"、"*hymenaioi*"、"*eligiai*" 和 "*threnoi*"，牧人有"*bukolika*"，收割者有"*lityerses*"，葡萄园园丁有"*epilenia*"，纺者有"*iouloi*"，织者有"*elinoi*"。那时大概和现在一样，市场和俱乐部中的男人、家庭妇女和娼妓所唱的歌不会像西摩尼得斯所作的歌那样有教养。粗俗和高雅的音乐，经过许多世纪一起传流下来。

希腊人都相信，实际上也是如此，音乐的最高形式是合唱，他们赋予合唱哲学的深度、结构上的复杂、情感上的范畴，如果就现代的音乐来讲，应当是属于协奏曲或交响乐。任何节日——一次收割、一个胜利、一个婚礼或一个圣日——都可能用合唱的方式庆祝，城市和团体也不时筹办伟大的合唱比赛。在大多数情形下，这种比赛都在很久以前就要开始准备：先指定一位作曲家编拟文字和歌谱，说服一位富人负担经费，邀请职业歌唱家，合唱队也要经过慎重的训练。所有歌唱者都唱同一个调子，和今天希腊教会的音乐无异，除了在后来的各世纪中伴奏音乐可高出或低于歌唱声音 1/5，或与其相背外，没有"半音部歌"，这似乎是希腊人最接近和谐和对位音的地方。

舞蹈的最高发展是与合唱共同结合为一种艺术，正如现代音乐的许多形式和条件曾经与舞蹈相结合。[1] 在希腊，舞蹈和音乐在历史和流行上是互争雄长的。卢奇安无法追溯舞蹈在人间的开端，他在星体的规律运动上去寻找起源。荷马不仅告诉我们代达罗斯为阿里亚德尼所造的舞池，并且告诉我们，在特洛伊围城之战时，一位希腊战士是一个职业舞蹈家，名叫梅里内斯，他在战斗中也跳舞，任何长矛都不能刺伤他。柏拉图形容"舞蹈"（chests）为"用整个身体的姿势来

---

[1] "foot"（音步）一词是表示诗节中的一部分，其来源即是与歌声同舞的舞蹈；"orchestra"（管弦乐队）在希腊文中指舞台，通常在戏台之前。

表达语言的本能欲望”——这种说法毋宁说是某些现代语言的形容方式。亚里士多德对舞蹈作了更佳的解释，他认为舞蹈是“用姿势和韵律活动，对动作、个性和热情所作的模拟”。苏格拉底自己也曾跳舞，他赞美这种艺术能使身体各部分都臻于健康，他所指的当然是希腊舞蹈。

希腊的舞蹈和我们的差异很大，虽然有若干舞蹈方式也能形成性的刺激，但男女很少作身体上的接触。希腊舞蹈是一种艺术的运动，而不是行走中的拥抱，这种舞蹈很像东方式的舞蹈，用手和臂与用腿和足一样多。舞蹈的方式和诗歌的种类一样多，古代的权威家列有200种舞蹈。有所谓宗教舞蹈，例如狂欢节上的虔诚信徒的舞蹈；有所谓体育舞蹈，例如斯巴达的占鲁柏迪（Gymnopedia）和裸体青年节的舞蹈；有军事舞蹈，例如希腊战舞，教授儿童作为军事训练的一部分；有一种庄严的 *hyporchema*，是由两个合唱团共同演出，一组唱时另一组跳舞，更迭轮替。在人生每一个重要事件及每一个季节，或一年中的各个节日，都有土风舞。此外，还有很多舞蹈竞赛，通常都有合唱相伴。

所有抒情诗、歌、器乐和舞蹈这些艺术，在早期的希腊都是密切关联，并且在很多方面形成了一种艺术。随着时代的进展，进入公元前7世纪后，便有了所谓专门和专业，史诗放弃了歌唱而采用朗诵，叙事诗与音乐分家。阿基罗库斯唱他的抒情诗而不用伴奏，经过了一个长期的衰退之后，诗终于成了一种堕落的天使，喑哑而又受拘限。合唱舞蹈也分解为“唱而不舞”和“舞而不唱”，原因可能如卢奇安所说：“剧烈的动作使呼吸急促，因而使歌声受到损害。”同样又有了只奏乐器而不歌唱的音乐家，以1/4音阶的精确和迅速的技巧，赢得热心听众的激赏。若干著名的音乐家和现在一样，专注于进款的多少，例如阿谟波斯（Amoebeus，竖琴家兼歌唱家），每次演奏要接受相当于今日6000美元（1个塔伦）的报酬。一般的音乐家收入仅够糊口，因为音乐家也和其他艺术家一样，世世代代都有“清高”

的声誉。

有些音乐家如特潘得、阿利昂、阿尔克曼、斯特西尔克鲁斯等人，他们件件精通，将合唱、器乐和舞蹈编织成一个可能比今天的歌剧和交响乐还要复杂与和谐的整体，赢得了最高的荣誉。这些大师中最著名的是阿利昂。希腊人有一个故事告诉我们，他从塔拉斯到科林斯的航行途中，水手偷了他的钱，然后让他选择被刺死或者淹死。他唱完最后一支歌后跃入海中，后被一只海豚（可能是他的竖琴）驮到岸上。他于公元前 7 世纪末期的科林斯，将即席演唱祭酒神狂欢曲的兴奋歌唱改为 50 个人严肃而有训练的“循环”合唱，使用我们今天圣乐中的曲调和叙唱调，循环唱出自右向左或自左向右舞时的歌曲。歌曲的主题通常为狄奥尼索斯的苦难和死亡，为纪念神的传统侍者，合唱队打扮成半人半兽状。在事实及名称上，都因此而产生了希腊的悲剧戏院。

· 戏剧的开始

希腊戏剧在公元前 6 世纪已经在很多方面和很多地区卓然有成，因而奠定了戏剧的基础工作。这在历史上是一个创造时代，据我们所知，在此之前，人类从未将哑剧或宗教仪节过渡到语言和世俗的表演。

根据亚里士多德的说法，喜剧是由一些引导“阴茎游行行列”的人所发起的。一群人手持着“神圣阴茎”，并向狄奥尼索斯高唱着狂欢曲，或向其他植物神唱着赞颂诗，于是真正形成了“狂欢”（*komos*）。性在这方面居于很重要的地位，因为这种仪节的最高潮便是一个象征性的婚礼，其目的在于神秘地刺激土地的生长力。因此，早期的希腊喜剧，也和现代大多数的喜剧和小说一样，多半以婚姻和假定的生育来形成故事的适当结局。因为希腊喜剧的起源是坦坦白白地源自阴茎，所以直到米南德仍然相当猥亵：一开始就是对再生能力的热烈庆祝，接着便解除了某些性的拘限。那也可以说是一天的道德暂停或休假，言论的自由尤其宽泛。许多游行者都作狄奥尼索斯的半人半兽的打扮，配上一条羊尾巴，一个大号的红皮阴茎，作为其服装的一部。这种打扮成为喜剧舞台上的传统服饰，这是一个神圣的习惯，在阿里斯托芬喜剧中受到了忠实的遵守。事实上，以阴茎作为丑角的标志，在西方一直持续到5世纪，在东方一直到拜占庭帝国的最末世纪。在古老的喜剧中，与阴茎相伴的，还有一种放荡的“kordax”舞蹈。

说来也很稀奇，最初把粗俗的植物神狂欢转变为喜剧表演的，却是在西西里。约于公元前560年，锡拉库萨附近麦加拉·希布来亚的一位苏沙里昂（Susarion），把游行的狂欢发展为粗野讽刺和喜剧的简短表演。这种新艺术自西西里通过伯罗奔尼撒，然后传到阿提卡，那时是由一些流动演员或当地的业余演员在乡村里表演。这样的表演持续了一个世纪，接着有些权威之士（引用亚里士多德的话）很看重这种表演，给它配上一个合唱队（公元前465年），将它拿到正式的节会上演出。

悲剧（或羊歌[goat song]）同样也是兴起于穿着羊衣类似半人半兽的森林之神，在酒神庆祝会中载歌载舞的狂欢表演。这种半人半兽的表演，一直到欧里庇得斯都是狄奥尼索斯戏剧的一个主要部分。每一个悲剧三部曲的作者，都要遵守古时的习惯，为纪念狄奥尼索斯编一部半人半兽的戏剧，作为表演的第四部分。亚里士多德说：“因为一个半人半兽表演的发展，当悲剧从简单的情节和喜剧的语法兴起，发展到具有充分尊严的地位，已是很久以后的事了。”毫无疑问，其他的事项也在悲剧诞生的时候成熟了，悲剧也许曾从对死者的祭祀礼拜中得到某些启发。但大体说来，它的来源在于对宗教仪式的模仿。例如：在克里特，关于宙斯诞生的表演；在阿尔戈斯和萨摩斯，宙斯和赫拉象征性结婚的表演；或在埃莱夫西斯和其他一些地方，德墨忒尔和珀耳塞福涅一些神圣神秘的表演；或最重要的是在伯罗奔尼撒和阿提卡，关于狄奥尼索斯死亡与复活的悲悼和喜悦的表演。这些表演称为“dromena”，意思是表演的事项；“droma”（戏剧）是一个相关的词，其意义应当是一个行动。在西塞昂，一直到独裁者克里斯提尼时期，据说悲剧合唱队都是纪念古王“阿德拉斯图斯的受难”。在伊卡利亚（泰斯庇斯成长之地），要把一只羊作牺牲献给狄奥尼索斯。悲剧之名源自“羊歌”，也许原是一支对着被肢解了的羊或酒神化身献唱的歌曲。希腊戏剧和我们的一样，也是自宗教仪式中诞生。

因此，雅典戏剧是在祭司的主持下，在一座以“狄奥尼索斯”为名的戏院里，由一群称作“狄奥尼索斯艺人”（Dionysian artists）表演。他们在表演前把狄奥尼索斯的塑像抬进戏院内，置于舞台的前方，让他观赏。在戏剧开始前，先杀一只动物作为献神的祭品。这个戏院也被赋予神殿的神圣地位，如果有所侵犯，要受亵渎神圣的严重处分，而不仅是一个普通犯罪，就如同悲剧在雅典狄奥尼索斯戏院享有荣誉一样。喜剧在里那亚的节日也最引人注意，不过这个节日也是属于酒神的。最初的主题和弥撒的进行一样，或许也是为纪念神的苦难和死亡，后来也许诗人逐渐地代以希腊神话中英雄的受难与死亡了。甚至戏剧的早期形式也许是一个神秘的仪式，其设计目的在于转移或避开它所表现的悲剧，同时也洗涤观众的罪恶。根据比亚里士多德观念更进一步的说法，这些都是用代表的方法来表演人的出生和死亡。希腊悲剧享有比伊丽莎白时代悲剧更高的地位，其中部分原因，即是这一宗教性的基础。

由阿利昂和其他戏剧家作为模拟动作而发展出来的合唱，变成了戏剧结构的基础，直到欧里庇得斯的晚期戏剧，仍然为希腊悲剧的一个主要部分。较早时期的剧作家称作舞蹈家，因为他们的戏剧主要是合唱舞蹈，而实际上也是舞蹈教师。将这些合唱表演变为戏剧只需要一件事，那就是演员做一件与合唱相反的事，把合唱改为对白和动作。这种灵感，被在伊卡利亚担任舞蹈和合唱教师的泰斯庇斯所获得。伊卡利亚是靠近伯罗奔尼撒的麦加拉城附近的一个城镇，这里对酒神的祭祀异常流行，此处与每年均演剧纪念德墨忒尔、珀耳塞福涅和狄奥尼索斯·扎格留斯的埃莱夫西斯，距离不远。毫无疑问，在推动世界的自我主义的帮助下，泰斯庇斯把他自己和合唱分开，自行制作叙唱式的台词，发展一种相反和冲突的观念，为戏剧提供了一种较为严格的历史观念。他对各种角色的表演极为逼真，甚至他的剧团在雅典表演时，逼真得使梭伦极为震惊，他认为这似乎是对大众的一种欺骗，指责这种新流行的艺术为不道德。这种指责事实上在每个世纪都可听到。庇西特拉图更富于想象，鼓励在狄奥尼索斯节会上举行戏剧竞赛。在公元前 534 年，泰斯庇斯获得了这种竞赛的优胜奖。新的形式发展更快，仅仅一代之后，卡里路斯（Choerilus）制作了 160 出戏。在泰斯庇斯后 50 年，埃斯库罗斯从雅典和萨拉米斯之战胜利归来，在希腊戏剧史上形成了一个伟大时期。

历史回顾

如果我们回顾一下五花八门的文明历史（其高潮如以前各节所述），对希腊人在马拉松作战的目的也就有所了解了。我们不妨把爱琴海地区形容为一个繁忙、纷争、警觉和富于创造性的希腊人的蜂窝，他们坚毅地定居在每一个港口，自农业经济发展为工商经济，同时开创了伟大的文学、哲学和艺术。这些新文化成熟得如此迅速和普遍，在公元前 6 世纪就已为公元前 5 世纪的成就奠定了基础，看来真是令人惊异。说起来这个时期的文明在某些方面较之伯里克利时期更为优异——特别是在史诗和抒情诗上更为卓越，这些诗由于较大的自由和女人的智力活动更具活力、更为美丽，也较而后及更民主的时期获得较好的管理。在那个世纪的末期，独裁的政治已经给予了希腊足够的秩序，为未来的希腊自由铺好了道路。

实行自治，在那时的世界还是一种新的东西，任何大型社会尚不敢尝试没有国王的生活。这种值得自豪的独立意识（个人的和集体的），对希腊人的各种事物和商业产生了强烈的刺激。他们的自由使他们在艺术和文学、科学上，获得了令人难以置信的成就。说来一点不错，那时和以往一样，大多数人都喜爱迷信、神秘和神话，人们必须寻求安慰。尽管如此，希腊的生活变得空前的世俗化，政治、法律、文学及思想探索，一一都摆脱了教会的控制，哲学开始对世界和人类、肉体和灵魂作自然主义的解释。几乎是闻所未闻的科学，也大胆地做有系统的陈述：欧几里得的基本定理建立了起来。思想的清晰、秩序和诚实，成为少数节俭者的理想。一种灵与肉的英雄式挣扎，及时挽救了这些成就，保持了他们从黑暗的暴政及秘教的死亡之手夺来的希望，并为欧洲文明赢得了其所企图获得的自由特权。

第十章 | 为自由而战

马拉松

希罗多德曾说:“在大流士、薛西斯和阿塔赛克西斯统治期内，希腊人所受的痛苦，比以往 20 代（600 年）所遭受的痛苦还多。”希腊这个国家到处扩张，注定迟早必然与一个强国发生冲突，而为它的发展付出代价。希腊人以海洋作为大道，开辟了一条自西班牙东岸到黑海最远港口的贸易路线。这一欧洲的水道（希腊—意大利—西西里）与东方的水陆联运道路（印度—波斯—腓尼基）竞争日益激烈，因此，也兴起了一个持久而又剧烈的对抗。根据人类的先例，在这种对抗中，战争自然无法避免，而连续发生的拉代（Lade）、马拉松、普拉蒂亚、希梅拉、米卡利、欧里梅顿（Eurymedon）、格拉尼卡斯（Granicus）、伊苏斯、阿贝拉、坎尼（Cannae）和扎马诸战，只不过是一些偶发事件。欧洲制度之所以能战胜东方，部分是由于水运较陆运低廉，部分是由于粗野而好战的北方，总是能征服好逸恶劳和能创造艺术的南方，这几乎已成了历史上的一条定律。

在公元前 512 年，波斯的大流士一世率领军队渡过了博斯普鲁斯海峡，侵入塞西亚，然后继续西进，征服了色雷斯和马其顿。当他回到他的京都后，已将他的版图扩大到包括波斯、阿富汗、北印度、土耳其斯坦、美索不达米亚、北阿拉伯、埃及、塞浦路斯、巴勒斯坦、叙利亚、小亚细亚、东爱琴区、色雷斯和马其顿。这个空前大帝国扩张过度，同时也唤醒了他的未来征服者。只有一个重要国家仍然处于这个庞大的政权和贸易体制之外，那便是希腊。在公元前 510 年，大流士几乎还没有听说过伊奥尼亚之外还有希腊。他曾经问过一句话："雅典人是些什么样的人？"约于公元前 506 年，独裁者希庇亚斯被雅典的革命所逐，逃往萨迪斯的波斯总督处，请求协助他重获政权，并许诺重获政权后将阿提卡让给波斯统治。

除了这个诱惑之外，在公元前 500 年又增加了一项激怒波斯人的原因。小亚细亚的各希腊城市，在波斯统治已达半个世纪之后，忽然罢黜了波斯的总督，宣布独立。米利都的奥斯塔哥拉（Aristagoras）前往斯巴达求援，未获成功，然后他前往雅典——许多伊奥尼亚城镇的母城，他的呼吁极为成功，雅典人派了一支由 20 艘船所组成的舰队，来支援这次反抗行动。同时，伊奥尼亚人也以希腊人固有的近乎狂乱的积极热情来行动，每一个参加反叛的城市都组织了自己的军队，但都各自为政，没有纳入统一指挥，而由有勇无谋的米利都部队作为前导，直捣萨迪斯，将这个大城夷为平地。伊奥尼亚联盟组织了一个联合舰队，但是萨摩斯所派出的舰队却与波斯总督签订了秘密协定。当公元前 494 年波斯海军和伊奥尼亚遭遇于拉代时，在历史上一个重要海战中，50 艘萨摩斯的战舰未经交战即行离去，许多其他城市所派出的舰队也起而效尤。伊奥尼亚人这次遭受到了彻底的失败，而伊奥尼亚文明自遭受这次精神和实质的灾祸后，从此一蹶不振，从未真正恢复。波斯人围攻米利都，城破之后，所有男子均被杀戮，女人与儿童成了奴隶，其劫掠更为彻底，自该日起，米利都就沦为次要城市。波斯在再度统治了整个伊奥尼亚之后，憎恨雅典人干预的大流士，决心征服希腊。这时可怜的小雅典，由于慷慨协助子城，终于碰上了一个比阿提卡强大百倍的帝国。

公元前 491 年，一支由 600 艘船组成的波斯舰队，在达第斯（Datis）率领之下，从萨摩斯渡过爱琴海，中途征服了基克拉泽斯，然后以 20 万之众到达了埃彼亚岛的海岸。埃彼亚稍作抵抗后即行屈服，于是波斯人渡过港湾到达阿提卡，他们在马拉松附近设营，因为希庇亚斯曾建议波斯可在这个平原使用比雅典更为优越的骑兵。

在听到这个消息后，整个希腊都为之沸腾。波斯的军队所向无敌，帝国的扩展不可阻遏，一个如此脆弱、如此分散、如此不惯于团结的希腊，如何能够抵得住这一东方的征服浪潮？希腊北方各邦不想抵抗这样一个巨人。斯巴达踌躇地进行备战，却让迷信拖延了动员。较小的普拉蒂亚反应很快，派了大部分公民以强行军驰往马拉松。在雅典，米底阿德释放了所有的奴隶，把他们和自由人一齐编入军队，率领着他们越过山岭到达战场。当两军相遇时，希腊人的兵力约为 2 万人，波斯人可能有 10 万之众。波斯人勇敢善战，但仅习惯于各个战斗，没有受过希腊人的集体防御或攻击训练。希腊人也能将军纪与勇气相结合，虽然他们犯了一项错误——将指挥权分由 10 位将军担任，每人轮流做最高统帅，但阿里斯蒂底斯的良好榜样救了他们——他心甘情愿地将指挥权交给了米底阿德。在这个坦白、伟大的军人积极的战略领导下，希腊人以劣势击败了波斯大军：这不仅是一次决定性的战斗，同时也是一次历史上令人难以置信的胜利。倘若我们相信希腊人的证言，这次马拉松之战，波斯人阵亡 6400 人，希腊人战死 192 人。在战斗结束后，斯巴达人赶到了战场，但只有惋惜本身的迟滞和赞颂胜利者的份儿了。

阿里斯蒂底斯和狄密斯托克利

在希腊的特性与历史中，尊贵与残酷、理想主义与犬儒主义的奇异混合，可在米底阿德和阿里斯蒂底斯此后的经历中得到证明。由于全希腊的赞美和鼓励，米底阿德要求雅典人装备一支由 70 艘船组成的舰队，置于他的绝对指挥权下。待舰队装备完成后，米底阿德便将它们带到帕罗斯，要求该岛公民交付 100 塔伦（相当于 60 万美元）以免集体遭到屠杀。雅典人罢黜了他，并罚他交付 50 塔伦，但米底阿德不久死亡，罚款由其子也就是伯里克利未来的对手西蒙（Cimon）缴纳。

在马拉松将指挥权交给米底阿德的阿里斯蒂底斯逃避了这个成功的陷阱。他在生活和态度上，跟其他住在雅典的斯巴达人没有两样。他那安静而又稳健的性格，他那谦逊淳朴和令人信服的诚实，使他赢得了"正人君子"的美誉，因此，当他念到了埃斯库罗斯的一出戏中时，便有了如下的一段台词：

> 并非看来公正，而是实际如此，
> 他那些智慧而又慎重的忠告，
> 皆出自他的肺腑心田。

在听到以上的台词后，所有观众都转头凝视阿里斯蒂底斯，将他看成这位诗人诗句的现世化身。当希腊人在马拉松战胜波斯人后，发现波斯人营幕中财物甚多，大家就推举了阿里斯蒂底斯负责处理，"他自己既丝毫不苟，也未将责任推给他人"。在这次战争结束之后，当雅典联盟各邦同意每年向得洛斯银库捐款以作为共同防御基金时，大家便公推阿里斯蒂底斯来决定各邦的摊派额，而他们对于他的决定没有任何异议。虽然如此，但他所得的人缘却没有所受的赞誉多。他虽然是克里斯提尼的一位知己，但他却对这位推动民主的朋友表示意见：民主的权力已经足够，如果再加大国民大会的权力，就有导致行政腐败和社会紊乱的危险。任何贪赃枉法，只要经他发现，他都予以揭发，因此也树立了很多仇敌。由狄密斯托克利所领导的民主党，利用克里斯提尼刚刚设计不久的"贝壳放逐法"（ostracism）来将他除掉。于是，在公元前 482 年，雅典历史上唯一曾极负盛名而被誉为诚实的人，终于在他事业的高峰被放逐出境了。这是世所共知的事情(虽然这次可能又是一个虚构故事)。当他得知民众大会的决定后，他向雅典人表示希望以后永远不要在任何场合再忆起他。

史学家不得不承认，雅典的政府官员有时将寡廉鲜耻的不道德行为带进了政治圈。就如同晚年的亚瑟比雷斯，狄密斯托克利也是一个极有能力的人物，永远抱有中庸态度的修昔底德说："他深得我们的敬慕，那是极不寻常和无法比拟的。"就如同米底阿德一样，他拯救了雅典，但未能拯救自己；他能击败一个大帝国，但不能战胜自己的权利欲。普卢塔克说："他对改善态度和行为的训示，不但接受得很勉强，甚至听而不闻，但如果告诉他的是有关睿智或事务管理方面的意见，他不但给予极大的注意，并且自信对这类事有着天生的能力。"说来真是雅典的一种不幸：狄密斯托克利和阿里斯蒂底斯两人同时爱上了一个少女——塞俄斯的斯黛西拉（Stesilaus），而他们之间的互相憎恨，一直到引起这种憎恨的美人逝去后仍然存在。虽然如此，但使希腊史中最重要的一战——萨拉米斯之战——获得胜利的却是出于狄密斯托克利的先见之明和他的全力准备。远自公元前 493 年开始，他便为雅典计划并开始在比雷埃夫斯兴建一个港口。在公元前 482 年，他劝雅典人放弃从劳留姆银矿应得的收入，将这笔金额用于建造 100 艘 3 列桨座的战舰。若无这支舰队，雅典对薛西斯的入侵可能就无法抵抗。

薛西斯

大流士于公元前 485 年逝世，由薛西斯一世继位。他们父子两人，均是能干而有教养的人物，因此，如果认为希腊与波斯的战争是文明与野蛮之争，便是一种错误。大流士在进攻希腊之前，曾派遣使者前往雅典和斯巴达，要求提供泥土和水作为臣服的象征，但两个地方都把使者杀死。凛于灾祸之即将来临，斯巴达对其违反国际惯例的行为深感悔悟，要求两位公民前往波斯自首，接受大王为实施报复所加的任何惩罚。两位出生望族的公民——斯波西阿（Sperthias）和布丽斯（Bulis）都自愿前往谒见薛西斯，愿以一死以偿斯巴达杀害波斯使者的罪行。据希罗多德说："薛西斯表现得异常伟大，他说，我不会像古斯巴达人一样，斩杀来使，破坏全体人类共同遵守的法律。他既然指责敌方的不当，他自己自然也就不会去犯同样的罪过。"

薛西斯从容地但很彻底地准备着对希腊的第二次进攻。他一共花了 4 年的时间，从他治下的各省征集部队和物资。到了公元前 481 年，他终于出发，他的部队可能是那个世纪前所未有的最大部队，希罗多德认为（未予低估）有 264.1 万名战士，另有相等数量的工程人员、奴隶、商人、供应人员和营妓。他告诉我们，如果薛西斯的军队自河中饮水，可在一眨眼间使河水尽涸。当然，这也绝对必需，这是一支颇为庞杂的部队，里面包括了波斯人、米底人、巴比伦人、阿富汗人、印度人、亚述人、亚美尼亚人、腓尼基人、叙利亚人、阿拉伯人、埃及人、伊索匹亚人、利比亚人、巴克特利亚人（Bactrians）、索迪安斯人（Sogdians）、萨卡人（Sacae）、科尔基人（Colchians）、塞西亚人、佩奥尼基人（Paeonians）、米西安斯人（Mysians）、帕弗拉哥尼安人（Paphlagonians）、弗里吉亚人、色雷斯人、色萨利人（Thessalians）、洛克利人、波奥蒂亚人、埃奥利安人、伊奥尼亚人、拉地人（Lydians）、卡利亚人（Carians）、奇里乞亚人（Cilicians）、塞浦路斯人，此外还有很多。里面包括步兵、骑兵、战车、象和一个庞大的用于运输的 3 列桨座作战舰队，据希罗多德的说法，一共包括 1207 艘船只。当数名希腊间谍在波斯营区被捕、一位将军下令予以处决时，薛西斯不但赦免了他们的死罪，并且还叫人带着他们参观他的战备，然后将他们放回希腊。他相信等这些间谍将他的准备情形报告斯巴达和雅典后，一定会使希腊其他地区尽快投降。

公元前 480 年春，波斯大军进抵达达尼尔海峡，埃及和腓尼基的工程人员已在那里搭建了一座桥梁，这座桥梁是古代最令人赞赏的机械成就之一。如果我们相信希罗多德的说法，共有 674 艘 3 列桨座战船，分两排横越海峡，每艘船都面对海流，以巨锚系紧。然后工程人员用亚麻或纸草缆横过每排船，该巨缆系缚于每条船上，两端固定于两岸，并以绞盘绞紧。然后把树砍倒，锯成木板，横置缆上，一一系紧，板上放上砍下的树枝，树枝上再铺上土，然后再将这一切踏成一条道路。路的两侧又建起一道防波堤，其高度恰使牲畜不会因为见到海洋而惊吓。虽然如此，仍有很多牲畜和部分兵士，必须用鞭子驱策才肯上路。这座桥梁的承载力很强，大军在七天七夜内成功地渡过了海峡。一个当地土人目睹这一景象后，认为薛西斯就是天神宙斯，因而发出疑问：这位人与神的共主，只要一个巨雷就可把一个傲慢的国家毁灭了，为什么却要费上这样大的气力去征服这个小小的希腊呢？

步兵在陆上通过了色雷斯，进入了马其顿和色萨里，而波斯的舰队则沿着海岸南行，穿过一条由民夫所挖的全长 1.25 英里、横过圣山（Mt.Athos）地峡的运河，避开了爱琴海的风暴。据说，军队无论在哪里吃两餐，供应的城市就会整个枯竭。萨索斯岛招待薛西斯的大军一天，就用去了 400 银塔伦（约合 100 万美元）。所有希腊北部，甚至到阿提卡边界，都因为恐惧或接受贿赂而投降，并将他们的部队加入到薛西斯的数百万众之中。在北方，只有普拉蒂亚和西斯比亚准备应战。

萨拉米斯

我们在今天如何能体会或想象希腊南部人，面对这个排山倒海、由多数国家和民族所组成的威胁，在心中所充满的恐怖和挣扎？欲行抵抗似乎是过于鲁莽，不自量力，因为在所有忠诚诸邦中无法集合到薛西斯 1/10 的兵力。因为斯巴达曾经和雅典同心同德地合作过，因此赶紧派代表到伯罗奔尼撒，向每一个城市请求部队或补给，大多数的城邦都很合作，但阿尔戈斯拒绝了，这个污名始终未能洗脱，或使人忘记。雅典派出了一个舰队，北上抵抗波斯的海军，斯巴达派出了一支小部队，在里昂尼达斯王指挥下，在色摩比利山口稍稍延阻了薛西斯的气势。双方海军在埃彼亚岛海岸外阿尔泰米松（Artemisium）相遇。当希腊将军看到敌方绝对优势的舰队之后，曾经决心撤退。埃彼亚人深恐波斯人会对他们的海岸发动袭击，因此，向雅典舰队司令官狄密斯托克利送了 30 塔伦（18 万美元）的贿赂，条件是请他说服希腊的领袖作战。狄密斯托克利用共享贿款的方法办到了。狄密斯托克利一向工于心计，他命令水兵将通信文字刻于石上，给在波斯舰队中的希腊人看，请求他们想法脱逃，或无论在什么情况下勿与祖国对阵。他想，如果伊奥尼亚人看到了这些文字，必然会大为感动，而如果薛西斯能懂得的话，就不敢在这场战争中使用希腊人。海战持续整日，直至夜晚结束，不分胜负，希腊人退入阿尔泰米松，波斯人退入阿贝塔（Aphetae）。鉴于兵力上的悬殊，希腊人认为能以寡敌众，算是一场胜利。当色摩比利山口的不幸消息传到后，尚存的希腊舰队即向南驶向萨拉米斯，以便为雅典军逃难使用。

尽管里昂尼达斯作了历史上最英勇的抵抗，但在“温泉关”终为波斯人的绝对优势所压倒，然而失败的原因不在于波斯军的勇敢，而是由于希腊军有欠忠诚。有些来自特拉奇斯的希腊人不仅向薛西斯泄露山上小道的秘密，并且导引着波斯部队经由那条道路袭击斯巴达人的后方。里昂尼达斯和他的 300 名长者（因为他只选择有儿子的父亲跟随他，以免斯巴达人的家族濒临灭绝）几乎是战至最后一人。在仅存的两个斯巴达人中，一位死于普拉蒂亚，另一位则因羞愤而自缢。希腊的史学家告诉我们，在这次战斗中，波斯损失 2 万人，希腊损失 300 人。在这些希腊英雄的墓石上刻着希腊最著名的碑铭：“陌生人，请告诉斯巴达人，遵守他们的命令，我们长眠在这里。”

当雅典人了解到雅典与波斯人之间再无任何障碍时，便宣布每一个雅典人都应当尽力去拯救他们的家庭。有些人逃往埃伊纳，有些逃往萨拉米斯，有些逃往特罗仁，有些被征入伍，补充自阿尔泰米松返回的海军缺员。普卢塔克描绘了一幅动人的画，描写一些驯服的动物，跟着它们的主人到达海岸，但当船只过重不能搭载它们而将要离岸时，那些动物便都号叫起来。有一只属于伯里克利之父赞西普斯（Xanthippus）的狗，自行跃入海中，傍船泅往萨拉米斯，结果因为体力消耗过度死在那里。如果我们知道，当一个雅典人在民众大会上劝说大家投降时，大家立即将他杀死，然后又有一群妇女奔到他的家里，用石头把他的妻子和儿女击毙。由此可以想见，当时人们情绪的激动和感情的强烈。当薛西斯到达雅典后，发现这个城几乎全被抛弃时，于是予以劫掠焚烧。

不久，波斯舰队（1200 余艘）进入了萨拉米斯湾。而希腊海军仅有 300 艘 3 列桨座战船，且指挥仍然不一，大多数的海军将领都反对冒险出战。狄密斯托克利决心迫使希腊人作战，他采取了一个舍命的策略，如果波斯获胜的话，他也不能幸免。他派遣了一个可以信赖的奴隶前往薛西斯处，对他说："希腊舰队企图在夜间出航逃离，波斯如果想要阻止这次撤退，只有将希腊舰队包围。"薛西斯接受了这个建议，第二天早晨封锁了所有逃避的出路，迫使希腊人不得不应战。薛西斯巍然地坐于埃加留斯（Aegaleus）山脚下（在萨拉米斯对岸的阿提卡海岸上）目睹这场战斗，并注意战斗中特别勇敢的部下。由于希腊人优越的战术和海军训练，而波斯方面语言混杂，意志又不集中，而且舰只过多，不便指挥运用，最后战局便有利于希腊人。根据狄奥多鲁斯的记载，波斯方面损失了 200 艘船，希腊损失了 40 艘，但波斯方面的记载如何，我们不得而知。因为希腊人善泳，即使船只浸水沉没后，也可游泳至岸，所以希腊人死亡得很少。波斯舰队的残余逃往达达尼尔海峡，诡计多端的狄密斯托克利又派遣他的奴隶对薛西斯说，他（狄密斯托克利）已劝阻了希腊人不要追击。薛西斯留下了 30 万人由马多尼奥斯（Mardonius）指挥，带着其余的部队很不光彩地开回萨迪斯，途中大部分人死于瘟疫和痢疾。

在同年（希腊人喜欢说是同日——公元前 480 年 9 月 23 日）就

如在萨拉米斯一样，西西里的希腊人也在希梅拉和迦太基人作战。非洲的迦太基人是否与那些支援薛西斯的人（在薛西斯海军中的人数甚多）互相协力，我们不得而知，希腊在东西两面同时遭受攻击也许仅是一种巧合。根据一般传说，迦太基的海军司令官哈密尔迦率领着3000艘船和30万大军到达巴勒莫，立即着手包围希梅拉，在那里他遭遇了锡拉库萨的格伦所率领的5.5万人。哈密尔迦遵循着古迦太基将军焚烧作为牺牲的祭品的做法，当他的军队败相业已显现时，他本人也纵身火中，后来在那里给他建立了一个坟墓。70年后，他的孙子希米尔孔（Himilcon）在那里屠杀了3000多希腊战俘作为报复。

一年后，即公元前479年8月，整个希腊几乎从同时进行的海陆作战中获得解放。留驻在希腊境内的马多尼奥斯的军队，设营于普拉蒂亚附近的波奥蒂亚平原。在等候了两个星期的吉兆后，一支由斯巴达王帕萨尼亚斯所率领的11万希腊部队，和他们开始了最大的陆上战斗。在入侵部队中的非波斯人，对这一冲突漠不关心，而当承受攻击重点的波斯部队开始动摇后，即开始逃亡。希腊人又得到了一次压倒性的胜利。根据希腊历史学家的记载，他们只损失了159人，而波斯部队则损失了26万人。[1] 希腊人又确切地宣布，在同一天，一支希腊海军分遣队在全伊奥尼亚的要冲——米卡利海岸外，与一支波斯海军遭遇，波斯舰队全军覆灭，所有伊奥尼亚各城全部脱离了波斯的统治，并且赢得了对博斯普鲁斯和达达尼尔海峡的控制权，等于是700年前对特洛伊之战的重演（那次战役也取得了对这两个地方的控制权）。

希波战争是欧洲历史上影响最大的冲突，因为有这场战争的胜利，欧洲才能得以生存和自由发展。胜利的结果为西方文明赢得了发展其本身经济生活（不须向外国朝贡和缴付税捐）和政治制度（不受

[1] 希罗多德的这些数字，可能是出于爱国思想的夸大。普卢塔克为力图公正起见，将希腊的损失数字增至1360人。狄奥多鲁斯虽然一向对数字比较宽松，也把波斯人的损失降低到10万人。

东方诸王的独裁统治）的机会。这次胜利也使希腊获得了一条通畅大道，从衰竭的东方神秘中将希腊精神保存了300年之久，同时，也使希腊商业获得海运的完全自由。于萨拉米斯之战后所存下来的雅典舰队，为希腊贸易开辟了地中海沿岸的每一个港口，继之而起的商业扩展提供了伯里克利时代雅典在娱乐和文化上所需要的财力支援。小小的希腊对这样一个强敌所取得的胜利，激发了希腊人的豪气，提高了他们的民心士气。为了答谢胜利之所赐，他们认为应该从事一些空前绝后的事情。经过了几个世纪的准备和牺牲之后，希腊终于进入了它的黄金时代。

第四章至第十章历史大事年表

（除公元前 776 年外，公元前 480 年之前所载年份，概属推测，尚难确定。如未加说明的地名之前的年代，均指希腊人首次移住该地的年代。）

公元前

1100—850	埃奥利斯与伊奥尼亚民族之迁徙
1000	奥林匹亚之神殿
840	荷马的可能年代
776	第一次（？）奥林匹克运动大会
770	西诺波城与库迈城
757—756	基齐库斯城与特拉佩佐斯城
752	首届十年执政官
750—650	希腊人定居于色雷斯半岛
750—594	贵族时期
750	诗人赫西俄德的可能年代
735	纳克索斯岛（西西里）
734	科孚岛与锡拉库萨
730—729	莱吉姆、莱昂蒂尼、卡塔纳
725—705	第一次麦西尼亚战争
725	吕底亚与伊奥尼亚的币制
721	希巴利斯
710	克罗托那
705	塔拉
700	波塞冬尼亚城；希腊首以石块建筑
683	雅典首采年度执政官
680	独裁者费顿统治阿尔戈斯；希腊首行国币

676	独裁者奥尔萨哥拉斯统治西塞昂
670	莱斯博斯岛的诗人及音乐家特潘得；帕罗斯岛的诗人阿基罗库斯；致阿波罗及德墨忒尔的荷马颂诗
660	洛克利地区的扎留库斯法律
658	拜占庭
654	兰普斯库斯城
655—625	独裁者塞普色鲁斯统治科林斯
651	塞里努斯
650	阿夫季拉与奥尔比亚
648	希梅拉地方独裁者米隆统治西塞昂
640—631	第二次麦西尼亚战争；斯巴达诗人提尔泰奥斯
630	斯巴达（？）的莱克格斯法律
630	昔兰尼城
615	阿比多斯
625—585	独裁者佩里安德统治科林斯
620	雅典的德拉科法律
615	独裁者色拉西布洛斯统治米利都
610	卡塔纳的查罗达斯法律
600	诺克拉蒂斯城；马赛；独裁者克里斯提尼统治西塞昂；独裁者庇达库斯统治密特里尼；莱斯博斯岛诗人萨福及阿尔凯奥斯；米利都哲学家塔莱斯；斯巴达诗人阿尔克曼；雕刻之兴起
595	第一次圣战
594	雅典的梭伦法律
590	希腊七贤时代；近邻同盟及奥耳甫斯教的兴起；艾菲索斯的阿耳忒弥斯第二神殿
582	第一届皮西亚及伊斯米亚运动会；诸卫城塑像及“阿波罗”神
580	阿克拉加斯；萨摩斯岛的寓言家伊索
576	第一届尼米亚运动会
570	独裁者法拉里斯统治阿克拉加斯；希梅拉诗人斯德西科罗；米利都哲学家阿那克西曼德
566	首届帕纳西尼亚赛会
561—560	庇西特拉图的首次独裁制
560—546	吕底亚王克里萨斯征服伊奥尼亚
558	迦太基征服西西里及科西嘉
550	恩波里厄姆镇（西班牙）
535	埃里亚城（意大利）
546—527	庇西特拉图的第二次独裁制

545	波斯征服伊奥尼亚
544	米利都哲学家阿那克西米尼
540	艾菲索斯诗人希波那克斯
535—515	独裁者波利克拉底统治萨摩斯岛；萨摩斯岛艺术家狄奥多鲁斯；忒俄斯诗人阿那克里翁
534	泰斯庇斯在雅典创立戏剧
530	麦加拉诗人西奥格尼斯
529—500	克罗托那哲学家毕达哥拉斯
527—510	独裁者希庇亚斯统治雅典
520	雅典开始举行奥林匹克运动大会
517	塞俄斯岛诗人西摩尼得斯
514	哈莫狄奥斯及阿里斯托吉顿的阴谋
511	雅典戏剧家弗里尼库
510	希巴利斯被克罗托那毁灭
507	克里斯提尼在雅典扩展民主政治
500	米利都地理学家赫克特斯
499	伊奥尼亚叛变；埃斯库罗斯第一部剧本问世
497	伊奥尼亚的希腊人焚毁萨迪斯
494	波斯在拉代击败伊奥尼亚人
493	狄密斯托克利执政雅典
490	马拉松；埃伊纳的阿菲亚神殿
489	阿里斯蒂底斯被推举为执政官；审判米尔泰底
488—472	独裁者索伦统治阿克拉加斯
487	首次依抽签选举执政官
485—478	独裁者格伦统治锡拉库萨
485	埃庇卡摩斯在锡拉库萨开创喜剧
482	阿里斯蒂底斯的贝壳放逐制
480	阿尔泰米松、温泉关、萨拉米斯及希梅拉诸战役；阿尔戈斯雕刻家阿哥达拉斯
479	普拉蒂亚及米卡利战役

第二部

希腊的黄金时代

《菲狄亚斯展示万神殿的檐壁》(阿尔玛–塔德玛，1868 年)。菲狄亚斯是万神殿建筑工程的艺术指导，创造了殿中最重要的神像，监督并设计了殿中的全部装饰雕刻。

第一章 | 伯里克利与民主的实验

雅典的兴起

“自伯里克利出生到亚里士多德去世之间的这一个时期，”雪莱说，“不论就其本身，或关于其对以后文明人的命运所产生的影响来看，在世界历史上无疑最具深远意义。”雅典主宰了这一个时期，因为她领导诸国拯救了希腊，因而赢得了大多数爱琴海城邦的联盟及军需的贡献。当这一场战争结束时，伊奥尼亚的国力已经耗竭，斯巴达因军队复员、地震及反叛而动乱不安，而雅典由狄密斯托克利所创设的舰队此时在商业上的征服与其在阿尔泰米松与萨拉米斯的胜利相互辉映。

战争并未完全结束：希腊与波斯之间的斗争自居鲁士征服伊奥尼亚到大流士三世被亚历山大推翻，仍在间歇地进行着。波斯人于公元前 479 年被逐出伊奥尼亚，公元前 478 年被逐出黑海，公元前 475 年被赶出色雷斯。至公元前 468 年，一支希腊舰队在雅典人西蒙的率领下，将波斯海陆军队彻底击溃于欧里梅顿河。希腊在亚洲与爱琴海的城邦为保卫其免受波斯的攻击，现在（公元前 477 年）在雅典人的领导下，组织了德里安（Delian）联盟，并捐献共同基金给得洛斯岛上的阿波罗庙。由于雅典所贡献的是船舰而非金钱，因此不久凭借其海上武力，有效地控制了盟邦，使平等的邦国组成的联盟很快地转变成雅典帝国。

在这种帝国的扩张政策下，所有雅典的主要政治家——甚至崇尚道德的阿里斯蒂底斯及后来人格完美的伯里克利——都附和了狂妄的狄密斯托克利。没有任何人比狄密斯托克利更配做雅典人，也没有任何人比他更矢志报效其国家。当希腊领袖聚集一起，为奖励保卫希腊有功人员而投票表决时，每一个人为自己投下第一票，第二票都投给了狄密斯托克利。他就是那个说服雅典，认为通向霸业之路在海上而非陆上，依赖战争莫如贸易之切，为希腊开创历史的人。他与波斯谈判，为使与亚洲畅通无阻的商业关系给雅典带来繁荣，他企图结束新旧两个帝国之间的纷争。在他的激励下，雅典的男人，甚至妇女、儿童，在雅典周围建立起一座城墙，并且另有围墙设在比雷埃夫斯与穆尼基亚的港口。在他的领导下，由伯里克利策划执行，在比雷埃夫斯设立码头、仓库、交易所，供应海上贸易所需的一切便利设施。他知道这些政策将引起斯巴达的嫉妒，而且可能导致两国间的战争，但是他受到自己对雅典的发展远景的激励及其对雅典舰队的信心，而继续向前迈进。

他的理想之宏大正犹如其手段之贪婪一样。他利用海军向基克拉泽斯群岛逼取贡献，其所持的借口是基克拉泽斯群岛向波斯人屈服太快，而且曾经借军队给波斯国王薛西斯，后者似乎曾接受贿赂而让部分城邦免受惩罚。抒情诗人第莫克利昂说，为了同样原因，狄密斯托克利答应设法撤销放逐，有时候虽然未能为人办妥事情，却把钱留下。当后来阿里斯蒂德斯掌管国库时，发现其前任都曾盗用公款，而尤其以狄密斯托克利侵吞最多。至公元前 471 年，雅典人戒惧这位道德败坏的大智慧家，以贝壳投票决定将其放逐，而他则在阿尔戈斯设立了新居。此后不久，斯巴达人在其摄政者帕萨尼亚斯的私人信札中，发现显然牵涉到狄密斯托克利的文件，斯巴达人将曾与狄密斯托克利私通书信而和波斯从事卖国求和的摄政者帕萨尼亚斯饿死。以摧毁其最顽强的敌人为快，斯巴达将这些文件公布于雅典，雅典立即发出逮捕狄密斯托克利的命令。他逃奔科孚，但被拒，暂时隐匿于伊庇鲁斯，又从那里偷渡至亚洲，向薛西斯王的继承者索取因其约束希腊舰队自萨拉米斯岛后未继续追击波斯舰队所应给予的报酬。波斯王阿尔塔薛西斯一世受到狄密斯托克利答应协助其征服希腊的诱惑，将狄密斯托克利纳入其咨议中，并拨给他若干城邦的税收作为他的生活费用。狄密斯托克利尚未能实现使其永无宁日的阴谋时，便于公元前449年，在整个地中海世界的钦慕与憎恶中死于马格尼西亚城，享年65岁。

狄密斯托克利与阿里斯蒂底斯去世之后，雅典民主派的领导权由厄菲阿尔特继承，而寡头（保守）派的统治权则落入米底阿德之子西蒙的手中。西蒙具有许多狄密斯托克利所没有的优点，但政治上赖以成功的慧黠才智却完全阙如。他获得了雅典舰队的统帅权，并且因其在欧里梅顿河的胜利而巩固了希腊的权益。他光荣地回到雅典，却因倡议与斯巴达重修旧好而立即失去人民的爱戴。他勉强赢得了议会的同意，率领雅典军队驰援斯巴达，以镇压斯巴达伊索梅山区的叛乱奴隶。但即使雅典人带来礼物，斯巴达人仍持怀疑态度，斯巴达极不信任西蒙的军队，以致他们满怀愤怒地回到了雅典，并且使西蒙受到了羞辱。公元前461年，西蒙在伯里克利的煽动下被逐，寡头派因他的失败而陷于混乱，致使有两代政权掌握在民主派手中。4年后，伯里克利悔悟（或传说，迷恋于西蒙的妹妹埃尔皮尼丝），撤销了对西蒙的放逐。西蒙在塞浦路斯的一次海战中光荣阵亡。

民主派此时的领袖厄菲阿尔特虽穷但不腐败，他并未能在雅典的政治斗争中维持多久。其人我们虽然所知极为有限，其事迹却是雅典历史上的转折点。受人民拥护的党派因战争而强化，因为在危难中所有的自由人都暂时忘掉了阶级区分，而在萨拉米斯赢取绝对胜利的不是由贵族所把持的陆军，而是由较贫穷的平民与中产阶级的商人所掌握的海军。寡头派企图使保守的最高法院成为国家的最高权力机构，以便维持其自身的权益。厄菲阿尔特以猛烈抨击这古老的议会来表示其答复。[1] 他弹劾若干参议员渎职，将部分渎职议员处死，并说服议会投票，几乎完全废除最高法院仍然保留的权力。保守的亚里士多德后来赞成这一项激进的政策，他所持的理由是："将原属于议会的司法权转移至平民，似乎会是一桩善举，因为人数少的团体比人数多的团体容易发生腐化。"但是，当时的保守派对这一问题的看法并未能如此冷静。由于厄菲阿尔特不肯被收买，于公元前 461 年被代表寡头派利益的人暗杀，于是，领导民主派的重任便落在伯里克利身上。

伯里克利

伯里克利，这位在雅典全盛时期担任其物质与精神统帅的人，在马拉松战役前约 3 年出生。他父亲赞西普斯曾在萨拉米斯作战过，曾率领雅典舰队参与米卡利战役，并曾为希腊收复赫里斯庞特。伯里克利的母亲阿加里斯，是政治改革家克里斯提尼的孙女，因此以其母系来说，他是属于古老的阿尔克马尼特斯家族。"当他的母亲快分娩的时候，"希腊传记学家普卢塔克说，"梦见自己被带到一只狮子的卧床。几天之后她产下了伯里克利——其他方面一切都很正常，只是他的头有些长，长得不成比例。"批评他的人就拿他的头形开玩笑。当时最著名的音乐教师达蒙教他音乐课程，比索克拉底教他音乐及文学。他在雅典听芝诺的埃里亚派哲学演讲，并成为哲学家阿那克萨戈拉的朋友与学生。在其成长阶段，他吸收了其时代中迅速发展的文

[1] 这是英国历史学家格罗特于 1850 年对希腊最高法院所作的评论，1937 年被引述来抨击美国最高法院："希腊最高法院法官，享受终身制的特权，似乎有着无限而广泛、长期因循相袭的控制权……希腊最高法院更行使对公共议会的监督权，须注意，绝不容许任何类似的情形侵犯到国家现有的法律。这些是浩瀚无际、未经人民正式许可的权力。"

化，而且将雅典文明的内涵——经济、军事、文学、艺术及哲学——全部综合纳入其思想与政策中。据我们所知，他是希腊所孕育出来的最完美的人。

看到寡头派已经不合时代的潮流，伯里克利在其年轻时即加入了雅典的公民（*demos*）党派。后来，甚至到了美国杰斐逊的时代，“公民”这两个字仍含有某种特权的意味。他全面地走向政治，而且不放过每一个搞政治的机会，小心地准备，丝毫不放过表现其教养的细节，说话少而简洁，并向神祇祈祷，保佑他永不说出一句不中肯的话。即使不喜欢他的打油诗人，也把他比作挥舞雷电的“奥林匹亚神”，如此的雄辩口才在雅典前所未闻。尽管如此，他的演讲虽然颇能启迪心智，但并不热情奔放。他的影响力不仅由于他的才智，更因为他刚正不阿。他可以利用贿赂来达到国家的目的，但是他自己则“清白自守，不贪赃枉法，凡涉及私利，皆能保持超然”。因此，狄密斯托克利担任公职，穷着进去，肥着离开，而伯里克利，据我们所知，其世袭财产并未因他从事政务而增益分文。当时这一代雅典人于公元前 467 至前 428 年这长达 30 多年的时光中，除了短时期外，曾一再选举他为 10 名司令官之一。他长期任职司令官，不仅造成他在军事会议中的卓越地位，而且使他从司令官升迁至政府中最具影响力的职位。雅典在他的领导之下，除了享受一切民主的权利之外，也获得贵族与独裁政治的优点。在庇西特拉图时代，装饰着雅典的美好政府与文化气象，于每年一度自由公民的完全同意下，现在仍然以同等的和谐及明确的指引与智慧继续着。历史通过他再度显示出这一项原则，即充分的改革，在以全民支持为后盾的贵族的谨慎而温和的领导下，最容易实现，最能持久。当民主政治发展成熟，赋予其活力与多样性，而贵族政治仍能够生存，给予其秩序与韵味时，希腊文明达到了顶峰。

伯里克利的改革措施大大地扩张了平民的权利。在梭伦、克里斯提尼及厄菲阿尔特执政时，老百姓的权利虽有增加，但由于出席陪审团没有报酬，让有钱的人在法庭中占尽优势。伯里克利于公元前451年规定担任一天陪审员，给费2个奥勃（相当于美元3角4分），后来增至3个奥勃，约相当于那时候雅典一般老百姓半天的所得。认为这区区之数会削弱雅典人的品格，败坏其道德，似乎令人难以相信，因为基于同样的理由，每一个付报酬给法官或陪审员的政府必早已毁败无遗。伯里克利似乎也为服兵役者制订些酬劳。当他劝说政府每年付每一名公民2个奥勃，作为他们参观官方庆典节日中举行的戏剧与运动的报酬，他的慷慨作风可真过分了。他的理由是这些表演不应该只是中上阶层的奢侈品，而须作为提高全体选民的心智之用。但是必须予以承认的是，柏拉图、亚里士多德及普卢塔克——全为保守派——都一致认为这样的津贴措施损害了雅典人的品格。

伯里克利继续厄菲阿尔特的工作，将执政官与地方首长所拥有的各种司法权转移至民众法院，因而从这时候开始，执政官的职责多属行政上的事务，而少有掌握决定政策、裁断讼案、发布命令之权。过去只限于有钱阶级才有资格充当执政官，然而在公元前457年已将限制放宽，致使第三等级的人也有充任资格。不久之后，不需任何法律上的形式，最低阶级的公民也以虚报其收入的方法获得候选的资格，最低阶级的公民在保卫雅典方面所占的重要性，使得其他阶级对这种浮报所得以争取执政官资格的欺蒙手法，只好睁一只眼闭一只眼。伯里克利曾有一段时间反其道而行，他于公元前451年在议会中获得通过提议，选举权的授予仅限于雅典父母所生的后裔。公民与非公民之间的婚姻是非法的。这一种措施的目的在于阻止与外国人通婚，减少私生子，或许将公民物质上的利益与整个帝国保留给善嫉的雅典公民。伯里克利自己不久将会有理由为这种排外性的立法而后悔。

只要能带来繁荣，那么任何体制的政府似乎都是善良的；若有碍繁荣，那么即使最佳的政府似乎也是恶劣的政府。因此，在奠定政治地位后，伯里克利便将重心指向经济方面。他设法在外国土地上建立穷苦雅典公民的殖民地，以减少人口压力。为了找工作给闲散的人做，他以希腊前所未有的规模使政府成为雇主：增加舰队的船只，设立兵工厂，并且在比雷埃夫斯港设置玉米交易所。为有效地保护雅典不受来自陆上的包围，同时也为失业的人制造就业机会，伯里克利说服议会拨款建筑 8 英里长的所谓“长墙”（Long Walls），使雅典与比雷埃夫斯港和法勒鲁姆相连，其目的在于使雅典及其港口成为一个闭关自守的形势，只有在战时通海——而雅典的舰队在海上又是所向无敌。被隔离在墙外的斯巴达仇视这项工事计划，寡头派见此情形，认为夺回政权的机会来临了。寡头派的人邀斯巴达人入侵雅典，寡头派在内起乱响应，协力打倒民主派。寡头派向斯巴达保证事后夷平“长墙”。斯巴达人同意了，派遣一支军队，于塔那格拉城（公元前 457 年）击溃雅典人，但寡头派未能发动内乱。斯巴达人空手回到伯罗奔尼撒，激愤地伺机征服这个繁荣发达、抢走一向属于他们的希腊领导权的劲敌。

伯里克利放弃对斯巴达施行报复的念头，相反，他全心全力从事雅典的美化。希望使他的城市成为希腊的文化中心，并将波斯人摧毁的古庙修复得华丽壮观，以升华每一名公民的心灵。他想出一桩计划：把所有雅典的天才艺术家及失业劳工用于浩大的建筑装潢雅典卫城的工程。“他的愿望和想法，”普卢塔克说，“是散漫的劳动群众……不应该不分享一点公款，然而又不能不劳而获，为了这缘故他才大兴土木。”为了拨款支援这一项工程，他建议将德里安联盟所积存的款项从不安全的德洛斯取出来，并将共同防御所需之外的多余资金用来美化那似乎是伯里克利王道帝国的合法首都。

将德里安联盟的公款转移给雅典，雅典人当然乐意接受，即使寡头派也不例外。但是，投票表决的人都不愿意花费大量金钱在他们城市的装饰上——不知道是基于良心的谴责，抑或私心希望这一笔钱能直接用于他们的需要与享受。寡头派利用了人们的这种想法，而且手腕巧妙，等到将在议会中投票表决时，伯里克利计划的失败似乎已经成定局。普卢塔克叙述了这位睿智的领袖如何扭转乾坤的有趣故事：

"'好极啦，'伯里克利说，'这些建筑费不要列在你们的账上，让我付好了。在上面刻字的时候，刻我的名字。'当他们听他这样一说，不知道是感于他的伟大精神，还是为了要在伟大的工程上争享光荣，他们都齐声高喊：'叫他尽量花……工程完成前不要节省用钱。'"

当工作进行中，伯里克利给予菲狄亚斯、伊克第留斯、尼西克勒斯及其他努力工作实现他理想的艺术家以特别保护与支持的同时，也赞助文学与哲学。在此同一时期，希腊其他城邦因党派斗争消耗掉人们很多精力，文学凋萎不振。而在雅典，人们的财富与民主自由日益茁壮，汇合智慧与教化的领导，产生了黄金时代。

当伯里克利、阿斯帕西娅、菲狄亚斯、阿那克萨戈拉及苏格拉底等人观赏由欧里庇得斯在狄奥尼索斯剧场演出的戏剧时，我们可以看出希腊正处于政治、艺术、科学、文学、宗教、道德生活的繁盛与和谐中。它们不是以片断记载于编年鉴上，而是五彩缤纷地交织于这个国家的历史中。

伯里克利既热衷艺术也爱好哲学，而他自己也说不准究竟比较喜欢艺术家菲狄亚斯还是哲学家阿那克萨戈拉，或许他选择阿斯帕西娅，作为美与智慧的折中。据说，他对阿那克萨戈拉有着"不寻常的崇敬与仰慕"。柏拉图说："他就是那位陶冶伯里克利成为政治家的哲学家。"普卢塔克认为，在其长期与阿那克萨戈拉的交往中，伯里克利所学到的，不仅是语言的目的与尊严的升华，使其远驾于乡里之辈的陈词滥调，而且是镇定安详的仪态与温文尔雅举止的培养，在任何情形之下演说，也能保持泰然自若。当阿那克萨戈拉年迈时，伯里克利正全神贯注于公共事务，在其政治生涯中曾有一段时期将他的哲学老师置诸脑后。但后来，听说阿那克萨戈拉在挨饿，伯里克利迅速赶赴支援，并且谦恭地聆听他的训斥："君子应该成人之美。"

乍听之下似乎令人难以相信，但再一想又觉得再自然不过，为什么像这样严肃的人，居然也丝毫禁不起美色的蛊惑。他的自持力与内心微妙的感情作战，而政务的艰辛一定增加了其精神上一个正常男人对女性柔情的渴望。当他遇见阿斯帕西娅时，他已结婚多年。她属于——她自己设法成为——水性杨花类的女人，这一类女人正将活跃于雅典社会：是一类想要摆脱那因婚姻而给雅典妇女带来“隐居”生活的女人，是宁愿无婚约地与人姘居，甚至朝秦暮楚随便混杂在男人中的女人，只要这样做，她们就能和男人同样享受行动自由，同样无拘无束，并且参与男人在文化方面的嗜好。我们无法证实阿斯帕西娅究竟有多美，虽然古代的作家把她形容为：“小巧而高拱的脚，银铃样的声音，金色的秀发。”伯里克利的政敌、行为卑劣的阿里斯多芬，说她是在迈加拉城自设豪华妓院的一名米利都老鸨，她现在已将其部分妓女输入雅典。这一名伟大的丑角暗示，触发伯罗奔尼撒之战的雅典与迈加拉之间的争执，是因为迈加拉人掳走了几名她的人，阿斯帕西娅煽动伯里克利为她报复而引起。但是阿里斯多芬并非一位历史学家，可予以信赖的仅限于与其无关的部分。

阿斯帕西娅于约公元前 450 年到达雅典，创办了一所修辞与哲学学校，并且大胆地鼓励妇女出现在公共场所及接受较高的教育。很多大家闺秀都参加她的教学，而许多丈夫带他们的太太跟她学习，男人也聆听她的演讲，其中包括伯里克利、苏格拉底，可能还有阿那克萨戈拉、欧里庇得斯、亚西比德及菲狄亚斯。苏格拉底说，伯里克利曾从她那里学会了雄辩的艺术，而若干古代的传言认为，这位政治家是从这位哲学家那里继承了她。伯里克利现在发现，他太太将她的爱情献给了另一个男人，实在是一件称心快意的事。他愿以她的自由交换他自己的自由，她欣然同意。当伯里克利将阿斯帕西娅弄回家后，她也嫁了第三任丈夫。根据他自己在公元前 451 年定的法律，伯里克利不能使阿斯帕西娅成为他的妻子，因为她是由米利都人所生。因此，她所生的孩子都属私生子，不够资格成为雅典公民。他似乎是真诚地爱她，甚至有些骄纵她，他从未有在离家或回家时不吻她的，最后终于爱屋及乌，愿意将自己的财产遗留给她为他生的儿子。自那时候开始，他隔绝了一切社交活动，整天守在家里，除了去议事厅外很少出门。雅典的老百姓开始抱怨他孤傲冷漠。阿斯帕西娅将他的家布置成一间法国式的学术“沙龙”，艺术、科学、文学、哲学以及雅典的政治艺术融会一堂，相互辉映。苏格拉底惊讶于她的口才，特别委托她撰写伯里克利为伯罗奔尼撒战役第一批阵亡战士的葬礼所发表的演说。阿斯帕西娅已成为雅典未加冕的王后，倡风气之先，给予雅典城里的妇女一种令人激奋的、争取精神与道德自由的示范作用。

保守派分子对这一切感到震惊不已，并对其加以利用。他们谴责伯里克利领导希腊人对希腊人作战，像在埃伊纳与萨摩斯岛，他们指控他浪费公款。最后，通过不负责任的滑稽剧作家之口，诋贬在他执政时期所流行的自由演说，抨击他把自己的家弄得声名狼藉，并与其儿媳乱伦。他们不敢将这些事件提出公开审问，只是通过他的朋友攻击他。他们指控菲狄亚斯吞没部分交给他塑造雅典娜神像用的黄金，而且显然判了他的罪。他们控告阿那克萨戈拉反对宗教，而这位哲学家在伯里克利的劝说下，向外流亡。他们对阿斯帕西娅也提出类似的控诉，说她曾对希腊的各神祇表示不敬。打油诗人无情地讥讽她是毁灭伯里克利的女人，好比德亚内亚陷害赫拉克勒斯，并且明白地用希腊话称呼她是一名姘妇。他们之中，一个敛财不择手段的名叫赫尔米普斯的人，指控她充当伯里克利的淫媒，收买良家妇女供他享乐。当阿斯帕西娅在有 1500 位陪审员的法庭前面受审时，伯里克利为她辩护，用尽其口才，甚至涕泪纵横。最后，法庭不受理此案。自那时（公元前 432 年）以后，伯里克利开始失掉对雅典人民的影响力。当 3 年之后死亡降临时，他已经是一个枯萎的人。

雅典的民主政治

· 民主的胚胎

这些奇特的控诉充分显示出，在伯里克利假设的独裁下所行使的有限民主的真实性如何。我们必须仔细地研究这种民主政治，因为它是历史中一项突出的政治实验。它之所以受到限制，首先是因为当时的雅典人只有极少数人识字。以地理形势而言，从雅典的僻远城镇到雅典城交通困难。投票权仅限于父母皆为自由雅典人之子，并须年满21岁；只有他们和他们的家属享有公民权或直接担负国家的军事与财务义务。在雅典全部31.5万人口中严格划分出来的4.3万名公民的小圈子内，在伯里克利统治时，权利是一律平等的。每一位公民在法律上、在议会中，都享有平等的权利。对雅典人来说，公民不仅是选民，而且可以轮流以抽签或背诵诗文的方式充当地方首长或法官。他必须保持自由之身，准备随时为国家效劳。任何受命于他人或须以劳力为生的人，都不可能有此闲暇或能力从事这一类工作。因此，就大多数雅典人看来，劳动者似乎不适宜充任公民。然而，出于人性的矛盾，他们承认农人为地主。于是，雅典地区的11.5万名奴隶、所有妇女、几乎所有工人、所有居住在雅典城的2.85万名非雅典人，以及大部分商人，都被摒拒于选举权之外。

选民并未结合而组成各种政党，只是依照各人对选举权的扩充、议会的控制力量、政府用富人的钱救助穷人等这些问题的赞成或反对意见，概略地区分为寡头派或民主派的支持者。各党派的积极成员组织成许多称为“伙伴俱乐部”的团体。伯里克利执政时期，雅典有各式各样的俱乐部，如宗教社、宗亲社、军人俱乐部、工人俱乐部、演员俱乐部、政治组织社团及纯以吃喝为目的的俱乐部。这些组织中，以寡头派所属的社团势力最强，他们的会员盟誓，在政治与法律上互为声援，并且以仇视那些对拥有土地的贵族及殷实的商人阶级形成压力的低阶层公民，为其团结一致的向心力。和他们相对立的是相当民主的党派，其组成分子有小商人、工薪阶层的公民、商船船员、雅典海军、痛恨奢侈与特权的有钱人，以及自幼教养成为雅典领袖的人士，诸如制革者克里昂、羊贩里西克勒斯、亚麻商欧克拉底斯、竖琴制造家克莱奥丰及制灯人希波布鲁斯。伯里克利微妙地以一种民主与贵族的混合体，将这些人撇开达30年之久。但是当他一死，他们承袭了政权，并且充分地享受其特权。自梭伦到被罗马征服，寡头派与民主派之间的惨烈斗争，一直以辩论、投票、放逐、暗杀及内战等方式进行着。

法定的每一名具有投票资格的公民，为基本的统治团体——议会的一员，在这一阶层并没有代议政府。因为雅典山区的交通困难，仅有一小部分合法议员参加某一次会议，与会人数很少超过两三千人。居住在雅典或比雷埃夫斯港的公民因地利而控制了议会，在这种形势下，民主派人士较保守派成员占优，因后者多半散布在雅典的农庄与田野。议会每月举行 4 次，有重要事情时，在狄奥尼索斯剧场或在比雷埃夫斯港召开，平时则在阿雷奥帕古斯山的西山坡上一处名叫皮尼克斯（Pnyx）的半圆形场所举行，议会代表都是坐在露天的凳子上开会，会议自黎明时开始。每一次开会之前都宰一只猪献祭宙斯神。通常因暴风雨、地震、日食而立即休会，因为这些是表示神祇不同意的确凿依据。新的立法案仅可在每月的第一次会议中提出，并且提案人必须负责新法案通过施行的后果，假如结果非常恶劣，另一名代表可在一年之内对其提出弹劾，并可使其受到罚款、取消选举权或死刑等处分，这就是雅典人防止草率立法的办法。另一种方式是新法案在被制定前，诸法院之一得检查其合法性，即看其是否符合现行法令。另外，在考虑一项法案之前，议会必须将其交付“五百人会议”（the Council of Five Hundred）初审，极似美国国会讨论立法提案前须将其送交被认为对该案具有特殊知识及能力的委员会先行审查的情形。该委员会不能直接退回一项法案，仅可提出附或不附建议意见的报告。

一般情形下，主席主持议会开幕时，总是提出问题或议案。希望发言的人，按照各人年龄顺序轮流发言，但凡是被发现具有下列事实之一者，可能被剥夺在会议中发言的资格：非地主、非法结婚者、未尽赡养父母之职者、违反公共道德者、逃避兵役者、临阵脱逃者、欠税或对政府负有其他债务者。因为在议会中说话很困难，所以只有经过训练的演说家才能运用他们的发言权。发言人念错字会引起大笑，说话离题会有人大声抗议，表示不赞成的方式有高声大叫、吹口哨、拍手。若强烈抗议，人声沸腾，演说的人只好知难而退。发言人说话有规定时间，以漏壶计时。投票时举手表决，但若干与会人士和议案有直接关系或发生特别影响时，举行秘密投票。投票表决时，对初审委员会的议案审查报告，结果可能是通过、修改或否决，议会的决定是绝对的。临时措施的法令有别于法律，制定时比新法案更为迅速，但是这样的法令撤销也快，根本不列入雅典的法典中。

尊严高于议会但权力却较小的是审议委员会。它原为上议院，到了伯里克利时期，实质上已降格为议会的立法委员会。其委员是以抽签或背诵诗文的方式从公民登记名册上产生，在10族中每族各50名，任期仅一年，至公元前4世纪，每人每天可领到5个奥勃。由于每一名委员在所有其他合格公民都有机会担任此项职务之前不得重选，因此在正常情形下，每一名公民在其一生中，至少可担任一任委员。该委员会在城市广场南面的会议厅内举行会议，普通会议是公开的。其职掌是立法、行政、咨询，负责对送交议会法案的审查与整理，负责督导雅典城宗教及行政官吏的操行与工作表现，负责管制公家财务、企业与房舍，负责颁布必须采行而议会正值休会时的行政命令，以及负责政府外交事务的管制。

该委员会为便于执行这一些庞杂的事务，共分10个小组委员会，每一小组各50人，每一小组委员会各主持委员会和议会一个月（36天）。每天早晨负责主持的小组委员会从其委员中选出一名担任当天该小组本身及委员会的主席。这一项职务为全国最高的，因抽签决定，可能落在任何人头上，这样雅典每年有300位主席。每月或每天，由哪一个小组委员会及小组委员会的哪一名委员主持委员会，都是最后临时抽签决定。雅典希望利用这种方法，能使舞弊案减至最低限度。执行小组委员会拟订议程，召开委员会，整理当天的结论。雅典的民主政治借议会、委员会、小组委员会，以这种方法完成其立法的功能。至于法院，其权力到了公元前 5 世纪时，仅限于对纵火、蓄意伤害、毒害或谋杀等案件的审理。渐渐地，希腊的法律演变为“自身份而到约法”，自个人的意念或某一阶级少数人的敕令到自由公民的缜密协约。

·法律

早期的希腊人似乎认为法律也是一种神圣的常规，是经过神的许可与启示的。忒弥斯对他们而言既是这些常规，也是使世界道德秩序与和谐具体化的女神。法律是神学的一部分，最古老的希腊财产法是混合在古寺庙法典的礼拜规章中的。像这样古老的宗教法典可能是由部落的酋长或国王命令制订的规定，开始时强制实施，过了很长的时间后成为神圣的义务。

希腊法律史的第二阶段是由诸立法者如扎留库斯、查罗达斯、德拉科及梭伦等对这些法规的收集与调和，当这些人将其编纂成法典后，神圣的习俗也就变成人定的法律。[1] 在这些法典中，法律脱离了宗教，而逐渐趋于世俗，当事人的意图更充分地作为裁决其行为的依据，家庭的义务由个人的责任所取代，私仇交由国家的法律裁决。

希腊法律演变的第三阶段是法律本体的累积。当伯里克利时代的希腊人谈到雅典法律时，他们指的是德拉科与梭伦的法典及已经由议会或审议委员会通过但未被撤销的法令。假若新法与旧法抵触，那必须撤销旧法，但审查往往欠周密，两项法律互相冲突时有发生。法律混淆不清的情形特别严重时，由从民众法院抽签选出的法律裁决委员会（committee of law determiners）裁决应该保留哪次法律。在此种情形下，另指定辩护人，为保留旧法而与主张将其撤销者相辩论。在法律裁决委员会的监督下，雅典法律以简单而明晰的词句，刻在“君

[1] 雅典在伯里克利执政时代，立法者（thesmothetai）一词是指登录、注释及执行法律的 6 名小执政官（minor archon）。到亚里士多德时代，他们主持民众法院。

王走廊”（King's Porch）的石碑上，此后任何司法者不得以不成文法断案。

雅典法律中民法与刑法不分，但谋杀案须经最高法院审判，而民事诉讼交由原告自己执行法院的命令，仅在其遇到被告反抗时才由法院出面协助。谋杀，既属亵渎神祇也是犯罪行为，如法律不能采取有效措施，寻仇报复的恐惧就仍然存在。公元前 5 世纪，在某些情形下，直接报复行为仍然为法律所允许，当男子发现其母、妻、妾、姐、妹、女与人通奸，他有权立即将对方男子杀死。不论蓄意或过失杀人，必须为其污染雅典城的泥土而赎罪，而泥土的净化典礼严格且繁复。雅典土地曾因其第一次杀人而被污染，所以不准杀人犯再践踏，他们的辩护在靠近岸边的一艘船上举行。假如受害者在临死之前答应赦免，则不得对凶手采取任何行动。最高法院之下，辖有三个杀人犯审判法庭，按照受害人的阶级与出身、行凶动机是否预谋、是否可予原宥等因素加以区分。另有第四审判法庭设于海岸边的弗里特斯，专门审理曾因非蓄意杀人被流放而又预谋杀人的罪犯。

财产法是绝对严格的。契约的履行也极严，所有陪审员必须宣誓“绝不投票赞成废止私人债务，或赞成分配属于雅典人的土地或房屋”。每年当首席执政官就职时，由传令官颁布告示：“物主将永为其所有物的持有者与绝对主人。”遗产权更是受到狭隘的限制。古代宗教认为财产是家族的一脉相承及祖先的保佑，因此要求一个家庭只要有子嗣，应该自动遗留给儿子，父亲拥有的财产，仅是为家庭已去世、活着的及将出生的人托管而已。在斯巴达（像在英国），世袭财产不分散，由长子继承，在雅典（极似在法国）则由所有儿子分配，长子分到的财产要比其他兄弟稍多。早自赫西俄德时代，我们发现这位庄稼汉限制其家族仿照这种法国遗产方式，唯恐其家产因为众多儿子瓜分而败落。丈夫的财产绝不移交给寡妻，留给她的全部财物是她的妆奁。伯里克利时期的遗嘱，与现代的同样复杂，所使用的词汇也与我们的大致相同。希腊在这方面以及其他方面的立法是罗马法律的依据，而罗马法律又成为西方国家的法律基础。

· 审判

司法部门是最后施行民主的，厄菲阿尔特与伯里克利所完成的伟大改革，是将司法权从最高法院与执政官转移至普通法院。这一类普通法院的设置对雅典，犹如陪审制之盛行于现代欧洲。民众法庭（*heliaea*）[1]由6000名每年从公民名册中抽签决定的陪审员组成，这6000名陪审员分成10个陪审团，每一陪审团约500人，多余的作补充缺额及紧急之需。较小与地方性的案件，由30名定期访问雅典乡镇的法官处理。由于每名陪审员每次任期不得超过一年，而其资格又是轮流方式决定，所以每一公民平均每隔三年轮到一次。陪审员并非必须参加审判，但每天有2个（后来增加为3个）奥勃的报酬，每一陪审团可达到两三百名陪审员的参加率。像苏格拉底那样的重要案件，可能由1200人组成的庞大陪审团审判。为使舞弊减少到最小限度，担任审判的陪审团是在最后一分钟抽签决定的，因为大多数案件在一天内审判完毕，我们很少发现当时的法院有接受贿赂的情形，甚至雅典人觉得要在短时间内行贿300人是一桩非常棘手的事。

因为雅典人好讼，雅典的法院虽然赶办，仍然忙不过来。为了使这种诉讼热降温，从年满60岁的公民中抽签选派仲裁人，争执双方的控诉与辩护送交仲裁人中最后抽签决定的代表，争执双方各缴给他少量费用。假如他不能使他们双方和解，他慎重地宣誓后，公布他的裁决。双方都可以向法院上诉，但法院通常不受理未经送请仲裁的小案件。当一桩案子被受理后，被告提出抗辩，证人立下供词并宣誓，然后所有这些口供以书面形式递交法院。书面口供是密封在一特制盒子内，数日后被开启审查，并且由抽签决定的陪审团下达判决。那时

---

[1] *heliaea*一词是由*helios*（太阳）演变而来，以其狭义而言，为民众法院审案的所在地，因在露天下举行，故以此命名。

候没有设置检察官的制度，政府须依赖一般公民，对任何触犯道德、宗教、国家案情重大的人，他们向法院提出起诉。因此，兴起一种专门以此类控告为经常手段并使其成为勒索艺术的“无赖集团”。到公元前4世纪，这一批人专以威胁那些认为民众法院不肯赦免付得起大量罚款的有钱人[1]而过着优裕的生活。法院的经费大多从对判决有罪者的罚款中获得弥补。原告如不能为其指控提出充分的证据，也要处以罚款，假若原告的控诉得不到1/5陪审员的支持，须受鞭笞，或罚金1000德拉克马（约1000美元）。原告被告双方于审案时，通常自任为律师，而且必须亲自作第一次辩论。但后来因为诉讼程序日趋复杂，当事人察觉到陪审员易受善辩的影响，于是逐渐流行雇用精通法律且擅长口才的人，来为原告或被告辩护，或以其委托人的名义与身份撰拟演讲稿，让委托人在法庭上宣读。因为很多陪审员对法律上的知识并不比诉讼当事人高明，许多律师是以译员的身份到庭。律师便是由这些特殊的辩护人演变而来的。古希腊律师的起源，用哲学家第欧根尼·拉尔修的说法，伯利纳的智者比阿斯是诉讼案的雄辩家，永远将其才华用于正义的一方。

证词通常以书面形式呈送，但是证人必须出庭，并且当书记官向陪审员读证词时，宣誓以证明其正确性。不经过反讯，因为伪证的情形非常严重，以致有时候裁决，虽有确凿证据，仍拒不采用。妇女与没有公民资格的男子的证词仅被采用于谋杀案的审判。奴隶仅在酷刑逼供下所说的话才被承认。他们认为，如果不以施刑，奴隶当然会说谎。这是希腊法律野蛮的一面，后来罗马人的监狱与审讯室内所做的有过之无不及。伯里克利时代是禁止对公民用刑的。很多主人不愿让其奴隶充当证人，即使其案件有奴隶出庭作证的必要，奴隶若因刑讯而受到永久性的伤害，造成伤害的人必须予以赔偿。

---

[1] 苏格拉底的朋友克里托（Crito）是富翁，他发牢骚说，住在雅典即使想安分守己做人也有困难。“因为就在这时候，”他说，“有人控告我，不是因为我有什么对不起他们的地方，而是因为他们认为我宁愿花一点钱，也不肯找打官司的麻烦。”

处罚种类分鞭笞、罚款、褫夺公权、烙火印、抄家、放逐及死刑，很少使用监禁。希腊法律的原则是，奴隶应该处罚肉体，自由人处罚财产。有一只希腊花瓶，上面画着一个奴隶，他的手脚被捆缚吊在空中，遍体鳞伤。罚款是公民常有的处罚，而罚款越来越重，以致雅典这个民主政府，受到以不公正的判决达到自肥的攻讦。但另一方面，时常允许已经定罪的被告及其原告自己决定认为合理的罚款或刑罚，法庭在所建议的处罚中选择其一。谋杀、亵渎神祇、叛国，以及许多我们似乎认为并不严重的罪行，皆处以抄没家产及死刑。但是，在审判之前，预料将被判死刑的罪犯，通常可以因自愿流放和放弃财产而免死。假若被告不屑于逃亡，而又是公民，执行死刑时，为使痛苦尽量减轻，用毒胡萝卜提炼出的毒药，从犯人的脚开始麻痹，渐渐遍及身上，药力到达心脏时死亡。如果奴隶被判死刑，可能残酷地被棍棒活活打死。有时候在死刑犯死亡前或死亡后，将其从悬崖上丢下谷坑。因谋杀罪而被判死刑，由刽子手当着受害人亲属的面执行死刑，仍残留古时的风俗与报复精神。

雅典法律并没有我们所想象的那样开明，只是比汉谟拉比法典稍微进步。其最大的缺点是，法律权利仅限于不到总人口 1/7 的自由人，即使自由的妇女与儿童也被摒弃在可骄傲的公民平等权之外。侨居雅典的人、外国人、奴隶仅能在公民的赞助下才可提出告诉。无赖汉的勒索、动辄酷刑逭取奴隶的口供、犯小罪而用重典、法庭辩论滥施人身攻击、司法责任的分散与软化、陪审员易受诡辩的影响，以及不能用过去的经验与对未来的明智推断来平抑当时的激动情绪——这一些就是令整个希腊妒羡的法律制度的污点。这种法律制度因其比较温和、完整以及能给雅典人民的生命财产提供可靠且实用的保障（这种保障正是经济活动与道德成长所不可或缺的），而为人所乐道。雅典法律的考验之一是，几乎受到每一位公民的尊重：法律是为他而设，他是雅典的灵魂，是其仁慈与力量的精髓。一项判断雅典法律的最佳方法，是其大部分随时被其他希腊城邦所采用。“每一个人都承认，”

雅典演说家伊索克拉底说，“人类生活许许多多非常重要的好处源自我们的法律。”这是历史上首次出现法的政府，而非人的政府。

当雅典帝国存在的时期，雅典法律盛行于拥有 200 万人口的雅典帝国的全境，但是对希腊其他国家，则从未通行过一种通用的法律制度。国际公法在公元前 5 世纪的雅典，和在当今世界的情形一样糟。虽然如此，对外贸易需要某些法律，希腊政治家狄摩西尼形容他那时候通商条约极为普遍，有关商务纠纷的法律“到处相同”。因通商条约而设置领事，保证合约的履行，并使在某一签约国所作的判决在其他签约国同样生效，可是这样并未能杜绝每当强大的海军舰队趋于衰弱或警戒松弛时就出没的海盗。永久地保持警戒是社会秩序与自由的代价，而目无法纪的恶势力像一头恶狼潜匿在每一个定居的区域，伺机而动。只要未曾签订条约特别禁止，一个城邦派遣人马劫夺另一城邦的人民财产，是希腊不少国家所允许的。宗教使庙宇免受侵犯，只有作为军事基地时才例外，它保护参加泛希腊庆典的香客与使者。那个时代两军开战前必须正式宣战，其中一方要求收埋阵亡战士时，必须休战。按照一般习俗，避免使用有毒的兵器，战俘通常互相交换，或以公认的每名 200——以后改为 100——银币的价格赎回。希腊人之间的作战，和近代基督徒之间同样的残酷。条约繁多且都经过庄重盟誓，但几乎都被破坏。各国间的结盟也属常事，有时候产生长时期的联盟，如公元前 6 世纪的德尔菲近邻联盟及公元前 3 世纪的阿哈伊亚与阿托利亚同盟。偶尔，两个城邦之间签署友好协定，在此协定下两国互相授予对方自由人以公民权。国际虽有仲裁的安排，但其所作的裁决时常不是遭拒绝，即被置之不理。希腊人认为其对外国人，不负有道德上和法律上的义务，除非订有条约，他们是 barbaroi[1]——

[1] Barbaroi 一词是与梵语 barbara、拉丁语 balbus 同源，后两者皆指说话结巴，口齿不清。希腊人用 barbaros 并非表示说话奇怪，而是缺乏文明。但当用 barbarismos 一词时，则完全与我们现在所用英文字 barbarism 的意义相同——指曲解一个国家语言表达方法的外国人或准外国人。

虽非十足的“野蛮人”，但是说话腔调古怪的外人。希腊直到斯多葛派哲学家的大同希腊时代（cosmopolitan Hellenistic era），才兴起包涵全人类的道德律观念。

·行政

早在公元前 487 年或更早，选举执政官的方法已经改为抽签。为防止有钱人的收买或无赖汉的笑脸攻势，必须想出办法不让他们达到当选的目的。为了不使选举在完全偶然的情况下举行，凡抽签抽到的人，在其就职前，必须接受委员会或法院严格的资格审查。候选人必须是：父母皆为雅典人、体格健全、无不良记录、虔诚祭祀祖先、完成各项军事义务、缴清全部税款。他的人生此时可能遭受任何一名公民的挑剔，像这样追根究底的审查会吓住条件差的人而不敢参加拈阄。假如他通过审查而成为执政官，他必须宣誓：尽忠职守，如接受馈赠或贿赂，愿献给神一座真身大的金像。事实上，9 名执政官所掌握的重要权柄，自梭伦时代以后，逐渐被剥夺，其职掌现在仅限于行政方面的例行事务。首席执政官虽仍保留国王的空衔，实质上仅仅是雅典城主管宗教的官员。执政官需要每年 9 次从议会获得信任案，其措施与判断可能被送往委员会或民众法院审查，任何一名公民都可控告其不法行为。在其任期届满时，其全部官方行为、记录及文件，须经对委员会负责的管理小组的审查，对严重的过失可能处以重刑，甚至死刑。假若执政官逃过了这些民主的“生死关”，在其任期结束后，就成为最高法院的一员，但这仅是空衔，因为到公元前 5 世纪最高法院几乎已丧失其全部权力。

执政官群体仅为许多委员会之一，在议会、审议委员会及法院的指导与监督下，治理雅典城的政务。亚里士多德举出 25 个这类政治团体，并估计雅典城的官员有 700 人之多。几乎所有官员都是每年抽签决定的，因为各委员会委员不得连任，每一公民在其一生中至少可当上一年的雅典城政务官。雅典人不相信专家政治。

军事要比民政受到更大的重视。雅典的10名司令官，虽然也同样每年改派一次，并且须随时接受审查及罢免，但是在议会中公开选举而非抽签决定。这里所要求的是才能，而非声望。公元前4世纪的雅典议会曾45次选福基翁（Phocion）为将军，因为他确实具有敏锐的判断力，尽管他在雅典的人缘最差，并且也不隐瞒他对群众的蔑视。司令官的职权随着国际关系的发展而扩大，到公元前5世纪后期，他们不仅统率陆、海军，并且与外国谈判交涉，控制雅典城的总岁收与支出。总司令因此成为政府中最具权力的人，因为他可以年复一年地重选连任，他能使雅典因受其宪法限制而无法实现的目标得以继续。凭借这一项职务，伯里克利使雅典成为民主的君主国家达30年之久，所以希腊历史学家修昔底德批评雅典的政治制度说，虽以民主为名，实际上是巨头政治。

陆军无异于选民。每个公民必须服兵役，而且在60岁之前都可能应征参战。但是雅典人的生活并未军事化：年轻时经过一段时期的训练后，很少再参加操练，不必穿着军服，不以军事上的事干扰老百姓。现役陆军的组成有：轻甲步兵，主要为较穷的公民，携带投石器或矛；重甲步兵，成员为有能力自己购置盔甲、盾、标枪的小康之士；由富人编组的骑兵，穿戴甲胄，配备矛枪及剑。希腊人的军队纪律超过亚洲人，这或许归功于希腊人在战场上讲求效忠与服从及平时政务上保持旺盛的独立精神的突出表现。但是，在公元前4世纪，希腊政治家兼军事家伊巴密浓达与马其顿菲利普王之前，他们还没有战争艺术及战略、战术原则。城邦周围都筑有城墙，而其防御——希腊各国的情形和我们一样——要比攻击有效；否则，人类将无文明遗传下来。围城攻打的军队，用链条抬举巨木，向后退再朝前撞击城墙，这就是在阿基米德之前所发明的攻城器械。至于海军，每年选派400名有钱人，令其招募水兵，并用政府所供应的材料，自费制造及装备3列桨座的战船，并使其保持良好状况。雅典用这种方式维持平时约60艘战船的舰队。

陆军与海军的维持费用是雅典政府的主要开支。政府的收入来自交通通行费、港口税、2%的进出口关税、每年每一侨民12银币的人头税、自由人与奴隶各半个银币的人头税、娼妓税、货物税、执照税、罚金、没收财产及朝贡。在庇西特拉图时作为雅典财源之一的农产物税，因为民主派认为有损农业的尊严而停止征收。大部分税包给收税官征收，除了交公外，自己留一份入私囊。从国有的矿产获得的收益相当大。紧急情况下，雅典征收财产税，税率按财产的比例增高。例如以这种方式，雅典人曾为了围攻米蒂利尼而于公元前428年筹集了200塔伦（合120万美元）。有钱人同时也被邀负责某些公共事务，诸如装饰使馆、配备海军船只、资助戏剧演出及音乐与运动竞赛。这些“礼拜仪式”由富人主动承担，也有部分为公意所迫而担负的。更使有钱人不安的是，凡被指定主持宗教庆典的公民，只要他能证明有人比他更富有，他可以强迫那个人将这份差使接过去，或者与他交换财产。自民主派逐渐扩张势力后，发现使用此种手段的机会与理由更多。另一方面，雅典的金融家、商人、制造业者及地主，都在研究隐匿及阻挠的艺术，并在酝酿革命。

除去这类的捐献与特别征收，雅典在伯里克利执政时的岁收约400塔伦（240万美元），加上附庸与盟邦的贡献600塔伦。经费的开支没有任何预算，或预先作款项的估计与分配。在伯里克利的节俭管理下，虽然费用空前浩繁，但国库年有积余，至公元前440年已结存9700塔伦（5820万美元）。这是一笔对任何时期的任何城邦都属于相当大的数目，也是一桩极不寻常的事，在希腊很少国家具有这样一笔积存，其南部伯罗奔尼撒半岛根本没有任何积余。希腊其他经费有积余的城邦通常将其存款寄放在城市的神庙中——雅典自公元前434年以后，存在帕特农神庙内。雅典政府不仅有权支配其剩余款项，而且有权支配为神筹募铸像的黄金；菲狄亚斯为雅典娜女神所筹集的黄金相当于40塔伦（24万美元），要搬动颇为不易。雅典存于帕特农神庙中的还有“娱乐奖金”，用来支付每年观赏宗教庆典中表演的戏剧与运动的民众。

这就是雅典的民主政治——历史上最狭隘也是最充实的：最狭隘，指其享受民主权利的人数很少；最充实，指全体公民在管制立法及治理公众事务上的直接与平等权利。这种制度的缺点将随着历史的揭露清晰地呈现出来。事实上，这些缺点已经被雅典诗人兼喜剧作家阿里斯托芬宣扬。一个不负责任的议会，不援先例或修正，可能今天凭一时冲动投下票，第二天又懊悔不已，受惩罚的不是议会本身，而是执行其错误的那些人；立法权仅限于有资格参加议会的人；鼓励煽动并滥用贝壳投票，放逐贤能之士；以拈阄与轮流方式决定公职人选，年年换人，造成政府的混乱；党派相互倾轧，永远使政府的领导与治理骚扰不宁——这些都是雅典民主政治上的弊病，它将为此向斯巴达、菲利普、亚历山大及罗马付出惨痛的代价。

然而，任何一个政体都不是十全十美、永垂不朽的。我们没有理由相信君主或贵族政治能将雅典治理得更好或保留得更久，也许只有这种纷扰的民主政治才有能量把雅典推上历史的一个巅峰。从前或自那以后，公民圈中的政治生活曾经有如此炽烈或具有如此的创造性吗？这一个腐败无能的民主政治至少算得上是一座学校：议会中的投票者聆听雅典最精明机智的人演说，法院中的陪审员的思维智慧因听取及辨别证词而变得更敏锐，公务员因行政责任的磨炼与经验而更成熟更具理解与判断力。“这个城邦，”希腊诗人西摩尼得斯说，“是人之师。”基于这些原因，雅典人才能欣赏并因而产生悲剧作家埃斯库罗斯、欧里庇得斯及哲学家苏格拉底、柏拉图，剧院中的观众已在议会及法院中形成，并且吸收其精华。这种贵族式的民主政治绝非放任的自由主义，不仅是财产与社会秩序的守护者；它资助希腊的戏剧，建造帕特农神庙；它负责人民的福利与发展，为他们开拓“不仅要生活，而且要生活得很好”的机会。历史是能够原谅雅典民主政治的一切过错的。

第二章 | 雅典的工作与财富

土地与粮食

雅典民主政治与文化的基础奠定在生产及财富的分配之上。有人能专心治理政务、探索真理、作曲、雕刻、绘画、写作、教书或祭神，是因为另外有人在辛勤地务农、织布、造屋、开矿、制作用具、供输物资、进行货物交易或资助其生产和运输，无处不是这种基础。

支撑整个社会的是农民，是社会中最贫困、最不可缺少的分子。农民在雅典至少还有公民权，只有公民才被允许拥有土地，几乎所有农民都是其耕地的主人。部族控制土地的现象已经消失，土地私有制度已经确立。如现代法国与美国的情形一样，这个庞大的小地主阶级，在那城市无产居民总想加以变革的民主政治中，实在是一个具有稳定作用的保守力量。古代农村与城市之间的斗争，即想从农产品上获得高收益而制造品价格低的农民，与想要廉价粮食而高工资或高工业利润的城市居民之间的利益冲突，在雅典尤为显著而激烈。工商业被雅典公民看作卑微下贱，而从事农业者被视为国家经济、个人品格及军事武力的基础，受到尊敬。乡村的自由人把城市居民视为软弱的寄生虫或低贱的奴隶。

在雅典 63 万英亩的土地中，有 1/3 不宜种植，其余因缺乏林木、雨量稀少及冬季多雨的侵蚀而变为硗薄。雅典的农民，不论是他们自己或少数奴隶，不畏劳苦，以弥补神对他们的寡恩。他们挖池以屯储雨水，筑坝以管制河流，开垦珍贵的沼泽沃土，修建千万条灌溉渠，引涓涓溪水到干旱的田畴；耐心地移植菜蔬，以改良其品种；隔年耕作让土地休养，以恢复其元气。他们用石灰类碳酸盐碱化土地，并且施以硝酸钾、灰与水肥。雅典周围的园林是用城里的阴沟污水施肥。废水经一条主下水道注入第比伦（Dipylon）外面的蓄水池，然后再用砖砌沟渠引入塞弗苏斯（Cephisus）河谷。各种土壤混合一起，使各蒙其利，绿色作物像正开花的豆科类被埋入泥土中养肥。犁、耙、播、栽等操作，都集中在短暂的秋季。5 月底为收获季，干燥无雨的夏天是准备及休息季。尽管想尽了一切办法，雅典每年仅生产 67.5 万蒲式耳的谷物——勉强够供应其 1/4 人口的需要。若不进口粮食，伯里克利时代的雅典会挨饿。因此，雅典趋向帝国主义，而这需要一支强大的海军。

雅典农村为补偿粮食的短缺，大量种植橄榄与葡萄。坡地被修成梯田后浇水，放驴入葡萄园让它们咬掉嫩枝，以便多结葡萄。在伯里克利时代，很多地方都种有橄榄树，但是真正将其引进推广的却是庇西特拉图与梭伦。橄榄树须 16 年以后才开始结果实，40 年到达盛产期，如果没有庇西特拉图的补助措施，橄榄树可能永远不会生长在雅典的泥土里。橄榄园在伯罗奔尼撒战争中受到严重破坏，这是导致雅典衰落的一个重要因素。橄榄在希腊用途很广：食用、涂抹、照明及燃料。橄榄成为雅典最贵重的农作物。因其价值高，政府采取专卖输出，用橄榄抵偿货款，并且交换必须进口的谷物。

在希腊，无花果是健康与精力的主要源泉，禁止出口。无花果树即使在干燥的土壤中，也能长得很好；其扩散的根能完全吸收泥土中的水分，而其稀少的树叶，使水分蒸发的面积缩小。同时，希腊农民从东方学来野生无花果的授粉方法：将野生雄无花果树枝挂在种植的雌无花果树枝上，依赖昆虫将雄枝上的花粉输入雌枝的果实中，而后结成更大更甜的无花果。

这些农产品——谷类、橄榄油、无花果、葡萄及酒——是阿提卡的主要食品。饲养牛当作食物来源的情形极少；养马作赛马用；养绵羊取其毛，养山羊挤其奶；驴、骡、公牛、母牛，都用于运输，但猪却主要作食物用；养蜂，为当时无糖的世界供应蜂蜜。肉类是一种奢侈品，穷人家仅能在节日吃到肉；荷马时代英雄式的欢宴已经不见了。鱼是一种日常食品，也是一种美味，穷人买鱼加盐腌后晒干，有钱人遇喜庆则食用新鲜鲨鱼及鳗鱼。谷物做的食品有粥、薄面包或糕饼，时常掺些蜂蜜。面包和饼很少在家里烤制，大多是由妇女小贩挑着卖或到市场小摊去买，里面加入鸡蛋及蔬菜，尤其是蚕豆、豌豆、白菜、扁豆、莴苣、葱与大蒜。水果很少，从未见过橘子和柠檬。坚果非常普遍，盛产辛辣料等调味品。盐是用浅盘从海水中收集来的，在内陆用盐交换奴隶，便宜的奴隶被称为“一撮盐”(a salting)，价钱高的奴隶是“值多盐”(worth his salt)。几乎任何食物里面都放橄榄油，用橄榄油烹饪，橄榄油是极佳的石油替代品。奶油很难在地中海区域保存，而用橄榄油代替。蜂蜜、蜜饯、酪饼用作餐后的甜点心。当时酪饼非常风行，曾有许多古代的文章大论秘制酪饼的艺术。水是日常饮料，但是每人都喝酒，对文明人来说，没有麻醉或刺激物的日子是无法忍受的。雪和冰保藏在地底下，到夏天用来冰酒。虽然那时已有啤酒，但是在伯里克利时代喝啤酒会受人鄙视。总而言之，希腊人是有节制的食客，每天有两餐也就满足了。“然而也有许多希腊人，”古希腊名医希波克拉底说，“如果习惯了，一天吃三大餐，也照样很轻松。”

工业

土地出产矿物、燃料及食物。夜间照明用的是优美的灯或火炬——燃烧经过炼制的橄榄油或树脂——或用蜡烛。取暖，用干柴或木炭在活动的火盆中燃烧。为了做燃料、盖房屋，雅典城镇附近森林和山丘上的树木被砍伐殆尽。到公元前5世纪，建造房屋、家具、船所需的木料已需要进口。当时煤尚未被利用。

希腊人开采矿，为的是矿物而非燃料。雅典的地质富含大理石、铁、锌、银、铅等矿藏。靠近半岛南端的劳留姆的矿场，被古希腊悲剧诗人埃斯库罗斯形容为雅典的“流银之泉”。矿是政府的主要财源，政府保留所有的地下权，将矿场租给私人开采，每年租金为1塔伦（6000美元）和生产量的1/24。公元前483年，一名勘探者首次在劳留姆发现真正丰富的矿脉，在附近地区引起一阵挖银热。只有公民才准租用矿场，奴隶只能做掘矿的工作。因迷信而促使雅典衰落的尼西亚斯，将1000名奴隶租给矿场，每名奴隶每天租金1个奥勃，每天可赚170美元。许多雅典人都是以这种方式，或贷款给矿场而发财。矿坑里面的奴工总数约达2万，另加上督工和工程师。他们的工作每10小时换一次班，夜以继日，从不间断。假如奴工累了停下休息，便会吃工头的鞭子；如想逃跑，会被铁镣拴住做工；如逃掉而被捉回者，其前额用热烙铁烙印。坑道仅3英尺高2英尺宽，奴工用锄、凿子及铁锤，跪着、俯卧或仰躺着工作。碎矿石必须用篮子或袋子手递手地往外传递，因为坑道太窄小，容不得两个人方便地错开。利润颇为可观：公元前483年，政府收入的部分达100塔伦（60万美元）——这笔横财为雅典建造了一支舰队，并在萨拉米斯岛的海上大战中挽救了希腊。除奴隶外，这对大家是福也是祸。雅典国库依赖矿业，当斯巴达人在伯罗奔尼撒战争中夺走了劳留姆，雅典的整个经济随即为之崩溃。到公元前4世纪，矿脉的耗竭加上其他种种因素，导致了雅典的衰微，因为阿提卡的泥土中再没有别的贵重金属。

冶金术随着矿业进步，将劳留姆矿场挖出来的矿物放在大臼内，由奴工用大铁杵捣碎，再送入由坚硬粗面岩制成的磨研磨，用筛子筛分；被筛下来的矿砂，放在倾斜的、表面刷有一层坚硬而光滑的黏合物的长方形大石板上，被从高处水槽流下来的水柱冲洗；水流是以陡角下冲，底端网袋接住金属碎粒。金属粒被丢入装有风箱的小型熔炉中，熔炉底端开有放熔液的出口。将熔化了的金属放在多孔材料制作的灰皿上加热，然后使其见空气。用这种简单方法，铅变成氧化铅，而银被滤出。这种熔化与炼制技术非常高明，雅典银币的纯度高达98%。劳留姆矿场为其所生产的财富付出代价，正如矿业永远为金属工业付出代价：植物和人，因炼炉的烟气而枯萎死亡，工厂附近变成尘埃弥漫的废墟。

其他工业却没有如此艰苦。阿提卡此时已有许多种工业，规模虽小，但非常专精。开采大理石或其他石矿，陶器的形式数以千计，制衣的有大皮革厂，伯里克利的政敌克里昂与指控苏格拉底的安尼托（Anytus）都是这类制革厂的老板。这里不仅有专门制造车、船、马鞍、马具、鞋的人，还有只做缰辔的马具店及专做男鞋或女鞋的鞋店。造屋这一行分木工、制模匠、石匠、金属匠、油漆匠、装饰匠。有铁匠、制剑匠、制盾匠、制灯匠、七弦琴调音手、磨坊工、面包工、腊肠工、鱼贩——凡是忙碌而多元化但不单调机械化的经济生活所需要的，应有尽有。一般纺织品多半由家庭生产，妇女为家庭织制或缝补衣裳被褥，梳理羊毛、纺纱、织布、刺绣。特制的织品来自工厂或国外——细致的亚麻布来自埃及、阿莫戈斯与塔伦都，染色毛织品来自意大利的锡拉库萨港，毛毯来自希腊南部的科林斯，地毯来自近东及迦太基，彩色鲜艳的床褥来自塞浦路斯。希腊科斯岛的妇女于公元前4世纪末，学会了剥茧抽丝及织成丝绸的技术。许多家庭的妇女由于纺织技术娴熟，产品的数量超过全家的需要，她们将剩余的纺织品先卖给顾客，然后卖给掮客。她们雇佣自由人或奴隶做帮手，就这样家庭工业发展成为工厂体系。

这样的系统发轫于伯里克利时代。伯里克利本人和雅典政治家兼将军亚西比德一样，也拥有一所工厂。没有机器设备，但奴隶多得是。因为劳工便宜，缺少了发展机器的动力。雅典的工厂，倒不如叫作“工作所”更为恰当，其中最大的，如色法路斯的盾厂有工人120名，第马库斯的鞋厂10名，狄摩西尼的家具厂20名、甲胄厂30名。起先，这些工厂仅生产订制的货物，后来制造以供应市场，最后推销出口。钱币的大量流通代替了实物交易，使他们的经营获得便利。没有股份公司组织，每个工厂是一个独立单元，由一个人或两个人经营，而且老板时常和他的奴工一起工作。没有专利权的制度，工艺是父子相传或收徒相授。雅典法律规定，父母若未授子以艺，父母年老时，孩子可以不负奉养的责任。工作时间虽长，却非常闲适，师父与徒弟从天亮工作到黄昏，夏天有午睡。没有休假日，但每年约有60天不做工的宗教节日。

贸易与金融

当一个人、一个家庭或一个城市的货物有了剩余，而想与人交换，就有了贸易。贸易的第一个困难是运输费用，因为道路恶劣，而海路又凶险。最好的路是从雅典通往其东北的埃莱夫西斯城的“圣道”，其实也只不过是一条土路，而且往往因为太狭窄，不能通车。桥梁险象丛生，是用土堆砌成的堤道，被洪水冲塌的情形屡见不鲜。通常是用牛拉车，而牛性迟缓，赖其运输的商人不可能靠它发财。牛车脆弱不堪，每上路必抛锚或陷入泥泞，较妥帖的办法是用骡驮载货物，不仅要快一些，而且占路较少。希腊没有邮政服务，即使政府机关也是如此，有听差的跑跑腿就足够了，私人函件也必须等便人捎带。重要的消息在山头与山头之间用烽火或用信鸽传递。路边到处都有客栈，却成为盗贼与臭虫的藏身之所。在阿里斯托芬的作品中，即使连希腊酒神狄奥尼索斯也要问赫拉克勒斯，何处是“臭虫最少的酒肆和客栈”。

海运比较便宜，尤其是当航行像大多数情形那样限于风平浪静的夏天时。船票价钱低廉，花两个银币，全家人可以从雅典的比雷埃夫斯海港坐船到埃及或黑海，但由于船是造来作战或装运货物，船上没有伙食供应旅客。船的主要动力是风鼓帆，当逆风或无风时，由奴隶摇桨。最小的海洋商船有 3 帆 30 支桨，都在同一高度上，5 帆的有 50 支桨。早在约公元前 700 年，希腊南部科林斯人就造好了第一艘 3 列桨库 200 人操桨的战船。到公元前 5 世纪，这类船的船头长而翘，非常壮丽，装载量已增加到 250 吨，一次可载运 7000 蒲式耳的谷物，而且每小时行驶 8 英里，成为地中海人们的谈资。

贸易的第二个问题是寻找一种可靠的交易媒介。每一个城邦都有自己的度量衡制度及货币，在 100 个边陲地区，人们兑换钱币时总是满怀猜疑，因为所有希腊国家的政府除了雅典外，无不以降低其硬币的成色来欺骗别人。"在多数城邦中，"一名匿名的希腊人说，"商人被逼运回其货物，因为他们得不到其他地区也能通行的钱币。"一些城邦铸造琥珀金币——金和银混合铸造——却互相竞争，在合金币中尽量少放金子。雅典政府自梭伦以后，以发行印有雅典娜女神的猫头鹰像的可靠货币，强有力地支持其贸易，"带猫头鹰到雅典去"这句希腊话的意思是"运煤到英国煤港纽卡斯尔去——多此一举"。因为雅典虽然历尽沧桑，但坚持不愿其银币贬值，雅典的"猫头鹰"为整个地中海区域所乐于使用，且有取代爱琴海地区当地货币的趋势。黄金在这一时期仍然被当作一种货物，称重出售，而不是一种贸易工具。雅典只是在很少的紧急情况下才用黄金铸造货币，通常与银的比率是 1 ∶ 14。雅典最小单位的钱币是铜币，每 8 个兑换 1 个奥勃。奥勃是用铁或青铜制成的钱币，因其形状如爪或叉，故称之为奥勃。6 个奥勃等于 1 个银币，2 个银币换 1 个金币，100 个银币等于 1 米纳，6 米纳换 1 塔伦。1 枚银币在公元前 5 世纪早期可买到 1 蒲式耳的谷物，像 20 世纪美国的 1 块钱一样。那时候雅典没有纸币，没有政府公债，没有股份制的公司组织，没有证券交易所。

但是有银行，当时经过一番艰苦奋斗挣扎才立住脚。那些不需要借钱的人谴责利息是一种罪恶，而哲学家也同意这种说法。公元前 5

世纪，一般雅典家庭如有积蓄，宁愿藏在自己家里，也不肯寄存在银行里。有些人以抵押品借钱，利率高达16%—18%，有人无息借钱给朋友，也有人将钱存放在庙宇的金库内。庙宇充作银行，以普通利率借钱给私人或政府，希腊中部德尔菲城的阿波罗神殿有几分类似全希腊的国际银行。没有私人贷款给政府，但政府与政府之间偶尔互通有无。柜台兑款人于公元前5世纪开始接受存款，并将钱借贷给商人，利率为12%—30%（视所担风险大小而定），就这样他变成了银行家。但直到古希腊结束，他还是保持他早先的称呼“掌柜的”（the man at the table）。这套方法是从近东学来的，希腊加以改进，并且流传至罗马，罗马又传给现代欧洲。波斯战争后不久，狄密斯托克利将70塔伦（42万美元）存放在科林斯岛银行家菲洛斯特·法努斯那里，和今天的投机政客将贪污来的钱寄存在外国银行的情形，真是有异曲同工之妙。这是最早关于存钱在庙宇以外的引述。到公元前5世纪末，安提西尼和阿客斯特拉两人创立了后来在帕逊的领导下成为所有希腊私人银行中最著名的银行。通过这些私人银行家，货币比之前流通得更舒畅更快速，发挥更大的功效，而其所产生的便利积极地刺激了雅典贸易的扩张。

雅典经济的灵魂是贸易，而非工业或金融。许多生产者虽仍然直接销售货物给消费者，但是需要收购储囤及销售的市场中间人的情形日趋增加。在此种情形下，兴起了一种零售商，他们沿街叫卖或供应军队，或在节日庆典的市集，或在城市广场的商店、摊位以及城镇的其他场所推销货物。自由人、侨民或奴隶，到商店与生意人讨价还价，为家里办采购。雅典“自由”妇女的权利受到最严重的损害之一，是风俗规定不准她们上街购买东西。

国际商业的发展甚至比国内贸易更快，因为希腊各国已经了解国际分工的优点，因而各自专门制造某些产品。例如，制盾匠不必再奔走于各城邦之间，应需要制盾人的招请，在自己的工厂中将盾做好，送到国际市场销售。在一个世纪之中，雅典从家庭经济，各家庭几乎完全自给自足——至城镇经济，各城镇几乎完全自给自足——至国际经济，各国依赖进口，并且必须出口，以偿付外汇。雅典海军舰队曾有 60 年的时间始终保持爱琴海的平静，没有海盗出没。公元前 480 至前 430 年商业的繁盛，是在公元前 67 年庞培肃清海盗之前的数百年间所未曾出现的。码头、仓库、市场及银行，雅典比雷埃夫斯海港提供了一切贸易设施。不久，这个繁忙的港口成为东西方之间商业的主要分配与转运中心。“世界其他地方因四处分散不易买到的货物，”雅典演说家伊索克拉底说，“都可以很容易地在雅典买到。”“我们城市的重要性，”历史学家修昔底德说，“将世界各地的货物吸引到我们的港口。因此，外国水果对雅典人来说，和本国的水果一样能经常享受得到。”商人从比雷埃夫斯港运出的有酒、油、羊毛、矿物、大理石、陶器、武器、奢侈品、书以及由雅典各界与工厂制成的艺术品。他们带到比雷埃夫斯港的包括：来自拜占庭、叙利亚、埃及、意大利及西西里岛的谷物，西西里岛与腓尼基的水果和乳酪，腓尼基和意大利的肉类，黑海的鱼，小亚细亚北部帕弗拉哥尼亚的坚果，塞浦路斯的铜，英格兰的锡，黑海岸的铁，爱琴海北部萨索斯与色雷斯岛的黄金，色雷斯与塞浦路斯的木材，近东的刺绣，腓尼基的毛织品、亚麻、染料，塞利尼的香料，查尔西斯的剑，埃及的玻璃，科林斯岛的瓦，希俄斯岛与美利达斯城的床，意大利埃特利亚的皮靴和青铜，伊索匹亚的象牙，阿拉伯的香水和油膏，吕底亚、叙利亚及塞西亚的奴隶。这些殖民地不仅充做市场，而且是运送雅典货物至内地的转运站。西小亚细亚的伊奥尼亚诸城邦于公元前 5 世纪波斯战争期间及以后，因商埠重心已转移至普罗彭蒂斯及卡利亚而衰微，意大利和西西里岛取代了它们作为希腊大陆剩余物资与人口的出口地位。我们从公元前 413 年雅典 5%的进出口货物税全部所得为 1200 塔伦，可以估计出爱琴海地区每年的贸易总额达 1.44 亿美元。

潜伏在此种繁荣中的危机，是雅典的粮食日益倚重于国外输入。因此，雅典坚持对赫里斯庞特海峡与黑海的控制，继续其自海岸与岛屿向海峡扩展的殖民工作，以及远征埃及（公元前459年）与西西里岛（公元前415年）。粮食依赖国外进口促使雅典把德洛斯联盟转变为一个帝国。于是，当公元前405年斯巴达人在赫里斯庞特海峡击溃雅典的海军舰队，雅典人的饥饿与投降便成为不可避免的结果。虽然如此，雅典的致富以及在属国的朝贡下使其有力量从事文化的发展工作，就是因为这种贸易的关系。商人将他们的货物带到地中海的每一个角落，回来时他们的心胸变得敏慧而开阔，他们带回来新的观念与方法，打破了陈旧落伍的风俗习惯，他们以商业文化的个性和积极的精神代替乡绅家族的保守主义。东方和西方的文化就在雅典汇合，互相激荡，将彼此从窠臼中推脱出来。古老的神话失掉其对人们心灵的控制力，人们有较多的闲暇，问题从探究中获得证实，科学和哲学在成长。雅典成为当时最蓬勃而富有朝气的城邦。

自由人与奴隶

那么工作由谁来做？在乡村，是公民和他们的家属及雇用的自由人；在雅典，公民与自由人占一部分，外国侨民占多数，绝大多数是由奴隶做的。商店老板、艺术家、商人、银行家，几乎都是来自没有投票权的各个阶级。公民鄙视劳动，尽可能少做。为生活而工作被认为是卑贱的，即使从事教授音乐、雕刻或绘画的职业，也被多数希腊人看作“微贱的职业”。[1]不过，让我们听听希腊将军兼历史学家色诺芬以武士阶级值得骄傲的一分子所说的直截粗率的一段话：

> 卑贱的工艺，所谓……为文明社会所不齿，并非没有道理；从他们那些被迫坐在那里或愁眉不展或整天蜷缩在火炉边的工人和督工身上看到他们肉体的腐化。紧随着肉体的衰竭，就是灵魂

[1] 普卢塔克、齐默恩、弗格森都认为有关雅典人厌恶劳动的说法是夸大其词。

的枯萎，而这些卑贱的工艺占去从事者的时间，使其无暇顾及友谊与国家。

贸易也同样受到蔑视。对贵族的或哲学的希腊，贸易只是让人吃亏而自己赚钱的事，其目的不在于生产货物，而是便宜买进昂贵卖出。体面的人不可以做这种事，但只要让人替他干，他就能偷偷地投资，从中获利。希腊人说，自由人不应该受经济事务羁绊，他必须交由奴隶或其他人来照看物质上的问题，如可能甚至让他们来看管自己的财产，只有像这样了无牵挂，他才能有时间为政府、战争、文学及哲学效力。以希腊人的观点，没有有闲阶级便没有鉴赏的标准，便不能促进艺术，更无文明。凡是急躁的人都是不太开化的人。

在雅典历史上多数与中等阶级有关系的活动，是由外国出生、虽未能取得公民资格但已定居雅典的自由人所为。他们多属专业人士，如商人、承包商、制造家、经理、零售商、工匠、艺术家。这些人在漂泊流浪的旅程中，发现雅典有对他们比投票权还重要的经济自由、机会及刺激。除了采矿外，多数工业是由外国侨民经营，陶瓷业完全为他们所独占，凡是生产者与消费者之间经纪人可插足的地方，都可发现他们。法律既困扰也保护他们，法律把他们当作公民一样抽税，一样担负祭神的义务、服兵役以及相当重的人头税，禁止他们拥有土地或嫁娶公民的子女。将他们摒除于宗教团体之外，不准他们直接诉诸法律。但是雅典法律欢迎他们加入经济生活，欣赏他们的勤奋及技能，使他们履行其契约义务，让他们享受宗教自由，保护他们的财产免受暴乱的侵害。他们之中，有粗鄙地炫耀其财富的，但也有默默地从事科学、文学及艺术研究，从事法律、行医以及设立种种雄辩与哲学宗派。公元前 4 世纪，他们当中产生了喜剧的题材与作家；到公元前 3 世纪，他们倡导希腊社会的大同思想。他们渴望公民权，也热爱雅典，因雅典而感到骄傲，并且为保护其不受敌人侵袭而贡献出巨额的金钱。主要凭借他们的力量，雅典的舰队才得以维持，帝国才得以延续，商业的优势才得以保存。

与外国侨民同样被剥夺政治权力而享有经济发展机会的，是曾为奴隶而被解放的自由人。虽然通常奴隶需另有人顶替，解放奴隶并不容易，然而自由的希望对年轻奴隶是一种经济上的刺激，而许多希腊人在临终时，释放其最忠实的奴隶，以作为酬劳。奴隶也可以像柏拉图那样由亲戚朋友赎身；或政府为使奴隶代替其主人，还其自由之身后让其参加作战；或奴隶自己储钱赎回自由。被释放的自由人和外国侨民一样，可以从事工业、贸易或金融。最低，他可以为了报酬而做奴隶的工作；最高，他可以成为工业界的大亨。米利阿斯管理狄摩西尼的甲胄工厂，帕逊和弗米奥成为雅典最富的银行家。被释放的自由人特别适合充任行政管理工作，因为没有人比奴隶出身的人对待奴隶更严厉的，而其一生中除了压迫，什么也不知道。

在公民、侨民及自由人三个阶级之下，是雅典的11.5万名奴隶。[1] 他们是未被赎回的战俘、被掠奴队掳掠来的、被遗弃而救回来的婴儿、不务正业的无赖及罪犯。希腊的奴隶很少是希腊人。希腊人把外国人看作天然的奴隶，因为外国人随时绝对服从他们的国王，要求这样的人顺服希腊人并非不合理。但是当希腊人奴役希腊人时，就踟蹰不前，希腊人很少屈身为奴的。希腊商人做生意时顺便收购奴隶，运到希俄斯岛、德洛斯、科林斯、埃伊纳、雅典及任何可找到买主的地方。雅典的奴隶贩子在外侨中是最富的。在德洛斯一天卖掉1000名奴隶并不稀奇，雅典政治家兼将军西蒙于欧里梅顿战役后，在奴隶市场拍卖了2万名战俘。雅典的一处拍卖场，随时有奴隶供赤

---

[1] 此项数字是根据高梅（Gomme）所作的统计，实际数字可能要大得多。苏伊达斯根据可能由希波拉底斯在公元前338年发表的演说，断定单是成年男性奴隶即达15万人；依照2世纪希腊哲学家兼演说家阿特纳奥斯不可靠的资料，法勒琉斯在公元前317年所做的雅典人口调查：公民2.1万，侨民与被解放的自由人1万及奴隶40万。第迈欧斯在公元前300年计算科林斯岛的奴隶总数为46万，而亚里士多德约于公元前340年计算的奴隶共有47万。或许这些数字如此之高，是因为他们将在科林斯、埃伊纳及雅典奴隶贩卖场拍卖的奴隶也列入统计。

裸检查及讲价出售。他们的价格为 0.5—10 个米纳（50—1000 美元）。他们被买回来或作侍奉主人之用，或被主人作为投资。在雅典，不论男人或女人，发现买奴隶租给一般家庭、工厂或矿场，利润丰厚——高达 30%。即使是最穷的公民也有一两名奴隶。雅典演说家埃斯基涅斯为证明他穷，诉苦他家里只有 7 名奴隶。有钱人家多达 50 名。雅典政府雇用奴隶充任文书、杂役、小公务员或警察，他们中间有很多可领到发给的衣服与每天半个银币的“津贴”，并且准许他们随自己的意愿居住。

乡下的奴隶很少，主要是家庭的女仆。北希腊与伯罗奔尼撒的大部分地区因蓄有农奴，不需要一般的奴隶。在科林斯、麦加拉及雅典，大多数的劳役由男性奴隶做，大多数家庭里面的杂役归女奴做，但奴隶也在工业、商业及金融方面负责大量文书及部分行政工作。技术工人多为自由人——被解放的奴隶或外国侨民，而且当时没有像希腊化时期及罗马时代那样的奴隶学者。奴隶很少被准许养育自己的儿女，因为买要比养便宜得多了。奴隶若犯过错，即被鞭笞；作证时，须受酷刑；若被自由人殴打，不得还手保护自己。假如他遭受残暴的虐待，可以逃往任何庙宇内躲避，然后他的主人必须将他卖掉。任何情形下，主人不得杀害奴隶。只要他能劳动，他要比其他文明国度里不被称为奴隶的人更安全。当他有病，或年迈力衰，或无工作给他做时，他的主人不会将他推出去接受公家救济，而必须由其主人继续赡养。假若他忠实，会受到忠仆一样的待遇，几乎像家庭里的一分子。他如将所得分一部分给主人，通常可获准做生意。他既不纳税，也不服兵役。至公元前 5 世纪时，雅典奴隶的服装与自由人并没有区别。事实上，那位约于公元前 425 年写《雅典人的政体》这本小册子的“老寡头派”抱怨奴隶在街上不给公民让路，而且其一举一动好像他们和公民处于同等地位一般。雅典是以温和对待奴隶而著名的。奴隶在民主的雅典，其遭遇要比寡头国家的贫穷自由人好，这是大家可以推想得到的。对奴隶反叛虽有戒惧心，但雅典罕有奴隶背叛的事件。

然而，雅典人因有奴隶的存在而在良心上感到不安，而那些为奴隶制度辩护的哲学家，几乎与反对它的人士同样明白地表示，雅典的道德发展逾越其现有的体制。柏拉图谴责希腊人奴役希腊人，但至于其他方面，他却支持奴隶制度，其理由是人有智愚之分。亚里士多德视奴隶为一种有生命的工具，并认为奴隶制度在劳务能被自动机器操作前，仍将以某种形式继续存在。一般希腊人对待奴隶虽然慈善，但他们不敢想象，一个开化的社会若没有奴隶将如何生活。他们认为，废除奴隶制度等于废除雅典。另有一些人的观念更激进。犬儒派哲学家直接非难奴隶制度，其继承者斯多葛派哲学家对其所作的批评则比较委婉，欧里庇得斯一再以对战俘奴隶的同情来鼓动其观众，而诡辩家阿尔西达玛更是周游希腊各国，不受干扰地几乎以与卢梭同样的话鼓吹卢梭的学说："上帝送人来世界时，所有人都是自由的，而自然并未使人成为奴隶。"但是奴隶制度继续存在着。

阶级斗争

在雅典与底比斯，人剥削人的情形虽然不如在斯巴达或罗马严重，但也到了一定程度。雅典自由人中间没有阶级之分，任何自由人凭个人卓绝的才智，除公民权之外，任何方面都可攀登至成功的巅峰，这也带来雅典生活中的狂热与骚乱。除了矿业，雇主与受雇者之间没有显著的阶级区分。通常，雇主和他的工人并肩工作，亲身的接触减低了剥削的尖锐化。不论什么阶级，几乎所有工匠每一实际工作日的工资都是 1 个银币，但是非技术工每天只得到 3 个奥勃。当工厂制度逐渐发达时，按件计酬慢慢取代了按工计酬，而工资的差距也随之加大。若向奴隶主人雇用奴隶，每天每名奴隶的租金为 1—4 个奥勃。我们可以拿我们的物价与希腊人的物价比较，来估计这些工资的购买力。公元前 414 年，雅典的一所住宅及其土地值 1200 银币。公元前 6 世纪时，1.5 蒲式耳的大麦售 1 个银币；至公元前 5 世纪末售 2

个银币；公元前 4 世纪，3 个银币；亚历山大时代，5 个银币。1 只绵羊，在梭伦时代（公元前 638—前 559 年）售 1 个银币；至公元前 5 世纪末，售 10—20 个银币。在雅典像其他地方一样，货币发行要比货物生产快，于是物价不断上涨。公元前 4 世纪末的物价，是公元前 6 世纪初期的 5 倍多。自公元前 480 年至公元前 404 年增加 1 倍，自公元前 404 年至公元前 330 年又上涨 1 倍。

一个人每月有 120 银币（120 美元）即可生活得很舒适。根据这一标准，我们可以推断出一名工人每月赚 30 银币，却要负担一个家庭，其生活是怎样的状况。当他有重大困难时，政府固然会加以救援，以极微的价格散发赈粮。但是他所看到的是，自由女神与平等女神并不和谐，在雅典的自由法律下，强者更富，富者更强，而贫者依然贫穷。[1] 个人主义刺激了有才能的人，贬低了能力低的人，它大量地制造财富，并危险地集中财富。在雅典，其他国家也一样：精明的人囊括其所要的一切，平庸之辈拾掇其残余；地主因其土地增值而获厚利；商人尽管受重重法律的约束管制，竭其智能，伺机垄断；投机分子借高利贷，攫取工商业的巨额利润；野心家起而向穷人指出人类财富的不平等，却隐匿人类经济能力的不平等；穷人看着别人的财富，深深感觉到自己的贫穷，于是为自己的失意而怨怼，幻想着自己能有理想的国家。希腊各国的阶级斗争之酷烈，尤甚于希腊与波斯或雅典与斯巴达之间的战争。

阶级斗争在阿提卡，始于新富阶级与拥有土地的贵族之间的冲突。古代家族仍然酷爱着他们的土地，并且将他们大部分的时间消磨在其产业上。经过许多代子孙的分产，一般地主所拥有的土地已不多——例如富有的亚西比德也仅有 70 英亩地——而乡绅自己在多数情形下，必须躬耕农田或管理财产。贵族虽然不富有，却具有傲气：

[1] 古代希腊人的财富若以现代的标准衡量，当然不足为道。雅典的首富卡利亚斯（Callias）据说拥有资产 200 塔伦（120 万美元），另一巨富尼西亚斯则拥有 100 塔伦。

他们在自己的名字前加上他们父亲的名字，以显示其出身的高贵，他们尽可能避开从雅典日益发达的贸易中聚积财富的中产阶级，不屑与之为伍。可是，他们的太太却吵嚷着要在城市安顿一个家，变换一下生活方式，到都市中开拓发展机会。他们的女儿希望住到雅典城里去钓个金龟婿，而他们的儿子盼望着去那里寻找红粉知己，并以豪华的气派举行一些充满欢乐的宴会。贵族不能在奢华的生活享受上与商人及工厂主相比，干脆接纳他们或他们的子女为女婿或为儿媳，而新富阶级也正渴望着高攀，甘愿付出。结果是地主与富商相结合，形成了穷人所妒忌憎恨的寡头派的上层阶级，他们因民主派的矫枉放纵而愤怒，他们也害怕革命。

由于新富的侮慢狂妄，引发了亚西比德第二阶段的阶级斗争——较穷的公民与富豪之间的斗争。新富阶级中虽有许多像亚西比德那样炫耀其财富的，可是另一些却以其卓越的胆识及高雅的仪态或言谈，深深地吸引了“劳动群众”。自负才高而被贫困煎逼的年轻人，将其个人对机会与地位的需要转变为全面性的鼓吹反叛，渴望新观念的知识分子以及被压迫者的称颂，为他们确定了反叛的目标。他们所主张的不是工商业的社会化，而是废除债务及重分土地——在公民之间。激进运动在公元前 5 世纪的雅典，仅限于较穷的公民。在这一阶段从未有人想到要解放奴隶，或让外国侨民也参加土地的重新分配。领袖高谈过去均富的黄金时代，但是当他们讲到恢复那种乐园时，却闪烁其词。他们心目中所要的是贵族集体主义——非土地国有化，而是全体公民之间大家均分。他们指出，在经济不平等日趋严重的情形下，选举权的平等是多么不切实际，但是他们坚决运用较贫公民的政治权利，促使议会用罚款、分摊祭神费用、抄没财产及负担公共设施等手段，将一些大量聚敛的富豪的一部分财富分入需要者的口袋。并且为了领导将来的反叛分子，他们采用红色作为革命的标志颜色。

处于这种威胁之下，富人团结起来用秘密组织共同对抗柏拉图所谓被唤醒的饥民“猛兽”。自由工人也组织了——至少自梭伦以后——各种社团，如石墙堆砌工、大理石匠、木匠、象牙匠、制陶工、渔人及演员等都各有职业组织。苏格拉底是雕刻社的社员。但是这些团体并非完全是互相谋福利的工会组织，他们到称为聚会堂（synods 或 synagogues）的场所聚集，举行宴会与运动竞赛，及拜祭他们的守护神。他们捐款给有病的会员，集体承包特殊工程，但他们不太愿意介入雅典的阶级斗争。战斗是在文学与政治的战场上进行的。像“老寡头派”那样的小册子作家，散发抨击或为民主政治辩护的文章。喜剧作家，因须依赖富人出钱支持其戏剧的演出，所以站在有钱人的这一边，嘲弄急进派的领袖及其“乌托邦”。喜剧作家阿里斯托芬在其公元前 392 年写的《公民大会妇女》（*Ecclesiazusae*）一剧中，为我们介绍普拉克萨戈拉，其发表了下面的这一段演说：

> 我要大家共同分享每一件东西及所有财产，不再有富人或穷人。我们将不再看到有人收割广袤的大片土地，而另一方面又有人连埋葬之地也不可得……我主张大家都受同样的待遇，过一致的生活……我将从分配私有土地、金钱及一切东西为大家共享开始……女人属于全体男人所公有。

“但是谁工作呢？”布来比（Blepyrus）问。她答道：“奴隶。”在另一出喜剧《普鲁托斯》（*Plutus*，公元前 408 年）中，阿里斯托芬让面临灭绝威胁的“贫穷”为自己辩护，它是刺激人类劳动与进取所必需的：

> 我是你们大家幸福的唯一缘由，你们的安全须以我为凭借……假如人们闲荡不必工作而能生活，谁还愿意打铁、造屋、缝衣、制物、切革、焙砖、漂布、硝皮或耕种收割？……假如你们的制度被采用了……你们将不能睡在床上，因为没有人再做床；也不能睡在地毯上，因为人有了金子，谁还会去织？

厄菲阿尔特与伯里克利的改革是民主革命的第一次成就。伯里克利是一个有眼光与节制的人，他不希望摧毁有钱人，而是靠减轻穷人的生活困难来保存富人及其商业。但是，他于公元前429年死后，民主派趋向过分偏激，以致寡头派再度勾结斯巴达，于公元前411年及公元前404年两度发动富人革命。然而因为雅典的财富充盈而且渐渐分散至多数人，并因为担心奴隶起来暴动，使全体公民有所顾虑，阶级斗争在雅典较在希腊其他国家更温和，而且更快达到妥协。希腊其他国家缺乏强有力的中层阶级，作为富人与穷人之间的缓冲。公元前412年，爱琴群岛的萨摩斯岛，激进分子夺得了政权，处死200名贵族，放逐400名，瓜分了他们的土地和房屋，建立另一个像他们所推翻的社会。公元前422年在莱昂蒂尼，平民驱逐贵族，但不久自己逃亡。公元前427年在科孚，寡头派暗杀了60名民主派的领袖，民主派攫取政权后，监禁400名贵族，并将其中50名在类似“公共安全委员会”（Committee of Public Safety）前加以审讯，并且将这50名贵族立即全部处决。目睹此种情形，被囚禁的贵族多半互相杀死对方，部分自杀，其余则逃往神庙寻求庇护，但被围困在里面，活活饿死。历史学家修昔底德叙述希腊的阶级斗争时曾说了一段永垂不朽的话：

> 人在7天中杀戮他们认为是敌人的同胞。虽然杀人的原因是企图推翻民主政治，但有人因私仇而被杀，也有人因人欠己钱而被债务人加害。各种各样的死无奇不有，通常在混乱中发生的暴行手段，更是无所不用其极：有儿子被父亲所杀的，也有祈祷者从祭坛上被人拉走或被杀的。革命自这城蔓延到那城，最后轮到的地方，因曾风闻别处所发生的经过，其施行的方法及报复手段，变本加厉……科孚人中从未受到公平待遇或受尽统治者荼毒而思复仇的被统治者，及极欲脱离贫穷与贪求别人财产而图谋不轨者，首先做了罪恶的榜样；以朋党而非阶级的宗旨发端的斗争

> 演变出的野蛮残暴行为，因人的激愤冲动而加剧……在城里，生活陷入混乱中，一向抗拒法律而现在反叛统治者的人性，更欣喜地表露出其尽情的放纵，它鄙视正义及一切处于优势的敌人……鲁莽大胆被认为是忠于盟邦的勇气，谨慎持重被看作怯弱的伪装，节制被当作缺乏豪迈的标志，缜密思虑被视为没有作为……
>
> 贪婪与野心所驱使下的权力欲望，是这些罪恶的根源……身居高位的政治领袖，一方面有人民政治平等的疾呼，另一方面有温和贵族政治的要求，他们趁机假装珍视某些公共事务，从中渔利。在个人的权势斗争中，但求达到目的，不惜任何手段……宗教不为双方所尊重，以华言掩盖罪恶，却是其所长……备受古人推崇的淳朴美德遭人讥讽，荡然无存。社会中壁垒分明，人不再为侪辈所信赖……安分守己的善良之士处于两派的倾轧中，因为其未加入纷争，或妒忌其置身事外，而遭到毁灭……整个希腊世界处在震撼痉挛中。

雅典之所以没有被此种变乱所湮没，是因为每一个雅典人在内心里都是个人主义者，喜爱私人财产，是因为雅典政府找出了在社会主义与个人主义之间使商业与财富获得适度调整的一个解决途径。政府果决地采取下述措施：限制嫁妆的数量、丧事费用及妇女的服饰；征收商业税并加以监督，实施标准度量衡及品质制度，以杜绝任何可能发生的流弊；限制粮食出口，制定严厉的法律，以管理及监督商人的经营方法。雅典政府密切注意粮食贸易，严厉禁止囤积——甚至处以极刑——规定购买小麦每次不得超过 75 蒲式耳，禁止对外运送货物，除非回程时运粮食到比雷埃夫斯港，规定凡到达比雷埃夫斯港的粮食，出口者不得多于总数的 1/3。由政府囤储粮食，当物价暴涨时予以抛售。雅典政府决心做到的是：不使粮价偏高，不使人利用人民的饥饿获取暴利，不使雅典人挨饿。国家借征税及摊派各种捐款来调节财富，并劝导或强迫有钱人出钱支援海军舰队、戏剧以及穷人参加戏剧与运动竞赛的观赏费。但是雅典政府在另一方面保障贸易自由、财产私有、营利的机会，并认为这些是维护人类自由的必需工具，是刺激工商业发达、促进社会繁荣最强大的原动力。

在这种以社会调节经济个人主义的制度下，财富不断在雅典聚积，并且其分散的程度是可以防止剧烈革命的发生，至古雅典终了，私有财产制度依然无恙。公元前 480 至前 431 年，高收入的公民人数增加一倍。国家税收渐增，国家支出虽然也加大，然而雅典国库的充盈，为希腊历史中前所未有。雅典自由、商业、艺术及思想的经济基础已稳固地奠定，除了将使其毁灭的战争外，足以承担黄金时代的任何耗费。

第三章 | 雅典人的道德与习俗

幼年时代

每一名雅典公民都要有子嗣，宗教、财产及国家，所有势力联合打击无子嗣者。如不能生育，规定必须领养，而收养孤儿需付出很高代价。同时，法律与舆论承认，扼杀婴儿可以作为防止人口膨胀及避免田地过于分散的合法手段，任何父亲如果怀疑婴儿非亲生，或因婴儿体弱或畸形，可在婴儿出生之初将其遗弃致死。奴隶生的孩子很少留下来。女孩因为出嫁时需要妆奁，而结婚后其劳务从养育她长大的家转移至未曾负养育责任的家，所以遭遗弃的机会比男孩大。遗弃时，将婴儿放于大的瓦器内，放置在一座庙宇附近或其他容易被愿意收养者发现的地方。父母有权遗弃婴儿合乎粗陋的优生原则，并且以磨炼与竞争配合适者生存的严厉的自然进化论，使希腊人长得健康强壮。各哲学家几乎一致赞成家庭人口限制：柏拉图要求遗弃所有羸弱及由卑劣与年衰父母所生的婴儿，而亚里士多德则主张堕胎优于杀婴。希波克拉底的医学道德律禁止医师为人堕胎，但希腊的接生婆却是此中老手，而法律对其没有任何阻碍。[1]

在婴儿出生后的第 10 天或以前，在炉边举行宗教仪式，正式为家庭所接受，给予礼物并为其取名。通常希腊人只有单名，像苏格拉底或阿基米德，但因为习惯上长孙取祖父的名字，所以重复的现象随处可见，而希腊历史中因充斥着色诺芬、埃斯基涅斯、修昔底德、第欧根尼、芝诺等重名而混淆不清。为避免含混，名字上加上父名或出生地名，如米太亚得（Kimon Miltiadou）——Cimon son of Miltiades，或狄奥多鲁斯——Diodorus of Sicily，或以像“螃蟹”这类的诨名来解决问题。

婴儿一旦正式接纳入家庭后，法律禁止再遗弃，并且在像任何时代那样在父母给予子女的宠爱中长大。狄密斯托克利形容他的儿子为雅典的真正统治者，因为狄密斯托克利虽是雅典最有权势的人，却受他太太驾驭，而他太太又为他们的儿子所控制。《希腊诗集》中有不少佳句流露出慈爱的亲情：

> 我为我的柴尼奥之死而哭泣，环绕在我儿身上的希望，曾减轻我的忧愁，可是现在，善妒的命运将我孩子攫走了。啊！我被剥夺了你，我的孩子，你是我仅有的一切。冥后珀耳塞福涅，听听一个父亲悲戚的呼号，将这孩子放在他死去母亲的怀里吧！

少年期的悲剧因有很多种游戏可供排遣而减少，其中某些游戏将比希腊更能永垂不朽。在一只给一名小孩陪葬的白色香水瓶上，可看到一个小男孩正推着他的娃娃车走向冥府。婴儿玩用赤陶土做成的里面装有小石子摇动发声的玩具，女孩儿抱玩偶，男孩子用陶制的小兵卒及将军打仗，保姆为孩子推秋千，或让他们坐跷跷板，男女孩滚圆环、放风筝、转陀螺、捉迷藏或蒙眼捉人、拔河，以及用小石块、硬果、钱币、球等为器具，可做各式各样的有趣游戏。黄金时代的弹珠

[1] 我们尚未发现希腊人使用节育措施的任何证据。

是晒干的豆子，用手指弹，或用光滑的石头丢进一个圆圈内，将对手的石头挤掉，并且越靠近中心越好。当孩子到达“懂事的年龄”——七八岁——他们玩骨骰子游戏，以六点最大。少年的游戏和他们父辈的积习一样渊源久远。

教育

雅典设有公共体育馆与角力学校，并对教师实施一般性的督导，但是没有公立学校或国立大学，教育由私塾老师负责。柏拉图倡导国立学校，但雅典人似乎相信，即使是教育，竞争也能产生最佳效果。职业教师自行设馆，招收 6 岁的自由男孩。“*paidagogos*”（相对的英文为“pedagogue”）这个称呼非指老师，而是指陪伴学童往返学校的奴仆。我们未曾听说过有住宿学校。上学通常到 14 岁或 16 岁为止，有钱人家的子弟可能多读几年。学校里没有桌子，仅有凳子，学生读书写字时，将书或材料放在膝盖上。一些学校开风气之先，以希腊英雄及神像作为装饰，另有少数则布置得极为高雅。教师教授所有课程，德智两育并兼，以皮制凉鞋为戒尺。[1]

课程分三类——写作、音乐及体育，到亚里士多德时代，热切的“现代主义者”又增加了绘画与绘图。写作包括阅读与算术，以字母作为数字。每一个人都学弹奏七弦琴，大部分教材被写成诗及音乐的形式。没有任何外国语言课程，更遑论不常用的语言，但是在学习本国语言的正确用法时，却极其讲究。体育主要在体育馆与角力学校教授，凡是不会摔跤、游泳、射箭及“投石”的人，不被认为受过教育。

女孩的教育在家里完成，而且大多限于“家务”。除斯巴达外，女孩子不参加公共体育馆的活动。她们由母亲或保姆教导读书、写

[1] 在庞培，从一幅可能模仿希腊人的图画上，我们看到一名学生由另一名学生用肩支撑着，脚后跟又被第三名学生握住，教师正在用凉鞋鞭笞他。

字、算数、纺纱、织布、刺绣、跳舞、唱歌及演奏乐器。少数希腊妇女受过良好教育，但她们多数属于妓妾。在希腊，良家妇女不再受中等教育，直到伯里克利之妾阿斯帕西娅吸引她们之中少数人去听她的修辞与哲学课程。男人的高等教育，是由专业修辞学与哲学教师传授哲学、修辞、科学及历史。这些独立的教师在体育馆或角力学校附近设讲堂，构成柏拉图以前时期的零星大学。因为学费昂贵，只有有钱人家才读得起，但是有抱负的青年，为了白天能够参加这些游牧式的教课，晚上替人在工厂里做工。

男孩年满16岁时，必须特别注重体格锻炼，以便能胜任某种程度的作战任务。他们的运动给予他们间接的军训准备工作：跑、跳、角力、狩猎、驾车、掷标枪。到18岁，他们进入雅典男人四阶段（幼年、青年、中年、老年）的第二阶段，并被征召入雅典青年团（epheboi）[1]。在由各部族首领挑选的仲裁官的领导下，他们接受为期两年的公民与作战训练。他们吃住在一起，穿着神气的制服，日夜接受品德考察。他们以雅典城为规范，将自己组织成民主政治团体，召开大会，表决议案及制定自治法律，他们也有执政官、司令官与法官。第一年，他们严格地操练，上文学、音乐、几何学及修辞学课。第二年（19岁），被派赴边区担任卫戍，并且被赋予今后两年内保护雅典城、抵御外来侵略及维持内部治安的责任。在“五百人会议”面前将手伸在雅典创立者之妻阿格拉罗斯（Agraulos）神殿的祭坛上，他们庄严地宣读雅典青年的誓言：

> 我决不玷辱这神圣的武器，也不遗弃我的伙伴，不论他是谁。我决心继承国家传统，完成神圣义务，不论是以我个人力量还是大家同心戮力。我移交时，我的祖国要比我接受时更强大、更美好，决不使其稍有逊色。我决心服从间或担任法官者，遵守

[1] 此项制度不会早于公元前336年。

> 国家既有法律及任何人民制定的规章。假如有人企图毁败法律，我决不允许。我决心将其驱逐——以我个人或全体的力量。我决心崇敬祖先的信仰。

青年在戏院内留有特别座位，而且在雅典城举行宗教游行时，担任重要角色。或许，他们就是我们在帕特农神庙墙顶与天花板之间横饰带图案上所看到的神采俊秀的年轻人。他们在定期举行的公开竞赛，特别是在自比雷埃夫斯港至雅典之间的火炬接力赛中，展露身手。为了观赏这一精彩节目，雅典城万人空巷，4.5 英里长的道路边排满了人墙。比赛在夜间举行，道路没有照明，所能看到的是运动员向前奔跑传递的火炬和跳跃的火光。到 21 岁，青年的训练全部结束，脱离父母的管教，正式获得雅典公民的资格。

这种教育，再辅以家庭里及街坊上所学到的，就是产生雅典公民的方法。这是非常卓越的体魄与智力及道德与美学的综合训练：年轻时予以督导，成熟时赋予自由。在其全盛时代，这种训练方式曾造就了放在任何历史上也属优秀的青年。伯里克利以后，理论增加，滞碍了教育的实施。哲学家讨论教育的目标与方法——教师施教时，知识的发展或品德的培养，以及实用技术的训练或抽象科学的促进，应以何者为主？大家一致同意，教育应予以最大的重视。当希腊哲学家阿里斯提波（Aristippus）被人问及，受过教育的人比未受教育者究竟高明在哪里时，他回答说："如同训练过的马与未经训练的马相比。"亚里士多德对于这个相同问题的答复是："犹如一死一活。"阿里斯提波又补充说："受过教育的人，即使他学不到其他有用的东西，当他在戏院看戏时，至少不会像一块石头。"

雅典人的仪表

公元前 5 世纪时的雅典公民，男人中等身材，精力充沛，留胡须，并不是都像菲狄亚斯所塑造的马身人像那样英俊。花瓶上的仕女非常雅丽，石碑上的美女雍容华贵，而雕刻家所雕琢的更是美到了极点。但是实际上，雅典妇女因受到近乎东方妇女的隐居生活的限制，充其量也只有同时代近东女性那样美，不会再美丽到哪里。希腊人崇拜美，尤甚于其他国家，但其本身并不都包含美。希腊妇女，像其他妇女一样，觉得她们的身材还不够完美。她们为了增加身高，用厚软木做鞋底，用垫料衬垫有缺陷的地方，用束带束紧不愿意让它突出来的部位，并且用布制奶罩衬托乳房。[1]

希腊人的头发一般都是黑色的，金发非常稀罕因而受到珍视。许多妇女和男士，将他们的头发染成金色，以掩饰老年的灰发。男女都用生发油来保护受日晒的头发。女人，也包括一些男人，将香水掺在头发油里面。公元前 6 世纪，希腊男女都蓄长头发，通常编成辫子环绕在头上或挂在脑后。到公元前 5 世纪，妇女的发式有了各种变化：将头发梳成髻，低低地垂在颈背上，或让其披散在肩上，或绕过脖子，披在胸前。妇女喜欢用颜色鲜艳的彩带捆扎头发，再在前额的彩带上点缀一颗宝石。自马拉松战役之后，男人开始剪发，自亚历山大以后，开始用镰刀形的铁制剃刀刮胡须。没有希腊人剃掉须而留着髭的。胡须修剪成尖形，非常整齐。理发师不仅理发、修刮胡子，并且为顾客修剪指甲，并做出门做客前的整容工作。当理发师修饰完毕，会给客人一面最时髦的镜子照一照。理发师有自己的店铺，理发铺成了当地好事之徒飞短流长的是非之地，哲学家兼博物学家提奥夫拉斯图斯称其为“无酒的谈天会”(wineless symposia)。不过理发师时常在露天工作。干他们这一行的总是爱麻烦别人。有一天，当一名理发师问马其顿国王阿克劳斯（Archelaus），喜欢他的头发理成什么样子时，这位国王回答说：“沉默式。”希腊妇女也用剃刀或砷与石灰等脱

[1] 普卢塔克讲了一个极有趣的故事：西小亚细亚的米利都城曾掀起了一阵妇女的自杀风，但突然完全停止，没有女人再自杀，原来政府当局下了一道命令，凡自杀的女人出葬时，都必须光着身体抬经闹市。

毛剂，清理脸上或身上的汗毛。

当时的希腊以油为基本材料、用花制成的香水，其种类数以百计，苏格拉底曾埋怨男人用太多的香水。每一名体面的妇女都拥有各式各样的镜子、饰针、发针、别针、镊子、梳子、香水瓶及胭脂与油膏盒。面颊与嘴唇用丹铅、朱草根涂抹，眉毛用煤烟或锑粉描画，抹眼圈用锑粉或眼影粉（kohl），睫毛涂黑后，再衬以蛋白与氨树胶混合剂。油脂与化妆水被用来消除皱纹、雀斑、污点。令人厌烦的是在脸上一化妆就是数小时，为了漂亮，妇女的耐性似乎特别好。为防止出汗，皮肤上涂抹乳香树油，用掺有特殊香料的油膏搽抹身体的各部分。一名讲究的妇女要用棕榈油搽脸部及乳房，用墨角兰（marjoram）搽眉毛及头发，用麝香草精涂颈部与膝盖，用薄荷搽臂，用没药（myrrh）涂擦腿和脚。雅典男人和任何时代的男人一样，对这种诱惑人的"武装"大加反对。雅典喜剧里面的一名人物抨击女人的化妆时，曾有透彻的描述："当你们夏天出门时，两条黑印从你们的眼睛挂下来。汗水在你们的面颊与脖子之间形成了一条红沟。当你们的头发碰到你们的面孔，便被白铅粉漂白了。"女人依然我行我素，因为男人也没有变。

水资源有限，必须设法从其他方面讲求清洁。有钱人家每天洗一两次澡，所用的肥皂是由橄榄油和碱调制的糊状物，然后再涂抹香油。设备豪华的家庭拥有一间铺砌地面的浴室，里面放一个大型的大理石浴缸。通常用手提水，有的把水管接到家里，通到浴室墙，墙上装一只兽头形的金属喷嘴，水流在淋浴间的地面，再流入庭园。大多数人无法弄到水洗澡时，就用油在身上摩擦，然后用新月形的刮身板（strigil）将油刮干净，其情形正如雕刻家利西普斯（Lysippus）的作品《刮擦者》（*Apoxyomenos*）。希腊人并不特别爱清洁，他们的卫生，不在个人及家庭的整洁，而是注重有节制的饮食及活跃的户外生活。他们很少待在有顶盖、墙及门窗的住屋、剧院、教堂及会议厅里面，也很少在室内工厂或工作场所内工作，他们的戏剧、宗教仪式，甚至政府机关办公都是在太阳底下进行，他们那简单的衣裳能使空气透入身体各部分，只要摇动一下臂膀即可松脱，便于来一个回合的角力或享受一下太阳浴。

希腊人的衣服主要由两片方布做成，松松地套在身上，很少做合身的裁制。各城邦之间，服饰虽稍有不同，但是一国之内却世世相袭，甚少变化。在雅典，男人的主要服装为长袍（chiton 或 tunic），女人穿的是罩袍（peplos 或 robe），都是毛料制成。冷天，长袍外面可罩披风。他们任由披风从肩头上挂下来，产生自然的褶缝，我们从希腊雕像上看起来非常美。公元前 5 世纪，一般人的服装是白色的。妇女、有钱人、青少年穿着有颜色的衣服，甚至深红与紫色，衣服上也有加彩色条纹及绣花镶边，有的妇女在腰间系一条彩色腰带。帽子不受欢迎，原因是帽子会使头发不能吸收水分而容易早早变白。只有在旅行、作战及大太阳底下工作时才在头上戴东西。妇女绑一条彩色手帕或发带，工人有时候戴无边或无檐帽。除此之外，头上便没有别的东西。脚上穿的有凉鞋、高筒鞋或靴子，通常以皮革为材料。男人的鞋子为黑色，女人的为彩色。狄凯阿科斯说："底比斯城的妇女穿着紫色矮凉鞋，显露脚给人看。"大多数儿童与工人根本不穿鞋，从来没有人想到穿袜子。

不论男女，都用珠宝来炫耀或伪饰他们的收入。男人至少戴一枚戒指，亚里士多德戴了好几枚。男人的手杖柄头是金或银质的。妇女佩戴手镯、项圈、头饰、耳环、胸针与链子、宝石镶钩环与纽扣，也有在脚踝或上臂上佩戴宝石环。雅典也像多数充满商业文化气氛的国家一样，暴发户极尽奢侈浮华之能事。斯巴达限制妇女的头饰，而雅典规定，妇女外出旅行所携带的衣服不得超过三套。但妇女对这些禁令一笑了之，虽然没有律师做后盾，也照样应付自如。她们知道，多数男人及部分女人的看法是，女人需要衣装。她们对这个问题的态度所显现出的智慧，是历经千万年的聚积而成的。

道德

公元前 5 世纪的雅典人并不是道德的楷模。知识的进步已使他们之中的许多人脱离了伦理传统，并且将他们转变为几乎不道德的人。他们因重法纪而享有较好的声誉，但是除了对自己的子女外，很少有“利人”的观念，很少在良心上感到不安，从没有想到像爱自己一样去爱他们的邻居。礼节因阶级而异，根据柏拉图的说法，日常生活中充满令人喜悦的礼貌，但在阿里斯托芬的喜剧中，根本没有称得上有教养的举止。公共演说时，更是以滥施人身攻击为辩论的中心。在这一方面，希腊人得向埃及、波斯或巴比伦那些经时间磨炼出来的他们眼中的“野蛮人”多学习。寒暄热诚然而简单，不行鞠躬礼，这对骄傲的希腊公民而言，似乎是帝王统治的遗毒。人们通常见面时的问候语为“快乐”(Chaire，Rejoice)，接着是，像其他地方一样谈谈天气。

从荷马时代以后，希腊人因为旅行比以前稍微安全，待客的热诚消减了，而由客栈供应过往旅客的食宿。虽然如此，好客仍然是雅典人的一项很突出的美德。未经介绍的陌生人也照样受到欢迎。假如来客持有朋友的介绍信，可以受到食宿的招待，而且有时候还会馈赠临别的礼物。一位被邀请的客人永远有权带一名未被邀请的客人同来。此种习俗后来形成了一类寄食者（*parasitoi*），此词原指食用由庙宇供应“剩饭残羹”的僧侣。有钱人在公家及私人举办的慈善事业中慷慨解囊，这种措施以及称谓都是发源于希腊。希腊同时也兴办慈善机构，设有各种照顾外乡人、贫、病、老弱的救济机构。政府支付养老金给伤残军人，并用公费养育阵亡将士的遗孤成人。公元前 5 世纪，政府负责给残废工人支付补偿金。每逢天灾人祸，除参加议会、出席法庭及观赏戏剧照常给予酬劳外，政府每天另支付给穷困者 2 个奥勃。但是弊端丛生，演说家李西亚斯（Lysias）在一篇演说中，曾涉及一个依靠救济为生的人，他交往的是阔朋友，能以手工艺赚钱，而且以骑马作消遣。

希腊人可能也承认诚实是美德，但他们想尽一切投机取巧的方法。雅典悲剧诗人索福克勒斯的《弗罗克特斯》(*Philoctetes*) 作品中的合唱，描述了这样的故事：一个人对一名因为负伤而被遗弃的士兵表示无限的同情，然后又趁其睡觉时要尼波勒姆（Neoptolemus）去出卖他，偷走他的武器，让他自生自灭。大家都抱怨，虽然政府设有监察官，但雅典商人仍在货物里面掺假，克扣斤两、找头，移动天平的杠杆支点作弊，还乘机骗人，例如在腊肠里面灌狗肉。一名喜剧家称呼鱼贩为“刺客”，稍微含蓄的诗人叫他们为“小偷”。政客也高明不了多少，在雅典的政客中，不被人指控使用卑劣手段的人微乎其微。像阿里斯蒂底斯这样诚实的人，是轰动社会的大新闻，几乎被人看作“怪物”，即使用犬儒派哲学家第欧根尼的“白昼灯笼”去找，也找不到第二个人。历史学家修昔底德说，人们宁愿被人称作精明而不肯让人说自己诚实，怀疑诚实是因为头脑简单。要找出愿意出卖国家的希腊人，是一桩容易的事。“希腊任何时候都不缺乏处心积虑叛国的人。”帕萨尼亚斯说。贿赂是政治上求显达、犯罪求赦免及外交有所成就的常用手段，议会拨给伯里克利大笔的款项，供其作秘密用途，想是用来进行国际谈判的吧！道德观念全然限于自己的部族。色诺芬在其一篇教育论述中，直接建议与敌人打交道时要用欺骗及强取的手段。雅典驻斯巴达特使于公元前432年为其帝国辩护时，明确地说：“弱者应该屈服于强者，从来是顺理成章的事，只要有能凭武力攫取的机会，他决不容正义的呼吁阻碍其企图。”——虽然这段话，以及可能是雅典领袖在希腊东南部米洛斯岛所发表的一篇演说，是对受到某些犬儒派哲学家睥睨道德论调蛊惑的修昔底德的哲学幻想的运用。从高尔吉亚、卡里克勒斯、斯拉西马克斯及修昔底德等人的反常道德观念来判断希腊人，犹如用马基雅维利（Machiavelli）、拉罗什富科（La Rochefoucauld）、尼采及斯多纳（Stirner）诸位精彩的怪论来描述现代的欧洲人，虽不敢说正确到何种程度，但大致总不会错。从斯巴达人对下述有关道德的论点立即附和雅典人的看法可以看出，这种蔑视道德的观念是形成希腊人性格的重要因素。当斯巴达在订有和平条约的情况下仍罔顾信义地占领了底比斯城的大教堂时，有人问斯巴达王阿格西劳斯此项行动的合理性，他答道："但问其是否有利，凡对我国家有利之举，皆属合理。"于是，在希腊一再发生和约被毁、郑重的承诺失信、使节遭杀害的事件。或许，希腊人所不同于我们的，不是其行为，而是其坦率。

希腊人的风俗与宗教，使其于战争胜利时热切地忘我。即使是内战，他们也劫掠被攻陷的城市，杀戮负伤者，屠杀或奴役所有未赎的战俘及掳获的平民，焚毁民房、果树、作物，灭绝牲畜，毁坏种子。因此，伯罗奔尼撒战争之初，斯巴达人将在海上遇到的所有希腊人，不论是雅典的盟友或中立国家的人民，一律视作敌人屠杀。伊哥斯波塔米（Aegospotami）战役（结束伯罗奔尼撒战争的战役）中，斯巴达处死 3000 名雅典战俘，几乎全是人力耗竭的雅典公民的精英。各种战争——城邦对城邦，或阶级与阶级之间——在希腊是常事。曾击败"万王之王"的希腊，用此种方法对待自己，希腊人和希腊人曾千百次地在战场上兵戎相见，自马拉松之战以后的一个世纪里，历史上最光辉灿烂的文明，自毁于慢性的民族自杀中。

性格

假如我们依然被这些轻率的争论所吸引，是因为这些争论所蕴含的不只是他们赤裸着的罪恶，也有令人兴奋的旺盛商业精神及卓越的智慧。海的近便、贸易的机会以及经济政治生活的自由，形成了雅典人性格与思想上前所未有的敏锐与活泼——一种心灵与感觉上的狂热。这种自东方至欧洲式的，自昏沉懵懂的南方地区至冬寒令人精神奋发而不至于冻僵、夏暖使其舒展而不萎靡身心的中原之地的转变，是何等神妙！这里所表现出的对生活与人类的信心及生命的热力，是文艺复兴之前任何时代所不能与其匹敌的。

从这种刺激的环境中，培育出勇气和冲动，以便脱离哲学家白费心机地教诲所谓的自我控制，或年轻的温克尔曼（Winckelmann）与老迈的歌德想加之于奔放而鲁莽的希腊人头上的那奥林匹斯山神似的肃穆。一个国家的理想通常是一种假托，不应该视作历史。阿波罗神殿碑铭上的勇气与节制，是希腊人的两句对立的箴言。前一句时常为一般人所践履，但后者只能从他们的农民、哲学家及圣人身上见到。一般雅典人都是享乐主义者，但仍具良知。他在享乐方面没有任何罪愆的感觉，并且从享乐中，他能立即为使其思绪陷入晦暗低潮的悲观主义找到答案。他爱酒，不因偶尔酗酒而感到惭愧。他好女色，而且几乎完全是基于肉欲上的，容易为不正当的性关系原谅自己，不认为道德上的过失是一种罪大恶极、不可饶恕的行为。不过，他以三分水兑二分酒，并且认为经常烂醉如泥总有损个人品格。虽然他很少实施节制，但他衷心真挚地崇拜节制，而且比历史上任何其他民族更明确地形成了自治的理想。

雅典人因太过精明而无法使自己循规蹈矩，他们鄙视愚蠢甚于痛恨邪恶。他们并非都是圣人，我们绝不可把他们的女人想象成全是可爱的诺西卡或华贵的海伦，或把他们的男人看作既有埃阿斯的神勇又具内斯特的智慧的混合体。历史仅记取希腊的俊杰之士，而遗忘其痴愚者（但尼西亚斯除外）。当我们之中大部分人被遗忘，而我们的“山巅”能躲过时间的湮没，甚至到我们这一时代也仍显得伟大。撇开距离上的因素，一般雅典人像东方人一样智慧，像美国人一样向往新奇事物。他们永远要像哲学家巴门尼德那样冷静，但永远如另一位哲学家赫拉克利特所主张的那样求变。没有一个民族像雅典人那样具有更生动的幻想力及更犀利的口舌。清晰的思维与明确的表达对于雅典人而言似乎是神授的，他们对于迂曲晦涩没有耐心，视广博而明达的言谈为文明人的最高消遣。希腊人的生活与思想能如此丰富充实，其秘密在于希腊人认为：人是权衡万物的依归。有学养的雅典人好推理，而且很少怀疑其具有设计万有的能力。求知及理解的欲望是其最崇高的嗜好，而追求这种嗜好的炽烈程度一如其对其他所热衷的事物的毫不稍加节制。以后他们将发现人类知识与能力的有限，而且基于自然的反应，他将陷入与其乐观的性格极端不调和的悲观中。即使在其繁盛的一个世纪中，雅典思想最深沉的人——非其哲学家，而是其戏剧家——也会被生之喜悦与冥顽的死亡之飘忽思绪所笼罩。

好奇心产生了希腊的科学，正如同利欲创造及主宰了其经济。“爱好财物使人为之痴迷，”柏拉图带着道德家惯有的强调口吻说，“他们满脑子所想的，无时无刻不是他们的钱财，每一公民的灵魂就悬挂在这上面。”雅典人好胜心切，互相刺激对方，从事几近残酷的竞争。他们和《圣经》中的希伯来人一样顽强、斗狠、骄傲。他们做买卖，为讲价而争得面红耳赤，说话无不抬杠，当他们不能和外国打仗时，就自己互相找架吵。他们天生不是多愁善感的人，不赞成悲剧诗人欧里庇得斯那样哭哭啼啼。他们对动物慈爱，对人却残酷：他们经常对未犯过错的奴隶使用酷刑，而且能在屠杀满城的无辜百姓之后依然酣睡如故。但是，他们却慷慨地对待穷困或残废者。当议会获悉诛戮暴君者阿里斯托吉顿的孙女在利姆诺斯陷入穷困中，就立即拨款将其接来雅典，并且为她找一个丈夫，给她嫁妆。在其他城邦受压迫及被通缉者，可在雅典寻求庇护。

事实上，希腊人显示性格的方式不同于我们。他们既不企求有积善之士的良心，也不希望能和贵族那样具有荣誉感。对希腊人来说，最美好的生活就是最充实的生活，即充满健康、精力、优美、热情、财富、冒险及思想的生活。美德就是勇敢——其确切的原意就是尚武的精神，也完全是罗马人所说的勇武。雅典的理想人是在优美的生活艺术中综合了美与正义，即崇尚才干、名誉、财富、友谊及美德与仁爱的人，如歌德所主张的“自我发展就是一切”。沿着这种观念产生了某种程度的虚荣心，其坦率很难适合我们的趣味：希腊人对自我吹嘘从不惮其烦，随时夸耀其优于其他的战士、作家、艺术家和民族。假如我们想要了解希腊人，并将他们与罗马人作一比较，我们必须想到法国人与英国人的区别。如想要知道斯巴达精神与雅典精神的差异，我们必须考虑德国人与法国人的区别。

所有这些雅典人的条件，汇集在一起创造了他们的城邦。雅典就是由他们的精神与勇气、聪颖与饶舌、放纵与贪婪、虚荣与爱国心、对美与自由的崇拜，所综合创立而成。他们富于热情，但缺乏成见。偶尔，他们容忍宗教的褊狭意识，不是为了钳制思想，而是作为政治派系倾轧的武器，以及作为道德实验的结合。至于其他方面，他们则坚持某种程度的、在东方人看来似乎杂乱无章的自由。但因为他们自由，因为每一个政府机关对每一位公民开放，而且交替治人及受制于人，所以他们将一生中的半数时间贡献给国家。家是他们睡觉的地方，他们“生活”在市场、议会、审议委员会、法院，以及为荣耀其城邦与神祇而举行的盛大庆典、运动竞赛和戏剧中。他们承认，国家在需要时，有权征用他们的人及财产。他们原谅国家的苛征，因为他们的国家给予他们前所未有的发展机会。他们为其勇猛战斗，因为她是他们的自由之母及保护者。“因此，”希罗多德说，“确实使雅典人增加了力量。不仅是这一项，而且有许多其他例子，都明白地显示出，自由是最美好的东西。因为即使雅典人，当他们仍处于专制统治下时，或许并不比他们的邻邦更为英勇，但一旦挣脱了桎梏，他们绝对成为个中翘楚。”

婚前的关系

在道德方面，如同在字母、度量、权衡、钱币、服装、音乐、天文、神秘的礼拜仪式方面一样，古雅典似乎更具东方色彩而少欧洲风味。基于肉体基础的爱，坦率地被男女双方所承认。渴望中的女人为冷漠的男人酝酿春酒，只为达到柏拉图式的目的。婚前的贞操只要求于有声望的妇女，但是已成年的未婚男人，在性关系上很少受道德的约束。盛大的庆典，虽然其起源是宗教性的，却成为男女相悦私下苟合的好机会。此种场合中，放荡的性关系受到宽恕，理由是如此可使一年中的其他时间内更容易履行一夫一妻制。在雅典，年轻人偶尔涉足妓院，并不构成品格上的严重瑕疵。即使已婚男人，逛逛风月场所，除了在家里受几句责骂，熟人前面子稍不好看之外，不会受到任何惩罚。雅典官方承认娼妓制度，并且对操此行业者征税。

有此机会公开让人展露才华，像在希腊大多数其他城邦一样，卖淫在雅典已变成一门多元化而颇为发达的行业。其中最低级的是妓女(pornai)，主要在比雷埃夫斯港口活动，普通妓院门前悬挂有"生殖之神"普里阿普斯的阳具作为标志，以招徕顾客。花1个奥勃即可光顾这些地方，那里的姑娘，衣服穿得不能再少，几乎和没有穿一样，如狗栏里的狗似的任凭客人挑选。客人可以讲价按时计酬，或与老鸨谈妥条件，论星期、月、年，带出去包住，也可以由两个以上的男人合租，其时间的分配按出钱多少而定。比她们高一等的叫作吹笛女（*auletride*），像日本的"艺妓"，服侍男性客人，演奏音乐，跳艺术舞或挑逗性的艳舞，欢笑逗闹，然后，经适当的诱惑，和客人混杂在一起，和客人一起过夜。有少数年老色衰的妓女，设馆教授这类吹笛女化妆、整容、乐器演奏及调情，以此来维持日后的生活。艺妓们小心翼翼地像传递珍贵的遗产那样代代传授调情的艺术，运用高超的表演手法，不使其失之过火，半推半就，故作不胜娇羞，让大爷们多掏腰包。但是，如果后期的希腊讽刺诗人卢奇安的话可信，那么吹笛女之中也有充满似水柔情、懂得真爱，而且像"茶花女"那样为了情郎而毁灭自己的。真挚的艺妓自古以来就是骚人墨客笔下令人崇敬之心油然而生的人物。

希腊最高级的一类娼妓是艺妓（*hetairai*），实际上的意义为"伴侣"。最低级的妓女多为东方女子，而"伴侣"通常是公民阶级的妇女，有的因故沦落，有的则为了逃避雅典妇女深居简出的生活而自甘堕落。她们过的是独立生活，而且在其家里招待自己勾搭上门的情人。她们大多数虽然是黑发女郎，但由于她们认为雅典人比较喜欢金发，就把头发染成黄色。而且，因为法律的硬性规定，她们必须穿着艳丽的衣服，以有别于普通妇女。偶尔看看书或听听演讲，她们中的有些人也有点知书识礼，并且能以文雅的谈吐贻娱有学养的客人。泰伊斯、第奥玛、萨吉利亚、里修姆与阿斯帕西娅，或因善辩，或因其优美的文学风格，而名扬遐迩。她们之中也有不少人颇有机智，在雅典文学中有她们的诗集。虽然所有娼妓都不得享有公民权，而且除了属于她们自己的美与爱神之殿外，禁入任何殿堂庙宇，但有极少数的“伴侣”在雅典的男人社会中享有崇高的地位，没有男人会因和她们公然在一起而感到不好意思。哲学家竞相争宠，像普卢塔克这样虔诚的历史学家，也将她们的艳闻逸事逐一予以记载。

她们之中有不少以此种方式在学术界获得某种程度的不朽盛名。有一个名叫“漏壶”的“伴侣”，她之所以有此称呼，是因为她接客送客是按照玻璃漏水计时器的时间计算。波斯女间谍萨吉利亚，她做情报的方法是尽量多陪一些雅典政治领袖睡觉。塞奥利斯曾欢娱了戏剧家索福克勒斯的晚年，而另一名“伴侣”接替塞奥利斯时，这位戏剧家已是90岁高龄。阿基纳萨曾是柏拉图的腻友，而达那厄与里修姆教授过哲学家伊壁鸠鲁享乐的哲学。塞米索斯干她这老本行直到她掉了最后一颗牙齿、最后一绺头发。颇具生意头脑的甘沙娜曾花费大量时间来训练她女儿，凡想要她女儿陪宿一夜，得花费1000银币(相当于1000美元)。菲丽娜之美，为公元前4世纪的雅典人所传诵。平时，除非完全以面纱遮住，她从来不在公共场所露面，但是每逢埃莱夫西斯城的节日及海神节，她会在众目睽睽下脱掉她的衣裳，披下她的头发，走向海里沐浴。曾有一段时期，她爱上了雕刻家普拉克西特列斯，启发他的灵感，为他的“爱神”充当模特儿。画家阿佩莱斯也以她为模特儿，完成了他的作品《爱神》。菲丽娜曾以她卖笑生涯中赚来的钱成为巨富，假如底比斯人愿意将她的名字刻在城墙上，她可以出钱替底比斯城修筑这道墙，但底比斯人坚决拒绝。或许因为她向欧西亚斯索取太高的酬金，他控告她对神祇不敬，以此作为报复。但是法院的一名法官是她的老相好之一，而为她辩护的希波拉底斯又是她忠实的情人。希波拉底斯不仅以他的口才为她辩护，而且解开她的内衣当堂露出她的乳房。法官瞅着她的美色，宣布她是虔诚的。

阿特那库（Athenaeus）说:“科林斯岛的拉斯（Lais）似乎是他所见过的女人中美得最出色的。”各城邦像争夺荷马那样，以自己是她的出生地为荣。雕刻家与画家都恳求她做他们的模特儿，但她总是羞赧地推辞。伟大的雕刻家米隆说服了她，当她脱光了衣服，他竟忘掉自己已是须发苍苍的暮年，要求她陪他一宿，他愿意将自己的全部财产给她。她听了后笑笑，耸耸她那圆润的肩膀，留他在那里目瞪口呆。第二天早晨，米隆满怀年轻人的热情，整理了头发、剃掉胡须，穿一件紫色长袍，系了一条金色腰带，脖子上挂一条金项链，手指上戴满了金戒指。他在面颊上涂抹胭脂，衣服上及身上洒了香水。他找到了拉斯并且告诉她他爱她。“我可怜的朋友，”她望着他这一副打扮，回答说，“你现在所要求我的就是我昨天拒绝你父亲的。”她聚积了一大笔财富，但她不拒绝贫穷而俊秀的情人。她曾因要求1万银币的过夜费而使丑陋的雄辩家狄摩西尼知难而退，而保持了他的德行。她向富翁阿里斯提波索取费用之高，使他的仆人为之震惊，但是对于穷酸的第欧根尼，只要求几文，她以有哲学家拜倒其裙下为乐事。她慷慨地捐钱建筑庙宇与公共建筑物，帮助朋友，最后，像干她这一行的其他女人一样，终于又恢复她年轻时的贫穷。她耐心地继续她的行业一直到临终，当她去世后，人们为她建造了一座非常壮观的墓，像纪念希腊所曾有过的最伟大的征服者那样纪念她。

希腊人的友谊

比娼妓与哲学家之间异常关系更怪诞的，是对变态的性关系行之若素。“伴侣”的最大劲敌是雅典少年，而娼妓因为事关她们的荷包，从不放弃指责同性恋的不道德。商人进口俊秀童子，卖给出最高价者。他们被买回去后，先用作“妾”，然后作为奴隶。只有极少数的人认为，不应该让女性化的贵族少年激发及抚慰上了岁数的男人的热情。在这种分辨男女性别的事情上，斯巴达人与雅典人一样漫不经心。当阿尔克曼想赞美女孩子时，他叫她们为“女性男朋友”。雅典法律规定，褫夺搞同性恋的人的公民权，但一般舆论对这种行为却非常宽容。在斯巴达与克里特岛，人们不因同性恋而有损声誉。在底比斯，同性恋关系被视为军队组织与勇敢行为的珍贵泉源。最为雅典人所爱戴的伟大人物哈莫狄奥斯与阿里斯托吉顿，是诛灭暴君的英雄，也是同性恋人。在雅典妇孺皆知的大政治家兼将军亚西比德，自诩男人都爱他。晚至亚里士多德时代，“希腊情人们”都跑到赫拉克勒斯的伙伴艾俄劳斯的墓穴上去山盟海誓，而哲学家阿里斯提波曾叙述军队统帅色诺芬迷恋于青年克拉尼亚斯。在希腊，男人与少年或少年与少年之间的亲密关系，显示出罗曼蒂克爱情的所有各种症状：热情、虔诚、痴迷、嫉妒、歌唱、沉思、呓语、失眠。当柏拉图在其《斐德罗篇》(*Phaedrus*) 中谈到人类的爱，他的意思即同性恋，而其《会饮篇》(*Symposium*) 中的争论者同意一点，就是男人与男人之间的爱比男人与女人之间的爱更崇高，更属灵性上的。类似的性错乱也发生在女人中间，有名望的女人占少数，娼妓之间则比较普遍，吹笛女互相爱恋，比她们爱“恩客”更热情，而第三等妓院更是女同性恋的温床。

我们如何解释性变态在希腊会如此普遍？亚里士多德将它归因于对人口膨胀的恐惧，这一观点可算作原因的一部分，但是雅典普遍存在同性恋与娼妓，显然与其妇女的隐居有关系。在伯里克利时代的雅典，男孩到 6 岁时，就离开良家妇女度其终身的闺房，而且主要在和其他男孩子或男人共同生活中长大。在他们成长时期，极少有机会去认识女性的妩媚。斯巴达的公共食堂、雅典的大会场、体育馆与角力学校中的生活，以及在青年们的工作中，他们所见到的全是男人。在雕刻家普拉克西特列斯之前，即使是艺术也不表现出女性的人体美。婚姻生活中，男人很少能在家里找到精神上的慰藉，女人缺乏知识教育，形成两性间的鸿沟。于是，男人到外面去寻找他们不愿意让他们妻子学会的吸引人的魅力。对于雅典公民而言，家不是他们的精神堡垒，而只是他们的宿舍，从早晨到晚上，大部分时间他们都生活在外面，除了自己的妻子和女儿之外，很少能在社交中接触到其他正经女人。希腊是一个单性社会，因此错失了女人的精神与魅力所给予文艺复兴时期的意大利与思想启蒙运动中的法国的激荡、优美、鼓舞。

爱情与婚姻

罗曼蒂克的爱情也出现在希腊人身上，但很少是导致他们走向婚姻的原因。我们很难在荷马的作品中发现罗曼史，如阿伽门农和阿喀琉斯，他们公开想念克里赛斯和布里赛斯，甚至令人沮丧的卡桑德拉，但都是基于肉体上的需要。不过，诺西卡却是不容人抹杀全部事实的例外。而和荷马一样古老的神话，也叙述了赫拉克勒斯和伊奥拉、奥耳甫斯和欧律狄刻的感人的爱情故事。抒情诗所描绘的也多属于男女之间的爱情，但一般都含有情欲的意味，像斯特西科罗斯那样叙述一个少女渴望爱情的故事的情形极少见。但当哲学家兼数学家毕达哥拉斯之妻西阿诺将爱情说成“灵魂的思慕之疾”，我们觉得它是可资采信的浪漫文学的窠臼。当文学逐渐改良以及在诗里面赋以热力，细腻的感情描述便较为普遍，而文明在欲念与满足之间所增加的宕延，使人的假想多一份闲逸来润饰希望的目的。悲剧诗人埃斯库罗斯在处于理性时，仍属于荷马的风格，但是在索福克勒斯的作品中，我们可看到“爱神”任意统治其他神祇[1]。在欧里庇得斯的诗中，时

[1] 参照《安提戈涅》(*Antigone*) 一书第 781 页：

当爱有了争执，
他即诉诸战斗！
他——爱，劫掠
富人的财富！
在稚嫩的面颊旁，
少女的香枕上，（转下页）

常叙述爱神力量的伟大。较晚期的戏剧家常常形容一个青年痴恋着一个少女的故事。当亚里士多德说“情侣羞怯地脉脉传情”时，确实道出了男女爱情的真正韵味。

在古代希腊，这样的爱情导致婚前男女关系的多，促成婚姻的少。希腊人把恋爱看作“着魔”或疯狂，他们会嘲笑任何想以恋爱作为选择结婚对象的适当参考的人。通常，婚姻的安排，像在古时候的法国一样，由父母决定，或由媒婆撮合，着眼点不在爱而在嫁妆。做父亲的必须为女儿准备陪嫁金、衣服、首饰，讲究的还有陪嫁丫鬟。陪嫁过去的东西是永远属于妻子的财产，假如她与丈夫离婚，仍归还给她——这也是使丈夫打消休妻念头的因素之一。没有陪嫁，女孩能嫁到人的机会极少。因此，若做父亲的置不起妆奁，亲戚们就一起凑一份给她。在荷马时代，买老婆的习俗非常风行，到伯里克利时期的希腊，情况却颠倒过来！事实上，悲剧作家欧里庇得斯某一戏剧的主角美狄亚就曾抱怨女人必须花钱买她的主人。那么，希腊人结婚不是为了爱，也不是因为他喜欢婚姻生活（他有数不清的家庭烦恼），而是借由有相当陪嫁的妻子及子孙来延续自己、国家和子嗣，而使自己免于沦为孤魂野鬼的命运。即使具有这些好处，他仍尽可能延迟结婚。法律禁止他保持独身，但是伯里克利时期的法律并不是都能贯彻始终的，而且自他之后，单身汉的人数更是日趋增加，到后来演变成雅典的基本问题之一。在希腊可供消遣的方法多的是！那些晚婚的男人决定结婚时，通常已接近30岁，却坚持新娘不得超过15岁。“青年配年轻妻子是不智之举，”欧里庇得斯戏剧中的一名人物说，“因为

（接上页）他彻夜守望；
在海上，
他寻找他的猎物；
他在田园狩猎中追逐。
神祇虽能永生，而他们
躲不掉他的遐想；啊！降临我们之中，
韶光飞逝，
狂乱的是使他沉思的心！

男人的精力是持久的，而女人的青春却很快从她们的身上消失。”

在选好对象及决定了嫁妆之后，在女方家里举行庄严的订婚典礼，必须要有证人，但她本人则不必一定在场。根据雅典法律，没有经过正式的订婚礼，婚姻便无效，订婚被认为是繁复的结婚仪式的第一步。第二步是订婚以后的数天内，在女方家里举行喜宴。新娘和新郎在参加喜宴前，各自在自己的家里沐浴，行净化礼。宴会上，两家的男人在房间的一边，女人坐在另一边，大家分食喜糕，同享喜酒。然后，新郎搀扶着戴头纱、着白袍、可能从未谋面的新娘进入马车，在朋友与奏笛女郎的火炬导引下及婚礼进行曲中，将新娘载往自己父亲的家。抵达后，新郎将新娘抱过门槛，好似象征掳获。新郎的双亲迎接新娘，并且以宗教仪式将她迎入家族并参加神祇的祭祀，不过没有祭司参加这项仪式。然后宾客将这对新人在婚礼祝贺歌中送入洞房，并且留在新房门口喧闹，直到新郎向他们宣布礼成，才各自散去。

一个男人除了妻子外，还可以娶一名妾。“我们要享受乐趣，有风月场所，”演说家兼政治家狄摩西尼说，“妾是为了我们日常身体保健，而妻子是我们合法子嗣的生育者及忠实的管家。”这就是古代希腊男人对女人看法的惊人之语。公元前 7 世纪德拉科的法律允许蓄妾。公元前 415 年西西里远征中，希腊公民在战争中损失惨重，许多女孩因而找不到丈夫。自此以后，法律明确准许重婚，苏格拉底和欧里庇得斯都是此项爱国义务号召的响应者。做妻子的通常以东方人的容忍接受丈夫的纳妾，她知道“二太太”色衰之后，将沦为奴仆，而且只有大太太所生的孩子是合法的。妻子和人通奸，丈夫被人称作“带角的”，按风俗须将她休掉。法律规定，女人和人通奸，或男人与有夫之妇私通，可处以死刑，但是对性采宽容态度的希腊人极少认真执行这条法令。受害的丈夫通常用自己的方法来对付奸夫——有时候当场将其杀死，有时候派一名奴隶去揍他一顿，也有的要求赔钱了事。

男人要离婚非常简单，他可以随时将他的妻子遣走而不必说明原因。没有生育即为休妻的充分理由，因为结婚的目的在于传宗接代。假如问题在男人，法律允许，而舆论也赞同，请丈夫的亲戚“帮忙”。这种情形下生下的孩子仍被视作丈夫的儿子，必须照料他死后的灵魂。妻子不能任意离开丈夫，若因不堪丈夫的虐待，她可以向执政官提出离婚请求。双方同意也可以离婚，通常向执政官正式宣布。离婚时，即使丈夫犯通奸罪，孩子仍归丈夫抚养。总而言之，雅典关于男女关系的法律与风俗，彻头彻尾都是为男人制定的，代表从埃及、克里特及荷马时代的社会转向东方式的一种衰退。

妇女

在黄金时代中，和其他事物同样令人惊奇的，是其文明虽颇为灿烂，却并未获得女人的襄助与鼓励。在女人的协助下，英雄时代曾获得辉煌的成就，独裁统治下的抒情诗大放异彩。然后，几乎在一夜之间，已婚妇女从希腊历史中消失，似乎在驳斥认定文明水准与妇女地位有着密切关系的这种假设。在希罗多德时代，处处都有妇女的参与，但到了历史学家修昔底德时，再也见不到女人的出现。自阿莫戈斯的西摩尼得斯至讽刺作家卢奇安，希腊文学尽是挑剔女人不是的旧调重弹，到其末期，即使连和蔼的普卢塔克也重复修昔底德的话：“端庄女人的名字，像她的人一样，应该关在家里。”

这种妇女蛰居家中的习俗却未曾在希腊中西部的多利安山区出现过。据推测，它很可能从近东传入伊奥尼亚，由伊奥尼亚再到雅典，这是亚洲传统的一部分。或许，祖先遗产经由母亲的消失、中产阶级的兴起及生活中浓厚的商业观念，促成了此种变化：男人开始以利用的价值来审度女人，而且发现她们在家里特别有用。就这样，雅典妇女深居简出的生活习惯，便成了具有东方性质的希腊婚姻方式。新娘离开了她自己的亲人来到另一个家，几乎像仆人一样，而且信奉别的神。她不能和人签订契约，或除了小数目外，不可以向人举债；她不能在法院提出诉讼——梭伦的立法规定，凡在女人影响下所为之事皆于法无效。当她丈夫去世时，她不能继承其财产。甚至生理上的错误观念也影响到她的法律地位，愚昧无知的原始人类不了解男人在繁衍后代方面的功能，而完全将其归功于女人，但古希腊人所持的理论恰恰相反，认为只有男人才具有生殖力，女人只不过承担怀胎及养育的责任。男人年龄较长也促成妻子的服从；结婚时丈夫的年龄大他太太一倍，可以塑造她的思想，使她在某种程度上适合他的意志。雅典男人非常清楚，他们同类这样放荡成性，若让自己的妻子女儿自由活动是一桩危险的事，于是决定以妻子的隐居来换取自己的自由。已婚妇女在披上面纱及家人的陪伴下，可以访问亲戚朋友及参加包括观赏戏剧的各项宗教庆祝活动，但除此之外，她们必须待在家里，而且不可以在窗口被人看见。她们一生中的大部分时间都消磨在屋后的闺房中；男客不准进入内室，有男人访问其丈夫时，她也不得出来。

在家里，她受到尊重，而且在不冒犯丈夫的家长权威下，她可以教人顺从她的主张做事。她负责管家或监督人管理，准备膳食，梳理羊毛并将其纺成纱，为全家缝制衣服被褥。她的教育几乎完全限于家事，因为雅典男人同意欧里庇得斯的看法：女人的智力不够发达。结果，在男人的眼中，雅典的家庭妇女比斯巴达的家庭妇女更庄重，更“可爱”，但更乏味，更不成熟，更不能适应其心智已为自由而多变的生活所充实与磨锐的丈夫对共处情趣的需要。公元前 6 世纪的希腊妇女对希腊文学有巨大的贡献，而伯里克利时代的雅典妇女对此却毫无帮助。

该时代将近结束时，兴起了妇女解放运动。悲剧作家欧里庇得斯以大胆的言词及谨慎的讥诮为妇女主持正义，而喜剧作家阿里斯托芬则用粗鄙猥亵的喧哗对其加以嘲讽。妇女自己向问题的核心发展，开始尽量多用当时所能供应的化妆品，与“伴侣”争艳。“我们女人能做什么正经事？”阿里斯托芬所写《利西斯特拉》（*Lysistrata*）一剧中的克莱尼卡（Cleonica）问，“我们坐在那里涂脂抹粉，穿着透明的衣服及其他。除此之外，我们什么也不干。”自公元前411年以后，女人在雅典戏剧中的地位渐趋重要，显示出妇女慢慢从她们往日的孤寂中解脱出来。

由于这种解脱，女人对男人的真正影响力得以继续，使其对男人的臣服大部分仅仅是表面的。像其他地方，男人较之前热切的心境造成希腊妇女优势的地位。“各位先生，”约翰逊（Samuel Johnson）说，“自然已经赋予女人这么多权力，法律可不能再给予她们更多的权力。”有时候这种自然的权威因丰盛的嫁妆或犀利的嘴，或因丈夫的溺爱而增高。形成此种趋势的原因，常由于妻子长得美，或生养了漂亮可爱的子女，或因经过甘苦与共的生活考验，慢慢地将两个人的心融合在一起。一个能描绘出像安提戈涅、阿尔克提斯、伊菲吉妮娅、安德洛玛刻这样温柔及像赫卡柏、卡桑德拉、美狄亚这样性格特殊的人物的时代，是不可能不对女人有着最深刻透彻的了解的。一般雅典男人都爱他的妻子，而且并不总是设法隐藏其对妻子的爱；墓碑上令人惊奇地显露出家庭的亲密温馨中夫妻之间及父母对子女的深挚的感情。《希腊诗集》中虽充满了色情的诗篇，但也有不少悼念爱侣、令人感动的佳句。有一则碑文这样写着：“在这块石头中，马拉松尼斯放下了尼科珀丽丝，热泪洒满了石柜。但又有何用！一个已死了爱妻、被孤零零地遗留在世上的男人，活着还有什么意义？”

家庭

希腊家庭像一般印欧家庭，其组成包括夫妻或“二太太”、未出嫁的女儿、儿子、奴仆，及儿子的妻子、子女、奴仆。家庭始终是希腊文明中最强固的组织，在农业与工业方面，它是经济生产的单位和工具。在雅典，父亲的权力极大，但要比罗马时代做父亲的权威小得多。他可以遗弃新生婴儿、出卖他次子以下的儿子与未出嫁女儿的劳力、嫁女儿，以及在某种情况下，为自己的寡妻指定丈夫。但依照雅典法律，他不得出卖自己的子女。每个儿子结婚后，就可脱离父母的管束，各自建立家庭，并且成为家庭的一个独立单位。

希腊家庭是不讲究排场的。住屋的外面通常就是一道粗墙、两扇窄门。希腊生活缺乏保障，由此一目了然。墙壁的材料有时候是灰泥，通常是日晒砖。城市里面的房子都拥挤在几条狭街上，一般是两层楼房，虽然偶尔也有几家合住一栋房子的，但几乎每一公民都拥有属于自己的住宅。在将军兼政治家亚西比德建造富丽堂皇的宅第、创立风格之前，雅典人的住屋既窄又小。不论民主派人士或贵族，都禁忌铺张；而雅典人大部分时间生活在露天下，对家不像寒冷地区的人那样重视与留恋。有钱人的住宅，或在朝街的方向筑一条走廊，但这是极为罕见的现象。窗户非常少，仅限于楼上才有。没有窗格，却有百叶窗，或在窗框上装窗帘，以遮太阳。一般家庭的正门是双扇门，转轴垂直地装在门楣及门槛上。许多富人家的门上安有金属门环，也有做成狮子口的形状。入口走廊，除了较穷的家庭，一般都通向没有顶盖的庭院，通常铺着石子。庭院周围可能有一条回廊；正中央或设有祭坛或贮水池，或两者都有，或许也装有圆柱，铺着镶嵌地面。通往家里的光线和空气，主要经过这个庭院，因为它几乎通向所有房间：从这个房间要走到另一个房间，通常也必须经过庭院或回廊。庭院及回廊的荫凉与隐蔽处，是家庭大部分生活及工作的地方。

雅典城里的花园极少，如果有，也在人家的庭院内或屋后面。乡下的花园比较大而多，但由于夏季干旱，灌溉费用高，在雅典地区要维持一个花园是一种奢侈的享受。普通希腊人缺乏卢梭那样敏锐的对自然的感受力。他们讨厌山岳，但他们的诗人写下不少歌颂海的诗篇，尽管海是如此的凶险。希腊人对自然没有亲切依恋之情，未将其视作有生命有灵性的东西。他们把森林溪流安排给神祇与鬼怪居住，不认为自然是山水美景，而认为是墓园庙堂。他们以居住在那里的神祇为山岳河流命名；他们不画山水，而是直接绘画或雕刻其神学家曾赋以生命的神祇的形象。直至亚历山大的军队带回来波斯人的方法与金子，希腊人才为自己建造起“天堂”。不过，花在希腊和在其他地方同样受到喜爱，花圃与花匠全年供应鲜花。卖花女沿街叫卖各种鲜花，像玫瑰、紫罗兰、洋水仙、水仙、鸢尾植物花、桃金娘、紫丁香、番红花及秋牡丹。女人在头发上戴花，公子哥儿们将花戴在耳后。

希腊人家庭的室内，布置简单。穷人家屋里的地面是压实的泥土，因各人经济条件不同，室内地面可能涂以灰泥，或铺以石板，或用黏合胶铺砌小圆石。像远古的近东那样，地面上铺以草垫或地毯。泥砖墙外面涂一层灰浆，然后外面再加以粉刷。希腊每年只有 3 个月的冷天，用火盆取暖，火盆的烟必须经过门从院子出去。室内谈不上有什么装饰，但至公元前 5 世纪，有钱人家已有大厅堂，以大理石镶嵌墙壁，或将墙壁涂成大理石的形状，有壁画，或悬挂织锦，天花板上有阿拉伯式精致的图案。一般家庭家具很少：几张桌椅、几只屉柜及一张床。椅子上只有坐垫，没有沙发那样的靠垫，但有钱人家的椅子经过精心雕刻，并镶以银、玳瑁或象牙。屉柜用作小橱及椅子。桌子小并且只有三只脚，称为三脚桌，它们与食物一起摆出来，用完膳，和餐具一起收起来，很少作其他用途。写字在膝盖上写。卧榻及床是讲究的装饰物，常常经过精致的镶嵌或雕刻。床架上系着皮条，用作弹簧；床上有垫子、枕头、刺绣床单，隆起的床头也极为普遍。灯挂在天花板上，或装置在立架上，或制成式样优美的火炬形。

厨房里面装备各式各样的铁、铜及陶制器皿，玻璃器具是希腊不能制造的奢侈品。用柴火烹煮食物，炉灶是希腊人自己的发明。雅典人的食物简单，像斯巴达人，而不像波奥蒂亚、科林斯或西西里人；但是当有贵宾来时，习惯上要请厨师——总是由男人充当——来做菜。烹调艺术非常发达，有不少有关烹调的著作，也出了不少大师傅。有些希腊厨师，和奥林匹克运动会上最热门的优胜者那样闻名遐迩。单独用食被认为是野蛮人的行为，餐桌上的规矩被看作表示文明程度的指针。妇女和男孩在小桌上用膳，但男人却成双地依靠在卧榻上进食。没有外人时，全家人在一起吃；有男客来，女眷退入闺房。在男客上榻前，由侍者脱掉鞋子或洗净脚，并进水洗手，有时候侍者在客人头上涂抹香油。用餐没有刀叉，只有汤匙，干食物用手指抓食。进膳中，用面包碎片或屑末擦净手指，餐后用水洗手。甜点之前，侍者手端水酒（2/5 的酒兑 3/5 的水）罐，为客人斟满酒杯。盘碟是陶器，银盘于公元前 5 世纪末才出现。至公元前 4 世纪，饕餮的人数渐渐增加，有一个庇西路斯人，为自己的舌头及手指特制了一套套子，可随自己的高兴吃热食而不怕烫。也有少数素食者，他们的客人常常开玩笑及发牢骚。有一个在素食者家里做客的人从席间逃走，他怕主人拿草给他当点心。

饮酒和吃饭一样重要。晚餐以后，大家在一起喝酒。在斯巴达及雅典有饮酒俱乐部，由于酒友之间感情融洽，这一类组织成为强力的政治工具。酒宴的进行过程非常繁复，哲学家像色诺克拉底与亚里士多德认为需要制定法律对其予以限制。未食用的食物丢弃在地上，餐后清扫干净；递过香水，喝大量的酒。酒后，客人可以跳舞，不是成对地或和女性一起跳（因为通常被邀的只有男人），而是成群地跳；或做各种游戏，像泼水比赛[1]，或对诗、对句子，或猜谜语，或观赏职业性的表演，像色诺芬的《会饮篇》（*Symposium*）中表演的一名女艺人，能在同时抛出 12 只圆环后，翻跟头穿过其中一只四周插有利刃的圆环。可能邀请吹笛女来演奏音乐、唱歌、跳舞或谈情说爱。受过教育的雅典人，偶尔喜欢举行一个喝酒谈天的聚会，在由掷骰子决定的人的主持下进行，井然有序。客人随时留意不让自己分成小圈子，那样表示闲聊；他们保持谈话的内容一般性，当轮到别人讲话时，尽量耐心地听。像柏拉图告诉我们那样高雅的谈话，无疑是他自己丰富的想象力的产物。不过，可能雅典已经知道用像他那样活泼明快的

[1] 泼水游戏（*kottabos*）的做法是将杯子里的水泼出，打击放置在远处的小物体。

对话或许更为隽永。无论怎样，是雅典社会提供了其背景总不会错。雅典人就在这种自由发挥机智的兴奋的环境下，形成了他们的思想。

老年

老年是喜爱生命的希腊人所恐惧忧伤的。但是，即使是老年，也有其自我安慰的方式：用旧了的身体像磨损的钱币，必须回笼，因此在耗竭之前，老年人看到借以欺骗死亡的新生命是一种慰藉。希腊历史确实记载有对老年人缺乏妥善照顾及表示侮慢的情形。雅典社会是商业、个人主义及递嬗蜕变中的社会，逐渐漠视老年人。多少年来，像斯巴达那样虔诚而保守的社会，充满着诚敬。但自从走向民主之后，一切约束随着自由散失，将注意力集中在年轻人身上，重幼而轻老。雅典历史告诉我们几则为人子者未待父母年迈而接管财产的例子。但索福克勒斯因为自己向法庭念了他新近完成的一出剧中的一段，才避免了财产被其儿子夺走的悲剧。雅典法律规定，儿子必须奉养其年迈或羸弱的父母；而比法律更受人畏惧的舆论，叮嘱年轻人对待尊长须谦逊有礼。柏拉图认为，一个有教养的青年在长辈面前除了被问及答话外，应该保持缄默，这是理所当然的事。文学中有许多关于年轻人敬重尊长的故事，像柏拉图较早期的对话，或色诺芬的《会饮篇》中的事例；也有像俄瑞斯特斯对阿伽门农及安提戈涅对俄狄浦斯那样感人的孝敬故事。

当一个人临终时，他会想尽办法使死后的灵魂免受苦难。尸体必须埋葬或火化，否则，灵魂将不安地在世界上到处飘荡，并且在怠忽的子孙身上报复，可能变成一个鬼，为人及作物带来疾病或灾难。在英雄时代，火化比较普通，古典时期则多埋葬。埋葬是迈锡尼人的风俗，将继续流传至基督教时代；火葬显然是经由阿哈伊亚与多利安人传入希腊，这是游牧民族的习惯，要他们照料坟墓是不可能的。不论是火化或埋葬，雅典人必须选择其中之一，自阿吉纽西群岛凯旋的将军曾因受阻于暴风雨，未能收埋阵亡将士而被处死刑。

希腊人埋葬的习俗一直保持古风流传至后世。尸体先沐浴，涂抹香水，头上戴花，并穿上其家属所能提供的最好衣服。牙齿中间放1个奥勃[1]，是支付给在冥河渡死者灵魂至冥府的摆渡神卡隆的。棺材是陶或木制的。“一只脚已跨进棺材”是希腊人的一句成语。出殡非常讲究：人们穿着黑色衣服，头发全部或部分剪给死者做纪念。第三天，棺木在送葬队伍的引导下抬经市区，妇女捶胸痛号。也可以雇用职业哭丧者或挽歌歌手。在死者的坟头上泼酒，表示给死者解渴，并宰杀牲口祭奠。送葬者将花环或柏树枝放在墓上，然后回去吃丧饭。因为他们相信死者的灵魂也在一起吃饭，所以席间谈到死者时，除了讲他的好话，其他什么也不准说。这是一项古老谚语的来源，或许是墓志铭永远颂扬死者的习惯的起源。子孙定期为他们的祖先扫墓，并携酒食祭奠。曾使许多希腊城邦陷落的普拉蒂亚战役之后，普拉蒂亚人答应每年祭奠死者一次。600年以后，到了普卢塔克时期，这一项承诺仍然照常履行。

人死后，灵魂离开了肉体，居住在冥府里虚无广漠的黑暗中。荷马时代的人相信，只有犯特别严重或亵渎神祇的罪恶的灵魂，在那里受到惩罚。所有其他人，圣人和罪人都一样，都同样承受在黑暗的阴府中永无休止游荡的命运。希腊的历史中，较贫穷的阶级中有人相信，冥府是一个可以赎罪的地方。悲剧诗人埃斯库罗斯形容宙斯神在那里审判死者及惩处有罪的人，但他没有提及奖赏好人。我们仅在极少数的情形下听人谈到“幸福岛”（Blessed Isles）或“安乐土”（Elysian Fields）是少数英雄人物的灵魂永享幸福的天堂。悲惨命运等待着几乎所有死者的这种思想，为希腊文学蒙上一层幽暗之色，使希腊人的生活少了处于如此阳光下该有的明朗与欢乐。

[1] 放硬币在死者嘴里，是希腊的风俗。

第四章 | 伯里克利时代的希腊艺术

生活的装饰

在色诺芬的《经济论》(*Economics*)中,

> 一个人说:"看到鞋子按照它们的类别排成一列,真美;看到衣服按照它们的用途与外套分类,真美;看到花瓶和餐具分类排列,真美;看到锅按照各人的美感和它们的对称安排,尽管轻率愚昧之流嘲笑,也一样的美;所有东西都不例外,讲究对称协调,要比依秩序排列更美观。所有炊具结合所形成的中心点,其表现出的美,将因组合中其他物体的距离而加强。"

这一段话概略地显示出希腊人审美观念的范畴、淳朴与力量。对形状与韵律、精密与清晰及和谐与秩序的感觉,是希腊文化的依归。它融入了每一只碗和花瓶、每一座雕像和每一幅画、每一座庙宇和坟墓、每一首诗和每一出戏,及希腊人所有的科学和哲学的形式与装饰。希腊艺术是合理的表现,希腊画是合理的线条,希腊雕刻是对称的崇尚,希腊建筑是大理石与几何学的结合。伯里克利时代的艺术,没有感情上的浮夸表现，没有古怪的形式，没有刻意标新立异，其目的不在于毫无条理地呈现出与现实不相干的部分，而是在于捕捉闪耀的事物精华及描绘人的理想与希望。雅典人忙着追求财富、美及知识，以致无暇顾及善。“我在诸神面前发誓，”参加色诺芬酒宴的一名宾客说，“我宁可要美，也不愿选择波斯国王的权力。”[1]

不管那些缺乏雄浑气魄的时代的浪漫主义者对其看法如何，希腊人不是柔弱的爱美者，不是为艺术而艺术，不是玄谈奥秘艺术而沾沾自喜地虚事华丽，他们认为艺术是附着于生活，生活便是最伟大的艺术。他们具有健康的实用主义者的成见，反对不适用的美，用、善、美在他们的思想中几乎像在苏格拉底的哲学中那样紧密地盘结一起。[2] 以他们的看法，艺术首先就是生活方法与工具的装饰：他们希望他们的锅、器皿、灯、柜、桌、椅、床使用便利而美观，但绝不因雅致而失去坚固性。由于具有鲜明的“国家意识”，他们视自己与他们城邦的强盛和荣耀休戚与共，雇用了千名艺术家来修饰其公共建筑物，美化其庆典节日及纪念其历史。此外，他们尤其渴望对神祇表示崇敬，或取悦神祇，以感激其所赐予的生活或胜利。他们奉献神像，花费大量金钱建造庙宇，并聘请雕刻家，为他们的神和先圣先贤在石头上留下永垂不朽的雕像。因此，希腊艺术不是属于某一座让人在罕有的美感的瞬间去凭吊的博物馆，而是存于其人民的实际利益与事业中。“阿波罗”不是陈列室中的一堆石头，而是栩栩如生的、他们所爱的神祇。在这个社会中，艺术家不是局限在工作室、讲话不为普通公民所懂的穷酸隐士，而是在公共场所被大众所见的工程中参与各种工人辛勤工作的工匠。雅典从希腊各地所汇集的艺术家、哲学家与诗人，除文艺复兴时期的罗马之外，比任何一个城市都多，这些人使伯里克利的理想获得一定程度的实现。

---

[1] 修昔底德在其所撰的历史中引述伯里克利的话说：“我们爱美而不过分铺张。”

[2] “古人认为，”法国小说家司汤达（Stendhal，1783—1842 年）说，“美的事物只是有用的事物特别显明的特点。”

艺术从家庭和个人开始。人在他们绘图之前先画自己，在布置家庭之前先装饰自己。珠宝首饰和化妆品一样，自人类有历史即有。希腊人是宝石雕琢专家，他们所使用的虽是简陋的工具——平口凿及圆钻、一个转轮、金刚砂调和油的磨光剂，然而他们的作品是如此的精致细腻，在其从事细微部分的雕刻时，或许需要显微镜才能看清楚。由于丑陋的“鹰币”霸占了制币厂，雅典没有特别美观的钱币。埃里斯在这方面执整个大陆之牛耳，而至公元前 5 世纪结束，锡拉库萨发行一种面值 10 元的银币，在制币艺术上无与伦比。在金属用品的制造技术上，哈尔基斯人保持领先地位，地中海城市都向他们搜购铁、铜及银器。希腊镜子比一般镜子更令人喜爱，虽然擦亮的铜面上的影子并不是最清楚的，但镜子式样繁多而引人入胜，而且以英雄、美人或神祇的像做镜架。

陶器仍保持公元前 6 世纪的形式及方法，器皿上的绘画题材仍不外乎嘲弄和竞争的老套路。有时候他们在花瓶上烧上几个对一个男孩示爱的字，即使大艺术家菲狄亚斯仍不能免俗，在其宙斯雕像的手指上刻上“潘塔克斯长得俊”这几个字。公元前 5 世纪的前半个世纪，红色像最为时髦风靡，像收藏在梵蒂冈的“阿喀琉斯与潘特希里亚花瓶”和“伊索与狐狸杯”及柏林博物馆收藏的“和色雷斯人一起的音乐之神”。更漂亮的是公元前 5 世纪中叶的白色香油瓶，这些纤细的香油瓶是献给死人用的，通常陪葬或火化时投掷在柴堆上，让香油混合在火焰中焚烧。花瓶画家做新的尝试，各施所长，他们在陶器上所烧的题材，若让公元前 7 世纪至公元前 5 世纪的上古时代庄重严肃的大师见到，会惊愕不已：有一只花瓶上面画的是一群青年正在不知羞耻地拥抱几个妓女，另一只花瓶上画的是一群参加酒宴回来的男人正在那里呕吐，其他花瓶上的图画则尽是一些性的教育。伯里克利时期的花瓶画家，如布里古斯、索塔德及梅迪亚斯，放弃了古老的神话故事，而采用当时的生活实况，最令人激赏的是女人的优美动作及幼儿天真无邪的嬉游姿态。他们的绘画比他们的前人更为忠实：画人像时，用的是人身四分之三及侧面画法，以厚薄釉显示光暗面，他们会塑造人物的廓形与深度及仕女所着衣服的褶皱。科林斯和西西里岛的格拉也都是这一时代的精美花瓶画中心，但是没有人怀疑雅典人在这一方面的优越地位。使陶器艺术家受到打击的，不是因为其他制陶业者的竞争，而是由于竞争性的装饰艺术的兴起。花瓶画家曾试图以模仿壁画家的题材与风格来应付此种冲击，但是并未能迎合当时人的趣味，于是制陶业在公元前 4 世纪中，渐渐地变成一个行业，脱离艺术也越来越远。

绘画的兴起

希腊绘画史可约略地分为四个阶段。公元前 6 世纪主要为陶器，集中于花瓶的装饰；公元前 5 世纪主要为建筑，力求公共建筑物与雕像的变化及逼真；公元前 4 世纪徘徊于家庭与个人之间，专注于住处的装饰及人像的描绘；自公元前 4 世纪至亚历山大大帝死后的 300 年间，主要为个人生产架上画，供私人收购。希腊绘画开始时为绘图的支派，至该时期结束，仍保持绘图与设计。在其发展过程中，使用 3 种方法：壁画，即绘画于未干的灰泥墙上；用蛋白调和颜料在湿布或板上作画；蜡画法，将颜料调和于熔化的蜡中，这是古代接近油画的做法。1 世纪的普林尼和希罗多德同样肯定地告诉我们，公元前 8 世纪吕底亚国王坎特勒斯（Candaules）愿以同重量的黄金收购布拉库斯（Bularchus）的画。由此可知当时绘画艺术的进步，但起源仍扑朔迷离。我们可从普林尼以比叙述雕刻更大的篇幅来叙述绘画这一事实，推知希腊当时绘画的崇高声誉。而且，古典时代及公元前 4 世纪以后 300 年间的伟大绘画作品，如批评家经常讨论及一般人所极为推崇的，显然是建筑或雕刻上最杰出的范例。

北爱琴海萨索斯岛的波利格诺托斯（Polygnotus）是希腊公元前 5 世纪与伊克第留斯及菲狄亚斯齐名的画家。我们得知，约于公元前 472 年他在雅典，这一发现或许来自富翁西蒙让他承包一些装饰公共建筑物的壁画工程。[1] 在画廊（柱廊，其后3个世纪，柱廊一词为芝诺采用，作为斯多葛学派的命名）上，波利格诺托斯描绘“特洛伊城之劫”——所画的不是胜利之夜的血腥屠杀，而是城陷的翌晨胜利者为周围满目疮痍而有所感触，以及败亡者静卧着的一片萧瑟景象。在狄俄斯库里（Dioscuri）的殿堂上，他创作《留西比达之非礼》（*Rape of Leucippidae*），而且以描画穿着薄纱的女人创下其艺术的先例。希腊近邻联盟议会（The Amphictyonic Council）不仅不以为忤，反而邀请波利格诺托斯前往德尔菲城，在该城拱廊画了一幅《奥德赛在冥府》（*Odysseus in Hacles*），及另一幅《特洛伊城之劫》（*Sack of Troy*）。这些都是画在湿灰泥墙上的，几乎毫无风景或背景，但挤满了各色各样的人物。由于画中的人物多，必须请许多助手在大师精心设计好的图案上着色。拱廊壁上的《特洛伊城之劫》，墨涅拉俄斯的部属正准备扬帆返回希腊，海伦坐在中央，周围虽也有许多其他妇女，但都凝视着海伦，似乎在欣赏她的美。角落上站着特洛伊城统帅赫克托耳之妻安德洛玛刻，抱在她怀中的是幼子阿斯蒂安纳克斯；另一个角落里有一个小男孩惊恐地抓住祭坛，远处沙滩上一匹马在那里打滚。这是比悲剧作家欧里庇得斯早半个世纪、有关特洛伊城妇女的戏剧。波利格诺托斯拒绝收取这些画的报酬，基于坚强的信念，他慷慨地将它们捐赠给雅典和德尔菲城。所有希腊人都称颂他。雅典授予他公民资格，希腊近邻联盟议会决定：不论他往希腊任何地方，其一切旅费都由公家支付（这正是苏格拉底曾希望的）。所有他的作品，现在遗留下来的只是德尔菲古迹的墙上的一些颜料，这提醒我们，所谓艺术上的不朽，只是地质时间（geological time）的一刹那。

在约公元前470年，德尔菲与科林斯设立每四年举行一次的绘画比赛，作为在两地举行的竞技大会的项目之一。此时的绘画艺术已有

[1] 波利格诺托斯以爱上西蒙之妹艾皮尼斯（Elpinice）并将她画成特洛伊城的妇女劳迪西亚（Laodicea），作为他对西蒙的报答。

相当进步，足可使帕内努斯（菲狄亚斯的兄弟或侄子）画出可予辨认的马拉松战役中雅典和波斯将军的像来。但是画家仍然习惯于将所有人物都放置在同一平面上，而且将他们画成同一姿态，其表示距离的方法，不是以人物的大小依次递减光线的明暗，而是将远处人物的下半身画上较多代表地面的曲线。至公元前 440 年，绘画艺术有了重大的革新。受雇前来为埃斯库罗斯和索福克勒斯画戏剧布景的阿伽萨库斯观察到了明与暗及距离的连带关系，并且写了一篇使用配景法制造戏剧效果的论文。阿那克萨戈拉和德谟克利特从科学的角度采纳了这一观念，至公元前 5 世纪末，雅典的阿波罗德路斯赢得“影子画家”的头衔，因为他利用明暗对照法作画，普林尼形容他是“实物写真的第一人”。

希腊画家从来不曾对这些发现作充分的利用，如同梭伦把戏剧艺术看作欺骗一样，画家似乎认为，要他们在一个平面上显示出长宽厚的立体感，或违反他们的荣誉心，或有损他们的尊严。不过，阿波罗德路斯的徒弟宙克西斯（Zeuxis）仍凭借明暗对照及透视画法，使自己成为公元前 5 世纪画坛上的顶尖人物。他约于公元前 424 年从希拉克勒亚（或波的卡）来到雅典，即使在战争的骚扰中，他的来临仍被认为是一桩大事。他是一个“人物”，狂妄而自负，而他作画时更是架势十足。但是他是以一名伟大艺术家的忠实与谨慎从事，当阿伽萨库斯吹嘘作画的速度时，宙克西斯却平静地回答说：“我需要很长的时间。”他将自己的许多杰作送人，他认为这些画是不能以金钱来评定其价值的，而各城邦及国王正求之不得。

在同时代，他只有一个劲敌，那就是来自小亚细亚艾菲索斯城的巴赫西斯（Parrhasius），几乎和他同样的伟大、同样的自大。巴赫西斯在自己头上戴了一顶金冠，自称为“画家之王”，并说自己的艺术境界已是登峰造极。他一边绘画一边唱歌，工作时神清气爽。据传，当他画普罗米修斯神像时，他曾买回一名奴隶，加以严刑拷打，供其研究脸部的痛苦表情。他像宙克西斯一样，是一名写实主义者，他所画的“赛跑者”是如此逼真，画中一名运动员将要力竭而跌倒，令看的人觉得汗会从画中落下来。他画了一巨幅《雅典民众》，刻画出他们的冷酷与慈善、骄傲与谦恭、凶猛与怯弱、浮躁与雍容，而且极为忠实。据说雅典民众初次领悟到自己具有如此复杂而矛盾的性格，便是通过这幅画。

一项重大比赛促使他与宙克西斯公开竞争。后者所画的葡萄像真的一样，鸟都想吃它们。评判员对这幅画很感兴趣，而宙克西斯更是充满信心，觉得胜利在握。巴赫西斯请宙克西斯拉开自己的画的帷幕，但帷幕却是画的一部分，宙克西斯受了愚弄，但很大方地承认失败。宙克西斯的名誉并未因此而有所损失。在克罗托那，他答应在宙斯神之妻赫拉的神殿画海伦像，但要求必须挑选该城最漂亮的5名美女脱光衣服做模特儿，供其各取所长。奥德赛之妻珀涅罗珀在他的笔下也有了新的生命，但是他自己则比较欣赏一名运动员的画像，并且在画底下写着："人批评他要比胜过他更容易。全希腊都赞赏他的自负，而且像谈论其他戏剧家、政治家或将军那样谈论他。他声誉之隆，只有竞技场上的英雄才能凌驾其上。"

雕刻大师

· 方法

希腊的天才艺术家对绘画稍感陌生，他们喜爱形式甚于色彩，甚至（如果我们以传闻作为评断的依据）把古典时期的绘画当作雕刻的线条与设计来研究，而非美感对生命色彩的捕捉。希腊人比较欣赏雕刻：他们用赤陶土小像装饰他们的家庭、庙宇及坟墓，以石像崇拜神祇，而墓碑上的浮雕更是最普遍、最动人的艺术品之一。工匠刻石碑非常简单，内容也是千篇一律，都是握着手，活人静静地与死人告别，这些他们都已经耳熟能详。但是题目本身自有其崇高的意义，值得重复，因为它充分展示出古人对情感的抑制，而且甚至告诉富有奇想的灵魂，当人低声地表达感情时，最能显示其力量。在这些石碑中，最常见的是死者在世时有关的事物——幼儿玩铁环、女孩手里拿着一只罐子、战士身着盔甲一副神气相、少妇把玩着她的珠宝以及男孩正在读书，他的狗在椅子底下躺着，显得安逸而又机警。这些石碑将死表现得非常自然，因此令人宽慰。

各类石碑中较复杂又非常杰出的是当时的浮雕。其中有一幅浮雕，音乐之神俄耳甫斯正在依依不舍地向被赫耳墨斯使者召回冥府的妻子欧律狄刻告别。在另一幅浮雕中，主管农业与丰饶及保障婚姻之神的德墨忒尔交金谷给特利波勒姆斯，让他在希腊开发农业，其中若干的颜色仍然附在石头上，显示出黄金时代希腊浮雕的蓬勃发展与光辉灿烂。更漂亮的是雕刻在《路德维西宝座浮雕》[1]一边的《爱神的诞生》（*The Birth of Aphrodite*），不知作者为谁，可能师承伊奥尼亚人的衣钵。两名女神将爱及美神阿佛洛狄忒从海中举起，她的湿衣裳紧贴在她的胴体上，显露出全部的成熟美，她的头部一半像亚洲人，但旁边侍神的服饰及其柔美的姿态却明显显示出自希腊人的手笔。“御座”的另一边，一个裸体的女孩在吹奏笛子。“御座”的背后，一名戴头纱的妇女正准备点灯，或许她的脸部与衣服甚至比中心部分更完美。

公元前 5 世纪的雕刻家，在艺术上超越前人的成就是非常杰出的。死板的正面表达法已被放弃，远近缩小法使透视画法趋向成熟，由静止的转变为运动的，由僵硬变化为活泼。当希腊雕刻技术突破古老的传统，表现出人的动态，确实是艺术上的一大革新。在此以前，在埃及或近东，或马拉松战争以前的希腊，很少有将竞技场上的生动画面表现在雕刻中。这些发展多归功于自希腊与波斯之间的萨拉米斯海战（公元前 480 年）之后希腊人的生活充满青春活力，更归功于大师与学徒经过多少代对体态的潜心研究。“你们使你们的雕像看来栩

[1] 1887 年当罗马路德维希别墅被拆时，发现了一块大理石。原件在罗马特尔梅博物馆（罗马国立博物馆），另有一件完好的仿制品被纽约大都会博物馆收藏。

栩如生，是否因为你们的作品以真人为模型？”苏格拉底问，“由于不同的姿势促动了我们身体的某些肌肉或上或下，有的收缩，有的伸张，有的绷紧，有的放松，是否因为你们表达了这些机能，使你们的作品更真实，更惟妙惟肖？”伯里克利时期的雕刻家对身体的每一部分都发生兴趣——对腹部和脸部有同样的兴趣，对关节上活动部分上面富有韧性的肌肉运动，肌肉的隆起、腱、静脉，以及对手、脚、耳朵的结构与动作，无不充满着永无穷尽的好奇。他们深深地对四肢的难于雕刻发生兴趣。在工作室中他们不常用模特儿做模型，多数情形下，他们观摩角力馆或运动场脱光衣服在那里运动的男人，观摩或严肃地参加宗教的游行行列或聚精会神于做家务的妇女，这样也就满意了。基于这个原因，希腊雕刻家着重于对男性人体美的研究与表达；而描绘女性时，以服装代替其身体重要部分的细节——虽然尽可能使衣服透明。他们厌倦了埃及与古希腊僵硬的衣裙，而喜欢显露出妇女的长袍随风飘逸的姿态，他们从这里又捕捉到了生命与运动的真谛。

他们几乎使用一切方便而可用的材料——木头、象牙、骨头、赤陶土、石灰石、大理石、银、金。有时候，如菲狄亚斯的作品，以象牙为肌肤，以黄金为衣裳。青铜则是伯罗奔尼撒半岛的雕塑家最爱用的材料，因为他们喜欢青铜的黝黑，用来表现人体被阳光晒后的颜色很适合。由于不知道人性的贪婪，他们以为青铜要比石头更能耐久。在伊奥尼亚及雅典，雕刻家爱用大理石。大理石的难以处理刺激了他们的兴趣及灵感，其坚实能让他安心地雕琢，不至于有碎裂的危险，其半透明的光泽似乎专用来表达女人晶莹细腻的玫瑰色肌肤。在雅典附近，雕刻家发现了彭特利库斯山的大理石，而且观察到大理石中所含的铁质经过岁月的风化，变成了透闪着金光的纹理，凭着一半算是天才的顽强与耐心，他们慢慢地将矿里的石头凿刻成活的雕像。当公元前5世纪的雕塑家用青铜铸像时，是利用“中空去蜡”铸造法(hollow casting)。其过程是：用灰泥或黏土制成模型，模型外面塑一层蜡，蜡层外再塑一层灰泥或黏土，在上面各部分做许多小孔，然后将其放在火炉中烧烤，蜡受热而从孔中流出；将熔化的铜液从模型的顶端灌入而填满原先由蜡所占据的空间；待铜冷却，取掉外层模型，然后锉平磨光，油漆或涂金，于是完成了铜像。假如他们喜欢大理石，就从一方未经石匠以“深度标示系统”[1]处理的原形石头着手工作。多数情形下，他们只凭自己的眼睛，信手雕刻，直到石头呈现出他们理想的形状，如亚里士多德所说的，“原料变为形象”。

他们的题材从神至动物不等，但必须是在体格上令人爱慕的。凡瘦弱、畸形、老妪、老翁及文质彬彬的书生，都不是其选用的对象。他们偏爱马，却漠视其他动物。他们比较擅长表现妇女，许多佚名的杰作，比如藏在雅典博物馆的一件，一名沉思中的少妇将她的衣服抱在怀里，表现出无法以言语形容的宁谧美。他们最擅长的是雕塑运动员，因为他们可以不受拘束地予以崇拜，不受限制地予以观赏。他们也偶尔夸大运动员的勇健，使他们的腹部布满了一条条令人难以相信的肌肉。虽然有此缺点，仍能铸造出在安提西色拉（Anticythera）附近的海中找到的，曾经杀死女妖美杜莎（Medusa）有时候被称为珀耳修斯的神人那样的铜像。偶然间，他们猎取少年少女专注于一些单调而自然的游戏动作，像一名男孩用脚夹一根树枝在画画。[2]但是，他们国家的神祇仍是其艺术的主要灵感。交织成公元前5世纪希腊思想的哲学与宗教之间尖锐化的冲突，尚未显示在他们的艺术作品上。那时候神依然是至高无上的，当他们衰落时，却被升华至艺术的诗境。那位在阿尔泰米松铸造神力无边的宙斯神的铜像[3]的雕塑家，是否真的认为他在塑造宇宙的法则？那位雕刻德尔菲博物馆的和蔼而悲伤的“酒神”狄奥尼索斯的艺术家，在其潜意识中是否知道，“酒神”狄奥尼索斯已经被哲学之箭所射落？

---

[1] “深度标示系统”是在一块雕刻材料上的若干部位标示出石匠应切割的深度，然后交由雕刻家雕刻。这种方法开始应用于公元前4世纪以后的希腊。

[2] 收藏于卡皮托利尼博物馆，可能仿制自公元前5世纪希腊的作品。

[3] 收藏于雅典博物馆，纽约大都会博物馆有复制品。

· 宗派

公元前 5 世纪的希腊雕刻之所以能有如此辉煌的成就，是因为每一名雕刻家都是学有所宗，在师徒相传的宗派系统中占有一席之地。他们以此传授技艺，抑制个人的自我发挥，鼓励各人所长，严格要求从学习基本技术及师法古人中奠立稳固的基础，而且通过才智与法则的相互冲击所形成的艺术要比能求之于任何孤立而散漫的天才者更为伟大。伟大的艺术家往往容易在一项传统达到最高境界时产生，由于其败落者比较少，在艺术的演变过程中，反叛者虽也是促进变化所必需，但也只有当他们的新风格已被前人所遗留的特质所稳定，而且经过时间的磨炼之后，才能产生巨擘。

伯里克利时代的希腊，雕塑艺术分五大地区宗派：莱吉姆、西塞昂、阿尔戈斯、埃伊纳及雅典。在约公元前 496 年，爱琴海的萨摩斯岛的一名与大哲学家毕达哥拉斯同名的雕塑家，来到莱吉姆定居。他铸造了荷马史诗中的希腊英雄弗罗克特斯的铜像，使他的名字传遍地中海，他在他铸造的铜像的脸上所表现的激情、痛苦与衰老，震惊了所有希腊雕塑家。在西塞昂，坎那库斯和他的兄弟阿里斯托克勒斯继续一个世纪前由克里特岛的第波努斯和西利斯所开始的工作。加伦与奥那塔斯由于擅长青铜铸造而使埃伊纳闻名于世。阿格拉达斯在阿尔戈斯地方自立一派，传授雕塑技术，至雕塑家波留克列特斯时期，为其全盛时代。

来自西塞昂的波留克列特斯，在约公元前 422 年因为替女神赫拉的殿堂设计黄金象牙神像而名噪阿尔戈斯。在当时的同类作品中，其工程之浩大仅次于菲狄亚斯的杰作。[1] 他在艾菲索斯参与菲狄亚斯、克瑞西拉及弗拉德蒙等人为月亮女神阿尔忒弥斯的神殿塑造女战士亚马逊神像的竞赛，裁定比赛优胜结果的评审员就由他们 4 人担

[1] 从大英博物馆所珍藏、传说仿制自波留克列特斯的赫拉的罗马婚姻女神朱诺的高贵头部，或许仍可以找出其威仪。

任。据说，他们每个人都提名自己的作品为第一，评定波留克列特斯的作品为第二，结果优胜奖落在这位西塞昂人的头上。但波留克列特斯爱好运动家甚于妇女或神祇。在他的著名作品《戴杜梅洛斯》（*Diadumenos*，其幸存的最佳仿制品藏于雅典博物馆）中，他所选择的时刻是正当这位竞技场上的胜利者戴杜梅洛斯在为自己缠头带，准备接受评判员的桂冠。其胸部与腹部的肌肉发达得令人难以相信，但是以单脚站立的姿态却颇富生气，而各部分特征的表达，完全合乎古典正规传统。波留克列特斯热切崇拜规律，寻找并制订一个使雕像每一部分按照适当比例的原则，是他终身追求的目标。他对雕刻犹如毕达哥拉斯对数学，探求对称与形式的绝对精确。他认为，一个完美的躯体，其各部分应该与身上任何其他部分——例如食指——符合一定的比例。波留克列特斯所遵守的原则是：圆颅、宽肩、粗壮的躯干、阔臀、短腿。总而言之，要求的不是美，而是力的表现。他曾撰文论述这一原则，并且雕造一像佐以说明。由此可见，其对这一原则信奉之笃。这尊像或许就是《持矛者》（*Doryphoros* 或 *Spear Bearer*），意大利那不勒斯博物馆收藏有一件罗马人的仿制品。《持矛者》同样是硕大的头颅、宽阔有力的肩膀、短粗的躯干，腹股沟处满是突出的肌肉。他比较可爱的作品有大英博物馆馆藏的《魏斯特麦柯青年》（*Westmacott Ephebos*），这位年轻人不仅具有健壮的体魄，而且充满着思想，似乎沉湎在自己的膂力之外的事物而若有所失。波留克列特斯的原则透过这些雕像，曾一度成为伯罗奔尼撒半岛雕塑家的金科玉律。它甚至影响了菲狄亚斯，而这种势力一直保持至公元前 4 世纪，为普拉克西特列斯主张的高大而苗条的优美观念所击败，后者历经罗马传至基督教时代的欧洲雕刻艺术。

雕刻家米隆的风格介于伯罗奔尼撒与雅典两派之间。他出生于伊留特拉，定居于雅典，而且（据罗马作家普林尼说）曾受艺于阿格拉达斯门下。米隆撷取伯罗奔尼撒人的雄健和伊奥尼亚人的优美，将两者融合为一。他加诸所有雕刻派系的是“动态”。他所见到的运动员，像波留克列特斯那样，不是在其运动前或后，而是正在运动中。他在铸造铜像时充分发挥了自己的观念，以至于在描绘运动中的男性这方面，历史上其他任何雕塑家皆不足与其相抗衡。在约公元前470年，他铸造完成一座最著名的运动员铜像《掷铁饼者》（*Discobolos* 或 *Discus Thrower*）[1]。这里所表现的是男性完美的体形：身体运动时，肌肉、腱及骨骼的各种姿势都经过悉心研究。臂膀、腿及身躯都弯曲着，蓄势作全力一掷，脸部并未因用力而扭曲，但从信心中显出沉着。头部既不粗大也不凶猛，属于强劲而风雅的男人，只要致力于读书，他也照样能舞文弄墨。这件杰作只是米隆的伟大成就之一，受到侪辈的重视，但是评价更高的还有他的《雅典娜与森林之神》[2]（*Athena and Marsyas*）及《拉达斯》（*Ladas*）。他作品中的雅典娜显得太安详，不适合背景故事的情节：森林之神马西阿斯因与阿波罗比赛吹笛失败而被活活剥皮，像雅典娜这样庄重的少女，不应该目睹这种惨相而神色自若。米隆的森林之神，像是在不适宜的场合中滔滔不绝地演讲的萧伯纳；他在作最后一次演说，即将赴死，但是在他死前仍得发表一篇演说。拉达斯是一名运动员，在赢取胜利之后，力竭而亡。米隆塑造得如此逼真，当一名希腊老人看到这座像时，哭道："啊！拉达斯，像你活着的时候那样，用力呼吸，复苏米隆给你的铜像那样喘息的灵魂，找回他刻画在你全身上的追求胜利荣冠的热切愿望。"对于米隆的"小牝牛"（*Heifer*），希腊人说，它除了不会叫之外，什么都能做。

雅典地区派或雅典派所增益于伯罗奔尼撒派和米隆的，是女人给予男人的特质——美丽、温柔、纤巧及优雅。由于塑造时仍保持男性的力量，这一派在雕塑艺术上的境界之高，后世艺术家望尘莫及。卡拉米斯（Calamis）仍然有一些过时。内西奥底（Nesiotes）和克利修

---

[1] 罗马特尔梅博物馆藏有由一名罗马艺术家仿制其躯干的大理石精致品。慕尼黑博物馆有一件晚期的青铜仿制品。纽约大都会博物馆所珍藏的仿制品是综合梵蒂冈所藏的躯体及来自意大利朗切洛蒂（Lancelotti）博物馆的头部而成。

[2] 纽约大都会博物馆藏有一件仿制品。

(Critius)两人新铸造的第二批《除暴者》(*Tyrannicides*),仍旧未脱公元前6世纪的古板而单纯的窠臼。卢奇安警告演说家,要他们不可像内西奥底和克利修的作品中的人物那样暮气沉沉。但是当爱琴海北岸色雷斯的门德地方的帕纽斯,在约公元前423年于雅典学习雕塑之后,为伯罗奔尼撒半岛西南部的麦西尼亚人塑造《胜利女神》(*Nike*)时[1],他所表达的高雅与美丽臻于艺术的巅峰,在普拉克西特列斯以前的希腊雕塑家之中,无人能望其项背。即使普拉克西特列斯,在描绘衣袂的自然飘拂或神情的昂扬方面,也无法胜过他。

· 菲狄亚斯

自公元前447年至公元前438年,菲狄亚斯和他的助手全心全力在为帕特农神庙雕刻神像和浮雕。柏拉图先从事戏剧写作,而后成为懂戏剧的哲学家,菲狄亚斯先攻绘画,而后转为多彩多姿的雕刻家。他是一名画家的儿子,曾经在波利格诺托斯门下学过一段时间的画,可能从波利格诺托斯那里学到了设计与构图及讲究全盘效果的人物排列与组合,可能从他那里承袭了使自己成为希腊最伟大的雕刻家的"伟大风格"。但是绘画不能使他满足,他需要更大的领域,于是他弃画而改习雕刻,或许曾师从阿格拉达斯学习铜像的铸造技术。孜孜不倦地钻研勤习,终于使他成为雕刻艺术的全能大师。

当他于公元前438年塑造雅典娜神像时已是垂暮之年,他在雅典娜的盾牌上描绘出自己是一个秃顶而饱经人生悲苦的老者。没有人相信帕特农神庙的竖条饰纹间壁、饰带及三角墙上成百的雕像是出自他的手笔。由他来督导所有伯里克利时代的全部公共建筑并且设计其雕刻装饰,已经够他忙碌,其他的工作都交付其弟子,尤其是阿尔

[1] 1890年,德国人在伯罗奔尼撒半岛的奥林匹亚挖掘到"胜利女神"像的残骸,经拼合后收藏于奥林匹亚博物馆。和《胜利女神》几乎同样美的是《美人鱼》(*Sea Maidens*),在吕底亚的桑索斯(Xanthus)古迹废墟中发现时,没有头部,现藏于大英博物馆。希腊精神甚至已经深入亚洲地区。

卡姆内斯去执行。不过，他确实亲自为雅典卫城雕塑了三座女神像（*Lemnian Athena*）。其中一座被雅典的殖民主义者委派为爱琴海西北部利姆诺斯岛的护城女神，这座神像由青铜铸造，比真人稍大，非常精致，希腊艺术评论家认为是菲狄亚斯作品中最美的一件。[1] 另一座是《雅典城守护者》（*Athena Promachos*）巨型铜像，以雅典城武装保护者的姿态耸立在卫城正门与神殿之间，连基座距地高 70 英尺，既是航海者的指标，也是威镇敌人的堡垒。[2] 三座女神像之中，最著名的是“雅典娜女神”，站立在帕特农神庙里面，高 38 英尺，象征智慧与贞洁。这座体现艺术结晶的女神像，菲狄亚斯原本想用大理石雕刻，但一般民众坚持非用象牙与黄金不可。这位艺术家结果以象牙作为身体可见部分的表面，一袭长袍花去价值 44 塔伦（2545 磅重）的黄金。另外，再以珍贵金属装饰长袍，头盔、鞋子及盾牌皆是精巧的浮雕。神像经特意安置，在雅典娜庆典那天，阳光能透过神殿大门，直接照射在女神金光闪烁的衣裳与白皙的脸庞上。[3]

这一桩工程完成之后，并未为菲狄亚斯带来快乐，因为放在他工作室中的公家交给他造像的黄金与象牙，有一部分不翼而飞，又无法说清原因。伯里克利的仇人没有放过这一机会，他们控告菲狄亚斯盗窃，并且判他有罪。[4] 奥林匹亚的人民出面调停，并且为他付出可能 40 塔伦的保释金，条件是请他去奥林匹亚，为他们的宙斯神殿塑造黄金象牙像。他们很乐意托付给他更多的黄金和象牙，特别为他及他的助手在神殿附近建造了一间工作室，而其弟帕内努斯则被委以宙斯宝座及神殿墙壁的绘画装饰。菲狄亚斯迷恋于此，他将坐着的宙斯做成 60 英尺高，以致搬进殿里后，评论家批评说：假如宙斯想要站

---

[1] 没有可信的仿制品遗留下来。

[2] 铜像约于 330 年被运往君士坦丁堡，可能毁于该城 1203 年的兵燹中。

[3] 假如我们以保存在雅典博物馆的勒诺曼（Lenormant）与瓦瓦卡（Varvaka）两座雅典娜女神像作为评断的依据，那么菲狄亚斯的雅典娜并不值得让人多欣赏。前者体形粗壮而脸孔浮肿，后者的胸前爬满了圣蛇。

[4] 约公元前 438 年。菲狄亚斯晚年遭遇的各项大事的确切日期及经过情形欠详。

起来，定会冲破殿顶。菲狄亚斯在这位“雷霆之神”的黑眉与麻发上放了一顶橄榄树枝叶形状的金冠，右手上托一个黄金与象牙制成的胜利女神小像，左手握着镶嵌宝石的权杖，身着镂花金袍，足履全金鞋。宝座由黄金、檀木及象牙做成，基盘上有较小的胜利、太阳、月亮、尼俄伯诸神，以及被狮身人面怪物所掳掠的底比斯诸少年。塑造完成之后，宙斯像非常壮观堂皇。当时曾流传这么一则传说：在菲狄亚斯竣工之后，他祈求上天给予批准的标志，忽然一声霹雳，雷电打在雕像基座附近的铺砌地面上——留下了记号，而且像大多数天谶一样，有各种不同的解释。[1] 这一项工程被列为世界七大奇迹之一，凡能前往该地的人莫不瞻仰一番。当征服希腊的罗马人埃米利乌斯·保卢斯（Aemilius Paullus）看到这尊巨像后，不禁为之大吃一惊。他承认，实际要比他想象的大得多。克利索斯都（Dio Chrysostom）称它为世界上最美丽的神像。而且，像贝多芬说到自己的音乐时那样，他补充说：“假如一个人心情沉重，喝干了人生的不幸与悲痛的苦杯，再也不能进入甜蜜的梦乡，只要他站在这座神面前，即能忘掉人生所遭遇的一切愁苦与烦恼。”“这座雕像之美，”公元 1 世纪罗马的修辞学家昆体良（Quintilian）说，“甚至提高了这一宗教的声望，这件作品与宙斯神具有同样的庄严。”

有关菲狄亚斯的晚年，传说纷纭。其中有一则故事说他回到雅典，死于狱中；另一则说他留在希腊西部伯罗奔尼撒半岛的埃里斯，后被埃里斯人于公元前 432 年处死。这两者皆不足采信。他的弟子继续他的艺术工作，并且堪与他相颉颃，以此证明其传授艺术的成功。他的得意门生阿戈拉克利图斯（Agoracritus）曾雕刻著名的《复仇女神》（*Nemesis*），阿尔卡姆内斯所塑造的《花园之美神》（*Aphrodite of the Gardens*）被卢奇安列入一流的雕刻作品中。[2] 公元前 5 世纪终了，

[1] 宙斯神像除其基台碎片外，未遗留下其他东西。

[2] 巴黎卢浮宫所收藏的着衣维纳斯像，可能仿自该雕像。

菲狄亚斯雕刻派也随之结束，但是当时希腊的雕刻要比其当初创立之时进步很多。在伯罗奔尼撒战争开始摧毁雅典时，雕刻艺术凭借菲狄亚斯及其弟子，接近完美的境界。技术已经纯熟，已能剖析人体组织，生命、动作与优美已被灌注入青铜与石头中。但是菲狄亚斯具有的特殊成就，体现在古典风格的实现与确切的表达上，即德国考古兼艺术史家温克尔曼所谓的“伟大风格”：力与美、感情与抑制、动与静、躯体与灵智，兼有并顾，无所偏颇。此时，经过500年的努力，著名的属于希腊人的“恬逸”至少已在孕育中。激情而狂暴的雅典人，当他们瞻仰着菲狄亚斯的神像时，或可感觉到人在一刹那是多么像神——但也只有创造性的雕刻才能使人至此境界。

建筑

· 建筑的演进

公元前5世纪中，多利安柱式统一了其对整个希腊建筑界的势力。在这一繁荣时期内所建筑的庙宇，仅极少数为伊奥尼亚式，主要为城堡上的厄瑞克忒翁庙及无翅胜利女神庙。雅典始终忠于多利安式，只有当其建筑庙宇正门的内柱及在忒修斯神庙与帕特农神庙内需要布置横饰带时，才使用伊奥尼亚柱式。或许多利安柱式趋向于较高较细，显示了伊奥尼亚式影响力的延伸。小亚细亚的希腊人吸收了东方人崇尚精致装饰的习俗，并将其表现在复杂精细的伊奥尼亚式柱顶线盘上，并创立了一种新颖而华丽的科林斯柱式。公元前1世纪罗马建筑及工程师维特鲁维乌斯说，约公元前430年，伊奥尼亚雕刻家凯利马科斯有一天看到一只由一名保姆放在女主人坟墓前的祭奠篮，上面盖着瓦，一株野爵床（acanthus）在篮子的周围及瓦片上生长起来。这位雕刻家见到爵床叶的自然形状，觉得非常赏心悦目，于是用爵床叶夹杂着螺旋形柱式，来装饰他在科林斯所建造的一所庙宇的伊奥尼亚式柱头。这则故事可能是一个神话，这名保姆的篮子的影响力，在创造科林斯柱式的风格上，不如埃及的棕榈与纸草柱头大。这种新柱式并未能流行于古希腊，公元前 5 世纪希腊建筑家伊克第纳曾将其单独地用于弗高里亚一座伊奥尼亚式庙宇前院。至公元前 4 世纪末，这种柱式被用于里西克拉底的合唱倡导人的纪念塔。一直到罗马帝国风雅的罗马人时代，这一优美的建筑风格才达于鼎盛。

这一时期内，整个希腊世界都在建造庙宇。为了在雕像的精美及庙宇的恢宏上争胜，各城邦几乎破产。在公元前 6 世纪萨摩斯岛与艾菲索斯的大堆建筑之外，又增加了马格尼西亚、忒俄斯及佰利纳等地的伊奥尼亚式新庙宇。殖民主义者在小亚细亚特洛伊的阿苏斯（Assus）建造了一座近乎古多利安式的雅典娜神庙。在约公元前 480 年，克罗托那在希腊的另一头，为妇女与婚姻之神赫拉建造了一所壮伟的多利安式神庙，此庙一直保存至 1600 年，被一名主教因为利用其石材而拆除。在公元前 5 世纪中，波塞冬尼亚、塞杰斯塔、塞里努斯及阿克拉加斯等地的神庙，以及在埃皮达鲁斯的医药神阿斯克勒庇俄斯庙都是规模空前的伟大建筑。在西西里岛东部的锡拉库萨，由格伦一世建造的一所雅典娜神庙，其柱子屹立至今，部分因改建为天主教堂而得以保存。在伯罗奔尼撒半岛弗高里亚附近的巴塞（Bassae），伊克第纳所设计的阿波罗神殿和其另一杰作帕特农神庙迥异其趣，阿波罗神殿内殿围绕着多利安式列柱，而支撑回廊的是伊奥尼亚式柱子，回廊里面的四周及沿伊奥尼亚式柱列内侧表面，有一条几乎和帕特农神庙同样优美的横饰带，而且更具有鲜明醒目的特色。[1]

埃里亚建筑师利波（Libon），于帕特农神庙前 30 年，在奥林匹亚建造了一座可与后来帕特农神庙媲美的多利安式宙斯神殿。宙斯神殿前后各有 6 根柱子，两边各 13 根，或许粗大得稍欠美观，而且不幸的是以石灰石为材料，外面再涂刷一层灰泥，但顶盖却是用彭特利库斯山大理石制成的瓦。2 世纪帕萨尼亚斯告诉我们：由帕纽斯与阿

[1] 迄今犹存有 38 根柱子、内殿断壁及内柱残骸。横饰带的碎片现收藏于大英博物馆内。

尔卡姆内斯负责雕刻宙斯庙东侧山形墙（gable）三角楣饰上珀罗普斯与奥娜玛斯之间的战车比赛，及西侧山形墙三角楣上拉庇斯与半人半马怪物的搏斗，这实在是雄健有力的雕像。[1] 据希腊神话，拉庇斯人是色萨利山地的一个部落。当他们的国王庇里托俄斯娶埃里斯的比萨国国王奥娜玛斯之女希波达米亚为妻时，他邀请半人半马怪物参加婚宴。半人半马怪物居住在色萨利的皮利翁山脉附近，希腊艺术将他们描绘成半人半马，可能是为了表明他们野性未脱的山地人性格，或因为他们精于骑术，似乎使人马合而为一，成为亦人亦马的怪物。这些马人在宴席上喝醉了酒，企图抢走拉庇斯妇女。拉庇斯人英勇战斗，打败马人，救回美女。（希腊艺术对这个故事永不厌倦，或许它想利用这个故事来象征驯服野兽，及人与人的兽性之间的搏斗。）东面三角楣的雕像呆滞而生硬，具有古人的风格，西面三角楣上的作品和它相比，似乎不大可能属于同一时代。虽然这些雕像中不少显得粗陋，头发梳的也是古人的发式，但他们栩栩如生，对雕刻布局的运用已臻成熟。令人惊异的是一幅美丽的新娘图，她不是属于纤细柔软型的女人，而是体态丰腴可爱，这足可以说明他们为什么要大动干戈。一个蓄须的马人，一只手搂着她的腰，另一只手按在她的乳房上。马人正要将她从婚礼中抢走，然而这位艺术家却把她表现得镇静自若，或者这位新娘像任何一个女人一样，对对方的热烈示爱动作并非无动于衷。比较不显著而规模也不那么大，但手工更为精致的，是竖纹饰条的间壁，面积广阔，内容是叙述有关大力士赫拉克勒斯表现神力的故事。其中一个画面中，赫拉克勒斯正在为受罚的巨人阿特拉斯托着天。这一雕刻非常突出，实为一件完美的杰作，赫拉克勒斯在这里不是一个以岩石为筋骨的畸形巨人，而是一个发育匀称健全的普通人。在赫拉克勒斯面前是阿特拉斯，阿特拉斯的头放在柏拉图的肩膀上，倒是非常相称。左边是阿特拉斯的女儿，具有成熟健康妇女的神韵。

---

[1] 这些人物雕像现存于奥林匹亚博物馆（Olympia Museum）。

当这位艺术家让她轻柔地帮助这一壮汉托住天时，或许是他心里想要象征什么。艺术鉴赏家在这些半毁坏的竖条纹饰间壁的雕刻细节上，发现很多缺点，但是对一个外行观察者来说，新娘、赫拉克勒斯及阿特拉斯的女儿，与浮雕历史中任何完美的作品相比，也并不逊色到哪里。

· 雅典的重建

在公元前 5 世纪的建筑方面，雅典在量与质上都领先全希腊。此时，本显得臃肿肥胖的多利安建筑风格，吸收了伊奥尼亚式的高贵幽雅，线条上增加了色彩，装饰配合对称。在苏纽姆的危险的海岬上，人们冒着危险为海神波塞冬建神庙，这座庙有 11 根柱子。建筑师伊克第纳在埃莱夫西斯城为谷神德墨忒尔设计了一座宽敞的庙宇，而且在伯里克利的劝说下，雅典人捐款装饰布置这座庙宇供埃莱夫西斯人举办庆典和祭祀。雅典因为邻近盛产上等大理石的彭特利库斯山及南爱琴海基克拉泽斯群岛的帕罗斯岛，使当地的建筑师得以享用最佳的建筑材料。帕特农神庙的建筑费为 700 塔伦（420 万美元），雅典娜神像（既是雕像，也是黄金囤储物）耗资 1000 塔伦（600 万美元），未竣工的“卫城前门”（Propylaea）耗资 400 塔伦（240 万美元）。伯里克利在雅典及比雷埃夫斯港的各项较小建筑耗资 3000 塔伦（1800 万美元），雕刻及其他装饰耗资 2700 塔伦（1620 万美元）。自公元前 447 年至公元前 431 年的 16 年中，雅典政府总共花费 9600 塔伦（5760 万美元）在公共建筑、雕像及绘画上。这笔钱分散在艺术家、工匠、管理人员及奴隶之间，对繁荣伯里克利统治下的雅典，有相当助益。

凭想象我们也能概略地意会出这种令人鼓舞的艺术发展背景。从萨拉米斯岛回来的雅典人，发现他们被波斯占领过的城市几乎完全被摧毁，每一座稍有价值的大型建筑都被焚毁。这样的灾难并不能像破坏城市那样毁灭雅典人，只能使他们更坚强。天灾清除了许多障碍及不适合居住的房屋，给了他们机遇来成就人类的顽固性所不易办成的事，只要危机中粮食毋虞，天才及劳动大众就能建造起比从前更好的城市。雅典人即使在与波斯战争之后，仍不缺乏劳工与各种人才，求胜意志使他们伟大的创建精神加倍地奋发激扬。在30年之内，雅典重建完成新的议事厅、民众集会所、住宅、庭园、城墙以及新港口的新码头与新仓库。在约公元前446年，著名城市设计专家希波达姆斯（Hippodamus），设计了一个新比雷埃夫斯港，以宽阔、笔直、成直角交叉的街道，代替旧有的杂乱无章而弯曲的小巷，创造了一种崭新的风格。雅典卫城西北1英里处的高地上，一群不知名的艺术家建造了一座规模较小的雅典大英雄忒修斯的神殿（Theseum 或 temple of Theseus）。[1] 雕刻家用雕像装饰三角楣，以浮雕点缀竖条纹饰之间的墙壁，两端内柱上面布置一条横饰带。画家在檐板、竖条纹饰、竖条纹饰之间的墙壁及横饰带上都着上颜色，并且借大理石瓦让光线透入幽暗的内部，制作颜色鲜艳的壁画。[2]

伯里克利时代的建筑家都将他们的精华部分保留给雅典的卫城，这里是雅典城政府所在地和雅典的信仰中心。雅典政治家狄密斯托克利开始这座城堡的重建，并且设计了一座100英尺长的庙宇，因此称之为赫加托波顿（Hecatompedon）。自狄密斯托克利垮台后，这项工程即被放弃。寡头派反对，他们的理由是，假如不想为雅典带来厄运，雅典娜神庙必须盖在被波斯人毁坏的雅典娜神庙的旧址上。不信邪的伯里克利，采用赫加托波顿的原址建造帕特农神庙，尽管始终遭到祭司的反对，计划仍照常进行。在城堡西南的土坡上，伯里克利的建筑师建造了一座音乐厅，为雅典城内独一无二的圆顶建筑物，成为保守派分子讽嘲的把柄，称伯里克利的头也和他的音乐厅一样，是圆

[1] Theseum 这词有误，因为该庙建造于公元前425年，不可能是西蒙于公元前469年移进据认为是忒修斯尸骨的那座忒修斯神庙（Theseum）。但时间能像冲淡罪恶那样冲淡错误，于是在缺乏确凿考据的情形下，一般人仍沿用这个流传下来的名字。

[2] 忒修斯神庙是所有古希腊建筑物之中保存得最完整的一座。虽然如此，但仍欠缺大理石瓦、壁画、内部雕像、三角楣上的雕刻，以及几乎全部外面的颜色。竖条纹饰间壁遭到严重损坏，其浮雕几乎无法辨认。

锥形的。音乐厅的大部分建筑材料是木头，历经不了多少岁月即告塌圮。在这里，举行音乐演奏会，排演戏剧及酒神节的戏剧，并举办伯里克利创设的每年一度的声乐和器乐比赛。这位多才多艺的政治家本人也时常担任这些比赛的评判员。

通往城堡的路，在古时候是弯曲、迂回而舒缓的，夹道排列着雕像及还愿的贡品。在接近城堡顶部，有一重宽阔壮观的大理石阶梯，两侧各有一座堡垒。在南堡垒上，卡里克拉底建造了一座小型伊奥尼亚式无翼胜利女神庙。[1] 外栏上有“带翅胜利女神”的雅致浮雕（部分保存在雅典博物馆），能从远处为雅典带来战利品。这些胜利女神显示出菲狄亚斯最高贵的风格，它们虽不如帕特农神庙中的女神群像来得活泼，但在姿态上更为优美，而其服饰的描绘也更精致、自然。其中有一尊正在系鞋带的胜利女神，实在配冠以“胜利”两字，因她是希腊艺术成功的范例之一。

在城堡阶梯的顶头，尼西克勒斯建造一组迈锡尼塔，其正门有五个通口，每一通口各有一道多利安式的门廊，这些门配合大庙，统称为“前门”。各门廊都有竖纹饰与竖纹饰间壁组合成的横饰带，顶上是三角楣，通道里面大胆地采用了多利安式与伊奥尼亚式的混合体柱子。北厢内壁装饰有波利格诺托斯和其他画家的画，及由赤陶土或大理石制成的还愿者敬献的匾额，因此命名为“匾额厅”。小南厢一直没有建设完毕，战争或因民众反对伯里克利，迫使工程中途停止，留下帕特农神庙的正门，成为一个具有局部美而不完整的建筑。

这些门里面的左侧，是极富东方情调的雅典王厄瑞克忒翁庙。公元前 408 年斯巴达海军大败雅典于伊哥斯波塔米河，取得了长达 21 年之久的伯罗奔尼撒战争的胜利，使雅典陷入混乱与穷困，这一项工程

[1] 塑造胜利女神像，时常不带翅膀，这样她才不会弃绝受其保护的城而去。该庙于 1687 年被土耳其人拆毁，改作堡垒。埃尔金（Elgin）爵士抢救了几块横饰带石板送回大英博物馆。1835 年，该庙原有石材被收集起来，在原址上恢复庙宇旧观，并且用赤土陶修补横饰带缺失部分。

也半途而废。厄瑞克忒翁庙是在伯里克利死后，保守派为惧怕厄瑞克忒翁与塞克若普斯两位古代英雄、旧庙的雅典娜，以及常在该处出现的灵蛇会因迁移神殿地址而惩罚雅典，于是开始兴建。这项建筑的多重用途已决定其设计，而且破坏了其完整性。一厢献给雅典娜，里面供的是她的古代雕像，另一厢则献给厄瑞克忒翁与海神。内殿前面围着的不是统一的列柱中庭，而是三个独立的门廊。北面及东面门廊用纤细的伊奥尼亚式柱支撑，俊秀挺拔，为柱式之冠。北门廊入口装饰有雕花大理石飞檐，极为别致。内殿里面放一座粗陋的木雕雅典娜神像——善男信女以为自天上降下，里面也有一盏永不熄灭的长明灯，由雕刻巨匠凯利马科斯用黄金制成，并且饰以科林斯式的爵床叶。南门廊就是著名的“少女走廊”（Caryatids, Porch of the Maidens）[1]，这些头顶重担的少女，可能起源自东方人以头荷篮筐的习俗。早期出现在小亚细亚特拉勒斯（Tralles）的少女形廊柱，显示出东方——或许是亚述——形式的渊源。“少女走廊”上的石柱少女，服饰雕刻得非常华丽雅致，膝盖自然微曲，给人并不吃力的感觉。虽然这些女士健壮，似乎其力量仍不能充分表现出这种最佳建筑设计所要表达的坚固与可靠的支撑作用。这种超越常轨而格调不高的做法，或许不为菲狄亚斯所苟同。

· 帕特农神庙

公元前 447 年，伊克第纳在卡里克拉底的协助及菲狄亚斯和伯里克利的全盘监督下，开始为雅典娜建筑一座新庙。他在这栋建筑物的西端，安排一间房子给雅典娜的处女祭司，并称其为“童贞女之室”。由于年代久远，以讹传讹，结果被建筑人员应用于整栋庙宇。伊克第纳采用彭特利库斯山出产的铁纹白色大理石，堆砌石墙没有使用灰泥

[1] 这一名称由罗马建筑师维特鲁维斯（Vitruvius）首先用于廊柱少女像，原指伯罗奔尼撒半岛拉克尼亚的卡利阿（Caryae）地方女神阿尔忒弥斯庙的女祭司像。雅典人仅称她们为少女（Korai）。

和长方形的石块，切割得非常精确，而且研磨得极为平滑，两块石板接合时，像一整块一样，看不出接缝。柱子中间钻孔，两柱连接时，孔中插橄榄木杆，石柱两端的接触面，也几乎密合无缝。

其风格是纯多利安式的，具有古典的淳朴美。整个建筑呈长方形，因为希腊人并不欣赏圆形或圆锥形。其规模为 228×101×65 英尺，不算最大。但是像雕刻家波留克列特斯所要求的对称原则那样，建筑物的每一部分都与其柱子的直径成一定比例。在波塞冬尼亚，柱子的高度为其直径的 4 倍；而这里，高度为直径的 5 倍。这种新的形式正介于斯巴达的粗壮与雅典的优雅之间。每一根柱子自柱脚向上至柱腰，稍稍加大（直径 0.75 英寸），自柱腰至柱顶又稍稍缩小，并向柱列中心微倾，四角的柱子要比其余的柱子稍粗。每一柱列的基台及柱顶线盘的水平线皆向中心隆起，因此从任一假设水平线的一端向前望去，无法看见水平线的另一半。竖条纹饰间壁并非正方形，但其设计自下面看来像是正方形。所有这些曲线是矫正视力错觉的巧妙方法，若非利用这些曲线，基台水平面的中央看起来似乎令人觉得下陷，柱子自柱脚以上似乎渐渐缩小，四角柱子显得比其余柱子较小，且向外倾。作这样的调整，必须对数学与光学具有相当的知识，而这一点知识，仅仅是建筑一座由科学与艺术完美结合而成的庙宇所需要的特殊条件之一。在帕特农神庙中，每一条直线都是弧形的，而且像绘画那样，在微妙的组合上，每一部分都集向中心点。这样的结果自然是富于弹性且优美，似乎赋予石头以生命与自由。

在柱顶线盘平台上，有竖条纹饰与竖条纹饰间壁交错相间的浮雕，总共有 92 幅竖条纹饰间壁高浮雕，其内容仍然是希腊人与特洛伊人、希腊人与黑海边的亚马逊女战士、拉庇斯人与马人以及巨人与神之间的战争中“文明”与“野蛮”的故事。这些石板上的浮雕显然出自众人之手，而且各人的技艺参差不齐。它们在手艺造诣上，不能与内殿横饰带上的浮雕相比拟。山形三角楣上的雕刻是竞技场上雄赳赳的运动员群像。从三角楣靠近入口那里，观众可看到雅典娜从宙斯的头上诞生。这里有一幅进行哲学沉思又温文憩息的巨人、壮伟的雅典英雄“忒修斯”[1]的卧姿像，一幅曾在《伊利亚特》中担任使神的彩虹女神伊丽丝的精美雕像，着紧身衣裳，然而被风吹拂着——菲狄亚斯认为不飘动衣袂的必定是邪风，也有正在为奥林匹亚山诸神斟酒的庄严的青春女神赫拉，及令人肃然动容的“命运三神”。在左角上有 4 个马头，眼睛闪闪发光，鼻子喷着热气，嘴里因飞奔而冒着涎沫，报道旭日东升；在右角上，月亮驾着她的马车向西沉落了，她这 8 匹马是建筑史上最骏逸的。在西边三角楣上，雅典娜在与海神争夺雅典的统治权。这里也同样有马，像是在补救人类荒唐的行径；偃卧的形象夸张地象征着雅典那几条狭小的河流。或许，男人像过分粗壮，女人像过分松弛。但是，很少有雕刻图案的排列能如此自然或如此巧妙地配置在三角楣狭隘的空间内。“所有其他雕像，”18 世纪意大利雕刻家甘诺瓦（Canova）夸大地说，“都是石头做的，这些是有血有肉的。”

不过，更可爱的还是横饰带上的男女雕像。一套最著名的浮雕，就在回廊内沿 525 英尺长的内殿外墙顶端。那里面可能是雅典的少年男女，在雅典娜庆典举行运动会的那天向雅典娜顶礼膜拜。参拜行列的一部分自西边开始，转向北边而东，另一部分自南而东，会合于东面雅典娜面前，这位女神骄傲地将其殷勤的款待及胜利的果实献给宙斯与奥林匹斯山诸神。英姿焕发的武士骑着骏马，显要坐着马车，老百姓安步当车，标致的小姑娘和沉静的老年人，手捧橄榄枝和一盘盘糕点，扈从肩背酒囊，肃穆的妇女呈献给女神她们很早以前即开始纺织与刺绣的头纱，待宰的祭品缓慢步向死亡，名门闺秀携带祭祀的器皿用具，乐手用笛子奏着不成调的古老小曲。少有动物或人享受艺术上如此隆重的礼遇。在仅 2.75 英寸深的浮雕上，雕刻家用明暗及实体表现法所表达的深度，能让人感觉到这一匹马或骑士超越了另一匹

[1] 帕特农神庙各雕像的名称大多是牵强附会的。

马或骑士，然而事实上最近的一匹马或骑士其背景并不比其余的高。将如此不同凡响的浮雕作品放置在高得不能令人尽情欣赏的地方，或许是一个错误。菲狄亚斯定会闪动着眼睛，以神可以看到的理由而原谅自己。可是，当他雕刻时，诸神已濒临死亡。

横饰带上取坐姿的诸神底下，是通往内殿的入口。内殿比较小，大部分空间除了被支持庙顶的双节柱列占掉之外，剩下的就是中堂与两条走道。靠西边，雅典娜金光闪亮的衣裳撩花了朝拜者的眼睛，他们或许畏惧她的长矛、盾牌及灵蛇。在雅典娜后面是“童贞女之室”，以 4 根伊奥尼亚式柱子作为装饰。大理石瓦能透入些微光亮至中堂，但仍可以遮挡热气。而且，诚敬像爱情一样，反对太阳。飞檐装饰得非常精细，用赤陶土镶边，装有滴水兽以排走雨水。该庙许多地方都涂色过，所用的不是柔和的颜色而是鲜明的黄、蓝、红。大理石是用牛奶调和橘黄颜料洗涮过，竖条纹饰及镶板的部分是蓝色的，横饰带底子也是蓝色的。竖条纹饰间壁是红色的，而且那里面每个图案都经过着色。习惯于地中海艳阳天的人要比北欧人更能忍受和欣赏较明朗的色彩。如今，每当夜晚，天际瞬息幻变的景象，或皎洁的月光，或夜市灯光伴着星星，透过每一处有顶盖的空间时，颜色已剥落的帕特农神庙是最美的。[1]

---

[1] 帕特农神庙，像厄瑞克忒翁神庙与忒修斯神庙那样，被改作天主教堂而保存下来。名称并没有关系，反正这座庙是献给“童贞女”(这个词雅典人用来称呼雅典娜。对于基督徒，the Virgin 指圣母玛利亚)。土耳其人于 1456 年占领后，将其改为清真寺，顶上增加了一个尖塔。1687 年威尼斯人围攻雅典城时，土耳其人用它来储放大炮每天所用的火药。威尼斯军队的司令官得到消息后，命令炮手向帕特农神庙开炮。一发炮弹正好从庙顶落下去，引燃里面的火药，炸毁了半栋建筑。攻陷雅典城后，莫罗西尼（Morosini）也曾经想搬走神庙的三角楣雕刻，但是他的工人往下放时不小心掉在地上摔碎。1800 年，英国驻土耳其大使埃尔金爵士得到土耳其政府的允许，搬运一部分雕刻送往大英博物馆，他所持的理由是，由那里保管比在雅典更安全，不易受气候与战争的破坏。埃尔金爵士运回英国的艺术品包括 12 座雕像、15 块竖条纹饰间壁及 56 块横饰带石板。大英博物馆的雕刻方面的专家建议拒购这一批古物，经过 10 年漫长的谈判交涉，大英博物馆同意出价 17.5 万美元收购，这一数目仅及埃尔金爵士所花价款及运费的一半。数年后在希腊独立战争期间（1821—1830 年），雅典城堡（卫城）曾两度遭受轰击，厄瑞克忒翁神庙多处被毁。部分帕特农神庙的竖条纹饰间壁仍在原处，雅典博物馆及巴黎卢浮宫各自藏有（转下页）

希腊艺术是希腊最伟大的产品，因为希腊艺术的伟大作品虽然一件又一件相继为时间所湮灭，其形式与精神却保存了下来，足堪为许多艺术、许多年代及许多国家的引导与鼓励。希腊艺术像所有人为的事物一样，自然有其缺点。雕刻太讲求形式，很少能触及灵魂深处。它给予我们的感觉，是对其完美形式的赞美，而不能感觉其生命。希腊建筑过分拘囿于形式与风格，经历千年而依旧墨守迈锡尼式长方形建筑式样。在非宗教性的建筑方面一无所成。它所尝试的是建筑上比较容易的技术，而避免像拱形结构这样困难的建筑，否则规模将更为恢宏。其屋顶是用便利而笨拙的内部重叠柱列支撑。庙宙的内部挤满了与建筑物不成比例的雕像，而其装饰则缺乏我们认为的古典风格所应有的淳朴与约束。[1]

尽管有这些缺点，仍无法抹杀希腊艺术创造古典风格这一事实。这种风格的精髓——容作者在本章结束时重述其主旨——在于秩序与形式：适度的设计、表达及装饰，部分的对称与整体的统一，强调理而不完全放弃情，及一种以与规模无关的淳朴与崇高为满足而含蓄的真、善、美。除哥特式外，没有任何其他建筑风格具有如此深远的影响。事实上，希腊雕刻依旧是属于理想的一种，直到昨天，希腊式柱还在建筑上占绝对优势，而令其他形式气馁。我们能挣脱希腊人的影响，是一桩可喜的事，即使是最完美的事物，假如长年不变，也使人消沉。然而，我们完成解脱已如此之久，我们仍能从那古典艺术表现合理生活的形式与希腊人所给予人类最具特色的贡献的风格中，找到新的启示与鼓励。

（接上页）少数横饰带石板。美国田纳西州纳什维尔（Nashville）市民以原庙同样的大小及类似材料，建造了一座帕特农神庙，据我们所知，内部使用了相同的装饰与颜色。纽约大都会博物馆凭推想仿制出一套小型的内部装饰。

[1] 我们同时也可以发现雅典卫城或奥林匹亚神庙区内建筑物杂乱无章的现象，究竟是由于他们的格局所限，抑或是历史的偶发事件造成的，则难下定论。

第五章 | 知识的演进

伯里克利时代希腊的文化活动主要分为三类：艺术、戏剧、哲学。艺术的灵感来自宗教，戏剧是以战场为故事背景，而哲学则以受害者为主题。由于任何一个宗教团体成立之初就专断地制订共同遵守而不容易改变的信条，因此，宗教迟早会与我们可确信地称之为知识进步的、流畅而多变的世俗思想潮流发生冲突。在雅典，这种冲突并不总是表面化，也不直接影响一般民众。哲学家与科学家从事他们的学术工作时，并不明显地攻击大众的信仰，而是时常借旧宗教的用语作为他们新信仰的标志或假托，以缓和冲突的尖锐化，像对阿那克萨戈拉、阿斯帕西娅、米诺斯岛的第亚哥拉斯、欧里庇得斯及苏格拉底等人的控诉，牵涉到当事人生死的正面冲突，只是偶尔发生。但是此种冲突确实存在。它像是伯里克利时代的一支主题曲，被谱奏出各种调子，被透彻地表达为各种形式，它从诡辩家的怀疑论与哲学家德谟克利特的唯物论中被最清晰地听到，它也从悲剧诗人埃斯库罗斯的剧论、欧里庇得斯的异端邪说，甚至保守派喜剧家阿里斯托芬离题的嘲谑中，隐约地被揭露出，苏格拉底的审判与死亡正是此种冲突炽烈化的总结。围绕这个主题，伯里克利时代的雅典谱奏出它的精神生活。

数学家

纯科学在公元前 5 世纪的希腊仍是哲学的附属品，从事科学研究的人是哲学家而非科学家。对于希腊人，较高深的数学不是实用的而是推理的工具，在于建构一个抽象的知识世界，而不在于征服现实的自然环境。

在伯里克利时代之前，常用的算术幼稚而笨拙。计数时，“Ⅰ”代表 1，“Ⅱ”代表 2，“Ⅲ”代表 3，“Ⅳ”代表 4，而 5、10、100、1000、10 000 则分别以“*pente*”、“*deka*”、“*hekaton*”、“*chilioi*”、“*myrioi*”希腊词的第一个字母表示。希腊数学从来没有零的符号。像我们的数学显示出曾受东方人影响一样，希腊人计数所用的十进位来自埃及。而用于天文地理的计数，则采用巴比伦的 12 或 60 进位法，今天我们的钟表、地球仪、地图仍旧沿用。或许算盘可供人作较简单数字的计算。他们对于分数感到特别困难。希腊人演算繁分数时，以 1 作为公分子，而将其化为分数之和。因此，要表达 23/32 时，必须分列为：1/2 + 1/8 + 1/16 + 1/32。

基督时代以前的希腊人，我们未曾闻有代数的学说。但几何学却是希腊哲学家的热门课程，不过也同样少用于实际，而着重于理论上的兴趣和演绎逻辑的奇妙，玄奥与简明的结合以及思想上的宏伟建设。特别吸引这些形而上数学家的 3 个问题就是：圆积法、一角三等分、立方体体积加倍。第一项问题曾在阿里斯托芬的喜剧《鸟》(*Birds*) 中出现而流行一时。剧中有人扮演天文学家梅顿（Meton），手里拿着计算尺与两脚规出现在台上，给人示范如何使一个圆周成为一个正方形，也就是作一正方形，使其面积与一已知圆相等。可能是这一类问题导致较晚期的毕达哥拉斯创立无理数及无公约数之说。[1]

[1] 无理数指不能用整数或分数表示的，如 2 的平方根。无公约数即指不能找出可以用有理数表示各量间关系的第三量之量，如正方形的边与斜角线，或圆的半径与圆周。

同时，也由于毕达哥拉斯对抛物线、双曲线及椭圆形的研究，为帕尔加（Perga）的阿波罗尼奥斯（Apollonius）从事探讨的划时代的锥线研究工作奠定了基础。约公元前 440 年，爱琴海希俄斯岛的希波克拉底（不是那位医药之父）出版了第一本几何学书，而且解决了求月牙[1]面积的问题。约公元前 420 年，埃里斯的希庇亚斯借割圆曲线完成角的三等分法。约公元前 410 年，阿夫季拉的德谟克利特宣称："在按指定的条件下作线，甚至包括埃及人在内也没有人能胜过我。"他写了 4 本几何学书，而且发现了求圆锥及角锥面积的公式。总而言之，希腊人在几何上的杰出表现与其在算术上的不高明，形成强烈的对比。希腊人即使在他们的艺术中也充分发挥其几何学方面的才华，他们利用几何学使其陶器与建筑上的装饰多姿多彩，而且决定帕特农神庙结构的对称与曲度。

阿那克萨戈拉

伯里克利兴盛时代，雅典法律禁止天文学的研究，这也是宗教与科学斗争的一部分。恩培多克勒在阿克拉加斯城指出，光由某一点行至另一点，中间需要时间。巴门尼德在埃里亚城宣布地球是球形的，并将其划分为 5 个区，他还观察到月球始终以其光亮的一部分朝向太阳。在底比斯，毕达哥拉斯派信徒菲罗达斯否定地球是宇宙中心，将其降列为围绕着一团"中央火"旋转的众多星球之一。菲罗达斯之徒利西帕斯认为，星星的起源归因于物质随宇宙旋转运动的吸引，继续运行而燃烧与聚结所致。利西帕斯之徒、专门从事巴比伦知识研究的德谟克利特在阿夫季拉，形容银河为众多小星的汇合，并谓天文史是无数宇宙发生周期性冲击及毁灭的总结。奥诺庇德斯在希俄斯发现地球轨道的倾斜。公元前 5 世纪，几乎在每一个希腊属地都可以看见在

[1] 月牙是由两个交叉圆周的半圆所形成的类似月亮的图形。

一个无科学仪器可言的时代中诚属难能可贵的科学发展。

但当阿那克萨戈拉也想在雅典致力于类似的工作时，却发现当地人民与议会对自由探讨学问满怀敌意，其仇视程度犹如伯里克利令人鼓舞的友情一样。在约公元前 480 年，他自克拉佐曼纳来到雅典，年方弱冠。他对阿那克西米尼的星球研究非常入迷。因此，当有人问他生命的目的时，他回答说："太阳、月亮及天体的探索。"他为了绘制地球及天空图而倾家荡产，在此同时，他所撰写的《论自然》（*On Nature*）一书，被雅典知识界称誉为那个世纪最伟大的科学著作。

《论自然》是继续伊奥尼亚学派的传统与推论。阿那克萨戈拉说："宇宙开始时是由各种太初（*Spermata,* diverse seeds）所组成的混沌世界，'精神'（*nous*，mind）充塞其间，'精神'极少属于物质的，与我们人类的生命和活动的来源极为相近。"正如同我们的心智约束我们的行动，"宇宙精神"（World Mind）整饬太初，将它们纳入"漩流"[1]，并引导它们趋向组织形态上发展。这一漩流将太初分为"四行"——火、空气、水、土，并且将世界分隔为两个旋转层，外层为"以太"（ether），内层为空气。由于这种激烈旋转的运动，周围猛烈的"以太"将石块撕离地球，并将其点燃成星星。太阳和星星为无焰燃烧的岩石团。他说："太阳是一个比伯罗奔尼撒半岛大许多倍的赤热团。"当它们的旋转劲势削弱时，外层的岩石落在地球上，成为陨石。月球是一个发白热光的固体，表面上有平原、山岳及峡谷。它从太阳那里接受光，而且在所有天体中，月亮最接近地球。当地球介于中间时，发生月食，月球介于中间时，发生日食。可能其他星球像地球一样有人居住，那里的人有组织，也有其他动物，人口聚居在市镇，而田野有农作物，就像我们地球上的人一样。我们这个星球的内层或气体层，经过不断地凝结，产生了云、水、土、石。风是由太阳

[1] "漩流"（vortex）一词曾在阿里斯托芬的作品《云》（*The clouds*）中出现，其讥讽效果犹如苏格拉底的宙斯替代者那样宏大。

热产生的大气稀化的结果，雷霆是由云层冲击所触发，闪电是由于云层的摩擦。物质的质量永远不变，但是一切形态有开始也有幻灭，经过相当长的岁月，山将变为海。宇宙中各种形态与物体的形成，是因均态的构成分子的不断增长扩大所致。所有有机体起初都是由泥土、水分及热产生，然后由有机物自相繁衍。人类之所以能进化为万物之灵，是因为他能直立，空出手来把握东西。

这些成就——天文学的基础，日食、月食的正确解释，星系排列的合理假设，月球借光的发现，以及人类与动物生命的演进观念——使得阿那克萨戈拉顿时成为当时的“哥白尼”与“达尔文”。假如他在解释自然与历史现象时，未疏忽他的“精神”，雅典人可能会原谅他这些深入的科学观察。他们可能怀疑他这“精神”，像欧里庇得斯在故事中安排峰回路转的神力（*deus ex machina*）或奇遇情节，是用来挽救作者自己的老命。亚里士多德说，阿那克萨戈拉无处不在探寻自然现象的解释。一只独角公羊被带到伯里克利面前，占卜者把它解释为神异之兆，阿那克萨戈拉却叫人将羊头劈开，发现大脑不是生在头盖骨两边，而是向上向中间生长，因此长出了独角。他用自然现象解释流星，并将许多神话人物贬降为人物化的抽象表征，开启知识浅薄者的心窍。

雅典人一度对他非常优容，仅称呼他为“精神”。伯里克利那善于煽动的政敌克里昂找不到其他方法来打击他的声望，于是正式控告阿那克萨戈拉对神不敬，说他曾将太阳（当时的希腊人仍信奉为神）形容为着火燃烧的一堆石头，而且冷酷无情地追根究底。尽管有伯里克利勇敢地为他辩护，这位哲学家最终还是被判有罪。[1] 阿那克萨戈拉不想被毒芹做的毒药毒死，于是逃奔到达达尼尔海峡的兰波索斯（Lampsacus），在那里以教授哲学为生。[2] 当消息传来，说雅典人已判

[1] 约公元前 434 年。另有一说法认为，该案的审理于公元前 450 年举行。

[2] 根据另一则不同的说法，他被囚于雅典，当伯里克利安排他逃脱时，他正等待被毒芹毒死。

他死刑时，他说："自然很久以前即已将他们和我一起判定了。"他数年后去世，享寿 73 岁。

雅典人在天文学方面的落伍情形从其历法中反映出来。希腊人没有通用的历法，各城邦有自己的一套。全希腊共有 4 种起算年份的方法，即使是月份名称，越过边界即不一样。雅典历法是按月亮计算月份，但按太阳计算年份。因为阴历 12 个月只有 360 天，为使其日历配合太阳及季节，因此每隔一年增加一个月。但由于这样又使每年多出 10 天，梭伦将月份的半数改为 29 天，其余一半月份为 30 天，每月分为 3 个星期，每星期 10 天（偶尔为 9 天），每年仍有 4 天多余，希腊人每隔 8 年去除 1 个月。经过这样令人难以置信的迂回算法，终于使一年达到 365.25 天。[1]

与此同时，地理学也有相当进展。阿那克萨戈拉将每年一度的尼罗河泛滥，正确地解释为由其上游依索匹亚春天化雪及春雨所造成。希腊地质学家将直布罗陀海峡的形成归因于大地震，爱琴群岛由于海下沉所致。在约公元前 496 年，吕底亚的桑索斯推测，地中海与红海原先在苏伊士连接。埃斯库罗斯同意当时一般人的看法，认为西西里岛是地动将其从意大利分裂开。卡利亚的西拉克斯（Scylax，公元前 521—前 485 年）探测了地中海和黑海的全部海岸。似乎没有希腊人能像伽太基人汉诺（Hanno）那样敢于航海探险，他曾率领一支 60 艘船的舰队，穿越直布罗陀海峡，下到非洲西海岸约 2600 英里（约公元前 490 年）。公元前 5 世纪末，地中海地区的地图已在雅典普遍使用。据我们所知，虽然帕特农神庙的曲线显示出对光学的相当知识，但其在物理方面的发展非常落后。至公元前 450 年，毕达哥拉斯派宣布，希腊人的科学假设中，最具永恒价值的要算"物质是由原子构成"。恩培多克勒以及一些其他人曾论述：人类是由较低级的生命

[1] 希罗多德曾叙及埃及人较优越的历法。希腊人采用埃及的日晷及亚洲的漏壶，作为计时器。

形态进化而来，并且人类从野蛮进化到文明的过程是缓慢的。

希波克拉底

理性医学的兴起，是伯里克利时代希腊科学发展史上具有重要意义的大事。即使在公元前 5 世纪，希腊人的医学大部分是与宗教纠缠在一起，治病仍然是由“医药之神”阿斯克勒庇俄斯庙里的祭司负责。他们所使用的是经验诊断加上拜神仪式与符咒的混合疗法，触发并消除了病人的幻觉，也可能使用催眠术及某种方式的麻醉。俗人医师与祭司医师相竞争。虽然双方都宣称阿斯克勒庇俄斯为其鼻祖，但俗人医师拒绝求助神力，承认不能凭奇迹治病，这样慢慢将医学导入正轨。

世俗医学在公元前 5 世纪的希腊分为 4 大派：小亚细亚的科斯和克尼都斯，意大利的克罗托那，及西西里岛。阿克拉加斯的恩培多克勒是半哲学家半奇人，在医学上，与理性医学执业者阿克翁同享崇高的荣誉。早至公元前 520 年就有出生于克罗托的医生德莫塞德斯（Democedes），他曾在埃伊纳、雅典、萨摩斯岛及苏萨等地行医，并为大流士王与阿尼沙王后治过病。晚年他返回故乡，在那里度过余年。毕达哥拉斯学派也在克罗托那出了一些在希波克拉底之前最出色的医生。阿尔克曼一直被称为真正的希腊“医学之父”，但是他显然只是其肇端年代渊远不可考的世俗历史中一个较晚期的名字。公元前 5 世纪初，他曾撰写了一本《论自然》（*On Nature*）——这是当时希腊人讨论一般性自然科学时的常用名称。据我们所知，他是第一个找出视神经与由中耳通至咽喉的欧氏管（Eustachian tubes），解剖动物，解释睡眠时的生理状态，认定脑为思想的中枢器官，而且精确地将健康解释为身体各部分组织处于和谐状态的希腊人。在克尼都斯，最著名的医生是欧里弗伦（Euryphron），他编纂了一本医学摘要——《克尼都斯摘录》（*Cnidian Sentences*）——而见知于世，说明胸膜炎

(pleurisy) 为肺病，将许多疾病归因于便秘，而且成为妇科名医。科斯与克尼都斯两大医派之间发生不愉快的争执。克尼都斯派不赞成希波克拉底以一般病理症状作“预断”(prognosis)，即根据症状对病症的经过和结果所作的预断，而坚持将各种病症详细分类，然后予以对症下药。结果，出于明智的抉择，许多克尼都斯派医生遵循《希波克拉底文集》(*Hippocratic Collection*) 所指导的方向。

我们从苏伊达斯所撰写的简本《希波克拉底传记》中知道，他是当时的杰出医生。他出生在科斯，与德谟克利特同年，虽然彼此的家相隔甚远，他们却成为莫逆之交，或许这位号称为“笑面哲学家”的德谟克利特对医学的世俗化也曾有一分贡献。希波克拉底是一名医师之子，在成千上万前来科斯取温泉水的病患与游客人群中长大及行医。其老师是色里布利亚的希罗底库斯 (Herodicus)，老师训练他，让他给病人多用食物与运动而少用药物治疗。马其顿王波底克斯 (Perdiccas) 与波斯王阿尔塔薛西斯一世曾接受他的诊治，可见其声誉之隆。公元前 430 年，雅典派人请他来遏止大瘟疫的蔓延。他的好友德谟克利特笑他老不死，这位伟大的医生谢世时享年 83 岁。

古代医学文献中没有比被认为由希波克拉底所编辑的论文集，搜罗更为详备的著作。文集中有供医生研读的教科书、家庭医疗指导、对学生的演讲稿、研究与观察心得报告、重要诊断临床记录，以及诡辩家就医学的哲学或科学方面所发表的论文。其 42 件临床记录，为此后 1700 年中所仅有的范例。这些记录说明 60%的病例因药石罔效而死亡，记载非常忠于事实。文集中仅有 4 篇为一般人承认是出于希波克拉底的手笔:《箴言》《症状判断》《急性疾病之摄生疗法》及《论头部伤口》。《希波克拉底大全》的其余部分都是别人撰写，作者自公元前 5 世纪至公元前 2 世纪皆有。文集中也有不少胡诌的作品，但其情况不会比将来的人发现今天的论文与史料更为荒诞不经。多数材料是断断续续从零星片断中收集而成。在《箴言》中有一句名言：“艺术非一朝一夕之功，而时光飞逝。”

希波克拉底和其后继者的历史任务，是将医学从宗教与哲学的束缚中解脱出来。偶尔，像在《急性疾病之摄生疗法》中建议用祷告帮助治疗，但是文集中绝大多数都是坚持依赖理性疗法。在《神圣疾病》的论文中，直接攻击疾病由神所引起的理论。所有疾病，作者认为皆有其自然原因。一般人认为是着魔的癫痫症也不例外："人们仍旧相信此病起因于神，是由于他们对其茫然无知……江湖郎中和庸医对其束手无策的情形下，躲藏在迷信后面。将'神圣'两字加在此病头上，为的是掩饰自己的愚昧无知。"希波克拉底的思想属于典型的伯里克利时代精神——富于幻想但切合实际，痛恶神秘，厌倦神怪，认识宗教的价值，但极力以理性的观点来了解世界。诡辩学派的影响力可以在这医学解放运动中感觉到。事实上，由于哲学强力地左右了希腊的治疗法，科学不得不为扫除障碍而与哲学和神学两面作战。希波克拉底坚持认为，哲学理论不容有在医学上立足的余地，治疗必须凭借对各个病例与实际状况的仔细观察及正确的记录。他并没有确切地体会到实验的价值，但决心接受经验的指导。

希波克拉底派医学受到哲学影响的是其曾名噪一时的"体液"（humors）之说。希波克拉底说，人体是由血液、黏液、黄胆汁及黑胆汁所组成的。当一个人的体内这四液的比例适当而调和，他就能享受最佳的健康，疾痛是由于其中一液不足或过多，或与其他三液隔离所致。这项理论比任何其他古代的医学假说更为持久，直到上一个世纪才被放弃，或许因转变为今天的荷尔蒙或腺分泌而得以延续。因为"体液"的功能被认为受气候与饮食的影响，而希腊当时最流行的疾病是感冒、肺炎及疟疾。希波克拉底曾就空气、水、环境与健康的关系，撰述了一篇简短的论文。"人可以大胆地使自己暴露于寒冷，"他告诉我们，"但是饭后或运动以后却例外……不让身体受冬天的寒气冻一冻，是不好的。"这位科学化的医生不论定居何处，他总要研究气候、时令、饮水及土壤对当地人口的影响。

希波克拉底派医学的最大弱点是其诊断方法。他们显然不摸脉搏，测量体温用简单的触觉，听诊用直接方法。他们了解疥癣、眼炎及肺结核是传染病。《希波克拉底大全》中对于下列病症有极为卓越的临床诊断：癫痫、传染性腮腺炎、妇产败血症、每日热、间日热、四日热。但未曾记载天花、麻疹、白喉、猩红热、梅毒，也未提及伤寒症。《急性疾病之摄生疗法》因倡议先期征候诊断及防治疾病于未然，而促进了保健医学。希波克拉底特别偏爱“预断”：他认为一名好医生应该从经验中学习观察各种身体状况下的征候，并且须能于发病初期预测病情可能发生的变化。多数疾病到达严重阶段时，若不能予以治愈，就可夺走病人的生命。对危险期的准确推算，是希波克拉底理论的特征要素。假若在危险期中身体本身产生的热能克服病原体，并将其排泄掉，病即可痊愈。诊疗时，本能——体力与体质——为主要治疗手段，医生所能做的只是排除或减少对这种本能防御与复原功能的障碍。因此，希波克拉底派的治疗很少用药物，而主要凭借新鲜空气、催吐、坐药、灌肠、吸器放血、抽血、热敷、涂药膏、按摩及水疗法。希腊医生用药多属净化剂。皮肤病以硫黄浴及涂敷海豚肝油治疗。“过一种健康生活，”希波克拉底建议说，“这样除了传染病或意外伤害外，你不容易得病。假如不幸得病，适当摄生疗养，最能使病体复原。”如病人身体状况许可，医生常让其停食，因为“越营养病体，越对它们不利”。一般情形下“人应该每天只吃一餐饭，除非他的肚子太干枯”。

解剖学与生理学在希腊也稍有进步，这点成就多归功于卜卦时研究动物内脏的心得。被收辑在希波克拉底文集中的《论心脏》小册子，曾描述心室、大动脉及心瓣。塞浦路斯的塞内西斯（Syennesis）与克利特的第欧根尼曾著文讨论血管系统，而第欧根尼还了解了脉搏的意义。恩培多克勒认识到心脏是血管系统的中心，并认为心脏是将重要呼吸（可能是氧气）经过血管而输送至身体每一部分的一个器官。《希波克拉底大全》继续阿尔克曼的研究，认定脑是知觉与思想的中心，“通过脑，我们思想，眼看，耳闻，辨别丑与美、好与坏”。

外科手术大多数情形下仍然属于资深的普通医生所做的非专门工作，虽然军队有外科医生的编制。希波克拉底的文献中叙述切锯手术，而治疗肩骨或颚骨脱臼的方法，除了没有麻醉剂外，其他都合乎“现代化”。雅典阿斯克勒庇俄斯庙的一块贡碑（votive tablet）上刻着装有全套外科器具的折叠包。埃皮达鲁斯的小博物馆为我们保留下来古代的外科工具，其中镊子、探针、小刀、导尿管及反光镜，大致像今天所用的，某些雕像显然在示范减少髋关节脱节的方法。希波克拉底的《论医师》（“On the Physician”）一文中，对手术室的准备、自然与人工光线的布置、手的清洁、器具的保养与使用、病人的位置、伤口的包扎等，都有详细的说明。

从这些及其他资料中，我们可以清楚地看出，希腊医学到了希波克拉底时代，不论在技术上与社会上都已有长足的进步。在他以前，希腊医生从这城奔到那城，像当时的智者学派或现代的传教士，视工作需要而迁徙。在希波克拉底时代，他们定居下来，开设“医疗处”或办公室，看门诊或出诊。女医师为数甚多，通常给她们的同性看病。她们之中部分曾就有关皮肤与头发的保养问题，发表权威性论文。政府并不对想执业的医师举行公开考试，但要求被认可的执业医师提供学徒或受业的及格证明。各城邦政府借雇用医师从事公共卫生与保健工作及给予贫苦民众免费治疗，而推广私人医学，使医学社会化，像德莫塞德斯这样第一流的由政府聘请的医师，年薪达 2 塔伦（1.2 万美元）。那时候当然也有庸医，以及像任何时期的情形一样，有数不尽的滥竽充数的江湖郎中。医师这一行，像其他时代一样，受到少数庸劣或不肖之徒的牵累。希腊人和其他民族一样，关于庸医的笑话之多，犹如男女婚姻方面的逸闻。

希波克拉底以强调医德来提高其职业地位。他既是医科老师，也是从业医生，人们认定由他首创的医师誓约，是用来确保学生对教师的忠诚的。[1]

《希波克拉底誓约》

本人在医神阿波罗和阿斯克勒庇俄斯、健康女神希吉亚（Hygiaea）、医疗之神潘那西（Panacea）以及所有神和女神之前宣誓，以他们为我的见证，我愿尽我的能力与判断，践履本誓约与契约。对待我们的业师如我自己的父母一样。以他为我生活上的伙伴，他若需钱，与他共享。视他的子嗣为我的兄弟，如他们愿意学习，我完全有义务教导他们。我们的信条、口述和所有其他知识，除我自己的儿子、老师的儿子及曾立下医师誓约与契约的学生外，不传授给任何其他人。我愿尽我的能力与判断，用医疗帮助病患，但决不用来伤害人及用于不正当目的。我决不受人要求去毒害任何人，也决不建议人这样去做。我同样不用子宫环为妇女避孕。我将使我的生命和技艺保持纯洁而神圣。我决不用刀伤害患者，即使是结石病，也让从事结石治疗的专家去做。不论进入任何人的住宅，我将帮助病患，我决不故意做错事与伤害人，尤其不摧残男人或妇女的身体，不论他们是奴隶或自由人。不论我在执业时，还是工作以外与人接触中，所见所闻，只要不应对外揭露，我决不宣泄，而将其视作神圣的秘密予以保守。现在假如我实践了本誓约而未曾违背，愿我在众人中为我的生命和技艺获得永远的荣誉，但是，假若我背弃誓约，愿相反者降临在我的身上。

医师，希波克拉底补充说，应该保持个人的整齐清洁，适宜的仪表。他必须永远保持冷静，必须使自己的举止能触发病人的信心。他

[1] 这项誓约也可能源于希波克拉底学派，而非出自大师本人，但据1世纪厄洛提安（Erotian）的说法，是希波克拉底亲自手订。

必须：

> 谨慎检点自己，而且……仅在绝对必要时才说话……当你进入病人的房间时，须注意坐姿、保持拘谨、整饬衣服、说话肯定而简洁、安详，除仪态外，还须自制，要求人静肃，而且随时准备做应做之事。……我希望你们不可太严苛，但必须仔细地衡量病人的经济能力。有时候你应该免费为人服务。假如有机会为陷入贫困的陌生人服务，应尽力予以协助。因为人有爱，我们的技艺亦有爱。

假若医生除了具备这些之外再研读及运用哲学，他就能成为理想的医生，因为“一名酷爱知识的医生，堪与一个神并驾齐驱”。

希腊医学在其各医学创始者之前1000年中，未曾显示对埃及的内外科医学发生重大影响。就医学专精方面，希腊人似乎不如埃及人。从另一角度看，我们必须对希腊人表示崇高的敬意，因为在19世纪我们的时代以前，他们的医学理论与实际应用一直为人们沿用而未有重大改革。大致说来，希腊人在科学上已经做到，在没有观察与精密仪器及没有实验方法的环境下所能完成的。若未受到宗教的干扰及哲学的打击，其成就可能更大。正当许多雅典年轻人满腔热诚地从事研究天文学和比较解剖学，其科学上的进步因反启蒙主义者的立法、阿那克萨戈拉、伯里克利的情妇阿斯帕西娅以及苏格拉底的骚扰而受阻。在此同时，苏格拉底与诡辩学家著名的自外面的世界至内部的世界、自物理至伦理的“大转向”，将希腊人的思想从自然的问题与进化引入形而上与道德上的问题。在希腊人迷恋于哲学之际，其科学停止向前达一个世纪之久。

第六章 | 哲学与宗教之间的冲突

唯心论者

伯里克利时代在思想的多元化与紊乱上以及其对每一传统准绳与信仰的考验情形，是和我们的时代相像的。但是其哲学观念的繁多与规模，以及他们辩论时的情绪热烈程度，没有一个时代可与伯里克利时代相比拟。今天让人激动的问题，无不曾在古雅典喧腾一时，而且言论自由而激烈，除了年幼者，整个希腊都为之骚动。许多城邦——尤以斯巴达为最——禁止公开谈及哲学问题，阿特纳奥斯说："担心因而引起猜忌、纷争、无益的辩论。"但是在伯里克利时代的雅典，哲学的"丰饶趣味"深深地吸引了知识阶层，有钱人以法国启蒙运动的方式敞开他们宅第和"沙龙"，哲学家受到上宾的礼遇，机巧的辩论像奥林匹克运动会中的精彩技击那样被人喝彩。当公元前432年刀枪之战加入了唇舌之战，雅典人的心情由激动变为沸腾，一切思想与判断的冷静随之化为乌有。这种情绪的沸腾，自苏格拉底殉道后曾消退了一些，或由雅典扩散到希腊其他地区。甚至躬逢其盛的柏拉图，在这项新运动经历60年之后，也为之心力交瘁，倒羡慕埃及思想的不可侵犯的正统性与相当的安定性。文艺复兴时代以前，再也见不到这种热情。

柏拉图使由巴门尼德开始发展的一股思想洪流达到高潮，他与巴门尼德的关系，犹如黑格尔与康德的关系，他虽然四处散发猛烈的抨击，但从未中止对这位形而上学之父的尊敬。公元前450年，意大利西海岸的一座埃里亚小镇，开始了欧洲的唯心主义哲学，而且发动了历经此后每一个世纪对抗唯物主义的战争。[1]知识的奥秘问题、本体与现象、不可见的真实与不真实的可见之间的区别，被投入欧洲思想的锅炉。这一锅炉在那里沸腾，经希腊、中世纪而至康德，它将在一次哲学革命中再度爆炸。

正如康德为休谟所“促醒”，巴门尼德是被色诺芬引入哲学的。他也许是在心灵上受到色诺芬宣言激励的人之一，色诺芬在宣言中指称，诸神是杜撰的，只有宇宙与上帝结合一体是真实的。巴门尼德也曾随毕达哥拉斯派学习，感染了他们对天文学的爱好。但是他未曾让自己迷失在“星际”中。像大多数希腊哲学家那样，他的兴趣在生活与政治上的事务，埃里亚政府曾委任他为其制定法典，完成后深受该政府的欣赏，要求地方官员自此以后审理所有讼案都须以该法典为依据。可能作为繁忙生活中的消遣，他作了一首《论自然》（*On Nature*）的哲学诗，现在遗留下来的尚有160节，足够让我们为巴门尼德未曾写散文而感到遗憾。这位诗人眼睛闪烁着光彩，宣布说一位女神曾交给他一份启示录：万物都是一体的，运动、变化与发展不是真实的——是表面、矛盾与不可信赖的感官的幻象；在这些浮现的现象下，存在着一个不变、均质、不可分、不可化及静止的“太和”（unity），即是唯一的“存有”（the only Being）、唯一的“真理”（the only Truth）及唯一的上帝（the only God）。赫拉克利特说万物皆变化，而巴门尼德则认为万物皆永不变化。有时候他像色诺芬，说“仅有”（One）即是宇宙，并且称其为球状而有限的，有时又以唯心主

[1] 印度人很久以前即发现这一问题，而且一直保持巴门尼德派思想至最后；或许《奥义书》（《吠陀经》的一部，讨论人与宇宙的关系）中的反感觉论经过伊奥尼亚或毕达哥拉斯而传至巴门尼德。

义者的观点视“存有”为“思想”，而且高唱：“‘有’即为‘思想’与‘存有’。”似乎在说，对于我们，事物的存在仅限于我们所能感觉到的。始与终、生与死、形成与毁灭只是形式，“真正的仅有”（the One Real）永不开始也永不结束，没有“成为”（Becoming）只有“存有”。动也不是真实的，而是将事物从其存在处移向太虚的过程。但是太虚（empty space）——“不存有”（Not Being）——根本没有空隙，宇宙每一角落皆充塞着“仅有”，而且永远是静止的。[1]

指望人们耐心地听所有这一切，是不可能的。显然，巴门尼德的宇宙静止论成为形而上论战中的众矢之的。巴门尼德那位敏慧弟子、埃里亚人芝诺试图告诉人们多元性与运动性的观念，至少在理论上和巴门尼德的不运动“仅有”同样的不可能。为运用诡辩技巧及欢娱当代青年，他曾出版了一本似是而非的著作，共流传下来 9 篇，其实只要有 3 篇已足够。芝诺说：第一，一个人为了前往甲点，必须经过赴甲点中途的乙点，为了到达乙点，必须经过通往乙点中途的丙点等，以至永无穷尽。因为这一连串无穷尽的运动需要无穷尽的时间，任何人在有限的时间内运动到任何一点，是不可能的。第二，与前者不同，跑得快的阿喀琉斯永远不能超越悠闲的乌龟，因为当阿喀琉斯到达乌龟已经到达的一点的同时，乌龟已越过那一点。第三，飞行中的箭事实上是静止的，它飞行中的任何一刻，仅仅是空间中的一点，而空间是不运动的，其运动，不论对于感觉是多么真实，按逻辑是超出形象的不真实。[2]

芝诺在约公元前 450 年来到雅典，可能是随同巴门尼德一起来

---

[1] 这一论点颇耐人思量。但我们如果说一张桌子是静止的，虽然它是由“人们告诉我们的”最活跃的“电子”组成，则几乎接近巴门尼德的想法。巴门尼德所看到的宇宙犹如我们所看到的桌子，电子能见到的桌子就像我们看到的宇宙。

[2] 对于这些似是而非的问题的讨论，自柏拉图流传至罗素，而且只要文字依然混淆不清，它们仍将继续下去。驳斥这些困惑问题的论断认为“无限”（infinte）是一件“物”，而不仅仅是表示心灵不能想象的绝对尽头的一个词；时间、空间及运动是不继续的，也是由个别的点或部分组成。

的，他能凭技巧将任何哲学理论贬为受嘲弄的对象，而将敏感的雅典弄得满城风雨。泰门（Timon）形容他说：

伟大的芝诺，他，
不论人说什么，
都能把正的说成反的。

这个前苏格拉底时代惹人嫌的哲学家是（相对而言，由于我们昧于过去的历史，不得不作此引述）“逻辑学之父”。至于巴门尼德，欧洲人认为是“形而上学之父”。斥责芝诺的辩证法的苏格拉底，热烈地仿效辩证法的运用，以致人们为了求得精神上的安宁，不得不处死他。芝诺对怀疑论者的诡辩派哲学家具有绝对的影响，结果他自己的怀疑论受到庇罗（Pyrrho）与卡尼阿德斯（Carneades）两位哲学家的尊崇。当其晚年，已成为一个“大智饱学”之士，他抱怨说，哲学家对他年轻时候所作的知识上的戏谑太过认真。他最后一次的冒险行为送掉他的性命:他参加了推翻埃里亚暴君尼尔克斯（Nearches）的运动，因计划败露而被捕，受酷刑后被杀。他勇敢地承受痛苦，像是将他的名字立刻与主张坚忍的斯多葛派哲学联系在一起。

唯物论者

巴门尼德否定运动与变化，以反对赫拉克利特的流动而不稳定的形而上学，另一方面又以一元论反击后期毕达哥拉斯派的原子论。因他们曾将创立者的“数字之说”发展成一个理论：所有物体以其不可分单元的意义来说，皆由数所组成。当底比斯的菲洛劳斯补充说“一切事物都由于需要与调和而发生”时，希腊哲学的原子论派的基本工作已准备妥当。

约公元前 435 年，小亚细亚米利都的利西帕斯来到埃里亚，并且在芝诺门下受业。或许就在那里，他听到了毕达哥拉斯派的数量原子论，因为芝诺很多微妙的、似是而非的论点，是针对这种多元论而发的。利西帕斯终于在伊奥尼亚的色雷斯一个繁华殖民地阿夫季拉定居下来。他亲自教授的哲学，仅有片断遗留下来："事情的发生不会没有理由，凡事的发生一定有其原因，有其需要。"利西帕斯研究"太虚"的观念，或许是为了答复芝诺与巴门尼德的问题。他希望借这种方法使运动在理论上成为可能，并且使其在感觉上成为真实的。宇宙，利西帕斯说，包含着原子与空间，此外别无他物。旋转着的原子，借自然力排列成一切物质的原形，物以类聚，星球与星星由此而生。所有东西，甚至人的灵魂，都是由原子组成。

德谟克利特和利西帕斯共同研究原子论哲学，使其成为完整的唯物论，他是利西帕斯的弟子或同事。据说，他从父亲那里继承了100塔伦（60万美元），这笔钱他大部分用于旅行。未经证实的故事说他曾远游埃及、伊索匹亚、巴比伦王国、波斯及印度。"在我的同时代人中，"德谟克利特说，"数我走过的地方最多。为了搜求最偏远地方的事物，我曾历经了许多国家和气候，曾接触过许多思想家。"[1] 他在底比斯停留相当久的时间，使自己有足够时间接受菲洛劳斯的数量原子论。他花完钱之后便成为哲学家，生活俭朴，专心致力于研究与沉思。他曾说："我宁愿（在几何学上）发现一项证明，而不要波斯的王座。"他是一个很谦逊的人，他避免与人辩证和讨论，未曾创立学派，在他停留雅典期间，没有使自己见知于那里的任何一位哲学家。第欧根尼曾开列了一长串他的著作，包括数学、物理、天文、航海、地理、解剖生理、心理、心理疗法、医学、哲学、音乐以及艺术。色拉鲁斯称他为"五项全能"哲学家，而另一些和他同时代的人封他一个大智者的称号。他的领域与亚里士多德同样浩瀚，他的风格和柏拉图的一样受到崇高的赞美。培根始终称颂他是古哲学家中最伟大的

[1] "对于睿智而善良之士，"他写道，"以整个世界为其祖国。"

一位。

像巴门尼德一样，他是以批评感知（senses）起家。作实际用途时，我们可以信赖感官，但是当我们开始分析其迹象，我们发现自感官所触及的颜色、温度、香味、酸、甜、苦、辣以及声音的一层之后，逐渐远离世界的外层，这些“第二重秉性”（secondary qualities）存在于我们自身或领悟的总过程之中，而不是在客观的物体上。在无耳的世界中，树木倒下来不发声，而海——不论其浪涛多么汹涌澎湃——不呼啸。“感觉上，甜是甜、苦是苦、热是热、冷是冷、颜色是颜色，但事实上，只有原子和空间。”因为感官只给予我们朦胧的知识或观念，真正的知识的由来仅能凭借观察及思想。“确切地说，我们一无所知。真理隐藏在深处……我们所知道的都不是确定的，只是由我们体内自然力冲击而产生的变化。”所有感觉皆由于物体散发原子而照射在我们感官上所致。所有感知都是接触的形式。

构成世界的原子，其形状、大小以及重量皆不同，全部都有下坠的趋势。在由此形成的旋转运动中，同类原子相聚集，因而产生星球与星星。没有智慧引导原子，没有恩培多克勒的“爱”或“恨”去区分它们，而是由内涵的本能支配一切。没有“机遇”（chance），“机遇”只是用来掩饰我们无知的借口。物质的量永远不变，物质既不能被产生，也不能被消灭，只有原子的组合会改变。但是，形式是无数的，即使是宇宙的形式也可能属于“无穷”数，在绚丽灿烂中形成并消失。有机物起源于潮湿的泥土。人类身上的每一部分皆由原子构成，构成灵魂的原子，细小、光滑而圆润，像火的原子一样。精神、灵魂、重要的热力、重要的精髓（vital principle），都是同样的东西，不限于人或动物，而是散布在整个世界，在人类与其他动物身上有我们认为分布全身的精神原子（mental atoms）。[1]

---

[1] 罗马哲学家、诗人卢克莱修认为“伟大的德谟克里特”是精神物理学的平行论者，因为他设计出成双置列的肉体原子与心灵原子——这两种原子联结而组成身体。

不过，构成灵魂的这些精密的原子，是身体中最高贵、最神妙的一部分。智者培养思想，使自己不受制于热情、迷信及恐惧，而且从冥想与领悟中追寻人类生活里所能获得的最平凡的幸福。幸福不来自外在的物质，一个人“必须习惯于反身自求其快乐的源泉”。“精神修养优于财富……没有权势、没有金钱能胜过我们知识的扩张。”幸福是间歇性的，而且“声色之娱只能给予人短暂的满足”，人若能获得内心的平静与宁谧、真正的欢愉、节制以及生活上某种程度的秩序与和谐，其所能达到的满足则较为持久。我们可从动物那里学习许多东西——“向蜘蛛学习抽丝结网，向燕子学习筑窝，向夜莺与天鹅学习歌唱”，但是“体力的可贵仅限于动物，而性格的力量在人身上才弥足珍视”。因此，德谟克利特在其令人非议的形而上学之上建立一套最堂皇的伦理学。“良好的行为不应该出于强迫，而必须基于信心，不是为了希望获得报酬，而是为了自己好……一个人独自暗地里做坏事，要比在众目睽睽之下为恶，更应该感到羞耻。”

他以自己活到 109 岁（有人说只活到 90 岁）来说明其座右铭，并证实其规诫。第欧根尼告诉我们，当德谟克里特在群众前宣读其重要的作品《伟大世界》（*Great World*）时，阿夫季拉城赠送给他 100 塔伦（60 万美元），但很可能阿夫季拉城已经贬低其币制。当人问到他长生的秘诀时，他说他每天吃蜂蜜，并用油沐浴。后来在他觉得活得够长的时候，他每天减少食量，决心慢慢地饿死自己。“他的岁数实在活得够大，”第欧根尼说，“而且看来奄奄一息。他妹妹担忧他会在农业及婚姻女神德墨忒尔节期间去世，而使她不能参加祭奠。他告诉妹妹不要发愁，要她每天给他送些热面包（或少量蜂蜜）。把面包放在他鼻孔前，他撑过了这个节日，当三天过去之后，他毫无痛苦地结束了他的一生，据希帕库斯告诉我们，他活到 109 岁。”

他的城邦为他举行国葬，莎士比亚的《雅典的泰门》（*Timon of Athens*）一剧曾赞美他。他未曾创立学派，但是提出了最著名的科学假设，并且建立了一个哲学体系，虽然受到每一个其他哲学派系所非难，但是比它们更能维持久远，而且在每一个时代中都重新出现。

恩培多克勒

唯心论攻击感官，唯物论攻击灵性。前者什么都解释，就是不解释物质；后者除了精神，什么都说。要综合这种各对一半的说法，必须找出一些能中和结构与成长、物质与精神的动态原则。阿那克萨戈拉从宇宙的“精神”中探求这种原则，而恩培多克勒则在促进进化的自然本能中去寻找。

这位阿克拉加斯的多才多艺的哲学家，在马拉松战役那年出生在一个富裕家庭，在酷爱马赛的环境中成长，不像是在哲学方面有出息的人。他曾经跟毕达哥拉斯派学过一阵子，但由于他年少气盛，揭露了该派的若干神秘理论而被开除。他对轮回之说非常认真，而且充满着诗一般的感情宣布说：“前生前世我曾经是一个青年、一个少女、一棵花树、一只小鸟，噢！对了，曾经是一尾默默无声在深海里游泳的鱼。”他强烈反对以动物为食物，他认为这是同类相残的行为，因为谁知道这些动物是不是由人类转变而来？他相信，所有人都曾经为神，但是因为犯了某些猥亵而粗暴的罪过被贬谪为人。他在他的灵魂里感觉出自己生前神圣的本质。“从荣耀，从无限幸福中，我现在沦落地球，与凡人同浮沉！”由于他相信自己由神降生，他足履金鞋，身着紫袍，头戴桂冠，他在同胞面前自谦为“阿波罗的宠儿”，在朋友面前他才承认自己是神。他宣称具有超自然的力量，举行神秘仪式，而且以念咒祈求从另一个世界获知人类命运的秘密。他以念咒替人治病，而且治愈了很多人的病，全城有一半人相信他的话。事实上他是一名对医学颇多贡献、具有修养且善于心理治疗的医生。他是一名杰出的演说家。“他‘发明’了修辞原则，”亚里士多德说，“并将其传授给高尔吉亚，高尔吉亚又将其贩卖到雅典。”他是一名工程师，曾用抽干沼泽地及改变河道的方法，使塞里努斯人免受疫疠的侵袭。

他是一名勇敢的政治家，自己虽然是一名贵族，却领导群众起来反对贵族政治、拒绝独裁统治，而且建立了一种温和的民主政治。他是一名诗人，他所写的《论自然》与《论净化》(*On Purifications*) 诗篇非常优美，被亚里士多德与罗马公元前1世纪政治兼哲学家西塞罗列入第一流诗人之林，而卢克莱修更以模仿他的诗来表示对他的推崇。“当他参加奥林匹克运动大会时，”第欧根尼说，“他成为大家注目的对象，所以用不着说，没有人能够和他相提并论。”或许，他确实是一个神。

他所遗留下来的470行诗只能让我们概略知道他的哲学。他是一名折中主义者，而且发现每一学派中都有其哲学义理。他反对巴门尼德的完全抹杀感官论，认为每一官能都是“感知的途径”。知觉是由于从物体上面散发出的分子落在感官的“细孔”(pores) 中所形成，因此太阳光需要相当的时间才能射到我们身上。黑夜是因为地球遮住太阳光所致。万物皆由“四行”——空气、火、水、土——构成。推动“四行”的有两种基本力量，即吸引与排斥，“爱”(attraction) 与“恨”(repulsion)。由于这两种力量永无休止地结合与分离“四行”，产生了世界的万物与历史。当“爱”或结合的力量占优势时，物质变为植物，而有机体则渐渐进化为更高级的形态。正如同轮回将所有灵魂编织进同一部传记，因此实际上物种之间并没有明显的区别。例如，“毛发、树叶、鸟毛与鳞片都是属于同一类东西”。自然产生每一种器官与形态，“爱”将它们结合在一起，有时候结合成畸形物，因不能适应而毁灭，有时候则结合成有机体，能繁殖自己及适应生存的环境。所有较高级的品种都是由低级的品种进化而来。起先两性在同一体内，而后他们分开，渴望着与对方结合在一起。与这种进化程序相对立的是破坏的程序，“恨”或离析力量用破坏的程序摧毁“爱”所建造的复杂组织。渐渐地，有机体与星球又慢慢地恢复到越来越原始的形态，一直到万物又合并成为太初的混沌一团。这些进化与腐化的交互过程在部分或整体中，永无止境地进行着，结合与分离、“爱”

与“恨”、善与恶这两股力量，在生与死的广瀚的宇宙韵律中彼此斗争及谋取平衡。斯宾塞的哲学即源于此！

上帝在这一过程中居于什么地位他未曾说明，因为在恩培多克勒的作品中很难区分事实与隐喻、哲学与诗。有时候他把神看作天体本身，有时候看作所有生命中的生命或精神中的精神，但是他知道我们永远不能对基本与原始创造力量形成一个恰当的观念。“我们无法使上帝接近我们，让我们眼睛能看见、手能触摸到他……因为他身体上面没有人形的头部，肩膀底下没有胳膊。他既没有脚、膝，也没有任何毛发部分，什么都没有。他只有心灵，神圣而不可名状的心灵，以其迅捷的思想划过整个宇宙。”最后，恩培多克勒用一段富有哲理的老生常谈作为结论：

> 生长于人类肢体中的力量是软弱而有限的，种种忧患降临在他们身上，钝挫其思想，其劳碌的生命对死亡来说是短暂的。于是他们消逝了，像一阵烟升空而去，他们所梦想、所知道的只是各人飘荡在世界中所际遇到的一点点。然而他们都自我吹嘘已知道了全部。狂妄的蠢物！不论那是什么，非眼所能见，非耳所能闻，亦非人类的心灵所能想象。

他到了晚年时更明显地成为传道者与预言者，醉心于灵魂再生论，恳求他的同胞洗涤使他们从上天贬降下来的罪恶。深具释迦牟尼、毕达哥拉斯及叔本华的思想，他警告人类应该禁绝婚姻、生育、琐务。当雅典于公元前415年围困锡拉库萨时，恩培多克勒尽其所能地协助锡拉库萨人抵抗，因此触怒了极端仇视锡拉库萨的阿克拉加斯人。被其故城所逐后，他流亡希腊大陆，有人说他死于麦加拉。但是根据第欧根尼的说法，希波勃特曾告诉人，恩培多克勒将一名濒临死亡的妇女救活后，在这名妇女的庆生宴上突然失踪。据传说他曾跳进西西里岛埃伊纳火山口，这样他死后可以不留痕迹，因而证明他的神性。但是四行之一火（elemental fire）败露了他，火将他的铜鞋喷了出来，遗留在火山口的边缘上，像是明白表示他是凡人的标志。

诡辩学家

苏格拉底之前，所有伟大的希腊思想家中没有一个属于雅典城，只在他之后出了一个柏拉图，这一事实，对那些认为雅典即代表希腊的人确实是当头棒喝。苏格拉底与阿那克萨戈拉的遭遇表明，宗教的保守主义在雅典要比其属地更为强烈，属地由于地理上的隔阂使其能够脱离传统的约束。假若不是因为以四海为家的商业阶级的兴起及诡辩学家来到雅典，或许雅典人仍旧反启蒙主义，对其不容忍将达到愚昧的程度。

议会中的辩论、法庭上的审判、日益需要表面逻辑化的思维能力与清晰且能说服人的口才，以及在帝国主义社会的财富与好奇心的驱使下，应运而生的是伯里克利时期前所未见的事物——在文学、演说、科学、哲学、政术方面较高深的正规教育。这一方面的要求获得满足，不是因为设立了大学，而是因为流动学者的开馆授课，从这城走到那城，四处巡回讲学。有些人像普罗泰戈拉那样，称自己为“智者”(*sophistai*)，也即“智慧之师”的意思。这一称谓在当时的人看来，相当于我们现在的“大学教授”，并不含轻蔑的意味。直到后来宗教与哲学之间发生冲突，保守派攻击诡辩学派，而他们之中很多人的知识商业化更激怒了柏拉图，于是称他们为腐败的诡辩学家，使他们的声誉蒙羞，而这种意义一直沿用至今。或许一般民众对这些教师的出现，一开始似乎就不太欢迎，因为他们的逻辑与修辞教学收费很高，只有富人家才读得起，因此使有钱人在法庭打官司时占了便宜。事实上，较为著名的诡辩学家，像任何一行熟练的执业者，总是尽量向其客户索取报酬，这是在任何地方都通行的铁定法则。据说，普罗泰戈拉与高尔吉亚向每一名前来听课的学生收费 1 万银币（1 万美元)。但是比较不出名的诡辩学家所收取的学费比较合理，闻名全希腊的普罗迪科斯对向他求教的学生收取1—50个银币不等。诡辩学家中最著名的普罗泰戈拉，比德谟克利特早一代生于阿夫季拉。当他在世时，他比德谟克利特更出名、更具影响力，我们从他去雅典时所掀起的一阵狂热可以推测他的声誉之隆。[1] 即使不常以公正的态度对待诡辩学家的柏拉图也尊敬他，而且形容他为一个具有高尚品格的人。在柏拉图的对话录中，普罗泰戈拉所表现的要比年轻好辩的苏格拉底高明许多，在这里说话像诡辩学家的倒是苏格拉底，而普罗泰戈拉的言谈举止则像一个君子和哲学家，从不发脾气、从不妒忌别人的才华，对辩论从不过于认真，从不急于发言。他承认他教导学生对公私事务的判断力、井然有序的家事管理、辩论术及对政务的了解与治理。他为自己收取高额学费辩护说，他的规矩是，凡反对如数缴纳学费的人，他同意接受该学生在圣庙前郑重声明中认为合理的数目——这是为人师者怀疑神祇的存在的鲁莽做法。第欧根尼指责他是“给争论者装备诡辩武器”的第一人，这一指控将会使苏格拉底感到高兴，但是第欧根尼补充说：普罗泰戈拉同时也是第一个创立被称为苏格拉底式的辩论的人。这可能不会使苏格拉底感到高兴。

他创立了欧洲的文法与语言学，这只不过是他许多杰出的成就之一。柏拉图说，他曾论述词汇的正确运用，而且首先区分名词的三种词性，以及动词的若干时态与语态。但是他在这一方面的主要贡献——属于他而非苏格拉底的贡献——是他开始了哲学的主观论点（subjective standpoint）。他不像伊奥尼亚人那样留心事物，他更关心思想——如感觉、知觉、领悟与表达的全部过程。巴门尼德否定感觉能导致真理，而普罗泰戈拉和洛克一样，认为感觉是致知的唯一途径，并且拒绝承认任何先验——超感觉——的事实。普罗泰

[1] 普罗泰戈拉访问雅典的时间可能依次为公元前451—前445年、公元前432年、公元前422年及公元前415年。

戈拉说，找不出绝对真理，所谓真理只是由某些人在某些情况下所认定的，矛盾而冲突的主张对不同的人或在不同的时机中都同样是真实的。一切真、善、美都是相对而主观的；“人是衡量万物的标准——决定何者是，哪些是，决定何者非，哪些非”。以历史的眼光看来，当普罗泰戈拉宣布这项人本主义与相对性的简单原理时，整个世界开始动摇，所有已确立的真理与神圣原理为之碎裂，个人主义已知道如何抒发己见与人生观，以超自然思想为基础的社会秩序也面临分崩离析。

这一著名声明中所蕴含的影响深远的怀疑论，如果普罗泰戈拉暂时不应用于神学，或许仍然属于空论。当普罗泰戈拉在人缘欠佳的自由思想者欧里庇得斯的家中当着一群地方贤达之面宣读一篇论文时，第一句话就让整个雅典城骚动：“关于神祇，我不知道他们是否存在，或长得什么样子。许多事物无法让我们知道：主题太暧昧，而我们的生命又如此的短暂。”雅典议会为这一段不吉祥的开场白所震惊，因而驱逐普罗泰戈拉出境，下令所有雅典人交出任何有关他的著作，并将其焚毁于闹市中。普罗泰戈拉逃往西西里，故事告诉我们，他溺死于途中。

莱昂蒂尼的高尔吉亚继续实行他具有革命性的怀疑论。不过他机警，将他一生的大部分时间消磨在雅典以外的地区。他的事业是哲学与希腊政治的典型综合体。他生于公元前 483 年，跟随恩培多克勒学哲学和修辞学，后来成为西西里非常著名的演说家与演说教师，因其表现杰出而于公元前 427 年由莱昂蒂尼政府派为驻雅典大使。公元前 408 年，他在奥林匹克运动会上所发表的演说吸引了广大的群众。他在演说中呼吁征战不休的希腊人应该在彼此之间谋取和平，以团结与信心对付已经恢复力量的波斯。他周游于各城邦之间，以演说的方式阐述他的思想。词藻华丽，观念与语法讲究对比，语体亦诗亦文，非常优美，因而颇能吸引学生，他们为修一门课程而甘愿花费 1000 银币。他的《论自然》想证明三项惊人的命题：(1) 没有任何事物存在；(2) 假若有事物存在，那它是不可知的；(3) 假若有事物是可知的，其知不可能由甲转达给乙。[1] 除此之外，高尔吉亚没有其他作品遗留下来。他在希腊各城邦讲学时曾受到优渥和礼遇，并赚了不少的金钱，后来定居于色萨利，而且非常想得开，在死前花费掉其庞大财产的大部分。各方面的资料都确凿地告诉我们，他至少活了 105 岁，而且据一名古代作家说："高尔吉亚虽然活到 108 岁的高寿，他的身体并未因老迈而衰退，至临终前依然精神矍铄、健康如恒，和年轻人同样的耳聪目明。"

假若诡辩学家联合起来能组成一所分散的大学，那么埃里斯的希庇亚斯自己就是一所大学，而且是一个知识尚不致广泛到超出个人了解范围的世界中的典型博学者。他教授天文学与数学，对几何学有创新的贡献。他是一名诗人、音乐家、演说家，发表文学、伦理及政治学方面的专题演讲。他是历史学家，而且以编纂奥林匹克运动大会中优胜者的名录而奠定了希腊编年史的基础。他被埃里斯政府委派为驻各国特使，各行工艺他也都会，他穿戴的衣服与物饰无不出自亲手裁制。他在哲学方面的著作量虽不多，却极具价值。他反对使都市生活颓败退化的人为因素，他用法律与自然作对比，称法律是统治人类的暴君。塞俄斯的普罗迪科斯继续普罗泰戈拉的文法工作，制定了词类；他所杜撰的寓言故事，因将赫拉克勒斯描述成代表好劳的"德"不是好逸的"恶"的人物，而讨好了年长者。其余诡辩学家则不大敬业守分：雅典的安提丰跟随德谟克利特而成为唯物论与无神论者，并将正义解释为权宜手段，卡尔西登的斯拉西马克斯（假若我们能采信柏拉图的话）认为武力就是公理，而且宣称恶人得势使神祇的存在产生疑窦。

总而言之，诡辩学派在希腊历史中占有重要的一席。他们为欧洲创立了文法和逻辑。他们发展辩证法，分析辩论的形式，教导人如何

---

[1] 这些命题的目的在批驳巴门尼德的先验论，其内容是：(1) 除感官所感受者之外，没有其他事物存在；(2) 凡超越感官而存在的事物，皆属不可知者，因为所有知识无不来自感觉；(3) 凡超越感觉而可知的事物，其知不可能传达，因为必须借助感官才能传达。

分辨及作伪。经过他们的刺激与示范，辩论成为希腊人的热门嗜好。将逻辑应用于语言，他们促进思想的清晰与精确，而且使知识的准确传播更为便利。由于这些条件，散文成为文学的一种形式，而诗成为哲学的工具。他们将分析应用于任何事物，反对尊重任何不能以感官证实或用逻辑演绎的传统，他们积极地参与理性主义运动，终于推翻知识阶层对古希腊的信仰。柏拉图说："他那时代的人一致认为，世界、所有动物、植物……及无生命的东西起源自……若干自然而愚钝的缘由。"李西亚斯叙述一个有关反神组织的故事，该组织自称为"魔鬼会"，故意挑在应该斋戒的宗教祭日聚集宴饮。公元前 5 世纪初，品达虔诚地接受阿波罗神谕，埃斯库罗斯在政治上为神谕辩护，希罗多德在约公元前 450 年谨慎地对其加以批评，修昔底德在该世纪末公开地反对神谕。欧绪弗洛发牢骚说，当他在议会中谈到神谕时，议会中的人笑他是一个头脑腐旧的蠢家伙。

此种情形的形成，诡辩学家不应负责，或不应归咎于他们，而是时风流传，也是财富、休闲、旅行、研究、思想的日益增加及扩大的自然结果。他们在腐蚀道德方面的作用是推波助澜性而非根本性的，人有财富而没有哲学修养作为精神凭借，其道德律与恬淡的节操即随之瓦解。但是在这些有限的约束范围内，诡辩学家在无意中加速其崩溃。他们之中多数能摒拒全部出乎人类贪婪本性的财富欲望，是品格高尚、生活纯正的人。虽然他们已发现道德的非宗教性的起源与易地而异的现象，但仍能使自己保持相当程度的德行，将此传授给他们的弟子。他们的殖民地出身或使他们低估风俗代替强制力量或法律、维持道德与秩序的和平手段的价值。就知识的观点来论道德或人的价值——如普罗泰戈拉早苏格拉底 30 年所做的那样，它对思想是一种令人陶醉的刺激，但对品格却是一记重大的打击。强调知识的结果，提高了希腊人的教育水准，但是它发展智慧的速度却不如其解放知识分子思想的速度快。知识相对性的提出，并未能如预期那样使人知道谦虚；相反，驱使每一个人自视为衡量万物的标准，每一个机灵的年轻人现在觉得自己有资格来评论别人的道德行为，凡不是他所能了解或同意的，他一概排斥，而后无拘无束地将自己的欲望当作被解放灵魂的德行那样予以合理化。“自然”与传统之间的区别，及诡辩学家所坚持的“不论习俗和法律如何，只要为‘自然’所允许都是好的”，这种论点，斫丧了希腊人道德的元气。老年人悲叹淳朴忠诚家风的消失及对享乐或财富的竭力追求，不复为宗教力量所遏制。柏拉图和修昔底德议论到那些驳斥道德为迷信和只认识强权不知道是非的思想家与一般人民。这种不分青红皂白的个人主义使诡辩学家的逻辑与修辞转变为诉讼上诡谲巧辩及政治上蛊惑煽动的工具，并且将他们恢弘的“大同”思想贬降为不愿保卫其国家的委婉借口，或随时欲将其国家出卖给付高价者的不偏不倚的意愿。诚笃的农人与保守的贵族开始同意城里一般群众的看法：哲学已成为危害国家的威胁。

很多哲学家也加入对诡辩学家的攻击。苏格拉底谴责他们（就像阿里斯托芬抨击苏格拉底那样）以逻辑掩饰错误，以巧言捭阖纵横，并嘲笑他们收取学费。他原谅自己对文法的无知，他的理由是他付不起普罗迪科斯那50银币一门的课程，他所能负担的只是一个银币一门、仅教授基本原理的课程。在他情绪不佳的时候，他曾对这一问题作了冷酷而有启发性的比较：

> 我们大家都认为，不论是姿色或知识，可以用光荣或卑劣的方法来处理。因为一个人若将其姿色随便出卖给愿意付费的人，人称他为“男妓”（male prostitute），但是假若有人与一位他知道是个有道德且可敬的仰慕者结交朋友，我们视他为严谨的人。同样的情形下，那些将知识随意贩卖给任何愿意付费的人，人称他们为诡辩家，或实质上是“出卖知识的娼妓”（prostitutes of wisdom），但是不论是谁，凡与他了解并值得结交的人做朋友，而且传授给他全部所学的精华，我们认为他已做到了一个贤良公民所应该做的分内事。

身为有钱人的柏拉图对这一观念却不肯苟同。伊索克拉底是以《反对诡辩家》(*Against the Sophists*)这一篇演说出道，后来成为一名成功的修辞学教授，而且每教授一门索费1000银币(1000美元)的课程。继续这项挞伐运动，他将诡辩学家解释为“急欲借贩卖肤浅知识而发财的人”，并指控普罗泰戈拉“允许使无理者变为有理者”。

这种不幸的悲剧却因双方都是对的这一事实而加深。对收学费的批评是不公平的：在缺乏政府补助的情形下，没有其他筹措兴办高等教育经费的方法。至于诡辩学家批评传统与道德，当然不是恶意的，他们认为自己在解放奴隶。他们是他们那个时代中的知识分子代表。像法国启蒙时代的百科全书派，他们以一股逼人的锐气扫除濒临衰亡的旧传统，然而又缺乏足够长久的生命和深远的眼光建立起新的社会体制，以取代被松弛的理性所摧毁者。每一个文明，当其社会为适应不可抗拒的经济改革而需要作自我调整时，它必须重新检讨其旧有的方式。诡辩学家是实施这项检讨工作的工具，但是却不能产生从事调整工作所需的政治才能。他们强有力地刺激了知识的追求，而且培养起好思明辨的风尚。他们从希腊世界的每一角落为雅典带来新的观念与刺激，唤醒了雅典的哲学意识并使其趋于成熟。若没有他们，苏格拉底、柏拉图及亚里士多德便不可能有那样的成就。

苏格拉底

·面貌丑陋的人

我们现在终于能面对具有如此生动性格的苏格拉底，实在是令人高兴的事。可是当我们考虑到我们必须用以了解有关苏格拉底事迹的两个资料的来源时，我们发现其中之一是写幻想戏剧故事的柏拉图，另一个是历史小说作者色诺芬，这两个资料皆不可视作历史。“有人说，”第欧根尼写道，“苏格拉底听了柏拉图朗读之后高声叫道：我的天！这个年轻人替我编了多少故事！”柏拉图写了许许多多宣称是苏格拉底所说而实际上苏格拉底从没有说过的话。柏拉图也不假装他是一切都照实直书。也许他从来未曾想到，后世的人在读他的作品时，缺乏辨别故事内容是杜撰或是真实的方法。但是当他在《对话录》（*Dialogues*）中描写他的老师时，自苏格拉底在《巴门尼德篇》（*Parmendies*）中年轻时的怯懦，在《毕达哥拉斯》（*Protagoras*）中的侮慢好辩，及在《斐多篇》（*Phaedo*）中的收敛诚敬与沉默驯良，首尾连贯而一致，假若这不是苏格拉底，那么柏拉图算得上是文学史上塑造人物的巨匠之一。亚里士多德认为，《毕达哥拉斯》中苏格拉底所说的确实属于苏格拉底的思想。最近发现由苏格拉底嫡传弟子斯芬托（Sphettos）的伊斯奇纳斯（Aeschines）所撰写的政治家兼将军《亚西比德传》的残缺资料，也证实柏拉图较早期的答话录中对苏格拉底所作的描述及有关这位哲学家与亚西比德的亲密关系的故事。另一方面，亚里士多德将色诺芬的《回忆苏格拉底》（*Memorabilia*）与《宴会篇》（*Banquet*）列为虚构作品，想象的对白时常使苏格拉底成为表达色诺芬思想的传话筒。[1] 假如色诺芬对苏格拉底如艾克曼对歌德那样忠实，那么我们只能说他是经过严密挑选，所收集的全是这位哲学大师面面俱到的陈腐之言。否则，像他所说的那样有德行的人怎么可能颠覆一个社会的文明。其他古代作家未曾把苏格拉底写成这样的一个圣人。塔伦都的亚里士多塞诺斯（Aristoxenus）在约公元前 318 年为证明“其父曾结识苏格拉底之说”而宣称，这位哲学家是一个没有受过教育、“愚昧而放荡”的人；而滑稽诗人欧波利斯和他的对头阿里斯托芬竞相嘲弄苏格拉底这个极端惹人厌的人。对争论的尖刻批评打一个合理的折扣，我们至少可以知道，苏格拉底是一个比当时任何人更受人憎恨与爱戴的人物。

苏格拉底的父亲是一名雕刻家，而他自己据说也曾刻过站立在

[1] 色诺芬在《名人言行录》第三篇中安排苏格拉底来阐述军事战略原理。

靠近雅典卫城入口处的一个赫耳墨斯和具备美丽妩媚温雅的格雷丝女神。他母亲是一名接生婆，他也继承了母亲为人接生的遗志，这是一桩常令人发噱的事，不过他是在思想上替人接生。有一种传说认为他是奴隶之子，这似乎不大可能，因为他曾充任重甲步兵（在当时只有公民才能担任）。他从父亲那里继承到一栋房子，以及他朋友克里托给他的 70 米纳（7000 美元）。其余的，他算是一个穷人。他很重视身体的锻炼，健康状况通常都很好。在伯罗奔尼撒战争中，他曾是一名受人表扬的战士：公元前 432 年他战于波蒂迪亚，公元前 424 年战于德留姆，公元前 422 年战于安费波利斯。他在波蒂迪亚战役中曾救了青年亚西比德的性命和他的部队，而且为了亚西比德而放弃对自己英勇的奖赏。在德留姆他是最后一名将阵地弃守给斯巴达人的雅典人，而且似乎是因为他逼视敌人而挽救了自己的性命，即使是斯巴达人见到他也为之心惊胆战。在这些战役中，据说他的坚忍与勇敢超越了所有人，忍受饥饿、疲劳、寒冷而从不叫苦。当他待在家里时，他屈身为石匠和雕刻匠。他对旅行没有兴趣，很少走出雅典城与其港口以外的地方。他娶赞西比为妻，并因疏忽照顾家庭的责任而受到她的责骂，他认为她骂得有道理，而且在他的儿子和朋友面前非常体贴地为她辩护。他没有为婚姻操过心，因此在战乱中男人的道德观念使多妻制暂时成为合法化时，他似乎又另娶了一个小太太。

全世界的人都认识苏格拉底的面孔。仔细端详收藏在罗马特尔梅博物馆的苏格拉底半身像，他不像是典型的希腊人：他那宽阔的脸形、扁而阔的鼻子、厚厚的嘴唇、浓密的胡须，倒像梭伦的草原朋友阿那查利斯或近代的塞西亚人托尔斯泰。“我说，”亚西比德即使当着他好朋友的面也坚持这样说，“苏格拉底完全像森林主神色勒努斯那副尊容，就如人在雕刻店中所看到的嘴里衔着笛子的那些雕像，假如撬开它们的嘴巴，还有神像在里面。我说他像‘森林之神’马西阿斯（因与阿波罗吹笛比赛失败而被剥皮处死者）。苏格拉底，你不要否认，你的脸就像一个半人半兽的‘森林之神’。”苏格拉底也不提出抗议，更糟的是，他承认自己有一个过分大的肚子，而且希望用跳舞来把它减瘦。

柏拉图和色诺芬在描述苏格拉底的习惯与性格方面却是一致的。他一年到头只穿一袭褴褛的长袍，而且打着赤脚，不喜欢穿鞋子。令人难以相信的是，他不受困扰人的强烈物质占有欲望的影响。参观了市场上琳琅满目的各色货物之后，他说："这里有多少东西是我用不着的！"他安贫乐道。他是一个有节制、自我约束的典范，但绝不是什么圣人。他饮酒很有分寸，不必学苦行者而能使自己不乱性。[1] 他不是隐居者，他喜欢与和自己情趣相投的人结交，让有钱的朋友偶尔做东，但是他决不屈意巴结有钱的朋友，没有他们，自己的生活照样过得很好，凡来自显贵与国王的礼物和邀请，一概谢绝。总而言之，他是一个幸运者：生活而无须工作，阅读而不必写作，诲人只是兴之所至，饮而不醉，不仅死得其时，而且几乎毫无痛苦。

他的道德以他那时代的标准来衡量，算得上是非常高尚的，虽然不如人们称颂他的那么好。当他一见到查尔米德斯，他就"着了迷"，但是他控制住自己，自忖可能这个英俊少年也有一个"高贵的灵魂"。柏拉图说苏格拉底和亚西比德是一对恋人，而且形容这位哲学家"在追求那位美少年"。虽然这位老者似乎在大多数情形下都保持柏拉图式的精神恋爱，但也不是高尚得不谈论同性恋者或娼妓如何去吸引爱人。他慷慨地答应一个名叫狄奥多塔的青楼女子，愿意随时为她效劳，而她则以"时常来看我"作为回报。他风趣而和蔼，人们只要能接纳他的政治见解的，都可发现他是容易相处的。当他去世后，色诺芬说他"至为公正，即使是最细微的事，他也从没有对不起人的地方……至为严谨，从没有因为寻乐而忘德，至为睿智，是非绝对分

[1] "关于饮酒，"色诺芬作品中的苏格拉底说，"它确实能'润湿灵魂'，并且让我们忘掉忧愁而进入梦乡……但是我想人的身体像植物……当上帝用洪水来灌溉它们，它们就承受不住或不能保持挺拔，但如果轻酌浅饮适量而止，它们会长得既挺且高，而且结下丰硕的果实。"

明……而且善于观察人的品格，劝人向善，因此他似乎是最好、最快乐的人”。或者如柏拉图简单而动人的说法，他是“我所知道的人中，真正最明智、最公正、最好的一个”。

· 讨厌鬼的描述

由于他好奇而爱辩，他成为哲学家，而且当他年轻时曾有一个时期对当时侵入雅典的诡辩学派特别着迷。柏拉图所说苏格拉底会晤巴门尼德、普罗泰戈拉、高尔吉亚、普罗迪科斯、希庇亚斯、斯拉西马克斯等的经过，没有办法证明是他捏造的。当芝诺在约公元前 450 年来到雅典时，苏格拉底可能曾见过他，而且深深地受到芝诺的辩证法的影响，使其终身未能忘怀。或许他认识阿那克萨戈拉，若不是见过人，就是读过他的理论，因为米利都的阿克劳斯，这位阿那克萨戈拉的弟子曾经一度是苏格拉底的老师。阿克劳斯开始时是一名物理学家，最后成为伦理学者，他用理性主义者的论点来解释道德的起源与基本，或许将苏格拉底的研究方向由科学转变为伦理学。苏格拉底因为这些关系而走向哲学之路，并且自那以后，从“日常敦励品德，检讨自己与别人中”发现自己最伟大之处，“因为人不该不对自己省察而过生活”[1]。于是，他逡巡于人们的信仰之间，向他们提出各种问题，要求他们给出确切的答复、连贯的意见，而且使自己成为那些思维不清的人的洪水猛兽。即使在冥府中，他也是一个讨厌鬼，要在那里“找出谁是真聪明，谁是假聪明，谁不聪明”。他不让自己受别人类似的盘诘的绝招，是他什么也不知道，他知道所有问题，但是答案一个也不知道，他很谦逊地自称是一个“业余哲学研究者”。他的用意可能是，他除了知道人易犯错误以外，对任何事物都不敢确定，而且又没有一套硬朗扎实的教条与理论。当查瑞丰在德尔菲城阿波罗神殿求神谕问道：“是否有比苏格拉底更具智慧的人？”答案果如大家

---

[1] 柏拉图《申辩篇》（*The Apology*）第 37 页。

所宣称的是否定。苏格拉底将此答复归因于自己承认无知。

自从那一刻开始，他着手清理观念的忙碌工作。他说，他将对有关人类的问题不时地加以论述："考虑什么是诚敬，什么是不诚敬；什么是公正，什么是不公正；什么是明达，什么是不明达；什么是勇敢，什么是怯懦；统治人民的政府的本质如何，一个善于治理人民的政府的特性又如何。"此外，还涉及其他题目，诸如他认为"那些没有知识的人，应该被认为不比奴隶强"。他对每一个不明确的观念、容易含混笼统的事物或秘而不宣的成见，都会问一句："这是什么？"而且要求正确的答案。他习惯于早起，上市场、健身房、角力馆，或上艺匠工作所，遇到才识俊逸之士或有趣的老憨时，和对方聊天。"通往雅典的这条路是不是专门做来给人谈天的？"他的方法简单：他要求一个大观念的释义。他审查这个解释，通常借此揭露其缺失、矛盾、荒谬之处。他继续引发问题，使释义更充实、更合理，不过他永远不曾下过这样的一个定义。有时候他向一个概念发展，或以一系列特殊事例的调查来发掘另一个观念，因而将归纳法介入希腊逻辑中。有时候，他以大家所熟知的苏格拉底式的讥讽，揭露他想推翻的定义或观念的荒谬结论。他酷爱有条理的思维，而且喜欢根据属别、种类、特性来区分事物，这为亚里士多德的解释方法和柏拉图的观念理论奠定了基础。他爱将辩证法解释为细心辨别事物的艺术，而且以哲学历史上遭到夭折的幽默在疲惫的逻辑中增加趣味。

反对他的人批评他只破坏，从不建设。否定每一个答案，但自己一个答案也没有。因此，他毁坏了道德，麻痹了思想。在许多情形下，他曾经着手澄清的观念，待其放弃时，较前更为模糊含混。当像克里提亚斯（Critias）这样追根究底的人问他问题时，苏格拉底将其答案变成另一个问题，而且立即夺回有利地位。在柏拉图对话录的《普罗泰戈拉篇》（*Protagoras*）中，苏格拉底同意只答不问，但是他的承诺维持不了一会儿。普罗泰戈拉也是玩逻辑的老手，于是悄悄地退出了这场辩论。希庇亚斯对苏格拉底的闪避战术大光其火。"我对天发誓！”他吼叫着，“除非你自己先宣布你所认为对的，否则你别想听我的（答案），没有那么便宜让你笑话别人、盘问和责难别人，而你自己则不肯将道理告诉任何人，或宣布你对任何一项问题的意见。”苏格拉底对于这样的嘲弄的答复是，他像他母亲一样只是一个“接生者”。“有人说我光问别人问题而自己缺乏智慧回答这些问题，这项指责很有道理。其原因是神迫使我做接生者，然而又禁止我生育。”这和他的朋友欧里庇得斯所使用的解围绝招，有异曲同工之妙。

他在许多方面都像诡辩学家，而雅典人毫不犹豫将这称呼加在他头上，而且通常不含一丝责备之意。事实上，若以现代意义来解释，他所表现的时常是一名诡辩学家：他富有机巧闪避与诡谲狡辩的技术，圆滑地转变话题与改换词汇的意义，牵强附会，搪塞问题，模棱两可像一个小学生，捕风捉影，故弄玄虚。苏格拉底有 4 点与诡辩学家的不同之处：他鄙视修辞；他希望提高道德；他除了审查观念艺术，未从事任何其他教学；他拒绝收取学费——虽然他似乎曾偶尔接受有钱朋友的帮助。尽管他有这些恼人的缺点，却深受学生的爱戴。“或许，”他对一名学生说，“基于我们互爱的立场，只要我喜欢某些人，我就以热诚贡献我自己，以全心全意来爱他们，而且也被他们爱，忘掉他们的缺失，也让他们忘掉我的缺失，当他们渴望我的友谊时，我也希望得到他们的友谊。”

阿里斯托芬的《云》描述苏格拉底的学生组成一个学派，有其固定聚会的场所；而色诺芬的作品中有一段与这一看法相印证。一般人认为，不论他在什么地方找到弟子或听众，随时施教，但是没有一个共同的学说团结他的徒众。他们的思想南辕北辙，各自成为最不同的希腊哲学派系与理论的领袖——柏拉图主义、斯多葛主义、伊壁鸠鲁的享乐主义、怀疑主义。骄傲而谦恭的安提西尼从他的老师那里学到了生活淳朴、不奢求的理论，而且创立了犬儒派哲学。当苏格拉底对安提丰说话时或许他也在场：“你也许会认为快乐来自豪华奢侈的生活享受，但是我认为一无所需最像神。将欲望降到最低程度，最接近神。”阿里斯提波吸收了苏格拉底以恬静的态度接受享乐的观念，而后在塞利尼予以发扬，也就是伊壁鸠鲁后来在雅典所阐扬的。迈加拉的欧克拉底将苏格拉底的辩证法演变成怀疑主义，否定了任何真正知识的可能性。青年斐多曾沦为奴隶，在苏格拉底的嘱咐下由克里托赎身。苏格拉底喜爱这孩子，并且“使他成为一位哲学家”。不安静的色诺芬，他虽然放弃哲学而改习军事，但是他作证说：“没有什么事比跟苏格拉底交往，及不论任何时候、任何题目和他谈谈，能使人获得更大的裨益。”柏拉图，由于他那活跃的幻想使苏格拉底这位贤哲予人以深远的印象，而在哲学史上他们两个人的思想永远牵连在一起。家境富有的克里托，“以深挚的友情对待苏格拉底，照顾他，永远不让他有所匮乏”。活泼而年轻的亚西比德，他那不忠实的秉性将玷辱并危害乃师，但是此刻却以其特有的放纵挚爱着苏格拉底，他说：

> 在我们聆听其他演说者时，即使是一名优秀的演说者，因为有比较，他的话绝对不会在我们身上发生作用，而另一方面你的片语只字，苏格拉底，纵然是经由第三者传述，纵然是语焉不详，也会使每个听到它们的男女老少都赞叹，深深扣动他们的心弦……我了解，假若我不掩耳背着他，逃离那蛊惑人的声音，我将会被他拘留而匍匐在他脚下，直至我年老……我在灵魂中、内心里知道……纯良的年轻人比被蛇蝎所螫更感到剧痛是因哲学引起的苦闷……你，菲德拉斯，你，阿加松，你，艾利西马·库斯，你，帕萨尼亚斯，你，阿里斯托德谟斯，你，阿里斯托芬，你们所有人，我不需要说苏格拉底自己，都曾经有过为哲学疯狂痴迷的经验。

寡头派领袖克里提亚斯，为苏格拉底反对民主派的隐讽而称快，而且写了一个剧本，将神祇形容为机诈的政客所捏造、用作威吓人使他们学好的工具，而为苏格拉底助阵。民主派领袖安尼托之子，为听苏格拉底讲话而忘记了做他的皮革生意。安尼托抱怨说，苏格拉底以怀疑论动摇这孩子的思想，使这孩子不再尊敬父母或神祇。安尼托尤其憎恨苏格拉底对民主政治的批评。[1]“苏格拉底，”安尼托说，“我认为你随时准备说人的坏话，如果你愿意接受我的忠告，我劝你留心一点。或许没有一个城市要整人不比它优待人更容易，雅典当然也不例外。”安尼托在等待他的机会。

·苏格拉底的哲学

在这方法背后的是一种哲学，令人难以捉摸，属于假设性而缺乏系统，但是实质上却非常真实，其主人为它而死。乍看起来，似乎没有苏格拉底哲学，这主要是由于苏格拉底接受了普罗泰戈拉的相对论，而拒绝使其思想独断化，而且了解自己的无知。

虽然受到反宗教的指控，苏格拉底至少在口头上信奉雅典城的神祇，参加其宗教庆典，而且从来没有被人发现说过对神不敬的话。他承认，其所作的一项极为重要的消极决定，是遵循他形容为来自上天的征兆的“精神指导”（*inner daimonion*）。或许这种精神是苏格拉底的另一种讥讽的手法。如果真是这样，其表现是非常出色的。对于苏格拉底，这不过是祈求神谕与圆梦作为神示的许多方式之一。他辩论说，有太多的自然适应与故意安排的实例，使我们无法将世界归因于机缘或非蓄意的原因。关于不朽，他并不十分确定。他在《斐多篇》中固执地恳求不朽，但在《申辩篇》中，他说：“假设我自称比别人聪明些，是因为我不认为我对其他世界有足够知识，而事实上我对其根本无所了解。”在《克拉底鲁篇》（*Cratylus*）中，他将这同一不可知论应用于神：“关于神，我们一无所知。”他告诉他的门徒不要去为这一类问题争论；像孔子问其弟子，他问他们是否已熟知人事而欲干

[1] 据普卢塔克告诉我们，可能安尼托爱亚西比德，而亚西比德放弃他而选了苏格拉底。

天命乎？最佳的方法，他认为是承认我们的无知，同时服从德尔菲的神谕。当他被问及应如何信奉神时，他回答说："按照你们国家的法律。"

他将这种怀疑论甚至更严格地应用于自然科学。人研究自然科学的范围仅限于其对生活的指导，超越那范围，就是深不可测的迷宫。每一个奥秘，在其解决之后，又有一个更深的奥秘。当他年轻时，他跟阿克劳斯学过科学，在他成年之后，他或多或少把它当作似真又幻的东西离开它，于是他所关心的不再是事实与起源，而是价值与目的。色诺芬说："他所讨论的总不离开人的事务。"诡辩学家也曾经从自然科学"转向"于人，而且开始研究感觉、悟力及知识，但苏格拉底更深入地研究人类的性格与目的。"告诉我，欧西德谟斯，你是否去过德尔菲？""是的，去过两次。""你有没有见过庙墙上所刻的格言——了解你自己？""是的，见过。""你见到那几个词后，是没有去想它呢，还是对其加以注意，而设法反省你自己并确定你是属于哪一类性格？"

因此，哲学对苏格拉底来说，既不是神学、形而上学也不是物理学，而是伦理学与政治学，而且以逻辑作为其基础与手段。诡辩学家的时代将结束时，他就已观察到诡辩学家已造成文化历史中最严重的情况之一——削弱了超自然的道德基础。他不但没有因为恐惧而复归正统，相反，他继续朝向一个伦理学所允许的最深奥的问题进发：有自然伦理的可能吗？若没有超自然信仰，道德仍能存在吗？哲学在制定有效的世俗的道德律之后，能挽救思想自由而欲将它摧毁的文明吗？当苏格拉底在《欧绪弗洛篇》（*Euthyphro*）中辩论说："神所赞同的善非真善，因其本质善而善者为真善。"他是在提倡哲学革命。他那距宗教思想甚远的对善的观念，其世俗程度接近功利主义。他认为，善不是普通而抽象的，而是特殊而实用的，"有所为而善"。善与美是可用性与人类利益的形式，即使是一只粪桶，如果非常适合其目的，也是美的。因为苏格拉底认为没有任何东西比知识更有用，所以知识是最高的美德，而罪大恶极是无知——虽然“德”在这里的含义是善而不是无罪。没有适当的知识，便不可能有正确的行为；有了适当的知识，必定产生正确行为。人永远不做他们知道是错的事，即不智、不利于自己的事。善的最高境界是快乐，达成快乐的最犀利的工具是知识或智慧。

苏格拉底辩论说，假如知识是最佳的美德，贵族政治便是最理想的政府形式，而民主政治是胡闹。“用抽签决定地方官员是一桩很可笑的事，”色诺芬笔下的苏格拉底说，“但另一方面却没有人想到以拈阄的方式来选用舵工、泥水匠、吹笛者或任何工匠，虽然这些人的缺点所造成的危害程度远不如搅乱政府的人来得严重。”他指责雅典人的好讼成性，互相妒忌，以及其政治团体之间纷争的酷烈。“这些问题，”他说，“是我最忧虑的，深恐将来严重灾祸降临在这个国家时，它将承受不起。”他认为，除非以知识与才能治理政府，否则雅典无可救药。知识和才能政治决不可再用投票的方式决定，好比不能用抽签来决定舵工、药师、医生、木匠的资格一样。也不可以凭借权力与财富来选择政府官员，暴政与财阀政治和民主政治同样坏。一个合理的折中办法是贵族政治，但是担任公职者必须心智健全并受过政务训练。尽管苏格拉底对雅典民主政治有这些批评，但是他承认其优点，同时也欣赏民主政治所给予他的自由与机会。他对其门徒主张“复归自然”的趋势报以微笑，而且对安提西尼与犬儒派，抱持与伏尔泰对卢梭同样的态度——尽管有其各种缺点，文明仍是一项宝贵的资产，不能为了原始的淳朴而予以放弃。

但大多数雅典人仍以愤懑而怀疑的态度对待他。正统派的教徒认为他是诡辩学家中最危险的一分子，因为当他遵守古代信仰的礼仪的同时，他排斥传统，希望将每一项法则置于理性的观察中，将道德建立在个人的良知上，而不是在社会利益或天命上，并且以使理性本身陷入内心紊乱而不接受任何风俗与信仰的怀疑论作为其结束。旧有事物的歌颂者如阿里斯托芬，将当代的反宗教思想、年轻的一辈不知尊敬长者、知识阶级道德的松弛以及扰乱法纪而腐化雅典人生活的个人主义，都归咎于苏格拉底、普罗泰戈拉与欧里庇得斯。虽然苏格拉底拒绝支持寡头派，但是许多寡头派的领袖是他的弟子或朋友。当其中之一的克里底亚领导寡头派发动富人革命与残暴的恐怖活动时，安尼托和米勒托等民主派人士认定苏格拉底是知识上引起这次寡头派反动的根源，并决心将他从雅典人的生活中除去。

他们虽然铲除了他的人，却毁灭不掉他那深远的影响力。他从芝诺学来的辩证法，经柏拉图传至亚里士多德，亚里士多德又将其演变为一套非常完整的逻辑学，被人沿用 1900 多年而未曾更易。他对科学的影响是有害的：学者放弃了自然科学的研究工作，而其关于“外在安排的理论”（the doctrine of external design）对科学分析并无鼓励作用。苏格拉底的个人主义与知识主义的伦理观，对雅典道德的破坏或许有相当关系，但其强调良知重于法律，却成为后来基督教的主要教义之一。苏格拉底思想的许多提示，经过其门徒的阐扬，成为其后两个世纪中所有重要哲学的本质。他的影响力之中最强有力的一个因素，是其在生活上与人格上所树立的典范。在希腊历史中，他已成为殉道者和圣人，因而每一个时代想找一个生活淳朴并具有大无畏的思想的模范，总是以对他的思念来培养其理想。“当我们想到人的智慧与崇高的品格时，”色诺芬说，“我无法使自己忘怀他，或在思念他时，又情不自禁地赞美他。那些以追求德行为其目标的人，如果能遇上比苏格拉底对人更有帮助的人，那我认为他可称得上是最幸运的。”

第七章 | 黄金时代的文学

抒情诗人品达

通常说来，某一个时代的哲学，是下一个时代的文学，也就是某一时代在研究与思想上经过争执激荡的观念和问题，为其后续的时代提供了戏剧、小说及诗的故事背景。但在希腊，文学并未落在哲学后面，诗人本身就是哲学家，他们自己思考，他们是当代知识界的先锋。刺激希腊宗教、科学及哲学的保守主义与激进主义之间的冲突，也在诗和戏剧甚至历史的记载中表露无遗。希腊文学作品中，敏辨思想的深度加上优美的艺术形式，使其黄金时代的文学所达到的高超境界，在莎士比亚和蒙田时代来临之前，没有其他时代可望其项背。

由于负有一种思想的包袱及王室或贵族对其宠顾的衰退，抒情诗作为独立的艺术，公元前 5 世纪不及公元前 6 世纪来得丰盛。品达正好处于两个时代的中间：他继承了抒情诗的形式，但在里面注入戏剧的富丽。自他之后，诗突破了传统的束缚，而在酒神节戏剧中，更综合了宗教、音乐及舞蹈，成为表达黄金时代灿烂文采与繁盛民情的更犀利的工具。

品达祖籍底比斯，其家族可溯源至原初时代，他宣称诗中的古代英雄有许多是他的祖先。品达的叔父是一名非常杰出的奏笛家，因此他受到熏陶而喜爱音乐，也学到一些吹笛的技巧。为了在音乐方面深造，父母将品达送往雅典，由劳索斯与阿伽索克勒斯教授他写作合唱曲。弱冠之年，也就是公元前 502 年，品达回到故乡底比斯，并随女诗人克丽娜学诗。他曾经在歌谣比赛中 5 次与克丽娜对擂，5 次都败下阵来，因为克丽娜看起来非常动人，评判员又都是男人。品达称克丽娜为母猪，称西摩尼得斯为乌鸦，他自己则是老鹰。且不论此种短视，他在故乡颇负盛名，底比斯人曾为他编造一个故事，说有一天这位年轻诗人在田野中睡着了，有几只蜜蜂停在他的嘴唇，并在上面留有蜂蜜。不久，他以丰厚的酬劳受雇来为王公富豪撰写颂歌，他成为特纳多斯、罗得斯、科林斯及雅典等地上流家庭的贵宾，而且曾有一度成为马其顿亚历山大一世、阿克拉加斯的索伦王与锡拉库萨的希伦王宫庭中的御前弹唱诗人。一般情况下，他的诗歌必须先付钱订购，非常像现代某一城市为举行庆祝而聘请某一作曲家创作一首合唱曲和舞曲并由他亲自担任指挥的情形。当品达 44 岁那年回到底比斯时，他被人称作是波奥蒂亚给予希腊的最伟大的礼物。

他辛勤地工作，为每一首诗谱曲，而且时常训练合唱班来唱自己写的诗。他曾写神祇赞美诗、酒神颂、女神赋、名人礼赞、酒宴歌、挽歌及泛希腊运动大会中胜利者的凯旋歌。这些凯歌中尚留存 45 首，以运动会的优胜者的名字为篇名，但流传下来的只有歌词，乐曲却阙如。我们评论他的作品，就像后代的历史学家评论德国音乐家理查德·瓦格纳（Richard Wagner，1813—1883 年）那些只有脚本而缺乏乐谱的歌剧，他们应该把他看作诗人而不是作曲家。或者我们假设让一名对基督教的故事背景不大了解的中国学者，某一天晚上阅读 10 首德国音乐家巴赫所写的赞美诗，不仅翻译不全，而且缺乏乐曲，我们以这种心情来衡量品达，才合乎公平。当我们今天默默地逐篇研读他的诗歌，我们觉得他无疑是古典文学中最凄凉的前哨。

我们只有借音乐的类比，才能解释这些诗的结构。对于品达，就如西摩尼得斯与巴克基利得斯，胜利歌颂所必须遵循的形式，正如同现代欧洲奏鸣曲和交响曲中具有强制性的奏鸣形式。首先是主题的叙述：竞技场上优胜者，或战场上凯旋的英雄的名字与故事。原则上，品达歌颂“人的智慧、美及其辉煌的勋绩”。但实际上，他对正规的题材并不太感兴趣。他歌颂赛跑者、风尘女郎、国王，而且只要当时的场合能让他有机会发挥他丰富的幻想力和引为自豪的吟诗技巧，他会欣然地将付酬金的暴君描绘成眷顾他的圣人。他的题材自骡赛至多彩多姿的希腊文明，可能无所不包。他忠于底比斯，而且不为阿波罗神谕所动，而为其祖国底比斯在波斯战争中保持中立而辩护，但是后来为自己所犯的错误而羞愧，于是反过来赞美希腊保卫战中的领导者——雅典，称它为“著名的雅典，富有、戴紫冠、值得歌颂的雅典，希腊的堡垒，受神保佑的城邦”。据说雅典人为他的礼赞而给予他 1 万德拉克马（1 万美元），我们据比较不可靠的资料得知，底比斯曾因为他的隐讽而罚他的钱，而且由雅典代他付这份罚金。

品达诗的第二部分收集自希腊神话。他在这里堆金砌玉，过分得令人沮丧，如克丽娜所批评：他“撒种子不是用手，而是整袋整袋地撒”。他对神祇非常虔诚，并像对待他的最佳顾主那样侍奉他们。他是阿波罗殿祭司最宠幸的诗人，生前曾从他们那里受到许多殊荣隆遇，而在死后，古苏格兰人慷慨地将他的阴灵迎入阿波罗神殿，同享祭祀的鲜果。他是正统信仰的最后保卫者，即使虔诚如埃斯库罗斯，在他面前也似乎是荒诞不经的异端邪说者。品达如果看到埃斯库罗斯在其《被缚的普罗米修斯》中亵渎神祇的情形定会惊骇万分。有时候他几乎是一神思想，把宙斯看作“唯一的神，管理一切事物，看到一切事物”。他是神秘主义者之友，并分享奥尔菲克神秘教派天堂的希望。他弘扬每一个人的灵魂的起源与命运属于神性的思想，而且是最后审判、天堂及地狱的最早描述者之一。他说：“犯罪的人死后，其灵魂立即受到处罚，而在这宙斯王国内所犯的罪，是由铁面无私的‘主宰’负责审判。”

但是在阳光永恒的普照下，
居住善良的灵魂，而他们的白昼和夜晚，
全是同样的光辉灿烂，
永不会徒劳而衰老。
为了无谓的需要，
他们耕耘播种；
但是和荣耀的神同住，在安逸中，
他们度过没有忧虑的生活，
他们在尘世的欢乐是
遵守他们的誓言。
但是与这些天壤之别的是
其余的灵魂受到暗无天日，
无人敢看的折磨。

品达诗的第三段与结尾段落通常是道德的告诫。我们决不可指望有什么玄妙的哲理蕴含在诗里面。品达不是雅典人，而且可能从未见过诡辩学家或读过他们的著作。他的才智已完全耗竭在他的艺术上，没有剩余的力量从事创造性的思想。他规劝运动员与武士须胜勿骄，而且应该知道尊敬神祇、他们的同胞和他们自己本性中最善的一面。偶尔他贬訾与褒奖混合使用，而且胆敢警告希伦不可贪婪，但是为了那最可爱最害人的东西——钱，他也同样敢为人说好话。他喜欢萨拉米斯战役以后雅典温和的民主政治，但是在他内心里面却坚信贵族政治是所有政府形式中害处最少的。他认为一个人的能力来自血统，尤其是过去已有过表现的门第，而不是能借教育获得。只有具有高贵血统的人，才堪担负起促使人类生活崇高而富正义的稀世伟业。“短暂的人生啊！我们是什么又不是什么？人是梦中的影子，然而当神的光辉降临，荣耀的光照射着他，他的生命即充满幸福。”

他在世时并不出名，但他将继续与那些作品受众人赞美而没人阅读的作者同享无生命的不朽。世界不断向前推进，而他却要求它停止，以致被远抛在时代后面。他虽然比埃斯库罗斯年轻，但思想上似乎比早他一两百年的阿尔克曼还要古旧。他所写的诗有如塔西佗（Tacitus）的散文那样紧密、广泛、迂回，使用的是属于他自己矫情而故意仿古的方言，其韵律由于过于繁复，很少有诗人愿意仿效，[1]而且变化太多，其全部作品中，仅两首诗用的是相同的韵律形式。尽管他有淳朴的思想，但他的诗却暧昧晦涩，文法学家穷毕生时间来剖析其条顿语的结构，结果只在那里面拨出一堆辞藻浮夸的陈腐之言。不过，尽管他有这些瑕疵——形式生硬、用语夸张、神话连篇，而仍有若干好奇的学者想读他的作品，那是因为他的叙述明快而生动，他那单纯的道德观念是真挚的，而且他那华丽的词汇能使微不足道的题材也为之灿然生色。

他活到 80 岁，为躲避雅典思想的动荡而隐居故乡底比斯。“一个人所感到亲切的，”他歌唱道，“是他的故城、伙伴及亲人，他为这些而感到满足。可是那些愚蠢的人却爱遥远的东西。”据说，他在临终前 10 天（公元前 442 年）派人去求阿蒙神谕，回答是“死亡”。雅典人用公费为他塑造一座像，罗得斯人将他第七首，即歌颂罗得斯岛的诗，用金字雕刻在一道庙墙上。公元前 335 年当亚历山大下令将反叛的底比斯夷为平地时，特别告诫他的士兵，对品达住过及寿终的那幢房子，不得有丝毫损害。

酒神节剧场

苏伊达斯在其《记事录》（*Lexicon*）中的一则故事说：约公元前 500 年，有一天当演出由普拉蒂娜（Pratinas）编写的戏剧之时，观众坐的木制看台突然坍塌，伤了一些人，雅典人引以为戒，在卫城南坡

[1] 一个值得介绍的例外，是约翰·德莱顿（John Dryden）的《亚历山大的宴会》（*Alexander's Feast*）。

上用石头建造了一座剧场，专献给酒神。[1] 在此后的两个世纪中，类似的剧院相继在艾瑞特利亚、埃皮达鲁斯、曼提尼亚、阿尔戈斯、陶罗美尼亚、德尔菲、锡拉库萨以及区域分散的希腊其他地方出现。但是首先上演著名的悲喜剧的却是雅典卫城南坡上的酒神剧场，曾在那里进行的是旧神学与新哲学之间最激烈的斗争，后来两者汇合成为一种浩瀚的思想主流，并且改变了伯里克利时代的思想史。

这座伟大的剧场当然是露天的。1.5 万个座位的看台，成半圆的扇形朝帕特农神庙方向升高，面向伊米托斯山和海。当剧中人祈求天、地、太阳、星星及海洋时，使用普通人的日常言语。而大部分观众聆听说话或诵经，都能直接观看或感觉到。看台原用木制，后改用石砌，没有靠背，许多观众自备坐垫，但是他们一天连看五出戏，除了后面观众的膝盖或可权充靠背外，尚未发现任何其他撑腰的东西。前排有少数几个有靠背的大理石座位，供当地的酒神祭司与政府的官员坐。[2] 剧场底部是一座供跳舞唱歌的舞台，舞台后面是一间小屋，视剧情需要，作为宫殿、庙宇或住宅，或者很可能演员下了戏之后，真的住在里面。[3] 此外，还有简单的道具，如祭坛、家具等。演出阿里斯托芬的《鸟》时，曾使用考究的布景和服装，萨摩斯岛的阿伽萨库斯绘制使人有远近深度感的背景。变换场景时，由若干机械装置操作。[4] 为表明剧情，常从里面推出装在车轮上的活动木台，台上画有表明剧情的人物像：可能是一具尸体，旁边站着手持血淋淋武器的凶手，或用直接的方法在舞台上表演暴行，这是违反希腊戏剧传统的。舞台的

[1] 这里所介绍的酒神剧场不是今天观光客所见到的那座，现在遗留下来的酒神剧场约于公元前 338 年在财务首长莱喀古斯的督导下建造。某些部分可推测至公元前 421 年，其他部分看来似乎是 1 世纪及 3 世纪增加的。

[2] 根据剧场的看台及有关其舞台的叙述断定，该剧场改建时，莱喀古斯是遵照原剧场的建筑总计划施工的。

[3] 戏剧在小木屋屋顶或舞台上表演，事先并不知道，或许是随着故事情节的变化而或上或下地移动。

[4] 罗马时代舞台上使用下放的布幕，开演时下降到一条缝里，闭幕时往上拉，但公元前 5 世纪遗留下来的戏剧中没有提到舞台幕的事，各幕之间显然是用合唱来填充空当。

两侧各有一座大型的三角棱柱，可在轴上旋转，棱柱的每一面画有各种不同的景物，转动时立刻变换背景。有一项更奇特的道具是一个吊架，上面装滑车、配重铊，放在舞台的左边，凡神或英雄出现时，都用它载着下降，或升回天上，或悬在半空中。欧里庇得斯尤其喜欢用这种滑车降神，作为剧情峰回路转、急遽发展的神力解围方法。

在雅典演出的悲剧并非全年都有，而是酒神节每年一度的庆祝活动的一部分。[1] 在呈送执政官审核的许多剧本之中，被选中演出的仅有少数。雅典的10个行政区，各选一个富人充任演出主事，由他支付歌手、舞蹈者、演员的训练费或其他演出费用。有时候演出主事还得为布景、道具、服装或发掘人才而花费不赀。尼西亚斯以这种方式演出，每次都得奖。其他主事，也有为了省钱而向戏装商租用旧戏服。舞蹈者及演员的实际训练工作，由戏剧家自己负责。

合唱在许多方面都是演出最重要也是最花钱的一部分。戏剧时常以其为名，而且在大多数情形下，诗人通过它表达宗教与哲学观点。合唱后来渐渐失掉主宰希腊戏剧的优势。起先合唱代表一切，到泰斯庇斯与埃斯库罗斯时，演员人数增多，而合唱影响力消退。及至公元前3世纪，它已经不再配合戏剧演出。普通情形下，合唱者不是职业的，而是从民众选出来的业余人员。他们全是男性，自埃斯库罗斯以后，每一合唱班共有15人。他们表演时载歌载舞，在长而狭窄的舞台上列队前进，以诗的韵律与动作解释台词与情节。

希腊戏剧中，音乐的地位仅次于故事主题和诗。剧作家通常负责写剧本及乐曲。大部分对白用说话或朗诵的方式，部分用吟唱，但主角遇到抒情诗节时，则必须独唱、二重唱、三重唱，或与合唱班和唱或答唱。歌唱非常简单，没有和声。伴奏乐器通常是单笛，直接逐个音符奏和歌唱。这样可使观众听清楚歌词，而且诗的内容不致被乐

[1] 庆祝小酒神（the lesser Dionysia，Lenaea）节时也演出戏剧，演出地点通常在比雷埃夫斯港，其余时间则在雅典各行政区当地的剧场内。

声所淹没。希腊戏剧不能以默读的方式来评定其好坏，对于希腊人而言，戏词仅仅是由诗、音乐、动作及舞蹈等所编织成深邃而动人的复杂艺术整体形态的一部分。[1]

当时仍然以戏剧为主，奖颁给戏剧的多，颁给音乐的少；颁给演技的多，颁给剧本的少。一名演员只要演出稍微出色，即可一举成名。古希腊的演员都是男性，不像在罗马那样受到蔑视，而是极受人尊敬。他可以免服兵役，作战时能安全地通过战线。他被称为“答话者”（*hypokrites*），即指答复合唱班的人，成为“扮演者”（impersonator）那是以后的事，这个词后来又渐渐引申为“伪冒者”（hypocrite）。演员有自己的同业组织，称为“酒神艺人”，会员遍及全希腊。戏剧团体巡回各城市演出，他们自己编写剧本与音乐，裁制自己的戏装，架设自己的舞台。名角的收入偏高而配角的待遇偏低，这种现象古今皆然。他们的道德观念可以见诸江湖、忽而奢侈享受、忽而陷入贫困、属于神经质而无法安定下来过正常生活的那一类人。

不论悲喜剧，演员皆戴面具，面具上装置一个利用振动共鸣的铜制扩音器。希腊剧场的音响效果，及每一位观众对舞台的能见度都非常良好。虽然如此，仍有扩大演员的声音及设法使距舞台远的观众看清楚演出人物的需要。于是为了适应视听上的需要，而牺牲掉声音与脸部的细腻表情。在演出真人如《伊克里西阿》一剧中的欧里庇得斯及《云》中的苏格拉底时，面具描绘出他们本人的特征，但大多是讽刺性的滑稽相。戏剧里面使用面具，起源自宗教的表演，时常以面具作为表达恐怖或滑稽的工具。在喜剧中他们仍保持这项传统，而在制作上希腊人极尽怪异夸张之能事。不但演员的声音加强、脸部用面具

---

[1] 古典文化时期（公元前 480—前 323 年）中，音乐继续担任重要的角色。公元前 5 世纪的著名作曲家中，有一名米利都的提谟修斯，他写作的乐曲中，音乐主宰了诗歌，表达剧情与动作。他将希腊的七弦琴改为十一弦，并对米利都复杂而细腻的作曲风格进行实验，这激怒了雅典的保守派分子，并受到其严厉的谴责。据说当欧里庇得斯安慰他，与他合作，并正确地预言全希腊人不久将拜倒在他脚下时，提谟修斯正因为受不住压力而想自杀。

放大，而且他们的衣服里面填塞东西使躯体扩大，头戴高冠、脚登厚底鞋以增加高度。总而言之，诚如卢奇安所说，古代演员的扮相“令人可憎又可怖”。

观众和戏剧同样有趣。各阶层人士不分男女都可入场观戏，而且自公元前 420 年以后，凡需要钱的人，入场时可从政府领到 2 个奥勃的观赏费。女人与男人分开坐，娼妓有她们自己的位置。按习惯，严谨的妇女是不看喜剧的。希腊人观戏时很热闹，与其他地方的集会类似。他们边吃坚果、水果，喝酒，边听戏。亚里士多德说，一出戏演得好坏，从观众吃掉东西的多少可以看出。观众为了抢位子而争吵，为自己喜欢的角色鼓掌喝彩。遇到讨厌的，则发嘘声喝倒彩。当情绪更加激动时，他们以脚踢下面的凳子表示不满。愤怒时可能用橄榄、无花果或石头将演员赶下台。埃斯基涅斯因演出激怒观众，几乎被观众用石头打死。埃斯库罗斯由于观众认为泄露了若干埃莱夫西斯地区神秘仪式的秘密，差点被观众打死。一名乐师向人借了一堆石头来盖房子，答应当他下一次演出时，将观众丢掷的石头收集起来后再还他。有时候演员雇一批人坐在观众中，假如观众起嘘声，他们就以喝彩叫好来压制。喜剧演员甚至以撒坚果来讨好观众。只要观众不高兴，就可以以起哄的方式迫使一出戏中途辍演，并可以要求提前演下一出戏，一长串节目可能就这样缩短得不能再短了。

酒神节雅典演 3 天戏。每天演出 35 出悲剧、1 出由诗人所写的林神剧（由于剧中合唱班扮演成半人半兽的森林之神，故称为“林神剧”）、1 出喜剧，也是由诗人所写。表演自清晨开始，进行至傍晚。在酒神剧场能演出 2 次的戏极为罕见，有人若错过某一出戏，可以到希腊其他城市或雅典乡镇上气派较小的剧场去补看。自公元前 480 年至公元前 380 年的 100 年间，在雅典演出的戏有 2000 出左右。早期，最佳悲剧奖是一只山羊，最佳喜剧奖是一篮无花果和一罐酒，但是到黄金时代，悲剧的 3 个奖及喜剧的独奖，都是由政府颁发现金。10 名评审员是从由审议委员会所提名的一长列候选人名单中，于开演的第一天早晨在剧场内抽签决定。演完最后一场剧之后，每一名评审员各自在一块牌上写上自己选定的一、二、三名，然后将牌子投入一个瓮中，由一名执政官任意抽出其中 5 块牌子。这 5 块牌子加起来成为最后判决的结果，另 5 块牌子不公布就予以销毁。因此，没有人能事先知道由谁担任评审员，其中谁又会被抽中而成为最后的评审员。虽然有这些预防措施，但仍免不了发生舞弊或胁迫评审员的情形。柏拉图发牢骚说，评审员怕触怒观众，几乎总是选择获得最多掌声的，而且这些“乡愿”败坏了剧作家与观众的风气。竞赛结束，得奖的诗人和其演出主事头戴象牙冠，有时候为了庆祝他们的胜利，像里西克拉底主事那样建立纪念碑。即使是国王也想争夺这一冠冕。

剧场的规模及酒神节的传统大致决定了希腊戏剧的性质。由于演员不能借脸部表情与说话的声音来传达剧中的感情，深刻的个性刻画在酒神剧场中是难得一见的。希腊戏剧反映命运或人与神之间的冲突，伊丽莎白时代的戏剧表现动作或人与人之间的冲突，而现代戏剧描述个性或人与他自己的冲突。雅典观众事先知道每一个剧中人的命运及其故事情节，因为在公元前 5 世纪宗教习俗的影响力仍极强，酒神节戏剧的题材限于那些为一般人所接受的希腊早期神话与传奇故事。[1] 没有悬疑与离奇曲折的剧情，观众可以享受期待与预知的快乐。剧作家一个接一个地叙述同样的故事给同样的观众听，所不同的是诗、音乐、解释的方式及哲学。欧里庇得斯之前，即使是哲学也多半由传统决定：埃斯库罗斯与索福克勒斯的整个时期内所流行的主题，是妒忌之神或命运给予张狂与佞妄者的惩罚。道德律的反复出现，是教人致良知、崇荣誉及知谦抑的方式。它是哲学与诗、动作、音乐、

---

[1] 有少数几出关于较晚期历史故事的戏剧，其中唯一幸存的是埃斯库罗斯的《波斯女人》(*Persian Women*)。约公元前 493 年，弗里尼库演出了《米利都的陷落》(*The Fall of Miletus*)，但是雅典人看了之后想到他们的属国被波斯所攻陷的情景而不胜悲恸，他们责怪弗里尼库不该演出这种戏而罚他 1000 银币，并禁止再演。据若干迹象显示，狄密斯托克利为了要激起雅典民众起来与波斯人作战，暗中安排了这出戏的演出。

歌唱和舞蹈的结合，不仅使希腊戏剧成为文学史上的新形式，而且几乎一开始就获得了无与伦比的光辉成就。

埃斯库罗斯

希腊戏剧的成就也并非事出偶然，因为一个天才的成功需要继承先人遗留下的智慧作为基础。因此，自泰斯庇斯到埃斯库罗斯的成功，多亏许多无籍籍之名的剧作家的贡献，或许是雅典人抵抗波斯人成功，给予其创造一个伟大的戏剧时代所必需的骄傲与刺激。另一方面，自波斯战争之后，贸易发达，帝国兴盛，使其有这份经济力量支持耗费不赀的酒神节合唱与戏剧比赛。埃斯库罗斯亲身感触到这种激励与骄傲，像许多其他公元前5世纪的希腊作家一样，在生活中从事写作，而且知道如何去践履。公元前499年，他26岁时完成了第一个剧本。公元前490年，他和他的两个兄弟同时参加马拉松战役，由于他们作战英勇，雅典政府曾定制一幅画，以纪念他们兄弟的勋绩。公元前484年，他首次获得酒神节的戏剧奖。公元前480年，他参加阿尔泰米松与萨拉米斯战役，次年作战于普拉蒂亚。公元前476年及公元前470年，他访问锡拉库萨，并受到希伦一世王朝的隆重接待。公元前468年，在独霸雅典文学界达30年之后，他首次失掉戏剧第一名，输给后起之秀索福克勒斯。公元前467年，他以《七将攻打底比斯》（*Seven against Thebes*）一剧重振声威。公元前456年，他因《俄瑞斯特斯》（*Oresteia*）三部曲这出悲剧赢得最后也是最伟大的胜利。公元前456年他再度往访西西里岛，同一年死在那里。

希腊戏剧曾经过一个人如此孜孜不倦的努力奋斗，才被塑造成为其古典的形式。埃斯库罗斯在合唱中增加了一名被泰斯庇斯抽掉的演员，因而使酒神节的祭祀表演从纯歌唱（oratorio）变为戏剧。[1] 他

[1] 在埃斯库罗斯的作品中虽然只有两名演员，但是他所指的是每次在台上出现不（转下页）

写了 70（一说 90）个剧本，现保留下来的有 7 个。其中最早的 3 个是次要作品[1]，最著名的是《被缚的普罗米修斯》（*Prometheus Bound*），最伟大的却是《俄瑞斯特斯》三部曲。

《被缚的普罗米修斯》可能也是三部悲剧的一部分，但缺少古代权威性资料的考据。我们听说埃斯库罗斯曾写过一部叫作《送火者普罗米修斯》（*Prometheus the Fire Bringer*）的林神剧，但与《被缚的普罗米修斯》是两回事，其组合完全不同。埃斯库罗斯所写的《被释放的普罗米修斯》（*Prometheus Unbound*）一剧中尚遗留若干残余，它们虽然毫无意义可言，但热切的学者却肯定地认为，假如能有完整的资料，我们能找出埃斯库罗斯在该剧中将宗教反叛思想注入英雄故事的真相的满意答案。虽然如此，雅典观众在宗教庆典中，竟容忍泰坦如此藐视神祇，是值得加以讨论的。故事开始时，我们看见普罗米修斯在宙斯的命令下被赫菲斯托斯用铁链拴在高加索山的岩石上。赫菲斯托斯说：

> 忒弥斯的思想崇高之子是圣人！
> 你我虽然都不愿意，但必须用铁链禁锢
> 在这人类高不可攀的山岩上，
> 这里没有人声也没有人影能
> 找到爱着他们的你。你那美丽的花朵
> 在骄阳酷热的焙烤下将要枯萎。
> 繁星点点的黑夜将要来临，
> 用阴凉安抚你，但太阳以其

（接上页）得超过两个剧中人物之意。合唱领队有时候可凑成第三个演员。次要人物如仆从、士兵等，则不称为演员。

[1]《哀求的女人》（*The Suppliant Women*）一剧属于以合唱为主的初级作品。《波斯人》（*The Presians*）也多半是合唱，而且生动地描述了萨拉米斯之战。《七将攻打底比斯》（*The Seven against Thebes*）是三出悲剧中的第三出，是有关雷伊阿斯王与王后伊俄卡斯忒（Jocasta），他们的儿子俄狄浦斯弑父与乱伦，及俄狄浦斯诸子争夺底比斯国王位的故事。

炽烈的光芒驱散了晨霜；
虽历尽危险，苦难仍将
加深你的剧痛，因为他们之中
没有人能解救你。这些果子采撷自
人类的爱……因为宙斯是严厉的；
而新当权的王是残暴的。

无助地吊在悬崖上，普罗米修斯倔强地反抗奥林匹斯山上的诸神，而且骄傲地依次数说他为原始人类带来文明的阶梯，在这以前他们：

像愚昧无知的蝼蚁那样生活
在照不着阳光的地窖中。那时候
没有明显的冬天，没有
花香的春天，也没有果实累累的夏天，
而是他们在盲目地胡作非为，
直至我教导他们。星星如何在
神秘中升起沉落，而且为他们设计
数字，哲学缘起于
字母的组合，还有
万物的创造者——记忆
那可爱的文艺女神之母。我是第一个
野兽的驯服者……
除了我，没有第二者发明船……
而我
就是那个为凡人创设这一切艺术的神，
却未曾遗留下来现在拯救自己的巧计。

整个大地为他忧伤。“海涛堆积一起时发出呼啸，在深沉中呻吟，从死亡的洞穴中传来哀嚎。”各国都为这位政治囚犯送来慰勉，要他记住，受罪不只他一个：“悲伤走遍大地，停下来依次等待在每一个人的脚下。”但是他们未曾为拯救而努力。海洋神劝他驯服，“看看谁在当政，所施的不是真理而是残暴”。海神的诸女齐声地问，为了人道是否值得承受如此的苦难？“不，你的牺牲是白费的，噢，敬爱的……你是否见到人类，对枷锁中的理想者是如何的未曾尽绵薄施救？”虽然如此，由于他们敬爱他，当宙斯威胁要将他投入地狱的深渊时，他们守着他，承受将他们和普罗米修斯一起打进深渊的雷霆。但由于普罗米修斯是神，他不会这样轻易地死去。在埃斯库罗斯所写的悲剧的结尾中，普罗米修斯又被从地狱深渊里提起，被锁在一块山岩上，宙斯命一只鹰啄他的心。他的心在夜晚长出，白天被鹰吃掉。普罗米修斯就这样受了人间的13世代的折磨。后来仁慈的巨人赫拉克勒斯杀死了这只鹰，并劝服宙斯释放普罗米修斯。普罗米修斯忏悔，与万能的神修好，并且佩上必戴的铁戒指。

埃斯库罗斯在这出简单而有力的悲剧中确立了希腊戏剧的主题（人类意志对不可避免的命运的反抗）以及公元前5世纪希腊生活的主题（反叛思想与传统信仰之间的冲突）。他的结论是保守的，但他了解反叛是怎么一回事，并完全给予同情。即使是在欧里庇得斯的作品中，我们也找不出对奥林匹斯山上诸神怀着如此不满的思想。另一篇《失乐园》（*Paradise Lost*），尽管作者怀着虔诚，但失落的天使却是故事的主人公。当弥尔顿为撒旦编造这样一套滔滔不绝的话时，或许曾时常想起埃斯库罗斯的普罗米修斯。歌德非常喜欢这个剧本，并假借桀骜青年之口替普罗米修斯说话；拜伦几乎将其作为自己的楷模；永远与命运搏斗的雪莱，在其《解放了的普罗米修斯》中，使这故事——反叛者永不屈服——复活。这则神话中蕴含着几条寓意深长的哲理：痛苦是知识之树的果实，知道将来会腐蚀人的心，拯救者永远受折磨，到头来人必须接受局限，必须在事物的自然范围内达到其目的。这是一个崇高的主题，而且帮助埃斯库罗斯以庄严的语言使普罗米修斯的故事成为一出具有伟大风格的悲剧。知识与迷信、启蒙主义与反启蒙主义及天才与专横之间的斗争，从未被如此强有力地描绘出，或将其升华至非任何表征或言语所能到达的境界。施莱格尔（Schlegel）说："希腊其他悲剧作家的作品都是悲剧，但这个悲剧本身就是悲剧。"

不过，《俄瑞斯特斯》比这更伟大——大家一致公认，它是希腊戏剧甚至所有戏剧中的最优异作品，该剧完成于公元前 458 年，可能在《被缚的普罗米修斯》后 2 年、作者去世前 2 年。主题是一代接一代狂傲骄横者的怨怒相寻，最后终于难逃报应。我们称它为传奇，但希腊人或许有其道理，称它为历史。这个故事，如每一个较有成就的希腊剧作家所告诉我们的，或可叫作"坦塔鲁斯的后裔"，因为这位弗里吉亚国王过分炫耀财富而开始一长串的罪恶，招来了怨灵（Furies）的报复。坦塔鲁斯偷窃了神的食物与浆露，并给予其子珀罗普斯。任何时代都有一些人，其所聚敛的财富超过了有益于其本身的程度，便将贻害子孙。我们见到了珀罗普斯如何用卑鄙的手段，夺取埃里斯的王位、除掉他的同谋、娶被他们欺骗及杀害的国王之女为妻。他与希波达米亚生子女 3 人：色斯特斯、埃洛珀及阿特柔斯。色斯特斯勾引埃洛珀，而阿特柔斯为了替他姐姐报仇，将其兄色斯特斯的子女烹而飨之于宴。色斯特斯与其女所生之子埃吉斯图斯发誓找阿特柔斯及其子复仇。阿特柔斯有子 2 人——阿伽门农与墨涅拉俄斯。阿伽门农娶克莱登妮丝特拉为妻，并生女伊菲吉妮娅和厄勒克特拉、子俄瑞斯特斯。当阿伽门农的船在赴特洛伊途中因风歇而停驶于奥利斯时，使克莱登妮丝特拉十分惊恐的是，阿伽门农竟杀长女伊菲吉妮娅祭神求风。当阿伽门农围困特洛伊城，埃吉斯图斯追求其满怀愁思的妻子，赢得芳心，并合谋弑害国王。埃斯库罗斯的故事就从这里开始。

消息传到阿尔戈斯说，特洛伊战争已经结束，骄傲的阿伽门农——身着铁胄，千军在他盛怒下战栗的英雄——已在伯罗奔尼撒半岛登岸，而且将接近迈锡尼。合唱班出现在王宫前面，而且以不祥的歌颂，回忆起阿伽门农弃绝伊菲吉妮娅之事：

在形势煎逼下他慢慢地硬起了心肠，
一股邪气在他胸中翻腾，
这是一股黑暗、肮脏、丑恶念头的邪气。
他起来，胆大妄为，
人在“盲目”的怂恿下，走向
卑鄙欲望的歧途，自此带来无限的悲哀
是的，卑鄙欲望的本身就悲哀。
于是，这个人硬着心肠屠杀了亲生儿，
为的是要报复一个女人的一笑之仇，
并将他的船救出危难……

怀着激动的情绪及抑压着的无声愤怒，
她将她那橘黄的纱巾丢掷在地上，
她将一道怜悯的目光
照射每一个男人荡漾着的心。
图画中的一张脸庞，竞相争妍。
小娃儿在爹爹的船板上袅娜起舞，
她那纯洁的声音从未为男人的爱所狎，
第三杯斟满时，她以娇嗔走向他的赞美。

阿伽门农的使者出现在台前，宣布国王驾到。埃斯库罗斯凭其细腻的想象力，体会出这位单纯的武人，在久别之后重新踏上自己的国土，心里是多么高兴。现在，使者说：“如果上帝愿意，我准备死。”他向合唱班叙述战争的恐怖与污秽，头发上长满虱子，雨天则湿气入骨，特洛伊的夏天灼热难挡，而严冬酷寒，鸟类绝迹。克莱登妮丝特拉从宫中走出来，忧郁、紧张，但保持一分傲气，她命人在阿伽门农的通道两旁挂满彩饰。国王乘着御驾，在部众的护卫下，因胜利而趾高气扬。跟随他后面的是另一乘战车，里面坐着黑美人卡桑德拉，也就是特洛伊城公主兼预言者、阿伽门农淫威下满怀仇恨的奴隶，她尖刻地预言他的惩罚。同时，她也哀伤地预见自己的死亡。克莱登妮丝特拉狡猾地对国王叙说多年盼他归来的相思之苦："为了你，整日以泪洗面，泪泉为之流干，不再有半滴剩下。但是在我望归欲穿的眼睛里，你可以看到我是多么为你那迟来的凯旋佳音而忧愁。对你长年的哀怨相思，求梦寐中片刻安宁，却睡不稳，闻虫鸣而惊醒。"他怀疑她的诚意，并严厉地斥责她，走道不该如此奢华铺张，但是他跟随她走进宫殿，卡桑德拉顺从地陪伴着他。在凝重的气氛中，合唱班柔和地唱出不祥的预兆。突然从幕后传来叫声，这是阿伽门农被埃吉斯图斯和克莱登妮丝特拉杀害时的惨叫。宫殿的门打开了，克莱登妮丝特拉手抡利斧，眉毛上染着鲜血，胜利地站在卡桑德拉和国王的尸体旁，合唱班齐诵着结尾：

上帝是不是愿意突然地，
没有痛苦地，
没有病魔缠身地，让
我的大限来临，
我的大限立即
带来永恒——
不醒的睡眠，
现在我的牧者，他
用爱照拂我，
躺卧在深处。

悲剧三部曲的第二部是“祭奠者”（*Libation Bearers*），因合唱女携祭奠品到阿伽门农坟墓而取其名。克莱登妮丝特拉将其幼子俄瑞斯特斯送往遥远的弗西斯寄养，以为这样他可能会忘掉其父之死。但是那里的老年人教导他古人传下来的复仇法则：“血债血偿。”在当时的黑暗时代，政府将谋杀案交由受害人的亲族处理，人们相信，除非报复剪除仇家，否则死者的灵魂不得安静。俄瑞斯特斯每次想到他未了的心愿——杀死自己的母亲与埃吉斯图斯——便忧心忡忡，惶恐至极。他与同伴庇拉德斯偷偷地来到阿尔戈斯，找到他父亲的陵墓，并在上面放了一绺自己的头发。当他们听到“祭奠者”走近，他们便避开，聚精会神地听那与祭奠者同来的妇女、无限哀伤的妹妹厄勒克特拉，站在坟前，祈求父亲的英灵去叫俄瑞斯特斯为他复仇。俄瑞斯特斯出来表露了自己，厄勒克特拉痛苦地将隐藏在心里要他必须杀死他们母亲的话告诉了她哥哥。这两名青年乔装成商人，前往王宫。克莱登妮丝特拉殷勤地款待他们，但当俄瑞斯特斯试着告诉她，她送去弗西斯的那个孩子已死时，他震惊地看到她悲伤中隐藏着喜悦。她喊叫埃吉斯图斯，要和他分享他们所惧怕的复仇者已经不在的好消息。厄勒克特拉斯当场杀掉埃吉斯图斯，并将他母亲赶入宫中。片刻之后他出来时，因想到自己是一个弑母者，已变成半疯半癫的人。

> 当我尚未发狂时，我要在这里对
> 所有爱我的人宣布，而且承认：我
> 已杀死我的母亲。

第三部是俄瑞斯特斯被复仇三女神所追踪，她们的职责是惩罚犯罪的人。俄瑞斯特斯是一个不为人所容的逃犯，不论他走到那里，复仇三女神都像黑色的幽灵一样紧盯着他，要吸他的血。他到德尔菲城阿波罗神祭坛前匍匐着，阿波罗安慰他，但克莱登妮丝特拉的幽灵从地上出现，催促复仇三女神不要放松折磨她儿子。俄瑞斯特斯又逃往雅典，跪在雅典娜神殿前，向她呼号求救。雅典娜听了，说他“已受够罪”。当复仇三女神提出异议，雅典娜将她们召来，要她们一起在最高法院审议委员会前审判俄瑞斯特斯的案子。第三部的最后一幕表演的就是这种象征以法律替代私相仇杀的奇特审判。由雅典护城神雅典娜主审，复仇三女神申诉找俄瑞斯特斯报仇的理由，阿波罗替他辩护。法庭中持正反意见的票数相等。雅典娜投下支持俄瑞斯特斯的票，并宣布将其无罪开释。雅典娜郑重地设置最高法院审议委员会，这是此后雅典地区的最高法院，其对杀人案件的迅速判决，将使该地区不再发生冤冤相报的世仇，其睿智的决定将领导雅典度过困扰人民的危机。雅典娜以其严正的言词说服了失望的复仇三女神，她们之中为首的一个说：“这是新秩序诞生的一天。”

《俄瑞斯特斯》是希腊文学中继《伊利亚特》和《奥德赛》之后最伟大的成就。它有广阔的构想，统一的思想与表达，雷霆万钧的戏剧发展效果，深刻的性格理解及壮丽的风格。这一切的综合，在莎士比亚之前，我们再也找不到。这个三部曲经过严密的组织，成为一出布局良好的三幕剧，剧情承上启下，一气呵成。当故事展开后，恐怖的气氛逐渐加深，令人朦胧地感觉出它曾经如何深深地扣动当时希腊观众的心弦。虽然剧中人讲了太多的话，甚至 4 名凶手也如此。歌词暧昧不清，隐喻过分夸大，言词有时候沉浊、粗鄙、生硬。但是这些合唱在同类中是属于最优异的：华丽而柔和。同时，在祈求宗教的宽恕与已逝去的政治秩序的美德时，非常流畅动人。

《俄瑞斯特斯》的保守正如《被缚的普罗米修斯》的偏激，虽然这两部戏剧的写作时间不过相差 2 年。公元前 462 年，厄菲阿尔特被剥夺了职权，公元前 461 年被刺身亡。公元前 458 年，埃斯库罗斯完成《俄瑞斯特斯》，为最高法院辩护，称其是雅典政府中最具智慧的一个机构。这位诗人当时岁数已经很大，对老的一代比对新的一代更容易了解。他像阿里斯托芬一样，向往马拉松战役时（公元前 490 年）人们的美德。阿特纳奥斯想要让我们相信，埃斯库罗斯是一名善饮者，但是在《俄瑞斯特斯》中，他借戏剧就罪与罚及由痛苦产生智慧这方面说教，是一个极为严谨的人。报应思想也就是业（karma）或原罪（original sin）之说，每一桩罪恶行为，终将在今生或来世被发现而得到报应。希腊思想企图用此种方式协调人的罪恶和神的关系：一切苦难皆由罪恶——此种罪恶在前生所犯——而起。《被缚的普罗米修斯》的作者并非纯真的虔诚教徒，他的戏剧，甚至在《俄瑞斯特斯》中，都充满着异端思想。他受到泄漏宗教仪式秘密的罪名的攻击，靠他兄弟阿美尼亚斯从中求情，并在议会中当众露出他在萨拉米斯战争中负的伤，才保住了生命。但是埃斯库罗斯相信，道德在抑制社会恶势力时须借助超自然的制裁力量。他希望：

> 有一个能高高在上面听见的——
> 如牧羊神、宙斯，或阿波罗——
> 遣下追踪犯罪者的
> 报应之神。

也就是专司因果报应的复仇三女神。因此他以诚挚的态度谈论宗教，而且努力想达到超越多神主义的一神观念：

> 宙斯，宙斯，不论他是什么，
> 假若这是他喜欢听到的名字，
> 他要被我这样称呼。
> 上穷碧落下黄泉，
> 不论何处，我要寻找的
> 只有他，假若我的心
> 在它死亡前，将解脱
> 这一种浮华的累赘。

他把宙斯比作人格化的自然万物、宇宙的法则或理性，“所谓宇宙法则，即命运、创始者及‘彻悟’全在此合而为一”。

他这一杰作的结尾几行诗，或许是他作为诗人的最后几句话。《俄瑞斯特斯》发表之后的2年，我们发现他又到了西西里。有人认为，比评审员更偏激的观众不喜欢这出悲剧，但这种说法与当时的实际情形不大相符。雅典人于数年后做了一件和风俗完全相反的事：当局下令，他的剧本可以在雅典酒神剧场重演，而且准许合唱的任意演出。许多戏剧确实曾在酒神剧场重演，而埃斯库罗斯在死后仍继续得奖。一则老故事告诉我们，他在西西里时，一只老鹰抓了一只龟在空中飞，把他的头误当作石头，放开乌龟落在他头上而将他砸死。他就埋在那里，他自己写的墓志铭对他的戏剧是出奇的沉默，但对在作战中所受伤的疤痕，却显出凡夫的骄傲：

在这块石碑下躺着埃斯库罗斯。
关于他的英勇，有马拉松的林木为证，
或长头发的波斯人，知之最详。

索福克勒斯

公元前468年从埃斯库罗斯那里夺走悲剧第一名的是一位27岁的后起之秀，他名字的意义是智慧与荣耀者。索福克勒斯是一个最幸运几乎也是最悲观的人。他来自雅典近郊克罗纳斯，父亲是一名制剑匠。因此，当波斯与伯罗奔尼撒战争几乎使所有雅典人陷入贫困之际，这位剧作家却能过富裕舒适的生活。除财富之外，他还有聪明的头脑、俊美的仪表及健壮的体魄。他曾赢过摔跤与音乐的双重奖——这是柏拉图所羡慕的；他在玩球及奏竖琴方面的技巧，可以公开表演。萨拉米斯战役之后，他被雅典城选出来领导雅典青年为庆祝胜利而裸体跳舞唱歌。即使过了中年，他依然英俊挺拔。罗马拉特兰博物馆所陈列他的石刻像，虽然年迈、多须、臃肿，但仍高大壮硕。他在雅典太平盛世中长大，是伯里克利的朋友，并在伯里克利手下担任政府要职。公元前 443 年他是帝国的财政总管。公元前 440 年，他是伯里克利时代远征萨摩斯岛时统率雅典军队的诸将领之一——虽然应该补充说明，伯里克利所赏识的是他的诗，而不是他的战略。自雅典在锡拉库萨战争中遭到惨败后，他被任命为“公共安全委员会委员”之一。在这项职务中，他投票赞成公元前 411 年的寡头派宪法。他的性格比他的政治才能更让雅典人喜爱：和蔼、机智、谦虚、爱游乐，并具有可以弥补所有其他缺失的魅力。他对金钱与少男有偏好，但当他老年时，他的兴趣转向风月场中的女人。他信神虔诚，偶尔也担任祭司的职务。

他写了 113 个剧本，遗留给我们的仅有 7 个，我们无法知道它们完成的先后次序。他曾在酒神节戏剧竞赛中获得 16 次头奖，并在酒神节另一庆典中得奖 2 次。第一次得头奖时，25 岁；最后一次得奖时，85 岁。他主宰雅典戏剧界达 30 年之久，比同时期内伯里克利统治雅典更彻底。他将演员人数增加至 3 名，而且自己也客串一角，直到他丧失嗓音才停止演出。他（及他以后的欧里庇得斯）废弃了埃斯库罗斯悲剧三部曲的形式，改用 3 部不连贯的独立剧。埃斯库罗斯在戏剧中多喜欢用遮蔽人物的宇宙大主题；索福克勒斯则对人物的性格发生兴趣，而他在心理学方面的才华几乎是现代化的。他的《妒妇》（*The Trachinian Women*），在表面上是一出音色之娱的闹剧：德亚内亚妒恨她的丈夫赫拉克勒斯对伊奥拉的爱，不经意地将一袭有毒的长袍给了他，当他被毒毙，她自己也随即自杀。这个故事吸引索福克勒斯的不是赫拉克勒斯的惩罚——若换成埃斯库罗斯，这似乎是他所要表达的主要观念——甚至也不是欧里庇得斯可能想要发挥的强烈的爱情，而是妒忌心理。因此，在《埃阿斯》（*Ajax*）一剧中，他未注意这位勇士的赫赫战功，使作者感兴趣的是对一个发狂的人的研究。《弗罗克特斯》（*Philoctetes*）剧中几乎没有动作可言，只是对受到伤害的纯真与圆滑机变的诈伪作坦率的分析。《厄勒克特拉》（*Electra*）故事的分量轻，正如其年代久远一样。埃斯库罗斯为其所牵涉到的道德问题而入神，索福克勒斯几乎忘掉这些，而是热切地以精神分析家的冷漠来研究这个年轻女人对她母亲的憎恨。这出戏剧已被列入曾一度受到广泛讨论的精神病例，《俄狄浦斯王》（*Oedipus the King*）即属于同一类性质的另一个例子。

《俄狄浦斯王》是最著名的希腊戏剧之一。一开幕即予人以深刻印象：包括男女老少各色人等的一大群人坐在底比斯的王宫前，手拿月桂橄榄枝，在向神祈祷。灾难已降临该城，人民聚集在一起恳求俄狄浦斯王献祭品给神，祈神息怒。一道神谕宣布，若能查出刺杀老王雷伊阿斯的凶手，灾祸就将离开底比斯。俄狄浦斯痛恨地咒骂谋害他父王的人，不论他是谁，他的罪恶为底比斯带来如此的苦难。这是贺拉斯所创、从故事中心开始叙述的方法的典型例子，故事的起因从后倒叙。观众当然知道这个故事的情节，因为雷伊阿斯、俄狄浦斯及怪物斯芬克斯是希腊民间故事的一部分。传说，因雷伊阿斯曾在希腊造成人为的罪恶，有人诅咒他和他的子孙。这种罪恶的结果，败坏了一代又一代的希腊人，形成希腊悲剧的典型题材。据神谕说，雷伊阿斯王与其后伊俄卡斯忒将有一个杀其父而娶其母的儿子。他们殷切地盼望第一胎能生一个女儿，但来的却是个男孩。为了不使神谕实现，他们将他遗弃在山上。一个牧羊人发现他，因他的脚发肿而叫他俄狄浦斯，并将他送给科林斯王与王后，他们把他当作自己的儿子一样养育他。待他成年，俄狄浦斯又从神谕中获悉，他将杀死父亲并与母亲结婚。他以为科林斯王夫妇是自己的亲生父母，于是逃离了科林斯，奔向底比斯。在途中他遇见一个老人，那个老人和他争吵而被他杀死，他不知道老人就是自己的父亲。接近底比斯时他遇见那狮身鸟翼怪物，怪物向俄狄浦斯提出那著名的谜语：“有四只脚、三只脚及两只脚的是什么动物？”凡不能正确地答复这个问题的人都被怪物杀死。惊恐万分的底比斯人急欲除掉怪物，曾发誓推举能答出谜语的任何一个人为他们的王，因为怪兽曾许下诺言，若有人答对，它就自杀。俄狄浦斯答道："是人：人于幼儿时在地上爬行，是谓四只脚；成年后两脚行走；待其老年，走路时使用拐杖，算是三只脚。"这是一个勉强的答案，但为那怪兽所接受，而且非常守信地毁灭了自己。底比斯人欢呼俄狄浦斯为他们的救主，当他们未见雷伊阿斯归来，就拥戴这个陌生人为王。为遵守当地的习俗，俄狄浦斯与雷伊阿斯王后结婚，并且和她生了 4 个小孩：安提戈涅、波利尼西斯、厄特克勒斯及伊斯美尼。在第二幕——希腊戏剧气势最雄厚的一幕中，一名高级祭司受俄狄浦斯之命查出杀雷伊阿斯的凶手，这位祭司指明是俄狄浦斯本人。没有什么事比这位国王在无可奈何、在惊骇中发现，他就是弑父的凶手及自己亲生母亲的丈夫更可悲。伊俄卡斯忒不肯相信这回事，她像现代精神分析学创始人弗洛伊德解释梦一样来对其加以说明。"有许多男人都梦见自己与母亲同床睡觉，"她宽慰俄狄浦斯说，"假若他们不去理会它，生活就会愉快起来。"等这件事获得确切证明后，她自缢身死，而俄狄浦斯在疯狂的懊丧中挖出了自己的眼睛，离开底比斯出外流浪，陪伴他的只有安提戈涅。

《俄狄浦斯在克罗纳斯》(*Oedipus at Colonus*) 是索福克勒斯无意中写成的悲剧三部曲中的第二部。在第二部里面，这位过去的国王已是个白发苍苍、由他女儿搀扶着沿途乞食的流浪汉。他后来漂泊到隐蔽的克罗纳斯，索福克勒斯乘机让他唱出他故乡和橄榄丛之歌，这是一首不易翻译但在希腊诗中评价很高的歌：

> 陌生人，你现在站立的地方，
> 这是一个马和骑士的乐园，
> 这里有世界上最美好的一切，
> 白色的克罗纳斯在此闪耀着光芒。
> 在这里最常逗留，故乡最令人眷恋，
> 那儿浓密的青葱掩隐着她，

悦耳的夜莺颤颤地唱出
她那甜蜜辛酸的哀曲……
明露中一片清新，冠戴
晶莹洁白的早开花簇，
稚嫩的水仙在晨曦中
怒放……

在这泥土里生长出奇卉，
我在别处从未听到这样美妙的歌唱，
不论是在珀罗普斯的多利安小岛上，或
那遥远的亚洲。
这是未被遏抑而怒放的花卉，
她自己萌芽，自己成长，
使武装敌人沮丧的是：
只有在这一块土地上才灿烂盛开——
浅蓝色银一样的柔叶，
她那茁长的橄榄枝桠。
没有力量，没有蹂躏的手能摧残它，
年轻时轻率，或成熟时敏慧，
因为有宙斯的灵目在观察它，
还有那雅典娜浅蓝色的眼睛。

有一道神谕预示，俄狄浦斯将死在复仇三女神的辖区，当他知道他现在已进入她们在克罗纳斯的神林中，而且觉得人生乏味，于是想到倒不如死在这里来得安逸。他对雅典国王忒修斯吟了如下几行诗，总括而敏锐地道出了促使希腊衰弱的原因——土地、信仰、道德及人民的颓败：

只有上天的神
才不会老，才不会死；
所有其他一切都随着
主宰我们的时间翻转。
土地的元气曾耗竭，人的荣耀会消逝，
信仰会陨灭，而无信仰像花朵一样盛开。
谁又能在人的大道上，
或他自己心灵的隐秘深处，
找到永远不变方向的风？

然后，似乎听到了神的召唤，俄狄浦斯轻轻地与安提戈涅和伊斯美尼告别，在忒修斯单独的陪伴下，他走入了幽暗的丛林。

继续向前走
我们在一处小小的空间里打转。
瞧，我们再也看不见那一个人；
但他——王[1]——却在那里，
将一只手放在额头上，像是
在眺望一件阴森可怖的东西，
可能是不忍卒睹……
他这是
什么样的死法，除了我们的忒修斯
他不再认识别人……
但若不是神遣某人引导他的步履，
就是地狱深渊敞开着表示它友善的大门
没有丝毫痛苦。因此那人被带走了

[1] 这里的王是指忒修斯。

毫无遗憾——离开这个世界时
未因病痛的折磨而憔悴。但是他的结局，
若有结局的话，真是妙不可言。

三部曲的第三部——但显然是三部中最先完成的——将忠孝的安提戈涅带进了坟墓。听说她那两名兄弟波利尼西斯和厄特克勒斯为了争夺王位而同室操戈，她急忙赶回底比斯，希望能劝阻他们兄弟争斗。但是他们没有理会她，以致落得双双败亡。支持厄特克勒斯的克瑞翁篡夺了王位，并为了惩罚波利尼西斯的反叛，禁止人收埋他。安提戈涅与其他希腊人同样相信尸体若不予埋葬，死后的灵魂将永远受到折磨。因此，她违背禁令，埋葬了波利尼西斯。合唱班此时唱出索福克勒斯最有名的一首歌：

奇妙事多的是，但总比不上人奇妙。
在浪涛澎湃的怒海上，还有白茫茫的南风里，
通过狭隘多沫的海湾，他航行在重重危险中；
大地——神祇中的长者——不知辛劳，不知颓废，
但问耕耘和收获，年复一年，和他一起的
还有那驯良的马，拖动犁耙。

他用罗网捕捉天空中轻盈的小鸟，
旷野与丛林里的野兽，以及海里的鱼，
他机灵地操纵了凶猛的蛮牛，和
自由地遨游于原野的牡鹿，
在他多才多艺的驯服下，
那鬃毛蓬松的野马也乖乖地口啣衔勒。

语言流利，思想机智，

他自己学会这一切；似箭的飞雨，
及刺骨的寒风，在广袤的冬空下。
他设想周到；他学会了如何逆来顺受；
无论什么降临，他都安然无恙；
只是对于死亡，他一筹莫展。

安提戈涅被克瑞翁判决活埋。克瑞翁之子海蒙反对这种非法的判决，他想咒骂自己的父亲却又强忍回去，于是只是说："今生你休想再见到我。"索福克勒斯的悲剧这时候表现了爱，他所吟爱神厄洛斯的诗，曾使人传诵一时：

爱具有无可抗拒的力量，
只要你轻轻一瞥，没有人不投降；
爱彻夜依偎在少女的面颊上；
你徜徉在丘陵的幽谷与无痕的海洋上。
爱使神也成了俘虏；
难道人能不向你臣服？

海蒙失踪了。克瑞翁命令士兵打开安提戈涅的墓穴，他们发现安提戈涅已死去，而海蒙在她的身旁，决心以身相殉。

我们寻觅，在那幽暗的拱形墓穴中
我看见那少女勒着脖子僵卧在那里，
布条绳的活结套住了颈项；
激动地在她身旁，紧搂着她冰冷的躯体，
她的爱人躺在那里痛嚎已死去的新娘……
当王瞧见他，一声沉重的吼叫，
他走向他，哭喊着："我的儿，

你做了什么？什么使你这样？
什么不幸的遭遇夺去了你的理智？
噢，来吧，来吧，我的孩子；
你父亲在恳求你。”
但儿子虎视眈眈地瞪着他，
一口唾沫吐在他的脸上，然后一声不发地
拔出了他的佩剑，向前刺去，但
他父亲急速让开，没有被击中。然后这孩子，
怒不可遏，可怜的家伙，不能自制地
倒在自己的剑上，用力戳穿了身体
直到尽头；但呼吸着，将少女搂在
无力的臂弯中，临终的喘息，使她
苍白的脸透出红晕，
于是他们并卧长眠，葬同穴。

这几出戏剧，虽经过湮远的年代和传译的遗漏，仍具有优美的风格和练达的技巧。这是典型的“古典”表达形式：洗练、沉静而肃穆，生气蓬勃而有节制，庄严而幽雅，充满菲狄亚斯的力量及普拉克西特列斯的细腻和流畅。它的结构也是古典的，每一行诗都相互关联，而且渐渐演变发展至高潮，呈现其主题的意义。这些戏剧的每一出都像建筑庙宇一样造起来，每一部分都经过缜密的琢磨，并且层次分明、配置得当。只有在《弗罗克特斯》一剧中，他偷懒地借助奇遇（在欧里庇得斯的作品中成为笑柄）作为解决剧情死结的正当途径。索福克勒斯在这里，犹如埃斯库罗斯的作品，先发展侮谩性的嘲弄（像俄狄浦斯尖刻地诅咒不详的杀父凶手），转向突然的揭露与命运的逆转，最终受到不可逃避的惩罚。亚里士多德想举出完美的戏剧结构的实例时，总是提及《俄狄浦斯王》。而另两出处理俄狄浦斯的戏，充分发挥了阿里斯托芬对悲剧形容为“借客观的呈现而净化不幸与恐怖”所

下的定义。人物的描绘虽不如欧里庇得斯的真实，却比埃斯库罗斯作品中的人物更清晰。“我视实际的需要描写人物，”索福克勒斯说，“欧里庇得斯则照实表现。”言下之意，戏剧应允许部分理想化，而艺术不该在求“像”。但欧里庇得斯的影响力表现于对话的雄辩有力，及偶尔对情绪的发挥。因此，俄狄浦斯不顾体面地与盲神特瑞西亚斯争吵，待其失明后，令人感动地探索着触摸他女儿的脸。埃斯库罗斯若想到同样的问题，一定会忘掉女儿，而想到的则是永恒的法则。

索福克勒斯同样是一位哲学家和说教者，但是他的规诫比埃斯库罗斯更少乞助神力的制裁。他受到了诡辩学家的影响，虽然他维持了良好的正统思想，但他所表现的，若非境遇幸运，很可能变成欧里庇得斯。不过他有过多的诗人的敏锐感觉，来为人类时常所受到不应得的灾难剖白。利路斯（Lyllus）看到赫拉克勒斯的身体受着剧痛时说：

> 我们是无辜的，但得承认
> 神祇缺乏慈悲心肠。
> 他们生下人，并在
> 父的名下要求礼拜。
> 然而，却以冷漠的眼
> 望着这样的痛苦。

他使伊俄卡斯忒嘲笑神谕，虽然他的戏剧以神谕为契机。克瑞翁诟詈预言家“全属骗钱之辈”。弗罗克特斯问那个老问题：“如何证明上天行事公正，找出他的不公平？”索福克勒斯的答复充满希望，他认为宇宙的精神力量虽然太微妙，非我们所能了解，但是它确实在那里，正义终将获得胜利。他继埃斯库罗斯之后，把宙斯看作这种精神力量，甚至比他更具一神思想。像一名善良的维多利亚时代的英国人，他虽没有明确的宗教思想，但对精神上的信仰却极为笃定。最高的智慧是寻找代表宙斯的法则——宇宙的精神指针，并切实遵行。

啊，愿我平稳的步伐不乱，
永远走在正义的道上，
言和行都光明正大，
恪遵这些永恒的法则，
永远攀登上天层峰的上层空间——
那是它们来的所在；
只有奥林匹斯是它们的家，
它们不是凡人所能生；
无论人是多么健忘，
它们永远不眠不休。

这是索福克勒斯所写的东西，却是埃斯库罗斯说话的语气，用信仰对非信仰作最后的抵抗。从这种诚敬与柔顺中，我们看见了忏悔与屈从的约伯。不过从字里行间，我们可以捕捉到欧里庇得斯的前兆。

索福克勒斯和梭伦具有同样的看法：未出生的人最幸运，夭折的人次之。一名现代悲观主义者曾从翻译俄狄浦斯临死时合唱班吟唱的哀伤的诗句中获得乐趣，那是反映老年及雅典与斯巴达兄弟惨烈相残的伯罗奔尼撒战争所促成的厌世观：

那些希望长寿不老的
是什么样的人?
我的眼睛看到的
全是有关他的荒唐行径。
因为你活得太大的岁数，
将使你变得既滑又精；
忧伤渐渐接近你；而你
再也见不到欢乐，
这就是活得太久的人

所付出的代价……

向那未出世的人
我致最高的敬意;
次之向那生而夭折的人
我致崇高的敬意。
愚蠢轻得像绒毛
落在青年和成人的身上;
然后罪恶集中一起,
愤怒、妒忌、纷扰,争斗,
还有要命的剑——一样也无所需要。
当忧患总结时
已近步履蹒跚的老年
亲戚和朋友都远离他而去;
老年,加倍聚集了
普天下的忧愁……
当他无须工作时,
只有找孤魂结伴,
没有妻子,也没有亲朋,
没有歌声,也没有鼓乐,
死亡做了一切了结。

学术界有一个普遍的传闻,索福克勒斯有一名叫塞奥利斯的“伴侣”欢娱晚年,而且与她生了一个儿子。他的嫡子伊丰(Iophon)或许怕老头子会将财产遗交给塞奥利斯的儿子,曾以“老昏不堪胜任财产管理”的罪名将他父亲告到法院里去。索福克勒斯为证明自己神志清楚,向陪审团宣读了自己所写的戏剧——可能是《俄狄浦斯在克罗纳斯》——中的若干合唱曲。法官不仅判他胜诉,而且亲自护送他回家。他虽然比欧里庇得斯早生很多年，但他却给这位晚辈送终。然后，在同一年（公元前406年），他也随之去世。据传说，当斯巴达人围困雅典时，司戏剧的“酒神”狄奥尼索斯出现在斯巴达将军莱桑德（Lysander）面前，为索福克勒斯的朋友要到了一张通行证，以便他们将索福克勒斯埋葬在德克来亚他父亲的墓穴中。希腊人献给他神一样的荣典，诗人西米亚斯特别为他写了一首恬淡的挽诗：

常春藤，轻轻地，轻轻地爬，
索福克勒斯在那里宁谧地安息；
大理石上遍布着淡淡的绿苔，
四周将开满紫色的玫瑰。
让蔓藤密挂簇簇盛放的鲜花，
让它的嫩芽悬攀在石碑上，
他所唱出的酣郁的智慧，值得赞美，
受到诗神和美神的激赏。

欧里庇得斯

· 欧里庇得斯的剧集

就如乔托（Giotto）披荆斩荆地开辟了意大利绘画的道路、拉斐尔（Raphael）以沉潜的气势征服绘画艺术使其趋向技术上的完美、米开朗基罗（Michelangelo）则以天才呕心沥血的伟大作品使意大利绘画发展至成熟阶段、巴赫以令人难以相信的精力为现代音乐开创康庄大道、莫扎特以淳朴的曲调完成完美的形式、贝多芬完成不平衡的伟大作品的发展工作、埃斯库罗斯以其粗陋的诗句与严谨的哲学为希腊戏剧开拓遵循的方向并创立了形式、索福克勒斯以改良的音乐与平静的思想确定了希腊戏剧艺术的风格，而欧里庇得斯完成了表现炽热情感与狂烈怀疑的作品的发展工作。埃斯库罗斯是一个几乎具有希伯来人热情的传道者，索福克勒斯是一个坚守着一个残破信仰不放的“古典”艺术家，欧里庇得斯则是一个浪漫诗人，因其为哲学所分心，永远写不出一出尽善尽美的戏剧，他们三人是希腊的以赛亚、约伯及传道书。

欧里庇得斯于波斯战争萨拉米斯战役（公元前 480 年）那年（一说同一天）出生，可能就在萨拉米斯岛上，他的双亲为躲避米德斯人而逃离该岛。他父亲在雅典弗拉镇颇具钱财与名气，他母亲出身名门，但怀着敌意的阿里斯托芬却坚持说她开了一爿杂货铺，而且沿街呼卖水果鲜花。他的后半生居住在萨拉米斯，他喜爱那里群山的幽静及其蓝色大海多变的景色。柏拉图希望自己成为一名戏剧家，却做了哲学家，欧里庇得斯希望成为一名哲学家，却当了戏剧作家。斯特拉博说，欧里庇得斯“走的完全是阿那克萨戈拉的路线”。他曾经跟普罗迪科斯学习了一阵子，而且与苏格拉底过从甚密，有人怀疑这位哲学家曾对他诗人朋友的戏剧有很多贡献。整个诡辩学派运动都进入了他的思想，并且透过他而垄断了酒神戏剧的舞台。他成为希腊启蒙运动的“伏尔泰”，他崇拜理性，在为祭神演出的戏剧中予以破坏性的讥讽。

酒神剧场的记载说他总共写了 75 部戏，自公元前 455 年的《珀利阿斯的女儿们》（*The Daughters of Pelias*）开始至公元前 406 年的《酒神的伴侣》（*The Bacchae*），幸存的有 18 出及其他剧本的部分残缺资料。[1] 这些戏剧的内容同样是希腊早期的神话故事，但蕴含辩驳的怀疑意味，先是微弱的，后来更为大胆。《伊翁》（*Ion*）一剧描述著

[1] 欧里庇得斯的主要剧本问世的次序约略如下：《阿尔克提斯》（*Alcestis*），公元前 438 年；《美狄亚》（*Medea*），公元前 431 年；《希波吕托斯》（*Hippolytus*），公元前 428 年；《安德洛玛刻》（*Andromache*），公元前 427 年；《赫卡柏》（*Hecuba*），约公元前 425 年；《厄勒克特拉》（*Electra*），约公元前 416 年；《特洛伊女人》，公元前 415 年；《伊菲吉妮娅在陶里斯》（*Iphigenia in Tauris*），约公元前 413 年；《俄瑞斯特斯》（*Orestes*），公元前 408 年；《伊菲吉妮娅在奥利斯》（*Iphigenia in Aulis*），公元前 406 年；《巴比伦人》（*The Bacchae*），公元前 406 年。

名的伊奥尼亚族始祖陷入一个困惑人的问题中：阿波罗神谕宣布叙塞斯（Xuthus）是他的父亲，但伊翁却发现自己是阿波罗之子，阿波罗诱拐了他母亲，然后用手段将她转让给叙塞斯。伊翁问道："这位崇高的神怎么可能会是个骗子呢？"在《赫拉克勒斯》与《阿尔克提斯》（*Alcestis*）中，这位宙斯和阿尔蒙纳（Alcmena）所生的大力士儿子被形容成性情平和的酒鬼，有大食巨人高康大（Gargantua）的胃口和路易十六的脑袋。《阿尔克提斯》叙述关于神要求，若要使阿德墨托斯（Admetus）（色萨利的弗里国王）复活，必须有人同意替死的不渝故事。他的妻子自愿牺牲，而且以百行诗和他殷殷告别，而他以极大的耐性聆听着。阿尔克提斯被带走赴阴间，但酒酣耳热的赫拉克勒斯出面干涉，威胁死亡之神放掉阿尔克提斯，并使她活着回来。我们可以了解到，这出戏剧只是想用微妙的方法嘲弄这则神话。[1]

《希波吕托斯》（*Hippolytus*）一剧用的是同样的讥讽手法，但更富技巧、更优美。主人公是年轻英俊的猎人，曾向狩猎女神阿尔忒弥斯发誓，将对她永远忠诚，将躲避女人，并在森林中寻找最大的快乐。爱与美的女神阿佛洛狄忒被他这种污辱性的独身主义所激怒，在忒修斯之妻菲得拉的心里注入对忒修斯与女战士安提波所生之子希波吕托斯的狂恋。这是现存的希腊文学中第一出关于爱情的悲剧，它一开始便表现出狂热的爱的症候：菲得拉被希波吕托斯拒绝之后，憔悴萎靡，濒临死亡。她的侍女突然间变成了一名哲学家，对超越死亡的生命发出哈姆雷特一样的怀疑：

> 所有人的生命都烦恼而暗淡，
> 世界上永无安宁。
> 但若有一个遥远的国度，

[1] 该剧于公元前438年和由欧里庇得斯所写的另外三出戏在同一组中演出，作者或许把它当作半认真的"林神剧"，而非半喜剧性的悲剧。在《布劳斯琴的冒险》（Balaustion's Adventure）中，布朗宁（Browning）以其单纯的看法，仅衡量该剧的表面价值。

比生命对凡人更重要，
“黑暗”伸出它的魔掌，
上面下面一片朦胧的烟雾。
有人为生命而想得发狂，
赖在世上执着于这无名而闪亮的东西；
对于另一些人，生命是干涸的源泉，
我们的底下深不可测，
而我们永远浮沉在神话中。

侍女送信给希波吕托斯说，菲得拉闺房的门永远为他而开。当他想到自己的继母这样时便惊骇莫名，他当时说的几句话，为欧里庇得斯赢得了“女人厌恶者”（misogyny）的头衔：

噢！上帝，为什么你要设下这诱人的陷阱——
女人——弄得快乐的世界鸡犬不宁？
创造男人既然是你的意志，为什么
他的出生一定要经过爱和女人？

菲得拉死掉了，她丈夫从她手里发现一张条子，说希波吕托斯调戏她。忒修斯发狂似的祈求海神波塞冬杀死希波吕托斯。这位年轻人虽然竭力辩护，但没有人肯相信他。他被忒修斯驱逐出境，当他的战车经过岸边时，一只海狮从浪涛中钻出来追他，他的马因害怕而狂奔，战车倾覆，希波吕托斯被拖在岩石上，血肉模糊而死。合唱班呼喝下面的诗句，当时一定惊骇了雅典观众：

你们神陷害了他，
瞧，我当你们的面说
我恨，我鄙视你们！

在《美狄亚》(*Medea*)中，欧里庇得斯暂时忘掉他与上帝之间的战争，而将阿尔戈英雄的故事转变为他的一出气魄最雄厚的戏剧。当伊阿宋抵达科尔基斯后，公主爱上了他，并帮助他盗得金羊毛，将他隐藏起来，欺骗她父亲，而且杀死她兄弟。伊阿宋发誓对她永爱不渝，并带她回伊奥尔科斯。到了那里以后，美狄亚为了攫取珀利阿斯答应传给伊阿宋的王位，毒死了珀利阿斯王。因色萨利的法律禁止他与外国人结婚，伊阿宋和美狄亚只是同居，生了两名子女。但是后来他厌恶她那发疯似的野蛮性情，想要寻找一个合法妻子，及生一个嫡嗣，他向科林斯王克瑞翁之女求婚。克瑞翁应允他的请求，并将美狄亚放逐。美狄亚想想自己的过错，道出了欧里庇得斯为女人辩护的著名诗篇之一：

世界上所有有血肉的东西，
受害最多的是女人。我们必须
拿出私房积蓄，收买男人的爱，
瞧，钱买来了我肉体的主人！
每每想到这羞辱，不安如针刺。
整天还担忧，不知道主人在打什么主意……
……家里没有教过她，如何保住枕边人太平无事。

而不断挣扎的她，设法用轭套住他同挽重荷，
但不可将轭扯得太紧，
幸运的女人还能喘息！
要不然，她唯有求死。
她的主人，若看厌了她这张黄脸，
可以到别处去寻欢；但她倚闹长等，
望眼欲穿，盼望着他的孤魂。
然后他们会说，他们从军出征，

而我们坐享他们的保护，免受危险！
多滑稽可笑！我宁可手持盾牌冲杀三阵
也不愿生小子一人。

接着是她复仇的恐怖故事。她假装和她的情敌和好，特意送给她一套昂贵的长袍。这位科林斯公主穿上后，立即着火燃烧。克瑞翁想去救他女儿，也被烧死。美狄亚杀死了自己的子女，用车拉着他们的尸体，伊阿宋看着她离开。合唱班吟诵含有哲学意义的结尾：

宙斯有琼楼玉宇在天上，
人的乖舛命运自那里注定，
没有希望或恐怖。
人所希望的硬不来，
人所不要的却摆在眼前，
却摆在眼前。

其余戏剧多属于有关特洛伊城的故事。从《海伦》中，我们见到修正后的斯特西科罗斯与希罗多德作品：这位斯巴达王后并未跟帕里斯私奔至特洛伊，她被强掳到埃及，在那里守身如玉地等候她的丈夫。欧里庇得斯暗示，全希腊人都为海伦在特洛伊的传说所欺蒙。他在《伊菲吉妮娅在奥利斯》中，将对希腊戏剧尚属新尝试的情感及传统信仰劝人规过的对罪恶行为的恐惧心理，大量地加入阿伽门农杀女祭神求风的老故事。埃斯库罗斯与索福克勒斯也都曾就这个题目写过剧本，但是他们的戏剧在这种优异的新表现方式下，不久即被人遗忘。克莱登妮丝特拉和她女儿出现时，观众可看到欧里庇得斯所表现的柔和感情，俄瑞斯特斯尚在不懂人事的童稚之年，当时也在场目睹了这桩迷信的谋杀案，以后他的命运将受到这一事故演变的播弄。当小女孩迎向她父亲时，流露出娇态和快活：

伊菲吉妮娅： 爹，您一去这么久，
投进您怀里我真开心！
我比别人都跑得快——
因为，噢，我好想您！——请不要生气……
您高兴见到我？可是您一脸忧愁！
阿伽门农： 做国王和做统帅的心事有多重。
伊菲吉妮娅： 此刻属于我——就是此刻！
请不要发愁！
阿伽门农： 是的，我此刻都属于你；
我现在不去想别的……
伊菲吉妮娅： 可是——可是——您满眶的眼泪！
阿伽门农： 是的，因为这一别将很久很久。
伊菲吉妮娅： 我不懂，陛下，我不懂您的意思。
阿伽门农： 你这机灵的小精灵引起更多伤心。
伊菲吉妮娅： 我为了使您开心，我要说笑话逗您。

阿喀琉斯来了，她发现他对他们内定要结婚的事一点也不知情。相反，她获悉军队等她献祭已经不耐烦。她跪在阿伽门农的脚下，请求不要让她去牺牲。

我是您第一个生——第一个称呼您陛下，
我是第一个坐上您的膝盖头，
我们互相交换过甜蜜快乐的时光。
我还记得您曾对我说过——“我的儿，
我要为你找一个君王夫婿，永远生活在
幸福的宫廷里，你欢不欢喜？”
我躲藏在您的胡须里，
我诚恳地答复您：“我也将欢迎您，

当您两鬓如霜春秋高，欢迎您陛下
来我家同享欢乐，以报答您对我的爱。”
我们说的这些话，记忆犹新，
但您忘得一干二净，甚至还想取我性命。

克莱登妮丝特拉谴责阿伽门农向野蛮祭神仪式屈服，并且提出后来演变成许多悲剧的威胁——“不要逼我背叛你”。她鼓励阿喀琉斯想要拯救她女儿所作的企图，但伊菲吉妮娅改变了主意，拒绝逃避。

当我听着向我闪光的熊熊火焰时，
娘，我想到：我决心死，我高兴地
光荣赴死——我撇开了卑鄙的念头……
万能的神看着我，唯我能为希腊
带来恩泽——使她战船巨舰得以扬帆
远航，征服弗里吉亚，保障希腊女儿
的安全，不让强虏将她们掳出甜蜜的
家庭，当帕里斯的劣行受惩，海伦的
耻辱获洗，这都是我用死换来的解救，
而我的名字忝为希腊自由斗士之一，
受到神的恩宠。

当士兵走向她，她不许他们碰她，自己朝着焚烧着的火堆走去。

在《赫卡柏》中，战争已经结束，特洛伊城已被攻陷，胜利者正在瓜分战利品。特洛伊王普里阿摩斯的寡妻赫卡柏遣其幼子波利多鲁斯携带大量黄金前往找普里阿摩斯王之友色雷斯国王波利尼斯托，但波利尼斯托贪婪黄金，杀死这个少年，并将其尸体投入海中，后来冲击到特洛伊的岸边，被人送到赫卡柏的面前。这时候阿喀琉斯的鬼魂扣住风，不让它们吹送希腊舰队回家，除非献上普里阿摩斯最漂亮的女儿波利西娜，希腊使者塔西皮斯来找赫卡柏要这名少女。当他发现不久前还是王后的她，蓬头垢面，疯疯癫癫地躺在地上，不由得念出几行欧里庇得斯怀疑思想的诗句：

> 我能说什么，宙斯？——
> 你看看人们，我们以为有群神，那
> 是落空的幻想，而事实上人事全
> 靠机遇的安排？

这出复合戏剧的下一幕戏是《特洛伊女人》，完成于公元前415年，即雅典消灭米洛斯岛的第二年及雅典远征军出发准备为雅典帝国征服西西里岛的前夕。就在此时，欧里庇得斯为米洛斯岛大屠杀及拟对西西里锡拉库萨发动攻击的残暴所震惊，大胆地提出强有力的和平呼吁，以失败者的观点来说，这是对胜利的勇敢描述，“是古代文学中谴责战争的最伟大作品”。他的故事是从荷马结束的地方——特洛伊的沦陷——接下去。特洛伊男人在一次大屠杀后死亡殆尽，他们的妇女悲伤欲绝，随着她们被损毁的城邦而沦为胜利者的情妇。赫卡柏和她的女儿安德洛玛刻与卡桑德拉上场。波利西娜已被献祭，塔西皮斯前来带卡桑德拉去阿伽门农的营帐。赫卡柏晕倒在地上。安德洛玛刻想要安慰她，但她自己也不能自持，当她将儿子阿斯蒂安纳克斯搂在怀中，想起了孩子已死去的父亲：

> 我很久以前即挽着我的弓
> 向意中人的心坎上瞄准，我知道
> 我的箭已射中红心，为了那我更失掉了
> 安宁。所有的人都称赞我们，
> 我爱赫克托耳，想要赢得他的心。
> 我知道，不论是有意中伤或言者无心，

外面闲荡总会惹来对女人的恶意批评；
所以我克制了自己的热情，只好在自家
园子里踱步散心。所有长舌妇的飞短流长进不了我的门。
我的心——我已无别的
企求——和我自己谈论，我很高兴。
时时我保持平静的胸襟和安详的眼神，
迎接赫克托耳的来临，对生活的细节留心，
该如何襄助和顺从夫君……

某一个夜晚——是的，人们都说——
一个女人被强迫投入一个男人的怀中。
噢！可耻！可耻！女人怎能违背誓言，
不去殉节而在陌生人的床上与人拥吻？
即使是野兽畜生，当其伙伴死去时，
也不会无动于衷……
啊！我的赫克托耳！最亲爱的，
是我的，完全属于我的，
我的王子，我的智者，啊！伟大勇敢的
赫克托耳！当你来到我家，领走我成为
你的人，没有任何男人近过我的身……
你现在已离我而去，而我被战祸沦为
海那边希腊人的奴隶，厚颜苟生！

赫卡柏梦想着长期的复仇计划，嘱咐安德洛玛刻曲意殷勤地接纳她的新主人，这样他可以允许她养育阿斯蒂安纳克斯，待其以后长大成人，能恢复普里阿摩斯的宗庙及特洛伊的光荣传统。但希腊人同样也想到这一着棋，塔西皮斯前来通知，阿斯蒂安纳克斯必须死：“他们命令，你的儿子必须从特洛伊城墙顶上丢下去摔死。”他说完要将小孩从母亲手中夺走，安德洛玛刻抱住孩子，歇斯底里地和孩子做最后的告别：

> 走，去死吧，我最亲爱的，我的宝贝，
> 落入野蛮凶狠的人手中，只留我一人
> 在这里。只因为你父亲太英勇，
> 所以他们要除掉你……
> 没有人可怜你！……你这小东西，
> 我怀里的小可爱，你脖子上满是驱不
> 散的芬芳！亲爱的，我在这怀中抱你
> 育你，当你有病时彻夜未眠地守望，
> 直到我精疲力竭，这怎可能是一场春梦？
> 吻我，就是这一次，以后再也不能。
> 举起你的手，攀住我的颈；现在唇对唇地
> 亲吻我……
> 噢，你们想出来的酷刑，比东方人
> 的还残忍，你们这些狠心的希腊人……
> 快，拿走，把它丢下城，你去丢吧！
> 抢走他，你这禽兽，赶快！
> 神毁了我，我不能动弹，我不能
> 举起一只手来救我的儿。

她晕过去，士兵把她抬走。墨涅拉俄斯出现，叫士兵将海伦带到他面前。他曾经发誓要把她杀掉，赫卡柏想到海伦终于将受到惩罚，心里感到快慰：

> 我祝福你，墨涅拉俄斯，我祝福你，
> 假若你愿意宰掉她！

可是你看不得她的脸，
恐怕她蛊惑你，落入她陷阱！

海伦出来，她显得非常平静，丝毫没有害怕的样子，为自己的姿色感到骄傲：

赫卡柏： 现在你来了，
是不是还穿锦衣画娥眉，
和你的主子同一个鼻孔出气，
你这个邪恶的心？下流，下流，
蓬乱着头，褴褛的衣，身体在颤抖，
啊，终于受辱，没有光彩，一身罪恶……
你必须公平，啊，我的神；让希腊人
戴上正义之冠，宰掉这女人……
墨涅拉俄斯： 安静，老妇人，安静……
（交代士兵）为她准备有官舱的船，
让她坐着渡海回去……
赫卡柏： 从前爱过的人，总是要再爱。

当海伦和墨涅拉俄斯离开，塔西皮斯抱着阿斯蒂安纳克斯的尸体回来：

塔西皮斯： 安德洛玛刻……害得我也落泪，
她在为她的祖国哭泣。
她凝视着，在对赫克托耳的坟墓呓语。
她哀求我们，好好地安葬这孩子……
她要我将他交给你手里，为他
穿着整齐……（赫卡柏接过孩子的尸体）

赫卡柏： 呀，你遭到如此横祸，小宝贝！……
你那柔嫩的手，像他的可爱模样儿……
还有神气可爱的小嘴，是那样充满希望，
现在已永远紧闭！你说的多诳人，
每当黎明你爬进了我的床，亲亲密密地
呼喊着我，还期许地对我说："祖母，
当您死掉后，我要剪短我的头发，
领着所有将军乘车走过您的坟前。"
为什么你要这样地骗我？现在要我
这无依无靠的老太婆，辛酸眼泪为
你年幼而流，你死得如此悲惨。
啊！我的天！你那朝我迎来的蹒跚脚步，
在我的膝上逗乐；啊，祖孙俩
甜甜地都睡着！这一切都化为乌有。
教诗人怎样刻你的墓碑，叙述你
真实的故事？"这里躺着一个小孩，
因为希腊人害怕而把他杀死。"
唉，希腊人该称颂这则故事！……
啊，虚荣的人，
得意时耀武扬威无所畏忌。
可是十年河东十年河西，
世事沧桑无定理！……（她用葬服将小孩包裹起来。）
荣耀的华服，本准备
你迎娶东方遥远国度的公主之用，
现在陪着你到永远……

在《厄勒克特拉》剧中，这古老的主题有极深入的表现。阿伽门农已死，俄瑞斯特斯在弗西斯，而厄勒克特拉由她母亲许配给一个乡下种田的人，他纯正忠实，对她的王族血统非常敬畏，终于消弭了她对他的蓄意怠慢。以她的想法，漂泊在外的俄瑞斯特斯永远也不会找到她。但俄瑞斯特斯受到阿波罗吩咐（欧里庇得斯这一点说得有道理）去为阿伽门农报仇。厄勒克特拉不断敦促他，假若他不去杀死谋害父亲的凶手，她就亲自去。这位少年找着埃吉斯图斯后，将他杀掉，然后转向他母亲。克莱登妮丝特拉此时年岁已大，两鬓斑白，身体衰弱，无时无刻不为自己犯罪的阴影所侵袭，她对憎恨自己的子女既惧又爱。她请求，但不哀求宽恕，对自己罪恶的惩罚也有些坦然。俄瑞斯特斯杀死母亲后，惊恐得不能自制：

> 妹妹，再摸摸她看，
> 啊，把她的身体盖起来，
> 换掉她的衣裳，
> 遮住那血渍印——
> 母亲！您是不是记得，
> 在极端痛苦中永远记得
> 您的凶手？

欧里庇得斯该剧的最后一幕称为《伊菲吉妮娅在陶里斯》，即伊菲吉妮娅与陶里族人。当阿伽门农的女儿将要在奥利斯的火堆中被烧死来祭神时，狩猎女神阿尔忒弥斯用一只鹿代替，将女孩从火焰中救起，并让她在克里米亚半野蛮的陶里族人的狩猎女神庙做女祭司。陶里族规定，凡未经许可而登岸的陌生人，必须捉来祭狩猎女神。伊菲吉妮娅就是担任这一桩献祭活人的不愉快工作的主持人。她离开希腊已经 18 年，为想念她所爱的人，而在悲伤中变得颓丧，失去往日的神采。这时候阿波罗神谕答应给予俄瑞斯特斯安宁，假若他能从陶里族人手中夺走狩猎女神像，并将其带回雅典。俄瑞斯特斯和他的同伴庇拉德斯乘船出发，他们经过多日航行终于抵达陶里人的海岸，蛮人很高兴地把他们当作海给狩猎女神的礼物，而且将他们赶往女神庙祭坛上献神。俄瑞斯特斯因疲劳过度而癫痫病发作，倒在伊菲吉妮娅的脚下，她虽然认不出他是谁，但是当她看到他们两人正值青春年少而如今面临死亡时，怜悯之心不禁油然而生。

伊菲吉妮娅： 谁也不知道，
忧愁何时来，何时休；
黑暗的上帝，领向黑暗是他
的路，任人盲目地穿梭，
你们来自何处，最不幸的人？……
你们的母亲叫什么名字，噢，
陌生人，说，你们父亲是谁？
你们的姐妹，如果你们有一个
姐或妹，遽然，你们这样年轻、
勇敢地离开了她，失去兄弟的照顾……

俄瑞斯特斯： 我姐姐的手可使我瞑目！

伊菲吉妮娅： 啊，她远在天的一方，可怜
的人，你的祈祷全将落空。然而，
噢，你们也来自阿尔戈斯，我会尽可能
地照顾你，决不使你失望。
埋葬时为你们穿上最考究的衣裳，
要在你们的火堆上倾油成金黄色的河流，
还用群蜂从千山花丛中采集的花露，
让你们死后溢香。

她告诉他们说，如果他们能记住她的话，并带回阿尔戈斯，她就答应救他们：

伊菲吉妮娅： 告诉阿伽门农之子
俄瑞斯特斯，在奥利斯被火烧的伊菲吉妮娅，
希腊人以为已死，可是她很快
带来和平。
俄瑞斯特斯： 伊菲吉妮娅！在哪里？
她死而复活？
伊菲吉妮娅： 我就是，不要打岔。
带我回阿尔戈斯，兄弟，否则我会死。

俄瑞斯特斯想去握住她的臂，但是被她的侍者阻止，不准任何男人碰狩猎女神的祭司。他说他就是俄瑞斯特斯，但是她却不相信。待他重述厄勒克特拉对他讲过的故事，她终于相信：

你就是我所知道的小娃儿，
那么大一点点，小鸟一样
轻的小娃儿？……
啊，祖国阿尔戈斯，啊，我的家园和库克罗普斯
点燃的圣火，我感谢你的恩赐：
他活着，他已成人，矫健而强壮，
他是我的兄弟，我的亲兄弟。
我为这而感谢你。

他们设法救她，而她则帮助他们盗狩猎女神像。由于她的巧妙计谋，他们安全地到达船上，将神像运往布劳伦。伊菲吉妮娅仍担任祭司，在她死后，被当地人当作神一样祭拜。俄瑞斯特斯也为复仇三女神所宽恕，过了几年平安日子。神祇已满足，《坦塔鲁斯的孩子》（*The Children of Tantalus*）戏剧也已结束。

· 戏剧家

我们必须同意亚里士多德，就戏剧技术的观点而言，欧里庇得斯的作品距由埃斯库罗斯与索福克勒斯所制定的标准尚远。《美狄亚》《希波吕托斯》及《酒神的伴侣》虽布局良好，但其结构的完整性却比不上《俄瑞斯特斯》，或不如《俄狄浦斯王》在复杂中具有的统一性。欧里庇得斯叙述故事时，并非从故事的中心开始，然后顺着情节抽丝剥茧渐次展开；而是像小学教员授课一样讲述，更糟的是有时候借诸神的口。他不用属于戏剧特色的动作直接表达，而时常安排一名使者来叙述故事，即使是没有涉及暴力故事时也是如此。他不让合唱成为戏剧的一部分，而将之转变为哲学化的旁白，或用抒情诗打断剧情发展。这些诗虽美，却时常与故事无关。不借助情节表达观念，他时常用观念代替情节，并将舞台作为教授思想、修辞及辩论的学校。他的剧情往往凭借巧合与“辨认”——虽然这些都经过周密的安排，并且戏剧性地表演出来。他的大部分戏剧（像其前辈的少数作品一样），借从吊架上放下来的神的干涉而结束——我们若不是假设欧里庇得斯真正想要表达的戏剧已在这种神的显现之前已经结束，而不得不借神力使结尾合乎卫道人士的道德观，不致受到他们恶意的抨击，否则，这种表现手法是无法予以原谅的。这位伟大的人本主义者以这种开场与结束的方法，才能在舞台上阐扬其反宗教思想而不致受到钳制。

其实体的内涵，如其形式，是天才和巧思的混合产物。欧里庇得斯具备每一个诗人应有的敏锐观察力，他强烈地感觉出人类的问题，并且以炽热的情感将它们表达出来，他是所有戏剧家中最悲观、最人道的一个。但是他的感触多半属于情绪上的，他那“热泪”太容易落下来，他从不放过每一个母子别离、凄恻动人的情景。这些场合永远是令人感动的，有时候在表现时所用的力量，就悲剧而言，是空前绝后的，但偶尔流于胡闹，而过分夸张暴力与恐怖，如《美狄亚》一剧的结尾即是一例。欧里庇得斯是希腊的拜伦、雪莱、雨果，他自己就是一次浪漫主义运动。

他在刻画人物性格上，轻易地胜过同辈。他用心理分析代替宿命论，在运用上甚至超越索福克勒斯。他调查人类行为的道德与动机，从来不惮其烦。他研究过各色各样的人物，下自厄勒克特拉的庄稼汉丈夫，上至希腊与特洛伊的国王，都在其研究之列。从未有其他戏剧家曾像他这样描述如此众多类型的女人，或以如此深厚的同情来对待她们。他对任何细微的罪恶与道德问题都有兴趣，而且予以真切的表达。埃斯库罗斯和索福克勒斯全神贯注于宇宙与永恒的事物，却未能清晰地观察到世俗及特殊的问题，他们创造深邃的典型，但欧里庇得斯却创造活人。例如，这两位前辈中的任何一人，都未曾这样生动地描述厄勒克特拉。在这些戏剧中，人与命运的斗争，渐渐转变为人与环境搏斗及性格的表现，并且铺好了路，致使希腊舞台在今后数世纪中，为弗莱蒙和米南德影响下的喜剧风格所占据。

· 哲学家

倘若把欧里庇得斯看作剧作家，是不智之举。他的兴趣重点不在戏剧技术，而是哲学的探究与政治革新。他是诡辩学派思想的承袭者、启蒙运动的诗人，是较年轻偏激一代的代表。他们嘲笑古代的神话，并要求一个减少人与人之间、男人对女人及国家对人民的剥削的新社会秩序。欧里庇得斯所写的就是这些反叛思想者。他为他们增加了他的怀疑讽刺，并在原属宗教性的戏剧对白中，穿插了无数的异端思想。他用虔诚的语词与爱国的诗句作为表面的掩饰。他表达神化的故事时，虽然明显地揭露其荒诞不经，但他仍保持其表面的正统性，使其无懈可击。他用戏剧的主体来发挥他的怀疑论，但将序幕和结尾贡献给神。他的机灵与聪明手法，部分归因于他受到强烈压迫而必须吐出其内心的话又得设法保全自己老命的现实环境。

他的主题和公元前 1 世纪罗马诗人卢克莱修的完全相同：

宗教导致人们所犯的罪恶无穷。
（Tantum religio potuit suadere malorum.）

神谕散布暴力的仇恨种子，神话故事所标榜的是道德的败坏，并对虚伪、奸淫、窃盗、人祭及战争予以超自然力量的庇护。他把占卜者形容为“口无真言、光说假话的人”。他说，用鸟的内脏来预测将来是“荒谬无稽”。他抨击整个神谕及卜卦的体系。他尤其仇视神话的不道德的内涵：

人们将不知有神，见不到天上的光，
如果最后邪恶战胜真理……
别说天上没有奸宄，
没有被囚禁的罪神：不久前
我内心里还称它卑鄙下流，
它将不会改变……
这些诳人的故事，荒谬怪诞，
像坦塔鲁斯的狂宴和撕裂一个
婴儿的诸神。
这满是杀人者的地方已将其
疯狂传染给神。天上没有罪恶……
所有这一切
都是唱游诗人的无稽之谈。

像这样的诗句有时候用酒神歌颂或虔诚的多神赞美诗予以柔化，但欧里庇得斯偶尔借剧中人物将其怀疑思想致达所有神祇：

是否有人说顶上有神？
没有，那里没有。别让佞人

用古老虚妄的神话欺骗你。
瞧瞧他们的行径，君不见
为王者杀人、抢劫、背盟，
以诈伪使城市变为废墟，
而他们却比那些爱和平而
虔敬的，生活得更快活。

他以一双惊人的对句开始他那失去的“墨拉尼珀”（Melanippe）：

啊，宙斯，假如有宙斯的话，
因为我所知道的他只是传说——

因此，据历史记载，当时的观众纷纷起立抗议，而他作如下的结尾：

而其他神祇也一样，被人认为智者，
事实上却不比某些缥缈的梦更明白，
他们的行为像人的一样，也是成串的
纷扰。那一个希望尽量少受罪的人，
不要像蠢人，受祭司盲目的愚弄，
径自奔赴……死亡，那些知他的人知道。

他认为人类的幸运是自然或巧合机遇的结果，而非有智慧的超自然神灵的安排。他为公认的神谕作合理的解释。例如，阿尔克提斯并未真的死去，而是在未断气前被送去埋葬，赫拉克勒斯在她死之前追上了她。他未曾明白地告诉我们他相信的是什么，或许是因为他觉得其迹象不足以给人明确的信念。但是他所表达的、最突出的是希腊知识分子中间用以代替多神主义的暧昧的泛神思想：

你，宇宙的主体；你，苍穹
的宝座；不论你在那里，
使人茫然无知，难以捉摸，
万物的主宰，灵性中的灵性。
主，我赞美你，望着那静寂
的路，终将为在世和逝去的人
带来正义。

社会正义是他诗歌的次要主题。他像所有富于同情心的人一样，渴望能有一天强者更眷顾弱者，不再有痛苦与纷争。即使在战争及其为形势所逼的爱国情绪中，他也毫不保留、真实地将战争的痛苦和恐怖陈述出来：

你是这样的盲目，
你蹂躏了城市，你荒芜了
庙宇，塌废了坟墓，未被践踏
的圣所，躺着故人；而你
自己不久也将逝去。

他见到雅典与斯巴达作战达半个世纪之久，彼此互相残杀，精英尽失，不禁为之痛心疾首。他在晚年所写的一出戏剧中为和平而提出动人的呼吁：

噢，和平，你像仲春一样丰富的赐予。没有东西比你更美，没有，甚至幸运的神之中也没有比你更美。因为你逗留不来，我在内心里渴念，我已经变成老迈，而你依旧未归。在我能看见你那璀璨和芳妍之前，我是否将望穿秋水？当重闻舞蹈者美妙的歌声以及佩满花朵人群的脚步时，白发与悲哀是否已完全毁掉我？

回来吧，神圣的你，回到我城邦，邻我而居，你能平息愤怒。如果有你和我们在一起，战争和仇恨将离我们而去，疯狂和利刃将从我们的门逃走。

和他同时代的伟大作家之中，敢攻击奴隶制度的人，几乎只有他一个。在伯罗奔尼撒战争中明白地显示出，大多数奴隶并非生来就是奴隶，而是受到命运的捉弄。他不承认任何贵族血统，认为形成一个人的决定因素是环境而不是遗传。奴隶在他的戏剧中饰演重要角色，而且时常说话言辞优雅。他以诗人丰富的同情对待女人。他了解女人的缺点，由于他将这一切缺点非常真实地暴露出来，以致被阿里斯托芬称作“女人憎恨者”。但事实上，他比古代任何剧作家在为女人陈述痛苦及在支援妇女解放的启蒙运动方面具有更大的贡献。他的不少戏剧，在研究性甚至性变态问题方面几乎是现代的、属于易卜生以后时期的风格。他照实描写男人，对女人却予以特有的宽容，可怖的美狄亚从他那里得到比英勇而不忠实的伊阿宋更多的同情。

他是第一个将爱搬进戏剧的戏剧家，他在散失的《安得罗弥达》（*Andromeda*）中为爱神厄洛斯歌颂的诗被无数希腊青年传诵：

噢，爱神，众神之主，人类之王，
既没有教人如何欣赏美丽，也未
帮助你用泥塑造可怜的恋人，
经过挣扎与奋斗，使有情人终
成眷属。

欧里庇得斯是一个天生的悲观主义者，因为当现实抵触其浪漫思想，浪漫主义者无不变成悲观主义者。“生活，”沃波尔（Walpole）说，“对于思想者是喜剧，而对于感觉者则是悲剧。”“不久之前，”我们的这位诗人说：

我观察人们的生活，发现了
灰暗的阴影。我敢确定地说
凡那些被认为聪明睿智的人、
伟大计谋的设想者，必须付出
惨痛的代价。因为自有生命以
来，在上帝的眼中可曾有过一个
快乐的人？

他为人类的贪婪与残忍、道高一尺魔高一丈的邪恶人性以及死亡的不分贵贱与善恶，而感喟不已。在《阿尔克提斯》一剧的开始时，死神说："带走噩运者不是我的职责吗？"阿波罗回答道："不，只遣走那些上了年纪的人。"当死亡降临而人已经活到高寿时，这合乎自然，并不冒犯我们。"假若我们人类也像农作物一样，一季又一季，年复一年地循环不息，一代接一代，开花、结果、凋谢，我们也不必悲叹我们的命运。因为这是自然安排好的，所以我们决不可为了无法逃避的自然法则所促成的事物，而感到沮丧。"他的结论是属于恬淡无为的斯多葛派哲学思想："你必须忍受人所必须忍受的，不要烦恼。"偶尔遵循阿那克西米尼并预见斯多葛派，他认为人的思想是神的灵气的一部分，而且在死后被保存于宇宙的精神中：

谁又知道我们称为死亡的，
变成了生命，而生命濒临死亡？——
因为活着的人承受忧伤，但当他
们放弃了呼吸时，他们不再
悲哀，不再悲恸。

·流放

我们从这些戏剧中所憧憬出的这个人的形象，和卢浮宫里的坐像及那不勒斯博物馆中的半身像非常相似。因此，我们相信这两尊雕像是真正希腊原件的忠实仿制品。那张蓄须的脸显现俊逸之气，却充满沉思的神情，又稍带淡淡的忧愁。他的朋友和敌人都一致同意，他是忧郁的，几乎是哀伤的，没有喜悦，没有欢笑，晚年隐居在自己出生的岛上。他有子三人，而且在他们孩提时代从他们身上得到了若干快乐。他从书本中寻找慰藉。据我们所知，他是希腊第一个收藏大量书籍的人。[1] 他的朋友中不乏知名人士，像毕达哥拉斯、苏格拉底等。苏格拉底对别人的戏剧不屑理会，但他说，为了看欧里庇得斯所写的戏，即使走路到比雷埃夫斯港，他也愿意——这对一名骄傲的哲学家来说非同寻常。思想被解放的年轻一代，翕然景从，将他奉为他们的领袖。但是他所树立的敌人，比希腊历史中任何作家都多。那些自认为有义务保护宗教与道德以免受他怀疑之箭伤害的评判员，使他的作品仅 5 次获得头奖。不过，那位首席执政官让这样多的欧里庇得斯的作品在宗教性的舞台上演出，已属难能可贵地开明。保守主义分子，不论他们属于哪一个阶层，都一致认为这名剧作家和苏格拉底一样，应该对助长雅典青年的反宗教思想负责。阿里斯托芬在其《阿卡奈人》（*The Acharnians*，公元前 425 年）中一开始便向他宣战，在《特士摩》（*The Thesmophoriazusae*）中喧闹地嘲弄他，而且于这位诗人死后次年，继续在《蛙》（*The Frogs*）一剧攻击他。虽然如此，历史告诉我们，他们始终保持友好到底。至于观众，既非议他的异端邪说，也聚集观赏他的戏剧。在《希波吕托斯》中的第 612 句，这位年轻的猎人说："我的舌头已经宣誓，但我的心却依旧不受拘束。"观察者听

[1] 我们知道，在欧里庇得斯私人藏书之前，希腊已有王室或国立图书馆。而在埃及，收集书籍更溯源至第四王朝（The Fourth Dynasty）。希腊图书馆里的书籍用轴卷成一卷一卷，排列在柜子的架格中。所谓出版是指作者同意让人抄写他的手稿，并准许誊本供人阅读，流通之后，再缮写就无须获得他本人许可或"版权"。流行作品的抄本很多，而且购置的价钱也并不昂贵。柏拉图在《申辩篇》中告诉我们，只要花费 1 个银币（1 美元）就可买到一本阿那克萨戈拉的《论自然》。在欧里庇得斯时代，雅典已成为希腊地区的主要图书贸易中心。

后为之哗然，抗议这似乎是极端不道德的提示，使得欧里庇得斯不得不站起来安抚他们，向他们保证，在故事结束前，希波吕托斯将受到教训——这几乎对希腊悲剧中的任何角色都是一个安全保证。

约公元前410年，欧里庇得斯被人控告对神不敬。不久之后，希吉亚努以另一案对他提出起诉——该案影响这位诗人的命运甚巨——而且举出希波吕托斯的话，证明欧里庇得斯诈伪。两次控诉均未成立，但群众以激愤的情绪对待他的《特洛伊女人》，使欧里庇得斯感觉到他在雅典几乎连一个朋友也没有。据说，由于他不像雅典城其他人一样热衷于打仗，甚至连他太太也反对他。公元前408年，他72岁，接受阿克劳斯王的邀请，赴马其顿首都做客。羁留培拉期间，在这位不惧怕其人民正统思想压力的国王的保护下，欧里庇得斯找到了宁静与安慰。他在那里写了几乎属于抒情的《伊菲吉妮娅在奥利斯》，及具有浓厚宗教思想的《酒神的伴侣》。他在马其顿居住18个月之后与世长辞。据虔诚的希腊人说，他死后被狗咬得支离破碎。

一年之后，他的儿子在雅典酒神剧场演出两出戏剧，评判员给予它们第一名。甚至现代学者也曾认为《酒神的伴侣》是欧里庇得斯向希腊宗教谢罪的作品。然而，欧里庇得斯写该剧的目的，或许是他对雅典民众所给予他的待遇所作的强烈讽刺。这出戏剧是叙述底比斯国王佩修斯，因谴责她们的狂热迷信及干涉她们喧闹饮乐，在他自己母亲的领导下，被一群酒神节中喝醉酒的女暴徒撕成碎片。这则故事并非虚构，而是属于宗教传统——肢解及献祭野兽或任何胆敢参加典礼仪式的人，本是酒神节仪式的一部分。这出雷霆万钧的戏剧，以将剧情归源于酒神节的传奇故事的方法，使希腊悲剧在萌芽时期即达到巅峰。该剧完成于马其顿的群山上，欧里庇得斯以浑厚有力、抒发情怀的诗句描写这些山峦。或许该剧原准备在培拉演出，那里庆祝酒神的气氛特别浓厚。欧里庇得斯对当地人民的宗教的狂热情绪具有令人惊异的透视力，并且借酒神女信徒之口唱出虔诚笃敬的赞美诗。这或许是由于这位老诗人真的已经走到理性主义的尽头，超越了理性主义，而且体会出理性的脆弱以及善男信女感情上的固执需要。但是这个故事对酒神信仰所表示的崇敬是暧昧的，其主题仍然是迷信可能产生的邪恶。

酒神幻化为人，但仍代表他自己的身份前来底比斯城，劝人信奉酒神。卡德摩斯之女拒绝接受传道，他将她们催眠，使她们信得着迷，她们前往底比斯山上，以狂舞向他朝拜。她们身着兽皮，腰缠蛇头，戴常春藤结成的冠，口吸狼与鹿的乳。底比斯国王佩修斯认为这种礼拜仪式违反理性、道德及法纪而予以反对，并将传道者监禁起来。但是这位酒神化成的传道者为证明他的身份，突破了监狱墙，并运用其神奇力量给这位年轻的统治者催眠。佩修斯受到催眠后，将自己打扮成一个女人，爬上山去，参加狂舞。当这些女人发现他是个男人，就将他撕裂。他自己的母亲喝酒乱了性，把他的头颅提在手中，还以为是一颗狮子头，而且为胜利而高歌。当她神志清醒后，看见那是她儿子的头，便嫌恶那迷惑她的信仰。酒神对她说："你嘲笑我这个为神的，这就是你的报应。"她回答道："神发怒时，是否应该像一个知道自重的人？"他给予人的最后一次训诲，像他第一课一样，即使是他垂死时所写的剧本，他还是欧里庇得斯本人。

在他死后，他的声誉日隆，甚至在雅典也不例外。他曾经为之奋斗的观念成为以后数世的思想主流，泛希腊时代向前回顾，把他和苏格拉底看作希腊有史以来最伟大的知识拓荒者。他所处理的是活的问题，不是"死的故事"。需要很长时间，这个古老世界才能渐渐遗忘他。前辈的作品慢慢被湮没，而他的戏剧每年在希腊凡是有舞台的地方演出。当雅典人于公元前 415 年远征锡拉库萨，诚如欧里庇得斯在《特洛伊女人》中所料，遭到惨败，雅典人被铁链锁在西西里岛矿坑中充作奴工，生不如死。但普卢塔克告诉我们说，凡是能背诵欧里庇得斯戏剧台词的俘虏即可获得自由。他的戏剧塑造并促进"新式喜剧"（New Comedy）的成长，新式喜剧家弗莱蒙曾说："假使人死后有知，我必就教于欧里庇得斯。"18、19 世纪，怀疑主义、自由主义及人道主义在欧洲复苏时，欧里庇得斯几乎成为“当代人物”，比莎士比亚更“近代”。总而言之，只有莎士比亚可与他媲美。然而，歌德却不以为然。“自欧里庇得斯之后，”歌德问他的助手艾克曼，“世界上可曾有任何国家产生过一个够资格替他提鞋的戏剧家？”只有一个。

阿里斯托芬

·阿里斯托芬与战争

希腊悲剧较英国伊丽莎白女王时代的悲剧更为阴沉，因为它很少运用“借幽默插曲减轻悲怆气氛所形成的压力”的原则，以使观众更能接受悲剧。希腊戏剧家喜欢将他的悲剧保持一贯的高度悲剧气氛，而把喜剧列入无关宏旨的“林神之剧”，它让观众激动的情绪平静下来。在这个过程中，喜剧宣布其脱离悲剧而独立。在酒神庆典中，专门有一天是分配给喜剧，全天节目演出三四出，由不同作家所写，连续演出，竞争单独颁给喜剧的第一名。

喜剧和演说术一样，首先在西西里开始发展。约公元前 484 年，科斯岛的一名哲学家、医生、诗人，同时又是戏剧家的埃庇卡摩斯，来到西西里的锡拉库萨，他写了 35 出喜剧来阐述哲学家毕达哥拉斯和赫拉克利特的思想与理性主义。这些喜剧现在保留下来的很少。自埃庇卡摩斯抵达西西里 12 年以后，雅典执政官第一次准许喜剧有合唱。这种新艺术在民主与自由的刺激下，获得迅速发展，而且在雅典成为讽刺道德与政治的主要手段。在喜剧中允许剧中人毫无忌惮地说话，是酒神节奉阴茎图像游行的传统。这种自由的滥用，促成了公元前 440 年禁止在喜剧中做人身攻击的立法，但是 3 年后这项禁令被废止而继续进行漫无限制的批评与辱骂，即使在伯罗奔尼撒战争期间也不例外。

我们听过许多阿里斯托芬以前的喜剧家，而伟大的古代讽刺家及幽默家拉伯雷（Rabelais）在与他们战斗的硝烟消散后，甚至不惜屈身来赞美其中几位。克拉底努斯是西蒙的代言人，对伯里克利发动猛烈的攻击，称他为“头毛如葱的万能上帝”。另一名喜剧先驱是弗瑞克拉底斯，他于约公元前420年在《野性未脱的人》（*The Wild Men*）中，讥讽那些不喜欢文明、渴望“返归自然”的雅典人：我们年轻人的勇敢革新是如此衰老。阿里斯托芬的最大劲敌是欧波利斯，他们先是合作，然后因争吵而分手，自此以后互相极力地讥讽嘲弄，但攻击民主派的立场是一致的。若要说明公元前5世纪中的喜剧何以都和民主派作对，其中部分原因是诗人爱钱，而贵族有的是钱，但主要理由是因为希腊喜剧的目的在于批评攻讦取乐，而其时民主派当权。因民主派领袖伯里克利以同情的态度对待妇女解放、理性主义、哲学发展这类的新观念，所有喜剧作家团结阵营，联合一致对付各种形式的激进主义，呼吁恢复马拉松战役以前人的生活方式与崇高道德。阿里斯托芬成为这种反动运动的喉舌，正如苏格拉底和欧里庇得斯是新思想的领导人物一样。宗教与哲学的冲突，占据了喜剧舞台。

阿里斯托芬喜欢贵族政治自有其理由，他出身书香门第，似乎在埃伊纳拥有一片土地。他的名字就是高贵的标志，意思是“最佳的明证”。他约生于公元前450年，当雅典与斯巴达之间的战争爆发时，他正是风华少年。伯罗奔尼撒战争后来成为他戏剧的辛辣题材。斯巴达人攻打雅典乡镇地区，他被迫放弃乡间的产业，逃到雅典城里过活。他讨厌城市生活，并因突然被环境所迫不得不去憎恨美加利斯人、科林斯人及斯巴达人而颇为愤恨。他谴责希腊人残杀希腊人，并在许多戏剧中一再呼吁和平。

自伯里克利于公元前429年死后，雅典的最高权力落入富庶的皮革老板克里昂之手，他因代表商业利益而要求彻底消灭斯巴达，剪除与雅典争夺希腊霸权的劲敌。在一出已散失的戏剧《巴比伦人》（公元前426年）中，阿里斯托芬由于对克里昂及其政策揶揄讥讽过火，使得这位魁伟的将军控告他叛国，而且罚了他的钱。2年之后，阿里斯托芬发表了《武士》(*The Knights*)。剧中的主人公是“公民”(Demos),为首的是一名制革匠。每一个人都明白这昭然若揭的影射,看过该剧的克里昂本人也知道。因剧情非常尖刻,没有人愿意担任制革匠这一角色,深恐牵入政治漩涡而带来不幸,结果由阿里斯托芬自己出演这个角色。尼西亚斯(寡头派领袖)宣布,神谕告诉他,“人民的下一个统治者将是香肠贩子”。于是出来了这么一位小贩,奴隶们群起欢呼:“我们光荣的雅典的未来领袖!”“求求你们,”这位香肠贩子说,“还是让我去洗肠子吧……你们在愚弄我。”但是其中一人告诉他,要他放心,他有足够统治公民的资格——他不是流氓吗?他不是没受过教育吗?制革匠担心将被放逐,于是再三述说他对“人民”的效劳与忠贞,除了妓院里的娘儿们,没有人能比得上他对“人民”的贡献。剧中表现出常见的阿里斯托芬的戏谑:香肠贩子用香肠打制革匠,并以吃大蒜为自己在议会中的演说竞赛做准备。接着,开始谄媚比赛,看两人中谁更能赞美“人民”,谁“更配讨好人民及其肚子”。这两个竞争者各自搬出一些美好的东西摆在“人民”面前,像是竞选前的一连串诺言。香肠贩子说,为证明他们的诚实,应搜查各候选人的橱柜。在制革匠的柜子中发现了一堆鲜美的美味,尤其是一大块糕点,他切给“人民”的只有一小块(按:当时正有人指控克里昂吞没了公款)。于是制革匠被罢黜,香肠贩子成了“人民”的统治者。

《黄蜂》(*The Wasps*)(公元前422年)继续讥讽民主派,只是意味较温和、较弱。合唱班是由悠闲的市民组成——装扮成黄蜂——以充当陪审员,每天赚一两个奥勃,这样他们可以通过听取“阿谀”及抄没人的财产、罚人的钱,而投票将富人的钱送入国库与穷人的口袋中。阿里斯托芬在这些戏剧中的主要意旨是嘲弄战争及促进和平。《阿卡奈人》的主人公是“诚实的公民”(Diceopolis),他是一名农夫。他抱怨说,他的田地被军队践踏,以致他不能靠收获葡萄酿酒来维持生活。他看不出有什么必须打仗的理由,他非常明白,他个人与斯巴达人并无恩怨。他对等待将军或政客寻求和平已感到厌倦,他个人与斯巴达人签订了和约。当好战而爱国情绪激愤的邻居齐声合唱责备他时，他回答说：

> 不过，就算斯巴达人坏，我怀疑
> 凡事是否该一股脑儿都怪他们。
> （合唱）都不该怪他们？你恶棍、
> 无赖，好大的胆子。当我们的面
> 向敌人卖身投靠，以为我们会饶恕你？

假如他不能证明雅典对这场战争应与斯巴达负一样大的责任，他同意让他们杀死他。他把头放在砧板上，开始他的辩论。不久，一名将军进来，被他驳倒，恫吓、口出亵渎之言，合唱唱出对将军的厌恶，而释放了这位“诚实的公民”。他售卖一种叫“和平”的酒，让所有的人高兴。这是一出非常大胆的戏剧，只有在一群经过训练、肯听另一方面意见的人之中才能演出。按照早期喜剧的习惯，允许编剧者通过合唱或剧中人之一对观众说话，阿里斯托芬利用这种告白（parabasis）解释其在雅典惹人嫌的原因：

> 自从我们的诗人演出喜剧以来，他们之中从来没有一个曾在舞台上替自己吹嘘过……但是他认为他对你们有过不少贡献。假若你们不再让自己被陌生人所欺蒙或受到花言巧语的蛊惑，假若在政治上你们不再是愚民，那么你们得感谢他。从前，当来自其他城邦的代表为了想欺骗你们，阿谀你们是“头冠紫罗兰的人民”。你们听到“紫罗兰”这几个字，马上便坐直腰杆，觉得得意。或者，若有人为了满足你们的虚荣心而说到“富庶而圆滑的雅典”，他将可以得到一切，因为他谈起你们就像他即将下锅的鳗鱼。为了警告你们防备这些邪恶，诗人对你们曾作出伟大的服务。

在《和平》(*The Peace*，公元前421年）一剧中，这位诗人是胜利者：克里昂已死，尼西亚斯正要为雅典与斯巴达签订为期50年的和平友好条约。但几年之后，冲突复发。公元前411年，阿里斯托芬对其公民同胞失望之余，只好邀请希腊妇女同胞出来终止同室操戈的流血事件。当《利西斯特拉》(*Lysistrata*）开幕时，雅典女人趁她们男人还在睡觉，天刚亮就集合在卫城附近商议。她们达成协议，除非她们的丈夫与敌人讲和，否则不让他们亲近。另一方面派一名特使去斯巴达，要求那边的女同胞合作，为这奇特的和平运动而采取同样措施。男人终于醒来，叫他们的女人回来。那些拒绝回来的，被男人包围住，但是攻击者却被她们一桶桶的热水及滔滔不绝的演说所斥退。利西斯特拉（“军队的驱散者”之意）向男人读了下面一段训词：

> 以往的战争中，我们跟着你们受罪……但是我们曾对你们仔细地观察过。时常，我们在家里，老是听你们在外面把事情弄得一团糟。当我们询及，男人会说：“那关你什么事？闭嘴。”我们问：“老爷子，你们男人办事怎么会如此蠢呢？”

领头的男人回答说，女人绝不可管公事，因为她们连钱财都不会管。（当他们进行辩论之际，有些女人偷偷溜回到她们丈夫身边，嘴里喃喃地说着阿里斯托芬式的借口。）利西斯特拉反驳道：“什么地方管不好？太太很早以前就开始管她们丈夫的荷包，结果是两蒙其利。”由于她说得义正辞严，终于劝服了男人召开一次交战国的谈判会议。当各国代表齐集，利西斯特拉安排妥当，让他们尽情痛饮。不久他们兴高采烈，签订了耽搁已久的和平条约。合唱班唱出和平颂，结束了这出戏。

·阿里斯托芬与激进派

以阿里斯托芬的观点来看，促使雅典公众生活分崩离析的两个基本原因是民主政治和反宗教。他同意苏格拉底的意见：人民的主权已变成了政客的主权。不过他相信，苏格拉底、阿那克萨戈拉以及诡辩学家所主张的怀疑主义，对曾经用以约束社会秩序与个人品德的道德力量的瓦解，产生了推波助澜的作用。在《云》一剧中，他对这一派新哲学极尽喧哗揶揄之能事。一位头脑古板的仁兄，他叫斯特瑞西阿德斯（Strepsiades），在寻找能为他释疑的辩论对象。有人说苏格拉底开了一间“思想店”（Thinking Shop），人在那里可以学会证明一切的本事，即使它是错的，也能证明。他听了之后非常高兴。他找到了那所“苦思者学校”（the School of Very Hard Thinkers）。他看见教室中央的天花板上悬挂着一个篮子，苏格拉底坐在里面陷入沉思中，而学生低垂着头，望着地上：

斯特瑞西阿德斯：这些人在干什么，伛偻着腰怪怪的样子？

学生：他们在探讨深得像地狱深渊的奥秘。

斯特瑞西阿德斯：但是为什么——对不起，但是——他们的屁股撅在半空中干什么？

学生：他们的另一头正在研究天象。

（斯特瑞西阿德斯向苏格拉底请教问题）

苏格拉底：你在什么神前面宣誓？那些神不是我们现在所信的。（他手指《云》的合唱）这些才是真正的神。

斯特瑞西阿德斯：难道没有宙斯吗？

苏格拉底：没有宙斯。

斯特瑞西阿德斯：那么谁造雨？

苏格拉底：这些云。你曾经见过没有云能下雨这回事吗？假如雨是宙斯造的，他应该能在晴天下雨，如同有云的时候……

斯特瑞西阿德斯：可是请你告诉我，谁在那里打雷？它使我打哆嗦。

苏格拉底：这些云，它们翻腾的时候就霹雷。

斯特瑞西阿德斯：怎么个打法？

苏格拉底：当它们满是水，鼓动着推进时，它们彼此沉甸甸地堆压着，于是突然发出霹雳声。

斯特瑞西阿德斯：由谁推动它们？是不是宙斯？

苏格拉底：一点也扯不上关系，大气的漩流不断地推动着它们。

斯特瑞西阿德斯：这么说来，这伟大的神是“漩流”。但是雷是怎么响起来的？

苏格拉底：我用你自己做例子讲给你听。你是否体验过，当你在酒宴中肚子里面灌饱了肉汁汤，经过一阵搅动之后，突然呃的一声从里面冲出来？

在另一幕戏中，斯特瑞西阿德斯之子菲迪皮茨遇见了“崇善论”（Just Argument）与“崇恶论”（Unjust Argument）的化身。前者告诉他必须效法马拉松战役以前的人那种坚忍恬淡的美德，但是后者向他鼓吹新道德观念。“崇恶论”问，凡是讲究正义、美德或克制的人得到过什么好处？每发现一个成功而受人尊敬的诚实人，永远能另外找出10个诈伪而受人尊敬的人。再看看他们神自己：他们撒谎、谋杀、私通，而照样受所有希腊人崇拜。当“崇善论”开始怀疑大多数发达的人确实是不诚实的人时，“崇恶论”问他：

你讲讲看，我们的律师都是哪一个阶层出身的人？

崇善：这个吗——市井小人。

崇恶：对了。再告诉我，我们的悲剧诗人是什么样的人？

崇善：市井小人。

崇恶：那么我们的公共演说家呢？

崇善：都是市井小人。

崇恶：现在看看你四周。（转身指着观众）我们这些在座的观众朋友之中，哪一类人最多？

（“崇善”郑重其事地检查观众）

崇善： 市井小人占绝大多数。

菲迪皮茨于是成为“崇恶论”的忠实信徒，甚至打起自己的父亲来，他的理由是，他强壮有力能这么做，高兴这么做。而且，他问他老子：“我小的时候，你不也揍过我吗？”斯特瑞西阿德斯哀求，看在宙斯的份上饶了他，但菲迪皮茨告诉他宙斯已不再存在，已经被“漩流”所取代。这位发怒的父亲跑到街上，要求所有善良公民摧毁这种新哲学。街坊邻居群起攻击并烧毁这一爿“思想店”，苏格拉底仅保住老命。

这出喜剧对苏格拉底个人的悲剧究竟产生什么样的影响，我们不得而知。该剧于公元前 422 年演出，比苏格拉底的受审早 24 年。剧中的善意戏谑，似乎并未冒犯这位哲学家。据说他一直看到结束，给予他的敌人一个更佳的机会。柏拉图形容苏格拉底和阿里斯托芬两人在该剧演出之后依旧是朋友，柏拉图自己将这出喜剧推介给西西里岛锡拉库萨的狄奥尼西一世，认为它是一出有趣的闹剧。柏拉图甚至在其师死之后，还保持与阿里斯托芬之间的友谊。公元前 399 年控诉苏格拉底的三个人，米勒托在该剧演出时还只是个小孩，另一个人安尼托在演完戏之后，依旧和苏格拉底保持友好关系。或许是这出喜剧在以后当作文学作品流行之时，使这位贤哲受到比原先在舞台上演出时更多的伤害。苏格拉底本人，据柏拉图记载有关他的辩护说，曾提到这出戏剧是影响审理他案子的陪审员的主要因素之一。

阿里斯托芬在雅典有另一个讥讽的目标，而且在这一方面他怀着不肯妥协的敌意。他不信任诡辩学派的怀疑主义、道德经济与政治上的破坏国家的个人主义、激发妇女的女权主义。他在欧里庇得斯的作品中，对这些邪恶看得最为真切，他决心用笑声从希腊人的心中将这位伟大戏剧家的影响力抹掉。

他于公元前411年完成第一出攻击欧里庇得斯的戏剧，叫作《特士摩》，是以清一色的女人庆祝司农业丰饶及婚姻女神珀耳塞福涅与春之女神的故事为背景。这些虔诚的信女集合一起议论欧里庇得斯最近批评她们女性的话，并计划报复。欧里庇得斯得到风声，说服他岳父美尼西罗库斯乔装成女人，混入正在开会的女人群中替他辩护。第一个控诉人宣称，这位悲剧诗人剥夺了她的生活：以前她是靠替神庙做花环为生，但是自欧里庇得斯告诉人没有神以后，她这门生意就给毁了。美尼西罗库斯为欧里庇得斯辩护的理由是，他所说有关女人的坏话，都是能见到、听到的实在情形，与她们女人自己所知道的缺点相比还算是保守的。妇女怀疑这位女性的毁谤者不可能是女人，她们将美尼西罗库斯的伪装揭开，他从一名女人手中夺走一个婴儿，警告她们若有人动他，他就会杀死婴儿，才幸免被她们撕成碎片。不过后来她们依然攻击他，他把婴儿解开来看，却发现原来是一只酒囊，是为了躲避政府征税员而做的伪装。他还是以割破酒囊为胁迫，这可使酒囊主人大为伤心。“饶了我的宝贝！”她哭号着，“或者它必须死的话，至少让我们拿一只碗来接它的血。”美尼西罗库斯解决这个问题的办法是一边喝酒，一边托人向欧里庇得斯求救。欧里庇得斯曾在其戏中以各种人物出现，有时候是墨涅拉俄斯、有时候是珀耳修斯、有时候又变成回声（echo）——终于设法将美尼西罗库斯救出。

《蛙》恢复对已死的欧里庇得斯的攻击。戏剧之神狄奥尼索斯对雅典留存的剧本感到不满意，特意到地狱去把欧里庇得斯找回来。当他渡船到冥府时，一群青蛙咯咯地和唱着迎接他，这一定给了雅典青年够喊一个月的口号。阿里斯托芬在狄奥尼索斯的途中制造了许多笑闹，而且大胆地嘲弄埃莱夫西斯城的祭神仪式。当这位戏神抵达冥府，他发现欧里庇得斯正企图推翻埃斯库罗斯戏剧家之王的宝座。埃斯库罗斯指控欧里庇得斯散布怀疑思想和危险的诡辩论，败坏雅典妇女和青年的道德。他说，有教养的妇女曾因听到欧里庇得斯的污言秽语而羞愤自杀。小鬼抬来一架天平，两名诗人各将自己戏剧中的台词放在上面称。埃斯库罗斯一句有力的话（作者在这里同时也讥讽欧里庇得斯的前辈），比欧里庇得斯的十几句话还要重。最后埃斯库罗斯提议这位较年轻的欧里庇得斯不妨让他自己和妻子、儿女、行李一起上天平，他保证可以找到一句话，来超过他们全体的重量。结果欧里庇得斯输掉这场竞争，而埃斯库罗斯作为胜利者被带回雅典。[1]这件为人所知的最早的文学批评，获得了评审员的首奖，而且受到观众的热烈欢迎，以至于数日后在雅典重演一次。

在另一出叫作《公民大会妇女》的次要戏剧中，阿里斯托芬将其箭头指向一般性的偏激运动。雅典妇女乔扮成男人，集合参加议会，投票击败了她们的丈夫、兄弟与儿子，而选举她们自己来充任政府领导者。领导她们的是一名狂热的妇女参政运动者，名叫普拉克萨戈拉，她为女人甘愿受愚蠢的男人统治而痛斥她们，她提议财富由所有公民平均分配，但不让奴隶因黄金而失去原有的纯真。对“乌托邦”的攻击，阿里斯托芬在其《鸟》中则采用较优美的形式。2名公民对雅典失望之余，向上爬到鸟的住处，希望在那里找到理想的生活。在鸟的协助下，他们在天与地的中间建造一座乌托邦城，叫作“云中鹧鸪国”（Nephelococcygia）。鸟委婉地唱出完美的悲剧合唱曲，那样优美的对人类的咏叹：

> 你们人类，生命如白驹过隙，
> 却一日挨一日地满是忧患，
> 裸裎而不生羽毛，软弱而易怒，
> 可怜的多灾多难的泥塑东西，
> 多听听自由的鸟的话语，它们
> 是空中不朽而荣耀的君主，从

[1] 可能是指埃斯库罗斯的戏剧获重演。

高处以怜悯之心俯瞰着你们
为艰难、劳苦、忧愁而挣扎。

鸟计划拦截神与人之间的交流，任何祭祀都将不准上达天堂。改革者说，不久之后，古老的神将饿毙，鸟将至高无上。新神将以鸟的形象出现，人形的神将被贬黜。最后，奥林匹斯山终于派来使节求和，鸟的首领同意娶宙斯的婢女为妻，该剧在美满的婚姻中结束。

·艺术家与思想家

阿里斯托芬是一个集美、智慧与猥亵的综合而不可分的混合体。当灵感来时，他能写出最宁馨纯真的希腊抒情诗，没有人能译出其意境。他的对话本身即是生命，或者可以说比生命所敢表现的更迅捷流畅、更充满活力。在其风格中所陈露的旺盛生命力，是属于拉伯雷、莎士比亚、狄更斯等人那一类型。同时像他们一样，他的人物要比所有历史学家的作品予人以更真切的时代状况与气息，没有人能够不读阿里斯托芬的作品而了解雅典人。他的结构非常滑稽可笑，几乎像临时拼凑而成的那样草率，有时候戏已演至一半而主题已结束，其余东拼西凑而就。一般说来，他的趣味低级，用的尽是流畅平易的双关语与俏皮话，慢条斯理，冗长得令人气闷，而且必须细磨慢琢。在写《阿卡奈人》一剧时，为了其中一个人物，他花费掉连续 8 个月的时间。在《云》一剧中，人的粪便的主要形式与玄妙的哲学混合一起，每隔一页我们总可以看到屁股、屁、乳房、性器、交媾、鸡奸、手淫等字眼。他指控他的老对头克拉底努斯性放纵。他是古代诗人中最能超越时代距离的一个，因为没有事物比猥亵更无时间性。希腊作家中没有人比他更粗俗，尤其与欧里庇得斯相比，他似乎越发显得令人沮丧的粗鄙：希腊观众都极欣赏他们俩人的戏剧，实在叫人难以理解。

假若我们是十足的保守派，我们可以将所有这些兼容并包，理由是阿里斯托芬攻击任何形式的激进主义，而且诚挚地维护每一项古人的美德与罪恶。他是为我们所知的所有希腊作者中最不道德的一个，但是他希望以攻击不道德来弥补不道德。我们可以永远发现他站在富人的一边，但他抨击怯懦。不论欧里庇得斯在世时或去世时，他都捏造有关欧里庇得斯的故事，但是他攻击虚伪。他把雅典女人形容成令人难以相信的粗俗，但是他揭露欧里庇得斯对她们的毁谤。他虽然大胆地嘲弄神祇[1]，若与苏格拉底相比，我们可以把他视作一名无神论者，然而他全心全意地为宗教，而且谴责亵渎神祇的哲学家。戏弄权势烜赫的克里昂且当面揭他的疮疤，是需要真正的勇气的。在宗教和道德处于自诡辩学家的怀疑论到伊壁鸠鲁的个人主义的潮流中，需要敏锐的观察力，才能察看出一项对雅典公众生活构成危险的基本因素。假若雅典接受他的若干建议，抑制其帝国主义，与斯巴达及早修和，并且以贵族的领导缓和伯里克利时代以后的雅典民主政治的混乱与腐化，雅典的情况或许不致变成如此之糟。

阿里斯托芬之所以遭遇失败，是因为他对自己的忠言未能严谨地躬亲力行。雅典立法禁止人身攻击，他滥用污秽龌龊的词汇及随意谩骂，应负部分责任。虽然这项禁令被废止，政治批评的“早期喜剧”（Old Comedy）于阿里斯托芬死（公元前 385 年）前即结束，而为其较后期戏剧的习俗与传奇故事的“中期喜剧”（Middle Comedy）所取代。但是希腊喜剧剧场的元气随着其放肆、残酷无情的言辞而消失。弗莱蒙与米南德兴起、衰落，后被遗忘，但阿里斯托芬却安然度过一切道德与文学风格的改变，其 42 出戏剧中尚遗留给我们 11 出完整的作品。即使是今天，尽管遭遇到理解与翻译上的困难，阿里斯托芬仍然是活着的，假如我们捏着鼻子阅读他的戏剧，我们仍能从猥亵中找到乐趣。

[1] 他告诉我们说，很多神在天堂中蓄有娼妓。

历史学家

在希腊戏剧和诗的鼎盛时代，散文仍未被完全遗忘。演说在民主与诉讼的刺激下，成为希腊人所热衷的项目之一。早在公元前466年，锡拉库萨的柯拉克斯（Corax）曾写了一篇《语言的艺术》（*Techne Logon*）的文章，以指导公民如何在议会或法庭中说话。在这篇论文中已按传统将一篇演说分为引言、叙述、辩论、补充说明及结论。高尔吉亚将演说带到雅典，安提丰在其致力于寡头派宣传的演说与小册子中，运用了高尔吉亚的华丽风格。在李西亚斯的作品中，希腊演说艺术演进得更为自然、生动，但是也只有像狄密斯托克利和伯里克利那样的伟大政治家，才能使一篇公共演讲在平实中发挥演说的功效。这项新武器为诡辩学家所磨利，而且被他们的弟子彻底操纵利用，以致寡头派在公元前404年夺得政权时，就下令禁止修辞学的继续传授。

伯里克利时代散文的伟大成就成为历史。就某种意义而论，开始发现过去，而且有意识地及时审视人的活动，是公元前5世纪的事。在希罗多德所编纂的史料中，充满年轻人的魅力与朝气。50年之后，修昔底德的作品已达到完全成熟的境界，以后无论哪个时代都没有凌驾其上的。区隔开这两名历史学家的是诡辩学派哲学。希罗多德的笔调较纯真，或许较委婉，但毫无疑问较明快。他在约公元前484年生在哈利卡纳苏斯，其家庭曾参与政治阴谋活动，故并非无名之辈。当他32岁时，因其叔叔图谋败露受累而被放逐，因此开始其海阔天空的旅行，沿途收集了他以后写历史的题材。他曾途经腓尼基而抵达埃及，南至埃利潘蒂尼，西行昔兰尼，东走苏萨，北奔黑海边的希腊诸城市。无论走到哪里，他都以科学家的眼光和稚子的好奇心予以观察探询。当公元前447年定居雅典时，他已收集了大量有关地中海国家的地理、历史及风俗的各类笔记。利用这些笔记及参考赫克特斯与其他前人的作品，他完成了一部超越其他历史作品、内容包含远溯古代传奇、近讫波斯战争结束的埃及、近东及希腊的生活状况与其他事迹的巨著。一则古老的故事告诉我们，他在雅典与奥林匹亚如何公开宣读其著作的部分，当其报道波斯战争及雅典从中获取利益的经过时，是如何令雅典人兴奋，他们竟赠给他 12 塔伦（7.2 万美元），这是任何一个历史学家都难以相信的意外收获。

其绪言部分以壮丽的风格说明了该书的宗旨：

> 这是哈利卡纳苏斯人希罗多德所陈述的史实，其目的为了使希腊人与蛮夷的伟大奇异事迹，不致为时间所淹没；尤其是导致彼等相互征讨的肇因，不致为人所淡忘。

由于其叙述内容网罗了东地中海全部国家，该书可以说是一部狭义的“世界史”，其范畴要比修昔底德的狭隘题材广瀚得多。故事不知不觉地在蛮夷的专制政治与希腊的民主政治的对照中成为一个统一体，而后虽有断续与离题的叙述，终至事先安排好的萨拉米斯战役处结束。它的目的是记录“非凡的事迹与战争”，事实上这使人记起英国历史学家吉本（Gibbon）对历史令人遗憾的误解，他把历史视作比“对人类的罪恶、愚蠢及不幸所作的登录，稍为详备的记载”。但是，希罗多德虽然只是偶尔论及文学、科学、哲学、艺术，我们仍可从他的著作中发现他对各国社会的服装、习俗、道德及信仰曾作过许多有趣的描述。他告诉人们，埃及猫如何跳入火中，多瑙河流域的人如何闻香而醉，巴比伦城墙是如何建筑的，马萨格泰人是如何食其父母，在佩达苏斯的雅典娜女祭司是如何长出一大把胡须。他不仅写王侯公卿，也写各色人等，甚至被修昔底德忽略的女人，她们的衣饰、她们的美丽、她们的残酷以及她们的魅力，都活跃在他的字里行间。

据斯特拉博说，在“希罗多德的作品中有不少瞎扯胡诌的地方”，但是我们所知的历史学家，即使伟大如亚里士多德，因其所涉猎的领域非常广泛，发生错误的机会自然也会增多。他的愚昧和他的知识是同样的广瀚，他的轻信和他的智慧是同样的深厚。他认为伊索匹亚人的精液是黑色的。他因为斯巴达人曾将俄瑞斯特斯的尸骨带回斯巴达，而相信他们打了胜仗。他漫天虚报波斯王薛西斯的军队实力及其伤亡数字。他报道希腊人战胜波斯人，几乎毫无伤亡。他的叙述是出于爱国心，但有欠公正。他论述双方的政治纠纷，记述入侵者的英勇及波斯人崇尚荣誉和豪迈的精神。当他必须依赖国外资料时，他即犯了重大错误。他以为巴比伦王尼布甲尼撒（Nebuchadrezzar）是女人，阿尔卑斯山是一条河，胡夫（Cheops）王生活在拉美西斯三世之后。但是当他处理经他亲身观察的事物时，则比较可靠，而且他的叙述随着我们知识的增进，能逐渐获得印证。

他盲目接受许多迷信，记载许多奇迹，虔诚地引述神谕，致使他的作品被预兆与占卜玷污。他查证出塞美勒、狄奥尼索斯及赫拉克勒斯出生与死亡的具体时间。他像18世纪法国主教兼作家波舒哀（Bossuet）一样，记载全部有关人类的善恶与报应。但是，他也有充满理性主义的一刻——或许是在其晚年曾受到诡辩学派的影响：他认为荷马与赫西俄德为奥林匹斯山诸神取名及定形，习俗决定了人的信仰，每一个人对神祇的了解程度都一样；他把上帝看作历史的最后裁决者，又将其搁置一边，重新寻找自然原因；对酒神狄奥尼索斯与埃及冥府主管亡魂审判的主神俄赛里斯的神话故事，他以科学家的态度予以比较与鉴定；他对若干神力的干预故事则报以容忍的微笑，并尽可能给予自然的解释；眼睛闪烁着光彩，他告诉人们他的原则：“我有义务告诉人们我从别处知道的事物，但我没有义务去全部相信它。这就是我在这里对每一项叙述所遵循的原则。”他是将著作流传给我们的第一个希腊历史学家，西塞罗称他为“历史之父”是有其道理的。卢奇安和其他大多数古人一样，把他列在修昔底德之上。

不过，希罗多德与修昔底德两人在心智上的区别，几乎等同于人的青春时期和成熟时期之间的区别。修昔底德是代表希腊启蒙运动的人物之一，其上承诡辩学派，正如吉本是拜尔和伏尔泰精神上的子侄一样。他父亲是雅典的一名富豪，在色雷斯拥有若干金矿。他母亲是色雷斯的名门之后。他曾接受雅典的最高教育，在怀疑主义思想中长大。自伯罗奔尼撒战争爆发，他就逐日记载。公元前 430 年，他受到战争的伤害。公元前 424 年，36 岁（或 40 岁）时，他被推选为远征色雷斯的两名海军舰队司令官之一。由于他未能及时率领舰队赴安费波利斯解围，而被雅典人放逐。此后 20 年他安于旅行，停留在伯罗奔尼撒半岛的时间尤其长久。他的书所特有的、给人以深刻印象的公正与客观，部分得归功于其对敌人的直接了解。公元前 404 年寡头派革命成功，他结束流亡生活，返回雅典。他于公元前 396 年去世——有人说是被谋害的——留下未完成的《伯罗奔尼撒战争史》（*History of Peloponnesian War*）。

《伯罗奔尼撒战争史》的开头非常简单：

> 雅典人修昔底德，自伯罗奔尼撒人与雅典人之间的战争开始，即着手陈述其经过，他认为这将是一场重要的战争，其记载的价值胜过此前的任何战争记录。

他从希罗多德结束处（波斯战争）接续。希罗多德这位希腊最伟大的历史学家，认为希腊生活中没有东西比战争更具记述的价值。希罗多德写作时，以供知识分子阅读为其部分着眼点；修昔底德写作的用意在于提供资料给未来的历史学家，提示先例给将来的政治家。希罗多德所采用的是随和平易的写作风格，或许受到了荷马史诗那种行云流水不拘泥于形式的影响；而修昔底德如同曾受哲学家、演说家及戏剧多方面熏陶的人，其写作的风格往往因刻意追求简单、扼要、深邃而变得盘结晦涩。这种文体偶尔被高尔吉亚式的修辞与润色破坏，但有时候则与 1 世纪罗马历史学家塔西佗同样的简洁生动，在较重要情节的发展上，更是有欧里庇得斯那种强烈的戏剧效果。没有哪个戏剧家的作品能胜过修昔底德对雅典远征锡拉库萨、尼西亚斯的优柔寡断及其失败后那种恐惧所作的描述。希罗多德按地区、时代进行叙述；修昔底德则牺牲故事的连贯性，按故事发生的先后顺序，逐季逐年地排列。希罗多德写作时着重人的因素而不是故事演变的过程，认为过程须透过人为的因素而运作；修昔底德虽然也承认历史中特殊人物所产生的影响，而且偶尔在其主题中点缀一些对伯里克利、亚西比德和尼西亚斯的介绍，但是偏重于人为因素以外的因果、发展及结果的记录。希罗多德写远方的故事时，多半根据第二手乃至第三手资料；修昔底德著述时，往往自身就是事件的目击者，或与目击者亲自交谈过，或阅读过原始资料。在很多情形下，他直接提供有关资料。他追求精确，甚至文中的地理知识都曾经过详尽的实地印证。他很少以道德家的眼光评判人或事件，在描述克里昂时，他充分表现其对雅典民主政治的鄙视。但是多数情形下，他在论述时多能保持客观冷静，公正地处理。他叙述自己短暂的军人生涯时，好像那是他曾经认识的人，而不是他本人。他是将科学方法应用于历史的第一人，而且为其从事历史写作时的谨慎与勤奋而感到骄傲。“就全盘而论，”他对希罗多德若有所指地说：

> 我从所引述的事实中所作的论断，私下以为足资信赖。我敢确信，它将不为诗人表现其夸大艺术下的诗篇，或编史者为求生动有趣而抹杀事实——他们所处理的题材不是难以考据，就是因年代久远而沦为稗官野史，历史价值多已丧失——的著作所骚扰。撇开它们，我们可以从阅读这些最清晰的资料，并于此类古人事迹得出预期的正确结论中获得满足……拙作缺乏浪漫色彩，我想或多或少会减低其趣味，但若能对那些希望确实知道过去，俾作为解释将来的工具的有心人有所助益——因为世事演变的轨迹，即或不是完全反映过去，也必有近似之处——作者即感满足。本人对拙作持谨慎之心，目的不在博取读者一时的喝彩，而是望其具有永恒的价值。

他确实有放弃正确而追求趣味之嫌：他有借其故事中人物之口发表优美演说的癖好。他坦白承认这些演说是编造的，但是它们能帮助他解释人物个性、观念和事件，并使其鲜明活泼。他宣称，每一篇讲话都代表当时一篇实际演说的实质内容。假如此话属实，那么所有希腊政治家和将军必曾跟高尔吉亚学过修辞，跟诡辩学派学过哲学，跟斯拉西马克斯学过伦理学。这些讲话都具有同样的风格、同样的细腻、同样的现实观，它们使直接简洁的斯巴达人和受过诡辩学派熏陶的雅典人同样迂回曲折。它们将最不合外交要求的论点放于外交人员之口[1]，而将军的言辞却体现出忍让与诚实。伯里克利的《葬礼致词》（*Funeral Oration*）是一篇论雅典美德的杰出论文，出自一名放逐者的手笔，但伯里克利是以说话简洁而不是以擅长修辞而闻名。普卢塔克说伯里克利未曾遗留下任何著作，他说的话也极少保存。

修昔底德的缺点和他的优点一样多。他像色雷斯人那样严厉，却缺乏雅典人的活力与机智。他的作品中没有风趣。他全神贯注于战争。正是由于战争，修昔底德才成为史学家（这是他时常引述的得意之句）。因此，他所关注的，只有政治与军事方面的事件。他的文字中全是战争故事，从不提及一名艺术家或一件艺术作品。他小心地求证，但探询事件发生的因素时，很少透过政治更进一步深入到经济问题。他虽然为后世而写，但是他未曾告诉我们有关希腊各国的政治制度、各城邦人民的生活及社会习俗。对妇女、神祇他也都一概不提，他不愿意将他们列入他的故事中。他曾使伯里克利（伯里克利曾经为了他那争取妇女自由的情妇而甘冒政治风险）说出这么一句话："无论是为了责备或赞美的理由，女人越少被男人提到，越能保持其令誉。"当他处于文化史上最伟大的时代中，他使自己迷失在军事得失的推敲里，而雅典人朝气蓬勃的生活则被搁置一边，不予理会。即使成为历史学家之后，他仍旧保持将军的作风。

---

[1] 例如亚西比德在斯巴达的演说。

话虽如此，我们还是感激他，不会因为他未曾写他不打算写的东西而投以抱怨。他的作品中至少含有写历史的方法，有求实求真的精神，有敏锐的观察，有公正的评断，有偶然出现的华丽文采，有慧黠而深邃的思想——他那无情的现实主义，对我们与生俱来的浪漫意识是一支兴奋剂。他的作品中没有传奇，没有神话，没有奇迹。他采纳英雄人物的故事，但设法给予它们合理的解释。至于神，他保持具有破坏性的沉默，他的历史不容有神插足的余地。他对神谕及其模棱两可的解释予以讥讽，对尼西亚斯在依赖神谕而非知识方面所表现的愚蠢予以蔑视与揭露。他不承认有引导人的上帝，有神的计划，甚至不承认有“进步”。他把人生与历史看作悲剧，既卑鄙又高贵，偶尔为伟人所补救，但永远陷入迷信与战争中。在他的作品中，宗教与哲学之间的冲突早有定论：哲学胜于宗教。

普卢塔克与亚西比德曾介绍过数以百计的历史学家。黄金时代中的历史学家，除希罗多德和修昔底德之外，几乎全被时间的筛子所淘汰，而较晚期的历史学家也仅有片断的资料遗留下来。历史资料的情形与希腊文学其他方面的情形并无不同。曾在酒神节中得过奖的数百名悲剧作家中，只有 3 人留给我们少数几部作品；喜剧作家的作品，我们仅有 1 部；伟大哲学家的作品，只保存 2 部。总之，公元前 5 世纪希腊的主要文学作品流传后世的不超过 1/20，其他较早与较晚时期遗留下来的甚至更少。我们现在所保存的文学作品，大部分来自雅典。我们从各方哲学家齐集雅典的情形可以看出，其他城市虽然也不乏才俊之士，但是他们的文化不久即为外来及后代的野蛮思想所淹没，他们的手稿丧失在革命与战争的动乱中。我们必须从其小部分的残余来揣度全部。

但这仍然算得上是一笔丰富的遗产，即使不体现在数量上（然而谁又曾将其全部吸收？），至少也体现在形式上。形式与布局是古典文学与艺术风格的精髓：典型的希腊作家像希腊艺术家一样，永远不仅仅以能表达为满足，更希望给予其作品形式与美。他将材料予以裁剪并重新整理得清晰扼要，使其严密而纯一；他始终保持简明，甚少晦涩；他避免夸张与偏颇，即使在情绪上充满浪漫色彩，他仍竭力保持其思维的合理性。这种坚持将幻想置于理性下的努力，就是希腊精神的主要特质，甚至希腊诗歌也是如此。因此，希腊文学是“新式”或相当现代化的。我们觉得但丁与弥尔顿的诗难懂，但欧里庇得斯与修昔底德的作品却使我们心灵上产生亲切之感，他们好像也属于我们这个时代。这是因为神话各有不同，理性并无两样。

第八章 | 希腊的自毁

伯里克利时代的希腊世界

在我们面临伯罗奔尼撒战争的凄惨景象之前，让我们来看一看雅典地区以外的希腊世界。由于我们对于这个时期内其他希腊国家所知道的极为片断残缺，我们只能揣测——我们所无法证实的——对于黄金时代文化的发达，它们的贡献非常有限。

公元前 459 年，伯里克利急于想控制埃及粮食，曾派遣一支强大的舰队，拟将波斯人逐出埃及。远征失败，自此以后伯里克利采取狄密斯托克利的政策——以贸易而非借战争来获取对世界的影响力。整个公元前 5 世纪，埃及与塞浦路斯继续在伯里克利的统治下。罗得斯岛仍保持独立，公元前 408 年，该岛的三个城邦合而为一，使其成为泛希腊时代地中海最繁盛的贸易中心之一。亚洲的希腊城市仍保存其在公元前 479 年在米卡利赢取的独立，直至雅典帝国崩溃使他们再度无助地向“大王”的使者进贡。希腊在色雷斯、达达尼尔海峡、普罗彭蒂斯以及黑海的殖民地，都在雅典的统治下繁荣发达，但后为伯罗奔尼撒战争耗竭。在阿克劳斯的治理下，马其顿王国脱离野蛮习性而成为希腊世界的强国之一：建设良好的道路，将桀骜难驯的山区民众组织训练成为一支有纪律的军队，建立新型漂亮的首都培拉，许多希腊俊彦像邱西克、欧里庇得斯以及提谟修斯都被迎邀在宫中做客。这个时期的波奥蒂亚出了品达，其波奥蒂亚联盟还给予希腊一个未被人注意的实例：各独立国家如何在和平合作中共存。

意大利的希腊城市因战争频繁和雅典海上贸易的兴起而处于艰难之中。公元前443年，伯里克利派遣一群来自各国的希腊人在希巴利斯附近建立图里新殖民地，作为泛希腊联盟的一个实验。普罗泰戈拉为该城制订了法律，建筑师希波达姆斯在长方形的蓝图上设计街道，这种方式在此后数世纪中被人普遍效仿。不出数年，新殖民地的希腊移民各按其原来地区分成派系，大多数雅典人（希罗多德可能也是其中之一）都回到雅典。

开始处于动乱但永远丰饶的西西里，其财富与文化在继续成长中。塞里努斯与阿克拉加斯建造了巍峨壮观的庙宇。在索伦的统治下，阿克拉加斯成为极其富庶的国家。恩培多克勒说："阿克拉加斯人全心全意致力于享受，穷奢极欲好像是活不到明天的样子，但是他们房舍的布置装潢又似乎表明他们要在里面永远住下去。"当格伦一世于公元前478年去世时，遗留给锡拉库萨一套完整的行政制度。在他兄弟希伦（Hieron）一世的继续治理下，锡拉库萨不仅成为贸易与金融中心，同时在文学、科学、艺术方面也盛极一时。那里的浮华奢侈也达到令人眩晕的极点：锡拉库萨人酒池肉林；城里到处都是"科林斯姑娘"，凡是睡在自己家里的男人会被人看作圣人。公民头脑灵敏，口齿犀利；他们沉溺于演说，大家喜欢集结在雄伟的露天剧场[1]，观赏埃庇卡摩斯的喜剧及埃斯库罗斯的悲剧。希伦一世是一个脾气暴躁、心地善良的专制君王，他对敌人残暴、对朋友慷慨。他曾结交巴克基利得斯、西摩尼得斯、品达及埃斯库罗斯，并作他们经济上的后

[1] 该剧场可能由希伦一世（公元前478—前467年在位）建造，并在公元前270至前216年时重建。大部分保存迄今，在20世纪内许多希腊古剧曾在该剧场演出。

援，在他们的帮助下，锡拉库萨一度成为希腊的文化重镇。

但是人不能完全靠艺术生活。锡拉库萨人渴望自由的醇酒，当希伦死后，当地人民驱逐其兄弟，并建立了一个有限的民主政治。这个岛上的其他希腊城邦也都鼓起勇气效仿锡拉库萨，驱逐他们的独裁君主，贸易阶级推翻了地主阶级的贵族政治，建立一个以残酷的奴隶制度为基础的商业民主政府。经过约 60 年，自由战争的前奏曲像格伦一世的另一次自由战争一样地结束。公元前 409 年，自哈米尔卡在希梅拉惨败，历时三代而犹未忘记耻辱的迦太基人，由哈米尔卡之孙汉尼拔（Hannibal）率军舰 1500 艘、精兵 2 万前来进犯西西里。汉尼拔围困了在繁荣中安享太平、疏于戒备的塞里努斯。惊恐失措的塞里努斯人向阿克拉加斯与锡拉库萨求救，过着安逸生活的阿克拉加斯和锡拉库萨人却依旧悠然自得。塞里努斯城陷落，城里居民尽被屠杀或残害，该城成为迦太基帝国的一部分。汉尼拔继续进攻希梅拉，未遭遇多大抵抗即占领该城，将 3000 俘虏折磨荼毒至死，以慰其祖父灵魂。当迦太基军队围攻阿克拉加斯城时发生瘟疫，兵士死亡甚多，汉尼拔本人的生命也被夺走，他的继承者将亲生子活活烧死，以祈求迦太基神息怒。他们夺下阿克拉加斯、格拉及卡马里亚，继续向锡拉库萨进发。惊骇万分的锡拉库萨人，辍弦罢宴，将国家的绝对权力置于他们最精干有为的将军狄奥尼西手中。可是狄奥尼西却向迦太基人求和，割让给他们南西西里的全部土地，并利用其军队建立起第二个独裁政权（公元前 405 年）。这并非全是阴谋狡诈。狄奥尼西知道抵御无济于事，他除了保留自己的军队与城邦之外，其余一概恭让给敌人，而且决心效法格伦，巩固城池，强化军队，有朝一日将入侵者驱逐出西西里。

引发大战的原因

正如同头脑简单的人把神想象成人形一样，思想单纯的雅典公民认为战争是由个人——往往是某一个人——所引起。甚至连阿里斯托芬这样的人也人云亦云，相信伯里克利由于迈加拉曾冒犯阿斯帕西娅，因此对迈加拉兴兵而触发了伯罗奔尼撒战争。

这可能是伯里克利曾梦想借掌握迈加拉与科林斯来完成雅典对希腊贸易的控制，而毫不犹豫地想征服埃伊纳，前者对于希腊犹如伊斯坦布尔对于今天的东地中海——半个大陆通商的门户与钥匙。因此这场战争的导火线是雅典帝国势力的扩张，以及雅典对爱琴海地区商业与政治命脉钳制的加强。那个地区平时只有在雅典的宽容下才准自由贸易；如未获得其同意，任何船只不准在爱琴海上航行。雅典官员有权决定一艘船是否可以离开北边的粮食港口，因旱灾而陷入饥饿的梅索想要进口一点玉米，必须获得雅典的特许。雅典把粮食当作极其重要的管制品，它依赖进口粮食，因此决心保护运粮的航道。在其担任国际贸易通道警戒巡逻任务期间，雅典对促进爱琴海地区的和平与繁荣确实有重大贡献，但是当各国的自尊与财富逐渐增加后，他们对这种现象的存在越来越感到不安。各国摊捐防御波斯侵略的经费，不仅被用来装饰雅典，甚至支付其对其他希腊国家作战的军费。各国分摊的款项迭有增加，至公元前 432 年，每年已增加到约 460 塔伦（276 万美元）。凡联盟内犯罪而涉及雅典公民或属于案情重大者，雅典法院保留审理所有案件的司法权。若有任何城邦反对，即用武力予以制服。因此，伯里克利曾先后派兵荡平埃伊纳（公元前 457 年）、埃维亚岛（公元前 446 年）及萨摩斯岛（公元前 440 年）等地的叛变。假如我们能相信修昔底德的话，雅典的民主派领袖，一方面使自由成为雅典人的偶像，另一方面坦白承认自由国家组成的联盟已成为一支帝国武力。“你们应该记得，”修昔底德笔下的克里昂对议会说（公元前 427 年），“你们的帝国以暴虐的手段统治满怀怨怼、永远企图反叛你们的臣民。他们服从你们，并非为了你们施于他们对你们自己有害的恩惠，而是因为你们仍然是他们的主宰。他们对你们没有爱，他们只是为你们的淫威所迫。”这种崇尚自由与帝国的专制统治之间的冲突，再加上希腊各国独立思想的兴起，结束了黄金时代。

几乎所有的希腊国家都起来反抗雅典的政策。波奥蒂亚于公元前447年在喀罗尼亚奋勇抵抗，击退雅典要将其纳入帝国的野心。被雅典帝国并吞的国家，以及其他恐怕遭遇相同命运的城邦，请求斯巴达遏止雅典势力的蔓延。斯巴达人由于了解雅典海军的力量与英勇，对作战并无多大兴趣，但是多利安与伊奥尼亚之间的宿怨煽动着他们，而雅典爱在每一个城邦建立依赖雅典帝国的民主政府，在斯巴达的地主寡头派看来，似乎对各国贵族政治构成威胁。曾有一段时期斯巴达以支持各国上层阶级为满足，但渐渐地凝聚成一个一致对抗雅典的联合阵营。

处于内外受敌的情形下，伯里克利一面谋和，一面备战。他估计，陆军有能力保护阿提卡或集中于雅典城内的阿提卡地区的人口；而海军可以保持海上航道通行，使自黑海或埃及运来的粮食进入雅典筑有围墙的海港。按伯里克利的判断，真正的让步没有不危及粮食补给的。但他还是派遣特使前往各国，邀请他们参加希腊会议，共商和平途径，以解决正导致战争的各项问题。斯巴达拒绝参加，认为若接受邀请，不啻承认雅典的领导地位。在斯巴达的秘密联络下，许多其他国家也拒绝参加，以致这一和平谈判计划胎死腹中。此时修昔底德在一句可以解释许多历史的话中说："伯罗奔尼撒与雅典双方都充满年轻人，由于他们没有经验，导致轻易动干戈。"

基本因素既已存在，战争的来临只等导火索的引发。科孚本是科林斯的属国，于公元前435年宣布脱离科林斯独立，并且立即参加雅典联盟，以求保护。科林斯派遣一支舰队镇压该岛，雅典在科孚获胜的民主派人士的请求下，派出一支舰队去援助科孚。于是雅典与科孚的海军和迈加拉与科林斯的海军展开了一场胜负难定的海上大战。希腊东北部查尔西第斯半岛上的波蒂迪亚本是雅典属国，却属于科林斯人的血统，在公元前432年企图驱逐雅典人的优势。伯里克利派陆军围城攻打，可是抵抗持续了2年之久，削弱了雅典的军事资源与声望。当迈加拉进一步援助科林斯时，伯里克利下令所有迈加拉的产品不准进入雅典地区及帝国市场。迈加拉与科林斯向斯巴达求援，斯巴达建议雅典撤销这项命令，伯里克利同意，但要求斯巴达准许外国与斯巴达人通商。斯巴达拒绝，相反，它提出雅典应该承认所有希腊国家完全独立作为谋取和平的先决条件。这一项要求等于逼雅典放弃帝国。于是，伯里克利说服雅典人拒绝该要求，接着斯巴达对雅典宣战。

自瘟疫至和平

几乎所有的希腊国家都参与了这场战争，不是帮甲方就是站在乙方一边。伯罗奔尼撒半岛上的全部国家除阿尔戈斯外，都支持斯巴达，如科林斯、迈加拉、波奥蒂亚、洛克利及弗西斯。雅典在开始时尚有伊奥尼亚人及黑海诸城市与爱琴海各岛不太热心的帮助。像现代的世界大战一样，伯罗奔尼撒战争初期是海权与陆权之争。雅典海军将伯罗奔尼撒半岛的沿岸城市夷为废墟，但另一方面斯巴达的陆军侵入雅典乡镇，夺取作物，毁坏耕地。伯里克利将雅典乡镇地区的居民遣入雅典城，禁止其部队出战，告诉激动的雅典少安毋躁，等待他们的海军去赢得这场战争。

伯里克利的计划在战略上说来是正确的，但是他忽略了一项几乎决定这场冲突胜负的重要因素。雅典城内人口的过分聚集导致了一场瘟疫（公元前 430 年）——可能是疟疾——蔓延了将近 3 年，1/4 的军队及大量的老百姓病死。雅典人民陷入传染病与战争的双重煎逼中，痛苦不堪，指责伯里克利应对这两者负责。克里昂联合其他人控告他滥用公款，因为他显然动用国库的钱贿赂斯巴达诸王讲和。当然说不出适当的理由，他被判有罪，剥夺职位，罚款 50 塔伦（30 万美元）。约在同时（公元前 429 年），他的一个妹妹及两名嫡子也死于瘟疫。雅典人找不出人来接替他，再请他复职（公元前 429 年）。雅典人为尊敬他及对他的伤痛表示同情，否决了伯里克利自己通过的法律，将公民权授予阿斯帕西娅为他所生之子。但是这位年迈的政治家本人也染上了疾病，他的身体日渐衰弱，终于在其复职后数月即病逝。在他的治理下，雅典进入全盛时代。其成功，部分借收敛非出于心悦诚服的联盟的财富，并借招致四面仇视的武力。因此，黄金时代的基础并不稳固，当雅典政治领袖的和平策略失效，即必遭受惨败的命运。

或许如修昔底德所说，雅典若将伯里克利所订立的“延宕政策”执行到底，可能会获致最后胜利。但是他的继承者缺乏这份耐心来贯彻一项需要自我克制的计划。雅典政府民主派领袖都是一些商人，如克里昂是皮革商，欧克拉底斯是绳索贩子，希波布鲁斯则以制造灯为业。这些人要求在海上陆上积极作战。他们之中以克里昂最精明、最擅长口才、最跋扈、最腐化。普卢塔克形容他是“雅典人中在对人民演说时脱掉外衣猛拍大腿的第一人”。亚里士多德说，克里昂上台演讲时，必着工人装。他是自伯里克利死后至雅典在喀罗尼亚(Chaeronea)丧失独立（公元前338年）期间统治雅典的一长列野心政客中的第一人。

公元前425年，当雅典海军将麦西尼亚的匹拉斯附近斯福克特利亚岛上的一支斯巴达陆军围困住时，克里昂表现了他的才干。没有海军将领能攻克该坚固据点，可是在雅典议会将围攻的责任交给克里昂（一半是希望他作战阵亡）之后，出人意料地，他居然以战术与勇气发动攻击，迫使斯巴达人空前地大规模投降。斯巴达被慑服，提出和平与结盟要求，以换回斯巴达战俘，但克里昂以其口才说服议会拒绝斯巴达的要求，继续作战。他掌握雅典民众的绝招是颇易生效的一项提议：雅典人以后不必再纳税支援作战，应以增加属国的贡款来筹措经费（公元前424年）。在这些属国中，其情形如在雅典一样，克里昂的政策是尽可能向富人榨取金钱。当米蒂利尼岛的上层阶级发动叛变，推翻了民主派政权，并宣布脱离对雅典的臣属关系（公元前429

年）时，克里昂提议将反叛城内的全部成年男子一律处死。议会（或许是以最低法定人数）表决同意，并派遣一艘船，将此项命令授予曾平定这次叛乱的雅典将领帕客斯。关于这项残暴不仁的命令的事传遍雅典城内之后，稳健派领袖又另外召开一次议会，设法撤销了这一项命令，并另遣一艘船，刚好赶上帕客斯，避免了一场大屠杀。帕客斯送回雅典 1000 名叛乱头子，这些人在克里昂的建议下且按照当时的风俗，全部被处死。

克里昂以战死在与斯巴达英雄布拉西达斯的对阵中赎回自己的罪孽。此时，布拉西达斯连连夺下大陆北部雅典的属国或同盟国。修昔底德就是在这次战役中，由于未能及时解救控制色雷斯金矿的安费波利斯，而丢掉海军官职与雅典的居留权。布拉西达斯于同一战役阵亡，领军后继乏人，而内部又面临奴隶叛乱的情形下，斯巴达再度要求谈和，雅典因接受寡头派领袖的建议，签订了《尼西亚斯和约》（*Peace of Nicias*，公元前 421 年）。斯巴达与雅典双方不仅宣布战争结束，而且签了 50 年的联盟，雅典承诺，一旦斯巴达发生奴隶叛变，即给予支援。

主战派领袖亚西比德

使这项 50 年的友好条约一下转变为 6 年的短暂停战协定的，有 3 个原因：外交人员的阴谋，使和平成为“另一种手段的战争”；主战派领袖亚西比德的崛起；雅典企图征服西西里的属地。斯巴达的联盟拒绝签订协定，他们因斯巴达转弱而背弃斯巴达，转向与雅典结盟。亚西比德一方面使雅典保持正式和平，另一方面却操纵新联盟与斯巴达为敌，并将他们结合一起，与斯巴达会战于曼提尼亚。斯巴达获胜，希腊再度进入愤怒的休战中。

在此同时，雅典派一支舰队赴多利安的米洛斯小岛，要求其成为雅典帝国的附庸（公元前 416 年）。修昔底德或许是此刻将自己历史学家的身份转变为诡辩哲学家或怨气难消的放逐者。根据他的说法，雅典特使除了表明武力即是真理之外，并未说出其他理由。“我们所信仰的神与我们所知道的人，他们都是基于需要的自然法则，治理任何他们所能治理的地方。我们似乎并非首先创制或使用这种法则的人，我们发现以前曾存在过，我们将永远遗留给我们后人。我们所做的仅是对其加以运用而已，我们知道，你们及任何人，只要具有我们同样的力量，也会照我们这样做。”米洛斯岛人拒绝屈服，并宣称他们将听从神的安排。后来雅典舰队获得强援，米洛斯岛人投降，任凭征服者的摆布。雅典人杀死落入他们手中的全部成年男子，将妇女与儿童卖作奴隶，并将该岛给予500名雅典移民。雅典人为这次征服而雀跃欢呼，并准备在其戏剧家的题材中现身说法，而复仇女神追踪一切狂妄的胜利。

亚西比德是在议会中主张将米洛斯岛男人全部杀戮的人之一。任何动议有他的支持即可获得通过，因为他现在是雅典的第一号人物，大家赞美他的雄辩、他的俊秀、他的多才多艺，甚至他的缺点与罪恶。他父亲克拉尼亚斯是一名富豪，在克罗尼亚战役中阵亡；母亲是阿尔克迈尼翁家族，伯里克利的近亲，她曾说服伯里克利在家中养育亚西比德。这个孩子是个捣蛋鬼，但是聪明、勇敢。他16岁战于德留姆（公元前424年）；他20岁时，与苏格拉底并肩在波蒂迪亚作战。这位哲学家似乎对这名青年有一股由衷的亲切感：普卢塔克说，苏格拉底谆谆教诲他敦励品德，“深深地感动了亚西比德，使他热泪盈眶，叩动他灵魂深处。然而，有时候若有人以各种方式的逸乐引诱他，他也会忠言逆耳，背弃苏格拉底，而后者也会把他当作逃亡的奴隶那样紧追不舍”。

这位年轻人的机智与戏谑令人震惊，引人入胜，而且传遍了整个雅典城。当伯里克利斥责他僭越无礼的独断主张，说他自己年轻时也同样犯过口舌上逞能的毛病，亚西比德答道：“我未能在你的头脑最灵光的时候认识你，真是遗憾。”纯粹为了和他一起胡闹的伙伴打赌，他曾在大街上打了雅典最富有最有权势的人之一希波尼库斯的耳光。翌晨，他进入那位心有余悸的地方显要家中，剥掉自己身上的衣服，向希波尼库斯“负荆请罪”。老人深受感动，竟把自己的女儿希波瑞特嫁给他，陪嫁10塔伦。亚西比德说服老人将陪嫁加倍，并将其大部分花在自己身上。他生活的豪华为雅典前所未见，家里用的全是最贵的家具，聘请艺术家在墙上绘画。他养了一群赛马，而且时常在奥林匹亚战车比赛中获胜。有一次，他的马在同一场比赛中赢得第一、第二、第四名，他曾宴请全部议员。他制造并装配3层战船，赞助合唱班的演出。当政府征募作战经费，他的捐款总是压倒别人。他既不受良心或传统的约束，也无所畏忌，他在少年、青年期间过的快活逍遥的日子，充满青春活力，所有雅典人似乎颇为欣赏他的爽朗性格。他讲话口齿不清，却因此令人觉得可爱，使得爱时髦的青年跟着学“大舌头”。他穿一双式样新颖的鞋子，不久雅典城里的惨绿少年都穿上了“亚西比德式鞋”。他犯了上百次的法、伤了上百个人，但就是没有人敢告到法院。他整日与风尘女子鬼混，而且还在他的金质盾牌上刻上爱神厄洛斯和雷霆，像是让人知道他在情场中的胜利。他的妻子在受够他对她的不忠之后，返回娘家，准备到法院提出控诉，要与他离婚。可是当她出现在执政官面前，亚西比德将她挟在胳肢窝底下，走过闹市回家，没有人敢拦阻。自此以后她完全任由他去，只能够捡拾一点他爱的屑末，聊以自慰。不过，从她的早死可以看出，她的心已为他的多变而破碎。

进入政治圈，他只遇到一名劲敌——富有而虔诚的尼西亚斯。尼西亚斯主张贵族政治与和平；而亚西比德走的是商业阶层路线，标榜那触动雅典人骄傲心理的帝国主义。因此，以他的眼光看来，《尼西亚斯和约》以其政敌的名义签订这一点，就不足信赖。公元前420年他被选为10名将军之一，他即开始暗中策动，使雅典重新进入战争的状态。当议会称他为泰门时，这位厌世者自鸣得意，预示出大祸即将来临。

西西里远征

亚西比德幻想毁坏伯里克利的心血时，雅典已经从瘟疫及战争中恢复元气，贸易又为其带来爱琴海的财富。个体的生存原则是自我发展，没有野心，没有帝国，没有烦恼。亚西比德梦想在意大利与西西里的富庶城邦中为雅典开拓出新王国。雅典可在那里获得粮食、物资及人力，因而控制伯罗奔尼撒半岛的粮食输入。那里能使雅典的贡品收入加倍，因而能使雅典成为希腊最伟大的城邦。有力量堪与它抗衡的只有锡拉库萨，这使雅典难以忍受。假若雅典能征服锡拉库萨，整个西地中海都将投入它的怀抱。那时候雅典所获得的辉煌成就，即使伯里克利也未曾梦想到。

公元前 427 年，西西里模仿希腊大陆，分裂为两个交战阵营：一个由多利安人的锡拉库萨所领导，另一个以伊奥尼亚人的莱昂蒂尼为首。莱昂蒂尼派高尔吉亚前往雅典求援，但当时雅典无力他顾。公元前 416 年，塞杰斯塔派遣特使赴雅典游说，锡拉库萨正计划征服整个西西里岛，欲使其成为多利安人的政府。一旦战火重燃，它将为斯巴达补给粮食与金钱。亚西比德立即抓住机会，他争论说：西西里岛的希腊人四分五裂，甚至同一座城市内的情形也是如此。假若能鼓起一点勇气，将整个岛并入帝国不是一件难事。帝国必须继续扩张，否则便开始衰败。偶尔作战是一个帝国民族所必需的训练。尼西亚斯恳求议会不要听信任何由个人妄念所促成的疯狂扩张阴谋，但是亚西比德的雄辩及一群已将道德顾虑抛置脑后的人的幻想最终获胜。议会对锡拉库萨宣战，同意拨出一笔庞大的海军军费，而且似乎要故意寻找失败，舰队指挥由亚西比德和尼西亚斯两人担任。

备战工作在激昂的情绪中进行，大家期待着舰队出发的日子来临。但就在预定出发的日子快要到来时，雅典城里发生了一桩令全城震惊的怪事。这件事使雅典人丧失对神的诚敬，却未减少其迷信。不知是谁，在夜色掩护下，将矗立在公共建筑物及许多私人住宅前象征丰饶与保佑的赫耳墨斯像的鼻、耳及生殖器敲掉。调查结果显示，这桩恶作剧是由亚西比德在和一帮朋友酒醉后亲自领头干的，只是没有确凿证据。这位年轻将领极力为自己的无辜申辩，并要求立即开审，这样可以在舰队出发前判定有罪或无罪。他的政敌因料到他会无罪开释，便使审判延期。因此，当公元前 415 年雅典的庞大舰队出发时，其 2 名统帅一个是憎恶战争而怯懦的和平主义者，另一个虽是勇猛的黩武主义者，其统御天才却因为指挥权分散及士兵因其曾惹神怒，有所疑惧，而未能发挥。

当和以前一样不可靠的新证据被找到，认为亚西比德和他的朋友确曾参与污辱神灵的行动时，雅典舰队出发已有数日。雅典议会在愤怒群众的敦促下，派遣快船“萨拉米尼”（Salaminia）号追赶亚西比德，将其带回雅典审判。亚西比德接受传讯，登上“萨拉米尼”号，但是当船停泊在图里时，他偷偷溜上岸逃走。雅典议会在未能将亚西比德带回归案的情形下，宣布将其放逐、将其全部财产充公、捕获后执行死刑的判决。为雅典扩张帝国创造光荣的计划因莫须有的罪名而受挫，亚西比德怀恨在心，逃往伯罗奔尼撒半岛，出现在斯巴达议会前，愿意协助斯巴达打败雅典，并在那里建立一个贵族政权。“至于民主政治，”修昔底德笔下的亚西比德说，“像我们这样明事理的人都知道，或许每一个人都明白，我有更多对它抱怨的理由，不过像这种荒唐透顶的事不提也罢。”他建议他们派遣一支舰队去援助锡拉库萨，派遣一支军队去攻夺德克来亚。德克来亚是一个雅典乡镇，斯巴达占领它以后，可以控制雅典城以外的雅典全部乡镇地区。劳留姆银矿的失去将断绝雅典的财源，使其中止抵抗。各属国预见雅典的溃败在即，将停止纳贡。斯巴达采纳了他的建议。

亚西比德坚强的决心使他革除了以往奢侈的生活方式，与斯巴达人过同样的生活。他变得节俭而含蓄，吃粗食，着粗服，不穿鞋子，不论冬夏都在欧罗塔斯河中沐浴，并严格地遵守一切斯巴达的法令与风俗。但是他的英俊仪表和吸引力毁了他的计划。斯巴达王后爱上了他，和他生了一个儿子，而且骄傲地私下告诉她的朋友，他就是孩子的父亲。他在他好友面前所申辩的理由是，他不能拒绝使他的后代成为斯巴达王的机会。随军出征的亚基斯王将要回来，亚西比德便在驶往亚洲的一支斯巴达舰队中谋得一个官职。亚基斯王否认这个孩子，并暗中派人刺杀亚西比德。亚西比德的朋友警告他，他寻找机会逃脱，并在萨狄斯加入波斯海军元帅提沙弗尔纳斯（Tissaphernes）的麾下。

另一方面，尼西亚斯所遭遇的抵抗，也许只有像亚西比德这样擅长谋略与诡诈的天才才能克服。几乎所有西西里国家都来援助锡拉库萨。公元前 414 年，斯巴达由吉里浦斯（Gylippus）率领舰队协助西西里海军，将雅典船只封锁在锡拉库萨海湾内，切断其全部粮食补给。因为月食使尼西亚斯及其部属惊慌，错过最后一次突围机会。等到第二天，他们发现自己陷入重围中，被迫出战。他们败北，先是海上，后是陆上。尼西亚斯虽然病体衰弱，却英勇奋战，但终于向锡拉库萨无条件投降，被立即处死。其余雅典人几乎全属公民阶级，注定了在西西里矿坑中被劳役至死的命运。他们在那里遭遇到多少年来在劳留姆矿坑中工作的那些人同样悲惨的命运。

斯巴达的胜利

这次惨败钝挫了雅典人的锐气。其公民或沦为奴工或已战死，几去一半。半数公民阶级的妇女变为寡妇，子女成为孤儿。伯里克利时代所聚积的库银，也几近耗罄；再过一年，半分钱也不会剩下。眼看雅典将要垮台，属国不愿意再纳贡，大部分盟邦背弃它，而向斯巴达靠拢。公元前 413 年斯巴达宣称，因“50 年”的和平条约再三被雅典违反，于是再次向雅典宣战。现在斯巴达人占领了德克来亚，并构筑工事；来自埃维亚岛的粮食及劳留姆的银子，全部被切断；劳留姆银矿中的奴隶叛变，向斯巴达人归顺者达 2 万人之众。锡拉库萨派遣一支军队参加攻击。波斯王见洗雪马拉松与萨拉米斯战争失败的耻辱之机会已来到，拨款支援日益壮大的斯巴达海军。他怀着卑鄙的念头，以为这样斯巴达会协助波斯重新夺回其在伊奥尼亚希腊城邦的霸权。

雅典能在众敌压迫下顽强抵抗达10年之久，充分表现出其勇气及民主政治的精神力量。雅典政府力求经济稳定，征收税捐建造一支新舰队，在锡拉库萨失败后，一年之内即准备与斯巴达海上新势力一争高下。正当复原似乎在望，从不赞成战争并巴不得斯巴达获胜以恢复雅典贵族政治的寡头派夺得政权，并设立一个最高“四百人会议”（公元前411年）。议会因许多民主派领袖被暗杀而吓破了胆，投票表决自愿退让。富人支持叛乱是控制超越雅典与斯巴达界限的阶级战争的唯一方法。一俟掌握政权，寡头派便派遣特使与斯巴达讲和，而且秘密地迎斯巴达军队进入雅典。与此同时，一个温和派贵族中间党派领袖特拉门尼（Theramenes）起来领导反革命，并以“五千人会议”（公元前411年）取代“四百人会议”。雅典在短暂时间内享受到民主与贵族混合的制度，这在修昔底德和亚里士多德（两人都是贵族）看来似乎是自梭伦以来最完善合理的政府。可是第二次革命和第一次一样，忽略了雅典的粮食与生活仰赖其海军，除少数领导阶层外，很多海军的公民权被两次革命剥夺。海军人员听到消息后大为震怒，宣布若不恢复民主政治，他们将围困雅典。寡头派等待着，希望斯巴达军队前来救援，但斯巴达仍像往常一样“不慌不忙”。因此新政府崩溃，获胜的民主派恢复旧宪制（公元前411年）。

亚西比德曾秘密支持寡头派的革命，希望借此为自己返回雅典铺路。现在重掌政权的民主派，或许是不知道他的阴谋，但了解雅典自他被放逐后的糟糕情况，颁布特赦，召他回国。他没有立即回雅典，却在萨摩斯岛接管了雅典舰队的指挥权，并且迅速而成功地进入战斗，为雅典带来暂时的兴奋。他快速穿越达达尼尔海峡，在基齐库斯遭遇斯巴达舰队，将其彻底摧毁（公元前410年）。经过一年的围攻，他攻克了卡尔西登与拜占庭，雅典因而恢复了对博斯普鲁斯海峡粮食补给线的控制。南行返航途中，他在安得罗斯小岛附近遭遇另一支斯巴达舰队，一举将其击溃。当他于公元前407年回到雅典时，受到全城一致的欢迎与歌颂。他的罪恶已被人遗忘，人们所记得的是他的天才，而雅典正迫切需要一位卓越的将领。可是雅典虽然庆祝他的胜利，却没有支付其部属的薪饷。亚西比德的大意再度毁了他。他将大部分船只留在诺丁姆，由安条克斯负责指挥，并特意交代任何情形下不得应战。他自己则率领少数舰艇前往卡利亚，打算以不大合法的手段为其部属筹措饷银。安条克斯为了急欲成名，离开了他的停泊处，向莱桑德率领的斯巴达舰队挑战。莱桑德欣然应战，杀死安条克斯，击沉、掳获大批雅典船（公元前407年）。当噩耗传到雅典，雅典议会又像往常一样鲁莽行事，谴责亚西比德不该离开舰队，并且夺去他的指挥权。亚西比德现在不容于雅典与斯巴达，于是求庇护于比西尼亚。

在山穷水尽的情形下，雅典人下令将卫城上的金银雕像与贡物全部熔来另造一支150艘3列桨战船的新舰队，愿为雅典作战的奴隶恢复自由，侨民则授予公民权。这一支新成立的无敌舰队于公元前406年在阿尔努斯群岛附近海面上，将一支斯巴达舰队击溃，雅典再度为胜利而欢腾。但是当议会获悉雅典舰队的将领竟听任25艘被敌人击沉的战船的官兵溺毙于怒海中，群情激愤。那些冲动的人抗议说，这些淹死鬼因得不到适当的埋葬，将不安宁地四处游荡，控诉未被淹死的官兵没有尽到救援责任。他们建议将8名凯旋的将领（包括伯里克利与阿斯帕西娅所生之子）全部处死。那天苏格拉底正好是主席团（prytany）的委员之一，拒绝将这项建议提出表决。尽管他的反对案获得了通过，然而死刑的执行与其命令的下达同样草率。几天之后，议会后悔，又将主张处死这些将领的人判处死刑。因为这次海战削弱了力量，斯巴达再度提出和谈，但是议会在“醉鬼”克莱奥丰的游说下拒绝了这项提议。

雅典舰队在第二流统御人才的领导下北驶，迎向玛摩若海由莱桑德率领的斯巴达舰队。从其藏匿处的山顶上，亚西比德可以望见雅典船只在兰普斯库斯附近的伊戈斯波塔米采取了危险的战略阵势。他冒着生命危险，前往岸边，建议雅典舰队统帅另选一个较隐蔽的位置。但是他们对他的忠言置之不理，并且提醒他已经不是海军的指挥官。第二天双方展开了这场决定性的战役，雅典的 208 艘战船仅剩下 8 艘，其余不是被击沉，就是被掳获。莱桑德下令处决 3000 名雅典俘虏。在获悉莱桑德下令刺杀他之后，亚西比德逃往弗里吉亚，向波斯将军法尔纳巴佐斯寻求保护。波斯将军给他一座宅第和一名侍妾。但波斯国王在莱桑德的劝说下，命令法尔纳巴佐斯将他的客人杀死。2 名刺客围住亚西比德的住宅，纵火烧屋。他赤裸着跑出来，想作困兽之斗。但是他还未能来得及拔剑，已被刺客的箭和标枪戳穿，死时 46 岁。他是希腊军事史上最伟大的天才，也是最悲惨的失败者。

莱桑德现在已是爱琴海上的霸主，由北而南，他一城接一城地巡逻，推翻民主政府，建立臣服斯巴达的寡头派政府。他在进入雅典比雷埃夫斯港时未遭遇抵抗，继而封锁雅典。雅典人以其一贯的英勇予以反击，但不出 3 个月，他们的粮食告罄，街上满是尸体和垂死之人。莱桑德对雅典提出既苛刻又宽大的条件。他说他不愿意摧毁一个过去曾对希腊有过那样光荣贡献的城市，也不愿意奴役其人民，但是他要求将“长墙”夷平，召回寡头派的流放者，交出雅典仅有的 8 艘战船，保证以后发生战争时积极支持斯巴达。雅典虽然抗议，但终于屈服。

在莱桑德的支持下，由克里提亚斯与特拉门尼领导的寡头派党人回到雅典后夺得政权，并设立“三十人会议”来治理雅典（公元前 404 年）。这些希腊的极端保守分子并未汲取过去的教训，他们没收许多富商的财产，截断了他们的支援；他们劫掠庙宇，以 3 塔伦的价格卖掉比雷埃夫斯港价值 1000 塔伦的码头；他们放逐 5000 名民主派人士，并将另外 1500 名民主派人士处死；他们暗杀所有不合他们政治或个人志趣的雅典人；他们扼杀了传授知识、集会及言论的自由，克里提亚斯本人虽曾为苏格拉底的弟子，但禁止苏格拉底继续公开演讲。为使这位哲学家站在他们那一边，“三十人会议”命令他及另外4人逮捕民主派人士莱昂。其他4人遵命行事，唯独苏格拉底拒绝。

当寡头派的罪恶与日俱增、变本加厉之后，民主派的全部劣迹为人遗忘。企图结束这种血腥残暴政治的人数日见增多，其中甚至包括相当富有的人。当色拉西布洛斯统率的1000名武装民主派人士接近比雷埃夫斯港，“三十人会议”发现，除了他们自己的死党外，几乎没有愿为他们效力作战的人。克里提亚斯组织一支小型部队与民主派战斗，败北被杀。色拉西布洛斯进入雅典，恢复民主派政权（公元前403年）。在他的领导下，雅典议会表现出罕见的节制：仅下令处死少数上次革命的领导者，被处死的人也可以选择流亡；宣布大赦所有其余支持寡头派的人士；归还斯巴达政府借给“三十人会议”的100塔伦。这些合乎人道及具有政治家风度的措施，使雅典获得了已有30年未见的和平。

苏格拉底之死

但是说来也奇怪，能以残忍的手段对待一位已届古稀之年、对国家不可能构成任何危害的老哲学家，也只有夺回政权的民主派政府才做得出来。民主派领袖之中，有一个在多年前就因为苏格拉底蔑视及“败坏”了其子而欲图报复的安尼托。安尼托是一个好人：他曾在色拉西布洛斯的领导下勇敢作战，曾挽救被其士兵捕获的寡头派人士的生命，曾促成大赦，并让那些被“三十人会议”没收财产的人享用他们被没收的财产。但是他独对苏格拉底吝啬。当他流放在外，他那留在雅典跟着苏格拉底的儿子变成了酒鬼，这事使他不能忘怀。尽管苏格拉底拒绝服从“三十人会议”的命令，而且（如果色诺芬的话可靠）曾指责克里提亚斯是一名恶劣的统治者，仍不能使安尼托释怀。安尼托似乎认为苏格拉底是道德与政治上的邪恶势力：他破坏了道德赖以支持的宗教信仰，在他的不断抨击下，雅典知识分子对民主政治的信赖被削弱，而苏格拉底为害之烈超过任何诡辩学家。凶暴的统治者克里提亚斯是苏格拉底的学生之一；卑鄙而叛逆的亚西比德曾是他的情人；他的早期亲密朋友查尔米德斯曾在克里提亚斯手下任将军之职，而且刚死于对民主派之战中。[1] 因此，安尼托认为，苏格拉底应该离开雅典或死。

公元前 399 年，安尼托、米勒托、莱孔三人提出诉讼："苏格拉底是公害，他非但不承认国家所信仰的神，反而另外相信邪魔"；"他同时还教坏青年"[2]。审判在普通法院中举行，有 500 名公民出席，大多数为非知识分子。我们无法确知柏拉图和色诺芬有关苏格拉底辩护的报道的可信程度如何，但我们能肯定地说，审判时柏拉图在场。他所叙述苏格拉底的"辩答"，许多地方与色诺芬报道的相符。柏拉图说，苏格拉底坚持辩称他相信国神，甚至相信日、月的神性。"你们首先说我不信神，而后又说我信邪神……你们也可以确定骡的存在，却否认有马和驴。"然后，他凄惨地提到了阿里斯托芬讽刺剧的影响：

> 有许多责骂我的人，他们说我老，他们虚妄的指控多少年来一直在继续着。我害怕他们甚于安尼托和他的伙伴……因为他们开始时你们尚在童稚之年，他们用荒谬言论占据你们的心灵。他们把智者苏格拉底说成研究上天入地，而且使坏的变成看似好的。我害怕这样的责难者，因为他们是这些谣言的传播者，而他们的听者不易想到这类思索者是不信神的。他们人数众多，对我的控诉始于久远。那时候你们尚在幼儿或少年时代，正是印象不易磨灭的年岁，而你们所听到的虚言妄语却始终未曾有过答案。令人最感困难的是，我不知道也不能说出他们的名字，除非在遇

[1] 克里提亚斯与亚西比德在苏格拉底设馆授徒的早期即脱离其门下，他们并不肯接纳他所告诫他们的"节制"这两个字。

[2] 法国古典学者克罗瓦赛（Croiset）认为，苏格拉底被控的真正原因是雅典农民对任何使国神受到怀疑的人的仇视。

到喜剧诗人这样的情形下……这就是他们责难我的事实真相，也就是你们自己曾在阿里斯托芬的喜剧中所见到的。

他宣称自己所担任的是教导善与简朴生活的神圣使命，没有任何威胁能阻止他：

雅典的兄弟们，假若我在你们所选的、指挥我的将领波蒂迪亚、安费波利斯及德留姆的命令下，也和其他人一样，虽面临死亡，不擅自行动，那我的行为才是奇特——但若现在我想象自己奉上帝之命执行哲学探索自我及他人的任务，却为了怕死而逃避，我的行为才真正地乖常……假若你们对我说：苏格拉底，我们放过你，但有一个条件，你不能再像现在这样探究思索……我的回答将是：雅典的兄弟们，我敬爱你们，但是我将服从的是上帝，不是你们。只要我有生命与力量，我将永不停止宣扬与传授哲学。我将劝告我所遇见的人说：噢，我的朋友，为什么像你这样伟大、强盛、睿智的雅典城公民，如此关心金钱、荣誉及名声，对智慧与真理却又这样淡漠？因此，雅典的兄弟们，我告诉你们，听从安尼托的旨意，是否将我宣判无罪，悉听尊便。但是不论你们作何处置，我将永远不会改变我的作风，甚至必须冒万死我也在所不惜。

法官显然曾在此刻打断他的话，并告诉他不要再继续说在他们看来似乎是侮谩无礼的言论，但是他继续说下去，语气较之前更为傲慢：

我想让你们知道，假如你们杀掉我这样的人，你们伤害自己比伤害我更严重……因为杀死我，你们将不容易找到另一个像我这样——容我譬喻不当——上帝遣下来给我们国家的牛虻。我们

> 国家像一匹硕大高贵的马，由于它体积大、行动迟缓，需要给予刺激使其提起精神……因为你们不容易找到另一个像我这样的人，所以我建议你们还是把我留下来。

第一次宣判他有罪的只是超过 60 票的多数，假若他的辩护稍稍缓和一些，他很可能会被宣判无罪。他曾有机会提议以刑罚代替死刑判决。开始时他甚至不肯作此让步，但是在柏拉图及其他朋友的请求与担保下，他愿意出 30 个米纳（合 3000 美元）的罚款。第二次投票表决，判他有罪的票比第一次多出 80 票。

此时他仍有机会脱离牢狱，克里托与其他朋友（假若柏拉图的话可信）准备用钱买通法官，而安尼托可能也曾希望有此折中办法。但苏格拉底自己则坚持到底。他觉得自己只能再活几年，他所“放弃的只是生命最累赘的一部分，全部智力都消退了”。他不但不接受克里托的建议，反而用道德观点对其加以检讨，以辩证的方法予以辩论，大玩逻辑游戏。在他受审到执行死刑之间的一个月中，他的弟子每天都到牢里去探望他，直至临刑前，他似乎始终平静地与他们谈话。柏拉图记得当时苏格拉底用手抚弄小斐多的头发，对他说：“明天，斐多，我想你这几根头发要剃掉。”——以示哀悼。赞西比怀里抱着他们最小的孩子，泪潸潸地在那里伤心。他安慰她，并叫克里托送她回家。“你死得冤枉。”一名虔诚的弟子说。“那么你将怎样使我死得不冤枉？”苏格拉底问他。

狄奥多鲁斯说，苏格拉底死后，雅典人后悔那样对待他，于是将控告他的人处死，民众用乱石砸死米勒托。普卢塔克则有另一种说法：控诉者受到民众的鄙视，没有人理睬他们，没有人跟他们搭腔，没有人愿意和他们在一起沐浴。最后，他们精神上受到太大的压力，自己上吊而死。第欧根尼说，米勒托被处决，安尼托被放逐。雅典人为纪念这位哲学家，曾替他雕塑铜像。我们不知道这些故事是否真实。[1]

黄金时代随着苏格拉底之死而结束。雅典的躯体与灵魂都已衰竭，只有用长期战争极度的痛苦败坏了雅典人的品格，才能解释他们为什么要残酷地对待米洛斯岛，对米蒂利尼岛执行狠毒判决，将凯旋的将领集体处死，以及将苏格拉底献于一个信仰衰亡的祭坛上。雅典生活的一切基业都被毁坏：雅典乡镇的土地被斯巴达人蹂躏，须长年才能成长的橄榄树被焚毁；雅典海军被摧毁，贸易与粮食补给的控制权已丧失；国库已罄，私人财产也因为苛税压榨殆尽；公民三去其二。在伯罗奔尼撒战争中希腊所受到的生命与财产的损失，远比波斯人入侵时对其所造成的灾害来得严重。自萨拉米斯与普拉蒂亚战役之后，希腊人固然变穷，但他们的勇气与骄傲却因此增高。现在希腊再度陷入穷困，而雅典精神上所受的创伤太深，似乎难以医治。

继续支撑着雅典的有两个因素：其一，恢复民主政治，且领导人有见识与节制；其二，在其最后 60 年中，甚至处于战乱中，雅典的艺术和文学超越人类有史以来任何时代的同类作品。虽然阿那克萨戈拉已被放逐，苏格拉底已被处死，但是他们所给予哲学的刺激，足够使雅典自此后不由自主地成为希腊思想的中心与崇高的目标。从前那种散漫而试验性的思索现已演变成熟，成为激荡欧洲许多世纪的伟大哲学系统。诡辩学家在游历中所提供的无定所、无定期的高等教育，已为历史上最早的大学所取代——这些大学使雅典成为“希腊学府”（如修昔底德曾经称呼的那样）。迭经战火与动乱，艺术传统并未因而衰退，今后许多世纪中，希腊的雕刻家和建筑师仍将继续为整个地中海区域从事雕刻与建筑。雅典从其战败的绝望中，以令人惊异的活力使其成为新的财富、文化及权势中心。它的后期生命是丰富的。

---

[1] 格罗特对这些故事发生怀疑，由于柏拉图和色诺芬竭力想保护苏格拉底的名誉，使它们变得暧昧不清。但这些叙述为古代一般人（如德尔图良和奥古斯丁）所采信，而且与雅典人的习性非常吻合。

第一章至第八章历史大事年表

公元前

478	底比斯诗人品达返回底比斯
478—467	锡拉库萨暴君希伦一世在位
478	莱吉姆的雕刻家毕达哥拉斯名震希腊
477	缔结得洛斯同盟
472	画家波利格诺托斯旅居雅典；悲剧诗人埃斯库罗斯创作《波斯人》一剧
469	苏格拉底诞生
468	雅典将军西蒙于欧里梅顿河击溃波斯军队；埃斯库罗斯与索福克勒斯之间的首次戏剧竞赛
467	希俄斯岛诗人巴克基利得斯名震希腊；悲剧诗人埃斯库罗斯创作《七将攻打底比斯》一剧
464—454	斯巴达农奴叛乱；围攻伊索梅山区
463—431	伯里克利执政
462	雅典政治家厄菲阿尔特限制最高法院陪审员的报酬；阿那克萨戈拉居于雅典
461	雅典将军西蒙被放逐；雅典政治家厄菲阿尔特被杀
460	阿克拉加斯地方的哲学家恩培多克勒闻名于希腊；悲剧诗人埃斯库罗斯创作《被缚的普罗米修斯》一剧
459—454	雅典人远征埃及
458	悲剧诗人埃斯库罗斯创作《俄瑞斯特斯》一剧；雅典人兴建“长墙”
456	奥林匹亚的宙斯神庙；菲狄亚斯备受推崇
454	雅典占有得洛斯财宝金库
450	埃里亚的哲学家芝诺旅居雅典；希俄斯岛数学家希波克拉底名震希腊；雕刻家凯利马科斯发展科林斯柱式；底比斯天文学家菲洛劳斯备受推崇
447—431	兴建帕特农神庙

445 阿夫季拉地方的哲学家利西帕斯声名大噪
443 哈利卡纳苏斯的历史学家希罗多德加入图里（意大利希巴利斯附近）殖民行列；莱昂蒂尼的诡辩家高尔吉亚名闻希腊
442 戏剧家索福克勒斯创作《安提戈涅》一剧；伊留特拉的雕刻家米隆名震希腊
440 阿夫季拉的诡辩家普罗泰戈拉名震希腊
438 菲狄亚斯雕塑雅典娜神像；戏剧家欧里庇得斯创作《阿尔克提斯》一剧
435—434 科林斯与科孚争战
433 雅典与科孚联盟
433 波蒂迪亚的叛变；审判阿斯帕西娅、菲狄亚斯及阿那克萨戈拉
431—404 伯罗奔尼撒战争
431—424 戏剧家欧里庇得斯创作《美狄亚》、《安德洛玛刻》及《赫卡柏》各剧；戏剧家索福克勒斯创作《厄勒克特拉》一剧
430 雅典瘟疫；审判伯里克利
429 伯里克利卒；克里昂当权；戏剧家索福克勒斯创作《俄狄浦斯王》一剧
428 米蒂利尼岛叛变；戏剧家欧里庇得斯创作《希波吕托斯》一剧；阿那克萨戈拉卒
427 诡辩家普罗迪科斯与西庇阿斯名闻雅典；高尔吉亚出使雅典
425 雅典海军围困斯福克特利亚岛；戏剧家阿里斯托芬创作《阿卡奈人》一剧
424 斯巴达将军布拉西达斯夺取安费波利斯地方；放逐历史学家修昔底德；戏剧家阿里斯托芬创作《武士》一剧
423 戏剧家阿里斯托芬创作《云》一剧；艾菲索斯画家巴赫西斯与赫拉克利亚城画家邱西克名震雅典
422 戏剧家阿里斯托芬创作《黄蜂》一剧；克里昂与布拉西达斯卒
421 签订《尼西亚斯和约》；戏剧家阿里斯托芬创作《和平》一剧
420 “医药之父”希波克拉底声名大噪；阿夫季拉的哲学家德谟克利特声名大振；西塞昂的雕刻家波留克列特斯名噪希腊
420—404 兴建厄瑞克忒翁庙
419 演说家李西亚斯崭露头角
418 斯巴达在曼提尼亚战役获胜；戏剧家欧里庇得斯创作《伊翁》一剧
416 米洛斯岛大屠杀；戏剧家欧里庇得斯创作《厄勒克特拉》一剧
415—413 雅典人远征锡拉库萨
415 赫尔玛伊神柱的毁伤；雅典将军亚西比德蒙羞；戏剧家欧里庇得斯创作《特洛伊女人》一剧
414 围困锡拉库萨；戏剧家阿里斯托芬创作《鸟》一剧
413 雅典人向锡拉库萨投降；戏剧家欧里庇得斯创作《伊菲吉妮娅在陶里斯》一剧
412 戏剧家欧里庇得斯创作《海伦》和《安德洛墨达》两剧

411	“四百人会议”的背叛；戏剧家阿里斯托芬创作《吕西斯特拉忒》和《特士摩》两剧
410	雅典复行民主政治；雅典将军亚西比德在基齐库斯摧毁斯巴达舰队
408	米利都诗人兼音乐家提谟修斯声誉日隆；戏剧家欧里庇得斯创作《俄瑞斯特斯》一剧
406	雅典人于阿吉纽西群岛击溃斯巴达舰队；戏剧家欧里庇得斯创作《酒神的伴侣》和《伊菲吉妮娅在奥利斯》；欧里庇得斯与索福克勒斯卒
405—367	锡拉库萨暴君狄俄尼西在位
405	斯巴达人在伊哥斯波塔米战役中获胜；戏剧家阿里斯托芬创作《蛙》一剧
404	伯罗奔尼撒战争结束；“三十人会议”统治雅典
403	雅典复采民主政治
401	居鲁士二世战死于库那克萨；历史学家兼将军色诺芬描述“万人撤退”；戏剧家索福克勒斯创作《俄狄浦斯在克罗纳斯》一剧
399	苏格拉底受审、死亡

第三部

希腊的衰落

1863 年在爱琴海萨莫色雷斯岛发现的《胜利女神像》，头及双臂已失，但躯体基本完好，圆润结实的女性躯体喷射出生命的光焰，是希腊化时期雕刻艺术的一件杰作。

第一章 | 菲利普王

斯巴达帝国

现在斯巴达成为希腊海上霸权的主人，也成为历史上另一个因为骄傲而失败的悲剧例子。对那些一度臣服于雅典的各个城邦，斯巴达曾允诺给予自由，但是它并未实践诺言，反而要求各国城邦每年进贡1000塔伦（相当于600万美元），并在每个城邦成立由一位斯巴达总督所控制的贵族政权，并留守一支斯巴达警备队。这些贵族政权只对遥远的斯巴达统治者（ephors）负责，因此贪污暴虐，以致不久这个新帝国远较旧帝国更被人痛恨。

在斯巴达，金钱与礼物从被压迫的城邦及谄媚的独裁者处源源流入，更进一步加强了那些早已引导斯巴达走向衰落的内部因素。到公元前4世纪时，统治阶层已学会了简朴其表、奢华其里的生活。即使是斯巴达的长官，除了在表面之外，也不再遵守斯巴达立法者莱喀古斯立下的条律。大片土地因为当作嫁妆及遗赠而落入女人手中，以这种方式聚积的财富使无须照顾男孩的斯巴达妇女过着舒适的生活，其道德生活已与斯巴达的名声不相符。有些地产一再分割，使得许多斯巴达人因付不起公共食堂的分摊额而失去了公民权。通婚及遗赠使大批财产集中一处，而使少数残留的所谓“斯巴达人”（Equals）[1] 拥有大量财富。亚里士多德曾说：“有些斯巴达人拥有大量土地，而其他人则几乎一无所有。所有土地集中于少数人手中。”被剥夺了公民权的士绅、被排除在政治权利之外的自由人以及愤怨的奴隶，情绪不安，深怀敌意，使斯巴达政权不敢大规模长久地从事帝国统治所需的对外军事行动。

同时，波斯的内战也影响到希腊的命运。公元前 401 年，年轻的居鲁士背叛了其兄阿尔塔薛西斯二世，获得斯巴达的援助，募得一支军队，其成员包括从伯罗奔尼撒战争结束后留在亚洲的数以万计的希腊人及其他雇佣兵。两兄弟会战于底格里斯与幼发拉底两河之间的库那克萨（Cunaxa）。居鲁士兵败被杀，其手下军队大部分被俘或歼灭，只有 1.2 万名希腊人得以逃入巴比伦的内地。由于被波斯王追击，这些希腊人选举了 3 名将军领导他们到达安全区域。其中一名将军是色诺芬，他曾是苏格拉底的学生，现在则是一位幸运儿，以《远征记》（*Anabasis*）一书闻名后世。他描写了 1 万名希腊军队上溯底格里斯河，越过库尔德斯坦和亚美尼亚的山区，到达黑海的撤退经过。这是人类历史上一次伟大的冒险。我们对这批希腊人永无止境的勇气感到惊奇，他们步行着杀出一条退路，日复一日，历时 5 个月，穿过 2000 英里的敌境，越过炎热而没有食物的平原，通过了雪厚 7 英尺的危险山区隘口。他们前后左右都受到正规军队及游击队的袭击，仇视的土著也用尽计谋想谋杀他们，或引他们入迷途，或阻挡去路。当我们阅读这个迷人的故事时，可以看出一支军队最重要的武器是粮食，一位指挥官的技巧在于寻找补给品及争取胜利。虽然战斗的次数几乎与这段长征的天数相等，但这支希腊军队死于饥饿和气候环境的人数仍超过了阵亡人数。最后当剩下的 8600 人在特拉佩佐斯（特拉布宗）看

[1] Equals 或称 *homoioi*，指具有完全公民权的斯巴达人，公元前 480 年人数为 8000，前 371 年时为 2000，前 341 年时为 700。

到黑海时，他们狂喜万分：

> 当先锋部队抵达山顶时，响起很大的呼叫声。当色诺芬及殿后部队听到喊声时，他们以为其他敌人又从前面发动进攻，他们背后也有敌人进击……他及手下于是向前赶，以便伸以援手，但是不久他们便听兵士们大喊着："看，海呀！"此话不停往后传。然后所有后卫部队也同样向前冲来，驮兽也都向前奔跑……当所有人马抵达山顶时，大家高兴得互相拥抱，将军及军官也都同样欢欣鼓舞，眼眶里噙着泪水。

因为黑海是希腊的海域，特拉佩佐斯也是一座希腊城，他们已进入了安全之地，可以安心休息，不用担心夜晚死神会突然降临。他们的英勇行为立刻传遍了希腊，使得两代之后的菲利普深信一支训练精良的希腊军队可以击败数倍于己的波斯军队。色诺芬已在不知不觉之中为亚历山大开启了一条大道。

也许这种影响已被阿格西劳斯看清，他在公元前 399 年即位为斯巴达国王。波斯可能还会忽视斯巴达对居鲁士的援助。但是对于斯巴达最能干的国王而言，与波斯打一仗似乎只是有趣的一件事而已。他带着一支小部队出发，以解放波斯统治下的希腊在亚洲的土地。[1] 当阿尔塔薛西斯二世获悉阿格西劳斯很轻易地打败了波斯军队时，他立即遣使携带大量黄金前往雅典和底比斯，贿使这两个城市对斯巴达宣战。他的努力立即成功了，经过 9 年的和平之后，雅典与斯巴达的冲突再度开始。阿格西劳斯从亚洲被召回来以应付雅典和底比斯联军，他在克罗尼亚打了一仗，勉强击败了联军。但是在同一个月中，雅典及波斯的联合舰队在科农（Conon）的统帅下，于克尼都斯附近消灭

[1] 阿格西劳斯曾说："阿尔塔薛西斯二世在哪一方面比我伟大呢？他只不过是较诚实和较有克制力而已。"

了斯巴达海军，结束了斯巴达短暂的海上霸权。雅典欢欣鼓舞，并开始在波斯的金钱援助下，再度建造“长墙”。斯巴达为图自保，遣派了一位特使安塔尔西达斯（Antalcidas）往见波斯国王，提议将希腊在亚洲的城市送给波斯，但波斯必须在希腊大陆上维持和平的局面，使斯巴达得以安全自保。波斯国王同意了，撤销了对雅典和底比斯的援助，并迫使各方在萨迪斯（公元前 387 年）签订《安塔尔西达斯和约》(*Peace of Antalcidas*)，又名《国王和约》(*King's Peace*)。利姆诺斯、伊姆布罗斯和西诺斯割给雅典，希腊各主要城市均可享自治权，但是希腊在亚洲的所有城市以及塞浦路斯均成为波斯国王的财产。雅典虽有异议，但还是签了字。这是希腊历史中最丢人的一件事。仅仅一代的时光，马拉松的光荣已完全消逝了。希腊大陆的城邦在名义上保持了自由，但事实上是在波斯王国的势力控制之下。所有希腊城邦均将斯巴达视为叛徒，盼望着他国将它消灭。

伊巴密浓达

斯巴达似乎要使希腊各城对它的仇视加深，它又在希腊城邦之中承担起解释并执行《国王和约》的任务。为了削弱底比斯的力量，斯巴达坚持认为波奥蒂亚联盟（Boeotian Confederacy）侵犯了和约中的自治条款，因此必须予以解散。在这种借口之下，斯巴达军队在波奥蒂亚的许多城市建立了倾向斯巴达的寡头政治，某些城市还设置了斯巴达警备队。当底比斯提出抗议时，斯巴达军队即占领了其城堡卡特米亚，并建立一个接受斯巴达统治的寡头政权。这种危机使底比斯展现了前所未见的英勇。伯罗比达斯及 6 名同伴暗杀了底比斯的 4 名独裁者，使底比斯重获自由。波奥蒂亚联盟加以改组后，即命伯罗比达斯为其领袖，或称“波埃塔克”(boeotarch)。伯罗比达斯于是要求好友伊巴密浓达协助其训练军队，最后挫败斯巴达，使它回复到先前的孤立境地。

伊巴密浓达出生于一个显赫而没落的家族，其祖先可以远溯到1000年前卡德摩斯所播下的龙牙（dragon's teeth）。他为人沉静，据说没有人比他更沉默，也没有人比他懂得更多。他的谦虚和正直，近乎苦行的生活，对朋友的忠诚、谨慎、勇敢，行动上的克制，使得底比斯人虽然受到他军事化的严格管理，但仍然很敬爱他。他并不喜欢战争，但是他相信没有一个丧失尚武精神及习惯的国家能够保全其自由。他曾一再获选为波埃塔克，但是他警告计划投票选他的人说："你们要再度考虑，因为如果我当选的话，你们必须在军队中服役。"在他的统领之下，松散的底比斯人终被训练成精兵。即使底比斯市中众多的"希腊爱人"（Greek lovers）也被伯罗比达斯编组成300甲兵的"圣队"，每名队员均宣誓在战争中支援其朋友，至死不渝。

当斯巴达国王克来姆勃罗托斯（Cleombrotus）率领1万名士兵进攻波奥蒂亚时，伊巴密浓达带了6000人在普拉蒂亚附近的留克特拉迎战，最终赢得胜利，从而影响了希腊的整个政治史以及欧洲的军事策略。他是第一位详细研究战术的希腊人。在每次战役中他都假想会遭到强劲之敌，将精良士兵集中于一翼作为攻击力量，其余部队则采取守势。在此种阵势之下，敌人向前推进时，可能由于左翼受到袭击而陷入混乱之境。在留克特拉之役后，伊巴密浓达和伯罗比达斯即挥兵进入伯罗奔尼撒半岛，将被斯巴达统治百年的墨西拿解救出来，并且建立了麦加罗波利城，作为所有阿卡狄亚人的堡垒。底比斯军队甚至深入拉克尼亚——这是数百年来的第一次。斯巴达以后再也无法从这次战争的损失中恢复过来。亚里士多德说："它再也无法忍受另一次失败，由于其公民人口的稀少，已注定一蹶不振了。"

冬天来临时，底比斯人便退回波奥蒂亚。伊巴密浓达自己已超越典型的希腊风格，开始梦想建立一个底比斯帝国以代替以往雅典或斯巴达的霸权了。他的计划使得他不得不与雅典打一仗。斯巴达为了重振声威，也与雅典联盟。双方军队于公元前362年在曼提尼亚交战。伊巴密浓达打胜了，但是却在战斗中被色诺芬的儿子格里路斯

(Gryllus)所杀。底比斯的短期霸权并没有给希腊带来什么永久性的好处。它使希腊脱离斯巴达的暴政，但是就如其前人一样，无法在波奥蒂亚之外创造一种一致的团结。它所导致的各种冲突使得菲利普由北南下时，希腊各城邦因力量削弱而无法抵抗。

第二个雅典帝国

雅典再一次试图统一整个希腊。由于城墙及舰队的重整、币制的可靠、财政及贸易方面的通畅，雅典又逐渐夺回爱琴海的商业霸权。雅典以前属下的臣民及盟邦已从过去半世纪的战争中获取了教训，认清一种超越城邦的安全的需要。公元前 378 年，大多数城邦再度团结在雅典的领导之下。到公元前 370 年，雅典再度成为东地中海地区最强大的势力。

工业和贸易现在已是雅典经济生活的主要支柱。阿提卡的土地不适于耕种，人们的耐心和努力曾使它长出茂盛的葡萄及橄榄，但是这些已被斯巴达人摧毁，并且也没有几个农民愿意再等 10 多年，以便新的橄榄树园能够结出果实。战前的大部分农民均已去世，在世的大多数农民也都心灰意懒，无意回到残破的农田，而以低价卖给不愿耕种却能够长期投资的人们。因为许多负债农民被驱赶出农田，阿提卡的土地所有权被少数家族所拥有，他们都是利用奴隶来耕种大片的农田。劳留姆的矿坑被再度加以开采，新的不幸者又被送入坑中，银矿和鲜血带来了新的财富。色诺芬提出了一个计划，雅典可以购买 1 万名奴隶，然后租给矿场的包工，从中牟利。银矿被大量开采，使此种金属的供应量超过了物品的生产。物价的上涨快过工资，穷人承受了这种新变化的后果。

工业也大为发展。彭特利库斯山的石矿和色拉米库斯的陶器厂接到爱琴海世界各地的订单。有人以低价购入家庭手工业及小工厂的产品，然后以高价在国内市场或国外出售，从而赚钱。商业的发达及金钱财富的积聚，取代了土地财富的累积，造成雅典银行家人数的激增。他们接受现金或贵重物品的存寄，但显然没有对存放的银物付利息。不久后，因为发现在正常的情形下，并非所有存放的银物都能很快提走，银行家开始以可观的利息贷放资金，起初是贷给现金而非信用贷款。银行家为顾客作保，为顾客收款，并且以土地或贵重物抵押贷放款项和资助货物的运输。通过银行家的协助以及私人投机性的贷款，商人可以雇用船只，将他们的货物运到国外市场，并且购回一批货物——这些货物在运回比雷埃夫斯港口后，在贷款偿还之前，仍然是贷放款项者的财产。公元前 4 世纪，一种真正的信用制度发展起来了。银行不再供给现款，而是开发信用状、汇款单或支票，财富从一个顾客转移到另一个顾客时只需将银行中的账簿移转登记便可。商人或银行也开发债券以获取商业贷款，每一大笔遗产一定会包括许多此类债券。有些银行家，例如曾为奴隶的帕逊，关系广阔，精明诚实，信用可靠之声不胫而走。他们的债券通行于希腊世界。帕逊的银行有很多部门和职员，大部分是奴隶。他的银行保存许多账册，来往都仔细登载，以致这些账册通常被法庭认为是千真万确的证据。银行倒闭也很常见，我们可以发现银行一家接着一家倒闭引起的恐慌。即使声望最佳的银行都会受到严重的指控，说其有不法行为。人们对银行的看法就像穷人看富人一样，都是既妒且羡又恨。

土地财富转变成动产，导致了对金钱的疯狂追求，希腊语不得不另创一个词“贪婪”(*pleonexia*)，以表示此种欲望的无止境，以及另外一个词“牟利学”(*chrematistike*)，以指对财富的忙碌追求。物品、服务均越来越以金钱估量。财富的聚积和消散也越来越快速，财富的浪费将会使伯里克利时代的雅典为之一惊。暴发户（希腊语称 *neoplutoi*）建造了华丽的住宅，其妇女装饰着最昂贵的衣料及珠宝，有 10 多名仆人侍奉，并且以贵重的酒和食物款待嘉宾。

在此种富足之中，贫穷也随之增加，因为交易自由、五花八门，精明的人大赚其钱，也使得单纯的人更快地丧失了金钱。在这种新的商业经济之下，穷人比以前当奴隶时更加穷困。在农村，农民辛苦地将汗水变成一点油或酒；在城市，自由劳工的工资因为奴隶的竞争而无法提高。

数以百计的市民生活费是依赖参加公众集会及法庭宣判所获得的出席费，数以千计的人必须由庙宇和政府养活。没有财产的投票人在公元前 431 年约占选民的 45%，而在公元前 355 年已激增至 57%。因其人数总和及势力而在贵族阶级与普通民众之间保持平稳的中产阶级已经失掉了他们的大部分财富，已无法在富人与穷人之间以及在顽固的保守主义与乌托邦的极端主义之间担当调和者。雅典的社会分成了柏拉图的所谓“双城”（two cities）——“其中一城是穷人之城，另一城则为富人之城，两城互相作战。”穷人试图以立法及革命的手段剥夺富人的财富，而富人本身则团结起来对付穷人。亚里士多德说，有些寡头集团的成员发了重誓：“本人决心做一般人民（指平民）的敌人……并且在贵族会议中我将尽一切力量使他们蒙受不利。”伊索克拉底约在公元前 366 年写道：“富人变得很不合群，以致拥有财产的人宁可将财产丢入海里也不愿援助穷人，而境况不佳者攫取富人财富要比发现一处宝藏更为欣喜。”

在此种贫富的冲突中，知识阶级越来越同情穷人。他们讨厌商人及银行家，因为他们的财富与其教养及格调似乎成反比。即使是知识分子中的富人如柏拉图，也开始谈起共产思想。伯里克利曾试行殖民以作为缓和阶级斗争的安全阀门，但是狄奥尼西控制了西部，马其顿正在北方扩张势力，雅典现在已越来越难征服并殖民新的地区。最后贫穷的公民夺取了公民大会的控制权，并且开始经过投票表决将富人的财富收归国库，然后重新分配给穷人和投票者。政客竭力为国库另辟新财源。他们将间接税、输入及输出物品关税以及不动产移转的 1% 税率一律加倍；在平时继续征收战时制定的特别税；他们也呼吁“自动”捐输，并且要求富人以私人基金资助公营事业；他们更时常诉诸没收及征用的手段；他们也将财产收入税的范围扩大。任何人如果接到命令应有所捐输时，只要他能证明另外有一人比他有钱并且2年内未作任何捐输，便可以依法迫使这个人替他捐输。为了方便税收的征集，纳税人分成了100个“纳税团”，每团中最有钱的成员在每个征税年度开始时必须先代整团交清全年的税，然后在此后一年间他们可以设法去收取团中每个成员应交的税。这种征税的结果就是对财富及收入的全面隐瞒。逃税于是成为普遍的现象，与政府征税同样精明。公元前355年，安德罗提翁（Androtion）受命率领一队警察，有权查寻隐瞒的收入，征收滞缴的税款，监禁逃税者。他们可以进入任何住宅，没收物品，拘禁人犯。但是财富依然隐藏或是消失不见了。年高富有的伊索克拉底因愤恨被迫捐输，在公元前353年曾抱怨说：“当我是小孩子的时候，财富既安全又令人羡慕，以致几乎人人都夸大他实际上拥有的财富……但是现在人人必须辩护他自己并不富有，就好像富有是罪大恶极一样。”在其他城市中，分散财富的过程并不相同：米蒂利尼岛的负债者集体杀害他们的债权人，并以饥饿难挨为由自我辩护；阿尔戈斯的民主主义者在公元前370年突然攻击有钱人，杀死了1200人，并没收其财产；其他城邦的有钱家族面对敌视的大众，只得秘密团结起来互相支援，以应付民众的暴乱。中产阶级和有钱人开始对民主丧失信心，将它视为“被授以大权的嫉妒心”，穷人也认为民主是财富不平等下一种可笑的假投票平等。当菲利普王南下进攻时，希腊激烈的阶级斗争已使其在国内及国际上都四分五裂，希腊城邦的许多人都把菲利普的南征视为革命的代替品而大表欢迎。

随着奢侈风气的增长及心智的开放而来的是道德的混乱。一般群众都重视他们的迷信，执着于他们的神话。奥林匹斯山的诸神已逐渐消逝，但是新的神又接着出生。异地的神如伊西斯、阿蒙、埃第斯、本第斯、西芭莉和阿多尼斯均从埃及或亚洲输入，俄耳甫斯主义（对俄耳甫斯的礼拜）日渐扩张，每天都使狄奥尼索斯得到更多的信徒。日渐兴起且半是外人的雅典资产阶级，接受的是切合实际的思虑而不是神秘的感觉，自然不需要传统的信仰。雅典城的守护神只不过得到他们形式上的尊仰而已，已不能激起他们道德上的顾虑及对国家的效忠。[1] 哲学试图在公民的忠诚和自然伦理中，找寻可以代替神的意旨和守护神的某种东西，但是没有几个人愿意过苏格拉底的简朴生活或是具有亚里士多德所谓“心胸开阔者”的豁达雅量。

由于国家的宗教丧失了对受教育阶级的控制力，个人也就越来越不受传统道德的约束——儿子不受父母权威的约束，男人不受婚姻的限制，妇女不尽母道，公民摆脱政治责任。阿里斯托芬无疑夸张了这些现象。虽然柏拉图、色诺芬和伊索克拉底都同意他的看法，但是他们 3 人都是保守分子，他们可能对后一代的任何作为都感到不满。战争道德在公元前 4 世纪中已有改进。随着欧里庇得斯及苏格拉底的教训而来的是一股启蒙人道主义的潮流，阿格西劳斯对这种潮流的形成也有帮助，但是性及政治道德仍然继续衰落。光棍与妓女互相苟合的现象越来越多，男女任意结合危及法定婚姻。公元前 4 世纪一出喜剧中的一位主角问道：“小老婆不是比正妻更好吗？后者依靠法律使你不得不保留她，即使她再怎么令人讨厌也没办法；而前者知道她必须行为令人满意才能抓住男人，否则男人就另找一人。”所以，普拉克西特列斯和希波拉底斯先后爱上了菲丽娜，阿里斯提波与拉斯同居，斯蒂波与尼加瑞特、李西亚斯与麦塔内拉、严肃的伊索克拉底与拉吉斯西姆等也都是一对。泰奥彭波斯带着道德家的夸张口气说：“青年将所有时间都花在女孩及妓女身上，年纪大一点的则专心于赌博及奢侈浪费，人民花在宴会享乐上的费用超过了国家福利所需。”

限制家庭人口是当时的一般趋势，方法也许是避孕、堕胎或杀婴。亚里士多德曾说有些妇女避孕的方法是“使用杉木油或铅膏，或乳香与橄榄油混合涂抹于精子所接触到的子宫部位”[2]。旧式家庭已逐

[1] 柏拉图（《法律篇》，*Laws*，948）说：“现在既然有某些人完全不相信神的存在……必须要有合理的立法以消除双方的誓约。”

[2] 目前有关橄榄油类似用途的讨论，参见希美斯（Himes）所著《避孕医学史》（*Medical History of Contraception*），第 80 页。

渐消失，伊索克拉底说这种家庭只存在于坟墓中。下层阶级的人口迅速增加，但是阿提卡的市民却从公元前 431 年的 4.3 万人降到公元前 400 年的 2.2 万人、公元前 313 年的 2.1 万人。市民服兵役的人数也减少，这部分是由于战争的屠杀，部分也是由于拥有财产的人越来越少，还因为不愿服役。安乐、家庭、事业及学术等生活替代了伯里克利时代的运动、军事纪律、服务公职等生活方式。运动已专业化，公元前 6 世纪时挤满摔跤场及运动场的市民，现在只愿观赏专业化的表演，心向往之而已。青年刚成为公民时多少接受了一些军事训练，但是成年人则千方百计地逃脱军役。战争本身由于技术上的复杂也已专业化，必须要有受过特殊训练的人专职服役，市民不得不以佣兵代替自己服役——这显示出希腊的领导权不久将从政治家转入军人手中。当柏拉图正谈论“哲学王”之时，正是“军人王”兴起之日。希腊的佣兵同样为希腊或“蛮族”的将军服役，有时为希腊而战，有时则攻打希腊。亚历山大面对的波斯军队中就有许多希腊人。士兵现在并不是为祖国流血奋斗，而是为出得起最高薪水的人效命。

除了欧克拉底和莱喀古斯两人之外，伯里克利死后所发生的政治腐化及动乱在公元前 4 世纪仍然继续。依据法律，收受贿赂应处死刑。但是根据伊索克拉底的说法，贿赂反而可得到军事上及政治上的升迁。波斯毫不费力地便可贿赂希腊政客向其他希腊城邦或马其顿宣战，最后甚至狄摩西尼也显示了当时的道德风气。他是雅典最低阶层的一个团体中的最高贵者之一——修辞学教师或是受雇的演说家，在本世纪他们都成了专业的律师及政客。其中有些人，如莱喀古斯，是颇为诚实的；另有一些人，如希波拉底斯，则好色；大部分人的作为总是受其职业的影响。如果我们能相信亚里士多德的话，他们之中许多人擅长使遗嘱失效。有些人通过政治投机与煽动不顾后果的群众而积累了很多的财富，这些人可以分成两派，纷扰的声音喧嚣不止。每派都组成各种委员会，编造暗语，雇用间谍，募集基金，为他们出钱的人坦白承认他们期望“得到加倍奉还”。随着政治斗争的加剧，爱国心随之降低。朋党仇视销蚀了公众的精力及忠心，已没有什么心力可为城邦效力。克里斯提尼制定的法典以及商业和哲学方面的个人主义，削弱了家庭的力量而解放了个人；而现在自由的个人似乎是为家庭报仇，转而摧毁城邦。

在约公元前 400 年，获胜的民主派为了保障贫穷市民在公共集会中的出席权，防止它受到有产阶级的控制，提出凡是出席会议者均由公家支付出席费。起初，每位市民可得 1 奥勃（等于 17 美分）；随着生活费的提高，出席费提高到 2 奥勃，然后又调整为 3 奥勃，直到亚里士多德时增加到每天 1 德拉克马（1 美元）。这是一种合理的安排，因为在公元前 4 世纪末一般市民一整天的工作才能得到 1.5 德拉克马，要他离开工作自然应有一些报酬。这项计划实行不久后，穷人在公共集会中便占了多数，富人由于越来越没有希望得到胜利，干脆就留在家里。公元前 403 年法典虽经修改，将立法权交给一个由 5 位立法者组成的团体负责，他们都是从担任陪审职务的市民中用抽签选出的。即使如此，也没有什么用。这个新的立法团体也倾向于平民大众，由于这个团体的居间调停，较保守的贵族会议声望和权威因之降低。也许是因为发给出席费而使公元前 4 世纪时公共集会中的知识水准降低——不过我们在这方面的权威人士如阿里斯托芬及柏拉图，都是怀有偏见的保守分子。伊索克拉底认为公共集会的出席费用应由雅典的敌人负担，因为它犯了许多错误。

这些错误使雅典丧失了帝国和自由。瓦解第一联盟的财富和权力欲现在同样毁灭了第二联盟。当斯巴达兵败于留克特拉而衰败后，雅典觉得它可以再度扩张势力。在建立新帝国时，雅典曾保证不让阿提卡的外围土地被雅典市民占用。现在雅典征服了萨摩斯、色雷斯半岛、皮特娜、波蒂迪亚、梅索等位于马其顿及色雷斯海岸上的城市，并让雅典市民前往殖民。联盟中的城邦均表示反对，很多城邦都因此脱离了联盟。曾在公元前 5 世纪使用但无效的恫吓及处罚方法现在又重新启用，但是仍然无效。公元前 357 年，希俄斯、科斯、罗得斯岛及拜占庭宣布了针对叛乱的一项“社会战争”。当雅典最能干的 2 名将军提谟修斯及伊弗克拉底斯认为在暴风中与达达尼尔海峡中的叛军舰队交战是不明智时，他们即被公民大会指责为胆怯。提谟修斯被处罚金 100 塔伦（相当于 60 万美元），这自然不是他能付得起的，他便设法逃走。伊弗克拉底斯被开释，但是此后就未再为雅典效力。叛变诸城难以收复，雅典于公元前 355 年签订了一项和约，承认它们独立。结果雅典一个盟邦都没有了，没有领袖，缺少资金，朋友四散。

也许雅典的衰败还有其他更微妙的因素。思想形式常会危及它所依附的文明。在一个民族历史的早期，根本没有什么思想可言，行动才是重要的，人们总是坦率、毫无禁忌、好斗、好色。随着文明的发展，习俗、制度、法律、道德规范越来越限制天生冲动的活动范围，行动逐渐屈服于思想；成就、直露、表现、残忍及信仰逐渐屈膝于想象、微妙、掩饰、同情及怀疑；动物及原始人类共通的统一个性日渐消失；行为变成片断及迟疑，自觉及多虑；战斗意志已消耗于无休止的争辩中。

一个民族要想能够达到智能的发达及美感的精致，少有不在武力及团结一致上作出很大牺牲的。就因为牺牲太大了，以致它的富足对于贫困的野蛮民族变成了一种不可抵御的诱惑。就如在罗马的文明周围有高卢人蠢蠢欲动，在雅典的文明四周有马其顿人虎视眈眈。

锡拉库萨的兴起

虽然希腊政治混乱到了极点，但是锡拉库萨在整个公元前 4 世纪中却是希腊城邦中最富有、最强大者之一。毫无顾虑、阴险多谋、自负虚荣的狄奥尼西一世是当时最能干的统治者。他将奥底吉亚岛加固成一个堡垒兼他的官邸，将通往大陆的堤道两旁用高墙围起，因此处于难以遭受攻击的地位；他将士兵的薪水加倍，在战场上能轻易获胜。士兵对他个人效忠不贰，使他得以在位 38 年。在建立统治权之后，他将先前的严厉政策温和化，可以说是一种平等主义的专政。[1] 他将肥沃的土地给予军官及朋友，并且从军事上着眼，将奥底吉亚岛上的住宅及堤道分配给士兵，锡拉库萨的其他土地及其周围则分配给其臣民、自由人或奴隶。在他的领导下，锡拉库萨非常繁荣，不过他对人民征税的严厉可以比拟公民大会对雅典人的征税。当妇女装饰得太过分时，他便宣布他梦见了德墨忒尔，并受命将所有妇女的珠宝收藏在德墨忒尔的神庙中。他遵从了神的旨意，妇女也多服从他的命令。不久后他从德墨忒尔那儿“借出”珠宝以作征战之资。

他的一切计划深藏着将迦太基人逐出西西里岛的野心。他因羡慕汉尼拔在围攻塞里努斯时使用的攻城机械，征召了希腊西部最好的机匠及工程师，改善战争的各种工具。这些人果然发明了许多新的攻击及防守机器，其中之一为投石器，可以射出巨大石块和类似的东西。这种武器及其他各种发明从西西里传到希腊，最后被马其顿的菲利普王使用。此外，他还下令征募佣兵，国内的兵器匠造出了数目空前的武器及盾牌，以配合每队士兵的习惯及技术。希腊陆地上的战斗，到当时为止都是由步兵担任。狄奥尼西组建了骑兵，菲利普及亚历山大曾由此得到启发。同时，他又用大量资金建造 200 艘船只，大部分是 4 层及 5 层橹船，在速度和力量上都是希腊前所未见的最大舰队。[2]

到公元前 397 年，一切准备就绪，狄奥尼西派遣使者前往迦太基，要求迦太基放弃对西西里岛上所有希腊城市的统治。他料到迦太基一定会拒绝，他呼吁所有希腊城市驱逐外族的统治者。这些城市积极响应，又因为汉尼拔当初的屠杀仍历历在目，于是希腊人将所有落

[1] 当狄奥尼西将菲恩提亚斯以叛乱罪判处死刑后，菲恩提亚斯要求给予一天时间回家处理私事。他的朋友达蒙自愿为人质，并表示如果菲恩提亚斯无法赶回时，他愿代菲恩提亚斯受刑。菲恩提亚斯最后还是赶回来，狄奥尼西跟拿破仑一样对任何真实的友情感到惊讶，终于宽恕了菲恩提亚斯，并且要求与他们两人为友。

[2] 橹船是有两列桨的帆船，可能没有 3、4 或 5 列桨，而是每排座位上坐着很多人，操作放在桨架上的 3 只、4 只或 5 只桨。

入手中的迦太基人先加以残忍的折磨，再将他们处死。狄奥尼西曾尽力设法阻止屠杀，他希望将俘虏售卖为奴隶。迦太基的大批军队在希米尔孔的率领下乘船驰援，双方的战争于公元前 397 年、公元前 392 年、公元前 383 年及公元前 368 年断断续续地进行着。最后，迦太基重新收复了土地。在一场屠杀之后，形势恢复到原来的状况。

不知是由于权力的欲望，或是认为只有西西里统一起来才能结束迦太基的统治，狄奥尼西同时挥兵指向岛上的所有希腊城市。征服这些城市之后，他率军渡海进入意大利，征服了莱吉姆，控制了意大利西南部。他又进攻埃特利亚，并从阿吉拉的神庙中拿走了 1000 塔伦。他还计划抢劫在德尔菲的太阳神圣庙，但是时间不容许。公元前 387 年，希腊西部失去了自由，东部则以《国王和约》而出卖给波斯。3 年前，布伦努斯及高卢人曾以胜者的姿态迈进罗马的城门。在希腊世界的周遭到处都有野蛮人，且势力越来越大。狄奥尼西在意大利南部的抢掠，为后来当地希腊殖民地被周围土著及半野蛮的罗马人相继征服预先铺好了路。在下一届奥林匹克竞技大会时，演说家李西亚斯曾呼吁希腊各城邦谴责这位新暴君。群众攻击了狄奥尼西使者的帐幕，并拒绝听他的诗歌。

狄奥尼西在攻陷莱吉姆后，答应还其居民自由，但是他们必须将一切储藏的财富拿出来作为赎金。但当财富到手后，他又将他们当奴隶卖掉。不过这位暴君也是一位很有文化涵养的人，不但以武功为荣，并且以文笔自豪。他曾问诗人弗罗塞努斯对他所写诗句的看法，当诗人宣称这些诗句毫无价值时，这位国王马上将他判处到石矿坑做苦工。第二天，国王反悔了，又将诗人释放，并设宴款待他。但当狄奥尼西又念了一些自己的诗歌请诗人评判时，弗罗塞努斯吩咐侍从将他带回石矿坑做工。虽然受到如此挫折，狄奥尼西还是照顾文学和艺术，有一段时间还款待过柏拉图，当时（公元前 387 年）柏拉图正在西西里旅行。根据一项流传广泛、由第欧根尼·拉尔修记录下来的传说，柏拉图曾经抨击暴政，狄奥尼西说："你的话是一个年老昏聩者的话。”柏拉图答称：“你的措辞是一位暴君的措辞。”据说，暴君随即将柏拉图卖入奴籍，但是这位哲学家不久就被昔兰尼的安尼西里斯（Anniceris）赎回自由身。

这位独裁者的生命并非由他所惧的刺客所结束，而是由他自己的诗歌。公元前367年，他写的悲剧《赫克托耳的赎金》（*The Ransom of Hector*）在雅典的里那亚庆典上赢得第一名。他自然大喜过望，便与友人宴饮，饮酒过量，结果发烧，不治而终。

忍受他的暴政以避免被迦太基统治的锡拉库萨，怀着希望迎接他的儿子继位。狄奥尼西二世25岁，身心均弱，颇有心机的臣民认为他的统治应较温和，会有所疏忽。但他有两位能干的顾问，一是叔叔狄翁，一是史学家菲利斯修斯。狄翁是一位有钱人，也爱好文学及哲学，是柏拉图的忠实信徒。他曾师从柏拉图，在家在外，都过着一种哲学家的简朴生活。他认为柔顺的新王即位后，如果没有可能建立一个柏拉图的理想国时，至少应可以建立立宪政体，以便能团结整个西西里来驱逐迦太基。在狄翁的建议下，新君邀请柏拉图到宫廷，接受柏拉图的教育。

这位年轻的国王无疑确曾努力奋发，但是未让他的老师发觉他好酒色。他的父亲生前便曾预言他的王朝将随其子而亡。柏拉图惑于这位青年表面上的愿意学习，因此通过最困难的两个途径——数学和德行——引导他走向哲学。正如孔子告诫鲁哀公一样，柏拉图告诉他说，政治的首要原则便是立下榜样，为了使人民上进，必须自己率先在知识和德行方面为人表率。宫廷里的所有人开始研究几何学，并且均表示对在沙盘里演算的数字感到惊奇不已。菲利斯修斯这时已被柏拉图的显要地位掩没，他向新王偷偷进言，说这一切都是雅典人的诡计：因为无法以陆军及舰队征服锡拉库萨，所以派出柏拉图，在以图形和对话克下敌城后将推翻狄奥尼西，而立狄翁为王。狄奥尼西认为这些话正好可作为他逃脱几何学的借口，于是放逐狄翁，没收其财产，并将狄翁的妻子赐给另一位朝臣。虽然这位独裁者表示他仍喜爱柏拉图，但柏拉图还是离开了锡拉库萨，到雅典与狄翁相会。6 年之后，柏拉图在国王的邀请下再度回到宫廷，并请求准许狄翁回来。但是狄奥尼西拒绝了，柏拉图也返回自己的学校。

公元前 357 年，狄翁虽然资金短少，但是友朋很多，于是在希腊大陆募集了一支 800 人的军队，航往锡拉库萨。秘密登陆后，他发现人民均极愿协助他。只通过一次战役——他虽年过 50，但他的力战使形势整个扭转——他完全打败了这位暴君的军队，年轻的狄奥尼西溃逃至意大利。但是在这个时机，狄翁所召集的锡拉库萨公共集会却在典型的希腊人的冲动下，因担心他成为独裁者，于是解除了狄翁的指挥权。狄翁静静地退居蒂昂蒂尼。狄奥尼西的部队，自然乐见此种形势的发展，于是突袭民军，并将它打败。逼使狄翁下台的领导人物发出请求，要狄翁返回担任统帅。他回来后，再度获胜，并原谅了反对他的人，然后宣布暂时进行独裁统治以恢复秩序。他不理会朋友的劝告，拒绝设立卫队，他说："宁可视死如归，也不愿永远防备朋友和敌人。"在富贵荣华的环境中，他仍过着以往的简朴生活。普卢塔克曾说：

> 一切事物都随他的愿望达成，但是他却不愿享受他飞黄腾达时的任何好处……他满足于简朴适度的收入。他真是一位奇人，不但西西里及迦太基，而且整个希腊都认为他已达到成功的顶点。当世没有一人比他伟大，也没有一位将军比他勇敢及成功，但从他的守卫、仆人及餐桌上看来，他似乎宁可与柏拉图论道，也不愿生活于雇佣来的军官及士兵之中，这些人所受劳苦及危险的安慰便是恣意吃喝，每天尽情地享受。

如果我们能够相信柏拉图的话，狄翁的目标便是要建立一个立宪政体。根据斯巴达的范例，改革锡拉库萨人的生活及习俗，重建并团结西西里岛上被奴役的荒芜的希腊城市，然后将迦太基人逐出岛上。

但是锡拉库萨人却决心实行民主，他们像两位狄奥尼西国王一样并不热衷于德行。狄翁被一位朋友杀死，局面又陷入混乱。狄奥尼西匆匆返国，夺取了奥底吉亚的统治大权，然后以一位被贬又复位的暴君的痛恨、残暴的态度严厉地统治。

个人随时会遭到飞来横祸，但国家很少会遇到不应有的遭遇。锡拉库萨人于是向他们的母城科林斯发出求救。此时科林斯有一位充满传奇的高贵品格的人，似乎正等待着一项从事英勇行为的号召。第莫莱昂是一位极度热爱自由的贵族，当他的哥哥第莫弗尼斯企图专制独裁时，他便将第莫弗尼斯杀死。但是他受到他母亲的诅咒，这位手刃暴君者隐退到一个森林深处，避不见人。但是在听到锡拉库萨的需要后，他走出隐居地，组织了一小支志愿军，航向西西里，以高超的战略部署他的小队人马。国王军在经过短暂交锋后，即刻退下，他手下的人马却毫无伤亡。第莫莱昂仅给予狄奥尼西足够的盘缠前往科林斯，他的余生便消磨在当地教书，有时甚至行乞。第莫莱昂重建民主，拆毁奥底吉亚的城堡，以免其再度成为暴君的堡垒，逐退了迦太基人的入侵，恢复了希腊各城的自由及民主，使得西西里享有一代之久的和平繁荣，以致吸引了希腊各地的移民。最后，他辞去公职，恢复了私人的平静生活。但是岛上各民主城邦钦佩他的智慧及正直，凡遇重大事务都请求他的决断，并听取他的意见。有两位小人指责他有不法行为，他不顾对他感激万分的大众的反对，坚持接受审判。西西里终于恢复了言论自由和法律面前的平等。他在公元前 337 年去世时，所有希腊人均认为他是希腊最伟大的人物之一。

马其顿的扩张

当第莫莱昂正在西西里恢复民主制度使其得到最后一次静息时，菲利普王则在希腊大陆上摧残民主。虽然阿克劳斯王注重文治，但在菲利普王即位时，马其顿大体上仍是一个由耐劳不识字的山地居民组成的野蛮国家。菲利普王在公元前 359 年就位。在马其顿的整个历史中，虽然希腊文是官方语言，但它并未产生一位对希腊历史有贡献的作家、艺术家、科学家或哲学家。

菲利普王由于曾与伊巴密浓达的亲戚在底比斯住了 3 年之久，他在那儿吸收了文化和军事思想。他具有一切美德，除了文明。他身体强健，意志坚定，矫捷英俊，不时想成为一位雅典绅士。就像他那著名的儿子一样，他脾气暴躁，慷慨大方，喜爱战争，更爱烈酒。但与亚历山大不太一样，他是一位喜欢笑的人，只要哪一位奴隶能够逗他开心，他会立刻擢升他为高官。他喜欢男孩，但更爱女人，在他看来，妻妾多多益善。有一段时间他与奥林匹亚斯（Olympias）试行一夫一妻制的生活。她是莫罗西亚（Molossia）一位野而美的公主，是亚历山大的母亲。但是随后他心思飘荡，奥林匹亚斯则一直盘算着报复行动。菲利普王最喜欢的还是强壮的男人，他们能够在白天不顾生命危险进行战斗，在夜晚则与他赌博作乐到半夜。他真是亚历山大之前勇者之中的勇者，在每一个战场上他都留下了躯体的一部分。他的最大敌人狄摩西尼曾说："多么了不起的人物！他为了权力及土地，一只眼睛被打掉了，一边肩膀骨折了，一臂及一腿瘫痪了。"他智力灵敏，有耐心等待最佳时机，然后果决地通过各种艰难的方式去达成长远的目标。在外交上，他温和又狡猾，可以轻心毁约，又随时可以许下诺言。他不认为与政府交往应遵行道德，并将谎话及贿赂视为笑话的替代品。但是，他在得胜后对待战败者并不残忍，他给予战败的希腊人的条件，通常要优于希腊人彼此间的待遇。除了刚愎的狄摩西尼之外，凡是遇到他的人都喜欢他，认为他是当时最强健、最有趣的人。

他的政府是贵族式的，国王的权力受到了他自己身心是否强健及贵族是否愿意支持他的限制。"国王的伴臣"包括 800 名封建贵族，他们都是大地主，讨厌城市生活、群众和书籍。当国王在他们同意下宣布战争时，他们便会很快离开他们的领地，勇敢地参加战斗。在军中，他们组成骑兵，骑着马其顿及色雷斯的骏马，在菲利普的指挥下，排成密集的阵形作战，随着不同的命令，可以立即改变战术，行动如一。此外，还有一支由粗野猎人及农夫组成的步兵，排成方阵：士兵排成 16 列，将矛举过前一列兵的头部或是放置在前一列兵的肩上，使每一方阵形成铁墙。矛长 21 英尺，后端加重物，所以举高时，向前突出 15 英尺。每列士兵前后相隔 3 英尺。因此，前 5 列士兵的矛突出于方阵之外。前 3 列的矛比希腊甲兵的 6 英尺长标枪还要长。马其顿士兵在掷出矛后，便用短剑作战，同时还装备了铜盔、甲胄、胫甲及轻型的盾牌。在方阵之后，便是一群弓箭手，将箭射过矛兵的头部。然后是攻城部队，携带着投石器及破城槌。菲利普便是如此坚决而又耐心地训练他的 1 万大军，使其成为当时欧洲有史以来最强大的一支军队。

他决心利用这支部队统一希腊，然后在全希腊的协助下，越过达达尼尔海峡，将波斯势力逐出希腊的亚洲领土。但这与希腊人的爱好自由相背。为了排除抗拒力量，他几乎只记得手段而忘记了目标。他的第一个步骤使他与雅典发生了冲突，因为他企图占领雅典在马其顿及色雷斯海岸的城市。这些城市不但阻止了他通往亚洲之路，还控制着丰富的金矿及可征税的大量贸易。当雅典正忙于结束其第二帝国的“社会战争”之时，菲利普乘机占领了安费波利斯（公元前 357 年）、皮特娜和波蒂迪亚（公元前 356 年）。对雅典的抗议，他则用对雅典文学艺术的赞扬答之。公元前 355 年，他又占领了梅索，在攻城时失掉一只眼。公元前 347 年，经过英勇及机诈的长期作战后，终于攻下奥利苏斯。他现在已控制了爱琴海北部的欧洲沿岸，每年可以从色雷斯的金矿收入 1000 塔伦，现在可以有时间想想如何去赢取希腊对他的支持。

为了获得足够的战争费用，他将数以千计的俘虏——其中许多是雅典人——卖为奴隶，因此失去了希腊人对他的善意。不过他还是很幸运，因为这些年中，希腊各城邦正因为弗西斯人对德尔菲宝物的劫夺而进行第二次“圣战”（公元前 356—前 346 年）。斯巴达人及雅典人帮助弗西斯人，而近邻同盟——波奥蒂亚、洛克利、多利安、色萨利——则与他们对立。近邻同盟因为战败，转而向菲利普求救。他看中了这个机会，立即迅速穿过一些没有设防的隘口，于公元前 346 年击溃弗西斯人，并被邀请参加近邻同盟，被拥为德尔菲太阳神圣坛的保护者，并在德尔菲竞技大会担任主持人。他放眼四望伯罗奔尼撒半岛上四分五裂的城邦，觉得除了已削弱的斯巴达之外，他可以获得其他城邦的支持，在一个希腊联盟中担任领袖，以解放东方及西方的希腊人。但是雅典最后听信了狄摩西尼的话，认为菲利普并非是一位解救者，而是一位奴役者，便下定决心维护雅典城邦的独立主权，并保存已成世界之光的雅典自由民主制度。

狄摩西尼

这位伟大演说家在梵蒂冈的雕像，是希腊文明写实主义的一项杰作。他的面部一副忧思苦虑的样子，好像菲利普的每一次向希腊挺进便在他的额部刻下一道深沟。他的躯体瘦削又疲倦。他的脸部表情显示他将立刻为一个他认为已无望的理想发出最后的呼吁。他的两眼透露出不安，仿佛预见到痛楚的死亡。

他的父亲是刀剑和床架的制造者，遗赠给他价值大约 14 塔伦（8.4 万美元）的产业。3 位遗嘱执行者负责为这位小孩管理产业，却随意予以挥霍，以致当狄摩西尼于公元前 363 年 20 岁时，只好控告监护人以收回剩下的遗产。他花了大部分财产为雅典海军装备一艘 3 列桨的战船，然后以帮助诉讼人写状词为生。他的文章较他的演讲为优，因为他身体衰弱，发声器官有缺陷。普卢塔克说他有时还为诉讼的两方写状词。同时，为了克服天生的缺陷，他口含小石子对着海洋练习演说，或是一面爬山一面练习。他认真努力，唯一能使他分心的是娼妓。他的秘书曾抱怨说："对狄摩西尼能有什么办法呢？他已经考虑一整年的事情，一夜之间便被一个女人搞得乱七八糟。"经过多年的努力，他终于成了雅典最有钱的律师之一。他精通各种技术性细节，论证令人信服，对道德观念的看法富有弹性。他替银行家弗米奥辩护的罪名，正是当初他控告其监护人的罪名。通过提出法案及促成立法，他向相关人士收取了大量的报酬。他的同行希波拉底斯指责他接受了波斯国王的金钱，以鼓动雅典与菲利普发动战争，但他从未应对这项指控。在他声望达于顶峰时，他的财产约为他父亲给他遗产的 10 倍。

他对接受金钱为人辩护的事情有着鞠躬尽瘁的精神。他指责雅典依赖佣兵，而坚决主张领受“出席津贴”者应该入营服役。他的勇气高涨到大声疾呼“出席津贴”不应用来鼓励市民参加宗教仪式及观戏，而应用来建立一支更精良的部队以保卫雅典。[1] 他指责雅典人是堕落的懒虫，丧失了祖先的军人美德。他认为雅典并未因党派及战争而错乱，希腊不需要统一，他警告说这种统一是掩饰希腊被一个人征服。他早已看出菲利普的野心，并呼吁雅典人奋起而战，以保住在北方的盟邦及殖民地。

与狄摩西尼、希波拉底斯等主战派相对立的，是埃斯基涅斯、福基翁等主和派。很可能两派都接受了外国的贿赂，前者是受到波斯的贿赂，后者则是拿了菲利普的钱，同时两派也都是真正地为其观点奋斗。福基翁被公认为当时最诚实的政治家——是芝诺之前的一位禁欲主义者，柏拉图学派的哲学产物。他是一位很轻视议会的演说家。一次当议会鼓掌赞扬他时，他问一位友人：“难道我没有在无意之间指责了他们？”他连续 45 次被选为雅典军事委员会委员，远超过伯里克利的纪录。他在许多战役中是一位杰出的将领，但是大部分的时间都在为和平而努力。他的同僚埃斯基涅斯不是禁欲主义者，而是从极度贫困中奋斗出来的。他在年轻时担任教师及演员，这有助于他成为

[1] 所谓“出席津贴”的范围已延伸到很多的庆典方面，因此，几乎使大部分的市民成为受救济者。格劳茨（Glotz）曾说：“雅典共和国已成为一个互利的社会，一个阶级的人必须负责供养另一阶级的人。”议会已经决议，凡是建议将这项基金移作他用的人都应处以极刑。

一位演说家。据说他是第一位能够即席演说的希腊演说家，他的对手们都是事先写好讲稿。他曾与福基翁参与数次战役。他也采取了与菲利普妥协的政策，反对战争。当菲利普因为他的此种努力而付给他钱后，他对和平的热诚更是信守不渝。

狄摩西尼曾两次指责埃斯基涅斯接受马其顿的黄金，两次均无法使他被判有罪。但最后狄摩西尼的主战论调以及菲利普的向南扩张，终于使雅典人暂时忘记了“出席津贴”的用途而将它用在战备上。公元前338年雅典人终于在匆促间组成了一支军队，向北挺进，在波奥蒂亚的喀罗尼亚应战菲利普的方阵。斯巴达拒绝出兵援助，但是底比斯已感到菲利普的势力即将逼入国境，于是派出“圣队”（Sacred Band）与雅典军并肩作战，结果300名士兵全军覆没。雅典军奋力作战，但是由于没有适当的装备应付马其顿这种前所未见的军队，结果溃散了，在矛海攻击之下四散逃逸，狄摩西尼也随之而逃。菲利普18岁的儿子亚历山大率领着马其顿骑兵，勇敢无畏，战果辉煌。

菲利普在外交上所取得的胜果颇大。他虽处决了底比斯一些反马其顿的领袖，而以拥护他的人建立寡头统治，却释放了他所掳获的2000名雅典俘虏，并派遣亚历山大及贤明的安提巴特与雅典和谈，只要雅典承认他为全希腊对抗共同敌人的统帅。预料会遭到严厉制裁的雅典，不但同意，并且通过决议，大举赞扬这位新的“阿伽门农”。菲利普在科林斯召开了希腊各城邦（除了斯巴达之外）的会议，成立一个联盟，并提出了他解放亚洲的计划概要。他被一致选为这次行动的统帅，每个城邦均向他保证提供人员及武器，并允诺希腊人绝对不与菲利普为敌。对于他的长远目标而言，此种牺牲只不过是一个小小的代价而已。

喀罗尼亚之战的后果是无穷的。希腊本身无法达成的统一，最后终于在一个半外族的刀尖逼迫下达成了。伯罗奔尼撒战争已证明雅典无法统一希腊，其后斯巴达也没有这种能力，底比斯的霸权也失败了。军事作战及阶级斗争已使得所有城邦精疲力竭，毫无自卫能力。在此种情形下，他们能遇到菲利普这样一个讲理的征服者，也算是幸运。菲利普在得胜之后便打算退走，而使被征服者保有大部分的自由。菲利普及以后的亚历山大都能照顾联盟中各城邦的自治权，以防任何一个城邦逐渐控制其他城邦、势力日见强大而终于起而代替马其顿的地位。但是菲利普却剥夺了一项重大的自由——革命的自由。他是一位保守分子，认为财产的稳定是事业发达一个不可缺的刺激因素，也是政府的必要支柱。他劝使科林斯会议的各方在联盟的条款中加入一项保证，不得改变宪法，不得进行社会改革，不得采取政治报复。他在每个城邦对有产阶级施加影响力，结束了横征暴敛。

他的计划很周详，不过应付妻子奥林匹亚斯却是例外。后来他的命运并非系于他在战场上的胜利，而是系于与妻子相处的失败之上。她不但脾气不好，还参加了最疯狂的酒神仪式。有一晚他突然发现她身旁有一条蛇，“而且事先她没有告诉他那是神的化身”。更糟糕的是，奥林匹亚斯告诉他说，他并不是亚历山大的亲生父亲。在他们新婚之夜，她受到雷击而着火，是天帝宙斯使她生下了亚历山大这位勇猛的王子。菲利普因此吃醋，而将爱情给予其他的女人。奥林匹亚斯也因此采取报复，告诉亚历山大谁是他的亲生父亲。菲利普的一个将领阿塔路斯在一次宴会上提议举杯祝贺菲利普第二位妻子即将生产而使事态恶化，这位新生子将是马其顿王位的“合法”（纯马其顿血统）继承人。亚历山大以酒杯摔其头部，大叫：“难道我是一个杂种？”菲利普拔剑指着其子，但因酒意太浓而无法站立。亚历山大嘲笑他说：“你们看，这是一个准备从欧洲横跨过亚洲的人，然而他却不能从这张椅子跨到那张椅子。”数个月后，菲利普手下一名军官保塞尼亚斯，由于受到阿塔路斯的侮辱而请求菲利普伸张正义未果，于公元前 336 年杀死菲利普。亚历山大受到军队的崇拜，并得到奥林匹亚斯的支持[1]，夺取王位，压服了一切反对力量，准备征服全世界。

---

[1] 有人怀疑奥林匹亚斯怂恿保塞尼亚斯暗杀菲利普。

第二章 | 公元前4世纪的希腊文学与艺术

演说家

在文学上，所有这些变乱反映出希腊雄浑气概的消失。抒情诗不再是富有创造力的热情表现，而是知识分子一种礼貌的风习，仿佛是学生刻意经营的作品。米利都城的提谟修斯曾写了一部史诗，但它却与一个喜好论辩的时代精神不合，与他早期的音乐作品一样不受欢迎。戏剧的表演虽仍继续，但是规模较小，且格调低下。政府当局的经济拮据和有产阶级爱国心的降低，使得合唱队的光彩及其重要性大为降低。剧作家对无关剧情的插曲越来越感兴趣，而忽略了与剧本关系密切的合唱队。合唱队长的名字消失了，接着诗人的姓名也不见了，只剩下演员的名字。戏剧的诗味越来越淡薄，而演技展示的成分则越来越浓，这是一个伟大演员的时代，剧作者鲜有伟大者。希腊悲剧建立在宗教和神话之上，观众必须有信仰及虔诚之心，随着诸神的没落，悲剧也随之式微。

代之而起的是喜剧，带有欧里庇得斯时代的一些精微、优雅气质，题材也有相似之处。此种“中期喜剧”正当政治上最需要一位“率直的朋友”时，它却失掉了讽刺政治的兴趣或勇气。也许这种讽刺受到禁止，或是由于当时统治雅典的都是次等人物，因此观众已对政治失掉兴趣。公元前 4 世纪，一般希腊人从公众生活退缩到私人生活，他们对国家事务的兴趣转到了对家庭及感情事务方面。描写上流社会的喜剧出现了；爱情逐渐成为主要的主题，常常并不是因为其本身的力量；风尘女郎在舞台上与卖鱼妇女、厨师及困惑的哲学家混在一起——不过主角和剧作者的名誉到头来总是被一场结婚挽救过来。这类剧本虽并不因为阿里斯托芬的粗俗和诙谐而变得粗鄙，但也不由于他的才华横溢和想象力而注入新的生命。“中期喜剧”的作家我们知道的有 39 位，却没有一件完整的作品传留下来。我们从他们留下的片断判断，那些作品并不是能流传千秋万世的作品。图里城的阿勒克西斯（Alexis）写了 245 个剧本，安提丰写下 260 个。他们都是即兴而作，时过则完。

这主要是一个演说家的天下。工业及贸易的兴起使人们关心现实和实用价值，曾一度教授荷马史诗的学校现在都训练学生研究修辞。伊莎尔斯、莱喀古斯、希波拉底斯、德玛底斯、德纳库斯、埃斯基涅斯、狄摩西尼等人均是演说家兼政客、政治党派的首领。在锡拉库萨实行民主之时，也出现了类似的人物，但是寡头政治的城邦无法忍受这类人物。雅典的演说家在语言上都清晰有力，厌恶华丽善辩之辞，常能有慷慨爱国的美句，研习不诚实的论辩和攻讦的词句——甚至超过了现代竞选活动可以容忍的程度。雅典公共集会和法庭素质的参差，对希腊演说术只能有不良的影响，连希腊文学也不例外。雅典市民喜爱攻讦指责的演说有如他们喜爱拳斗，当埃斯基涅斯与狄摩西尼两人准备舌战之时，远处村庄和别个城邦的人们都会赶来听他们的唇枪舌剑。演说的人往往诉诸听众的傲慢和偏见。柏拉图将演说视为戕害民主制度的毒药，他认为所谓修辞学乃是诉诸听众情感和热情、控制他们的一种艺术。

即使是大演说家狄摩西尼，以其全副的精力和强烈的情感、经常迸发的爱国文句、令人不可抵御的人身攻击、机敏而又轻松的叙述和论辩交相更替、文句的富于韵律美、具有压服性的奔放言词，我们仍认为他尚不够伟大。他演说的秘诀在于表情和姿势，他对此深信不疑，在镜子前面一再练习。他自己挖了一个山洞，在里面一住数月，秘密练习。在此期间，他只修刮半边脸，以使自己能够专心练习，不便外出。在讲坛上，他的身体扭曲，前后旋转，将手置于额前作沉思状，经常大声喊叫。普卢塔克说，所有这一切，“对普通人而言，效果奇佳，但对受过良好教育的人们来说，如法勒鲁姆的德米特里，则被看成卑贱、丢脸、没有男子气”。我们对狄摩西尼的戏剧性表演感到好笑，对其自尊感到惊奇，对其说话离题感到迷惑，对其粗鄙感到惊讶。他根本没有什么机智，也没有什么思想。幸亏他的爱国心以及他大声疾呼自由时所显示的热诚，挽救了他。

希腊演说术终于在公元前 330 年达到了历史性的高峰。6 年前，克特西芬（Ctesiphon）曾使贵族会议通过一项初步议案，拟授给狄摩西尼一个荣冠，表彰他为国服务和对雅典在财政上的多次捐输。埃斯基涅斯为了使其对手无法获得这项荣誉，指责克特西芬提出的议案是不合法的。克特西芬事件虽曾一再拖延，但最后还是接受了由 500 名市民组成的陪审团的审判。这自然是一项大诉讼案，凡是能够来的人都设法赶到了，因为雅典最伟大的演说家正为其令名及政治生命而奋斗。埃斯基涅斯根本没有花时间去攻击克特西芬；相反，他极力攻击狄摩西尼的性格及经历。后者也不甘示弱，以其有名的《论王政》（*On the Crown*）演说词作答。这两篇演讲词的每一个句子现在仍然可以激动人心，充满了仇人战场相遇的憎恨。狄摩西尼深知攻击战术胜于防御，指责菲利普选择了最为腐化的演说家作为他在雅典的传声筒。然后，狄摩西尼刻画了埃斯基涅斯的为人：

> 首先，我应该让你们知道这位经常油嘴油舌骂人者是怎样一个人……他的父母又是如何。是德行吗？你这家伙，你或是你家人与德行有什么关系？……你从哪里得到谈论教育的权利

> 呢？……我是否应该指出你父亲曾是奴隶，在忒修斯神庙附近负责一间初级学校，并且他又是如何腿上戴着脚镣，颈子圈着一个木头的领子，或是你母亲在一间小屋里公然在白天行周公之礼呢？……你协助你父亲从事学校里的劳累工作，研磨墨，擦拭椅子，打扫室内，干着奴仆的工作……在将你的姓名登记在村庄户籍簿上之后——没有人知道你是如何设法做到的，但是不提它也罢——你选择了一个极富绅士气的职业，也就是小官吏的秘书兼使童。在你犯下了你所指责他人的一切罪过之后，你被解除了这个工作……你转而为西米路斯和苏格拉底等著名演员服务，这些演员便是所谓的“培植者”。你只不过是在他们之下扮演小角色而已，捡拾着无花果、葡萄及橄榄等充饥，但就是靠这些东西，你所过的生活也要比你以往艰苦奋斗获取的生活更佳。在你与观众之间的战斗没有休战或停战……
>
> 埃斯基涅斯！比比我们两人的生活吧！你教人念书，我上学。你跳舞，我则为合唱队长……你是书记，我是演说家。你是三流的演员，我是戏剧的观众之一。你演坏了，我嘘你。

这真是一篇有力量的演说，它不能作为有礼有序演说的典范，但是雄辩感人，以致陪审团以 5 票对 1 票判克特西芬无罪。次年，议会投票通过授予狄摩西尼一个引人争论的冠冕。埃斯基涅斯由于无力负担官司失败的罚款，逃到罗得斯岛，以教授修辞学糊口。一个古老的传说提及狄摩西尼曾经汇钱给他，以济其困。

伊索克拉底

这次演说的决斗在以后每个时代中都受到了大大的赞扬和研究。但事实上，它所代表的几乎是雅典政治的最低点。我们无法从这种街角竞骂中找到一丝高贵的气质，这只是两位秘密收受外国黄金的演说者为博取公众赞扬的卑贱争吵而已。伊索克拉底则比较吸引人，他将公元前 5 世纪的一些庄严伟大的气质保存到公元前 4 世纪。他生于公元前 436 年，于公元前 338 年去世，与希腊自由同时离开世间。他的父亲因为制造笛子而颇有积蓄，使其儿子尽量接受教育，甚至还将伊索克拉底送到色萨利跟从高尔吉亚学习修辞。

伯罗奔尼撒战争和亚西比德的政策使他父亲的笛子制造业一蹶不振，也毁尽了他父亲的家产。伊索克拉底只得挺身而出，靠笔杆子生活。最初他是为别人撰拟演说稿，并想成为演说家。但是他生性害羞，声音不够洪亮，并且非常讨厌政客的粗鄙手段。他憎恶控制议会的那些群众煽动家，有一段时间他退隐过着宁静的教书生涯。

公元前 391 年，他开办了雅典最成功的一所修辞学校。学生来自希腊世界各地，也许就是因为这些学生来自希腊各个不同地区，从而有助于他泛希腊哲学的形成。他认为所有其他教师都是走错了路。在《反对诡辩家》的小册中，他攻击了两类人：其一是那些声称只要收费三四个米纳便可使白痴变成学者的人；其二是像柏拉图这类人，他们希望以科学和形而上学训练人们成为行政人才。至于他自己，他承认只有当学生具有一些天分时，才能有所成就。他不教授形而上学或科学，因为他认为这些科目只不过是毫无希望地探索不可解的秘密而已。但他却声称他学校里所教授的东西为哲学。学校课程集中于写和说的技能，但与此一并教授的还有文学和政治。我们可以说伊索克拉底的学校所提供的是文化课程，而柏拉图的学校所教授的是数学课程。目标便是演说的技巧，因为演说是当时仕途的主要工具，雅典城邦是靠辩论统治的。伊索克拉底教给他学生的是语言的运用：如何用最清晰的次序排列字句，注重抑扬顿挫而非押韵，注意词句的洗练优美而非华丽，强调声音及思想的起承转合 [1]，平衡从句构造和累积句

[1] 例如，伊索克拉底以及其后的大多数作家认为，连续两个字相接处的字尾及字头如都为元音，便是一种重大错误。

点。他相信这种散文可以和诗歌一样使受过训练的人说话悦耳动听。他的学校栽培了许多狄摩西尼时代的著名人物：提谟修斯、埃福罗斯、泰奥彭波斯、伊莎尔斯、莱喀古斯、希波拉底斯、埃斯基涅斯、斯珀西波斯。有些人说亚里士多德也是出自其门下。

伊索克拉底并不仅仅满足于造就伟大人物，他也希望能对当时的事务有所贡献。由于无法成为演说家或政治家，于是他成为撰写小册子的作家。他撰写了长篇演讲词，对象是雅典民众及菲利普那样的领导人物，或是聚集于全希腊竞技大会的观众。但他并非以口演说，而是将这些演讲词印行，因此在不知不觉之中发明了随笔这种文体。他的演讲词留下了 29 篇，是希腊古代遗产中最有趣的之一。他第一篇伟大的演讲词叫作《泛希腊集会演说词》(*Panegyricus*)[1]，点出了他全部思想的主题——也是他老师高尔吉亚的思想主题——呼吁希腊舍弃各个城邦组织而组成一个国家。伊索克拉底是一位很自负的雅典人——“我们城邦的思想和演说术远超出其他人，以致其学生已成为整个世界的教师”。但是他更以身为希腊人而自豪，对他而言，正如对古希腊文化时代一样，古希腊文化，不但是指同属一个民族，而且是同一文化，而他认为此种文化是人类所创造的最优秀的文化。但在这个文化周围都是“野蛮人”之地——意大利、西西里、非洲、亚洲以及现在所谓的巴尔干半岛地区。令他伤心的是，这些野蛮人的势力越来越大，并且波斯也正在巩固对伊奥尼亚的控制，而希腊各城邦却在内战中销蚀力量：

> 人类本性的弱点很多，但是我们自己造下了更多的罪过，这便是彼此之间的战争和党派斗争所导致的……从来没有人对这些罪过提出抗议。人们对诗人编造的惨事感到羞耻而哭泣，但他们对来自战乱的种种真实可怕的痛苦却能毫不动容。他们不但不感

[1] 这一名称的由来，是因为它是在第 100 届奥林匹克竞技会时针对希腊的大众集会而发。

> 到难过，甚至对彼此的痛苦比对他们自己的快乐更感欣悦。

如果希腊人非打仗不可的话，为什么不去打真正的敌人呢？为什么不将波斯人赶回他们的高原去呢？他预言一小队的希腊人便可以击败波斯的大军。此种圣战最后可能为希腊带来统一，而希腊人的抉择，不是希腊统一，便是蛮人得势。

在他发表这一呼吁两年之后（公元前378年），伊索克拉底为将理论变成现实，带着学生提谟修斯前往爱琴海各地游历，协助制订第二个雅典联盟的条款。这个团结的新希望落空了，成为他一生中的又一大失望。在一本叫作《论和平》（*On the Peace*）的小册子中，他勇敢而有力地指责雅典再度使一个联盟堕落成为帝国，并呼吁雅典签订一条和约，保障每一个希腊城邦免于受到雅典的侵犯。“我们所谓的帝国，事实上就是一种不幸，因为其本身性质，它剥夺了所有与它有关者的一切。”他认为，帝国主义因为教会了雅典人依赖外国朝贡的生活而毁坏了民主制度，在失去了外国朝贡后，他们希望靠国家的救济为生，给他们承诺最多的人便可以获取最高的职位。

> 只要你一想到国家事务，你就会猜疑、讨厌才智超群的人，相反却去巴结你面前那些最堕落的演说家。你喜欢……那些迷醉的人，讨厌清醒的人，喜爱无智的人而不要贤明的人，喜欢那些慷公家之慨者，而不喜欢掏自己腰包为公家服务的人。

他在下一篇演讲词《论雅典最高法院》（*Areopagiticus*）中，谈到民主制度时语气较温和。其中有一段亘古不变的名言：“我们坐在店铺里批评目前的世事，但是我们认清了即使不健全的民主制度所导致的不幸事件也要较寡头政治为少。”对希腊来说，斯巴达比起雅典来不就是一个更坏的主人吗？——“而我们大家不是由于30名僭主的盲目狂热，而变得比占据弗罗那些人更热衷于民主？”[1] 可惜雅典还是消亡了，因为它滥用自由与平等的原则，“训练国民，使雅典人认为粗野就是民主，枉法就是自由，肆言就是平等，为所欲为就是幸福”。其实人非生而平等，不应给予同等的掌政自由。伊索克拉底认为这种全民政体已大大降低了雅典的政治水准。比这种“暴民政治”稍好的，是梭伦和克里斯提尼两人主张的“道德政治”。因为在道德政治中，温厚无知或善辩贪财的人都少有被提升为领袖的机会。有真才实学的人，则自然可升至最高阶层，而罗致这些退休干才的古希腊最高法院，就自然成为整个城邦的精神中枢。

公元前 346 年，当雅典和菲利普达成协议时，90 岁高龄的伊索克拉底写了一封公开信给这位马其顿国王。他已预知菲利普终将自立为希腊的主宰，因此乞求他万勿成为暴君，应运用权力作为自治城邦的统一者，将希腊从“王治和平”下解放出来，并使伊奥尼亚脱离波斯帝国的统治。主战派指责这封信等于是向专制政体低头。因此，以后 7 年内伊索克拉底不再执笔。公元前 339 年，他又发言，向参加雅典运动会的希腊人发表小册子。他所发表的小册子又臭又长，而且文体也不稳定，不过就一个年近百岁的 97 岁高龄老者而言，已属难能可贵。公元前 338 年，喀罗尼亚之战爆发，雅典战败，不过伊索克拉底希腊统一的理想也快实现了。据说城陷的消息传来时，他忘却菲利普和统一的事，只念念故乡蒙羞、黄金时代不再，自认为能享高龄已很满足，于是绝食而死。这个传说是否确实，不得而知，不过亚里士多德说他死于喀罗尼亚城陷后 5 日之内。

色诺芬

这位“善辩老者”（伊索克拉底）对当时政治家的影响如何，人

[1] 指公元前 404 年色拉西布洛斯、安尼托及其他力争民主的政治家。

言人殊，而对文学的影响却颇为直接而持久。[1] 最先受其影响的是历史学家。色诺芬等人都模仿他的埃瓦戈拉斯（Evagoras）[2] 文体，使传记成为希腊文学中的一种流行形式，而以普卢塔克的漫谈杰作达到顶峰。伊索克拉底把希腊通史的写作交给他的学生——西梅城的埃福罗斯，要他写下整个希腊，而非某一城邦的记录。埃福罗斯的这本书写得很好，同时代的人都把他的《世界史》（*Universal History*）和希罗多德的作品相提并论。伊索克拉底又把当时发生的大事的写作交给另一学生——塞俄斯岛的泰奥彭波斯。泰奥彭波斯把这个题材收入他的巨著《希腊史》（*Hellenica*）和《腓力传》（*Philippica*）中。这两本描写生动、辞藻华丽的作品极获时人的激赏。约公元前 340 年，墨西拿城的狄凯阿科斯写了一部《希腊史》（*Bios Hellados*，英文书名为 *The Life of Greece*）。

色诺芬是公元前 4 世纪仅存的历史学家。第欧根尼·拉尔修描写年轻时的他说：

> 色诺芬为人谦和，且是一个美男子。据说苏格拉底在小巷里遇见他，以拐杖堵着，不让他过去，问他所有日用必需品何处有卖。色诺芬回答后，苏格拉底又问他何处可使人转为善良。色诺芬无法回答，苏格拉底就说："跟我来学。"于是，色诺芬就成了苏格拉底的弟子。

他在苏格拉底的诸弟子中较重实际。他很欣赏他老师心计的巧妙，也将他视为圣哲敬爱，但他更激赏言行一致的人。当有些人如阿里斯托芬所谓的尚在"观望"时，他已是一个幸运的军人。30 岁左右时，他在年轻的小居鲁士手下带兵，参加库那克萨之战，并率领

[1] 西塞罗、弥尔顿、马西隆、杰洛米·泰勒和埃德蒙·伯克等人的散文文体，就是模仿伊索克拉底的对仗子句和长句。

[2] 将希腊文化介绍至塞浦路斯的开明僭主（公元前 410—前 387 年）。

万人军安全撤退。在拜占庭，他加入斯巴达大军联合抵抗波斯，俘虏了一个有钱的米底亚人，并以其为人质获得一大笔赎金，以之安享余年。后来，他成为斯巴达国王阿格西劳斯的崇拜者，又成为阿格西劳斯的好朋友，便以阿格西劳斯为主题写了一部极佳的传记。在雅典向斯巴达宣战后，色诺芬陪同阿格西劳斯回到希腊，并决定效忠阿格西劳斯而不效忠其故乡。因此，雅典宣布将其放逐，并没收其财产。克罗尼亚之战时他帮斯巴达人作战，获得的报酬是当时归斯巴达管辖、位于埃里斯的西西里的一片地产。在那里他当了 20 年的乡下绅士，一面耕耘、打猎，一面写作，也以严格的斯巴达方式教育他的孩子。

由于被放逐，他才写得出那些使他成为当时著名作家的各类作品。他随兴所至写些关于驯狗、驭马、御妻、教导王子、与阿格西劳斯并肩作战或为雅典增加岁入的文章。在《远征记》一书中，他以身历其境的新颖笔调叙述万人军跋涉至海边漫长的旅途中紧张刺激（却不见得真实）的故事。在《希腊史》一书中，他从修昔底德停笔处开始，继续叙述希腊历史，到曼提尼亚之战为止，在该战役中他的亲生儿子格里路斯在刺杀伊巴密浓达后奋战至死。《希腊史》是一部凄凉的编年史，作者在书中认为所谓历史就是一连串永无终止的战争，一种虚幻而不合情理的胜败交替。虽说该书文笔轻快，人物刻画生动，但是所搜集的素材都经过精心挑选，以求证实斯巴达的优越。修昔底德的历史书中早已消失的迷信又出现在色诺芬的著作里，而且也召唤超自然力来解释事情的演变。而在《回忆苏格拉底》一书中，他也同样简明、同样狡诈地把苏格拉底描写成一个十全十美的完人——无论在宗教、伦理、博爱各方面都很正派，不过苏格拉底蔑视民主政体，而这一点却正是被放逐而渐归化斯巴达的色诺芬特别喜爱苏格拉底的原因。更不足以采信的是那本《宴会》，书中所记载的是色诺芬幼年时的对话。

不过，在《经济论》（*Oeconomicus*）一书中，色诺芬却已有自己的观点，而其言词间表露其保守性更使后人颇为入迷。当有人问起农业方面的知识时，苏格拉底坦率地承认他不知道，却还记得有钱地主伊斯克麦库斯的看法和做法。书中这个地主说出了狭隘的色诺芬对务农和从军以外各种行业的轻视。他除了透露耕田的秘诀以外，也讲到理财和御妻的艺术。在某些可与柏拉图的优雅相抗衡的字里行间，书中的伊斯克麦库斯告诉我们他教导他的新婚妻子——年纪只有他一半大——如何来理家、整理东西、以亲而不昵的态度管理仆人，不以虚浮的美貌而以善尽为人妻、人母及朋友之责来建立自己的令誉。伊斯克麦库斯说出了色诺芬对婚姻的看法，他认为婚姻不仅是肉体的结合，也是两人经济的结合，要是工作全都由匿名股东（银行户头设其名字者，多指妻子）来做时，婚姻就会崩溃。年轻的新娘愿意接受这一切，也许只不过是从未在家庭战场上打过胜仗的将军（译按：即新郎）一厢情愿的想法罢了。书中所述者大部分可信，不足采信的只有一点，那就是伊斯克麦底斯只费了三言两语的理论，就说服他的妻子不再涂脂抹粉。

在阐扬婚姻的大道理之后，色诺芬又在《居鲁士的教育》（*Cyropaedia*）一书中描写他对教育和政府的理想，有如故意和柏拉图的《理想国》相呼应。他在该书中很巧妙地把虚构传记的技巧应用到哲学上。他把居鲁士大帝的学习经过、他的事业和掌政情形作了虚构的叙述。他把故事叙述得极为戏剧化，仿佛真有其人其事，又以对话的方式使之生动，其间更穿插现存文学作品中最古老、最浪漫的爱情故事。他几乎完全忽略了文化方面的教诲，只注重能使孩童健康、能干、有荣誉感的方法；青年学子学到能使体魄强健的运动、打仗的伎俩、服从的习惯、命令部属和说服部属的本领。色诺芬认为，最好的政府应该是由那些致力于农业和军事方面的贵族阶级来辅助、来监督的开明君主政体。他很景仰波斯奖善惩恶的法律，更以波斯为例，向那些主张个人主义的希腊人指出联合数个城邦成一帝国，共享国内秩序与和平的可能性。跟菲利普一样，起初他也存着征服的美梦，而其结果则与亚历山大如出一辙，被他所欲征服的对象迷惑。

他虽然是一个绝佳的讲故事者，却只是一个中等的哲学家。除战争外，他几乎行行都是门外汉，他也思考过好些题目，却总是以一个将军的观点来思考。他渲染秩序的优点，却对“自由”一词无法置喙，我们由此可以想见当年雅典有多混乱。古代文人中若有人把他和希罗多德及修昔底德相提并论，那一定是由于他的文体之故——典雅、纯真、清新，西塞罗誉为“比蜜还甜”的行云流水般和谐的散文——富于人情味的特质，文字的晶莹质朴，使读者对文中的思想与主题能一目了然。色诺芬和柏拉图追随修昔底德和苏格拉底的情形，有如阿佩莱斯与普拉克西特列斯追随波利格诺托斯和菲狄亚斯——都是继承创新和冲劲之后到达典雅优美的巅峰。

阿佩莱斯

公元前 4 世纪最大的成就不在文学，而在哲学和艺术。在艺术上面，就跟在政治上一样，个人也突破宗教、城邦、传统和学校等重重束缚。随着个人由爱国转而效忠私人的趋势，建筑物也日趋质朴，看重现世；伟大的合唱形式的歌舞也转为职业性的私人演出；公共建筑物虽仍以诸神与伟大人物的塑像来装饰，但是绘画和雕塑开始为活人绘像与塑像，这种为活人绘像和塑像正是下一时代的风尚。至于像克尼都斯、哈利卡纳苏斯及艾菲索斯等城之所以尚能举国一致地热衷于艺术，是因未深受战争之害，而锡拉库萨等城则虽受波及，但因发现天然资源而政治走上轨道，也能迅速复原。

希腊本土在建筑方面停滞不前。公元前 338 年莱喀古斯重建狄奥尼索斯剧场、露天运动场及大讲堂。费隆（Philon）在其任内也于比雷埃夫斯建立一座给人深刻印象的军械厂。随着趋向精致趋势的发展，多利安式圆柱因为在精神方面找不到可以配合其严格的单纯而没有流行；伊奥尼亚式的建筑渐趋流行，并且成为表现普拉克西特列斯的优雅和柏拉图的迷人特质的建筑；科林斯式的圆柱在万风塔（the Tower of the Winds）和雅典奖杯亭（The choragic monument of

Lysicrates）都稍占优势。而在阿卡狄亚的泰吉亚·斯哥帕斯则有一座三式并用的雅典娜神殿——一柱廊是多利安式，一柱廊是伊奥尼亚式，还有一柱廊是科林斯式——并以其有男性魄力的手雕出雕像来美化这些柱廊。

规模更大也更有名的是艾菲索斯城的第三座阿尔忒弥斯神庙。第二座庙在公元前 356 年亚历山大大帝的生日那天被焚毁。据一向和蔼的普卢塔克说，这与马格尼西亚城的赫格西亚“在此时所做的一个冷漠得足够制止这种大火的意念”颇为巧合。其后不久，新庙随即开工，到公元前 4 世纪末，即告完成。亚历山大答应负担全部费用，条件是在庙里书明是他捐献的。但是艾菲索斯城的希腊人委婉地（也许是讥讽地）拒绝了，理由是“甲神为乙神盖庙似乎不合时宜”。不过，亚历山大最宠信的建筑师狄诺克拉底还是设计了这座庙宇，而且使该庙成为全希腊最具规模的一座。廊柱中有 36 根由无人不晓的斯哥帕斯等著名雕刻家雕上半浮雕。有一块雕有浮雕的圆柱石留存于大英博物馆，仿佛单凭当时雕刻上的衣饰就可证明希腊雕刻技艺几近炉火纯青。人物雕像的头部已不再是千篇一律、全无动感的典型，而是有感情、有个性、栩栩如生各有神态的面孔——希腊写实主义的先河。

在体积上与此成一相反极端的，以公元前 4 世纪的赤陶小像最为突出。波奥蒂亚区的塔那格拉镇的镇名，几乎就是小型素陶——人像的同义词。这些小人像先铸成大致相同的模样，然后以手塑造成像，随即画成形形色色的众生相。绘画虽然和前几个世纪一样，也用来辅助其他艺术，但是它已取得独立的地位与尊严，名画家也开始在希腊世界索取酬劳。阿佩莱斯的老师——安费波利斯城的帕姆弗路斯——不收未满 12 岁的弟子，而其学费更高达 1 塔伦（6000 美元）。罗克利安的僭主曼森曾为底比斯城的阿里斯提得斯所画的一幅战争场景中 100 个人物每人付出 10 米纳的代价，使得整幅画的“润笔”高达 10 万美元。这位狂热的艺术爱好者也以 60 塔伦（36 万美元）的代价央求当时一位著名画家画一幅奥林匹斯山 12 主神的画像。卢库拉斯

(Lucullus) 也付出 2 塔伦 (1.2 万美元) 的代价，索得一幅西塞昂城的帕西亚斯当年为米南德的情妇格里塞拉所绘画像的摹本。据普林尼说，有一幅阿佩莱斯的画卖出的价钱竟高达数个城市财政的总和。

普林尼又说:“科斯城的阿佩莱斯是个空前绝后的大画家。就他一个人对绘画的贡献而言，可以说是比其他所有画家贡献的总和还大。”阿佩莱斯当时必然已达炉火纯青的地步，因为他能赞美别的画家，这是很难得的。在知道最大的敌手普罗托格尼斯 (Protogenes) 生活贫困之后，阿佩莱斯就坐船到罗得斯岛去看他。由于事先并未知晓，所以当阿佩莱斯到达时，普罗托格尼斯并不在画室里。年老的女用人请教阿佩莱斯的大名，好转告其主人。阿佩莱斯并未作答，只是拿起画笔一挥，在画框上一笔勾出一条极细的线条。普罗托格尼斯回来时，老妇对道不出来访客人姓名一事颇感抱歉，不过普罗托格尼斯在看到画框上那道纤细的线条之后叫道:“只有阿佩莱斯才画得出那条细线。”然后，他又在那条细线里边再画一条更细的线，并吩咐老妇在陌生人再度来访时拿给他看。阿佩莱斯果然又来了，他对普罗托格尼斯的技巧感到惊讶，自己在这两条线之间又画了第三条细线。普罗托格尼斯看到这条超级细线后，自认赶不上阿佩莱斯，火速赶至港口拦住阿佩莱斯，并对他表示欢迎之意。这幅画被认为是一件杰作，一代传一代，最后被恺撒大帝收购，可惜在他帕拉蒂尼山 (Palatine Hill) 皇宫那场大火中焚毁。为了让希腊人了解普罗托格尼斯的价值所在，阿佩莱斯请他为自己的几幅画开个价，普罗托格尼斯开了一个很低的价钱，而阿佩莱斯却还价 50 塔伦 (30 万美元)，然后贴出布告，说他打算把这些画当作他自己的画出售。这时那些罗得斯岛人才对他们的艺术大师有较深刻的印象，付给普罗托格尼斯高于阿佩莱斯的价钱，而把那些画当作该市宝藏保存下来。

这时阿佩莱斯又以那幅《爱神从海中诞生》(*Aphrodite Anadyomene*) 博得整个希腊世界的一致赞赏。亚历山大找他来，坐着让他画了好些画像。在这些画中有一幅，其中亚历山大的坐骑“布塞法路斯”（Bucephalus）画得未能让这位年轻的征服者满意，于是就唤人把马牵近画框，以便比较。那匹名叫“布塞法路斯”的马望望那幅画，然后嘶鸣起来。这个时候阿佩莱斯说道：“陛下的坐骑似乎比陛下更懂绘画。”另有一回，这位国王在阿佩莱斯画室里以艺术为题高谈阔论，惹得阿佩莱斯求他换个题目，免得正在磨颜料的孩童笑他班门弄斧。亚历山大总算虚心接受，当他邀请这位画家画他所宠爱的妃子，而阿佩莱斯竟爱上她时，这位国王把她当礼物赐给了他。阿佩莱斯在他每一幅完成的画上面都涂上一层薄薄的假漆，这层假漆不但可以保存画上的色泽、减弱明暗的反差，更可以使原画更加活泼生动。他终其一生献身于绘画，当死神来到时，他正在为永恒的阿佛洛狄忒第二度画像。

普拉克西特列斯

这个时期雕刻方面的杰作要数献给哈利卡纳苏斯国王毛索路斯的华丽陵寝。毛索路斯名义上虽仅是古波斯的一个省长，却将其个人的影响力延伸至卡利亚及伊奥尼亚和里西亚的部分地区，并以充裕的财源组成一支舰队，同时美化其皇宫。他过世时（公元前 353 年），他那忠心的妹妹兼妻子阿尔忒米西亚为纪念他，特地举办一次有名的演讲比赛，同时召集希腊最优秀的艺术家合建一座足以纪念他的陵寝。她之身为皇后，不仅由于婚姻，同时也出于天性，当罗得斯人趁国王驾崩偷袭卡利亚时，她就曾以极佳的战略退敌，虏获其舰队，并即攻克其国都，逼迫此等富商巨贾签订和约。不过毛索路斯之死使她悲伤过度，身体日渐孱弱，2 年后终于追随其夫而卒，未能见到这座后来使得西方各种语言增加一个新词的陵寝的完成。斯哥帕斯、里奥查尔斯、伯里克斯和提谟修斯等人缓慢地在砖头铺成的地基上用大理石板垒起一座长方形的坟墓，顶上再加盖角锥形的顶盖，并以 36 根圆柱及数不清的雕像与浮雕来装饰它。其中有一座毛索路斯的雕像[1]，表情安详、健壮，于1857年由英国人在哈利卡纳苏斯的废墟中发现。而在柱顶与顶盖间，其上雕有图案再度说明希腊人和亚马逊人间的战事的横条，其技艺更是完美。横条上的那些男女及战马都属于世界半浮雕的精品。其实，亚马逊人并非男性化、生来好战的女性，她们的妖艳本该诱使希腊人做些比战争斯文点的事儿的。毛索路斯华丽的陵寝和艾菲索斯第三次盖成的神庙一样，同是世界七大奇景之一。

这个时期的雕刻在好几方面都已达到极致。由于缺乏宗教的刺激，此时的雕刻已不复有帕特农神庙山形墙的那种魄力，不过它却从女性的柔美中获得灵感，使此时雕刻的魅力达到空前绝后的境界。公元前5世纪的雕刻大都摹临裸男和覆有褶皱衣服的女性；公元前4世纪却喜尚雕刻裸女与着衣的男性。公元前5世纪把各类型人物理想化，也把人类生活的艰辛铸造或凿刻成无表情的刻像；公元前4世纪则无法用石像来表现每个人的特征和感情。男性的雕像中头与脸越来越受重视，而身体则越来越不受重视；个性的研究代替了对肌肉的偶像崇拜；石像成为付得起价钱的人们极时兴的玩意儿。石像上身体的部分已不再是僵硬直立的模样，而是舒适地倚着拐杖或树干，而雕像的表面也做得颇有立体感。西塞昂城热衷于写实主义的利西特拉图斯，无疑是第一个在其雕塑对象的脸上用石膏铸模，以做成铸像胚胎的希腊人。

感官的美和优雅要数普拉克西特列斯表现得最完美。人人都知道他追求过菲丽娜，并为她雕过极可爱的塑像，但是无人知道他生在何地和死在何时。他们父子两人都是雕刻家，也都叫塞弗索多斯（Cephisodotus），因此，我们称他们为艺术世家中最优异的一员。他既工铜器又工大理石，名气之大，可从十几个城市争相重金礼聘他这件事中看出。公元前360年左右，科斯岛人委托他刻一座阿佛洛狄忒

[1] 现存于大英博物馆。

像。菲丽娜帮他完成这座刻像，不过科斯岛人看到爱与美的女神居然一丝不挂时，颇为愤慨。为了安抚这些人，普拉克西特列斯刻了另一座阿佛洛狄忒的刻像，这一次爱与美的女神是着了衣裳的，而克尼都斯城却买了前一座。比西尼亚的国王尼科美德斯表示愿以偿付该城高筑的债台为条件索要这座雕像，但是克尼都斯城却选择了“留名”一途。当时来自地中海各个角落的观光客都以一睹该雕像为快。艺术评论家一致认为这座雕像是希腊有史以来最好的一座。谣传当时的男人只要一眼看见那座雕像，就会产生爱的痴狂。

就跟克尼都斯因阿佛洛狄忒雕像而闻名于世一样，波奥蒂亚的小镇西庇阿——菲丽娜的出生地——也因她捐献给该镇一座普拉克西特列斯所作的爱神厄洛斯的大理石像而吸引了不少外来客。她向他要他工作室中最美丽的一件作品，作为他对她爱情忠贞不贰的保证。他要她自己挑，但是菲丽娜为了想知道他对自己作品的评价，有一天就跑去告诉他说他的工作室着火了。他一听之后，大叫：“要是萨堤尔和厄洛斯烧坏，我就完了。”因此，菲丽娜才挑了厄洛斯并将之献给她的故乡。[1] 一度是赫西俄德笔下创造神的厄洛斯，在普拉克西特列斯的作品中变成了一个柔弱、爱幻想的青年，象征爱情虏获灵魂的力量，当时厄洛斯仍未成为希腊和罗马艺术中那个调皮捣蛋的爱神丘比特。

有人推测说，罗马卡皮托利尼博物馆里的那件作品《萨堤尔》，即霍桑（Hawthorne）笔下的《玉石雕像》（*Marble Faun*），只是普拉克西特列斯比厄洛斯更得意的作品《萨堤尔》的仿制品而已。有人认为卢浮宫里所展出的某雕像躯干是原作品的一部分。这个半人半兽的森林之神被塑造成一个体态优美的快乐男孩，唯一看得出是兽的部分只是长而尖的耳朵罢了。他悠闲地倚在树干上休憩，一脚盘在另一脚后面交叉着。大理石雕像中少有像这座那样充分表达一个人的悠闲的

---

[1] 尼禄将它运至罗马，在公元 64 年的大火中焚毁。梵蒂冈的那件厄洛斯像可能是仿制品。

神态，孩提时代那副迷人的无忧无虑的神情，都由松弛的四肢和充满信心的脸部表达出来。这座雕像的四肢有人会觉得太圆润了些，可能普拉克西特列斯看菲丽娜看得太多而忘了男人的模样了。那座《阿波罗与蜥蜴》（*Apollo Sauroctonus*）刻得颇为女性化，会使人误以为这座雕像也是亚历山大时代希腊的雕刻中极为流行的阴阳人。

遗憾的是，帕萨尼亚斯只简略地提到，在奥林匹亚的赫拉尔姆的雕像中有“一座普拉克西特列斯所刻的《赫耳墨斯携着婴孩时期的狄奥尼索斯石像》”。1877 年在该处挖掘古迹的德国人，曾因从好几世纪的垃圾和黏土所埋的地下发现这座雕像而声名大噪。文字图片的描写、照片和石膏像等都表达不出这件作品的品质，非得亲自去奥林匹亚的那间小博物馆里站到它的跟前，偷偷地让自己的手指从它的表面轻轻滑过，才体会得出这座大理石像肌理的细致与生气。信使神赫耳墨斯受托拯救还是婴孩的狄奥尼索斯，使其免因赫拉的忌妒而受害，并负责将其交给山林女神，以便她们将他秘密养大。大理石像上所刻的是赫耳墨斯在途中倚树小憩，手持一串葡萄于小孩眼前。婴孩刻像稍嫌粗糙，仿佛普拉克西特列斯的精力已在凿刻赫耳墨斯时用尽。赫耳墨斯右臂已失，两腿也有数处修补，其余部分则一如当初我们的雕刻家完成时一样。强劲的四肢和宽广的胸部表现出身体的健壮，该像的头部本身因其高贵的模样、俊美的五官和卷曲的头发已可算是一件精品，右脚更表现出雕像中难求的完美。古代人犹将它视为次等作品，由此可以想见当时艺术作品之丰。

帕萨尼亚斯的另一段文章，描写普拉克西特列斯在曼提尼亚所建的一组大理石像。挖掘出来的只有底部，其上有 3 座缪斯的雕像，也许是出自其弟子之手。若集合现存希腊著作中有关普拉克西特列斯所雕之像的资料，可知主要作品约 40 件，这必然是许多作品中的一部分而已。在这些遗迹中已找不到菲狄亚斯作品中高尚、强劲和令人崇敬的成分。诸神皆不及菲丽娜一人，在私人的爱情为先的时候，国民生计的大事也只好暂时摆在一边。不过就表现技巧而言，没有一个雕刻家赶得上普拉克西特列斯。他有一股魔力，可以使坚硬的石头表现出悠闲、高雅以及最微妙的情感，感官的喜悦和森林中的欢愉之情。菲狄亚斯的格调是多利安式的，而普拉克西特列斯则是伊奥尼亚式的。由其作品我们又可感觉到随着亚历山大的胜利而来的，必然是对全欧洲文化的征服。

斯哥帕斯和利西帕斯

斯哥帕斯作品的风格宛如拜伦的诗，一如菲狄亚斯近乎弥尔顿与普拉克西特列斯近乎济慈。

除了他的作品——艺术家真正的传记——之外，他的生平不详，而即使是他的作品，也没有一件可以确证是出自其手的。我们认为是出自其手的那些雕像，孔武好斗的战士头像和那些号称仿制其原作的复制品，使人认为他是一个既热情又有干劲的人。我们知道，他在泰吉亚身兼建筑师与雕刻家两职，其所具多才多艺的能力，在菲狄亚斯至米开朗基罗间数世纪中无人出其右。历代的挖掘工作只发现少数山形墙的碎片，主要是两颗损毁得很厉害的圆形短头颅，脸上表情忧郁，这些正是斯哥帕斯作品的典型。同时挖掘出来的还有被击碎的男性化的亚特兰大雕像。奇怪的是，在罗马美第奇别墅也发现类似这些遗迹的麦利弋头像。这个头像也有丰满的脸颊、性感的双唇、沉思的眼睛、鼻上微微前凸的前额和凌乱的头发，也许是斯哥帕斯为表现卡利顿人狩猎所制的一组雕像中麦利弋的罗马仿制品；另一座现存于纽约大都会博物馆的头像，几乎纯粹是由斯哥帕斯所塑或是抄袭其作品者。这座头像看似迟钝而孔武，却又见俊美聪慧，是古代雕像遗迹中最突出的几个之一。

帕萨尼亚斯说，斯哥帕斯在埃里斯铸塑了“一座阿佛洛狄忒骑在一头铜铸公羊身上的铜像”。他在西塞昂刻了一个赫拉克勒斯的大理石像，这个石像在伦敦的兰斯顿（Lansdowne House）可能有一个罗马仿制品，其躯体部分又回复波利克莱坦（Polycleitan）式因袭的肌肉组织，头部还是小而圆，脸部则几乎与普拉克西特列斯的作品一般精致。他在麦加拉、阿尔戈斯、底比斯和雅典等地停留颇久，完成了5个世纪后帕萨尼亚斯在那里看见的雕像，也许他也曾参与埃皮达鲁斯圣堂的重建。以后他又横渡爱琴海，为克尼都斯完成雅典娜和狄奥尼索斯的雕像，并在毛索路斯华丽陵寝的雕像工作中担任重要角色。其后他又北行，在艾菲索斯神殿雕刻了36根圆柱中的一根。他又在帕加马刻了一座巨大的德累斯座像，在特洛得区的吉里萨建了《"鼠神"阿波罗》（*Apollo Smintheus*）来吓走田间的老鼠。他以阿佛洛狄忒像来增加萨莫色雷斯的声望。在遥远的拜占庭，他刻了一座巴克斯像，德累斯顿·阿尔贝蒂努姆（Dresden Albertinum）可能有一个这座像的罗马复制品《盛怒的巴克斯女祭司》（*Raging Maenad*）。虽然这个大理石的小雕像只有18英寸高，却和这位伟大的艺术家的盛名很是配称——形象很有气概，衣着也很富丽，姿势突出，别具一格，盛怒的模样也很生动，无处不美。普林尼也提到斯哥帕斯所刻的当时存放于罗马各皇宫中的其他雕像：如梵蒂冈的《阿波罗与七弦琴》（*Apollo Citharoedus*）可能就是仿自其作品。由波塞冬、忒提斯、阿喀琉斯和涅瑞伊得组成的一组雕像，据普林尼说："就算要穷毕生之力才能完成，也是一件极精巧的杰作了。"还有一座"足以使任何城市扬名于世的阿佛洛狄忒裸像"。

总而言之，若说几件其真实性待考的现存艺术品也可作为评判的依据，那么上述这些作品的成就几乎可使斯哥帕斯和普拉克西特列斯齐名。这些作品表现新颖而不流于放纵，有力而不流于粗野。普拉克西特列斯喜爱美，斯哥帕斯则注重个性；普拉克西特列斯所要表现的是女性的高雅和柔美，以及青年的朝气和欢愉，斯哥帕斯则宁可描绘人生的痛苦和悲剧，并以艺术的表征来使这些痛苦和悲剧高贵化。要是能找到更多他的作品，也许斯哥帕斯的地位会仅次于菲狄亚斯。

西塞昂的利西帕斯原是个卑微的铜器工匠。他很想成为一个艺术家，却又付不起学费。当他听到画家欧波姆帕斯说他自己是摹临大自然而非模仿大师的作品时，他就鼓足勇气来学。他马上转而观察形形色色的人，因而创立了雕刻方面各部分比例的新标准，来代替波留克列特斯所订的严格规定。他将腿部加长，头部变短，并将四肢向第三空间延伸使之具立体感，同时使整个躯体更具活力与悠闲。他所刻的《刮擦者》是《戴王冠的人》的浪子；波留克列特斯所作的运动员雕像额头束一布带，利西帕斯所作的则以手中所持的刮肤器刮除手臂上的油垢，身材更见修长、斯文。如果拿德尔菲博物馆里那座大理石仿制品来评判的话，他那座阿吉亚斯像更是生动有趣。阿吉亚斯是色萨利的年轻贵族。工作之余，利西帕斯也从事新的尝试，放弃类型而表现特性，以印象派的方式取代传统的方法，并且几乎在希腊创下了肖像雕刻的方式。[1] 菲利普在战争与热恋中也抽空坐下让利西帕斯雕像；亚历山大对我们的艺术大师为其所作的半身雕像极为喜爱，故敦聘他担任御用雕刻家，一如当初授权阿佩莱斯为他画画然后由皮哥特勒斯将其雕在宝石上一样。

公元前 4 世纪有几座最好的雕像遗迹，作者已不可考。例如在马拉松附近海里发现的某青年铜像、公元前 4 世纪安得罗斯岛的赫耳墨斯像的古老仿制品、在泰吉亚发现的一座谦逊、沉思、柔弱的希吉亚像 [2]——这三座像现均存于雅典博物馆，而波士顿博物馆也有从希俄斯运来的一座“少女头像”。据我们所知，那些在奥古斯都时代从小亚细亚运至罗马而如今散置欧洲各博物馆的尼俄柏人像中，多半是这个时期的作品。或许带有普拉克西特列斯风格的底下这 3 座阿佛洛狄忒雕像的原作，也是这个时期的作品，这 3 座像是：那不勒斯博物馆

[1] 利西帕斯说了一句颇使马奈（Manet）高兴的话，他说，别的艺术家使人各如其面，而他本人能使他们“神气活现”。

[2] 这个可爱的人头雕像曾经被人从泰吉亚的小博物馆里偷走。找了 9 年才由亚历山大（Alexander Philadelpheus）在阿尔狄亚的一个村庄谷仓中寻获。亚历山大是雅典国家博物馆和蔼的主持人。此头像的主题与年代均不详，但由它那普拉克西特列斯的风格看来，当在公元前 4 世纪。亚历山大认为它是“国家博物馆的瑰宝”。

里踌躇的“卡普亚的维纳斯”、梵蒂冈的“蹲着的维纳斯”和卢浮宫里那座“阿尔勒的维纳斯”。比这些作品更能表现成熟美与深沉感情的，是希腊农业与婚姻女神德墨忒尔的座像。这个座像于 1858 年在克尼都斯被发现，是当今大英博物馆中最高雅的雕像之一。该座像的主题不甚明显，也许只能算是我们现存的古物中最佳的陪葬物而已，也许它象征着五谷女神这个悲伤的母亲暗暗为她女儿珀耳塞福涅遭奸污而难过。雕像上人物的感情表现出高雅的抑制，母性的温柔和默然承受逆境的神态都由其脸部尤其是眼珠表露无遗。现存公元前 4 世纪希腊雕刻方面的杰作是德墨忒尔像和赫耳墨斯像，而非那些迷人的阿佛洛狄忒。

第三章 | 哲学的鼎盛时期

科学家

和公元前 5 世纪科学的长足进步以及公元前 3 世纪革命性的成就一比，公元前 4 世纪的科学可以说是毫无进展。大体说来，这个时代的科学以记录下其所累积的知识为满足。虽然色诺克拉底写了一本《几何学的历史》，提奥夫拉斯图斯写了《自然科学史》，美农也写了一本《医学史》，而欧德谟斯更写了算术、几何还有天文学等各科的演进，但是，由于宗教、道德和政治等问题似乎比大自然的问题更重要也更迫切，人们也就跟着苏格拉底走，由对物质世界客观的研究转向对精神与城邦的关切。

柏拉图很喜欢数学。他将其哲学深深融入数学之中，并使其“学院”以数学为主，更几乎使锡拉库萨成为数学的天下。对他来说，算术是一套半神秘的数字理论，几何学也不是大地的测量，而是纯理性的训练，是通往“上帝”心灵的门径。普卢塔克记载，柏拉图对欧多克索斯和阿尔克塔斯两人做机械实验一事颇感“愤慨”，认为这是“糟蹋了几何学的一大效用，因为它卑鄙地遗弃了那些可使人恢复感觉力与无形的纯智慧，却求助于物质”。普卢塔克又说，如此一来“力学逐渐与几何学脱节，并被哲学家弃绝或忽视，逐渐转为军事学”。不过，抽象归抽象，柏拉图对数学也很有贡献。他给“点”下了重大定义，说“点”是线的开始，发明求出等于两数平方和的第三个平方的公式，并发明或改良了数学分析——借结论来推断某一命题为正确或谬误，归谬法即是其一。柏拉图的“学院”课程中对数学一门的重视，就算只培养出克尼都斯的欧多克索斯和庞托斯的赫拉克利底斯这两名有创造力的学生，对数学也极有贡献了。

柏拉图的朋友阿尔克塔斯除了七度被选任塔拉斯的军事领袖、写下数本关于毕达哥拉斯哲学的小册子外，还曾发展记载谱乐的方法及制作一立方体使其体积等于原立方体 2 倍的方法，更写了我们所知道的有关机械方面的第一篇论文。古人都相信他发明过三样划时代的东西——滑车、螺旋和能嘎嘎作响的婴孩玩具，前两者奠定了机械工业的基础，亚里士多德说后者“使小孩手中有东西玩，免得弄坏房间里的其他东西”。同时期的蒂诺斯特拉图斯（Dinostratus）借割圆曲线来“制作一正方形使其面积与一已知圆相等”。其弟梅内克姆斯（Menaechmus）是柏拉图的弟子，创下二次曲线几何学[1]，制作一立方体使其体积等于原立方体的 2 倍，以公式来作正多面体的理论上的解释[2]，阐扬无理数的理论，并创下一句名言。他对亚历山大说：“陛下，一国之内可以有御用道路和老百姓使用的道路，可是几何学的道理却只能有一个。”[3]

欧多克索斯在公元前 4 世纪的科学界很有名气。他和普拉克西特列斯两人使得克尼都斯城的名字流芳史册。他约公元前 408 年出生于

[1] 希腊人给二次曲线（锥线）下的定义是：用垂直于某一母面的平面，以锐角、直角或钝角切割圆锥体所成的圆形，如椭圆、抛物线、双曲线等。现代数学中又加上圆及相交的直线。

[2] 即四面体（锥体）、六面体（正立方体）、八面体、十二面体及二十面体——由 4 个、6 个、8 个、12 个或 20 个正多边形所包围形成的凸立方体。

[3] “御用道路”即“国王专用道路”，通常指波斯帝国的大路。欧几里得和托勒密也都提到这个故事。

该城，23 岁左右到洛克利师从菲利斯蒂翁学医，又到塔拉斯向阿尔克塔斯学几何，再到雅典跟柏拉图学哲学。他家境贫困，因此他在比雷埃夫斯过着穷日子，每次上学都由住处步行到“学院”。他在克尼都斯停留一段时间后到埃及，用 16 个月的时间向赫利奥波利斯的僧侣学习天文学。以后他就在普罗波恩蒂内教数学。40 岁时他带着学生搬到雅典，在那里办了一所科学与哲学的学堂，并曾一度与柏拉图抗衡。最后，他又回到克尼都斯建立天文台，并受托为该城制定一套新法。

他对几何学的贡献都在基础方面。他发明了比例的理论[1]，而这些待证的定理，大都经欧几里得的第五本书而流传下来。他又发明了穷尽法（exhaustion），使后人能够计算出圆的面积及球体、角锥和圆锥体的体积。如果没有这些成就做基础，那么阿基米德原理很可能就根本无法发现。不过他最热衷的，还是天文学。欧多克索斯对天文学的兴趣之浓，由下面这句话可见一斑。他说，要是他能发现太阳的本质、大小和形状的话，他就是跟法厄同一样被大火烧了亦甘之如饴。占星术在当时是包含我们现在称为天文学的学科在内的。不过，欧多克索斯劝学生不必去理那套迦勒底的理论：由某人诞生时辰的星座位置可判断其命运。他很想把天体的运行纳入固定的规则中，在其著作《现象界》（*Phainomena*）——古人奉为天文学的圭臬——中，他奠定了科学化预测天气的基础。

他最有名的理论也是一个光荣的失败。他认为宇宙是由 27 个透明看不见的球体组成，这些球体各自以不同的方向与速率环绕地球运行，天体则分别固定在这些同心圆球体的外围。这套理论在现在看来有点荒唐，不过它却是人类最初几次想对天体的活动提出科学解释中的一次。为配合这套理论，欧多克索斯又很精确地（如果我们不以我

[1] 他最钟爱的问题之一是找出“黄金分割”——将一直线由某点分为大小两部分，使整个线段与较长一部分之比等于较长一部分与较短一部分之比。

们现有的知识为标准来衡量）计算出行星的会合期与黄道期。[1] 这个理论在古代天文学的理论中最能刺激人们研究天文学的兴趣。

锡拉库萨的艾克芬托斯在公元前 390 年左右记载："地球向东自转。"庞托斯的赫拉克利底斯是古代一个伟大的万事通——在文法、音乐、诗歌、修辞、历史、几何、逻辑和伦理学各方面都有力著——他根据这个说法而独立研究，主张宇宙间各天体并未绕地球运行，较中肯的说法应该是地球绕其轴自转。赫拉克利底斯说金星和水星是绕太阳运行的。赫拉克利底斯或许真有那么光辉的片刻比阿利斯塔克和哥白尼更棋高一着，因为格米努斯的断简残篇（公元前 70 年左右）中提道："庞托斯的赫拉克利底斯主张，就算地球果真以某种方式运转，只要太阳以某种方式不动的话，和太阳之间显然不规则的关系应可减少。"遗憾的是，赫拉克利底斯意究何指，恐将永远是个不解之谜了。

同一时期在各种科学方向上也稍有进展。在地理学方面，墨西拿的希腊传记作家狄凯阿科斯，测量各山的高度，算出地球的圆周约为 30 000 英里，并注意到太阳对潮汐的影响。公元前 325 年，亚历山大诸将中有个名叫尼尔库斯的人，自印度河口起航沿亚洲南海岸驶向幼发拉底河。他的航海日志是古代地理学名著之一，其中部分保存在阿里安的《印第卡》（*Indica*）中。测地学——测量地表、高地、洼地、位置与体积的学问——已有其名称而与地理学有所区别。意大利的菲尼斯蒂翁在公元前 4 世纪初已进行动物解剖，更给我们的心脏取了一个名字——"生命的调整器"或"灵魂的座位"。埃维亚岛上卡里斯图斯城的狄奥克莱斯，约在公元前 370 年解剖动物的子宫，画出 27—

[1] 某天体的会合期就是以地球为准，该天体两次与太阳会合所隔的时间（所谓会合就是该天体与地球、太阳成一直线）；所谓黄道期就是在黄道带十二宫中，某天体两次出现在同一宫所需的时间。欧多克索斯算出来的会合期的数字中：土星是 390 天，我们算的是 378 天；木星：390，我们 399；火星：260，我们 280；水星：110（某抄本的数字为 116），我们 116；金星：570，我们 584。欧多克索斯所算出的黄道期：土星是 30 年，我们的数字是 29 年 166 天；木星：12 年，我们 11 年 315 天；火星：两年，我们 1 年 322 天；水星与金星都是 1 年，我们 1 年。

40 天胚胎期的人类胚胎，使解剖学、胚胎学、妇科、产科更加进步，并纠正一项希腊人误信已久的错误，他说男女两性都贡献出形成胚胎的“种子”。第二个阿斯帕西娅后来成为公元前 4 世纪雅典的内科名医，以妇科、外科手术及其他各科见长。为了避免因医学太发达以致将死亡率降低得太快而导致生存成问题，阿卡狄亚的埃涅阿斯·塔西佗在公元前 360 年左右及时为菲利普和亚历山大出版了第一本希腊军事学的名著。

苏格拉底学派

·阿里斯提波

若说公元前 4 世纪的科学是逐渐步入中年的话，这个时期的哲学可说是正值全盛时期。早期的思想家曾提出过朦胧的宇宙理论。诡辩学派的人也曾对修辞学以外的一切表示过怀疑。苏格拉底也提出过成千的问题，但一个也不曾回答过。如今这些 200 年前播下的种子都已萌芽，成为形而上学、伦理学和政治学方面思想的伟大体系。雅典虽然穷得无法维持其医疗服务，却创办了数所私立大学，使它成为伊索克拉底所谓的“希腊学派”、知识的首都、全希腊的仲裁人。哲学家在削弱古老的宗教的影响力后，想尽办法在自然与理性的领域里找出可以取代宗教成为道德支撑与生活指标的东西。

他们先循着苏格拉底辟出的途径探讨。在诡辩学派的人大多数再度转而教授修辞学、不复成为一派时，苏格拉底的弟子成为纷纭的哲学派别的暴风眼。麦加拉的欧几里得——以前时常步行至雅典听苏格拉底讲学的学生——如雅典的泰门所言，在其故乡掀起“一阵辩论的旋风”，把芝诺和苏格拉底两人的辩证法发展成辩论术，怀疑一切结论，结果产生一个世纪后庇罗和卡尼阿德斯等人的怀疑论。欧几里得死后，他的高足斯蒂波（Stilpo）逐渐把麦加拉学派引至犬儒学派的观点：既然各派哲学都可能遭驳斥，那么智慧必然并非来自形而上的思维，而是来自可使个人脱离对外在因素的依赖的那种简朴生活所得的安宁。麦加拉被劫掠后，德米特里斯·波利塞底斯（Demetrius Poliorcetes）问斯蒂波损失多少时，他回答说他除了知识外，别无长物，而其知识无人可以夺去。至其老年，他的门徒尊他为斯多葛哲学的始祖。因此，麦加拉学派可说是由一个芝诺始，而以另一个芝诺终。

高雅的阿里斯提波在苏格拉底死后，曾到各处游历，也在西西里和色诺芬共处一段时期，却在科林斯和拉斯处得更久，然后才在非洲海岸的故乡昔兰尼安居创立一派哲学。在这个半带有东方色彩的城市里，上层社会的财富与奢侈已造就了他的生活习惯，因此，他最服膺他老师的教义中把幸福解释为至善的这一部分。由于他英俊、风度翩翩、谈吐机智，到处都吃得开。在罗得斯岛他所乘的船遇难，使他一文不名。他走进一健身房，开始发表演说，里边的人听得入迷，纷纷拿衣物食宿所需来给他和同伴享用。因此，他说为人父母者留给子女的财富，应该是即使在沉船后仍然能够随其主人游至岸上的东西。

他主张朴实坦白。阿里斯提波说我们所做的事，不是为了希望得到快乐，就是为了惧怕痛苦——甚至连倾已所有来资助朋友或为将军卖命也是一样。因此，大家一致公认快乐才是至善，其余的包括美德与哲学在内，一切东西都应该以其所能带来快乐的多寡来评定。我们对事物的认知并非恒常，我们能直接确切知晓的是我们的感觉，因此，智慧并非靠追寻抽象的真理所能获得，而是由感官的快乐而来。快乐的顶点不在智能或道德方面，而是物质或感觉方面。因此，智者常将物质享受的追求置于第一优先。同样的道理，智者也不愿放弃眼前现存的好处，而憧憬不可预料的未来好处。只有目前才是真实的；而且，若说目前的事物不比未来的好，至少也很可能与未来的一样好。生活的艺术在于抓住每一个从你眼前经过的快乐，并尽可能充分利用那一刹那所带来的东西。哲学的功用是指引我们不但不离开快乐，而且还教我们何者为最佳的抉择何者为最佳的使用。掌握快乐的并不是那些自禁的苦修者，而是那些懂得享受快乐而又不为快乐所奴役，能谨慎地分别何者对他有害、何者不会危害他的那种人。因此，智者对大众意见和法律能很明智地表现出其尊重的程度，又尽可能做到“既不役人又不役于人”的地步。

若说某人能言行一致是一份光荣的话，那么阿里斯提波也该获得这份光荣。不论贫富他都能泰然处之，却也不讳言他在两者之间有所偏爱。他坚持授课一定收费的原则，为达到其目的，就是奉承诸暴君也在所不惜。当狄奥尼西一世把唾液吐在他身上时，他耐心地微笑着说：“就是渔夫想抓一条小鱼，身上忍受的水分，要远比这些口水多得多。”有一次，他的朋友数落他居然向狄奥尼西下跪时，他回答说错不在他，因为国王的“耳朵长在脚底下”。狄奥尼西问他为什么哲学家常到有钱人家去串门，而有钱人却不常去找哲学家，他答道：“因为哲学家明白自己需要什么，而有钱人却不清楚。”不过，他鄙视只为金钱而赚钱的人。有一天，住在弗里吉亚的富人西慕斯带他去参观一栋铺了大理石的华丽房子，阿里斯提波就吐唾于富人脸上。当西慕斯提出抗议时，他找了一个借口，说他在铺满大理石的地板上实在找不到“一个更适合于吐痰的地方”。赚到大钱之后，他把金钱挥霍在美食、锦衣、美屋以及（他认为是）娇妻美妾上面。有人谴责他和娼妓姘居，他说他并不在乎住别人住过的房子或开别人开过的船。当他的姘妇对他说“我有了你的孩子”时，他说：“既然在走过一处丛林后你无法说出是哪棵荆棘刮到你，你怎敢确定那孩子一定是我的？”

虽然他有时言词过于直率，但是大家还是一样喜爱他，因为他一表人才，风度翩翩，极有涵养，心地也极善良。他那坦率的快乐主义，无疑会使城镇上一些“可敬”的罪人觉得骇异。他不讳言他尊敬苏格拉底、喜爱哲学[1]，也承认人生最感人的景象是看见有品德的

[1] 阿里斯提波认为受教育时不学哲学的人“就跟想追求珀涅罗珀的人一样，他们……觉得获得女佣的垂青要比让那个女主人答应他的求婚容易得多”。

人在坏人群中依旧固守出污泥而不染的态度。在他去世（公元前 356 年）前，他说他准备留给他女儿阿瑞忒（Arete）的遗产中最宝贵的，是他已教她如何来“避免对不必要的东西加以估价”——奇迹般向第欧根尼竖起白旗。阿瑞忒继承其父为昔兰尼学派的领袖，写了 40 本书，教出许多杰出的学生，死后该城为她刻了荣耀的墓志铭——“希腊之光”。

· 第欧根尼

安提西尼同意这派哲学的结论，却不赞成其立论的方式。他根据苏格拉底的同一哲学演绎出一套苦修的生活理论。这位犬儒学派的鼻祖是一个雅典人和色雷斯奴隶所生。公元前 426 年，他曾在塔那格拉之役中奋勇作战。他一度师从高尔吉亚和普罗迪科斯研习，然后自创门派，不过在听过苏格拉底的讲学以后，他就领着学生去向苏格拉底讨教。他也跟欧多克索斯一样，住在比雷埃夫斯，几乎每天徒步去雅典——来回路程各四五英里。苏格拉底（一说柏拉图）与一谦恭的人正在讨论“快乐”时，他可能正好在场。

> **苏格拉底：** 你认为哲学家该不该对……吃、喝的乐趣感兴趣？
> **西米亚斯：** 当然不该。
> **苏格拉底：** 那么爱的快乐呢？该不该感兴趣？
> **西米亚斯：** 绝对不可以。
> **苏格拉底：** 哲学家会不会看重纵容躯体的其他东西——如高级的衣物、鞋履或其他用来装饰躯体之物？他会不会不但不对这些东西感兴趣，还瞧不起生活必需品以外的东西呢？
> **西米亚斯：** 我想真正的哲学家是会的。

这就是犬儒学派精神的精髓：将躯体的所需降至最低限度，以求心灵了无牵挂。安提西尼自己也身体力行，成为一个不含宗教色彩的希腊修道士。阿里斯提波的座右铭是："我役物，而不役于物。"安提西尼的座右铭则是："我不役物，以免役于物。"他没有恒产，外衣褴褛，以至苏格拉底如此挖苦他："安提西尼呀！我从你外衣的破洞可以看穿你的虚荣。"除此之外，他唯一的"缺点"是著书，他共写了10本，其中有一本是《哲学史》。苏格拉底死后他重执教鞭。他选定"快犬"（Cynosarges）体育馆作为其授课中心，因为这里是为下层社会、外邦人士或私生子女所设。这个学派之所以叫犬儒（Cynic），其实与其说是源于其宗旨，不如说是因为地名的关系。安提西尼穿衣酷似工人，授课不收学费，尤其欢迎贫苦学生。不愿过箪食瓢饮生活的学生，不是被安提西尼斥走，就是被他的拐杖赶跑。

起初安提西尼也不收第欧根尼这个学生。由于第欧根尼坚持不走，且忍尽斥骂污辱，总算被列入门墙。后来他以身体力行来贯彻他老师的主张，而使其师的主张在全希腊家喻户晓。安提西尼有一半奴隶的血统，第欧根尼则是西诺波破了产的银行家。第欧根尼曾因三餐不继而行乞，后来知道贫穷也是美德与智慧的一部分时颇为高兴。他全身打扮一如乞丐，并背负乞丐所用的旅行袋，手持乞丐专用的拐杖，一度在雅典西芭莉庙的天井里以澡盆为家。他羡慕各种动物的简朴生活，并尽量模仿它们，睡在地上，在地上捡取食物，并且（据说）也在众目睽睽之下履行大自然的义务和爱的仪式。有一次，他看见一个小孩用双手舀水喝，就把所用的杯子扔了。有时他手持蜡烛或提一灯笼，边走边说他正在找一个人。他不伤害任何人，却也拒绝承认法律，并且远比斯多葛学派的人更早宣布他是"世界公民"（*kosmopolites*）。他云游四方，一度住在锡拉库萨。有一次在旅途中他被海盗所掳，并被卖给科林斯的塞尼亚底斯（Xeniades）当奴隶。主人问他有何本事时，他说："我能治人。"于是塞尼亚底斯就让他当儿子的教师兼管家。第欧根尼两者都颇能胜任，博得主人称他"奇才"，几乎每事必征求他的意见。第欧根尼一生生活俭朴，成为亚历山大以外全希腊最有名的人。

他有点装模作样，也爱出风头。他颇有辩才，据说，他从未输过别人。他认为言论自由是社会上最伟大的东西，也拿粗俗的幽默与无穷的警句来充分利用它。他曾斥责过一个向神像跪拜的妇女。他问她："难道你不怕身后可能就有另一个神会骂你不敬？神是无所不在的呀！"有一次，他看见一个娼妓的儿子拿石头投向一群人，他就向其警告："当心砸到你爸爸身上。"他很讨厌女人，也鄙视那些举止像女人的人。有一个穿着鲜艳衣服、喷了香水的科林斯青年向他请教问题时，他说："你不告诉我你是男是女，我就不回答你的问题。"亚历山大在科林斯碰到第欧根尼躺着晒太阳的故事，可说是脍炙人口。这位统治者说："朕即亚历山大大帝。"我们的哲学家说："我是狗子第欧根尼。"大帝说："你要什么？尽管说。"第欧根尼说："别挡着我的太阳。""假使我不是亚历山大的话，"这个年轻的战士说，"我愿意我是第欧根尼。"不过我们的哲学家如何回应这句赞词，可就不得而知了。有人说他们两人都在公元前323年某日逝世：亚历山大以33岁的英年卒于巴比伦，第欧根尼以90多高龄死在科林斯。科林斯人在他坟上放置一条大理石刻成的狗，曾经放逐过他的西诺波建纪念碑来纪念他。

犬儒学派的哲理比什么都清楚明了。它只需玩玩逻辑，就可云开月明似的将柏拉图用来困惑雅典知识分子的那套关于意念的大道理轻而易举地点破。对犬儒学派的人来说，形而上学也是个虚华的游戏，研究自然的目的不在于解释世界上的一切，这是不可能的，我们当以大自然的启示来作为人生的指针。唯一的真正哲学是伦理学。人生的目标是幸福，但幸福并非追求快乐就可获得，而是来自简朴、自然的生活，越不借外力之助越好。但通过自己血汗换来的快乐，只要事后不后悔，亦无不当，然而由此种方式得来的幸福往往会突然离我们而去，或是使我们得到后又感失望。因此，与其称之为"善"，毋宁称之为"恶"。谦和有德的生活是通往满足的唯一道路，财富破坏心境的平静，忌妒的欲望就像铁锈一般会腐蚀心灵。奴隶制度颇为不公，但无关紧要，因为圣哲不管身躯是否被困都会一样快乐，只有内心的自由才是重要的。第欧根尼认为诸神造物时给人类一个人间仙境，可惜人类贪求奢华而把本极单纯的事复杂化。这并非意指犬儒学者对众神深具信心。有个祭司向安提西尼解说善人在来生可以得到多少好处时，他说："那么，你怎么还不去死？"第欧根尼嗤笑只准信徒参加的宗教仪式，对那些在海难中获救的人在萨莫色雷斯岛献祭一事发表谈话，他说："要是献祭的是那些遇难者而不是获救者的话，奉献出来的东西将会多于这些。"犬儒学派的人认为宗教中只有美德的实践才不是迷信。人应该为了行善而行善，不应该因为神明的存在或为了怕神明的审判而行善。美德只有在尽可能少吃、少占有东西、少存欲望，并且只喝水（不喝其他饮料）、不伤人的时候才能获得。有人问他如何拒敌，第欧根尼答道："以诚实，以正直。"似乎只有性欲才被犬儒学派认为是合理的欲望。他们认为婚姻是一种外在的束缚而避免结婚，但他们却赞成嫖妓。第欧根尼提倡自由恋爱与共妻制度，在各方面追求独立的安提西尼，曾经抱怨他满足饥饿时未能如解决性欲时一样清静自在。犬儒学派的人却认为性欲就跟饥饿一样正常、一样自然，因此，他们声称他们无法了解为何人们满足饥饿时可以公开，而满足性欲时却羞于公开。就是连死亡也一样，人应该自己决定死亡的时间和地点，自杀应该是合法的。有人说第欧根尼就是以屏息自杀而死的。

犬儒学派的哲学是公元前 5 世纪由于对错综复杂的文明无法适应，因而兴起于雅典的“重返自然”运动中的一部分。人类并非由大自然教导，而其之所以接受秩序生活的约束，只因人类惧怕处罚、孤独罢了。第欧根尼之于苏格拉底，其关系颇似卢梭之于伏尔泰。他认为文明实乃一大错误，普罗米修斯将文明带给人类而被钉死于“十字架”，实在是罪有应得。犬儒学派和斯多葛学派或卢梭等人一样，都把“自然人”理想化了。由于烹饪有违自然，第欧根尼曾经尝试啖食生肉。他认为最理想的社会是没有心机或法律的社会。

希腊人嘲笑犬儒学派，但像中世纪社会容忍当时圣哲一般容忍他们。第欧根尼死后，犬儒学派的人变成了没有宗教信仰的宗教人士，他们订下守贫的规约，靠接受施舍过日，以杂交来调剂他们的独身生活，并创办多所哲学学堂。他们无家，或在街上或在庙宇的回廊上教书、过夜。由于第欧根尼的两个学生——斯蒂波和克拉底斯的介绍，犬儒学派的学理流传到亚历山大大帝征服希腊后的300年间，成为斯多葛学派的基础。这个学派虽说在公元前3世纪末实质上已不存在，但其对希腊传统的影响却历久不衰。古犹太苦修派教徒及早期信奉基督教的埃及僧侣，也许就是犬儒学派的再现。这些学派的运动到底受到印度类似教派多少影响，或对它们有什么影响，殊难论断。目前力主“重返自然”的人，在精神上可说是古代东方人或希腊人的后裔，这些古人因厌倦层层不自然的束缚而认为他们能转而与动物共处。其实，住在都市里的人多少也是有此幻想的。

柏拉图

· 师表

就连柏拉图也为犬儒学派的理想所动。在《理想国》（*Republic*）的第2册中，他就带着几分欣赏，描绘出一个共产和自然的乌托邦的蓝图。以后又放弃，改绘“次佳”城邦，但在他描述理想中的哲学王国的时候，我们发现犬儒学派的梦想——既无恒产又无妻室的男人矢志过简朴的生活以追求高深的哲理——已占领了希腊历史上最优异的理想的要塞。柏拉图的这种共产贵族政体的计划，可以说是有钱的保守派分子针对当时激进的理想主义者斥责民主政治一事，所作妥协的明智之举。

柏拉图的家系颇为古老，母亲的家谱可远溯至梭伦，父亲的系谱也可追溯至雅典早期的国王，甚至更可溯至海神波塞冬。其母是查尔米德斯之妹，克里提亚斯的侄女，因此他可说是生前就注定要反对民主政治了。他原名叫阿里斯托克勒斯（意即“最好又最有名的”），几乎在每一方面都很杰出，音乐、数学、修辞学、诗歌等都极优异；他长得英俊潇洒，迷惑了男男女女；他也参加科林斯伊斯米尼运动会中的摔跤比赛，得了个绰号“大块头”（Platon），因为他长得很强壮魁梧；他参加过三次战争，一度因为奋战而获奖；他写了不少隽语、情诗，也写过一部悲剧性的四联剧。20 岁为苏格拉底的魅力所迷惑时，不知该选诗歌还是政治当他的志业才好。由于苏格拉底很早就是他舅父查尔米德斯的好友，他必然早就认识苏格拉底了。不过现在他才有机会了解苏格拉底的学说，亲眼看见这个老者把观念扔出，有如将表演特技的人扔向空中一般，然后用询问的叉尖将这些观念叉住。因此，他像中了催眠的符咒一般把诗歌焚毁，忘却戏剧、运动和女人，去追随这位大师。他可能每天记笔记，以艺术家的敏锐感性来感受这个虽然丑怪但可亲的森林神祇的首领所可能表现的戏剧化高潮。

接着，在柏拉图 23 岁那年，他的亲戚策动了公元前 404 年那次守旧革命，也发生了寡头政治恐怖 10 日的紧张和苏格拉底“三十僭主”奋勇的抗命。克里提亚斯和查尔米德斯的相继死亡，民主政体的恢复，以及苏格拉底的受审和逝世，这一切灾难使得这个无忧无虑的青年觉得有如世界末日降临，因此他逃离雅典，仿佛雅典已是个有鬼作祟的城市。他先在麦加拉的欧克拉底家得到些安慰，然后又到昔兰尼，可能跟阿里斯提波在一起，其后显然又到埃及去跟教士学习数学及历史方面的知识。公元前 395 年左右他回到雅典，次年又为雅典参加科林斯战争。公元前 387 年左右再度出发，分别到塔拉斯和洛克利师从阿尔克塔斯和第迈欧斯，学习毕达哥拉斯的哲学，又到西西里参观埃特纳火山，并且与锡拉库萨的狄翁交朋友，被介绍给狄奥尼西一世，被贩为奴，然后在公元前 386 年再度安全返回雅典。柏拉图的朋友以他们募捐来的 3000 德拉克马偿付为柏拉图赎身的人，被安尼西里斯拒收后，朋友用这笔钱为柏拉图在市郊购得一块以当地地方神阿卡第姆斯（Academus）为名的休憩林园，柏拉图就在那里创办了一所后来成为900年间全希腊知识中心的学院。[1]

这所“学院”原则上是个宗教性的团体，为崇敬众文艺女神所建。学生无须缴费，不过由于学生多半来自上层家庭，其父母就得捐钱给该机构。苏伊达斯说：“有钱人时常在遗嘱中写明遗赠该机构的成员，使他们能安心从事哲学研究。”据说狄奥尼西二世就曾给柏拉图80塔伦（48万美元）——也许从这里可以看出柏拉图对国王有多大耐心。当时的打油诗人讽刺该校的学生矫揉造作、衣着浮华——头戴上等帽、手执上等杖、身穿短外衣或制服，原来伊顿公学（Eton）的校风和黑色的学位袍竟是源自古老的柏拉图学院。该校兼收女生，因为柏拉图激进到成为一个热心的男女平权主义者。主要课程是数学和哲学。该校大门横刻着一行警告语“不通几何者免入”，或许相当的数学基础是入学资格之一也说不定。公元前4世纪数学方面的进步大多来自曾在这个“学院”研究过的学生所作的贡献。数学的课程包括算术、高等几何、天文学、音乐（可能包括文学和历史）、法律以及哲学。如果柏拉图听从——一说阿尼托，一说米勒托——的劝告的话，道德哲学与政治哲学在该校的课程中是排在最后的，他借苏格拉底之口说出：

> **苏格拉底：**你知道，我们在孩提时代学了一些正义和善的原则。在父母的权威下我们被抚养成人，遵守这些原理，也尊敬这些道理。
>
> **格劳孔：**是的。
>
> **苏格拉底：**相反，也有一些奉承我们心灵、迷惑我们心灵的逸乐方面的格言和习性，不过这些论调无法动摇有正义感、仍然尊重父母教诲的格言并且遵守这些格言的人。

---

[1] 这所学校并非第一所大学：毕达哥拉斯的克罗托那学院创于公元前520年，并已开设了许多课程，伊索克拉底所创的学院也早8年左右。

格劳孔： 对。

苏格拉底： 好，要是有这么一个人，好问的人问他什么东西是公平和荣誉，而他就按法律所规定的回答他，对方驳斥立法者所说的话，这时这个人就因而相信犯规比什么都公平、正直，善良不会比不正直、邪恶好到哪里去，其他他久已深信不疑的信条也都一样引起他的怀疑，你说这个人会不会还尊敬父母的教诲，会不会遵守？

格劳孔： 那是不可能的。

苏格拉底： 当这个人不再认为父母谆谆告诫的话值得尊敬，是天经地义的事情，也无法发现真理时，他会不会不去追求迎合他欲望的东西？

格劳孔： 不会的。

苏格拉底： 他会不会从一个洞察法律的人转而变为一个无法无天的人呢？

格劳孔： 毫无疑问……

苏格拉底： 因此，在将辩证法传授给我们那些30岁的弟子时，务必小心……不可让他们过早尝到欢乐的甜汁，这个应该特别加以避免。因为你也知道，年轻人刚一尝到滋味，就会以辩论为乐，也老是模仿那些驳斥他们的人的口吻来反驳，来唱反调。他们就像小狗一般，看到什么就撕破什么，看见什么就推倒什么。

格劳孔： 对，他们以此为乐。

苏格拉底： 在他们几次与人辩论互有胜负时，他们很快就激烈地拒绝相信以前相信过的事物，因此……坏了哲学的美名。

格劳孔： 说得很对。

苏格拉底： 不过等他年事稍高，他就不会再那么胡言乱语了。他会效法那些追求真理、有理智的人，而不去模仿那些以辩驳为乐的好辩之士了，而且对自己品格多加留神，将会增加自己本行的荣誉而不会减少这行的荣誉。

柏拉图和他的助手都以演讲、对话以及考问学生的方式来教学。考问的题目中有一题是找出“可以解释行星运行规律的那种始终如一、井然有序的运动定律”。或许欧多克索斯和赫拉克利底斯两人就是在这种训练中获得灵感的。该院的演讲大多很专业，有时使得那些想获实利的学生感到失望。不过像亚里士多德、狄摩西尼、莱喀古斯、希波拉底斯和色诺克拉底等学生都深受这些演讲的影响，甚至有将所抄录的笔记付印的。安提丰曾幽默地说，就像北方冬天说的话一出口马上冻结成冰，非得要等到次年夏天融化后才听得见一般，柏拉图对那些年轻学生所讲的话，他们也得到年老时才能了解其含义。

· 艺术家

柏拉图声称他从未撰写过技术性的论文，亚里士多德也说“学院”里的课业是柏拉图“非书面的学说”。这个学说和《对话录》里所说的课程究竟有多大不同，我们不得而知。[1] 也许当初他们只不过把它当作一种消遣，并未认真过。这并不是历史上第一部哲学对话录，埃里亚的芝诺以及其他几位都使用过这种方式，雅典一个专切皮革的西蒙，也曾出版过一本以对话的方式记载苏格拉底在他店里与人会话的记录。柏拉图的《对话录》是以文学形式表达，并非像记载历史那样。他不敢说他三五十年前的会话一字不漏地照记下来，也不敢

[1] 亚里士多德所记的笔记中有数段——尤其是关于观念的理论这一部分——使我们对柏拉图的了解跟我们在《对话录》中所读到的不同。

说他所提到的是前后一致的。高尔吉亚跟苏格拉底一样，当他们亲耳再听见这个年轻戏剧家兼哲学家托他们之口说出的那些话时，都颇感震惊。每一个《对话录》都自成单元，而每两次对话中间，可能也隔了一段时间；我们发现《对话录》中记忆有误之处时，大可不必惊讶，发现前后观点不同时更不用大惊小怪。因为本来就没有使整部连贯起来的计划，只有一个例外，那就是显然日渐成熟的心灵不断地在寻求真理，可惜又找不到。[1]

《对话录》的结构，说它巧妙也可，说它拙劣也可。它们很生动地把各种意念叙述出来，也描绘出苏格拉底前后一致又很慈爱的模样。不过每一部分与其他各部分之间少有连贯性，常常转换主题，而且经常显得呆板，成为某人帮另一个人记下会话内容的间接叙述性报道。例如：有一次苏格拉底说他“记性很差”，接着他却一字不漏地背诵出他年轻时和普罗泰戈拉讨论某事、长达 54 页的文字给一个朋友听。《对话录》中有一大半因为和苏格拉底谈话的人只会说些“对”与“是”之类的话，因而减弱了表现力。不过同《对话录》中所用语言的精练以及环境、表达方式和所表现意念等各方面，其幽默、尽人皆知的各种个性生动的刻画、随时剖析深奥、高贵心灵等一比，这些瑕疵又显得微不足道。我们只要想到《对话录》是希腊作家所留下的最完整的作品，就可以想见古人对这部作品的评价有多高。《对话录》单凭它的形式就可以在文学也占有重要地位，就跟凭其内容在思想史上占有重要地位一样。

---

[1] 这 36 部《对话录》既无法确定其年代，也无法武断地加以分类。我们大致上可把它们分为（1）早期——主要有《申辩篇》、《克里托篇》（*Crito*）、《吕西斯篇》（*Lysis*）、《伊翁篇》（*Ion*）、《查尔米德斯篇》（*Charmides*）、《克拉底鲁篇》（*Cratylus*）、《欧绪弗洛篇》（*Euthyphro*）和《尤西德姆斯篇》（*Euthydemus*）；（2）中期——主要有《高尔吉亚篇》（*Gorgias*）、《普罗泰戈拉篇》（*Protagoras*）、《斐多篇》、《会饮篇》、《斐德罗篇》和《理想国》；（3）后期——主要有《巴门尼德篇》、《泰阿泰德篇》（*Theaetetus*）、《智者篇》（*Sophist*）、《政治家篇》（*Statesman*）、《菲莱布篇》（*Philebus*）、《第迈欧斯篇》（*Timaeus*）和《法律篇》等。其中第一组可能在 33 岁以前完成，第二组约成于 40 岁以前，第三组约作于 60 岁之后，在 40—60 岁之间的这段时间全神贯注在“学院”之上。

早期的那些《对话录》就是前几页所引那段文字中挨骂的那个“好辩”年轻人的典型例子，不过这些《对话录》又因把雅典的青年描写成可爱的人而挽回声誉。《会饮篇》是同类作品中的杰作，也是对柏拉图思想最佳的入门书。它那最佳的场景（如阿加松对其仆人说：“假定你是主人，而我和我的朋友是你的客人好了。”），他对阿里斯托芬生动的描写：“他因饮食过量而打嗝”，还有那个恶意中伤他人的醉鬼亚西比德的穿插，尤其是描写苏格拉底时那种残酷的现实主义和他对爱情观念的高超理想主义的微妙结合——这些特质使得《会饮篇》成为散文史上最佳作品之一。《斐多篇》这部作品就比较柔和，也比较优美。在这部作品里辩论的主题，不管有多微弱，却总是忠实的，同时也给对方同样的机会来反驳。文体也较圆润，使得高贵的宁静克服了悲剧的气氛，使得苏格拉底的死亡像河水沿着弯道流去、终于不见一样。《斐德罗篇》中所记的对话，有一部分是苏格拉底和他的弟子在伊利苏斯河边用河水洗脚时的谈话。所有《对话录》中最伟大的，当然还是要数那本《理想国》，因为该书把柏拉图的哲学说得最详尽，而且该书前面的一部分还有一段人格和意念之间戏剧性冲突的描写。《巴门尼德篇》是所有文学作品中最不讲道理的范例，也是哲学史上思想家无可解释地驳斥自己最钟爱的学说的特例。其后，在后期的《对话录》，柏拉图的文才渐渐消失，苏格拉底也消失不见，形而上学也失去了诗意，政治学也失去了蓬勃的理想。最后到《法律篇》一书的时候，我们这位疲乏的雅典文化的多边继承人终于向斯巴达的引诱投降，放弃了自由，也放弃了诗歌、艺术，更放弃了哲学。

· 玄学家

柏拉图的学说本无系统，虽然我们为了方便起见，把他的意念按古代的分法区分为逻辑、形而上学、伦理学、美学和政治学诸项，但是千万要记住柏拉图是一个极为热忱的诗人，他不愿意把思想分门别类地桎梏起来。由于他身为诗人，因此对逻辑很感头痛，他常忙着找寻适当的定义，却又总是为两个极端相似的定义所困惑：“这时我们就步入定义的迷阵之内，等到我们自以为到达迷阵的出口时，我们才晓得又绕到起点，又得从头做起。”因此，他下了一个结论：“我怀疑到底有没有一门叫作逻辑的‘科学的科学’。”不过他还是开始了。他研究语言的本质，而在模拟声音这方面获得结果。他也讨论分析与综合以及类推与谬误。他同意归纳法，却更喜欢演绎法。他甚至在《对话录》里也创造了一些专用术语，如本质、力、行为、情感以及一代等——这些术语对以后的哲学颇为有用。使亚里士多德闻名的部分原因，就是为那 10 个“范畴”中取了 5 个名字。他不同意诡辩学派认为“感官是真理最好的试金石”、“每个人都是万物的尺度”的看法。他辩称，要是果真如此，那么无论是哪一个人，睡着也好，疯子也好，甚至连狒狒对任何事物的报道，都和任何他人的见解一样好。

这个“感官的暴民”留给我们的只是赫拉克利特式的转变之流，如果我们只有感觉，我们根本不可能获得知识和真理。只有借着理念、借着把紊乱的感觉融成有条理思想的那些一般化的形象之助，我们才能获得知识。要是我们仅察觉出单独的事物，那么根本不可能构成思想。我们学习思考时，把一群群一组组的东西依相同的特性将其分成数类，然后用一个共有的名词来表达该类物品全体。“人类”使我们想到所有的人，“桌”使我们想到所有的桌子，“光”则是照射到陆上、海上各处的光。这些理念对感觉而言并不客观，不过对思想而言却是真的，因为甚至在它们所指的那些物体全都毁灭之后，理念仍然存在。人有生有死，但人类却还是存在着。每一个三角形都只是个不完整的三角形，早晚会消失，因此相对来说是不真实的！不过三角形——所有三角形的形状和法则——却是完整的、恒久的。每种数学的形式都是理念，既永远不变又完整无缺。[1] 几何学中提及的三角形、圆、正方形、正立方体和球体这些概念都永远不变，因此人们称其

[1] 柏拉图晚年曾企图反证毕达哥拉斯的论调，说所有的理念都是数学上的形式。

为“真”，甚至现实世界中，不管是过去或是未来，没有这种形状存在时，也是一样。依这种解释来说，抽象之物也同样是真的。一件件的善行都暂时存在过一段时期，而美德就思想而言，却亘古为真，并且是思想的工具。“美”“大”“相似”等抽象名词亦然，这些名词对心灵而言，是真，正如“大”和“类似”等对感觉而言是真一样。每一种行为和物体之所以被称为该行为和物体，是因为它多少含有该名称完整形式或概念的一部分。科学和哲学并非由单独的物体所组成，而是由理念所组成。历史之所以有别于传记，是因为它叙述的是“人类”的故事。生物学并非研究某一特定有机体的学问，而是研究“生命”的学问。数学研究的也不是具体的物体，而是数、关系、形状等这些脱离实体却适用于实物的抽象概念。哲学则是理念的科学。

在柏拉图的形而上学中，有“万物皆取决于理念”的理论。上帝——“不动的至上动者”，或称“世界的灵魂”——按照亘古不变的规律和形状，也就是组成新柏拉图学派称为逻各斯或“圣智”或“神心”的那些完美又不变的理念来运行和命令万物。理念之中最高者称为“善”。柏拉图有时称“善”即上帝本身。“善”更是创造的指引工具、万物的最高指标。察觉这种“善”，观察这种创造过程所塑成的理想是知识的最高目标。运动和创造均非机械性的，就跟我们一样，运动和创造在世界上也需要灵魂或生命的原理作为原动力。

只有具有力量的才配称为真，因此物质在本质上并不具备“真”的条件，只不过是一种惰性的原理、一个可供上帝按某种理念来赋予它某种特殊形状之物。灵魂是人体内一股可以自我移动的力量，也是万物之中可以自我移动的“灵魂”的一部分。灵魂是一种无形、不灭的活力。它先于肉体存在，并随身带来古代化身存在时所记忆的事物，这些所记的事物在新生命诞生后常被误认为是新知识。例如，数学上的真理就是本来如此的，听课所得者，不过是使他回想起灵魂早在几生几世以前所知道的罢了。人死之后，灵魂或生命的原理又飘向其他生物体内，是升是降则完全视前世的功过而定。犯过罪的灵魂可能就到炼狱或地狱内，有德者就到“福岛”。经过几次转世，灵魂的罪过完全洗清后，就可不再转世，踏入永恒的极乐仙境。

·道德家

柏拉图也明白他的读者中会有怀疑论者，有一阵子他想尽办法去寻求一种自然的伦理，而不借天堂、炼狱和地狱等来激发人们向善。他中期的《对话录》逐渐由形而上学转向道德与政治方面：“万般智慧中最伟大且最美妙的，莫过于治国齐家方面的大智。”伦理的难题很显然地存在于个人享乐与社会公益间的冲突。柏拉图对这一问题颇为持平，卡利亚为人的“自私”提出了比任何不道德的人所主张的更强烈的辩驳。他承认有许多享乐是好的，需借助智慧来判别何者有害何者有益。为了弥补年轻人智力的不足，我们应该再三叮咛他们养成自制的习惯，保持中庸之道。

灵魂或生命的原理有三个层面或三个部分——欲望、意志和思想，三者各有其美德——节制、勇气和智慧。此外，还需加上诚敬和公正——恪尽人对父母及神明的义务。所谓公正，可解释为整体中各部分的合作——个性中的各成分、国内的各人，各自适当地发挥他的功能。所谓“善”并不单指理智，也不单指享乐，而是两者按适当的比例和程度来融合，形成“合理的生活”。“至善”来自对永恒的形式和规则的知识的累积。就道德观点而言，“至善……要是真有其物的话，是灵魂热爱真理，一切为真理的那股力量”。爱好真理的人绝不会想以牙还牙，他一定觉得与其做出不公正之事，不如承受不公正的现实。他必然“走遍天涯海角找寻廉正不阿的人，结交无法以价值来衡量的朋友……真正崇拜哲学的人一定会禁绝一切肉欲，当哲学使他们净化，自罪恶渊薮中将他们拯救出来时，他们一定会觉得他们不应该拒绝哲学的影响，他们一定向着哲学，让哲学来引导他们前进”。

虽然柏拉图把所作的诗烧了，也失去他的宗教信仰，但他仍然是个诗人，还是个崇敬神明的人。他对“善”的观念还是充满了美学的情感和苦修者的虔诚。哲学与宗教在他身上成为一体，伦理和美学也无法分辨开来。随着年事的渐长，他越是无法看见不含善与真的美。他也打算在他的理想国里检查一切可能有不道德或不爱国趋势的艺术和诗歌，查禁一切修辞学和非宗教的戏剧作品，连荷马这个以不道德的神学来引诱人的作家也不容许。多利安式和弗里吉亚式的音乐可获允许存在，但是不许有复杂的乐器，也不许有名音乐家以卖弄的方式来制造“野兽般的声音”或新奇的玩意儿：

> 由于新音乐的介绍可能会危害整个国家，所以应该尽量避免，音乐界一受到干扰，最重要的几个政治机构也必然受到波及……一种新式的东西一旦逐渐占领某一据点，必然会悄悄地向礼仪风俗方面进军，而又从那里……继续推展，攻向法律和国法，显露出其狰狞的面目，直至将一切搞垮为止。

“美”和德行一样，也是因适度、调和、有序才会存在。一件艺术品应该像人的形体一般，头、躯体和四肢都以一个理念使其具有生机，使其统一。他认为：真正的“美”应该是智力的美而非形体的美，几何图形是“永远绝对的美”；因此，天堂的规律要比星星美。爱就是对美的追寻，它依肉体的爱、精神的爱或真理的爱可分为三个阶段。肉体的爱——指男女间的爱——为传宗接代是合法的，可算一种不朽，不过这仅仅属于爱的初步，哲学家不屑为之。至于男人之间或女人之间的肉体爱，因为有碍传宗接代，理应抑制才是。肉体爱可以用将其升华至第二阶段的精神爱的方式来抑制：在第二阶段里，老者喜爱幼者，因为幼者的美貌是使人想起永恒之美的象征，幼者敬爱老者，则是因其智慧为后来者打开了解与荣誉之门。不过爱的最高境界是“永远保有善意的”、追寻完整的人的永恒的理念和形式的绝对美的那种爱。所谓“柏拉图式的爱”（Platonic Love）指的就是这个，而不是男女之间那种无肉欲的爱——在这个时候柏拉图体内诗人和哲学家的气质融成一股求知的热望，一种对全世界的秩序、组织、生命和目标的“美景”（Beautific Vision）的神秘向往：

> 因为阿狄曼图全神贯注在真实事物之上，无暇顾视人间俗事，也无暇去与人类搏斗因而心生妒心或敌意。他目光所视者唯有固定不变的原则而已，这些原则既不伤害人，也不会被伤害，而是根据理智，有秩序地运行。他以此为榜样，并尽可能以这些原则来塑造他的生命。

·理想家

不过，柏拉图还是对人类事务感兴趣。他看见社会的美景，也醉心于那个没有堕落、没有贫穷、没有暴虐、没有战争的社会。雅典政治倾轧的痛苦使他颇感震惊，“失和、敌视、仇恨和怀疑永远循环不已”。他也跟贵族名门一样瞧不起富豪的寡头政治，“商人……对那些被他们毁了的人视若无睹，随时冷不防地把他们的刺螯——金钱——刺进他人体内，然后，收回数倍的本钱：这就是他们使得全国满是游手好闲和贫无立锥之地之人的方式”。然后，民主政体出现，因为穷人已征服了对方，杀掉了一些，放逐了一些，其余的则与穷人同享自由与平等。结果赞成民主的这些人也不比那些富豪高明：他们靠人多势众来赈济人民，自己则居高位。他们奉承人民，纵容人民，结果自由变成无政府状态的混乱，一切标准都因无处不在的粗鄙而贬值，风俗也因随便滥用和没遮拦的侮蔑而变粗俗。正如对财富疯狂的追求毁了寡头政治一般，自由的滥用也毁了民主政治。

> **苏格拉底：** 在这种情况下就会产生无政府状态，连每一户住家也都受到波及，最后连各种动物都不能幸免……当父亲的已习惯于和儿子处于同一地位……儿子既不敬畏双亲，也无羞耻之心……校

长怕学生、阿谀学生，学生轻视校长和教师……老少不分，年轻人与老年人平等，并且随时都可能和老年人为一句话、为一件事争胜。老年人……模仿年轻人。我也不该忘记谈到男女之间的自由平等……真的，连马驴都开始以享有自由人的权利和尊严的姿态昂首阔步……一切都可能随自由毁灭……

阿狄曼图：那么结果呢？……

苏格拉底：物极必反……自由过分，不管对国家或个人而言，都只有变成奴役……最令人讨厌的暴君，也是由于极端自由而产生。

当自由太过放肆时，独裁就会接踵而至。有钱人惧怕民主会榨取他们的钱财，因此协力来推翻它。或者由某个有进取心的人掌权，对穷人许下天大的诺言，然后组织一支私人军队来保护他，先宰了敌人再杀朋友，“直到他整肃了整个邦国为止”，然后建立独裁政治。在这种两个极端势力的冲突中，劝人保持中庸、彼此理解的哲学家的处境有如“被野兽包围的人”。要是他够聪明的话，他就一定“躲在墙角，任由狂风暴雨吹过”。

有些人处在这种情况下，就以过去自娱，著述历史。柏拉图则以未来自娱，塑造理想国。首先，他认为我们得先找到一位仁君，肯让我们与其子民一起试验。其次，我们得把成年人全部遣走，只留下维持治安及教诲年轻人所需的成人，因为长辈会使这些年轻人重蹈他们的覆辙。所有的青少年，不分性别、阶级，一律先施以 20 年的教育。课程内容包括神话——不是原有的那套不道德的神话，而是能使这些年轻人变得驯良、孝顺父母、忠于国家的那些神话。[1]20 岁时接受体

[1] 也就是说，柏拉图认为仅是自然的伦理是不够的。

能、智能和道德三方面的测验。考试不及格者列入理想国里的“经济阶级”——成为商人、工人和农人，这些人可以保有私有财产，并依能力的不同保有不同等级的金钱，但不许有奴隶存在。初试及格者再受10年的教育及训练，到30岁时再接受一次考试。复试不及格者成为军人，这些人不许有私人财产，也不许经商，住在军事管理的共产社区中。复试及格者用5年的时间研究各科“神圣的哲学”（divine philosophy），从数学和逻辑到政治和法律。到35岁，这些人学成之后才让他们回到社会上去谋生、去奋斗。到50岁时，这些还活着的饱学之士不经过选举，自动成为监护或统治阶层的一分子。

这些人有权而无财。理想国里没有法律，一切法律案件和争端都由这些“哲学王”（philosopher-kings）根据智慧来作判决，不受先例影响。为了避免他们滥用权力，这些哲学王不许有恒产，也不许有金钱、家庭或妻子。荷包的事由老百姓来管，刀枪的事由军人来管。这种共产并不民主，而是贵族式的，老百姓无力胜任，只有军人和哲学家才能做到。至于婚姻方面，每一阶层的人都必须严格遵奉监护人的这种优生誓约的约束：“最优秀的男女应尽可能和最优秀的异性结合，较劣的与较劣的通婚，而且各阶层的父母只能抚养该阶层的子女，因为只有如此，才能保持人种的优异。”小孩子一律由国家教养，享受同等教育的机会，各阶层的区分并非世代相传的。女孩也有和男孩同等的机会，任何政府机构不得以某人是妇道人家而不录用。柏拉图认为，由于有个人主义、优生学、男女平等的主张以及贵族政体等的结合，将可能产生一个哲学家乐于安居的社会。最后，他又下了一个结论：“除非哲学家可以为王，或是世界上的皇族都有哲学的精神与才华……否则城市必然因充满罪恶而毁灭，整个人类也不例外。”

· 立法者

柏拉图认为狄奥尼西二世正是他理想中的这种王子。他跟伏尔泰一样，认为君主政体优于民主政体，因为在君主政体下改革者只需说服一个人。为了使国家变好，“你必须假设那个独裁者，年轻、节制、领悟力强、记性好、勇敢果决、气质高雅……还要运气好，他必须与伟大的立法者生于同一时代，而某种巧合使他们两人碰在一起”。结果呢，正如我们所知，非常不巧。

柏拉图到晚年仍渴望当个立法者，他提出了第三等国家。他所著的《法律篇》一书，是欧洲现存法理学名著中最早的一本。柏拉图认为新城应设在内陆，以免外来的观念逐渐动摇该城的信念、国外贸易扰乱了它的和平、外来的奢侈品破坏了它自给自足的淳朴。该城自由市民的人数应限制为可以容易分组的 5040 人，另外还有他们的家人和奴隶。这些人选举 360 个监护人，这些监护人以 30 人为一组，轮流治理市政，为期一月。再由这 360 人选举 26 人组成“夜间议会”（Nocturnal Council），定期在夜间集会，制定重要法律。这些议员也负责为市民将土地划分成同等大小、不可分割且不可让渡的部分交给每一家人。至于监护人则“应设法防止雨水破坏土壤……并用工事和沟渠将水保存，且使灌溉溪流让干燥地区也有充分的水可供使用”。为了防止经济不平等，商业应减至最小限度。人们不得保存金银，也不得贷款取利。鼓励人人尽可能不靠投资谋生而成为农田上活跃的农夫。所得是土地价值 4 倍以上者应将多余之数上交国库，遗产的赠与权也应加严格限制。妇女受教育及参政的机会应与男人平等。男人必须在 30—35 岁间结婚，否则每年课以极重的罚金，只准在结婚后 10 年内生育子女。为维护人民的道德起见，饮酒与其他娱乐必须加以规定。

为了和平地达成上述目标，教育、出版及其他形成舆论和个人个性的诸种工具，皆应由国家完全控制。全国最高的官位为教育部部长。在教育方面，自由应由权威来取代，因为孩童的智力尚未发展到可任由其自由发展的地步。文学、科学及艺术作品均须经过审查，不得表现“议员”认为有危害公共道德与孝道的观念。由于只有借超自然的制裁与助力方能确保对双亲与法律的服从，因此哪些神明可以信奉、如何信奉、何时信奉等，均由政府决定。怀疑国教者会被囚禁，囚禁后仍然固执者会被处死。

长寿往往并非是福，对柏拉图而言，如果他在写下苏格拉底的控诉和未来审判的序言之前就死了，也许反而较好。他可能会这么辩护，说他喜爱正义更甚于真理，他的目标是消弭贫穷和战争，他只有借政府控制人民的方式才能达到这些目标，而这一切都需要武力或宗教才办得到。他觉得雅典道德与政治伊奥尼亚式的松弛，只有用斯巴达法典中多利安式的纪律予以补救。柏拉图的思想中老是为自由被滥用而操心，他觉得哲学是人民的警察和艺术的准则。《法律篇》一书使得原来活生生、现在却垂死的雅典屈服于莱喀古斯以来已经死了的斯巴达。既然连雅典最著名的哲学家对自由都几乎无法辩护，希腊也该进入王治的时代了。

在研究过这个大思想家以后，我们不禁惊讶不已。"理念"的理论成为经院派的"现实主义"，即"一般概念"（universals）的客观实质。柏拉图是一个先于基督教的清教徒。他怀疑人性邪恶，认为它是玷污灵魂的原罪。他把肉体和灵魂的合一分为邪恶的躯体和圣洁的精神，这种肉体和灵魂的统一在公元前 6 世纪与公元前 5 世纪曾一度是受过教育的希腊人的理想。他也跟基督教的苦修士一样，称肉体为灵魂的坟墓。他从毕达哥拉斯和俄耳甫斯教里得到东方人对投胎转世、因果报应、罪孽、涤罪以及"解脱"等的信念。在其晚期作品中，他采纳奥古斯丁的那种幡然悛改后的来世的语调。要不是他的散文写得那么完美，几乎还可能有人会说柏拉图不是希腊人哩！

柏拉图一直是希腊思想家中最受欢迎的一个，因为他也有和他们一样可爱的缺点。他和但丁一样有敏锐的感觉，他也能在残缺、无常的形体背后发现完整与永恒之美。他是个苦修者，因为他时时刻刻都必须抑制奔放的脾性。他这位诗人被想象力所控制、为怪念头所诱、为悲喜的观念所迷，因雅典自由的心灵生活带来智慧方面的兴奋而耳根通红。但是他命中注定既要当逻辑学家又要当诗人，他也注定要成为古人讲理性的人当中最杰出的一个，比埃里亚的芝诺或亚里士多德更为聪慧。他喜爱哲学甚于喜爱任何女人或男人。他也是命中注定要跟陀思妥耶夫斯基（Dostoevsky）的“大裁判官”一样，最后还是镇压一切自由理智，为了使人类生存下去而判决毁灭哲学。他自己很可能成为他笔下那个理想国里的第一个牺牲者。

亚里士多德

· 彷徨的岁月

柏拉图死后，亚里士多德为他建了一座祭坛，也给他一份近乎神明的殊荣，因为他虽然不可能像柏拉图，却的确爱过柏拉图。他从（色雷斯的）希腊小居留地的故乡斯塔格鲁斯来到雅典。他父亲曾经是菲利普的父亲阿弥塔斯（Amyntas）二世的御医——要是伽林（Galen）没说错的话。在把他儿子交给柏拉图以前，也教过他一点解剖学。思想史上的两个敌对潮流——神秘主义的和医学的——在这两大哲学家聚在一起时会合，也展开了一场格斗，要是亚里士多德不跟柏拉图学那么久（有人说是 20 年）的话，他可能会发展出完全科学化的精神。这个医生的儿子在他体内和柏拉图的弟子搏斗，结果谁也没赢。亚里士多德还是下不了决心。他在科学观察这方面所搜集的资料足够编一部百科全书，他曾企图把这些资料融入形成他学究式头脑的那种柏拉图式的模子里。他几乎每次都驳斥柏拉图，因为他每页都引用柏拉图的话。

他是个勤奋的学生，很快就被他老师注意到。据第欧根尼·拉尔修说，当柏拉图在学院里朗读他那篇有关灵魂的论文时，“只有亚里士多德听到最后，其余的学生纷纷离座”。柏拉图死后（公元前 347 年），亚里士多德到赫尔米亚斯的宫里去，赫尔米亚斯曾在“学院”里是他的同学，后来从奴隶摇身一变，自立为小亚细亚北部阿塔纽斯（Atarneus）和阿苏斯的独裁者。亚里士多德娶了他女儿皮西亚斯

(公元前 344 年)，就在他打算定居阿苏斯时，赫尔米亚斯被波斯人暗杀，这些波斯人怀疑他打算协助菲利普阴谋侵略亚洲。亚里士多德便带着皮西亚斯逃往附近的莱斯博斯，并在那里用数年的时间研究该岛的博物学。皮西亚斯为他生下一女之后逝世。后来亚里士多德和妓女赫皮莉斯结婚或同居，不过他至死还是深深怀念着皮西亚斯，临死前还要求把他骨灰埋葬她身旁。他并非我们从他作品中揣摩得来的那种冷冰冰的书虫。公元前 343 年，可能在年轻时曾在阿弥塔斯宫里认识他的菲利普邀请他教导亚历山大这个当时才 13 岁的野孩子。亚里士多德于是到培拉教了 4 年学。公元前 340 年，菲利普委任他指导斯塔格路斯（Stagerius）的复原和再殖民，该城自从和奥利苏斯战后一直荒芜着，也让他为该城制定法典。他的工作颇令该城居民满意，他们为纪念他重建该城之功而定了一个一年一度的节日。

公元前 334 年，他重回雅典——可能有亚历山大的资助——开办一所修辞与哲学的学校。他选定的校址是全雅典最豪华的体育馆——奉献给阿波罗·利赛尤斯（牧羊人之神）的数栋建筑物，四周环以阴凉的花园和有顶盖的走道。每天早晨他给正规学生上高级课程，下午则为一般人演讲修辞、诗歌、伦理学、政治学等。他在该校盖了一栋藏书颇丰的图书馆、一所动物园、一座博物馆。这个学校后来被取了一个名字叫“学园”(Lyceum)，而这些人和这派的哲学被称为“逍遥学派”(Peripatetic)，因为亚里士多德在与其学生讨论时喜欢沿着这些有顶盖的走道逍遥地走来走去。大部分学员是中产阶级的“书院”派和以贵族阶级为主的“学院”派，还有多数是殖民希腊的伊索克拉底派，三者之间展开了一场极为激烈的竞争。这场竞争因强调伊索克拉底的修辞学，“学院”的数学、形而上学和政治学，以及“书院”的自然科学而能及时平息。亚里士多德叫他的学生对每一门的知识都要搜集并加以调和：野蛮民族的风俗、希腊各城的法律、德尔菲和雅典的酒神节竞技优胜者名单年表、各种动物的器官和习性、各种植物的特征和分布地区，及科学史、哲学史。这些研究所得，就成为他撰写那么多不同种类的论文时引用的宝贵资料，只是有时也失之过分自信。

他也为门外汉写了 27 本通俗的《对话录》，西塞罗和昆体良都认为这些作品足以与柏拉图的媲美。古人之所以知道他，主要就是因为这些《对话录》。这些《对话录》在野蛮民族征服罗马的灾祸中受到波及。留至今日的，只是古代学者很少提及的一大堆既专业又极抽象，且无比拙劣作品的断简残篇，而且显然是在他死前 12 年间，根据他自己的演讲笔记或他学生的记录整理而成的。这些专科学问的摘要在公元前 1 世纪时由罗得斯岛的安得罗尼库斯（Andronicus）出版后才被“书院”圈外人士所知。虽然现存的只有 40 篇，第欧根尼·拉尔修却说还有 360 篇——可能只是短篇的专论。我们必须从这些学识的残灰余烬中寻找被后世尊为“大哲学家”的亚里士多德思想的蛛丝马迹。我们不期望发现他有柏拉图一般的才华和第欧根尼一般的机智，我们只能期望他有着如大商船一般能容的那么多丰富的学识以及能适应身为各君主的朋友，又领受他们年俸的人应有的那种保守性的智慧。[1]

[1] 现存的论文中最重要的可分为 6 大类：

1. 逻辑：《范畴篇》（*Categories*）、《解释篇》（*Interpretation*）、《前分析篇》（*Prior Analytics*）、《后分析篇》（*Posterior Analytics*）、《论题篇》（*Topics*）、《辩谬篇》（*Sophist Reasonings*）。

2. 科学

（1）自然科学：《物理学》（*Physics*）、《机械学》（*Mechanics*）、《论天》（*On the Heavens*）、《天象学》（*Meteorology*）。

（2）生物学：《动物史》（*History of Animals*）、《论动物部分》（*Parts of Animals*）、《论动物运动》（*Movements of Animals*）、《论动物移动》（*Locomotion of Animals*）、《论动物生殖》（*Reproduction of Animals*）。

（3）心理学：《论灵魂》（*On the Soul*）、《漫谈自然》（*Little Essays on Nature*）。

3.《形而上学》（玄学）（*Metaphysics*）

4. 美学：《修辞学》（*Rhetoric*）、《诗学》（*Poetics*）。

5. 伦理学：《尼各马可伦理学》（*Nicomachean Ethics*）、《尤迪米伦理学》（*Eudemian Ethics*）。

6. 政治学：《政治学》（*Politics*）、《雅典政制》（*The Constitution of Athens*）。

· 科学家

亚里士多德一向被认为主要是一个哲学家。事实并非如此，就算是换个角度来看吧，我们不妨认为他主要还是个科学家。

就拿下面这个例子来说吧！首先，他那好奇心就是对推理的过程和技巧感兴趣，对这些作了深刻的分析，使得他的“工具论”（Organon）——后人在他死后给他那些有关逻辑的论文取的名字——被采用作为逻辑教科书达2000年之久。他很想作清晰的思考，虽然在现存作品中他很少实现这个夙愿，他以半生的时间给他所用的术语下定义，然后他就觉得已解决了这一难题。他为“定义”这个名词下了很明确的定义，他说“定义”就是将某物或某观念依其所属的种或类命名（如“人是一种‘动物’”），并将该物或观念与其同种同类不同之处作出（如“人是‘有理性的’动物”）的详细陈述。他在考虑任何事物时最独特之处，在于有条理地把它最基本的纳入下面10个“范畴”之内：内容、量、质、关系、地点、时间、位置、所有权、主动性、被动性——许多作家发现这种分类法在增强他们微弱的思考力方面颇有助益。

他认为感官是知识的唯一泉源。哲学上所谓的一般概念是普遍的理念，并非与生俱来的，而是在观察同类事物后形成的。一般概念是观念，而非事物本身。他极肯定地立下一条矛盾对立的原则作为一切逻辑的公理：“在同一关系之中，某属性不可能既属于某物又同时不属于某物。”他揭发了诡辩家诱使我们去犯的那些思想上的错误。他批评先于他的那些哲学家，说他们的一般概念或有关一般概念的理论是凭空杜撰而来，并非来自对周遭事物有耐性的观察与实验。他理想中的演绎推论法是三段论法——三个命题合成一组，其中第三个命题（结论）必定随前两个（“大前提、小前提”）而来。不过他也认为，为了避免以未决定的问题为论据，三段论法应该先有广泛的归纳，以求其大前提成为可能。虽然他在哲学论文中往往迷恋于演绎法推理方式，但他仍赞颂归纳法，在其科学作品中累积大量独特的观察所得，并时而记下自己或旁人的实验所得。[1] 虽然他偶有错误之处，但仍然不愧为“科学方法之父”，也是目前已知组织合作科学研究的第一人。

他继承德谟克利特的未竟之志，继续研究科学，而涉猎之广泛几乎遍及每一门科学。他的数学和物理最差，几乎只限于基本原理的研究。他在其所著《物理学》中并不致力于新发现，而专心将所用术语如物质、运动、空间、时间、连续性、无限、变量和终点等解释清楚。运动和空间皆是连续的，而非如芝诺所想的由小至不可分的瞬间或部分组成。“无限”只是潜在存在着，而非真有其事。对于引起牛顿注意的惯性、重力、运动和速度等问题，他虽未能解答，却也已注意到了。他对力的平行四边形法则也有些观念，也提到杠杆原理：“离支点越远，则施力可更容易移动（物体）。”

他主张天体——当然是地球——是球形的，因为只有认为地球是球形的，才能解释因地球位于日、月之间所形成月食时月球的形状。他对地质学年代的判断极为精确。他说海陆之间定期发生沧海桑田的变化，只是缓慢得不易察觉。由于天灾或天然变换，使得无数的国家和文化出现，然后又告消失：“也许每一种艺术和哲学都曾一再重复发展至最高峰，然后又告毁灭。”“热”是地质与气象变化的主要因素。他大胆解释云、雾、露、霜、雨、雪、雹、风、雷、闪电、彩虹和陨石等现象。他的理论通常很怪异，不过他那篇有关气象的小论文的划时代意义在于：不借超自然力来解释天气的瞬息万变，而是找寻那些沿一定顺序、按一定规则循环的自然因素来说明。只有在发明了应用更广也更精密的工具可供观察、度量之后，自然科学才可能有进一步发展。

生物学是亚里士多德最拿手的，他在这方面观察最广最丰富，所

[1] 例如，他在《论动物生殖》一书（第四章第六节）中提及将幼鸟的双眼挖出，做眼珠再生的实验；并曾以某人的右睾丸切除后仍然可生下男孩及女孩来驳斥右边睾丸主生男孩、左边睾丸主生女孩之说。

犯的错误也最多。他最大的成就在于把前人针对这门有关生命的科学所留下的发现加以统一而建立起来。由于其弟子的协助，他搜集了爱琴海诸国动植物的资料，并做成科学史上第一套动植物标本。根据普林尼记载，亚历山大曾下令所有猎人、猎场看守人及渔夫等人供给亚里士多德所需的各类标本及资料，不得有误。这位哲学家为他对低等事物感兴趣一事辩解道："自然万物中各有奇观，瞧不起研究低等动物的人，理应瞧不起他自己。"

他将动物区分为有血（*enaima*）和无血（*anaima*），几乎相当于现代的"脊椎动物"和"无脊椎动物"。他又将无血动物再分为介壳、甲壳、软体动物和昆虫等类，有血动物再分为鱼类、两栖类、鸟类和哺乳类等。他研究的范围极为广泛：消化、排泄、感觉、运动、生殖，还有防卫等器官；鱼类、鸟类、爬虫类、猿猴类及数百种其他动物的种类与习性；交配期与哺养后代的方法；发情、月经、受精、怀孕、流产、遗传及双胞胎；睡眠与冬眠的方式……他对蜜蜂生活史的叙述极佳。他还有许多可疑的偶然观察，例如：牡牛的血比大多数动物的血凝结得快；有些雄性动物，尤其是山羊，听说会产奶；马不论雄雌，都是好色程度仅次于人的动物[1]。

他对各种动物生殖器官的构造和生殖习性特别感兴趣，对大自然在"无法保存各个单独个体时，以保存整个属类的动物"来达到种族延续的目的的诸多方式极为惊奇。他在这方面的成就在19世纪以前无出其右者。各种动物的生活集中在这两个焦点上——进食与生殖。"雌性动物体内有一个应该视为卵巢的组织，因为该组织含有厚而未分化的卵，在分化后成为许多卵。"[2]其中雌性的成分提供促成胚胎的

[1] 从《动物史》一书中的旁注可以知道，亚里士多德曾备有一卷解剖图，其中部分复制于"书院"墙上。亚里士多德在教科书中，以现代方式的字母标明图上各组织或各点的名称。

[2] 亚里士多德没能区别卵巢和子宫，不过他的说明在1669年史坦生（Stensen）的作品出现以前，实际上并没有出其右者。

材料和养分，雄性成分则贡献能力和动力。亚里士多德驳斥恩培多克勒和德谟克利特两人认为胚胎的性别全视子宫的温度或两种生殖成分中孰占优势的观点，他重新说明他的理论："只要成形（雄性）的因子占不了优势，以及缺乏足够温度来将物质加温以形成自身模样，那么此一物质将转而成为……雌性。"他又说："常有妇女一生 3 胞甚至 4 胞胎的，尤其是某些地区。当时的纪录是 5 胞胎，而这种情况有好几次都经证实不虚。从前有一妇女 4 次生产共得子女 20 人，而且其中大部分都长大成人。"

他在生物学方面预言了许多 19 世纪的理论。他相信胚胎的器官和特性，是由成年动物身上每一部分传递至再生的成分的细小质点（达尔文"泛生论"中的"小芽体"，gemmules）所形成。他也跟冯·贝尔（Von Baer）一样，主张胚胎中属于"类"的特性首先显现，其次才是属于"属"的特性，属于个体的则在最后才出现。他发表了一条使斯宾塞引以为豪的定律：生物的生殖力，大体说来，正好与其演进的复杂程度成反比地增减。他对小鸡胚胎的说明最能表现出他的才华：

> 有兴趣的话，不妨做此实验。取 20 来枚鸡蛋给几只母鸡孵化。然后从第二天起到孵出小鸡为止，每天拿走一枚鸡蛋，打破，并仔细观察……用一般的母鸡来孵化时，约在 3 天以后即见胚胎……心脏的样子看似有一点血斑，跳动的模样如有生命。心脏有两条内含血液的静脉以旋绕的轨道经过，上面带有来自静脉管的血样纤维组织的薄膜包住蛋黄……10 天后，小鸡的各部分都已清晰可见。

亚里士多德相信，人类的胚胎发育情形也和小鸡的一样："婴孩也同样躺在母体的子宫内……因为鸟类的天性也和人类一样。"他那"相似器官"（analogous organs）的理论使他认为动物界原是一体的：

“人的指甲是爪的相似器官，手是蟹类之钳的相似器官，鸟类的羽毛是鱼类之鳞的相似器官。”有时他提到接近进化论的说法：

> 自然界的万物由无生物转为生物的速度极为缓慢，我们无法画出一条明确的界线……在无生物之上的是植物，比起动物来，似乎是无生命的，但若与物质一比，却又极有生气。植物也有逐渐接近动物的趋势。海底有某些生物我们根本分不清它是动物还是植物……海绵再怎么看都像植物……有些动物扎于一地，有如生根，一经拔起，即告死亡……至于感觉，有些动物全无反应，有些反应不甚明显……因此，就在动物界，也有逐渐的分化存在。

他认为猿是介于人类和其他胎生动物之间的一种动物。他驳斥恩培多克勒突变的自然淘汰之说，认为进化方面并无偶然性存在，每一种生物发展的极限完全视各形、各种、各科表现其天性的力量而定。虽然可借外力加以安排，不过外力终究比不上体内的冲力或“实体”(entelechy) [1] 更能使其天性表露无遗。

和这些显赫的意见同时并存的，也有许多谬误之处，而且其中有些错误的严重，使我们不禁怀疑亚里士多德有关动物学的著作中掺杂有他自己的笔记和其弟子所记的。《动物史》一书就错误百出。他在书中写道：老鼠如在夏天饮水，会马上死亡；只有“加答儿”（鼻或喉的黏膜炎）和肠胃气胀可致象死亡；被疯狗咬了以后，只有人类不生狂犬病；鳗鱼不需要培育；只有人的心脏才会悸动；将几个蛋放在一起加以摇动，蛋黄必集中在其中央；蛋可浮于浓盐水表面。亚里士多德对动物的内脏比对人的内脏的了解更清楚，因为他和希波克拉

[1] 其词源为：“echo”意即“我有”，加上“telos”——“我的目标”或“目的”，再加上“en”——“在里面”。

底一样，似乎都不敢蔑视宗教的禁忌而去进行人体解剖。他认为人类只有 8 根肋骨，女人的牙齿比男人少，心脏的位置高于肺，司掌五官的是心脏而非脑部[1]，脑的功用是冷却血液。最后，他（或是某个令人厌乏的替身）把万物存在的目的的理论引申到令明智的人觉得可笑的地步。“很显然，植物是为动物而创造，各种动物又为人类而存在。”“老天为让我们休息而创造了屁股，因为四足动物站着不觉得累，而人类休息时需要座位。”不过，就连最后这段文字也显示出他是个科学家：他认为人类也是一种动物，因此，想找寻自然的原因来解释禽兽与人类在身体结构上的不同。总之，《动物史》是亚里士多德的力著，也是希腊公元前 4 世纪科学方面最伟大的著作。生物学方面在 20 个世纪以后才算有了可与之媲美的成就。

· 哲学家

不知是出于虔诚，还是出于对人类意见的审慎敬意，亚里士多德转而研究人类时，他渐渐不像是个科学家而像个玄学家。他为灵魂或生命所下的定义是“有机体的基本实体”，即有机体天生和命定的形态，它的冲力与生长方向。灵魂并非附于躯体之上或位于肉体之内的东西，而是与躯体共存共亡；灵魂就是躯体本身“自我滋补、自生、自灭的能力”；它是该有机体各种功能的总和；灵魂之于肉体正如视力之于眼睛。然而最根本的还是功能方面，产生各种组织的是功能，形成各种器官的是欲望，形成躯体的是灵魂：“一切躯体都可视为灵魂的器官。”[2]

灵魂分三级——营养的、感觉的和理性的。植物和动物，还有

[1] 他是受了脑组织对直接刺激无反应之骗。

[2] 亚里士多德又补上一句令人惊讶的理想主义的旁白：“就某方面来说，灵魂就是一切存在之物，因为万物若非观念即为思想。”屈服于柏克莱之后，亚里士多德也只有屈服于休谟了：“既然思想的程序是单一且又连续的，那么心灵也同样是单一而又连续的，整个思想和其组成分子——片断思考——也是一模一样的。”

人类，都拥有司营养的灵魂——自我滋养和体内生长的能力；动物和人类又另有感觉的灵魂——感官的能力；高等动物和人类又有“被动理性”的灵魂——单纯的智能；唯独人类拥有“主动理性”的灵魂——综合与创新的能力。最后，这种灵魂可以说是宇宙的创造与理性力量——上帝——的一部分或其衍生物，因此这种灵魂永远不灭。不过这种不朽是无形的；不死的是力量，而不是那个人；个人只是营养、感觉和理性诸种天赋组合而成的特异的有生有死的化合物；人类只有借生殖的方法达到相对的不朽，借死亡的方式来达到无形的不朽。[1]

就像灵魂是肉体的“形”一样，上帝也正是世界的“形”或“实体”，即世界的天性、功能与目的。万因（all causes）[2]最后必归返“无始之初因”（First Cause Uncaused），一切的动作也都必定归返“不动之原动者”（Prime Mover Unmoved）。我们必须为世界上的一切动物和力量找出一个假定的源头或开端，而这个泉源就是上帝。上帝除了是一切动作的总和与来源之外，也是自然一切目的的总和与目标。上帝既是“初因”（First Cause），也是“终因”（Final Cause）。[3]我们到处可以看见东西趋向特定的目的：犬齿长得尖是为了便于咬断食物，臼齿长得平是为了便于磨碎食物；睫毛翻动是为了保护眼睛，在暗处瞳孔扩大是为了容纳更多的光线；树根向地下长，树芽却向着阳光长。正如同一棵树由其天性、力量和目的带引向光一样，整个世

---

[1] 对亚里士多德这点矛盾的声明可能尚有别的解释。本书是采自《剑桥古代史》（*Cambridge Ancient History*）第 6 册第 345 页，格罗特所著《亚里士多德》第 2 册第 233 页及罗德（Rohde）所著《心灵》（*Psyche*）第 493 页的看法。

[2] 亚里士多德也和柏拉图一样认为万物的基本是“形”（eidos）而非形成后的物质，物质并非“实存之物”（real being）而仅是消极、被动的潜力，它只有在被“形”刺激与决定后方才获得特定的存在。

[3] 亚里士多德认为每一结果都是源于四因：物因（组成材料）、效因（动力或动作）、形因（性质）和终因（目标）。他举了一个特例：“人之物因为何？月经。”（卵的供应。）“效因为何？精液。”（授精。）“形因为何？天性。”（所含动力的天性。）“终因为何？所求之目的。”

界也由其天性、力量和目的带引向上帝。上帝并非物质世界的创造者，而是物质世界的能力之“形”。他并非在其后推动，而是一种内在的指导或目标，有如被爱者推动爱人者去爱他一般。最后，亚里士多德认为，上帝是纯粹的思想、是理性的灵魂，他在构成世界和上帝的本质的永恒性中注视着自己。

艺术的目的，一如形而上学的目的，在于捕捉事物的基本形式。艺术是生命的模仿和表现，却不是机械式的复制；它所模仿的是物质的灵魂，而非形体或物质本身；通过这种直觉及本质的反映，甚至连丑陋物体的再现都可以成为美的。美就是统一，就是全体中各部分的调和匀称。在戏剧方面，这种统一主要体现在情节的统一，情节的布局应以某一情节为主题，其他情节只能用来推展或衬托这一中心故事。要使戏剧作品突出，情节必须是高贵的或英勇的。亚里士多德对“悲剧”一词下了一个极著名的定义，他说：“所谓悲剧，就是借着有各种丰富辞藻的语言来表现英勇的、完整的且有某种分量的情节，用动作而不用叙述的方式来表现各角色，通过怜悯与恐惧来解除怜悯、恐惧及其他同类感情的负担。”悲剧在激起我们最深的感情之后，又以逐渐平息的结局来使这些感情平静下来，使我们的感情得到一次既无害又能使灵魂更深刻的发泄，不然这些感情可能会日积月累，最后酿成精神病或暴行。它使我们看见比我们的处境更悲惨的景象，使我们回家后一切悲痛都一扫而光。一般说来，默想任何真正的艺术作品都会带来快乐，使得灵魂拥有值得如此默想的资料正是文明的表征之一，因为“大自然除了要求我们应该有适当的工作可做之外，还要求我们能够荣耀地来享受我们的闲暇”。

那么，好的生活是什么呢？亚里士多德很坦率地答道：“是快乐的生活。”他在《尼各马可伦理学》一书中建议我们不要（像柏拉图一样）考虑如何使人向善，而要去想如何使人快乐。他认为除了快乐以外，一切事物的追求都另有目的，只有快乐的追求本身就是一个目的。持久的快乐有几个条件，如家世好、身体健康、容貌俊俏、运气好、名誉好、朋友好、金钱基础好，还有心地好。“绝对的丑人快乐不了。”“至于那些说什么只要人好，虽然一时受折磨或遭遇不幸，也会快乐的人，他们是在胡说八道。”亚里士多德以一般哲学家罕见的坦诚引述了希伦之妻问西摩尼得斯，智者与富翁两者孰好的问题时，西摩尼得斯回答说：“富翁好，因为我们常看见智者的时间多花在富翁家。”不过财富也只是一种工具，金钱本身只能满足守财奴，无法满足其他人；而且，富有只是相对的，很少能长时间满足一个人。快乐的秘诀就是行动——适合各人天性与环境的能量、精力的运动。美德是一种实用的智慧，对自己优点的明智评价。通常它是介于两个极端间的中庸之道，靠智力来发现，靠自制来实行。有一句典型的亚里士多德式的句子这么写着：“那些对他该生气的人和事生气，且能在适当时间、以适当方法生气一段不长不短时间的人，是值得夸奖的。”美德并非一种行动，而是做该做之事的“习惯”。起初应该用纪律来加强，因为年轻人对这些事情缺乏明智的判断，强迫的结果是美德会成习惯，成为“第二天性”，而且和欲望一样是他本人喜爱的。

亚里士多德的结论却与最初认为快乐存在于行动的论调相反：最佳生活是沉思生活。因为思想是人类的标志或杰出之处，“人类最恰当的工作是灵魂根据理智而进行的工作”。最幸运的人是那些能够使他的成功和学识、研究或沉思融合的人，这种人的生活最接近神明的生活。“想寻求无所倚之乐的人应到哲学中去找寻，因为其他的各种享乐都需借助他人。”

·政治家

正如伦理学是个人快乐的学问一样，政治学是研究群体幸福的学问。政府的功能在于组织一个社会，为大多数人谋最大的幸福。“国家就是自力更生以达到人生一切目的的国民的集合体。”国家是一种自然产物，因为“人类本是政治动物”。那就是说，人类的本能驱使人相互结合。“国的本质先于家与个人”：我们都知道人一生下来就属于先他而存在的社会组织，这个社会就依它的形象塑造这个人。

亚里士多德在和弟子收集并研究了158个希腊组织之后[1]，将这些组织分成三类：君主政体、贵族政体和荣誉政体，分别由有权力、有地位和有美德的人来治理。只要时、地、环境适宜，任何一种都可能是好的。只要统治者追求的是全体的利益而非统治者自身的利益，哪种政府都是好的；反过来说，如果情形正好相反，则都是不好的。因此，要是政府只谋求统治者的利益，而不谋求被统治者的利益，那么每种政体都会产生变质的类似物：君主政体沦为专制，贵族政体沦为寡头政治，荣誉政治变成由三教九流的百姓来治理的“民主政治”。要是唯一的统治者善良又能干，则君主政体是最佳的政体；要是他不巧是个自私的独裁君主，就会产生暴君专制——最恶劣的政体。贵族式的政府在一段时间内可能有益，不过贵族有日渐堕落的趋势。“时至今日，已很难再在贵族身上找出高贵的气质，这些人多已一无所长……天赋异禀者往往堕落为疯子，亚西比德和老狄奥尼西的后世即是例子。稳重的如西蒙、伯里克利和苏格拉底的后代，则堕落成傻瓜和笨蛋。”贵族政治衰微时，常被以财力来统治的富豪式荣誉政体所取代。这种政体优于国王或乱民的专制，不过还是落入那些致力于蝇头小利的追求、下贱地收取利钱而且十之八九都表现出对穷人无情地剥削的人手中。

民主政治——在此指由百姓治理的政府——与寡头政治同样危险，因为它是斗争中以穷人在权力方面暂时战胜有钱人的胜利为基础，必然导致自杀性的混乱。民主政体由小农来治理时表现最好，由都市里那些乌合之众的匠工和商人来治理时表现最差。“在许多事情中，多数人的判断比一个人来得正确，而且由于人多，就与水的量大一样，比较不容易腐败。”这个说法虽然不错，但是政府需要特殊才

[1] 这些研究之中只有1891年发现的《雅典政制》(*Athenaion Politeia*) 尚存。该文是一篇极佳的雅典政治史料。

能与学识，而“以匠工为生或受雇于人的用人不可能获得这方面的学识”，即名望、良好的训练和正确的判断。人非生而平等，“平等是公正的，不过只适用于同等地位的人”。若强制执行不自然的平等，则上层社会的人会立即骚乱；若不平等达到不自然的极端，则下层阶级就要立即造反。[1] 民主政体由下层阶级治理时，富人则被课税来负担穷人的财源。“穷人又提出同样要求，而就给予者而言，这笔负担有如填无底洞。”不过聪明的保守分子一定还是不会让百姓挨饿的。“在民主政体国家中，真正的爱国者应该留意不使大多数人太穷……他应该努力使他们享受永久的富足，由于这对富人也是有益的，因此公款中结余的部分应由穷人均分，使每一个穷人均可买得一小块田地。”

亚里士多德在几乎把取走之物完全归还后，提出了一些温和的建议，其目的不在于打造理想国，而是打造一个中上等的社会：

> 我们所要知道的是，到底何种政体、何种生活方式才是对一般团体最好，而不是使之适用于有优越美德的社会，因为美德并非人人所能企及，也不是适用于只有天性和运气方面占便宜的人才能享受的那种教育，更不是适用于可以任意凭空想象的计划，而是想使之适用于大多数人能够达到的那种生活方式，以及大多数城市能够建立的那种政府……要想以财产公有团体为基础建立政府的人，应该参考前人历年的经验，这些经验能够很明白地指点他这种计划是否可行，因为几乎一切事情都已经被发现……许多被一般人认为是平常的东西往往最容易被忽略掉，因为人经常会较关切自身的事物，而不关心他和旁人共有之物……首先必须掌握放之四海而皆准的通用原则，那就是说，一国之中希望新政府存在的人，应该多于反对者……于是，很显然的，一国之中的

[1] 亚里士多德认为，即使是奴隶制度也是合法的。因为心灵既然可以统治肉体，在智力方面优于他人者同样应该统治那些只在体力方面比人强者。

> 中产阶级的人数要是比富户或穷人多得多，这个国家的政府组织会最健全……只要中产阶级的人数太少时，不论多的是富户或穷人，人数多的总会压倒中产阶级，进而掌管公务……不管是富户压倒穷人或是穷人压倒富户，胜者总不会建立一个自由国家。

为了避免出现富户或穷人操纵的小气独裁政体，亚里士多德建议实行“混合体制”或“荣誉政治”——贵族政体和民主政体的结合，在这种政体中只有地主有投票权，强健的中产阶级则担当权力的平衡轮与支轴。全国土地应分为两部分：一部分属于整个团体共有，另一部分属于个人。全国公民皆可拥有私地，这些公民“分组在公共食堂里用膳”，只有他们有投票权或从军权。这些人的人数限定只占全国人口的少数——至多 1 万。“这些人不许做匠工，也不许以经商为生，因为这些职业都不高尚，又有损美德。”不过“他们也不许做庄稼汉……庄稼汉应该由另一批人来当”——大概是奴隶吧！这些公民负责选举政府官员，并在该官员任期届满时考核其功过。“颁布得当的法律应当对各类案件的疑难尽可能解释得详尽清楚，尽可能不使法官有自行决定的余地……”“由法律来管理要比由任何人管理来得好……把这种无上权力托付他人的人，就等于把这种权力交给一头野兽，因为人类的欲望时常使人变成野兽。感情会影响掌权者的决定，就算最好的人也不能例外，而法律则是没有任何欲望的理智。”一个混合政体的国家应该管理财产、工业、婚姻、家庭、教育、道德、音乐、文学和艺术各方面的事。“更需要的是，不使人口的增加超过某一数字……忽略了这件事就等于使国民全体都穷了一点。”“发育不全的残疾婴儿都不许养大。”在这些健全的基础上才开得出文明、宁静的花朵。“既然最高的美德是智慧，那么国家最主要的义务就是教导国民善用和平，而非将其训练成军事方面的人才。”

我们无须评判亚里士多德的作品。据我们所知，在他之前没有人曾对思想界有过这么令人难忘的贡献。当一个人研究的范围一广，只要他的总结可以增加我们对人生真谛的了解，那么他的错误再多都是值得原谅的。亚里士多德的错误——或我们误认为出自其手的作品中的错误——都很明显，也无须赘述。他虽是个逻辑学家，论理方式却不高明。他立下修辞学与诗学的规律，所著之书却紊乱无头绪，任凭想象力再丰富也解不开。不过，要是钻透这些冗赘之词，我们还是可以找到丰富的智慧，也可以发现他那于心智的国度里在智力方面开辟了几条通路的努力。他并没有真正奠定生物学或政治史或文学批评等学问的基础——本来就找不出起点——不过他在这几方面的贡献比我们所知的任何古人都大。他定下了许多科学和哲学方面的术语，这些术语的拉丁语形式使学术与思想交流便利不少——这些术语包括原则、格言、天赋、中庸、范畴、能、动机、习性、终点……正如佩特所说的，他是“第一个学者”。从他久居哲学方法和思维方面的王座一事可以看出他思想的丰饶以及见识的深远。他的伦理学及政治学论文，不论是在声望方面或在对后人的影响方面，都远超过其对手。就算把该扣除的全都扣掉，他仍是“学者之王”，也是人类智能范畴内的一个令人振奋的铁证，更是使那些努力想把人类散置的知识合组成一幅透视图和彼此间了解的桥梁的人觉得安慰的启示。

第四章 | 亚历山大

一个征服者的灵魂

亚里士多德在离开他那个皇家的弟子以后，他那知识分子的生涯和亚历山大的军事事业并驾齐驱，两者都是征服与综合的表现。也许是这个哲学家灌输到这个青年心中的那股对统一的热爱带给亚历山大的胜利一些庄严，更可能的是他父亲的野心遗传给他的那股决心由他母亲的血液把它融成热望。若想了解亚历山大，我们就必须永远记住：在他血管里有菲利普那股如醉酒以后的旺盛精力和奥林匹亚斯那股粗野的热情。还有，奥林匹亚斯自称是阿喀琉斯的后代。因此，那本《伊利亚特》对亚历山大有特殊的魅力。当他渡过赫里斯庞特时，他觉得他是在重踏阿喀琉斯的足迹，也自以为征服亚细亚是完成他的祖先在特洛伊城开始的工作。他历次征战都随身携带着一本亚里士多德评注的《伊利亚特》。他时常在夜里把它置于枕头底下，和他的短剑摆在一起，仿佛是用来象征他的工具和目标。

利奥尼达斯这个严峻的莫罗西亚人负责训练亚历山大的身体，利西马库斯则教他文学，亚里士多德想尽办法来形成他的心智。菲利普渴望着亚历山大能研究哲学，他说："这样你才不会又犯了我悔之莫及的许多错误。”在某种程度下，亚里士多德把他教导成一个希腊人。终其一生，亚历山大景仰希腊文化。他在某次狂欢宴会上杀死了克拉杜斯，他对与会的两个希腊人说：“你们和这些马其顿人坐在一起，难道不觉得自己像是野蛮人群中的神人？”

在身体方面，亚历山大是个理想的青年。他精通各项运动，他是径赛健将、勇敢的马术师、优秀的斗剑者、熟练的弓箭手、无畏的猎人。他的朋友希望他能在奥林匹亚举行的竞技会中参加各个赛跑项目，他回答说他很愿意参加，只要他的对手是各国的国王。别人都驾驭不了巨马布塞法路斯，亚历山大却办到了。据普卢塔克说，当菲利普看到这种情形时，曾拿这几句像是预言的话来赞美他：“我儿，马其顿对你来说是太小了，到外面去发展一个较能配合你身份、地位的大帝国吧！”甚至在行军时，他也把充沛的精力发泄在用弓箭射路旁的东西上，或是跳下他的两轮战车，然后再以全速重新回到车上。战事缓和时他就去打猎，而且常是光着脚丫子，独自与野兽搏斗。有一次在与一头狮子会战后，他很高兴听人说他刚才的遭遇仿佛是一场决定他俩谁是真王的决斗。他喜欢做难事与危险性大的事，总是闲不住。他嘲笑那些家里用人极多、自己没事干的将军。他对他们说：“我想，以你们的情形看来，你们大概不知道自己劳动的人比要别人服侍的人睡得香甜。你们可知道，在我们胜利后最需要的，是避开我们所征服的敌人的恶习与缺点？”他舍不得花时间去睡觉，他说：“睡眠与交媾只能使人觉察到他是会死的。”他饮食有节制，就在他临死几年前，饮酒还是很克制，虽然他也喜欢和朋友持杯畅叙。他鄙视美食，也婉谢人家找来的名厨，理由是：夜间行军使他早餐胃口大开，而轻淡的早餐又使他的正餐胃口大开。也许是生活有节制的关系，他的五官极为清秀，而他的身体和所吐之气，据普卢塔克说：“都芬芳得几乎可以使他所穿的衣服像洒上香水一般。”就算为他画像、为他雕像或为他塑像的人都为他的美加了夸大的润饰，我们从他同时代的人口中也可以知道他比早于他的任何一个国王都英俊，五官极富表情，有柔和的蓝眼珠，还有一头浓密的褐发。他帮着把刮胡子的习惯介绍到欧洲去，理由是胡子等于是让敌人方便逮住你的把手。他在历史上留下最深远的影响，也许正是这个小玩意儿。

在心智方面，他是个热忱的学生，只是太多职务缠身，使他的心智无法成熟。他也和许多活跃的实干家一样，悔恨他无法同时是个思想家。普卢塔克说："他有强烈的求知欲，而且这种求知欲与日俱增……他爱好一切读物、一切知识。"而在行军或作战终日之后，他更喜欢花上半夜的时间去与书中的学者、科学家神交。他有一次在写给亚里士多德的信上说："就我而言，我宁愿在优美的学问方面胜过他人，而不要在权力统治方面胜于他人。"也许是采纳了亚里士多德的建议，他派遣一队专人去探采尼罗河的资源，也拨出大笔经费资助各种科学研究。若非英年早逝，他是否可能有恺撒般清晰的智力或拿破仑般敏锐的理解力，我们无从得知。他在 20 岁登基后，就全神贯注于战争与行政事务上，结果至死都未再受教育。他能够侃侃而谈，不过当话题一离开政治与战争，马上就错误百出。虽说他身经百战，但是当时地理学方面的知识他似乎就不清楚。他有时也能脱离教条的束缚，但至死是个迷信的奴隶。他对挤满整个宫廷的预言者和占星家怀有极大的信心。在阿贝拉之役前夕，他曾和术士亚里斯坦特举行幻术的仪式，将祭品奉献给恐怖之神（Fear）。他面对人或野兽时了无惧色，却"极易被凶兆或怪事惊吓"，甚至会因而改变重大的计划。他虽能率领千军，征服并统治百万百姓，却无法控制自己的脾气。他从不学习了解自己的缺点和能力的限度，而宁愿让他的属下来夸他判断精明。他的生活充满了刺激与荣耀，喜爱战争，结果他的心灵从来不知和平为何物。

他的德行也彷徨在同样的矛盾之中。他本质上也是个善感多情的人，据说还长了一对"能熔化人的眼睛"。他有时也被诗歌和音乐带到忘我之境，对早年弹的竖琴也充满了感情。在被他父亲菲利普耻笑之后，他就不再弹琴。其后，好像是为了表现自我克制，他拒绝听军乐以外的任何乐曲。在性这方面他几乎可说是忠贞不贰，这与其说是他的原则倒不如说是他的成见。他那不停的忙碌、长途跋涉的行军、频仍的战争、复杂的计划和行政业务等重重负担已消耗他体力的大半，已少有余力来激起性欲。他虽娶了不少妻子，却把这当作是政治手腕的牺牲。他对妇女也会殷勤体贴，不过他却更喜欢和诸将领相聚。有一次，一个属下半夜里把一个美女带进他的帐篷，他就问她："怎么这个时候来？"她答道："我得先安顿我丈夫睡了。"亚历山大把她打发走后，臭骂他的侍从，说都是他们害他差点就成了一个奸夫。他似乎有点同性恋的趋势，对赫费斯提翁爱得几乎发疯，不过当塔拉斯的狄奥多鲁斯提议把两个长得很俊的男孩卖给他时，他送走了这个塔伦丁（Tarentine）包袱，请他的朋友告诉他，到底他们觉得他的灵魂有多低贱，不然怎么每一个人都向他做这类的提议。他对待朋友的温柔和关切有如常人对待恋人一般。我们所知道的政治家——更不用提将军了——很少有他那种淳朴的可靠和好心肠、坦诚的感情和心意，或是连对似曾相识的人和敌人也一样的慷慨。普卢塔克还提到他："偶尔也帮朋友写信。"因为他为人仁慈，因此颇受将士敬爱；他虽然拿士兵的命来赌，却不轻率为之；他看见士兵受伤也觉得是自己受伤一般。就像恺撒原谅了布鲁特斯（Brutus）和西塞罗、拿破仑宽宥富歇（Fouché）和塔列朗（Talleyrand）一样，亚历山大也同样原谅了卷款潜逃然后又回来请求他宽恕的财务大臣哈帕路斯。出人意料的是，这个年轻的征服者又任命他重掌财务大权，这一次，很显然的，结果甚为理想。公元前 333 年在塔尔苏斯时，亚历山大得了病，他的御医给他一份含泻药的饮料。这时送来一封巴门尼奥（Parmenio）寄来的信，信上向他警告说御医受大流士的贿赂来毒死他。亚历山大把信拿给御医，就在他看信的时候亚历山大把药喝下——结果并没有怎么样。他慷慨成性的声誉在战争中帮了他不少忙，许多敌人都甘心被俘，也有许多城市因此不怕被劫掠，在他到来时自动打开城门——然而他体内的残忍本性仍然存在，可悲的是他命中注定要毁在他的这种偶发性的残忍本性的发作之上。在把加沙城包围并攻下之后，由于被该城长期的顽抗所激怒，亚历山大下令把该城英勇的统帅巴提斯（Batis）的脚穿孔，并用铜环贯穿其双脚。然后，因为回想起阿喀琉斯而兴奋得如醉如痴，他就把这个已死的波斯人用绳子系在车后，以全速拖着他的尸体绕着城墙转。在他最后几年里，他为了稳定情绪而喝酒，结果这种求助于喝酒的方法使得他更加容易爆发盲目的残暴举动，每次事后又懊悔不迭。

他有一个特性支配着其他特性，那就是野心。在他年轻时，他曾经为菲利普的战功烦躁过，他向朋友埋怨说："当父亲的总喜欢在我们没准备好以前就把什么都做好了，害得你我都没有机会干一番轰轰烈烈的事业。"为了想有成就，他什么事都干，并且不畏艰险。在克罗尼亚，他是头一个攻击底比斯圣乐队的人；在格拉尼卡斯，他完全沉湎于他所谓的"与危险会战的热望"之中。这同样也变成无法驾驭的感情，战争的声音和景象迷惑了他，他忘却了身为将军的职责，往前冲向战况最激烈的地方，有好几次他手下的士兵怕失掉他而请求他回到后方去。他并非伟大的将军，倒是个勇敢的军人，他那不屈不挠的毅力配合他那股对不可能之事孩子气的不在意，使得他走向前所未有的胜利。他只提出构想，至于组织、训练、战术和战略等，则由他那些能干的幕僚将军策划。他带兵时所用的是丰富的想象力、天生雄辩的口才，以及随时随地诚挚地与士兵分担痛苦和困难。他无疑是一个很好的行政长官：他对以武力征服得来的这片辽阔的国土的治理是恩威并施，他绝对忠于他与各地统帅或各城市所订的和约，他不容许他所指派的人欺压臣民。在战事最激烈、最混乱的时候，他脑海中还是清晰地留着一个至死不变的远大目标：将地中海东部的地区融铸成一个文化总体，并以日渐扩展的希腊文明来统辖、来启迪。

通往荣耀的大道

亚历山大登基时，他发现他的这个帝国已濒于崩溃。北边色雷斯和伊利里亚的部族起而叛乱；阿托利亚、阿卡纳尼亚、弗西斯、埃里斯、阿戈利斯等也都背弃它们的忠顺；安布拉塞俄特勒驱逐了马其顿镇守该地的卫戍部队；阿尔塔薛西斯三世更扬言是他教唆谋杀菲利普的，而今波斯大可不必畏惧继承王位的这个乳臭未干的 20 岁小伙子了。当菲利普已死的喜讯传到雅典时，狄摩西尼全身做赴喜庆宴会的打扮，头戴花环，在元老会议上提议给刺杀菲利普的人一项荣誉王冠。而在马其顿也有十几个小团体图谋刺杀这个年轻的国王。

亚历山大以无比的魄力来处理这种内忧外患，结果先平定了内乱，并稳住了他以后功业的步伐。在把国内谋叛的主谋逮捕、斩首之后，他先南进希腊（公元前 336 年），数日之内就抵达底比斯。希腊诸城邦立即重新表示对马其顿的忠顺，雅典向他表示最深的歉意，赠他两顶王冠，并颁他与神明相等的尊荣。亚历山大在盛怒平息后宣布废除希腊的独裁政体，并令每一座城市应依各城市的法律规定自由生活。近邻同盟会议以该会的一切权利与荣誉担保，一如当年对菲利普的担保一般，除斯巴达外，希腊诸城邦在科林斯召开的大会宣布他是希腊人的统帅，并答应在亚洲战役（Asiatic campaign）中贡献兵源与物资。亚历山大返回培拉，将王城整理妥当，然后往北平定野蛮部落的叛乱（公元前 335 年）。他把军队带领到今日的布加勒斯特（Bucharest，罗马尼亚首都），并将其军旗插在多瑙河北岸。之后，他听说伊利里亚人正向马其顿进军，他就前进了 200 英里，越过塞尔维亚，包抄入侵者的后方发起突袭，将他们打败，并把伊尼利亚人的残余部队赶回他们的山区。

不过这时雅典也谣传着亚历山大已在多瑙河上战死的消息。狄摩西尼呼吁独立战争，并自认为为了推展他的计划，接受波斯大笔经费是名正言顺的。在他的教唆下，底比斯果然起而反叛，杀死亚历山大留驻当地的马其顿官员，并围攻驻扎在卡特米亚的马其顿卫戍部队，雅典派兵协助底比斯，并邀请希腊和波斯加入联合反抗马其顿的联盟。亚历山大对这次在他看来并非为争取自由而是忘恩负义的阴谋颇为震怒，立即将其疲惫的军队再度开回希腊。13 天后返抵底比斯，痛歼抗军。他将这个无法自卫的城市的命运交给其世敌——普拉蒂亚、奥尔霍迈诺斯、西斯比亚和弗西斯，他们一致认为底比斯城应被夷为平地，子民应贩为奴隶。为了给其他谋反者教训，亚历山大在命令上签了字，不过他坚持作为协议的条件是战胜的军队应该放过品达一家，并饶了教士和女祭司，还有那些能够证明他们确实曾经反对过这次叛乱的底比斯人的性命。后来他回想起此事颇觉惭愧，并且“一定会毫无困难地答应任何底比斯人的任何要求”。他以对雅典的宽大作为赎罪的一部分，他原谅了雅典违背一年前向他立下的誓约，也并没有强迫狄摩西尼和其他反马其顿的领袖非投降不可。他至死都对雅典保持着一种尊敬与爱护的态度：他把亚洲之战的许多战利品奉献在雅典的卫城，把薛西斯搬走的那些泰拉尼西德（Tyrannicide）雕像运回雅典，并在一次艰苦的战役之后说道：“啊！雅典人呀！你们相信为了得到你们的赞美，我曾历尽艰险吗？”

在重新获得斯巴达以外希腊诸城邦的效忠后，亚历山大回到马其顿，准备进攻亚洲。他发现国库几乎空空如也，菲利普时代留下了 500 塔伦（300 万美元）的赤字。他筹借了 800 塔伦，不是开始征服世界而是开始征服他的那笔债款。他也打算以希腊盟主的地位与波斯一争雌雄，不过他也知道有半个希腊都恨不得他早日被杀死。据说波斯人能够召集百万大军，亚历山大的远征军却不超过 30 000 步兵和 5000 骑兵。不过，这个新阿喀琉斯还是留下 12 000 名军人给安提巴特保卫马其顿与监视希腊，自己在公元前 334 年开始了历代诸王最勇敢、最富传奇性的伟业。他本可多活 11 年的，不过这就无法再看到家乡或欧洲了。在他的军队从塞斯托斯渡过达达尼尔海峡到达阿比多斯时，他自己选择了在西基昂角（Cape Sigeum）登陆，循着他认为是当年阿伽门农走向特洛伊城的原路前进。他沿途不断地把他背得滚瓜烂熟的《伊利亚特》中的词句引述给属下听。他在有名的阿喀琉斯坟墓上涂油使其神圣化，并用花圈为其加冕，然后按照古老的规矩裸体绕着坟墓跑。他大声叫道："快乐的阿喀琉斯！他在生前有过这么忠实的朋友，死后又有名诗人的赞颂。"他当场发誓，一定完成始自特洛伊的这场欧亚之间的长期战斗。

他屡建奇功的故事我们无须在此重述。他首先在格拉尼卡斯河与波斯的第一支分遣队遭遇，随即将之击溃。在这次战役中，有一个波斯人从亚历山大背后刺他时，克拉杜斯砍断那个波斯人的手臂而救了他一命，想象力丰富的学者可能会凭这类事情而对历史的演变做各种解释。在让部队休息之后，他又南进至伊奥尼亚，使这些希腊城市成为他保护下的民主自治政府。他们大多毫无抵抗地开了城门。他在伊苏斯遭遇了波斯的主力——大流士三世率领的60万大军。这次他又以拿骑兵攻击、拿步兵防御的战略取胜。大流士落荒而逃，留下财宝和家人，钱财被敬领，家人则受到侠义的护卫。在和平地取下大马士革（Damascus）和西顿（Sidon，古腓尼基首都）两城之后，亚历山大围攻泰尔城（腓尼基南部海港），当时港里停泊着一支波斯资助的庞大的腓尼基舰队。这个古城顽抗很久，结果使得亚历山大在夺下该城后颇为震怒，准许手下屠杀该城居民8000人、贩卖1.2万人为奴。耶路撒冷乖乖地投降，也得到较好的待遇，加沙奋战至最后一卒，全城妇女咸遭奸淫。

这支马其顿的常胜军在跨越西奈沙漠至埃及途中又恢复了昔日雄风，到埃及后，亚历山大对该国的神明表现出战术性的尊敬，他被埃及人视为老天派来解救他们、使他们不受波斯人统治的人物而大受欢迎。由于他深知宗教的势力大于政治的势力，他又越过另一沙漠到锡瓦（Siwa）绿洲去对阿蒙（如果其母奥林匹亚斯的话足以采信，那么这个神正是亚历山大真正的父亲）表示敬意。柔顺的教士依古礼加冕他为法老（Pharaoh），为托勒密王朝（Ptolemies）铺路。回到三角洲后，亚历山大想出或同意在尼罗河的一个河口建立新都的构想。这个建议也许是附近诺克拉蒂斯的希腊商人所提，目的是想为即将到来的埃及与希腊间贸易扩展寻找一个适宜的储运港。他勾画出亚历山大港（Alexandria）城墙的轮廓和主要街道的框架，决定埃及和希腊诸神庙宇的所在地。至于细节，则委托其建筑师狄诺克拉底一手包办。[1]

在返回亚洲途中，他在阿贝拉附近的高加梅拉（Gaugamela）和大流士那支由讲各国语言的人拼凑而成的大军碰头了，亚历山大因见对方人多而沮丧，他知道只要一次战败便将以前的多次胜利一笔勾销。他的士兵这么安慰他：“请陛下安心，不用惧怕敌人人多势众，因为他们连我们身上的那股羊膻味都受不了。”作战前夕，他先侦察了次日作战的地形，并以牲品祭神。亚历山大是胜定了的。大流士的乌合之众一遇到这些方阵，既无法前进，也不知如何来抵抗马其顿骑兵神出鬼没的攻击，阵势一破，随即落荒而逃，大流士也不是最后一个走的。当大流士的诸将认为他是个懦夫而把他暗杀掉时，亚历山大接受了巴比伦的归顺，拿走了该城部分财产，其中有一部分用来犒赏他的士兵，不过他也以对该城的神明表示恭敬的方式使得居民高兴，他颁令修复该城的神龛。同年（公元前 331 年）年底他已抵达苏萨，该城居民仍记得古时埃兰（Elam）的荣耀，因此以对救命恩人的方式来欢迎他。他保护该城不受抢劫，不过却拿他在大琉士地下室发现的 5 万塔伦（3 亿美元）中的一部分来慰劳将士。他也给普拉蒂亚（Plataea）城的居民一大笔钱，因为他们曾在公元前 480 年奋勇抵抗波斯人。对于希腊的亚洲城市，他似乎也把他出发征战时诱使他们“捐献”的钱退还给他们。他更自豪地向全世界的希腊人宣布他们已经完全脱离波斯的统治。

---

[1] 狄诺克拉底提议将 6000 英尺高的阿陀斯山（Athos）刻成一座亚历山大的立像，腰部以下没入海中，一手托着一个城市，另一手中握着一个港口，使亚历山大颇为高兴。只是这个计划始终没能实现。

他几乎尚未在苏萨歇脚，就马不停蹄地在隆冬翻山越岭去夺取波斯波利斯（Persepolis）。他的速度极快，结果在波斯人还来不及把皇家的财宝藏好之前就抵达大流士的王宫。这次他又失去理智，将这个壮丽的城市烧成灰烬。士兵掠夺民宅、强奸妇女、杀戮壮丁。也许这是由于他们在前进途中看见800个希腊人因为各种理由而被毁伤：有的被砍了腿，有的被斩了手，有的被割去耳朵，有的被挖去眼珠，才如此盛怒。亚历山大见此情景不禁落泪，赐给这些人土地，并指定仆从为他们工作。

亚历山大还不知足，他现在打算去完成居鲁士大帝当年未竟之志——压服那些游荡于波斯东部边境的部落。也许他是凭着他那粗浅的地理知识，想在神秘的东方那一头找到可以作为他所征服疆域的天然屏障的海洋。进入索格底亚那（Sogdiana）后，他碰上了一个村庄，这些村人的祖先勃兰基达曾于公元前480年将米利都附近庙里的财宝献给薛西斯。由于他自认是在替那个被洗劫的神明报仇，亚历山大下令屠杀全体居民，包括妇女和幼童在内，使得其祖先留下的罪孽在五代之后得到报应。他在索格底亚那、阿里安娜（Ariana）和巴克特利亚的几次战役虽然都造成了流血，却都无益；他也得了几次胜利，也得到一些金子，到处都把敌人抛在后面。快到布哈拉（Bokhara）时，他的部下逮到暗杀大流士的贝苏斯（Bessus）。亚历山大突然又自命为替“伟大的国王”复仇的人，把贝苏斯鞭打至垂死，再把他的耳、鼻割去，然后把他送往埃克巴坦那（Ecbatana）处死，方式是把他的双手捆绑在一棵树上，两脚绑在另一棵树上，而这两棵树早已先用绳子把它们连在一起，连接两树的绳子一砍断，这两棵树就把他的尸体撕成数段。每次离希腊更远一步，亚历山大就越来越不像个希腊人，越来越像是个野蛮民族的国王了。

公元前327年他翻越喜马拉雅山（the Himalayas）进入印度。这次是虚荣心和好奇心协力驱使他走进这个遥远的国度。诸将劝他不要去，部队也很不情愿地服从他的命令随他前往。在渡过印度河击败波罗斯（Porus）王后，他宣布他还要继续向恒河推进。但是士兵一致拒绝再前进。他向他们恳求，并且真像是阿喀琉斯的后裔一般，整整3天躲在帐篷里生闷气，不过士兵也实在受够了。他悲伤地回头，却不愿再朝着西方，因此很英勇地从怀有敌意的部落中打开一条血路前进，结果他的属下也因没能实现他的美梦而羞愧暗泣。他是第一个登梯爬上马利安（Mallians）城墙的人，在他和另外两个人跳进城墙以后，梯子折断，他们孤零零地陷入敌人的包围中。亚历山大带伤苦战直至支撑不住。这时墙外他的部队也已攻进城内，士兵前仆后继地保护着倒下了的国王。战争结束后亚历山大被抬回帐篷，而他的老兵在他经过时都亲吻他的衣服。经过3个月的调养，逐渐恢复健康后，他又重新沿印度河行军，最后终于到达印度洋。他就在那里调派部分军力由尼尔库斯率领沿水路前进，尼尔库斯在水性不熟的水域里的这段长途旅程中表现极佳。亚历山大则率领其余部队沿印度洋海岸向西北行军，越过格德罗西亚（Gedrosia）、俾路支（Baluchistan）沙漠。途中热死了几千士兵，渴死的更多。属下找到一点水，把它端来给亚历山大，但是他却有意把它泼到地上。当部队返回苏萨时，已经死了1万人，而亚历山大本人也差点发疯了。

一位神明之死

到这个时候为止，他已在亚洲待了9年，不过他的胜利给这个大陆带来的改变远不如亚洲的民俗给他本人带来的改变大。亚里士多德曾告诉过他，要待希腊人如自由人，待“野蛮人”如奴隶。不过，使他惊讶的是，他发现波斯的贵族都有一种在希腊暴乱的民主政体中难以找到的高雅的风度。他很羡慕那些“大王”（Great Kings）治理他们帝国的方式，也怀疑他那些粗鲁的马其顿人能否取代原有的统治者。结果他认为若要长远地保持征战的成果，只有让步，使波斯的贵族作为他领导阶层的人士，并给予他们行政方面的职位。他越来越为他这些新的臣民所迷，放弃了以治理马其顿人的方式治理他们的念头，也自认为是希腊—波斯的皇帝，其领土内的波斯人与希腊人地位平等，并以和平的方式来混合彼此的文化与血统。看来欧亚之间长期的争执可能会以一场婚宴来结束了。

其实，他的士兵当中早有好几千人娶了当地的妇女或是和她们同居了，难道他自己就不应该也同样娶大流士的女儿来生下一个可以统一两个王朝的国王，以使两国和解？他已先娶了巴克特利亚的公主珞珊娜，不过这倒是个无关紧要的阻碍。他向幕僚提起这个构想，同时建议他们也讨个波斯老婆。他们取笑他这种联合两国的想法，不过他们实在也离家太久，何况波斯妇女又是那么漂亮。因此，在苏萨一次盛大的婚礼（公元前324年）上，亚历山大同时娶了大流士三世的女儿斯塔底拉和阿尔塔薛西斯三世的女儿帕里萨底斯，就这样和波斯的两大皇族相结合，而他的幕僚当中也有80人娶了波斯新娘。其后不久，士兵当中也缔结了数千对类似的良缘。亚历山大给每一个新郎军官准备了一笔可观的聘礼，也帮结婚的士兵偿债——这笔开支总共（要是阿里安的统计数字可靠的话）是2万塔伦（1.2亿美元）。为了进一步推展联姻，他在美索不达米亚和波斯辟地给希腊殖民者，借以减少部分希腊城邦的人口压力，并缓和阶级斗争，于是产生了日后成为塞琉古（Seleucid）帝国主要部分的那些希腊的亚洲城市。同时，他征募3万波斯青年，施以希腊式的教育，并教他们希腊的战争操典。

可能是受到他这两个妻子的影响，他很快地吸收了东方的习尚。这可能是一次谦虚的败笔，也可能是他计谋的一部分。普卢塔克说："他在波斯先是穿上蛮（外国）服，这也许是为了使教化波斯人的工作更容易推展，因为到底入乡随俗最能引起当地人的共鸣……不过，他穿的不是米底亚的服装……而是介乎波斯型与马其顿型的中间型，这使得他的习性既不像马其顿型的那么雄劲，却又比波斯型的来得浮夸。"他的士兵一看到这种改变，也知道亚历山大是被东方征服了。

他们觉得他们已失去了他，也悲伤地怀念着先前他对他们的那种关切之情。波斯人尽可能来向他表示敬爱，以奉承来博他的欢心。马其顿人则因斗志被东方的奢华所软化，对他交代的事情每有怨言，他们忘了他的恩德，私议逃亡，甚至想暗杀他。他则开始喜欢上波斯的这种贵族治理的社会。

他变节或权谋的顶点是自封为神明。公元前 324 年，他向马其顿以外的希腊各城邦宣布，说他希望以后被公认为是宙斯阿蒙（Zeus-Ammon）之子。大多数城邦都顺从了，因为他们认为这只不过是个形式而已，甚至连顽固的斯巴达人也同意了，他们说："既然他想当神明，就由他去吧！"希腊人认为凡人成为神明也没什么了不起，当时人性和神性间的界限并没有现代神学这么大，很多希腊人如希波达米亚、俄狄浦斯、阿喀琉斯、伊菲吉妮娅和海伦等都曾跨越这道界线。埃及人一直认为他们的法老就是神明，要是亚历山大不肯和法老同样自命的话，埃及人可能反而会被他这种破坏先例之举弄得不知所措。被公认为在这方面很有研究的锡瓦、狄迪姆（Didyma）和巴比伦等地的教士，也都向他保证他身份的神圣。要是说亚历山大如格罗特所想的——自认为不仅是玄学上的神明，也是别的意义上的神明，那真是无稽之谈。他在自奉为神明之后，虽然的确变得越来越暴躁、越高傲，也确实坐过黄金宝座、穿过圣服，有时也拿阿蒙的角来装饰他的头部。不过，当他不拿世界来赌他的神圣时，他也会对自己的殊荣加以嘲笑。有一次在被箭射伤后，他就曾对几个朋友说："你们看，我流的也是血，不是神仙受伤时流出来的灵液。"他并没有把他母亲有关霹雳的故事当真过，这可从阿塔路斯责难他的身世时他怒火冲天，还有从他认为需不需要睡眠可分出是人或神这两件事可以看得出来。就连奥林匹亚斯在听说亚历山大把她的传说正式公开时也不禁大笑。她还问道："他不知几时才会不向赫拉造我的谣哩？"虽然他也有神性，他还是不断向神献祭——这是神界闻所未闻的事。普卢塔克和阿里安两人由于都是希腊人，也认为亚历山大为了更容易统治这一大批迷信极重、由各种不同种族构成的帝国，他自奉神明是理所当然的。毫无疑问，他认为要使统一两个敌视的世界推展得顺利些，只有先使他神圣化的声明获得上层人士的接受，才能使百姓尊敬他。也许他真想先以自己现身说法的方式，在他帝国里开始建立一种神圣的神话和共同一致的信仰，以便扫除帝国内信仰的迥异。[1]

马其顿军官不能领会亚历山大的政策。虽说希腊精神使他们在精神上获得解放，可他们还是无法作哲学上的容忍，他们觉得必须依他现在要求的方式来接近国王是一件可耻的事。他的幕僚中有一个大胆的军官——亚历山大最钟爱也最能干的将军巴门尼奥的儿子费洛塔斯（Philotas），就曾参与刺杀这个“新神”的阴谋。亚历山大在得到风声后把他逮捕，并用刑逼其供认其父。费洛塔斯被迫再在士兵面前重复自白，这些士兵就按照办理这类案件的惯例，立即用石头把他砸死。巴门尼奥也被传令兵以可能有罪、可设想为敌人的罪名处死。从那次事件以后，直到他死，亚历山大和他的部队间的关系越来越勉强——部队更不满现状，国王则更疑心、更严酷也更孤独。

他的孤芳自赏加上与日俱增的忧虑，使他日渐借酒浇愁。在撒马尔罕（Samarkand）举行的某次宴会上，曾在格拉尼卡斯救过他一命的克拉杜斯酒后吐真言，告诉亚历山大说他的胜利都是他的部下打来的，不是他一个人打来的，菲利普的成就比他大得多。同样喝得醉醺醺的亚历山大起身打他，幸亏托勒密·拉格斯（Ptolemy Lagus，即将成为埃及的统治者）及时将克拉杜斯救走。克拉杜斯却意犹未尽，挣脱托勒密，又回来继续他那激烈的演说。亚历山大于是掷来长矛将他戮死。在事后受到良心谴责的国王闭门三日，不食不饮，陷入歇斯底

[1] 卢奇安在他《亡魂对话录》（*Dialogues of the Dead*）中有过这种古板观点的记载：“菲利普：亚历山大呀！你无法否认你是我儿子；要是你真是阿蒙的儿子，你就不会死了。亚历山大：我也知道你是我父亲。我之所以接受神谕，是因为我认为这是个好办法……要是那些‘野蛮人’以为与他们相处的是神明的话，他们就不会抗拒。这使得我极容易就可以征服他们。”

里，并企图自杀。其后不久，曾经不公正地被亚历山大处分过的听差赫尔莫劳斯（Hermolaus）又密谋反叛，结果事发被捕受刑，招供并使亚里士多德的侄子凯利斯尼茨（Callisthenes）入罪。而凯利斯尼茨这个御用的远征军的随军史官，早因拒绝在亚历山大面前屈服，公开批评其东方色彩极浓的作风，并夸言亚历山大只有靠他凯利斯尼茨之笔才能为后世所知等事触犯了国王。亚历山大将他关了起来，7 个月后他死于狱中。[1] 这个事件了结了亚历山大与亚里士多德间的友谊，先前亚里士多德曾经为亚历山大辩护而在雅典险遭生命危险达数年之久。

最后，军中不满的情绪已接近公然叛变。当国王宣布他准备将军中老兵遣返马其顿、每人得到一大笔军饷时 [2]，他居然听见很多士兵都在咕哝着何不一齐遣返，因为他既然是个神明，大可不必借凡人来实现他的理想。亚历山大下令将暴动的主要人物处死，然后他向部队发表一篇动人（却是真伪可疑）的演讲，他在演讲中向全体将士提醒他们对他的帮忙和他对他们的照顾，然后又问他们当中谁身上的伤痕有他那么多，他身上有战争时所使用的每一种武器的伤痕。最后他答应他们全都可以回家，他说："你们回去告诉人家说你们遗弃了你们的国王，让他受被他征服了的外国人保护着。"说完之后他就退回屋里，拒绝接见任何人。他的士兵在懊悔之余，都来到王宫门前伏下，并表示除非他原谅他们，并答应让他们重新编入部队，否则他们不愿离去。最后他出现时，他们开始号啕大哭，并坚持亲吻他，在获得他的让步后，他们回营高唱感恩歌。

因为被这场感人的表演所蒙蔽，亚历山大又构想着进一步的战役和胜利。他打算征服隐藏着的阿拉伯，派人去探查里海（Caspian）

---

[1] 关于他所犯之罪与他的死亡，人言人殊。他留下 3 部主要作品：公元前 387 年至公元前 337 年间的《希腊史》（*Hellenica*）、《圣战史》（*History of the Sacred War*）和《亚历山大传》（*History of Alexander*）。

[2] 阿里安说，他们每人除了薪饷（一直发到返抵家门为止）外又加发 1 塔伦。

地区，更准备征服欧洲的“海格力斯之柱”（Pillars of Hercules）。不过他强健的体魄已因日晒雨淋与饮酒过度而渐转虚弱，他的精神也因幕僚的阴谋和部下的叛变而疲惫不堪。他的部队在埃克巴坦那时，他最亲密的同伴赫费斯提翁（Hephaestion）不幸病故。亚历山大极喜爱他，有一次大流士的皇后在走进亚历山大帐篷后，曾以为赫费斯提翁就是亚历山大而先向他鞠躬，这时候，年轻的国王也不以为意，文雅地对她说：“赫费斯提翁也可以说就是亚历山大呀！”言下之意仿佛是说赫费斯提翁和他本是二位一体似的。两人时常同睡一个帐篷，用一个酒杯，作战时也是并肩作战。而今的国王，认为他已有半个身子被撕毁，陷入无法控制的悲伤中。他伏在尸体上哭了好几个小时，削发以示哀悼，并曾绝食数日。他把那个擅离这个生病的年轻人而去观看竞赛的医生判处死刑。他更下令堆起一个巨大的火葬堆，以追悼赫费斯提翁之死，据说费用高达 1 万塔伦（6000 万美元）。他询问阿蒙的神谕，是否可以视赫费斯提翁为神明而崇拜之。在其后一次战役中，他下令屠杀全族来作为奉献赫费斯提翁亡魂的祭品。他每次想起当年阿喀琉斯并没有比其好友帕特洛克罗斯多活多久的往事时，便觉得自己似乎也已被判处死刑。

回到巴比伦后，他一天比一天更沉迷于美酒。有一晚在与军官狂饮时，他提议来一次饮酒比赛。普罗玛库斯痛饮 12 夸脱（1 夸脱等于 1/4 加仑）的酒而获得冠军，奖品是 1 塔伦的奖金，3 天后他就死了。其后不久，在另一次宴会上，亚历山大喝光一杯可装 6 夸脱酒的大酒杯里所有的酒。第二天晚上他又痛饮；那天夜里天气突然转坏变冷，他得了感冒，于是病倒床上。这一次整整病了 10 天，在这 10 天内亚历山大仍然继续指挥他的陆海军。到了第 11 天他就死了，只活了 33 岁（公元前 323 年）。将军们问他这个帝国交给谁时，他说：“给最强的人。”

就像大多数伟大人物一样，他也找不到一个能够继承他的人，因此他的伟业也就在他死后无疾而终。虽然如此，不过他的成就不仅广泛，而且比一般人所想象的来得远长。他扮演历史上应运而生的角色，结束了城邦政治的时代，也牺牲了许多地区性的自由，创建了欧洲空前整体性的稳定和秩序。他那种认为政府就是以宗教来维持各个不同国家间和平的专制主义的观念，直到近代国家主义和民主政治崛起前，一直弥漫着整个欧洲。他打破了希腊和“野蛮人”间的藩篱，更为希腊时代做好准备工作。他开亚细亚为希腊拓殖民地，建希腊居留地远至巴克特利亚。他将东地中海地区联合成一个大商业网，开放贸易，也刺激贸易的进行。他将希腊文学、哲学和艺术带到亚洲，而在他死前并不知道他同时也开辟了东方宗教压倒西方的通道。

他在达到巅峰时期去世真是死得其时，其后的岁月几乎只会带给他理想的幻灭。要是他真的再活几年的话，他可能只会遇到更多的挫败和更大的痛苦，也许会跟他开始时一样——学会喜爱政治手腕，而不再喜爱战争。不过他承担过多的事务，保持他征服得来的领土的完整和监视每一寸土地的紧张压力，可能已使他聪明的心智零乱。精力只是天才的一半，自律则是另一半，亚历山大却只有充沛的精力。我们会觉得他缺少了——虽然我们无权这么要求他——恺撒那种稳重的成熟或奥古斯都那种聪敏的智慧。我们敬仰他一如我们景仰拿破仑。因为他孤军与半个世界相抗，而且也鼓舞我们想及个人体内不可思议的潜力。我们对他有一种自然的同情，虽说他生性迷信又残忍，不过我们也知道，至少他是个慷慨、重感情的青年。他既能干又勇敢。他是在和他血液里面的那股使人发狂的野蛮作风的遗传对抗。在每一个战场，每一次流血时，他都没有忘记将雅典的文明之光点遍更大的世界的美梦。

一个时代的结束

当他逝世的消息传抵希腊时，反抗马其顿权威的革命到处爆发。被放逐后住在雅典的底比斯人组成了一支爱国军，围攻驻扎卡特米亚的马其顿卫戍队。在有许多人巴不得亚历山大早点死掉的雅典市区，反马其顿集团认为他们许的愿已经应验，为这个他们一度崇敬如神明的人之死而各个头戴花环，并大开筵席，据普卢塔克记载，他们还一面唱着“胜利的凯歌，仿佛他们是以自己的力量把他击垮似的”。

狄摩西尼在一段短时期内也是颇为神气。他在亚历山大征战时期不甚走运：他曾因收受哈帕路斯重贿而被控，并被拘入狱。他获准逃脱，随即在特罗仁度过 9 个月烦闷的放逐生活。如今他又被召回，并担任特使，赴伯罗奔尼撒为雅典招募争取自由战争的友军。这支联合军向北推进，在格兰农和安提巴特遭遇，旋即被击败。这个胜利的老兵因为缺乏亚历山大那种对雅典文化的感受，对该城订下最苛刻的条件，要求雅典偿付战争费用，接受马其顿的卫戍部队，放弃民主政制和法庭，将家产总值不足2万德拉克马的市民（2.1万人中的1.2万人）放逐至殖民居留地，并褫夺其公权，交出狄摩西尼、希波拉底斯和另外 2 名反马其顿的演说家。狄摩西尼逃到卡劳利亚一座庙宇内寻求庇护。在马其顿追兵包围下他喝下一小瓶毒药，结果在未能勉强爬出圣殿前就已气绝身亡。

在这悲惨的同一年，亚里士多德也走到人生旅途的终站。他在雅典早已不受欢迎：“学园”和伊索克拉底的学派都讨厌他这个批评家和对手，而爱国者则视他为亲马其顿派的首领。于是，他们利用亚历山大逝世这个机会控告亚里士多德不敬神，他们拿出他所著书中异端的文字当作证据。他也被控给予独裁者赫尔米亚斯以神明的殊荣，因为赫尔米亚斯是个奴隶出身的人，不配当神明。亚里士多德默默地离开雅典，他说他决不再给雅典有第二次违犯哲学的机会。他回到他母亲在查尔西斯的家，让提奥夫拉斯图斯来接管“讲堂”的事务。雅典人通过判他死刑的议案，不过他们却既没机会来执行他的死刑，也无此必要了。因为不知是他的逃命使得胃病加重或是如某些人所言服了毒，总之，亚里士多德在离开雅典数月后就逝世，享年 63 岁。他的遗嘱可以说是他对第二个妻子、他的家人和他的奴隶关切的典型。

希腊民主政治的结束，说它是横死固可，说它已乐享天年也无不可，而其致命的因素则是其政治体系中的混乱，马其顿的武力只不过是给它加上致命的一击而已。城邦政治实在已无法解决政府的难题：它既不能维持内部的秩序，又不能抵御外来的侵略。虽然高尔吉亚、伊索克拉底和柏拉图等人都请求过用多利安的纪律来驯服伊奥尼亚的自由，城邦政治仍无法找出办法以协调地区性自治与全国性的权力和稳定；而诸城邦对自由的爱好本来并不妨碍对帝国的情感。阶级间的战争越演越烈，越发不可收拾，结果使民主政治变成通过立法强取豪夺的竞赛。昔日本为高贵组织的公民大会也已降格成为一群乱民，他们仇视一切优越的事物，反抗一切拘束，欺善怕恶，专作对本身有利的决定，课税之重达到连有创造力、有事业心和勤俭的人也一并压榨的地步。菲利普、亚历山大和安提巴特等人并没有毁灭希腊的自由，是希腊的自由自己毁了自己。希腊人所创建出来的秩序继续维持了好几个世纪，也传播到埃及和东方——救了这个本该亡于自身专横的无政府状态的地区的文化。

不过寡头政治或君主政治的情形是否好些？“三十僭主”在其掌政的数月间对生命、财产的暴虐有甚于民主政治在其先前数百年间所造成的。而民主政治在雅典制造混乱的同时，君主政治也在马其顿制造混乱——有十几次的继位之争、近百次的暗杀、近千次干涉自由的记录——却不设法挽回文学、科学、哲学或艺术的光荣。希腊城邦的弱小对个人而言，如果说在肉体方面不是个福音，至少在精神方面必然是个福音。自由的代价虽然昂贵，却促成了希腊人在心智方面的成就。个人主义摧毁团体的同时也刺激了个性的发展、精神方面的探讨以及艺术的创造。希腊的民主政治腐败无能，命中注定要灭亡。不过在民主政治瓦解后，人们才发现它在黄金时代有多美好，其后的古人在回看伯里克利和柏拉图时代的这几个世纪时，都认为那不但是希腊的黄金时代，更是人类历史上最辉煌的时代。

第一章至第四章历史大事年表

公元前

399—360	阿格西劳斯为斯巴达王
397	锡拉库萨与迦太基之战
396	昔兰尼的阿里斯提波及雅典的安提西尼，俱为哲学家
395	雅典重建“长墙”
394	克罗尼亚的克尼都斯战役
393	柏拉图的《申辩篇》；色诺芬的《回忆苏格拉底》；阿里斯托芬的《公民大会妇女》
391—387	狄奥尼西征服南意大利
391	伊索克拉底开班收徒
390	埃瓦戈拉斯使塞浦路斯使用希腊语法
387	《安塔尔西达斯和约》或《国王和约》；柏拉图访问塔拉斯数学家阿基特萨和狄奥尼西一世
386	柏拉图建立书院
383	斯巴达占领底比斯的卡特米亚
380	伊索克拉底的《泛希腊集会演说辞》
379	伯罗比达斯和米隆解放底比斯
378—354	第二雅典帝国
375	数学家西阿泰德
372	西诺波的哲学家第欧根尼
371	伊巴密浓达在留克特拉获胜
370	埃维亚的胚胎学家狄奥克莱斯；克尼都斯的天文学家欧多克索斯
367—357	锡拉库萨的独裁者狄奥尼西二世；狄翁计划改革
367	柏拉图拜访狄奥尼西二世
362	伊巴密浓达战胜并死于曼提尼亚

361	柏拉图三访锡拉库萨
360	雅典的普拉克西特列斯及帕罗斯的斯哥帕斯，俱为雕刻家；西梅的埃福罗斯及希俄斯的泰奥彭波斯，俱为史学家
359	马其顿的菲利普二世摄政
357—346	雅典与马其顿之战
357—346	狄奥尼西二世被放逐
356—346	第二次圣战
356	亚历山大大帝诞生；艾菲索斯神庙被焚；伊索克拉底的《论和平》
355	伊索克拉底的《泛雅典娜集会词》
354	暴君狄翁被刺
353—349	哈利卡纳苏斯的灵庙
351	狄摩西尼的《驳菲利普一世》
349	菲利普进攻奥利苏斯；狄摩西尼的《关于奥林匹斯事务的演说》(1)(2)
348	庞托斯的天文学赫拉克利底斯；斯珀西波斯继承柏拉图为其书院负责人
346	狄摩西尼的《论和平》；伊索克拉底的《致菲利普函》
344	第莫莱昂拯救锡拉库萨；狄摩西尼的《驳菲利普二世》
343	埃斯基涅斯的受审及开释
342—338	亚里士多德担任亚历山大的私人教师
340	第莫莱昂击败迦太基人
338	菲利普在喀罗尼亚打败雅典人；伊索克拉底去世
336	菲利普被刺；亚历山大及大流士三世即位
335	亚历山大火焚底比斯，并开始波斯战役
334	亚里士多德创办讲堂；格拉尼卡斯河之役
333	伊苏斯之役
332	泰尔的被围及陷落；耶路撒冷的投降；亚历山大城的建立
331	高加梅拉（阿贝拉）之役；亚历山大抵达巴比伦及苏萨
330	西塞昂的画家阿佩莱斯；阿尔戈斯的雕刻家利西帕斯；埃斯基涅斯进攻克特西芬；狄摩西尼的《论王权》
329—328	亚历山大进攻中亚
327	克拉杜斯去世
327—325	亚历山大抵达印度
325	尼尔库斯的航程
324	狄摩西尼被放逐
323	亚历山大之死；拉米亚之战
322	亚里士多德、狄摩西尼及第欧根尼去世

第五章 | 希腊与马其顿

权势的争夺

历史学家将过去分成不同的时代、年份与事件，正像普通人将世界分成不同的团体、个体与情况一样，但历史与自然界相同，只表现变化中的连续性，如拉丁文名言所说：*historia non facit saltum*——历史不跳跃。大希腊化世界中的希腊（Hellenistic Greece）[1]并未感到亚历山大之死是一个“时代的终点”，却将他视为“现代”的开始及一段精力充沛的青年时代的象征，而非衰老的因素。当时的人深信大希腊已达到其最丰硕的成熟状态，且深信其领袖人物除了不能与难以匹敌的亚历山大王相比之外，实与过去任何领袖同样伟大。这在许多方面看来，确属实情。希腊文明并未与希腊自由同归于尽；相反，由于大帝国的形成，消除了交通、殖民及贸易上的政治障碍，使希腊文明征服了新的地区，且向三方面蔓延。进取而机敏的希腊人成千上万

---

[1]“Hellenistic”的词根“Hellenist”意谓亚历山大征服之后各地用希腊语、研究希腊语、研究或崇拜希腊文化的人。历史学家用“Hellenistic”形容当时希腊文明所及地区的事物，借以区别于希腊本土。此词在其他史书中有译为“希利尼”的，本章则译为“大希腊世界”、“大希腊时代”或“大希腊”。

地移入亚洲、埃及、伊庇鲁斯、马其顿，不仅伊奥尼亚族再度兴盛，希腊血统、语言与文化也传到小亚细亚内部，进入腓尼基与巴勒斯坦，经过叙利亚与巴比伦，横越幼发拉底河与底格里斯河，甚至抵达巴克特利亚与印度。希腊精神显示了前所未有的热力与勇气，希腊文学与艺术也赢得了空前的胜利。

也许这便是历史学家惯于以亚历山大来结束希腊历史的原因。他死了以后的大希腊世界，疆域太广，情形太复杂，无法作任何统一的观察及一贯的描述。当时有三个主要的王朝——马其顿、塞琉古与埃及，有上百个独立程度不同的希腊城邦，有错综复杂的联盟与协约组织，有一半希腊城邦散布于伊庇鲁斯、朱迪亚、帕加马、拜占庭、比西尼亚、卡帕多西亚、加拉提亚、巴克特利亚等地，在西方则有希腊的意大利和西西里——分布在古老的迦太基和新兴的罗马。亚历山大无根基的帝国由于语言、交通、风俗、信仰的维系过于松弛，以致不能在他死后继续保持团结。他留下几员大将，无一甘居臣位。新帝国广大的疆域与各地不同的境况，使一切民主思想不能存在。希腊人所了解的自治是设想小城邦里的公民能定期来到一处共同地点集会，况且民主的雅典的哲学家不是曾指责民主政制是无知、猜忌与混乱的舞台吗？亚历山大的继承者都是马其顿军队的将领，久已习惯于武力统治。民主观念除偶尔出现在与其僚属商议之中，从未进入他们的头脑。在几次较小的武装斗争中消灭了较弱的竞争者之后，他们将帝国分为 5 个部分（公元前 321 年）——安提巴特占有马其顿及希腊，利西马库斯占有色雷斯，安提柯占有小亚细亚，塞琉古占有巴比伦，托勒密占有埃及。他们未曾费神去召开会议以求得希腊诸邦的承认。从此以后，除了希腊境内一些不时的插曲及罗马的贵族共和之外，君主政体一直统治着欧洲，直到法国大革命为止。

民主的基本原则是自由，自由招致混乱；君主的基本原则是权力，权力招致暴政、革命与战争。自菲利普到珀耳修斯，自喀罗尼亚到皮特娜（公元前 338—前 168 年），既有诸城邦的对内、对外战争，又有诸王国的对内、对外战争，皆因统治权诱惑了上百的将军争夺王位。在大希腊时代的希腊境内，暴乱流行，雇佣兵队长的众多与显赫，就像在文艺复兴时代的意大利一样。安提巴特死后，雅典发生叛变，年老的福基翁曾以安提巴特的名义尽可能公正地统治雅典，却遭杀害。安提巴特之子卡桑德为马其顿收复了雅典（公元前 318 年），并将公民特权扩及拥有 1000 德拉克马以上财产的人民。他死后，留下哲学家、学者兼艺术爱好者法勒鲁姆人德米特里作为其操政者。德米特里为该城带来了 10 年的繁荣与和平。此时的独眼巨人安提柯一世，梦想在他那只独眼之下统一整个亚历山大的帝国，但是他在伊普苏斯被一支联盟军队所击败，小亚细亚也被塞琉古一世夺去了。他的儿子德米特里从马其顿的统治下解放了希腊，带给雅典 12 年的民主，他以受爱戴的客人身份住在帕特农神庙，挟妓同居。据说他那种过分的热情，曾逼使几个青年拼起命来。[1] 他的海军在塞浦路斯击败了托勒密一世（公元前 306 年），又用新攻城器具围攻罗得斯岛 6 年，未能成功。他自立为马其顿国王（公元前 294 年），用卫戍军结束了雅典的自由，以后卷入新的战争，被塞琉古俘虏，最后纵饮至死。

4 年之后（公元前 279 年），一群凯尔特人或高卢人在布伦努斯 [2] 率领之下，利用地中海东部权势争夺所造成的混乱局面，经由马其顿进军希腊。据帕萨尼亚斯说，布伦努斯“指出衰弱的希腊，其城市的巨额财富，神殿中谢恩的奉献物品，大量的金银”。同时，马其顿本身爆发了由阿波罗德路斯领导的革命，一部分军队也参加了，并帮助愤怒的贫民劫掠富人。高卢人无疑是由希腊内奸引导，通过了色摩比利山周围的秘密隘路，不分青红皂白地杀戮与劫掠，进抵德尔菲神殿。他们在此被一支希腊军队及一次暴风雨击退。希腊人深信这次暴风雨是太阳神阿波罗保卫其神龛的行动。布伦努斯撤退后羞愧自杀。

[1] 达摩克利斯（Damocles）被德米特里到处追捕，即将被捉之际，跳入一锅沸水中自杀。但我们不可从这一件美德的事例而错误评价雅典人。

[2] 此人非公元前 390 年侵入意大利的布伦努斯。

生还的高卢人退入小亚细亚。帕萨尼亚斯记述当时的情景如下：

> 他们杀戮所有的男人、老妇人及母亲怀中的婴儿，饮其血，取肥胖婴儿的肉以供欢宴。节烈的妇人、处女纷纷自杀，生存者遭受一切方式的污辱……有些妇女冲向高卢人的剑以求速死，其余的人则死于食物与睡眠的缺乏，因为残酷的野蛮人不断轮奸她们，甚至在垂死或已死的女人身上发泄兽欲。[1]

住在亚洲的希腊人遭受多年的蹂躏之后，买通了这些侵略者，劝他们退往弗里吉亚北部（他们在此的定居地后来称为加拉提亚）色雷斯及巴尔干。高卢人曾向塞琉古一世及地中海亚洲海岸与黑海区诸希腊城市收取贡金历两代之久，仅拜占庭便每年付出相当于 80 塔伦（24 万美元）的巨款[2]。公元前 3 世纪，帕加马、塞琉古及马其顿的国君与将领曾将其大部资源与精力用于击退屡次来侵的凯尔特人，正像 3 世纪罗马的皇帝与将领用于逐退野蛮人的侵袭一样。古代文明在其整个历史中一直生存于野蛮势力的边缘，这种势力好比一个大海，屡次威胁着要将文明淹没。好在希腊公民蓄积已久的坚忍的勇气帮助他们克服了危险。可惜斯多葛主义刚好在形成其古典律则及其名称时，希腊人实际的坚忍精神已趋于死亡了。

安提柯二世是德米特里之子，曾被人称为“贡那特”（Gonatas），原因已不可考。他将高卢人逐出马其顿，并平定了阿波罗多鲁斯的叛变。他贤明而温厚，统治马其顿 37 年（公元前 277—前 239 年）。他奖励文学、科学与哲学，曾将索里人阿拉托斯之类的诗人召入宫廷，且与斯多葛派的芝诺保持终身的友谊。他是第一位哲人国王，以后这

[1] 我们没有高卢人关于这些事情的记录，也没有“野蛮人”所记关于希腊人侵入亚洲、意大利或西西里的史料。

[2] 在以后内容中，为适应大希腊时代物价的上涨，每 1 塔伦的价值估计为相当于 1939 年美国的 3000 美元。

种传统一直断断续续地维持到马可·奥勒留为止。然而就是在他的统治时期，雅典作了争取自由的最后一次努力。公元前 267 年，雅典的民族派在芝诺的青年弟子克瑞莫尼领导之下夺得政权。他们获得埃及的援助，逐出马其顿军队，宣布了雅典的解放。安提柯二世悠闲地率师南下，夺回这个城市（公元前 262 年），但由于他尊敬哲学与老年，对待雅典非常宽厚，他只在比雷埃夫斯港、萨拉米斯岛及苏纽姆镇三处留置戍军，并禁止雅典参与联盟或战争，至于其余的事情，他让这个城市享有完全的自由。

希腊其他诸邦也正以各种方法解决自由与秩序调和的问题。北边的小邦阿托利亚，其人民与马其顿一样是半野蛮的和从未被人征服的山地民族，在约公元前 279 年开始将希腊北部诸城——主要为共同崇奉太阳神的城邦——组成阿托利亚联盟。同时，由帕托拉、德米、佩来纳及其他南部城市所组织的阿哈伊亚联盟也吸引了伯罗奔尼撒半岛上许多城市加入。任何一个联盟的会员皆可各自管理其地方政府，但军队及外交关系则交给联邦会议与盟军统帅。联邦会议与盟军统帅皆为民选，凡是能赴阿哈伊亚联盟艾吉亚城或阿托利亚联盟泰莫斯（Thermus）城参加年会的公民，皆可参加选举。各联盟维持了和平，建立了共同的度量衡制度及全区通用的钱币，这些合作的成果使公元前 3 世纪的政治在某些方面胜过伯里克利的时代。

后来阿哈伊亚联盟在西塞昂人阿拉托斯领导下成为第一等的强权组织。狄密斯托克利年方 20 时，便率领很少的人发动夜袭，使西塞昂脱离了独裁者的统治。他运用口才与巧妙的外交，说服了除斯巴达与埃里斯以外的伯罗奔尼撒半岛全部城邦参加联盟，并连续 10 年当选为盟军统帅（公元前 245—前 235 年）。他领着几百人秘密攻入科林斯，以云梯登上几乎无法接近的阿克罗柯里苏斯要塞，将马其顿军队逐出，恢复了该城的自由。他又前往比雷埃夫斯，以贿赂诱降马其顿的戍军，宣布了雅典的解放。从此时起到被罗马征服为止，雅典享有一种独特的自治——军事上毫无力量，但从未受到各邦的侵犯，因为城里的大学已使它成为希腊世界的智慧首府了。雅典人转向哲学，心满意足地从政治及历史中销声匿迹。

当这两个联盟极盛之时，却开始以彼此间的战争及各城邦内部的阶级斗争来削弱自己。公元前 220 年，包括斯巴达与埃里斯在内的阿托利亚联盟对阿哈伊亚联盟及马其顿发动残酷的“社会”战争。阿拉托斯是自由的守护者，也是财富的保护者，其领导的阿哈伊亚联盟在每一城邦中都支持富人的党派。贫穷的公民抱怨，说他们无力前往远地去参加联盟的集会，因而事实上已失去其公民特权。他们对聪明者与强者有剥削单纯者与弱者的充分特权的“自由”感到怀疑，对要求土地重行分配的平民领袖更加赞许。这时的穷人就像一个世纪前的富人一样，开始倾向马其顿而反对自己的政府。

可惜马其顿却被安提柯三世的诚实所毁。他以其养子菲利普的摄政者的身份取得权力，并曾答应一俟菲利普成年就归还政权。当时喜欢嘲弄的人称他为“允诺专家”，他们以为他一定是在撒谎。但他信守诺言。公元前 221 年，菲利普年方 17 便即位为王，开始了一场充满阴谋与战争的漫长统治。菲利普勇敢能干，但阴险狡猾。他诱奸了阿拉托斯的子媳，毒杀了阿拉托斯本人，因为怀疑自己的儿子参加反对他的阴谋而加以杀害，并安排毒酒宴会除掉阻碍其计划的人。他使马其顿疆域扩大，财富增多，人口的数量与繁荣的程度皆超过以往 150 年的情形。但在公元前 215 年，他因畏惧罗马的新兴势力，与汉尼拔及迦太基订立同盟，犯下了历史性的错误。一年之后，罗马向马其顿宣战，并开始征服希腊。

财富的争夺

据不甚可靠的阿特纳奥斯的记载，法勒鲁姆人德米特里于公元前 310 年左右调查雅典人口，曾宣布该城有公民 2.1 万人，外侨 1 万人，奴隶 40 万人。最后一项数字不足采信，但也没有其他可据以反驳的资料。乡村奴隶的数目很可能已经增加，因为土地越来越多，为离乡地主（absentee landlord）耕作的奴隶也越来越多了。在这种制度之下，比较科学的农作法已有发展，瓦罗就知道 50 种希腊的农艺手册。但冲蚀和伐林的过程也破坏了许多土地。公元前 4 世纪柏拉图曾发表他的观点，认为雨水和洪水的长期冲刷带走很多雅典地区可耕种土地的表层土壤。按照他的说法，现存的山丘便是肉被洗去后的骷髅。公元前 3 世纪中，雅典地区的许多地方表层土壤已遭冲蚀，以致古老的农田被抛荒。希腊的森林日渐消失，木材也像食物一样须由海外输入。劳留姆的矿产已经开采完了，几近荒废。从西班牙进口的银比国内所产的便宜。色雷斯的金矿昔日曾向雅典倾泻财富，如今却去充实马其顿的国库及美化其货币了。

乡村中强壮的与独立的公民越来越少，城市中工业和阶级斗争正在发展。在雅典，正如在大希腊世界所有较大的城市中一样，小型工厂及其中奴隶的数目不断增加。奴隶贩子跟随军队，买下未付赎金的战俘，再以每人三四米纳（约合 150 到 200 美元）的价格在得洛斯及罗得斯岛的大奴隶市场中出售。有些人基于道德或经济上的理由，对这种蓄奴的古老制度曾有所顾忌。人道主义的情感以哲学副产品的方式兴起了，这个时代的世界主义精神也使人忽略了种族界线。短期雇工因可在私人无利可图时扔给公家，往往比蓄养的奴工便宜。大希腊时代末期，释放奴隶的情形有显著的增多。

商业在比较古老的城市里日益衰微，在新兴的城市里却繁荣滋长。亚洲与埃及的希腊港口取代比雷埃夫斯港而繁盛起来，得益于大希腊贸易扩张的是新兴的查尔西斯及科林斯。经过这两个位置重要、设备完善的中心，正如经过安条克、塞琉古、罗得斯岛、亚历山大城、锡拉库萨等地的情形，商人奔波往返，传播着世界主义与怀疑论的观点。银行家增多了，放款对象不仅为贸易商和工厂，也有城市和政府。有些城市，例如得洛斯及拜占庭等，竟设有公立及国家银行以保存政府款项，由城邦官吏负责管理。公元前 324 年，罗得斯人安提美尼斯组织了历史上所知最早的保险制度，向产业主收取8%的保险费，以担保赔偿因奴隶逃亡所造成的损失。由于波斯资本增益的释出以及资金的加速流通，公元前3世纪贷款利率已降至10%，公元前2世纪甚至降为7%。投机生意广泛流行，但缺乏组织管理。有些操纵者曾设法限制生产以提高物价，也有人主张限制农产品以维持农村的购买力。因为亚历山大曾将阿契美尼亚金库倾入世界通货中，以致物价偏高。但也由于同一原因，贸易得到发展，生产受到刺激，物价又逐渐恢复正常。在希腊历史上，富人财产的增加以此时最为迅速，家庭变成宫殿，家具与车马十分奢华，仆役无数，餐食有如盛宴，而妇女也成为展示其丈夫财富的橱窗。

工资远远落后于上涨的物价，又随物价的下跌而迅速降低。工人所得仅能维持个人生活，因此造成独身、贫穷及人口减少等现象，自由工人与奴隶之间在经济上的差距渐渐缩小。职业不定，数以千计的人离开本土城市，远到国外充当雇佣兵，或隐居乡间以遮掩贫穷。雅典政府发放谷物以赈济贫民，富人赠送庆典及比赛的免费入场券以娱乐贫民。有钱人付给工人工资时很小气，但在慈善事业方面倒很大方，他们时常贷款给自己的城市而不计利息，或以巨额赠款解决城市的破产危机，或用私款建筑公共工程，或捐资给神殿和大学，或为能表现他们所具特征或好心肠的雕像与诗歌而慷慨解囊。穷人组成各种团体以谋互助，但他们无法对抗富人的权势与狡猾、农人的保守以及在其他方面虽属互相敌对的诸邦政府及联盟组织为压制反叛的准备。正如梭伦时代一样，才能不一的人各有积敛致富或被迫饿死的自由，这种自由又带来财富的高度集中。穷人的代言人也呼吁取消债务、重分土地、没收大户财产，最大胆的人偶尔也提议解放奴隶。

宗教信仰的没落促进了乌托邦思想的成长：斯多葛派大师芝诺曾在《理想国》一书（约公元前300年）中描述了共产理想，其信徒兰姆布路斯（约于公元前250年）又曾以描写印度洋上一个海岛乐园（也许是指斯里兰卡）的传奇故事，鼓动了希腊的革命者。他在故事中写道：

"所有的人不仅在权利方面而且在才能与智慧方面都是平等的；大家平分工作，平分产品；大家轮流管理政治；岛上既无富裕，也无贫穷，更无阶级斗争；大自然自动生产丰硕的果实，人们永远生活于和谐与博爱之中。"

有些城邦政府将不少工业收归国有：伯利纳接收了盐厂，米利都自办纺织厂，罗得斯岛与克尼都斯经营陶瓷厂，但政府所付工资与私人雇主所付的同样低廉，并尽量榨取奴工的劳力。贫富之间的鸿沟加深，阶级斗争更趋激烈。无论是新城或旧城，到处充斥着阶级之间的仇恨，到处有暴动、屠杀、镇压、放逐以及对生命财产的破坏。某一党派得势时，便驱逐反对派并没收其财产。被逐者重得政权时，又照样施行报复，杀戮仇敌。试想在骚乱频仍的打击之下，经济制度怎能安定？有些希腊古城遭阶级斗争的劫掠过甚，以致人民尽数逃走，工业败亡，街上荆蔓丛生，牛群当街吃草。波利比奥斯曾在约公元前150年以保守派富人的观点描述当时的此种斗争：

> 当他们（激进派领袖）使民众情愿而且渴望接收贿赂时，民主的美德便被破坏，而民主政治也转变为暴戾与强权的统治。那惯于牺牲他人来养活自己，以及希望靠邻人的财富维持生计的暴民产生了暴力统治……继之而起的是喧嚣的议会、大屠杀、驱逐出境及土地的再分割。

战争与阶级斗争严重地削弱了希腊本土的实力，以致后来轻易地被罗马征服。胜利者残酷无情——摧毁农作物、葡萄园、果树园，夷平农舍，掳掠人民而卖为奴隶——将各地区逐一毁坏，只留下一个空壳。这片土地由于战祸、冲蚀、伐林以及经过贫穷的佃户与奴隶冒失的耕种，被糟蹋过甚，不能与奥龙特斯、幼发拉底、底格里斯及尼罗诸河冲积平原竞争了。北部各城市已不复重要，它们丧失了海军，不能像昔日雅典与斯巴达极盛时期那样控制各类贸易。权力的重心，甚至文学与艺术创作的重心，皆已移往亚洲与埃及，也就是回到1000年以前希腊曾虚心学得其文学与艺术的地方。

道德的衰落

城邦的失败加速了正统宗教的衰微。城市的诸神已被证明无法保卫城市，因此也就失去了人民的信仰。居民之中杂有外国商人，他们不参加公务及宗教的生活，但是他们可笑的怀疑论却在城市公民之间传播。古老的当地诸神的神话，还残留在农民与无知的市民心里以及官方的礼仪中。受过教育的人以它为文艺创作的题材，半自由分子则痛加抨击，上层阶级支持神话以帮助维持秩序，且反对公开的无神论。都市的发展带来了诸神统一的象征，并助长了模糊的一神教观念，哲学家则在不太公然违背正统信仰的情况之下提出了泛神论。在约公元前300年，西西里墨西拿人欧伊迈罗斯公布了他的《圣典》（*Hiera Anagrapha*）。他在这本书里说，神是自然力量的人格化，或更常见的，是由大众的想象或感谢其对人类的好处而被奉为神明的英雄人物。神话是寓言，而宗教典礼原是悼念死者的仪式。宙斯是死于克里特岛的一个征服者，爱与美的女神阿佛洛狄忒是妓院的创始人与赞助者，克罗纳斯吃他自己小孩的故事只是表示地球上曾有吃人肉的习俗而已。这本书在公元前3世纪的希腊曾引发激烈的无神论争论。[1]

然而怀疑论是令人不舒适的，它使大家的内心与想象感到空虚，而这种空虚不久便要吸收新颖而有鼓励作用的教条了。哲学及亚历山大的胜利已为新教派做好铺路的工作。公元前3世纪的雅典，对许多外来宗教的传入，深感不安。其中几乎每一种都有天堂地狱的说法，致使伊壁鸠鲁也像1世纪的罗马人卢克莱修一样，义不容辞地出面指斥宗教是心地和平及生活乐趣之敌。当时的新庙宇——甚至包括雅典

---

[1] 或许曾倡导且有助于大希腊世界诸国国王的神化。

的在内——都供奉着伊西斯、塞尔皮斯、本第斯、阿多尼斯或其他异国的神。[1] 埃莱夫西斯神秘仪式[2] 十分流行，而且埃及、意大利、西西里及克里特等地皆已仿效。酒神与戏剧之神狄奥尼索斯仍然很受欢迎，直到最后被收入基督教为止。俄耳甫斯原出自东方，重新与东方的宗教接触后，吸引了许多新信徒。旧宗教完全贵族化，不准外国人及奴隶参加。新的东方教派则接纳一切男女，不分外国人、自由人或奴隶，对所有阶级的人一概许以永生的机会。

科学到达顶点，迷信却十分盛行。提奥夫拉斯图斯对《迷信者》的刻画显示文化的力量是多么薄弱，甚至在启蒙与哲学的重镇也是如此。“七”是无上神圣的数字，如七颗行星、每周七日、七大奇景、人类的七段时期、七重天堂、七重地狱之门。由于与巴比伦通商，占星术又恢复了力量。许多人认为星座就是掌握个人及国家命运每一个细节的神。每个人的性格，甚至思想，都是由他出生时当令的恒星或行星决定的，因此有人属于木星而乐观，或属于水星而机敏，或属于土星而阴沉。甚至最不迷信的犹太人也常说“祝你星运亨通”以示祝福。天文学曾与占星术对抗以求自存，但在2世纪失败了。整个大希腊世界到处都崇拜泰奇——伟大的命运之神。

我们只要联想一下，或只要有善于观察的才能，便能明了一个国家失去其传统宗教的后果。古希腊文明原是建立在人民对城邦的忠心与古典的道德上，其根源虽在民间风俗而不在宗教热诚，但已因超自然的信仰而力量大增。如今，受过教育的希腊人失去了宗教信仰，也失去了爱国心；城邦界限已被几个王国消除；道德、婚姻、亲子关系及法律已因知识增广而与宗教分离。伯里克利的启蒙运动（Periclean Enlightenment）曾在一段时期像近代欧洲的启蒙运动一样，有助于维持道德。人道主义的情感已有发展，并且掀起了比较强烈的——但无

---

[1] 伊西斯原是埃及司繁殖的女神，塞尔皮斯原是埃及的圣牛神，本第斯来自东方，阿多尼斯是罗马女神维纳斯所爱的美少年。

[2] 埃莱夫西斯神秘仪式是埃莱夫西斯地方祭大地女神德墨忒尔的仪式。

效果的——反战情绪。诸城市及个人之间的仲裁制度已经产生。希腊人举止愈重礼貌，争论益趋文雅。宫廷仪节原是帝王安全与权威的保障，如今也像后来中世纪一样流入民间。当罗马人来到时，希腊人对他们那些粗野的举止及鲁莽的作风竟大感震惊。生活更加优美；妇女行动益见自由，还激励男人去培养他们所不习惯的优雅风度。这时男人已开始剃须，虽然在拜占庭与罗得斯岛两地认为这是没有丈夫气概的表现而通过法律加以禁止，但剃须仍然风行。追求快乐消耗了上层阶级成年人的生命。伦理与道德上的老问题——如何使个人自然的享乐主义与国家必需的禁欲主义相调和——在宗教、政治或哲学上，都没有找到答案。

教育已被推广，但内容浅薄。正如其他一切讲求智力时代的情形一样，偏重知识的灌输而忽略了人格的培养，其结果是产生大群半受教育的人，与劳作及土地完全脱离了关系，像船上松脱的货物一样，在国内到处游荡而心怀不满。有些城邦，如米利都及罗得斯，已设有公立学校。在忒俄斯及希俄斯，男女学童在一起受教育，实行了原仅见于斯巴达的公平待遇。健身馆已演变成中学及大学，内有教室、大讲堂与图书馆。摔跤场一时兴起，在东方各地尤受欢迎，但公开比赛却以重力不重技的拳击为主，已变质为职业性的竞争。希腊人原是运动家的民族，如今已变成旁观者的民族，他们宁愿观赏比赛，而不亲自下场了。

性道德废弛，甚至超过伯里克利时代的宽松标准。同性恋依然很普遍，特奥克里托斯的西美萨说："少年德尔菲斯正在恋爱，但对方是男是女则不得而知。"德米特里曾向雅典人征收 250 塔伦（75 万美元）的税金交给他的情妇拉米亚，其理由是她需要此款作为购买肥皂的费用，愤怒的雅典人说这位女士必定十分肮脏。妇女裸体舞被视为风俗的一部分，并曾在马其顿国王御前表演。雅典人的生活，在米南德的剧本中曾被描绘成一套轻薄、勾引及私通的三部曲。

希腊妇女曾积极参加文化工作，对文学、科学、哲学、艺术皆有贡献。士麦那人亚里斯托达玛曾在全希腊朗诵自己的诗篇，并得到许多荣誉。像伊壁鸠鲁那样的哲学家曾毫不迟疑地收妇女入学。文学已开始重视女人的肉体美，不再歌颂其为人母的价值与风韵。在这段时期，崇拜女性美的文学及香艳爱情的诗歌与小说也一同兴起了。随着妇女的部分解放，出现对整套母道的反叛，节制家庭人口已成为当时显著的社会问题。堕胎的妇人唯有在违背丈夫意愿或听从情夫怂恿的情况下才会受到制裁。孩子出生后往往即遭遗弃。在古希腊城市里，平均每 100 个家中，养育一个女儿以上的只有一家。据波塞第普斯的记载："即便是有钱人，也会遗弃女儿。"姐妹极为少见。很多人家只有一个孩子，或完全没有。有一种记录使我们可追溯公元前 200 年左右米利都城中 79 个家庭的生殖率：32 家各有一个孩子，31 家各有两个，总数是儿子 108 人、女儿 28 人。在艾瑞特利亚城中，平均每 12 家只有一家养育两个儿子，几乎没有一家养育两个女儿。哲学家宽恕杀婴行为，认为可以降低人口压力，但当低层阶级大规模效尤时，死亡率便超过生育率。宗教以前曾使人害怕死后灵魂无人照应而不得不求多产，此时已不再有胜过舒适及费用等考虑的力量了。外来移民在殖民地取代了原有的家庭，雅典地区及伯罗奔尼撒两地移民数目很少，因而人口降低。马其顿的菲利普五世曾下令禁止节制人口，在 30 年内仅使其人口增加了 50%。由此可见，即便在半开化的马其顿本邦，人口节制也曾普遍流行。波利比奥斯所记关于公元前 150 年左右的情形：

> 整个希腊出生率极低，人口减少。因此，许多城市变成废墟，土地停止生产果实……由于男人已堕入奢侈、贪婪、懒惰的状态，他们不愿结婚，即使结婚，也不愿养育孩子，或最多养育一两个，以期让孩子在富裕中长大，然后去浪费他们的财富——这种罪恶在不知不觉中迅速增长。如果这一两个孩子之中有一个死于战争，另一个死于疾病，这个家庭便成为空户……于是许多

城市逐渐衰竭而无力了。

斯巴达的革命

当财富集中的现象正在全希腊掀起无休无止的阶级冲突时，它也在斯巴达造成了两次革命性的改革。斯巴达由于被山地屏障隔绝，因此保持了长久的独立，并曾击退马其顿人，打败皮拉斯的大军（公元前 272 年）。但敌军未能从外面带来的毁灭，竟由强者的贪婪从内部酿成了。禁止将土地出售或作遗产分袭的《莱喀古斯法》（*Lycurgean Laws*）已经被废止，斯巴达人因统治或战争赚来的钱财便用来收购土地。公元前 224 年，拉克尼亚的 7 万亩土地集中于 100 户家庭的手里，而保有公民权的只有 700 人。这些公民也不再共同饮食，穷人负担不了必要的捐献，富人宁愿私下享受盛筵。大多数曾享特权的家庭如今一贫如洗，都起而呼吁取消债务及重分土地。

改革的尝试由斯巴达国王发起，这倒是君主政体可以引以为荣的事。公元前 242 年，亚基斯四世（Agis Ⅳ）与里昂尼达斯共同继承了二元王位（dual throne）。亚基斯相信里昂尼达斯有意将土地分给所有的自由公民，抢先提议重分土地，取消债务，并恢复莱喀古斯的半共产制度。财产被抵押的地主都拥护取消债务的动议，但此事一过，他们便猛烈地反对亚基斯改革案的其余部分。在里昂尼达斯的教唆之下，亚基斯被杀，他的母亲及祖母虽曾主动将大批地产分给人民，也都不免遇难。这一幕王室悲剧中，最高贵的角色都是妇女扮演的。里昂尼达斯的女儿席隆妮是亚基斯部属克莱姆勃罗托斯三世之妻。当里昂尼达斯被逐而克莱姆勃罗托斯夺取王位时，席隆妮离开了胜利的丈夫，陪着父亲出亡于外。后来里昂尼达斯重掌国权，放逐了克莱姆勃罗托斯，席隆妮却选择了随丈夫一同放逐。

里昂尼达斯为了得到亚基斯遗孀的财产，强迫她嫁给自己的儿子克莱奥梅尼。但克莱奥梅尼爱上了她，并且吸收了她亡夫的思想。他继位成为克莱奥梅尼三世（Cleomenes Ⅲ）之后，便决心实行亚基斯的改革措施。他以骁勇善战赢得军心，又以生活朴素赢得民心。他说莱喀古斯从未赞成过寡头制度，便加以废止。他杀了反对者 14 人，放逐了 80 人，取消了债务，将土地分给所有的自由人，并恢复了莱喀古斯的纪律。他仍未因此感到满足，又为推行此种革命而出兵征服伯罗奔尼撒半岛上的诸邦。各地的劳动阶级都尊他为解救者，许多城市也乐于向他投降。他攻下了阿尔戈斯、佩来纳、弗留斯、埃庇达路斯、赫尔米纳、特罗仁，最后甚至占据了富裕的科林斯。他这套计划迅速传布开来：在波奥蒂亚，债务也被取消了，邦政府分配专款以安抚穷人；在麦加罗波利，哲学家色西达斯吁请富人帮助穷人，以免被革命摧毁所有的财富。当克莱奥梅尼侵入阿哈伊亚及击败阿拉托斯时，整个希腊上层阶级都担心自己的财富。阿拉托斯向马其顿求援。安提柯三世率军南下，在塞拉西尼将克莱奥梅尼击溃（公元前 221 年），又在拉西迪蒙恢复了寡头制度。克莱奥梅尼逃往埃及向托勒密三世求援未果，又想策动亚历山大城市民革命，结果失败自杀。

阶级斗争继续进行。在克莱奥梅尼之后一代，斯巴达人推翻了政府，建立了革命性的独裁政治。菲罗波门（Philopoemen）继阿拉托斯之后当选为阿哈伊亚联盟的统帅，侵入拉克尼亚，并恢复了财产的法规。菲罗波门一走，人民又起而叛变，拥立那比斯为独裁者（公元前 207 年）。那比斯是叙利亚的闪米特人，曾经因作战被俘而在麦加罗波利被卖为奴隶。他痛感怀才屈辱之耻，策动斯巴达的奴隶叛变以事报复。他将斯巴达的公民权颁给一切自由人，并下令解放全部奴隶。富人阻碍他的计划时，他便没收其财产，砍掉其脑袋。关于他所作所为的消息传往国外，他便借贫穷阶级的帮助，轻易地征服了阿尔戈斯、麦西尼亚、埃里斯以及阿卡狄亚的一部分。他在每个地方皆将地产收归国有，重分土地，并取消债务。阿哈伊亚联盟无法打倒他，便向罗马求援。弗拉米尼努斯（Flamininus）率军前来，那比斯坚决抵抗，使罗马接受了休战，只要求那比斯释放所囚禁的富人，仍准他保持权力。正在这个时候，那比斯被阿托利亚联盟的特务刺杀（公元前 192 年）。4 年后，菲罗波门重返斯巴达，支持寡头制度，废止莱喀古斯的制度，并将那比斯的 3000 部属出卖为奴隶。革命结束了，斯巴达也完了。作为一个小邦它依然存在，但在希腊历史上已不再起到任何作用。

罗得斯的优势

由于党派的暴乱及人口的迁徙，贸易与资金便流出希腊本土，到爱琴海上寻找新的避难所了。以往凭太阳神阿波罗而富裕起来的得洛斯，在公元前 2 世纪罗马的保护与雅典的经营下，已发展成为自由港。这个小岛上充满了外国商人、商业机构、宫殿与酒店以及外来宗教的庙宇。

罗得斯在公元前 3 世纪达到鼎盛时期，被公认为大希腊世界中最美的城市。斯特拉博描述这个大港："在港湾、道路、城墙及各种改良设施方面，皆远胜于其他一切都市，没有任何城市与它相等或几乎相等。"亚历山大的征服曾使欧洲、埃及、亚洲之间的贸易日益扩大，罗得斯坐落于地中海上的一个十字路口，正好处于可以利用这种贸易的位置，其宽敞的港湾代替了泰尔及比雷埃夫斯港而成为商品转运港，也成为地中海东部商业组织与资金供应的票据交换所。在一个充满背信与变迁的世界里，罗得斯商人却以诚实著称，其银行与政府也以稳定著名。其强有力的舰队由公民充任官兵，剿平了爱琴海上的海盗，为各国商船维持着共同的安全；还制订了一部海上法典，其设计非常合理，曾广为各国接受，以至于能支配地中海上贸易数世纪之久，并传入罗马、君士坦丁堡及威尼斯的海洋法中。

罗得斯由于曾英勇抵抗德米特里的攻击而得以摆脱马其顿的统治（公元前 205 年），其后便在政治上采取一种明智的中立策略，除了阻止侵略国的扩张或保护海上航行自由之外，绝不卷入战争，因而成功地度过了动乱的世局。它曾号召爱琴海上诸城市组织“海岛联盟”(Island League)，并十分公正地执行其主席职务，因而从没有人对其领导权提出质询。其政府——以民主为基础的贵族政治，与罗马共和国相同——统治了结合为一邦的林杜斯、加米路斯、拉里苏斯及罗得斯岛上诸城市，富有政治技巧而行事公正。它给外国侨民的特权是雅典未曾给过的。它对大批奴隶保护得很好，所以在危险时敢于武装奴隶。它也曾规定富人有照顾贫民的义务。城邦经费靠2%的进出口税维持。遇到各城市有灾难时，它常常慷慨贷款，有时且不计息。

当罗得斯本身遭遇地震的浩劫时（公元前225年），整个希腊世界都前来相助，因为大家都承认：一旦罗得斯从爱琴海上消失，必将引起商业与财政上的混乱。希伦二世送来100塔伦（30万美元），并在重建的城中造了一批雕像，以显示锡拉库萨人民正为罗得斯人民加冕的情形。托勒密三世赠送300塔伦。安提柯三世赠送3000塔伦，外加大量建筑用的木材与沥青，其王后还捐赠15万蒲式耳的谷物。塞琉古三世赠送30万蒲式耳的谷物及10艘装备齐全的5列桨船。据波利比奥斯所记：“至于各依己力而捐助的诸城市，则无法一一列举。”在黑暗的政治历史记录中，这是一段光明的插曲，也是整个希腊世界思想行动皆能一致的罕见事件之一。

第六章 | 大希腊与东方

塞琉古帝国

当我们从希腊本土经过爱琴海进入亚洲与埃及的希腊殖民地时，我们会为发现一种新鲜而茁壮的生活而感到惊奇，我们也能看出大希腊时代中希腊文明的凋谢不如其流传之甚。自伯罗奔尼撒战争结束之后，希腊军人及移民纷纷进入亚洲。亚历山大的征服为希腊人的进取心提供了新的机会与通道，因而扩大了移民的潮流。

被称为“胜利者”的塞琉古在亚历山大所部诸将领中素以勇敢、富于想象力及慷慨闻名。有一件事情能充分表现他的性格：他的儿子德米特里爱上他那美丽的继室斯特拉托尼丝，因而日见憔悴。他知道了以后，便将继室赐给儿子。安提柯一世曾向塞琉古要求平分巴比伦，并出兵夺取整个近东。公元前 312 年，塞琉古与托勒密一世合兵在加沙将他击败。从那时起，塞琉古家族便建立了塞琉古帝国及一个新时代的纪元——此种年代计算法在亚洲西部一直沿用到穆罕默德为止。塞琉古在其帝权之下，统一了埃兰、萨马利亚、波斯、巴比伦、亚述、叙利亚、腓尼基，有时包括小亚细亚与巴勒斯坦等许多古老王国。他在塞琉古及安条克两地建立了都城，其富庶程度远胜过希腊本土任何都市。他为塞琉古所选择的地址位于古老的巴比伦与未来的巴格达附近，几乎正在幼发拉底与底格里斯两河的交点上，其地位便于吸引美索不达米亚与波斯湾及更远地区的贸易。在不到 50 年内，该城人口增至 60 万——多数为亚洲人，由少数希腊人统治。[1] 安条克位于奥龙特斯河上，离河口不远，海船可以到达，但也足够深入内陆，可免于海军的攻击。它可开辟河谷中的田地，又可吸引美索不达米亚北部及叙利亚对地中海的贸易。以后塞琉古的几代国王皆定居于此，直到安条克四世为止。此地成为塞琉古所属亚洲最富裕的城市，充满着神庙、回廊、戏院、体育馆、摔跤场、花园、林荫大道及公园。城中的达夫尼花园（Garden of Daphne）以月桂、柏树、喷泉及溪流闻名于世。

塞琉古一世施行仁政而为人民所拥戴，在位 35 年之后，于公元前 281 年遭人刺杀。他死后，其帝国开始解体，有地理上及种族上的分裂、激烈的帝位争夺战以及来自野蛮人的入侵。安条克一世曾英勇抵御高卢人。安条克二世却长期酗酒，似乎又要以实例证明世袭君主制孤注一掷的毛病。其妻劳第斯开始了一连串的阴谋，使皇室瓦解而终于毁坏。安条克三世是个有才能、有教养的人，他在法国卢浮宫的半身像显示其兼具马其顿人的勇气与希腊人的智慧。他不断地从事战争，夺回了自塞琉古一世以后失去的大部分领土。又在安条克建立了一座图书馆，并奖励文艺运动，这个运动在公元前 2 世纪末产生了加沙大诗人墨勒阿格而达到其最高峰。他保存了希腊城市自治的习惯，曾写信给各城市表示："如果我的命令违反法律，你们尽可置之不理，而只假定那是由于我无知而作的处置。"但他终于为自己的野心、想象力及恋爱的本领所毁。公元前 217 年，他在拉菲亚（Raphia）被托勒密四世击败，失去了腓尼基、叙利亚及巴勒斯坦。他为了安慰自

[1] 瓦特曼（Leroy Waterman）教授于 1939 年在此处掘出石板，显示塞琉古最富公民之一曾避免付税达 25 年之久。

已，便远征巴克特利亚及印度，大获全胜（公元前 208 年），重演亚历山大的勋业。他受了汉尼拔的引诱，帮助汉尼拔对抗罗马。在进兵欧波埃途中，他以 50 岁的年龄爱上了漂亮的少女查莱丝，郑重其事地向她求婚，又尽心竭力地与她完婚，却把战事忘了，而且花了整个冬天去享受他的新婚之乐。罗马人在色摩比利山将他击败，把他赶回小亚细亚，又在马格尼西亚将他击溃。他不肯休息，又投入一场东方的战争，而病死于此役（公元前 187 年）。这正是他在位 36 年之后的事。

他的儿子塞琉古四世喜爱和平，以节俭与智慧治理国政，公元前 175 年遇刺而死。其弟曾赴雅典研究哲学，此时正任雅典的执政官。他听到塞琉古的死讯，立即组织了一支军队开进安条克，把那刺客废了，自己登上帝位（公元前 175 年）。这位安条克四世在他的家系中是最有趣也是最古怪的人，可说是智慧、疯狂与魅力的混合体。纵然他做过上千次不公正且荒唐的事情，他却很适宜治理他的帝国。他听任他的代表滥用权威，并给他的情妇管辖三座城市的权力。他的慷慨及残酷、宽宥或定罪往往在一念之间。他以贵重礼品赠给贫贱的人而使之惊喜，以小孩子的狂喜姿态在街上的人丛中抛掷钱币。他爱酒、女人与艺术，在宴会中常饮酒过量，离开御座去与艺人裸体共舞，或与流浪儿童狂欢。他轻视宫廷的礼节与礼服，不时捉弄朝中的显贵，常乔装外出以享受无名人物的奢侈生活。他乐于混在人丛中去窃听人们对国君的批评，也喜欢徘徊于工艺店里，观察雕刻匠与宝石匠的工作，且和他们讨论技术的细节。他对希腊艺术、文学及思想皆具真诚的热忱。他曾使安条克成为希腊世界的艺术中心达一个世纪之久。他曾付出大笔金钱命艺术家在大希腊其他城市中建立神殿及雕像。他重新装修了得洛斯的太阳神庙，为泰吉亚建立了一座戏院，并捐钱完成了雅典的奥林匹克运动场。他在罗马度过难忘的 14 年之后，已对共和国制度深具好感。他满足于将王权套上共和国自由的外衣，好像天意要预示日后将有奥古斯都出现一样。他热衷于罗马的事物，受其主要影响是将角斗士的比赛介绍到他的都城安条克。人民起初厌恶这种野蛮的运动，但安条克四世以大方而壮观的表演赢得了他们的兴趣，等到他们习惯于屠杀时，他却将他们的堕落视为自己的胜利。他最初是热衷于禁欲主义，最后却变成享乐主义者。他很欣赏自己的特性，所以在他的钱币上铸着“神使之出现”（the God Made Manifest）的字样。他被自己那种富于幻想的天性所欺，公元前169年试着征服埃及，即将成功之时，罗马因为也想得到埃及，于是出面干涉，命他退出非洲。安条克四世要求给予时间以便考虑，但罗马使节波比留斯（Popilius）在沙地上围绕着他画了一个圆圈，吩咐他在踏出此线之前作最后决定。安条克四世愤然妥协，转而劫掠耶路撒冷神庙以补充他的国库，然后像他父亲一样去远征东方部落，竟以癫痫、疯狂或其他疾病死于前往波斯的途中。

塞琉古的文明

塞琉古帝国在历史上的功能是给近东提供经济上的保护与秩序。这功能在亚历山大之前，原是由波斯担任的，并将于恺撒以后落到罗马身上。塞琉古帝国尽管具有战争、革命、劫掠、贪污等毛病，还是充分完成了这项功能。马其顿的征服消除了政府及语言上的种种障碍，也引起东西方较多的经济交流。当希腊本土因分裂、斗争、土地贫瘠及贸易改道而被毁时，塞琉古帝国所保持的比较统一与和平的局面却鼓励了农、工、商业的发展。亚洲的希腊城市不再有从事革命或实验新制度的自由，国王力促融洽，人民也的确视融洽为神一样崇拜。像米利都、艾菲索斯及士麦那这些古老城市，也再度开出灿烂的花朵。

那时底格里斯河、幼发拉底河、约旦河、奥龙特斯河、迈安德河、哈利斯河及奥克苏斯河的河谷皆十分肥沃，简直不是现代的人所能想象的，因为近东经过2000年的冲蚀、伐林及疏忽的佃农耕种之后，已变成沙漠与岩石荒地，此种凄凉景色把我们迷惑了。当地的田地是由国家经营的运河系统来灌溉的。土地的主权属于皇室、贵族、城市、庙宇或私人，全部田地都由奴隶耕种，奴隶随土地一起遗赠或变卖。政府将一切地下资源定为国有，但很少加以开发利用。贸易甚至城市的管理都已高度专业化。米利都是一个忙碌的纺织中心，由安条克输入原料，加工制造各种成品。有些木工厂以奴隶作为工人，曾达到相当大的生产规模，以供应一般市场。但国内的消费远远落后于生产，人民十分贫困，以致没有足够的国内市场以鼓励大规模的工业。

商业是大希腊世界经济的命脉。商业赚了大钱，建造了许多大都市，而且使正在扩张的人口中有更多一部分获得就业机会。在吕底亚国王克罗苏斯（公元前560—前546年在位）铸造钱币之后，曾保持达4个世纪之久的物物交易，如今却已完全由现金交易代替了。埃及、罗得斯、塞琉古、帕加马及其他政府都发行了足够稳定而相似的货币，以鼓励国际贸易。银行家向公家及私人提供贷款。船只加大了，每小时可航行6海里且能横渡大海，这使航程缩短。陆上的大马路即是波斯留给东方遗产的一部分，也由塞琉古人加以发展与延伸。来自亚洲的商旅队路线会集于塞琉古，又从此分往大马士革、贝鲁特及安条克。在这里及其他许多地方，已有许多人口稠密的城市兴起，由贸易而富裕，又使贸易更加繁荣滋长。除塞琉古之外，还有巴比伦、泰尔、塔尔苏斯、桑索斯、罗得斯、哈利卡纳苏斯、米利都、艾菲索斯、士麦那、帕加马、拜占庭、基齐库斯、阿帕米亚、赫拉克勒里亚、阿米苏斯、西诺波、潘蒂卡皮翁、奥尔比亚、里西马克伊亚、阿比多斯、帖撒罗尼迦、查尔西斯、得洛斯、科林斯、安布拉西亚、埃皮达姆努斯、塔拉斯、尼波阿利斯、那不勒斯、罗马、马萨利亚、恩波里厄姆、巴勒莫、锡拉库萨、尤提卡、迦太基、昔兰尼及亚历山大城。一张忙碌的贸易网将许多地方联系起来：在迦太基及罗马统治下的西班牙、哈米尔卡统治下的迦太基、希伦二世统治下的锡拉库萨、西庇阿祖孙统治下的罗马、安提柯统治下的马其顿、诸联盟管辖下的希腊、托勒密统治下的埃及、塞琉古统治下的近东、孔雀王朝统治下的印度以及汉代的中国。起自中国的贸易路线经过土耳其、巴克特利亚及波斯，或越过咸海、里海及黑海。源自印度的路线则经由阿富汗、波斯到达塞琉古，或通过阿拉伯及佩特拉到达耶路撒冷或大马士革，或越过印度洋到阿达纳（亚丁），再经红海至阿尔西诺伊（Arsinoë，即苏伊士），而后到达亚历山大城。正是为了要控制上述最后两条路线，塞琉古与托勒密王朝之间发生了一连串的“叙利亚战争”，打得两败俱伤，以致皆沦为罗马的属地。

塞琉古王朝承袭了亚洲的传统，实行绝对的专制，其权力不受任何议会的限制。朝廷是依照东方形式设计的，内部充满侍从与宦官、彩带与制服、焚香与音乐，只有语言及内衣还维持希腊的式样。贵族不是像马其顿或后来中时代欧洲那样的半独立将领，而是国王所任命的文武官员。这种君主专制政体从波斯经由塞琉古及萨珊（Sassanids）传给戴克里先（Diocletian）的罗马及君士坦丁的拜占庭。塞琉古历代国王知道在异族的地区，他们的权力有赖于希腊人的忠诚，所以极力恢复希腊旧城，并兴建许多新城。塞琉古一世就建立了9座塞琉古、6座安条克、5座劳第西亚（Laodiceas）、3座阿帕米亚、1座斯特托拉尼丝（Stratonice），他的后继者才能虽较差，却也尽力模仿他。因此，城市不断扩大、增多。

亚洲西边的大希腊进程通过他们迅速进行。这种过程当然由来已久，远在大移民时期即已开始，而这种希腊文化的传播也部分意味着伊奥尼亚的文艺复兴，也就是希腊文明重返其亚洲的老家。甚至在亚历山大之前，希腊人就曾在波斯王国中充任高级官员，希腊商人曾控制近东的贸易路线。如今政治上、商业上、艺术上机会的开放，从老希腊、大希腊及西西里等地吸引了许多冒险家、移民、作家、军人、贸易商、医生、学者及妓女，他们纷纷移入。希腊雕刻家与铸造家曾为腓尼基、里西安、卡利亚、西里西亚、巴克特利亚的国王制造雕像及钱币。希腊舞女成为亚洲港口的热门人物。性罪恶染上了希腊的优美情调。希腊摔跤场及体育馆也在许多东方城市激起了对运动与沐浴的新热忱。诸城市获得新的供水与排水系统，道路得到维护。学校、图书馆与剧院刺激了阅读与文学，大学生游荡街头，互相戏弄，或与民众寻开心。当时只有懂得希腊文并能欣赏米南德及欧里庇得斯的戏剧，才会被视为有教养的人。希腊文明输入近东，是古代历史上的惊人现象，以往亚洲从没有这样迅速而深远的改变。至于其详情及结果，我们所知太少。我们缺乏关于塞琉古所属亚洲的文学、哲学与科学的资料，我们发现有几个非常伟大的人物——禁欲主义大师芝诺、天文学家塞里库斯（Seleucus）、罗马统治时期的诗人墨勒阿格以及多才多艺的波塞第普斯——但是我们不能确定更多其他的巨擘。就我们的知识所及，以往从未有任何文明传播得如此广远，且在如此众多的不同环境中造成如此复杂的统一。在一个世纪中，亚洲西部曾属于欧洲。

但东方并没有被征服。它本身源流太深太悠久，不可能失去其灵魂。人民大众仍然讲他们本族的语言，保持他们久已习惯的生活方式，崇拜他们祖传的神。在地中海沿海地区的后方，希腊色彩渐见淡薄，而底格里斯河上像塞琉古那样的希腊文化中心只是东方大海里的孤岛而已。亚历山大所梦想的种族融合并未实现，上层有希腊人与希腊文明，下层却是许多亚洲民族与文化的大杂烩。希腊人智慧的品质并未进入东方人的心灵，希腊人追求新奇事物的活力与爱好、对世界的兴趣、求完美的热心以及善于表达与重视个人主义的特性，对东方人的性格都没有影响。相反，随着时间的进展，东方人的思想方式与情感却向上涌入希腊统治阶级的心中，并经由他们而向西传播，改变了“异教徒”世界。在巴比伦，有耐心的闪米特商人及庙宇里的钱庄营业者胜过了多变的希腊人，他们保存了楔形文字，并迫使希腊文在商业界退居次等地位。占星术与炼丹术败坏了希腊的天文学与物理学。东方的君主政治已证明比希腊的民主政治更为有力，终于使西方受其感染。希腊国王及罗马的皇帝都照东方的方式变成了神，亚洲的君权神授说从罗马及君士坦丁堡传到近代的欧洲。东方的寂静论（quietism）与宿命论经由芝诺而渗入希腊哲学。东方的神秘论及虔敬经由多种途径传入希腊，填补了希腊正统信仰衰亡所造成的空虚。凡在本质上与希腊众神相同的东方诸神，希腊人皆乐于接受，但希腊人并不真正信神，而亚洲人则信得很深，所以希腊的神死亡之后，东方的神仍继续存在。艾菲索斯人的阿耳忒弥斯再度变成东方母性之神，长着 12 个乳房。巴比伦、腓尼基、叙利亚的教派俘获了大多数入侵的希腊人。希腊人把哲学献给东方，东方人把宗教献给希腊。由于哲学是少数人的奢侈品，宗教是多数人的安慰物，所以宗教获得胜利。在信与不信、神秘主义与自然主义、宗教与科学周期性交替的历史中，宗教再度得势，因为宗教承认人类的孤独与无助，且能给予灵感与诗意。一个前途幻灭、遭受剥削、为战争所苦的世界，乐于重新信仰及抱持希望。亚历山大的征服所产生的最意外、最深刻的影响就是欧洲人心的东方化。

帕加马

希腊人的亚洲化削弱了塞琉古的权力，而且在大希腊世界的边缘产生了许多独立王国。公元前 280 年，阿美尼亚、卡帕多西亚、旁托斯及庇西尼亚各自建立了自己的君主政体。不久，黑海地区的希腊城市也落入亚洲人的统治之下。公元前 250 年，巴克特利亚与索格底亚那脱离了塞琉古。公元前 247 年，帕尼族（Parni，伊朗游牧部落）的首领阿萨西斯（Arsaces）杀死塞琉古帝国的波斯总督而建立了帕西亚（Parthia）王国，后来折磨罗马达数世纪之久。公元前 282 年，费拉塔路斯（Philataerus）替利西马库斯管理 9000 塔伦的巨款及小亚细亚的帕加马山地要塞，他侵占了该款并宣布独立。他的侄儿欧迈尼斯一世（Eumenes I）吞并了庇塔尼（Pitane）及阿塔纽斯，将帕加马建成一个君主国（公元前 262 年）。阿塔路斯一世（Attalus I）由于曾逐退兵临城下的高卢人（公元前 230 年），而博得希腊亚洲（Greek Asia）的感谢。其长子欧迈尼斯二世继续保持了他那种贤明的统治，但因向罗马求援以对抗安条克三世，曾使希腊震惊。罗马助他在马格尼西亚击败安条克三世之后，便将小亚细亚几乎全部给了他。其弟继承王位，即亚特拉斯二世，他不相信自己的儿子有保持帕加马自由的能力，临终时将其王国遗赠罗马（公元前 139 年）。

这个小国力争上游，极力效法亚历山大城，希望成为另一个艺术与学术的中心，以补救其出生与长成的背信之耻。从矿场、葡萄园与麦田的生产，从羊毛织品、羊皮纸、香水、砖瓦的制造，以及从爱琴海北部贸易的控制所得来的财富，不仅维持了强大的陆海军，也鼓励了文学与艺术的发展。帕加马历代国王相信政府与私人商业能作有益的竞争，以互相阻止腐败及贪婪。国王用奴隶耕种大量的土地，经营许多工厂、采石场及矿山，但未用垄断的方式。在此种独特的制度之下，财富倍增。帕加马变成了一座美丽的都城，以其宙斯的祭坛、奢华的宫殿、图书馆、戏院、角力场及浴室闻名于世，甚至公共厕所，也有助于其市政上的荣誉。在藏书数目与学者的名望方面，帕加马的图书馆仅次于亚历山大城的图书馆。其画廊收集了大量名画，以供大众欣赏。在半个世纪中，帕加马曾是希腊文明中最美之花。

同时，塞琉古王朝正趋衰落。许多独立王国的兴起使其权力几乎局限于美索不达米亚及叙利亚两个地区。帕西亚、帕加马、埃及及罗马都很有耐心地设法削弱这个王朝，支持每一次皇位继承中的觊觎者，并煽动党争及内战。公元前 153 年，正当德米特里一世快要恢复塞琉古政府的活力时，罗马立刻到处征集雇佣兵，支持一个士麦那的冒险家争夺王位的无理要求。帕加马与埃及也加入攻击，德米特里英勇战死，塞琉古的政权落入一无是处的亚历山大·巴拉斯（Alexander Balas）之手，此人只是情妇与罗马的傀儡而已。

大希腊文明与犹太人

大希腊时代中犹太的历史，表现为两种冲突：塞琉古亚洲（Seleucid Asia）与托勒密埃及（Ptolemaic Egypt）之间为占有巴基斯坦的外部斗争，以及希腊与希伯来生活方式的内部冲突。第一种冲突已成过往，可不予重视，马修·阿诺德（Matthew Arnold）深信第二种冲突是人类情感及思想的永久裂痕。在亚历山大帝国最初分裂的时候，犹太（撒马利亚南方的巴勒斯坦）原是划归托勒密。塞琉古一家却不肯接受这项决定，他们不愿与地中海分隔开，而且渴望通过大马士革及耶路撒冷的贸易可能带来的财富。在因此而引起的战争中，托勒密一世打胜了，于是犹太属于托勒密王朝逾一个世纪之久。犹太每年付出 8000 塔伦的贡金，但纵然有这项负担，这个地区仍非常繁荣。犹太保持了程度颇高的自治，由耶路撒冷世袭的祭司长及大会来决定政事。这个大会或称长老会议（Council of Elders），原是两个世纪前由以斯拉（Ezra）与尼希米（Nehemiah）所组织的，已变成参议院及最高法庭。其 70 名以上的议员都是从各主要家族的族长及最有学问的学者中挑选的，其法规决定了自大希腊时代直到我们如今正统犹太教的形态。

犹太文化的基础是宗教，受神监视与支持的观念深入到犹太人生活的每一方面与每一时刻。伦理与礼貌皆由长老会议规定得十分严格而详尽。娱乐与游戏很少且受抑制，不准与非犹太人通婚，独身及杀婴也皆在禁止之列。因此，犹太人生育很多，且将所有的子女抚育成人。虽有战争与饥荒，犹太人的数量在古代一直持续增加，到恺撒时代为止，罗马帝国境内就有约 700 万犹太人。在马卡比时代之前，大部分人口从事农业。那时犹太人并不是一个贸易的民族，甚至到了 1 世纪，约瑟夫斯（Josephus）还写道："我们不是商业的人民。"这个时代的大商业民族是腓尼基人、阿拉伯人及希腊人。奴隶制度在犹太也像在别的地方一样存在，但阶级斗争相当和缓。艺术尚未发达，只有音乐十分盛行，在独唱、民谣及庄严的宗教应答歌唱中，已使用竖笛、鼓、钹、羊角或喇叭、七弦琴及竖琴来伴奏。犹太教嘲笑希腊祭仪中对民众幻想的让步，它不用偶像、神谕及鸟类脏腑，它不像希腊的宗教那样讲究神人同形同性论，也没有那样迷信、华美与快乐。面对着希腊宗教中天真的多神信仰，犹太拉比在每一座犹太会堂中唱着今日仍然听到的高亢的叠句："听呀，以色列，主是我们的神，主便是一。"

在犹太民族这种简朴寡欲的生活中，希腊人带来了享乐主义文明的一切娱乐与诱惑。犹太四周有许多希腊领地与城市：撒马利亚、尼阿波利斯、加沙、阿斯卡伦、阿泽杜斯、阿什多德、约帕、雅法、阿波罗尼亚、多利安、西卡米那、波利斯及阿柯。一过约旦河，又有希腊的十城联盟：大马士革、格拉萨、第乌姆、费拉德菲亚、培拉及拉菲亚等。每个地方都有希腊的机构与设施——奉祀希腊男神与女神的庙宇，学校与学院，体育馆与角力场，及赤身裸体的比赛。希腊人与犹太人从这些城市以及亚历山大城、安条克、得洛斯与罗得斯，来到耶路撒冷，要当地的人也跟着爱好科学与哲学、艺术与文学、美与快乐、歌唱与舞蹈、饮酒与筵宴、运动与娼妓、美男子，以及对一切品德提出异议的滔滔诡辩，对一切超自然信仰暗行破坏的文雅怀疑论。犹太青年如何能抵御这些享乐的引诱？何况这正可以从令人厌烦的种种束缚得到轻松的解放。犹太的年轻知识分子开始嘲笑祭司是掘金者，嘲笑虔诚的信徒是愚人，说他们让老年来临而从来不知人生的快乐、奢华及巧妙。富有的犹太人被争取过去，因为他们有钱，能向诱惑投降。想从希腊官员那儿找差事的犹太人，觉得能讲希腊语、过希腊式生活甚至说些赞美希腊诸神的话，有助于目标的达成。

在这种心智与感官双方面的强大攻击之下，有三种力量保护了犹太人：安条克四世的迫害、罗马的保护及相信出自神授的"律法"的权威。犹如抗体集合起来攻击病毒一样，犹太人中宗教信仰较深的分子团结起来组成"哈西德"（Chasidim，即"虔信教派"）。他们最初（在约公元前 300 年）开始短时期的禁酒，后来竟走向极端的清教徒主义，而且厌恶一切身体上的快乐，认为那是向撒旦及希腊人投降的表现。希腊人大感惊奇，便将他们归于怪异的“裸体禁欲者”（gymnosophist）之列——亚历山大在印度所遇到的裸体禁欲哲学家。甚至一般犹太人也反对虔信教派的严酷教条，曾寻求某种适中的方式。若非安条克四世极力用武力强迫犹太人接受希腊主义，也许犹太人早就妥协了。

公元前 198 年安条克三世击败了托勒密五世，将犹太收为塞琉古帝国的一部分。犹太人早已厌倦埃及的统治，极力支持安条克三世，并将他攻占耶路撒冷视为解放而表示欢迎。但他的继承者安条克四世却把犹太看作重要财源之一，因为他正计划发动大战役，需要大笔资金。他命令犹太人将谷物收获的 1/3 及树上果实的半数交给他作为税收。他不理会犹太祭司长通常的世袭制度，指派了善于逢迎的伊阿宋充任这个职位。此人代表耶路撒冷的大希腊一派，并请求准许在犹太建立希腊的制度。安条克四世欣然应允，因为他对希腊统治下亚洲各地东方教派的复杂与顽固已感不安，正梦想凭借一种法律与一种信仰去统一他那个使用多种语言的王国。当伊阿宋办理此事不够迅速时，安条克四世即派墨涅拉俄斯接替其职务，此人曾许下更多的诺言，并献过较大的贿金。在墨涅拉俄斯任内，耶和华与宙斯合而为一，犹太神殿中的器皿也被出售以筹集资金，在很多犹太社区中，已将祭品供奉给希腊诸神了。耶路撒冷新建了一座体育馆，犹太青年甚至祭司，都赤身裸体参加体育比赛。有些犹太青年因太热衷于大希腊运动，竟接受用手术补救生理上的缺点，以免被人认出他们的种族。

大多数犹太人看到这种发展，大为震惊，感觉其宗教的生存已面临危险，转而倾向虔信教派。安条克四世被波利留斯逐出埃及时（公元前 168 年），传到耶路撒冷的消息说他已被杀。兴高采烈的犹太人便罢黜了他的官员，屠杀了大希腊派的领袖，肃清了神庙中他们认为是异教的事物。但安条克四世只是蒙受羞辱，并未被杀。他正好缺钱，认为犹太人曾阻碍他对埃及的战争，并阴谋将犹太归还托勒密，便进军耶路撒冷，杀戮数以千计犹太男女，亵渎并劫掠其神庙，掳去黄金祭坛、器皿与财物，以充皇室府库。他恢复了墨涅拉俄斯的最高权力，且下令强迫犹太人接受大希腊运动（公元前 167 年）。他下令将犹太神庙改为供奉宙斯的神殿，并建立希腊圣坛以代替旧坛，通常的祭品也改为全猪牺牲。他禁止犹太人守安息日或犹太节日，并宣布"割礼"为一种大罪。在整个犹太境内，旧有的宗教及其仪式全遭禁止，而以死刑强迫人民接受希腊的仪式。凡是不肯吃猪肉或被发现持有《律法书》（*the Book of the Law*）的人皆予以囚禁或处死。不论在何处找到《律法书》，悉行焚毁。他将耶路撒冷城付诸一炬，拆毁城墙，把犹太居民卖为奴隶，然后将外国人移入该区，在城外的锡安山上设立要塞，留置一支卫戍军，以国王的名义统治该城。有时，安条克四世似乎想要人们把他尊为神来崇拜。

这种迫害的狂潮日益增强。在任何社会中，总有少数人天性喜欢去迫害别人，那正是文明的对立面。安条克四世的官员既已铲除耶路撒冷城中一切有形的犹太教表现形式，便分途深入小城镇及乡村去搜查。他们到处逼使人们选择死亡或参加希腊的崇拜，包括吃献祭的猪肉。所有的犹太会堂及学校一律关闭。凡拒绝在安息日工作的人皆被视为叛逆。酒神节那天，犹太人也被迫屈从希腊习俗，以常春藤为装饰去参加游行，并狂热歌唱以纪念酒神狄奥尼索斯。很多犹太人屈服于这些要求，等待着暴风雨的平息。另有很多人则逃入洞穴或深山，以暗中拾取田地落穗为生，坚决保持犹太人生活的仪式。虔信教派杂处于人群中，鼓吹勇气与抵抗。有一支王家军队曾突袭一些内藏数千犹太人——男、女及儿童——的洞穴，命令他们出来。犹太人拒绝了，又因为那天是安息日，他们不肯将堵塞洞口的石头搬开。军队用火与刀剑攻击他们，杀死许多犹太人，又用烟熏其余的人。凡是曾为初生儿子行"割礼"的妇人，都与婴儿一起被掷下城墙摔死。古老信仰的强大力量，让希腊人很是震惊。许多世纪以来，他们从未见过如此虔诚的信仰。殉道的故事口耳相传，记入像《马卡比一书》《马卡比二书》（*the First and Second Maccabees*）那样的文献中，也为基督教的殉道者与殉道史立下了榜样。犹太文化原已接近被同化的境地，却在宗教与民族意识中强化并孤立自存。

当时在逃离耶路撒冷的犹太人中，有玛他提亚（Mattathias）——属于亚伦部落的哈斯蒙（Hasmonai）家族——及其5个儿子：约翰南·卡底斯（Johannan Caddis）、西蒙（Simon）、犹大（Judas）、艾里扎（Eleazar）与乔纳森（Jonathan）。安条克四世的官员阿佩莱斯来到他们父子6人藏身的地方莫丁（Modin），召集当地居民放弃《律法书》及供奉宙斯时，年老的玛他提亚率领他5个儿子走上前去，说道："即使王国中全体人民皆屈从命令而背弃祖先的信仰，我和我的儿子还是要遵守祖先的圣约。"当一个犹太人走向祭坛去供奉官定的祭品时，玛他提亚便将他杀了，并杀了国王的官员。然后他向人民说："凡是热爱律法且愿意支持圣约的人，请跟我来。"许多村民随同他们父子隐入艾弗莱姆（Ephraim）山脉中，后来又有一小群青年反叛者及一些残存的虔信教徒加入他们的阵营。

不久，玛他提亚去世，遗命以他儿子犹大接任首领，称为马卡比[1]。犹大是一个骁勇善战且虔敬的战士，每次出战前必像圣徒一样祈祷，但在战场上"就有如一只愤怒的狮子"。这支小型军队"在山区过着野兽般的生活，以野生植物为食"。他们不时下山到附近的村庄，杀死违背犹太教律法的人，拆毁异教祭坛，而且"一遇见未行割礼的男孩，便断然为他们补行割礼"。安条克四世接到关于这些事情的报告之后，派遣了一支叙利亚的希腊军队前来摧毁马卡比的部队。犹大在伊曼奴斯（Emmanus）隘道与他们相遇，虽然希腊人训练有素且装备精良，而犹大的部队装备简陋，犹太人竟大获全胜（公元前166年）。安条克四世又派来一支更强大的军队，其将军十分自信，

[1] 马卡比通常译为"大锤"（The Hammer），但未必准确。

甚至带来奴隶贩子准备卖出他预期能俘获的犹太人，他还在城中公告其所要的卖价。犹大在密帕（Mizpah）将这支军队击败。这是一场决定性的战役，以至于耶路撒冷毫无抵抗地落入他们之手。他在归来的正统犹太人欢呼之下，拆除了神庙中异教的祭坛与装饰物，加以清洗与重新奉献，恢复了礼拜古老的仪式。[1]

塞琉古帝国摄政李西亚斯率军前来攻取耶路撒冷，在途中听到安条克四世的死讯——这次是确切的消息（公元前 163 年）。李西亚斯为求得在其他地方的行动自由，便要求犹太人放下武器，并答应给他们充分的宗教自由。虔信教派同意这个决定，但马卡比派予以拒绝。犹大宣称，犹太民族为避免再受迫害，必须同时获得政治上与宗教上的自由。马卡比派醉心于权力，现在轮到他们来迫害别人，他们在耶路撒冷和边境诸城市中追捕大希腊派，以施报复。公元前 161 年，犹大在阿达沙（Adasa）击败尼卡诺（Nicanor），又与罗马结盟以加强自己的势力。但就在同一年中，他在艾拉沙（Elasa）以寡敌众战败被杀。其弟乔纳森继续英勇地进行这场战争，但后来也在阿柯被杀（公元前 143 年）。仅存的兄弟西蒙由罗马支持，于公元前 142 年从德米特里二世那里赢得对犹太独立的承认。西蒙被公推为祭司长兼将军，因为这两个职位皆系世袭，所以他成为哈斯蒙王朝（Hasmonean Dynasty）的开国之君。他将就位的第一年定为计算年代的新纪元，并借新货币的发行宣告了犹太国家英勇的再生。

[1] 这一复教节至今每年仍然几乎是每一个犹太人家庭所庆祝的节日。

第七章 | 埃及与西方世界

历代国王纪

亚历山大的遗产中最小最富裕的部分，分给了他部将中最能干和最明智的人。托勒密是拉格斯的儿子，表现出特有的忠义——也许这正是他获得权力的一个明显理由——将亚历山大的遗体运到孟斐斯，用金棺予以厚葬[1]。他也带来了亚历山大的临时情妇泰伊斯，与她结了婚，婚后生有两子。他是一个平易而粗鲁的军人，具有丰富的情感和缜密的思维。当时亚历山大帝国的其他继承人皆将半生精力用于战争，梦想独得完整的主权，托勒密却一心致力于巩固他在异族国境中已有的地位，并奖励埃及农、工、商诸业的发展。他建立了一支大舰队，使埃及免于海上的攻击，正如天然地形屏障已使该国几乎不可能遭受陆上攻击一样安全。他帮助罗得斯及诸联盟脱离马其顿独立，因而赢得“救主”（Soter）的称号。他在经过 18 年苦心经营，将其领土的政治与经济稳固之后，才开始称王（公元前 305 年）。在他本人及其继

[1] 托勒密二世将金棺迁往亚历山大城。后来他将金子熔化，以供己用，并改用玻璃棺盛装亚历山大的遗体。

承者的努力下，希腊人的埃及建立了对昔兰尼、克里特、塞拉第斯、塞浦路斯、叙利亚、巴勒斯坦、腓尼基、萨摩斯、莱斯博斯、萨莫色雷斯及赫里斯庞特海峡的统治权。他晚年抽出时间写下关于他所经历战役的评论，其真实性令人惊奇。他又于公元前290年左右，开始建立亚历山大博物馆与图书馆，使亚历山大城得享盛名。公元前285年，他感到自己已届82岁高龄，就令次子托勒密·弗拉德弗斯（Ptolemy Philadelphus）继承王位（托勒密二世），让予政权，并自居臣属的地位，2年后逝世。

肥沃的河谷及三角洲为国库带来大量财富。当年托勒密一世宴请朋友，事先得向他们借用银器及地毯。到了托勒密二世，仅在加冕典礼的宴席上就花了相当于（20世纪40年代）250万美元的巨款。这位新法老已改信昔兰尼的快乐主义哲学，决心享受生命中每时每刻的快乐。他很爱吃，使自己变得痴肥。他试过许多情妇，把元配遗弃了，最后与他自己的姐姐阿西诺亚结了婚。这位新皇后治理国政并主持战争，而托勒密二世则统率朝中的厨师和学者。他仿效父亲，邀请著名的诗人、学者、批评家、科学家、哲学家到亚历山大城来做客，又以希腊式的建筑来美化他的首都。他在位期间，亚历山大城变成了地中海的文艺与科学中心，亚历山大城的文学发展到空前绝后的水平。然而他晚年并不快乐，其痛风与忧虑随财富与权力的增加而加重。有一天，他从宫殿的窗口向外眺望，看见一个乞丐悠然自得地躺在港口的沙丘山晒太阳，很是羡慕，便失声叹道："哎呀！可惜我没有生为他这样的人！"由于怕死，他想从埃及祭司的知识中寻找长生不老的仙丹。

他扩充了亚历山大博物馆与图书馆，并提供大量经费，所以后世史学家称他为创建人。公元前307年，法勒鲁姆人德米特里自雅典被放逐，来到埃及寻求庇护。10年后我们发现他出现在托勒密一世的朝廷中。显然是他向托勒密一世建议设立一个艺术与科学的博物馆，以便与雅典的大学抗衡。这位德米特里也许曾被亚里士多德对书籍、知识、动物、植物及法规等加以收集与分类的勤勉感动，所以他建议兴建一组建筑物，不仅可收藏大量图书，而且可供学者居住，以便毕生从事研究。托勒密一世及二世都很欣赏这项计划。他们供给经费，这所新建筑便在王宫附近建立起来。其中有一间大餐厅，似乎是学者用餐的地方，另有龛座或大讲堂、宫廷、修道院、花园、天文台及大图书馆各一处。因为博物馆与图书馆是正式奉献给缪斯女神的，整个机构的首长按规定是一位祭司。馆中住着 4 类学者：天文学家、作家、数学家及医生。这些学者都是希腊人，从国库中支领薪金。他们的职能不是教学，而是探讨、研究与实验。在后来几十年中，由于该馆附近的学生人数大幅度增加，馆中人员也偶尔讲课，然而它始终是一个高级研究机构，而不是一所大学。就我们所知，亚历山大博物馆与图书馆是第一次由国家所设立以促进文学与科学发展的机构。这的确是托勒密王朝与亚历山大城在文明史上的显著贡献。

托勒密二世在位时间颇长，其治国大体尚属宽仁。他死于公元前 246 年。托勒密三世“施主”欧格底斯，却像是另一位图特摩斯三世，一心想要征服近东。他攻取了萨迪斯与巴比伦，用兵远及印度，而且很有效地瓦解了塞琉古王国的内部组织，以致后来被罗马一击即垮。我们无须追述这些战争的记录，因为其经过详情虽不乏戏剧性的事件，但其原因与结果实属枯燥无味。这样的历史将变成权力消长的流水账，其中胜败相消，结果总是零。欧格底斯的年轻妻子贝瑞尼丝为了他的胜利向神表示感谢之意，奉献了一绺头发。诗人曾称颂这个故事，天文学家也以贝瑞尼丝之发命名一个星座。

托勒密四世弗罗帕托（Philopator）热爱他的父亲，极力仿效其战争与胜利。他在拉菲亚之所以能击败安条克三世（公元前 217 年），得力于土著军队，这是托勒密王室第一次使用埃及兵。埃及人认识到他们自己的力量，从此便开始推翻尼罗河上的希腊势力。弗罗帕托沉迷于享乐，将很多时间花在宽敞的游船上。他将酒神节介绍到埃及，而且怀疑他自己是酒神狄奥尼索斯的后裔。公元前 205 年，其妻被其情妇所杀。不久，他也去世。在随后的混乱局面中，马其顿的菲利普五世与塞琉古的安条克三世合兵来攻，正要瓜分及并吞埃及之际，罗马出面了——托勒密二世曾与罗马订立友好条约——击败了菲利普五世，逼走了安条克三世，并使埃及成为罗马的一个保护国（公元前205年）。

托勒密王朝的国家所有制度

托勒密王朝统治下的埃及最令人感兴趣的一面，是在国家所有制度方面的广泛实验。土地为王室所有，原是埃及一项神圣的习俗。法老是国王，也是神，享有对土地及其出产物的所有权利。农人虽非奴隶，但未经政府许可，不能迁移他处，且须交出收获物的绝大部分。托勒密王朝接受了这种制度并加以扩大，将以往各朝原属埃及贵族及祭司的大批土地也收归国有。大批政府官吏在武装卫士的支持下，经营整个埃及的农业，使它成为一个国有大农场。几乎每一个埃及农人皆由官吏指定耕耘何种土地，种植何种作物。国家可随时征用劳力与牲畜，用于开矿、建筑、狩猎及修造运河与道路。农人的收获物须经国家的检量员检定，经书记员登记，在归国家所有的打谷场打谷，并由农夫所组成的人力运输链运入国王的谷仓。但这个制度也有例外：托勒密准许人们有自己的房屋与花园，城市地产也划归私有之列，因功授田的军人由政府给予承租权。但这项承租权只限于地主同意用作葡萄园、果园或橄榄林的地区，承租权不能遗赠，而且国王可随时予以取消。由于希腊人的精力与技巧改良了这些分享地，之后，便有人提出财产世袭的要求。公元前2世纪，遗赠权已被习俗接受，但仍未为法律所允许。公元前1世纪终于为法律所承认，于是从公有财产演化到私有财产的过程便完成了。

此种制度之所以出现，无疑是因为埃及的耕种情况所需要的合作程度，及在时间与空间上行动的一致，都比由个人所有制提供的多。

作物的数量及性质取决于一年一度的洪水泛滥及灌溉与排水系统的效率，这些自然适合中央控制。政府所雇用的希腊工程师改进了古老的工序，对土地运用比较科学和精细的农艺。古代的配重提戽式汲水器（shaduf），已被新式的旋转式水车（noria）代替，新式水车有一个有时直径可大到40英尺的巨轮，其内缘悬挂着可活动的水桶；在旋转的最高点，水桶被一根阻杆拨倾，便将其中的水倒入灌溉的贮水池。更好的是阿基米德的螺旋及克特西比乌斯（Ctesibius）的泵[1]，其汲水速度在托勒密之前是从未听说的。由于经济管理集中于政府手中，又有强迫劳动的制度，使洪水控制、道路构筑、灌溉、房屋建造及大规模公共设施皆成为可能，并为日后罗马的工程伟业做好铺路工作。托勒密二世将摩里斯（Moeris）湖的水放干，把这块肥沃的土地分配给军人耕种。公元前285年，他开始疏浚从赫利奥波利斯附近的尼罗河到苏伊士附近的红海的运河。这是法老尼科（Necho）及大流士一世曾经两度建造的运河，但两次皆被流沙阻塞，此次由托勒密整修之后一个世纪，又遭到同样的命运。

工业也是在同样的情况下经营的。政府不仅握有矿场，而且亲自经营或收取矿石。托勒密王朝开采了努比亚价值很高的金矿，保持了稳定的金币，并曾控制塞浦路斯及西奈的铜矿。他们也垄断了油类的生产——不是由地下挖掘，而是从亚麻、巴豆、芝麻等植物果实中榨取。政府每年规定种植这些植物的土地数量，并按官定价格收购全部产品，在国营工厂中通过奴隶操作的大杠压榨机将油榨出，然后以官定价格售给零销商，提高关税以阻止外国油的竞争，所得利润从70%至300%不等。政府显然也以同样的方式经营盐、泡碱（用作肥皂）、烟香、草纸及纺织品的产销。国内也有少数私人纺织工厂，但须将全部产品售给政府。小型工业仍留在私人手中，国家仅仅发给执照并加以监督，按官定价格收购其产品的大部分，并就其利润课征重

[1] 参见第十章。

税以充府库。手工业由古老的行会所经营，依传统习惯，其会员必须世世代代从事同一行业，居住在同一村庄，甚至同一幢房屋。工业十分发达，马车、家具、赤陶、地毯、化妆品的产量都很高。玻璃器具的吹制及亚麻布的织造，是亚历山大城的专长。创造发明在托勒密的埃及比罗马帝国之前任何其他经济体系都发达，螺旋链、轮链、凸轮链、棘轮链、滑轮链及螺旋压榨机均已使用。染料化学已进步到用多种试剂处理织品，可由浸入同一染料而染成多种经久不变的颜色。一般而言，亚历山大城的工厂由奴隶操作，其维持费十分低廉，使托勒密王朝能在国外贸易中以较低的价格战胜希腊的手工艺产品。

一切商业皆由政府管制和调节。零售商人通常都是分销国货的国家代理商。一切商旅路线及水道皆归国有。托勒密二世将骆驼引入埃及，而且组织了骆驼邮队通往南方。这支邮队只载运政府的信件，但包括几乎所有的商业通信。尼罗河客运及货运的来往船只很多，显然是由私人经营而受政府管制的。为了确保地中海上的贸易，托勒密建立了当时最大的商船队，包括载重达300吨的船只。亚历山大城的货栈引来了世界贸易，其两面港口受到其他城市的羡慕，灯塔更是世界七大奇景之一。埃及的田地、工厂、手工艺店铺供给大量剩余物资，其开拓市场东达中国，南抵中非，北至俄罗斯及不列颠群岛。埃及的探险家航海南行，曾到桑给巴尔岛（Zazibar）及索马里兰（Somaliland），将穴居人（Troglodytes）的故事告知世界。穴居人住在非洲东海岸，靠海产、鸵鸟、胡萝卜及草根为生。为了打破阿拉伯人对印度与近东贸易的控制，埃及船只直接从尼罗河驶往印度。在托勒密历代诸王的聪明鼓励下，亚历山大城变成了运往地中海市场的东方商品重新装船的主要转运港。

商业与工业由于银行的便利而加速了繁荣。以物易物的制度是古埃及的遗风，在某种程度上仍继续存在。国库的谷物也用作银行储备基金的一部分，但谷物的储存、提取与转手都在纸面上进行，而非实际搬运。除这种物物交易之外，还出现了一种复杂的金融经济。银行是政府的独占事业，但其操作可委托私人商行代办。账款可用汇票支付，银行计息放款。亚历山大城的中央银行在一切重要城市都设有分行。在已知的历史上，从来没有农业、工业、商业及财政达到如此富裕、如此统一及如此发展。

这个系统的主人及受益人都是都城里的希腊自由人，为首的便是法老神王（Phoraoh-god-king）。从希腊人民的观点看来，托勒密国王的确是他们的救主或施主。他给他们10万个职位，无限的致富机会，满足心灵生活的空前设施，以及一个可供他们作为奢华社会生活来源与中心的富丽宫廷。国王也不是一个难以预测的暴君。埃及传统与希腊法律配合而构成一套立法，除自由以外，在每一方面都是借雅典的法典而加以改进的。国王的诏书有充分的法律效力，但各城市也享有可观的自治权。埃及人、希腊人及犹太人各在本族的法律之下生活，选举本族的司法官，在本族的法庭诉讼。一张在都灵出土的纸草（Pagyrus）[1]使我们看到亚历山大城法庭诉讼程序的记录，其争论点的释义明确，证据的陈述审慎，判例的引用扼要，最后判决的宣告也十分公允。其他的草纸保存了亚历山大城人的一些遗嘱，显示法律格式的悠久："此系里西亚人佩西亚斯——某人之子——于神志清醒时及经审慎考虑后所立的遗嘱。"

托勒密王朝是大希腊世界中组织得最有效率的政府。其国家形式采自埃及与波斯，其市政形式采自希腊，而后传给罗马帝国。全国分为若干州或省，各由国王所任命的官员管理。几乎所有的官员都是希腊人。当年亚历山大主张希腊人与东方人或埃及人应以同等条件生活及融合的思想，因被认为不合算，早已被置诸脑后；尼罗河谷公然成为被征服的土地。希腊监督人已为埃及的经济带来进步的工艺与经营方式，并大大扩充了国家的财富，但他们也享用了全部增量。国家将所控制的产品以高价出售，并调整税收来阻止竞争。因此，在得洛斯只值21德拉克马的橄榄油，在亚历山大城要花52德拉克马才能买到。

[1] Pagyrus 有两义：制纸的草，中译"纸草"；此种草制成的纸，中译"草纸"。

政府到处收取租金、货物税、关税及通行税，有时也征用人们的劳力或剥夺其生命。农人必须向国家付费以取得饲养牲畜的权利、所需饲料及在公共草地上放牧的特权。花园、葡萄园或果园的主人须将全部产品的 1/6（托勒密二世增为 1/2）上交给国家。除军人、祭司及政府官员之外，所有的人都要付人头税，还有盐税、法律文件税及遗产税；租金课税 5%，销售课税 10% ；在埃及所属水域中的渔获由政府征收 25% ；货物从乡村运往城镇，或沿尼罗河运输，必须缴纳过境税；在所有埃及港口的进出口税都很高；另有特种税收维持舰队与灯塔的费用，使市内医生与警察高兴，为每一位新国王购买金冠；任何可使国家发财的机会都不放过。为能记住一切可以征税的物产、收入及交易，政府维持大批书记人员及一套人与财产的庞大登记制度。为了收缴各种税金，政府交给专家承包，监督他们的操作，并扣留他们的财产作为担保品，直到他们将税款缴清为止。托勒密时代的全部岁入，无论是金钱或实物，可能是自波斯灭亡到罗马兴起的时期中所有政府的最大收入。

亚历山大城

这些财产大部分集中到亚历山大城，但各省首府及少数其他城镇也颇为繁荣。有铺设路面并备有路灯的街道、警察的保护及良好的供水系统，但从来没有一座城市像亚历山大城那样“摩登”。斯特拉博于 1 世纪描写该城有 3 英里长、1 英里宽。普林尼估计其城墙全长 15 英里。罗得斯人狄诺克拉底与奇杜斯人索斯特拉托斯将该城设计成长方形，中央有一条宽 300 英尺的东西走向的大道，与一条宽度相同的南北走向的大道相交。在每条大道以及其他街道中，晚上皆有很好的灯火，白天则由一英里接一英里的双行树荫保持阴凉。大道将城分为 4 区，最靠西的一区称为拉柯第斯（Rhacotis），主要由埃及人居住；东北的一区是犹太区；东南角的一区称为布鲁克姆（Brucheum），内含王宫、博物馆、图书馆、托勒密王室的陵寝、亚历山大的棺椁、军械库、主要的希腊神庙及许多大公园。一个公园有长达600英尺的回廊，另一个公园包含王室动物园。城中心区有行政的建筑物、政府仓库、法院、主体育馆以及上千家的店铺摊位。城外有跑马场、竞技场、圆形剧场以及一个称为墓地或“死者之城”的大坟场。沿着海滩有一连串的淋浴设施及娱乐场。一条堤或堰，全长7司塔丁（stadia），约合606.95英尺，所以称为“七司塔丁”（Heptastadium），将该城与法罗斯岛接通，将一个港湾变成2个。城市后面有马雷奥特斯（Mareotis）湖，给尼罗河上的船舶提供许多港口与出路。托勒密五世把游船放在这里，常来此间享受豪华的悠闲。[1]

约公元前200年，亚历山大城的人口就像现代都市一样繁杂，内有马其顿人、希腊人、犹太人、波斯人、安那托利亚人、叙利亚人、阿拉伯人及黑人，总数为40万至50万。商业的发达，使较低的中层阶级的人口迅速膨胀，以致这个国际城市充满着一大群非常忙碌、喜爱说话、好打官司的店主与商人，经常对有便宜可占的生意保持警觉，也不太讲究商业道德。最上层是马其顿人与希腊人，其生活十分奢华，以致曾使公元前273年罗马派来的使臣大感震惊。阿特纳奥斯曾细述那些使上层阶级的餐桌与消化力均不胜负荷的佳肴，而赫罗达斯也写道：“亚历山大城是爱神阿佛洛狄忒之宫，其中万事皆备——财富、游乐场、军队、晴朗的天空、公开的表演、哲学家、贵重金属、俊俏的娈童、好的王室、科学院、醇酒及美丽的女人。”亚历山大城的诗人发现了贞洁的文学价值，而小说家更以此作为许多故事的主题及最后的结局，但这个城市却因女人的放纵而声名狼藉。波利比奥斯曾抱怨说，亚历山大城中最好的私人宅第属于妓女。各阶层的妇女在街上自由行动，在商店中购物，与男人混杂在一起。有些女人曾

[1] 除了几个地下墓窖及廊柱之外，如今几乎已没有从古亚历山大城保存下来的遗物。其遗址位于现存城市的正下方，因此发掘费用昂贵，也许已经沉入海平面之下，古城的一部分早已被地中海淹没。

在文学与学术上成名。马其顿王后及朝中贵妇，从托勒密二世的阿西诺亚到安东尼（Antony）的克娄巴特拉，皆曾积极参与政治，但她们仍保有足够的魅力以激起男人至少在诗及散文方面前所未有的殷勤。同时，她们把一种在古典希腊所从未见过的女性影响力与优雅风度带进了亚历山大城的社会。

亚历山大城的人口中可能有1/5是犹太人。远在公元前7世纪，埃及就是希伯来人的居留地，在波斯征服犹太时期，又有很多犹太商人跟着进来。据约瑟夫的记载，亚历山大鼓励犹太人移居亚历山大城，且曾答应他们给予与希腊人同等的政治及经济权利。托勒密一世占领耶路撒冷时，曾俘虏数以千计的犹太人带往埃及，后来这些俘虏被他的继承人释放。同时，他还邀请富有的希伯来人到亚历山大城来安家立业。纪元之初，埃及已有100万犹太人。其中很多犹太人住在亚历山大城的犹太区。那不是犹太人的专区，因为犹太人有住在任何区域的充分自由，唯有布鲁克姆是例外，因为那是专供官员家属与其仆从居住。他们选举自己的元老会议（gerousia）或长老会议的议员，遵守自己的礼拜仪式。公元前169年，祭司长奥尼奥斯（Onias）三世在亚历山大城外的莱昂托波利斯（Leontopolis）建立了一座大庙，托勒密四世与他私交很好，便指定将赫利奥波利斯的收入拨充该庙的维持费。这种寺庙除供宗教仪式外，还是学校及集会场所，因此讲希腊语的犹太人称之为“大会堂”（synagogai）。因为这些犹太人在埃及住了两三代之后，懂得希伯来语的已极少，所以《律法》的宣读必须续以希腊语的解释，从这些解释与应用中产生依据经典句子讲道的仪式，在这种仪式中出现了天主教弥撒的最初形式。

到了托勒密王朝末期，种族上的分隔，加上经济上的对抗，便在亚历山大城掀起了反闪米特运动。希腊人及埃及人皆习惯于教会与国家的合一，厌恶犹太人的文化独立，而且也感觉到犹太工匠及商人的竞争，怨恨他们的精力、毅力与技巧。当罗马开始进口埃及的谷物时，这些谷物就是由亚历山大城的犹太人用商船载运的。希腊人看出不能将犹太人希腊化，在这个国家里，大多数人顽固地保持东方习俗，而且人口繁殖极快，使希腊人对自己的前途感到恐惧。希腊人忘记了伯里克利的立法，抱怨犹太人的律法禁止与外族通婚，以及大部分犹太人避免与外族人交往。反闪米特的文艺繁盛一时。双方的敌对情绪日渐增强，到了 1 世纪，终于爆发了毁灭性的暴行。

犹太人曾极力消除他族对其社会隔离及商业成就所怀的怨愤心理。他们虽坚守自己的宗教，却讲希腊语，研读及撰写关于希腊文学的资料，并将他们的圣书及历史译成希腊文。大约在托勒密二世的命令之下，一群住在亚历山大城的犹太学者为了使希腊人了解犹太宗教传统，使不懂希伯来语的犹太人能阅读自己的经典，曾将希伯来文《圣经》译成希腊文。历代国王皆曾支持此项工作，希望使埃及的犹太人能因此脱离耶路撒冷的影响，并减少埃及境内犹太人的资金流入巴勒斯坦。传说托勒密二世曾接受法勒鲁姆人德米特里的建议，于公元前 250 年左右，从犹太境内聘请了 70 名犹太学者来翻译他们自己的经典。国王将每一名学者分别安置于法罗斯岛上一间房中，使他们不能互相交谈，直到分别完成《摩西五书》为止。70 种译本完成之后，竟一字不差，证明这本经典及这些学者皆曾受到神的启示。国王于是以昂贵的黄金作为礼物酬赏他们，希伯来文《圣经》的希腊文译本因此而得名为《七十士译本》（“Septuagint”）。[1] 无论真实的译经过程如何，《摩西五书》希腊文本的出现是在公元前 3 世纪末的事，而《预言书》的希腊文本则在公元前 2 世纪出现。这就是斐洛与圣保罗所使用的《圣经》。

在埃及，大希腊运动不论是对土著或对犹太人都已宣告失败。未住在亚历山大城的犹太人伤心地保持了自己的宗教、自己的衣着或裸露习惯以及自己的古老生活方式。希腊人自视为征服者，而非与埃及

---

[1] 英文作 *Interpretation according to the Seventy*，希腊文作 *hermeneia kata tous hebdomekonta*，拉丁文作 *Interpretatio Septuaginta*。这个故事原是以一封信为根据，信上载明由名叫阿里斯提亚斯（Aristeas）的人写于 1 世纪。1684 年，牛津的豪迪（Hody）证实这封信是假造的。

人处于同等地位。他们并未在三角洲之南建立希腊城市，也未学习当地人民的语言。法律也不承认希腊人与埃及人结合的婚姻。托勒密一世为了统一希腊与当地的信仰，曾将埃及神塞尔皮斯与希腊的神宙斯证为同一。其后几代托勒密国王曾鼓励尊国王为神的礼拜仪式，借使种族混杂的国民有一共同而方便的崇拜对象，但无意于官职的埃及人根本不理会这些矫揉造作的礼拜仪式。埃及的祭司阶级已被剥夺了财产与权力，依赖国家所发给的补助金维持生活，他们耐心地等待希腊浪潮的消逝。最后，在亚历山大城赢得胜利的，不是大希腊主义，而是神秘主义。在基督降生前后的两世纪中，新柏拉图学派及种种许诺人死后进天堂的教派皆已有了基础，都争取亚历山大城人民对他们的信仰。被视为塞尔皮斯的俄赛里斯变成了后期埃及人及埃及境内很多希腊人最喜爱的神，伊西斯重新被尊为妇德与母道的女神而受大家崇拜。[1] 当基督教来到之时，教士与人民皆毫无困难地将伊西斯转化为玛利亚，将塞尔皮斯转化为基督。

反叛

托勒密王朝所有制度所留下的教训是：政府也可以从事剥削。在托勒密一世与二世的统治之下，政府机构曾工作得相当良好：庞大的工程建设得以完成，农业有所改进，市场营运纳入秩序，监督人员的行为没有过分的不公与偏私，人力与资源的搜刮虽然严酷，但利润大多用于发展与装饰国家以及支持该国的文化发展。这种实验竟被三项因素破坏：后来几代托勒密国王从事战争，将人民所赚的钱花在陆、海军及战役上越来越多。在二世之后的几代国王品格迅速低落，自己专事吃喝与玩女人，将这个政府的管理权交给一批流氓，纵容他们从穷人身上尽可能榨取每一文钱。埃及人从未忘记这些剥削者是外国

[1] 俄赛里斯是古埃及的主神之一，伊西斯是俄赛里斯的胞妹兼夫人。

人，祭司阶级亦然，做梦也在想念没有被波斯及希腊统治时他们曾享受过的美食。

托勒密社会主义的观念主要是加强生产，而不是广泛的分配。农人从生产中所得到的部分仅足以勉强维持生命，不足以鼓励工作情绪或抚养家庭。政府的勒索一代比一代增多。无孔不入的国家控制，就像严厉的父母那双无情的督责眼睛一样，越来越令人无法忍受。国家借出谷种给农人耕植，然后强迫他们留在农场中，直到收成交入国库为止。农人在将其债务偿清之前，不得动用任何产品。农人原是最能忍耐的人，这时也开始抱怨了。还不到公元前 2 世纪，已有很大一部分土地因无农人耕种而荒废。王室田地的承租人找不到佃农来耕作，便试着自己动手，但不能胜任，于是荒漠渐渐重掩了文明。在努比亚的金矿中，奴隶赤身裸体在黑暗的、狭窄的坑道里工作，以弯曲的姿态拖着锁链，而且被监工的鞭挞督促。他们的食物很差，甚至不够维持生命，数以千计的人死于营养不良及过度疲劳。在他们的生命中，唯一值得欢迎的事情便是死亡。工厂的普通工人每天只领取 1 奥勃的工资，技术优良的工人则为 23 奥勃。每 10 天才有 1 天休息。

怨声载道，罢工愈多：罢工的人有矿工、采石工、船夫、农夫、工匠、商人、监督人员及警察。这些罢工很少是为求提高工资的，因为他们早已不怀有此种奢望了，而只是出于疲惫与绝望。有一张草纸上的罢工记录写道：“我们已疲乏不堪，我们决意逃走。”这就是说，要到神庙里去寻求庇护。几乎所有剥削者都是希腊人，所有被剥削者都是埃及人或犹太人。祭司暗中激起土著的宗教情感，而希腊人却怨恨政府对犹太人或埃及人的任何让步。在首都里，民众虽被政府慷慨的赐予及壮观的事物收买，但他们不得进入皇家所有区域，受到一支强大军队的监视，在国家事务上毫无发言权，最后变成一群不负责任的暴徒。公元前 216 年，埃及人反叛，但旋即被平定。公元前 189 年再度反叛，这次兵变延续了 5 年之久。托勒密国王凭借军队的力量以及提高祭司的补助金，曾有一段时间赢得胜利，但情况终于不可收拾。全国已被榨取到枯竭之境，甚至剥削者也觉得没有什么东西可剩了。

每一方面都在解体。托勒密各代国王所犯罪恶变本加厉，其处事也从聪明变成愚蠢。他们结婚自由而轻率，以致丧失了人民对他们的敬意。奢侈的生活使他们不适于战争或治国，甚至不适于思考。不守法与不诚实，无能与无望，缺乏来自私有制的竞争与鼓励，一年接一年地降低了土地的生产力。文学衰落了，创造性的艺术死亡了，公元前 3 世纪之后的亚历山大城对这两方面未曾有任何贡献。埃及人失去了对希腊人的敬意，奇怪的是希腊人也失去了自尊心。他们渐渐忘记了自己的语言，讲着一种希腊语与埃及语混杂的俗话。越来越多的希腊人依照当地习俗与同胞姐妹结婚，或与埃及人通婚而被同化，也有许多人崇拜埃及的诸神。还不到公元前 2 世纪，希腊人甚至在政治方面也不再是领导的种族了。托勒密国王为求保全其权威，已采用埃及的信仰与仪式，并提高祭司阶级的权力。及至国王沉溺于享乐主义的悠闲，祭司便重新建立其领导权，并逐年收回以前各代托勒密国王所夺去的土地与特权。公元前 196 年的罗塞塔石刻（Rosetta Stone）所描绘的托勒密五世加冕典礼，几乎完全依照埃及的形式。在托勒密五世（公元前 203—前 182 年在位）及六世（公元前 182—前 145 年在位）在位期间，王室的精力耗散于权力的争夺中，而埃及的农业与工业完全没落了。秩序与和平一直未曾恢复，直到恺撒入侵为止。这在恺撒的经历中只是一次小事件，几乎未施一击，便使得埃及成为罗马的一省（公元前 30 年）。

西西里的日落

大希腊时代是面对东方与南方的，几乎忽略了西方。位于北非的希腊城市锡拉库萨由于深知贸易比战争有利，仍然繁荣如昔。在这段时期，它产生了诗人凯利马科斯、哲学家厄拉多塞与卡尼阿德斯。意大利境内的希腊人殖民地，已因土著人口剧增及罗马势力兴起的双重压迫而被烦扰与削弱，而西西里每天却生活在对迦太基强权的恐惧中。第莫莱昂来此23年后，一位富人发动革命，推翻了锡拉库萨人的民主政治（Syracusan democracy），将政权交给600户寡头家族（公元前320年）。这些家族发生党派之争，又被激进派革命推翻。这次革命中，有4000人被杀，6000位富人遭放逐。阿伽索克勒斯由于答应取消债务及重分土地，赢得了统治权。这体现了一种周期性的规律：财富极度集中，然后借征税或革命加以改正。

在47年的混乱中，迦太基人屡次侵略这个小岛，伊庇鲁斯国王皮拉斯来了，胜利了，失败了，又离去了。经过这样一段混乱之后，锡拉库萨交上了理非应得的好运，竟落入希伦二世之手，他是西西里希腊人凭激怒与暴乱所拥立的许多独裁者中最仁厚的统治者。希伦二世在位54年，深感惊奇的波利比奥斯说："未曾杀戮、放逐或伤害一名公民，这真是最值得一提的事。"他身边有种种奢华的财物，却过着朴素而有节制的生活，并活到90高龄。他曾数度愿意交出政权，但人们请求他继续留位。他有与罗马缔结联盟的良好判断力，因而使迦太基人在半个世纪中未敢来犯。他给这个城市以秩序与和平，以及相当可观的自由，又完成了伟大的公共工程，未征重税而于去世时留下充实的国库。在他的保护或赞助之下，阿基米德将古代科学带上了最高峰，而特奥克里托斯曾用最后的完美希腊文歌颂西西里的可爱及预期能获自国王的恩赐。锡拉库萨此时已成为大希腊世界中人口最多和最繁荣的城市。

希伦二世暇时消遣，观赏其工匠在阿基米德的监督之下为他建造一艘表现一切古代造船艺术与科学的游船。船身逾半司塔丁（407英尺）；其上有一层设置体育馆与大理石浴盆的运动甲板，还有一层种有多种植物的荫棚花园甲板；船夫600人，分配于20组桨上，另可载运旅客或水兵300人；船中有60间舱房，有些装着拼花地板，配有象牙与贵重木料合制的舱门；每一部分都打磨得非常精美，并饰以油画及雕像。为防御攻击，船上备有装甲及炮塔；8个炮塔各有伸出的大梁，其顶端凹孔可将巨石抛向敌船；阿基米德又尽船身的全长造了一架石弩，可掷出重约174磅的石头，或射出长12肘尺（cubit，以肘长为基础，12肘尺约合18英尺）的箭。这艘船的载重量为3900吨，其本身重1000吨。希伦二世原想使用这艘船从事锡拉库萨与亚历山大城之间的定期航行，但发现船身太大，他自己的船坞无法容纳，维持费又过于昂贵，适逢埃及遭受严重的粮荒，他便将这艘船满装西西里的谷物及渔产，连船带货作为礼物赠给了埃及。

希伦二世死于公元前216年。他本来希望于去世之前建立民主政体，但被他所溺爱的女儿说服，将王位传给外孙。希罗尼姆斯（Hieronymus）是一个弱者兼无赖，他放弃了与罗马的同盟，接受了迦太基的使节，并容许他们成为锡拉库萨的实际统治者。罗马因谷物产量不丰，准备与迦太基作战，以争取这个没有学会自治的小岛的财富。整个地中海世界就像凋谢中的果实，即将落入一个在希腊历史中空前强大而又无情的征服者手中。

第八章 | 书籍

图书馆与学者

除戏剧之外，我们在大希腊生活的每一方面都发现了同一现象——希腊文明不是被毁而是扩散了。雅典正在死亡，除锡拉库萨以外，西方的希腊殖民地都处在衰微中，但埃及与东方的希腊城市已达到其物质与文化的最高峰。波利比奥斯是个经验丰富、史学知识广博与判断审慎的人，曾于公元前 148 年左右写道："如今是艺术与科学快速发展的时代。"其语调十分熟悉。希腊语言已成为一种共同语言。经由此种语言的传播，文化上的统一现在是建立了，而且在地中海东部还会继续保持约 1000 年之久。在这些新王国中所有受过教育的人都学习希腊文，以作为外交、文学及科学的工具。一卷以希腊文写成的书可为埃及或近东任何受过教育的非希腊人所了解。当时的人将这个"有人住的世界"（*oikoumene*，inhabited world）看成是属于同一种文明，而且发展了四海一家的景况，这与高傲而狭窄的城邦国家主义相比，虽没有那样富于刺激性，却聪明得多了。

数以千计的作家为这群大为增加的读者，写了上万卷的书籍。我们知道大希腊作家 1100 人的姓名，而不知其名的更是不计其数。此时已发展出一种草书，以使书写便利。的确，我们知道远在公元前4世纪即有速记方法，“某些母音及子音可用位置不同的一撇加以表示”。在托勒密六世之前，书卷一直是写在埃及纸草上的。但这位托勒密国王希望阻止帕加马图书馆的扩大，于是禁止草纸从埃及出口。欧迈尼斯二世的对策是鼓励经过处理的羊皮及小牛皮的大量生产，这两种皮在东方原是久已供书写之用的。不久，帕加马羊皮纸便与草纸不相上下，成为通信及文学的工具了。

书卷既已增加到这样的数量，图书馆就成为一种必要。以往图书馆都是埃及或美索不达米亚有权势者的奢侈品，但亚里士多德的图书馆显然是最早用于大量收藏私人收集品的。其中一部分是他从柏拉图的继承者斯珀西波斯手中以相当于1.8万美元的货币购得的，从这项事实，我们便可猜测其全部藏书的数量与价值了。亚里士多德将他的书遗赠给提奥夫拉斯图斯，此人再遗赠给内留斯，内留斯把这批书带到小亚细亚的塞卜西斯埋藏起来，据说是为了逃避帕加马国王对文学的贪心。这些书经过损坏性的埋藏几达一个世纪之后，约于公元前100年由雅典的哲学家忒俄斯人阿佩利孔（Apellicon）购得。他发现其中许多章节已被潮湿腐蚀，便抄写了新本，并尽其才智所及将空缺的部分补上。今人认为亚里士多德并非历史上最能勾心夺魄的哲学家，其故即在此。西拉（Sylla）攻占雅典时（公元前86年），夺取了阿佩利孔的藏书，将之运往罗马。在那里，罗得斯的学者安得罗尼库斯又将亚里士多德的作品重新加以整理，而后公布——这件事情在罗马思想史中富有刺激作用，几乎与后来在中世纪哲学的醒觉中亚里士多德重被发现时的作用一样。

这批藏书所历之险使人想到：托勒密王朝由于建立及维持著名的亚历山大图书馆以作为博物馆的一部分，对文学实有极大的贡献。托勒密一世开始建造此馆，托勒密二世继续予以完成，并在塞尔皮斯郊区圣殿增设了一座较小的图书馆。托勒密二世统治的末期，藏书数量达到53.2万卷——这大约等于现在的10万册。有一段时期，藏书的增加在埃及国王的爱好中曾与争取权力的策略平分秋色。托勒密三世曾下令凡属带到亚历山大城的每一卷书，皆应存入图书馆，由图书馆制备抄本发给原书主人，而图书馆则保存原本。这位专制君主曾向雅典借阅埃斯库罗斯、索福克勒斯及欧里庇得斯的手写本，并缴付相当于 9 万美元的现款作为押金。他把原本留下，把抄本送回去，并通知雅典没收他的押金以作为罚款。此时想得到古书的野心成为普遍的风气，以致出现一批人，专事将新手稿染色及污损以冒充古物，去卖给原本收藏家。

不久，这个图书馆在重要性与兴趣方面皆高出博物馆的其他部分。图书馆馆长的职位是国王的最高赏赐之一，而且兼有教导王储的责任。历任图书馆长的姓名现仍保存于不同的手本中，只是内容稍有出入。最近的一份名单列有前 6 任馆长：艾菲索斯的泽诺多托斯（Zenodotus）、罗得斯的阿波罗尼奥斯、昔兰尼的厄拉多塞、亚历山大城的阿波罗尼奥斯、拜占庭的阿里斯托芬及萨莫色雷斯的阿利斯塔克。他们来历不同，正说明大希腊文化的统一。与此 6 人同样重要的，是诗人兼学者的凯利马科斯。他曾将全部藏书分类，写成长达 120 卷的目录。可以想见当时必有大批抄写人员——大概是奴隶——誊缮珍贵原本的复制本，而一群学者则将这些资料分成不同的类别。这些学者之中有人撰写文学或科学各分支的历史，有人编纂各种杰作的最后定稿本，其他的人则在书上加撰注释，以方便门外汉及后世读者的了解。拜占庭的阿里斯托芬曾以大写字母及标点符号去隔开古代写作中的子句，从而完成了一次文学上的革命。他还发明了使我们今日阅读希腊文时深感麻烦的重音。由泽诺多托斯开始，阿里斯托芬推进，阿利斯塔克最终完成了《伊利亚特》及《奥德赛》的校订工作，编成了现有的版本，并对意义不明的部分加以精辟的注释。到了公元前 3 世纪末，这座博物馆与图书馆，以及其中的学者，已使亚历山大城在哲学以外的每一方面皆成为希腊世界的“智慧之都”。

大希腊世界的其他城市也有图书馆，这是毫无疑问的。澳大利亚考古学家曾在艾菲索斯掘出一座华丽的市立图书馆的遗迹，而我们也听说在小西庇阿毁灭迦太基之时，曾有一座大图书馆被焚。但唯一堪与亚历山大图书馆相比的，是帕加马图书馆。这个短暂王国的几代国王对托勒密王朝的文化事业异常羡慕。公元前 196 年，欧迈尼斯二世建立了帕加马图书馆，并邀请一些希腊最有名气的学者来此工作，其藏书数量迅速增加。当安东尼将这批藏书赠给埃及王后克娄巴特拉以补充亚历山大图书馆于公元前 48 年在埃及反抗恺撒的叛乱中被焚的一部分图书时，其数量约为 20 万卷。因为这座图书馆以及几代阿特拉斯国王对纯正希腊风格的爱好，帕加马在大希腊时代末期竟成为希腊散文修辞学的中心，很多学者认为凡非来自古典时期的文字皆不纯净。正是这些古典学派的热心，才为我们保存了纯正希腊散文的杰作。

最重要的，大希腊时代是知识分子与学者的时代。写作不再是一种奉献，而是一种职业，并产生了许多派系与团体，其对天才的评价各有不同。诗人开始为诗人写作，因而变得不自然。学者开始为学者写作，因而变得沉闷。思虑深远的人觉得希腊的创造灵感已近于枯竭，也体会到他们所能提供最耐久的服务，就是收集、保存、编纂及解释较豪放时代的文学成就。他们按一切形式建立了对原文字句及文学的批评方法。他们试图从大量存稿中挑选最佳作品，并指导别人阅读。他们列举了“最佳书”“四大英雄诗人”“九大历史学家”“十大抒情诗人”“十大雄辩家”等。他们撰写了大作家与大科学家的传记，也收集、保存了现有关于这些人物的片段资料。他们编写了历史、文学、戏剧、科学及哲学等的纲要。在这种“求知捷径”中，有些曾有助于保存他们所摘述的原作，有些则取代了或无意中湮没了那些原作。大希腊学者眼见纯正的希腊语因受东方语言的影响而退化为他们那个时代的“洋泾浜”（Pidgin）希腊语，很觉痛心，便编写了字典与文法。亚历山大图书馆也像后世的法兰西学院一样，发出了关于古代语言正确用法的布告。如果没有他们那种博学而有耐心的“蚂蚁似的刻苦奋斗”，即令这些现已传给我们仅可代表残缺不全的希腊遗产的“珍贵点滴”，必已被 2000 年来的战争、革命及灾祸毁灭了。

犹太人的书籍

犹太人在这一时代的一切混乱中，始终保持了对学术的传统爱好，其产生该时代传世的文学佳作，实超过其应尽之分。基督教《圣经》中最好的部分，有些就是在这个时期写成的。公元前 3 世纪末，一位犹太诗人写成了可爱的《雅歌》（*Song of Songs*），其中包含从萨福至特奥克里托斯一切希腊诗作者的技巧，但也有在当代任何希腊作品中所不能找到的东西——想象力的浓烈、情感的深刻以及一种强大得足够包容爱的躯壳与灵魂，且足够使肉体转变为灵性的理想主义者的热忱。大希腊犹太人一部分在耶路撒冷，大部分在亚历山大城，另一部分在地中海东部的其他城市，以希伯来语、亚兰语（Aramaic）或希腊语写成《传道书》、《但以理书》、一部分《箴言》与《诗篇》以及大多数较伟大的《经外书》（*Apocrypha*，也译作《伪经》）。他们也写作了《编年史》等史书，《以斯帖》（*Esther*）与《朱迪丝》（*Judith*）等小说，以及像《多比传》（*the Book of Tobit*）那样的家庭生活即景诗。学者将希伯来文字从古老的亚述形改成叙利亚的方形，这种字体一直沿用至今。因为大多数犹太人讲亚兰语而不讲希伯来语，学者便以简短的亚兰文意译本（Aramaic Targums）来解释经典。他们设有学校以研读《律法》（*Torah*），并对成长中的少年说明道德规则。这种说明、注解及例证，一代一代由老师传给学生，提供了犹太教法典《塔木德》（*Talmud*）的大部分资料。

公元前 3 世纪末，大议院（the Great Assembly）的学者已完成古文学的编辑工作，结束了《旧约》经文的收集过程。他们认为先知的时代已经过去，神授灵感也已停止。结果使当时许多充满智慧与美的作品失去了被编为神授作品的机会，不幸落入《经外书》的目录中[1]。《埃斯德拉斯二书》(*the Two Books of Esdras*) 文笔之优美也许部分得力于英王詹姆士 (King James) 的翻译人员，但故事本身也十分感人，书中描写埃斯德拉斯要求天使尤利尔 (Uriel) 解释为何坏人得志、好人受苦而以色列人沦为奴隶。天使以有力的比喻与简单的言语回答说：我们不能以偏概全。

《经外传道书》(*Ecclesiasticus*) 的序言说明该书是公元前 132 年完成的希腊文译本，原作是以希伯来文写成的。乔舒亚·本·西拉克 (Joshua ben Sirach) 是一位学者兼实干家。他曾旅行各地，广见博识，便决心定居下来，把家当作学校，将关于生命智慧的这些短篇论著传授给学生。他斥责放弃他们的信仰以求在异教世界中显露头角的犹太富人，他警告青年对随处都在等候他们的妓女要严加防备，他提供《律法》以作为避免世界上各种罪恶与陷阱的最佳指导。他不像虔信教派，他赞美无害的娱乐，也反对那些认为一切疾病来自上帝、仅能由上帝医治、因而摒弃医药的神秘主义者。这本书充满了警句，其中最有名的是将棍子与孩子连在一起的话。勒南 (Renan) 说："他受过的鞭挞，必然不可胜数。"这是一本高贵的书，比《传道书》更为明智，也更仁厚。

在《经外传道书》第 24 章里，我们读到"智慧是上帝最初的产物，从世界开始时就创造好了"。在这里以及在《箴言》第 1 章中，都表现出早期希伯来式逻各斯的教义——说智慧是中间创造者，受命于上帝来创造这个世界。这种将智慧实验化而赋以人格的思想，在公

---

[1] 《经外书》(Apocrypha 一词直译应为"隐藏"——hidden)，是被认为未经神授而摒弃于犹太教《旧约》之外的作品，但已列入罗马天主教拉丁文《圣经》——这便是圣耶柔米 (St. Jerome) 从《圣经》的希伯来文及希腊文原本所译成的拉丁文本。主要的《经外书》计有《经外传道书》、《埃斯德拉斯二书》(*I & II Esdras*)、《马卡比二书》(*I & II Maccabees*)。启示录是自命为含有神的启示预言的作品，于公元前 250 年左右开始出现，一直继续到基督纪元时代。有些启示录如《以诺克书》(*Book of Enoch*) 被视为经外书，《启示录》(*the Book of Revelation*) 则被视为正经。

元前1世纪变成了犹太神学中一个有力的观念。与这种观念同时流行的，是个人不朽的概念。在公元前170到前66年间，显然是在巴勒斯坦由几位作家写成的《以诺克书》中，天堂的希望变成一种迫切的需要。除非怀抱此种希望，否则，邪恶势力即行抬头，而虔敬与忠实的人反遭不幸，便无法忍受了。若无此种希望，生命及历史似乎是撒旦的杰作，而非由上帝创造。救世主将来到世上建立天堂的王国，并将对有德行的人在其死后报以永恒的快乐。

在《但以理书》中，我们可以看出安条克四世时代的恐怖情形。在约公元前166年，忠实的犹太人因其信仰而被处死，而强大的敌人正在进攻马卡比党徒，很可能是一个虔信教派的人描写了巴比伦王尼布甲尼撒时代但以理的受难经过及其预言，以重新燃起人民的勇气。当时此书的手抄本在犹太人中间秘密流传。据书中所说，这是370年前一位先知的作品，他所受的考验远甚于安条克四世统治下的犹太人，但仍得到胜利，并曾预言他的种族也将同样获胜。又说有德行而忠实的人即使在今世遭遇不如意的命运，也会在最后审判时得到报偿，主会迎接他们进入永远快乐的天堂，并将迫害他们的人投入永恒的地狱。

总而言之，现存这一时期的犹太人作品，可说是一种神秘的与想象的教训、启发与安慰的文学。对早期的犹太人而言，生命本身已难忍受，宗教并非逃避现世，而是借信心的诗歌将伦理予以戏剧化。一位强有力的上帝统治并监视万物，将在现世赏善罚恶。这种信心曾因犹太人在巴比伦被囚而动摇，后由神殿的恢复而重新建立，但在安条克的威胁之下，这种信心又濒于崩溃。此时悲观主义流行，而犹太人在希腊人的作品中发现对生命的不公正与悲剧有最感人的揭露。同时，犹太人接触了波斯人天堂地狱的概念，以及善恶斗争中善者最终获胜的思想，使他们摆脱了绝望的哲学。也许从埃及传给亚历山大城的个人生命不灭的概念，以及那些使希腊神话富有生气的想法，共同对希腊与罗马时期的犹太人灌注了一种安慰的希望，使他们能坚韧不拔地度过其神殿与国家所经历的一切艰辛。赏赐与惩罚的观念从这些犹太人、埃及人、希腊人与波斯人传下来，汇入一种新而更强的信仰，并帮助它赢得一个正在分崩离析的世界。

米南德

戏剧在这个时代与其他艺术一样，曾达到空前的繁荣。每一座城市，甚至是每一座三等城镇，皆有戏院。演员比以往组织得好些，且到处受人欢迎，享受着很高的报酬，其生活具有不受当时伦理约束的特性。戏剧家继续写作悲剧，但不知是事出偶然，或因兴味关系，这些剧本皆已失传。大希腊时代的雅典人也像现代人一样，喜爱轻松愉快、不伤脑筋、热情奔放而有欢乐结局的新喜剧。这些作品也只留下一些断简残篇，不过我们有从普劳图斯与泰伦斯所剽窃的作品中找到令人泄气的样本，这两位作家的作品完全是大希腊喜剧的翻译或改编。以往曾激起阿里斯托芬热忱的对国家与灵魂的高度关切，在新喜剧中已被认为危害文学生命过甚而遭舍弃。主题通常是家庭或私人的事，描写使女人失于放荡及男人仍然同意结婚的种种曲折经过。爱情开始受到重视而成为戏剧中的主要题材，成千不幸的少女走过舞台，但最后皆得到荣誉与婚姻。古时崇拜阳具的服装与猥亵题材已被舍弃，但故事环绕女主角的童贞兜着狭小的圈子。道德在剧情中所占的分量很少。演员都戴面具，而面具的数目有限，喜剧家便围着几个常备角色编织韵致且错综的剧情，但观众通常总是乐于辨认这些角色——残酷的父亲、仁慈的老人、放浪的儿子、被误认为贫家姑娘的女继承人、吹牛的军人、聪明的奴隶、谄媚者、寄生虫、医生、祭师、哲学家、厨子、妓女、媒婆及妓院老板。

在公元前 3 世纪的雅典，这种社会风情喜剧的大师是弗莱蒙与米南德。弗莱蒙的作品没有留存下来，只有他曾享盛名的记载。较之米南德，雅典人更喜欢弗莱蒙，也给他较多的奖金。但弗莱蒙也把如何组织一批捧场人的技术带到了极高妙的境地，后来的人未受金钱播弄，一反前人的判断，将桂冠给了米南德的尸骨。这位雅典的“康格里夫”（Congreve）[1]是多产戏剧家图里人阿勒克西斯的侄儿、狄奥佛拉斯塔的学生、伊壁鸠鲁的朋友，他从他们那里学得戏剧、哲学及镇定的诀窍。他几乎实现了亚里士多德的理想：他英俊、富有，以平静与理解的心态去默察人生，并像君子一样乐其所乐。他是一个爱情不专的人，但为报偿格里塞拉对他的忠诚，曾使她名垂不朽。托勒密一世邀请他到亚历山大城，他让弗莱蒙代他前往，并且说：“弗莱蒙没有格里塞拉。”格里塞拉原已吃过很多苦头，现因胜过国王而欣喜。从此以后，米南德便忠实地与她同居，直到他 52 岁时在比雷埃夫斯游泳因脚抽筋溺毙为止（公元前 292 年）。

他的第一个剧本仿佛宣告一个新时代的开始，正好是在亚历山大逝世后的第二年出现。此后他写过 104 本喜剧，其中 8 本得到头奖。留存下来的约 4000 行，都是些断简残篇。唯有 1905 年在埃及发现的一张草纸是例外，其中含有《埃比特瑞庞底斯》全文的一半。此项发现曾使米南德的声誉降低。我们不应该抱怨这些戏剧的主题就像希腊的雕刻、建筑、陶器一样单调，我们必须知道希腊人判断一篇作品，不是根据故事内容（那是小孩子的标准），而是根据叙述故事的方式。希腊人欣赏米南德，是由于其简洁的体裁、凝集于其才智中的哲学及其对普通场面描绘的逼真。拜占庭的阿里斯托芬曾问道：“啊，米南德！啊！生命！到底是谁在模仿谁呀？”依米南德的看法，在一个已被军人控制的世界里，已没有什么东西留下，只能以旷达而出世的旁观者身份去欣赏人间万象。他注意到女人的注重虚荣与优柔寡断；但他承认，一般而言，妻子是令人幸福的。《埃比特瑞庞底斯》中有一部分的关键在于摒弃双重标准。当然，这出戏是关于一个有德行的妓女，拒绝了她所爱的人，以使他能受人尊敬地娶得有利可图的妻子。有些短句现已成为格言，例如：“滥交是败坏善行”（曾由圣保罗引

[1] 此指英国剧作家威廉·康格里夫（William Congreve，1670—1729 年）。

述），“良心使最勇敢的人变成懦夫”。有人认为泰伦斯的名句原是米南德的手笔：“我是人，对任何合乎人性的事都不陌生。”偶尔我们也读到一些洞察事物的妙语，例如：“一切死亡皆由于本身的腐败。所有的伤害皆起自内部。”或如下列预示他自己早死的代表性诗句。

神所爱者不寿；
有福之人心境悠闲，
欣赏过日、星、海、火的庄严景象，
回到家去，胸怀平静无伤。
寿命容有短长，
但显然可见的是：帕米诺——
你永远不会再见到比这更美的排场；
稍事逗留，亦属无妨；
如剧场中观象，如婚礼中贺客；
回程愈速，休息愈得平安。
此际未尝缺乏之苦，无仇无怨；
有需要时，体力犹强；
应趁早归还。
别学他流连忘返，
累于年岁，晕厥道旁。
生命既长，
郁闷的激怒树敌多方，
群来相烦。
死亡久相待，疾病纠缠终不免，好凄凉。

特奥克里托斯

当弗莱蒙去世时（公元前 262 年），希腊喜剧及大部分希腊文学也随之而去。剧场仍然繁荣发展，但已不再创作被时间或学者认为值得保存的佳作了。旧喜剧——主要是米南德与弗莱蒙的作品——重复上演，压倒了原创的剧本。公元前 3 世纪末，那种曾产生新喜剧的轻松愉快的社会精神消失了，在雅典代之而起的是各派哲学家认真的心态。其他城市，尤其是亚历山大城，虽曾试着移植戏剧的艺术，但未成功。

亚历山大城的图书馆及其所吸引的学者确立了亚历山大城文学的风格。书必须迎合当时那些博学、长于批评、懂得科学与历史的读者。甚至诗歌也变成博识的，并借难解的讽喻及微妙的修辞以掩饰其想象力的贫乏。凯利马科斯为已死的神写出死板的圣歌、风行一时的讽刺诗、《贝瑞尼丝之锁》（*The Lock of Berenice*）之类的赞颂，以及关于《起源》（*Aitia*）的说教诗，其中含有很多地理、神话与历史等学问及文学上最早的爱情故事之一。这个故事的男主角阿孔蒂乌斯（Acontius）英俊得难以置信，女主角西底波（Cydippe）美丽得无可复加。他们一见钟情，但被爱钱的父母反对，于是扬言要双双自杀，又因失望而奄奄一息，最后以婚姻结束了这段罗曼史。这是从此以后，无数的诗人与小说家写过，未来还有无数的人去写的一个故事。但必须再加说明的是，凯利马科斯在其一首讽刺诗中曾回到更为正统的希腊情趣：

> 德莫克雷！
> 美酒娈童非长有，
> 畅饮尽欢趁今夕。

在他那个世纪中，他唯一的敌人是他的学生罗得斯人阿波罗尼奥斯。这个学生曾盗取老师的诗句，在托勒密国王面前献宠，两人因此发生口角与笔战，阿波罗尼奥斯于是返回罗得斯。在崇尚简洁的时代，阿波罗尼奥斯居然证明了他的勇气，写出一篇很过得去的史诗《阿尔戈英雄纪》(*Argonautica*)。但凯利马科斯以一句短嘲诗将它勾销了——“大卷的书是大罪恶”——此中真理，读者当可在手边找到实例。最后阿波罗尼奥斯仍获酬赏，他受命荣任久已垂涎的图书馆长，并说服了同时代的人去读他的史诗。那篇史诗至今犹存，其中含有关于美狄亚的爱的心理研究，非常出色，只是对现代教育并无不可或缺的重要性。[1]

田园诗的兴起几乎反映着都市文明的发展。早先几个世纪的希腊人很少谈到乡村之美，因为他们大多数都在农场上或其附近住过，知道乡村生活的宁静美，也知道其中寂寞的艰辛味。托勒密时代的亚历山大城无疑也像现在一样炎热而满布尘土，城里的希腊人自然不免以理想化的怀念去回顾故乡的山丘与田野。大城市正是孕育农村风味诗体的地方。在约公元前 276 年，一个很有自信心、以悦耳的特奥克里托斯为名字的青年来到这里。他生于西西里，在科斯住过几年，曾返回锡拉库萨去寻求希伦二世的保护而未成功，但他对西西里之美，其山脉与花卉，其海岸与港湾，从未忘怀。他迁居亚历山大城后，写了一篇对托勒密二世的颂词，赢得朝廷一时的恩宠。他似乎有几年生活于王族与学术圈中，而他那旋律美妙的关于乡村生活的写景诗，使他在首都世故人士间很有名望。他的《帕西诺亚》(*Praxinoa*) 描写了亚历山大城中街道可怕的拥挤：

啊，天哪，好密集的人丛！
我们如何挤过而长往，或需时多久，我真不能想象。
一堆蝼蚁，岂可比拟这扰攘的情况？
高尔根，吾爱，你看！
我们该怎样办？

---

[1] 罗马诗人维吉尔在其所写《埃涅阿斯纪》中，有时在形式上，有时在实质上，成行抄录此诗。

皇家骑兵队，幸勿撞倒我俩！
尤诺亚，请让一下！

一个具有诗人气质与西西里回忆的人，如何能在这样的环境中感到快乐？他为了面包而赞美国王，但以其故岛或科斯的幻景去保有自己的精神。他对牧人的单纯生活——缓步跟随安静的牲畜，踱过绿草如茵的长坡，俯瞰阳光荡漾的海面——不胜羡慕。他在此种心情之下，完成了关于乡景浮雕或富有诗意故事的即景诗[1]，他给予此种诗体名称以流传至今的含义。特奥克里托斯遗留下来的作品共 32 首，其中只有 10 首是田园诗，但这 10 首诗已在其全部作品的总名称上盖了“半乡村诗”的戳记。大自然终于不仅以女神的身份，并以地球上活生生的可爱的种种景象的身份，走进了希腊文学。在此之前，希腊文学从未将万物同源的秘密表达得如此恳切，而以人类对岩石、溪流、湖海、土壤及天空的感谢与亲爱之情扣人心弦。

但另一主题更深入特奥克里托斯的内心——浪漫的爱情。他仍是希腊人，他曾写过两首抒情诗（第 12 和第 29 首）以及歌颂同性恋的友谊，并以生动的情感叙述赫拉克勒斯与希拉斯的故事（第 13 首）——这个巨人“曾抵抗狮子的凶猛，却爱上了一个少年，像父亲一般教他一切，使他可以长成善良而优秀的男子。无分昼夜晨昏，他都不愿离开这个后生，继续照自己的意愿去培养他的身心，好让他在重大功业上成为得力的股肱”。另一首更有名的牧歌（第 1 首），复述斯特西克鲁斯（Stesichorus）所写关于西西里牧羊人达佛尼斯的故事。这位牧羊人善于吹笛与唱歌，因而传奇故事把他说成牧歌（bucolic poetry）的创始人。达佛尼斯注视着他的畜群，深羡它们热情的游戏。当他初生胡须时，为一仙女所爱而选为配偶。但仙女要他发誓不爱其他女人，以作为她所予恩宠的代价。达佛尼斯曾力践誓

[1] idyl 一词希腊文为 *eidyllion*，原意为“小画”（little picture）。

言，不料后来有一国王的女儿迷恋他的年轻，竟在田野中献身于他。爱神阿佛洛狄忒看见了这件事情，便为她那仙女同伴复仇，使达佛尼斯陷入单恋而日益消瘦。他临死前以一首歌将他的笛遗赠给牧羊神潘，叙述者又加上动人的叠句：

“主公，请来；
取此佳笛，奉请收存。
笛身涂蜡蜜音在；
笛口缠线尚如新。
爱情方相逼，即将拉我坠入死之城。”
缪斯诸女神，断念，断念，牧歌声。

“现在请让
蓟、茨花齐放，
全是紫罗兰；
淡白的水仙开在杜松枝上；
因为达佛尼斯将逝，
请让一切事物皆错乱；
松树结梨实，牡鹿追猎犬；
小山之上，
枭尖叫，压倒夜莺啼唱。”
缪斯诸女神，断念，断念，牧歌声。

他如是说完——便寂然无语。
阿佛洛狄忒有心宽恕；
但命运三女神已将他的生机绞住。
达佛尼斯顺流而下，
那为缪斯诸女神所喜、为仙女所爱的人头，

竟被一股漩涡卷去。
缪斯诸女神，断念，断念，牧歌声。

第2首即景诗继续以爱情为主题，但语气更为热烈。锡拉库萨的少女西美萨被德尔菲斯诱奸，复遭遗弃，希望以咒语去重获他的爱情，如果失败，便计划将他毒死。她立于众星之下，对月神塞勒涅倾诉她看见德尔菲斯与其同伴偕行时妒火中烧的心情：

在利康寓所近旁的路上，
刚好走了一半，
瞥见德尔菲斯与欧丹尼帕并肩相向：
显示着刚从角力的高尚运动归来。
两少年的颊与颔，比正在变黄的常春藤还漂亮，
呀，塞勒涅啊，他们的胸膛比您更灿烂。

塞勒涅女神，试想我的爱情，试想它何以这样。
我见他们相好，怒气填膺，妒焰腾襟，
焚烧了这颗失恋心！使我容光受损。
我不复注视那走过的壮汉，也不知怎样回到我的园庭，
因为有些残毒的念头，及烘烤般的疾病，磨折了我的身心。
十天躺在床上，十夜痛苦呻吟。
塞勒涅女神，试想我的爱，试想它何以等于零。

我肌肤色泽常枯，黄同槁木，
呀，头发脱落，
全失昔时妍好，只剩下皮与骨。
我岂不曾央求那念爱情咒语的老妇，
岂不曾走遍她所指点的道路？

仍未找得安慰，而时光飞逝益速。

塞勒涅女神，试想我的爱情，试想它何以失误。

第 3 首即景诗介绍的是仙女阿玛瑞丽丝（Amaryllis）及其远不可及的魅力，第 4 首介绍的是牧羊人科里登（Corydon），第 7 首介绍的是一个颇富诗意的牧羊人里西达斯（Lycidas）——这些人名后来曾被自维吉尔到丁尼生数以千计的诗人所召唤。这些乡村人物都被理想化了，他们说着最优美的希腊文，每一个人都能唱出比荷马的作品更为可爱的六韵诗。不过当我们沉迷于其歌曲哀诉的韵律时，我们能够将他们那种难以相信的天赋视为可容忍的习惯。特奥克里托斯曾以他们身上外衣的气味及偶尔淫猥的思想来弥补真实性，一种活泼的幽默气氛为他们的情感增添了趣味，也使他们成为男人。总而言之，这是欧里庇得斯之后最好的希腊诗歌，也是现存唯一有生气的大希腊韵文。

波利比奥斯

大希腊时期只出了一个伟大的诗人，却产生了前所未有的大量散文作品。当时新创的体裁有假想的对话、短论及百科全书，也有人继续以前的传统，撰写简短而生动的传记，在罗马时期的希腊文学中，应当加上布道词与小说。演说已是垂死的体裁，因为它依靠的是政治的竞赛、普通的诉讼及说话的民主权利。书札成为通信与文学的主要传达工具，此时即已建立在西塞罗作品中所见的尺牍体式及语法，甚至还有我们祖父辈认为很亲切的开端：“希望此信寄达时，尊体健康，正如其寄出时贱躯的无恙。”

历史学十分发达，托勒密一世、阿哈伊亚的阿拉托斯、伊庇鲁斯的皮拉斯，皆曾写过战役回忆录，奠定了在恺撒时达到巅峰的传统。埃及的祭司长曼内托曾以希腊文写成《埃及年表》（*Aigyptiaka* 或 *Annals of Egypt*），多少带些武断地将许多法老纳入历代诸王朝，而一直沿用至今。查尔德安斯（Chaldeans）的祭司长贝罗苏斯（Berosus）献给安条克一世一部根据楔形文字的记录所写成的《巴比伦史》。塞琉古一世派往孔雀王朝的使臣麦加斯梯尼（Megasthenes）于约公元前300年写了一本关于印度的书，曾震撼整个希腊世界，其中一段写道："婆罗门中有一派哲学家……认为上帝就是道（the Word），他们认为道不是清楚的语言，而是理性的显现。"这又是日后给基督教神学极大影响的逻各斯的教义。陶尔米纳人第玛库斯（Timacus）被阿伽索克利斯逐出西西里后（公元前317年），便广游西班牙与高卢，然后定居雅典，写成一部西西里及西方的历史著作。他是一位孜孜不倦的学者，很想在其著述中包罗一切事物，以致其竞争者称他为"拾破烂的老头"。他努力写成一部正确的编年史，并偶然想到以奥林匹克会期作为纪年的方法。他严厉批评史学前辈，但他幸而早死，没有见到波利比奥斯对他的猛烈攻击。

希腊最伟大的史学家波利比奥斯，也是唯一可以与希罗多德及修昔底德三足鼎立的人物，他出生于阿卡狄亚的莫加波利斯（Mogalopolis，公元前208年）。他的父亲里科杜斯（Lycortus）是阿哈伊亚联盟领导人之一，公元前189年曾任驻罗马的大使，公元前184年当选为联盟统帅。波利比奥斯生长于政治气氛中，在菲洛波门的训练下成为军人，在小亚细亚参加过罗马对抗高卢人的战役。他父亲任驻埃及大使（公元前181年）时，他曾随往。公元前169年，他受命担任阿哈伊亚联盟的骑兵指挥官。他的知名度使他付出代价：罗马为惩罚阿哈伊亚联盟支持珀尔修斯对抗罗马人的举动，曾将阿哈伊亚的1000名重要人员带往罗马当作人质，波利比奥斯便在其中（公元前167年）。他遭放逐达16年之久，据他自己说，有时甚至"精神全失而心灵麻痹"。但小西庇阿与他友善，把他引入由罗马知识分子组成的西庇阿集团。当罗马元老院决定将放逐者分散遣往意大利各地时，小西庇阿又说服了元老院让波利比奥斯留在罗马与自己同住。波利比奥斯陪着小西庇阿参加过许多战役，提供了许多有价值的军事意见，为小西庇阿探察过西班牙及非洲的海岸。当罗马人焚烧迦太基时，他站在小西庇阿的身边（公元前 146 年）。他于公元前 151 年获得自由，公元前 149 年被任为罗马的代表，前往希腊去安排诸城邦与罗马元老院之间的临时条约（*modus vivendi*）。他必然圆满地完成了这个不讨好的任务，因为许多城市曾立碑纪念他——虽然没有人能断定人类何时学会了感激。他整整奔波了 60 年以后隐退下来，写了《战术论》（*Treatise on Tactics*）、《菲洛波门的一生》（*Life of Philopoemen*）以及大量《史书》（*Histories*）。他 82 岁时，于打猎归途中坠马，死得像个绅士。

以往没有一个人曾以更广博的教育、旅行与经验等为背景来写历史。波利比奥斯的作品是大规模地构想的，所叙述的不仅是公元前 221 年到公元前 146 年之间的希腊故事，而是这段时期的“世界”——地中海诸国——的历史。他说：“这是我提出的计划，但全赖命运给我够长的生命去执行它。”他正确地感觉到，在他所写的这个时代里，政治历史的中心是在罗马，便以罗马作为焦点来连贯全书所记述的事件，并带着外交官的好奇心研究罗马人得以统治地中海世界的方法。他非常崇拜罗马人，因为他曾目睹他们的顶峰时期，而他所认识的罗马人主要是西庇阿集团中的优秀分子。他认识到罗马人的特质正是希腊人在性格及政府方面所极端缺乏的。他自己是贵族，又与贵族为友，对希腊民主政治晚期的暴民统治毫无好感。在他看来，政治历史不过是君主政制或独裁政制、贵族政制、寡头政制、民主政制，再回到君主政制的重复循环。避免这种循环的最好方法，就是莱喀古斯或罗马那样的“混合政体”——由少数有公民权的公民选举自己的长官，再由贵族组成持续存在的元老院加以监督。这部书便是根据这样的观念写成。

波利比奥斯是“史学家中的史学家”，他对方法与题材同样感兴趣。他喜欢谈论他的关于过程的计划，每有机会就以哲学家的态度去研究。就人力方面而言，他说自己的条件比较理想。他坚持写历史的人必须目睹所描述的事物，或与目睹的人直接商谈。他指责第迈欧斯依赖耳闻而非目见，并引以为荣地讲到他自己为搜集资料、文件及地理上的真实性所作的多次旅行。他还提醒我们：他从西班牙回到意大利的途中，经过汉尼拔所走过的同一隘道去翻越阿尔卑斯山，又亲临意大利的西南端以解读汉尼拔在布鲁修姆所留下的碑铭。他说要尽“此书的规模及其完备的处理”所容许，力求精确。最后他成功了，就我们所知，除修昔底德之外，实在没有任何希腊史学家可望其项背。他认为史学家也必须是事务家，必须亲身经历政治、权谋及战争的过程。他是现实主义者，也是理性主义者。他戳穿外交家道义的言词以显出政策上的真实动机。使他感觉有趣的，是观察到无论个人或大众都非常容易受骗，甚至多次重复地被同一手法所欺骗。后世的马基雅维利曾以颇享臭名的预言说：“善与利极少相合，能使两者互相适应而配合的人也极少。”波利比奥斯也许正是极少的人之一。他接受了斯多葛学派的天命神学，但他只是可怜当时流行的诸教派，对超自然干涉的故事则一笑置之。他承认机会在历史上的重要作用，以及伟人偶尔产生的作用。但他决意把确定的但往往与人无涉的因果关系显露出来，使历史成为了解世事的明鉴，以照明现在与未来。他说：“没有别的东西比关于往事的知识更便于作为纠正行为的借鉴。”“对于准备一生积极参加政治活动的人，最好的教育与训练就是研读历史。”“唯有历史使我们对于无论何种危机或局势都能有成熟的判断与正确的看法，而不必陷入实际的危险。”他认为治史的最佳方法是将国家视为一个有机体，将各部分的故事组织成完整的生命史。他说：“在我看来，凡是相信由于研读片断的历史就能对历史全貌获有正确认识的人，无异看了动物的肢解部分之后，就自以为亲眼见过那动物活着时的全部动态和风度。”

波利比奥斯将他的《史书》分为 40 部，现仅存 5 部，幸而摘要的专家保存了其余诸部的主要片断。极为可惜的是，他这种伟大构想在执行上竟遭受下列诸因素的破坏：衰退了的希腊文；其他史学家恶毒的批评；几乎完全注重权谋与战争的偏见；叙事使用荒唐的奥林匹克会期区分法；按每四年一段的跨度，记述地中海诸国的历史，因而发生令人生气的离题及难于索解的混乱。例如，在汉尼拔入侵的故事中，波利比奥斯也达到戏剧化与雄辩的效果，但他强烈地反对其前辈华丽的辞藻，宁可以行文呆板为荣。一位古代批评家说："从来没有人读完他的作品。"世界几乎把他忘了。但历史学家仍将继续研究他，因为他是历史学最伟大的理论家和实践家之一，因为他敢于采取广大的视角去写"世界史"，而且最重要的是因为他懂得：纯粹的事实若未经判释，则毫无价值。过去若不能作为我们现在的根源及启发，则毫无意义。

第九章 | 传播期的艺术

杂录

希腊文明的衰败以在艺术方面的迟延为最久。在这方面，不仅就产量的丰富来说，甚至就作品的创造性来说，大希腊时期皆可与历史上任何时代相比。次要的艺术当然未曾退化。技术娴熟的木匠、牙雕匠、金匠及银匠，散布到扩大了的希腊世界。宝石的雕琢与钱币的铸造已达到最完美的地步。在东方，远至巴克特利亚的大希腊国王也在钱币上大量使用艺术。在西方，希伦二世的德拉克马可称为古钱币史上最好的硬币。亚历山大城闻名于世界的，有其金匠与银匠的技艺，可与诗人的无瑕风格媲美；有其可爱的浮雕，刻成彩色浮雕的宝石或贝壳；有其蓝色或绿色的彩色瓷器，巧为加釉的陶器及设计精美并具备多种颜色的玻璃。现存的《波特兰花瓶》(*The Portland Vase*)[1] 极可能是亚力山大城的产品，显示这一艺术的最佳境界：蓝色玻璃的瓶身上蒙着一层乳白色玻璃，其中刻有文雅的图案，这好像是古代韦奇伍

---

[1] 此瓶因为由波特兰公爵（the Duke of Portland）在罗马购得，故得其名，现存于大英博物馆。

德（Josiah Wedgwood，英国陶瓷家）的杰作。

音乐在各个阶层都很盛行。音阶及调子变得文雅而新奇，和声中夹杂着短暂的不和谐音，乐器与乐曲也趋于复杂。约公元前 240 年，老式的“牧羊神笛”（pipes of Pan）已在亚历山大城中扩大成为铜笛的一个组件；公元前 175 年，克特西比乌斯将这种乐器改良为借水与空气共同操作的风琴，使弹奏者可控制巨大的声波。我们不知道它的结构如何，但会看出它在罗马时代迅速发展成基督教时期和现代的风琴。这时的希腊人已将多种不同的乐器组成管弦乐，在亚历山大城、雅典及锡拉库萨的剧场中，曾有纯乐器的半交响乐演奏，有时分为 5 个乐章。职业的演奏家很受重视，而且享受与高薪相称的社会地位。约公元前 318 年，塔拉斯人亚里士多塞诺斯——亚里士多德的学生——写了一篇《和声学》（*Harmonics*）的短篇论文，后来变成乐理的古典教本。亚里士多塞诺斯是个很严肃的人，像大多数哲学家一样不喜欢当时的音乐。阿特纳奥斯曾代表他说过几句话，许多代以后的人仍然听得到：“因为剧院已经野蛮化，因为音乐业已完全被毁坏且变得粗俗，我们少数人将与众隔绝，回想音乐的原有风味。”

大希腊时期的建筑未能给我们留下印象，因为时间已将那些建筑物不分青红皂白地夷平了。然而从文学及古迹中，我们知道希腊的建筑艺术曾传播到东起巴克特利亚、西至西班牙的区域。希腊与东方相互的影响带来了形式的混合：柱廊及额椽传入亚洲，拱门、圆顶及穹顶传到了西方，甚至像德罗斯那样古老的希腊城市也建造了埃及式及波斯式的柱头。多利安式似乎太严肃、太死板，不适合这一喜爱精雅与装饰的时代。这种式样陆续被各城市废弃，而华丽的科林斯式则发展到最卓越的地步。艺术以与政治、法律、道德、文学及哲学同样的步调，脱离了宗教而趋于世俗化。拱廊、回廊、市场、法庭、会议室、图书馆、戏院、体育馆及浴室纷纷出现，开始使神庙失去显赫的地位，王宫与私人的宅邸也给希腊设计与装饰艺术一条新的出路。家庭内部设置名画、雕像及墙壁浮雕。私人花园环绕更加富丽堂皇的住宅。都会里建有皇家公园、花园、湖泊及亭阁，通常对外开放，供民众游览。城镇计划已发展成建筑的姐妹艺术。街道是依照希波达姆斯的方形图案而设计的，有宽达 30 英尺的主干道——这在马车时代是很充裕的宽度了。士麦那因有铺砌了路面的街道而夸耀于世，但可以想见，大希腊的大多数市街还是泥土路面，晴时扬尘四起，雨时泥泞载途。

优美的建筑物发展到超过以往任何时代的程度。公元前 2 世纪，雅典奥林匹亚神殿的科林斯式圆柱树立了，而这个大厦是雅典最伟大的工程，其全部图案是由罗马建筑师克苏修斯（Cossutius）设计的——罗马一向倚赖希腊艺术家，这次却是罕见的例外。李维描写这座奥林匹亚宙斯神庙，说这是他所见过唯一值得万神之神居住的所在。这个庙的 16 根大柱现仍屹立——这是现存最美的科林斯式标本。在埃莱夫西斯城，雅典人衰亡中的虔敬与费隆的天才造就了庄严的神秘巨殿，这个庙曾由伯里克利开始建筑，庙址在迈锡尼时代即已被视为神圣的地方。现在仅存颓垣断壁，但其中有些仍显示出最好的希腊设计及雕刻艺术。法国人曾在提德罗斯掘出阿波罗的圣殿，并发现一个城市，其中充满用作商业机构或供奉上百位希腊及异国神的大建筑物。在锡拉库萨，希伦二世建造了许多庞大的房屋，并曾恢复及扩建市立剧场，至今我们仍能在石头上读到他的名字。在埃及，托勒密王朝用许多大厦装饰亚历山大城，使它以美丽著称，但没有遗迹留存下来。托勒密三世在埃德夫（Edfu）建造了一座神庙，那是希腊人占领时期最高贵的建筑遗迹。他的继承人在菲莱建立了伊西斯神庙。在伊奥尼亚的米利都、伯利纳、马格尼西亚及其他许多地方，都有新神庙建立起来。在艾菲索斯，阿尔忒弥斯的第三座庙于约公元前 300 年完成。在米利都附近的狄迪姆，建筑师帕纽斯与达佛尼斯曾建造一座更大的庙以供奉阿波罗，其宏伟的伊奥尼亚式大柱的鼓墩今仍存在。在帕加马，欧迈尼斯二世曾在首都造了许多庄严的建筑物。其中有著名的宙斯神的祭坛，1787 年由德国人掘出，后来很巧妙地在柏林的帕加马博物馆中予以重建，致使帕加马成为关于希腊历史的话题之一。

其两排回廊之间有一道庄严的阶梯通往广大的列柱大庭。环绕 130 英尺的地基有一条饰带，其庄严宏伟不下于公元前 4 世纪的摩索拉斯陵墓及公元前 5 世纪的帕特农神庙。希腊从未被装饰得如此漂亮，其公民的热诚及艺术家的技巧，也从未以这样的光彩去改变如此众多的人类聚居地点。

绘画

绘画通常是在任何一种文明中最后成熟的伟大艺术。当文化发展之初，艺术每每臣属于宗教的建筑与雕像，唯有到了私人生活及私人财富容许装饰家庭或纪念人物时，绘画才实现独立。民主政治的衰亡既已削弱国家观念，个人于是转而寻求家庭的安慰。富人建立华丽的住宅，并对能装设喷泉或美化墙壁的艺术家付出高昂的费用。亚历山大城使用玻璃上的绘画作为一种壁饰，一切大希腊城市将活动的木制隔板用于这一目的，王公与豪富喜欢在可拆卸的大理石板上绘成的巨幅图画。帕萨尼亚斯描述他的希腊游历中，所见绘画为数极多，但这种兴盛的艺术，除在陶器或石刻上留下一些消退的色彩之外，却经不起时间的考验。我们只能从庞培、赫库兰尼姆（Herculaneum）及罗马等地发现的二流复制品中去猜测其品质。

希腊继续将画家的地位列于与雕刻家及建筑家同等，也许还要高些，并讲了成千个关于画家生平的故事。艾菲索斯人克来西克勒斯（Clesicles）曾因未能从女王斯特拉托尼斯得到他所希望的赏赐，便绘了一幅她与渔夫调笑的图画，并予以展出，然后乘船逃走。斯特拉托尼斯因见“这两个人像表达得惟妙惟肖”，便予宽恕而让他返国。阿拉托斯攻占西塞昂时，曾下令毁坏所有过去独裁者的画像。其中一个独裁者阿客斯特拉曾由迈兰索斯绘有一幅他立于战车旁边的画，因其十分生动，所以艺术家勒阿卡斯要求阿拉托斯把它留下，阿拉托斯答应了，但以须将阿客斯特拉的像改成比较不讨厌的形式为条件。据斯特拉博的记录，普罗托格尼斯曾画了一个森林之神与一只松鸡，那松鸡极为逼真，以致活松鸡都会对它啼叫，最后这位画家把那松鸡涂掉，以使观者能欣赏森林之神的美妙。据普林尼说，这位艺术家曾在其名画拉里苏斯像（相传罗得斯岛上以此为名的城市即由此人创建）上施用四层颜料，希望上层日久磨损后，下层仍可保持色彩鲜明。他因不能将拉里苏斯的爱犬口中所吐泡沫描绘得足够生动而很着急，不禁发了脾气，朝画面掷去一块海绵，想把它毁了，不料这块海绵刚好投到正确的位置，从画面落下之后，其所留痕迹正像猎犬喘息中所吐泡沫。德米特里攻打罗得斯时，曾严禁焚烧该城，以免毁及这幅名作。当攻击正在进行之际，普罗托格尼斯仍继续在乡间画室中作画，这画室恰好位于马其顿军队的前进路上。德米特里派人去召他，问他为何未与其他村民一起入城避难。普罗托格尼斯答道："因为我知道你是与罗得斯人打仗，而非与艺术为敌。"这位国王便派了一个卫士保护他，并暂时搁下战事，去观赏这位艺术家的作品。

大希腊时代的画家已知透视、远近、光线、构图等诀窍。他们虽只利用风景作为背景与装饰，并用无生气的及常规的手法去描绘风景（如果我们从庞培的摹本去判断的话），但他们至少已体会到大自然的存在；而且当狄奥佛拉斯塔将大自然写入诗歌时，画家也将它引入艺术中。但他们对关于人的作品太感兴趣了，没有多少时间去注意树木与花卉。他们的前辈只画些神与富人。大希腊时代的艺术家则对任何人物都有浓厚的兴趣，而且发觉丑恶的题材可绘成美丽的图画，或者可赚来丰厚的酬金。他们以与后世荷兰画家同样的热心转向平凡的生命，乐于描绘理发匠、皮匠、妓女、女裁缝、驴、畸形人及奇怪的动物。在这种风俗画之外，又加上一些静物画——糕饼与鸡蛋、水果与蔬菜、鱼与猎获物、酒与古代仪式的一切道具。帕加马的索苏斯（Sosus）曾制作了一幅逼真的地板镶画，模仿酒宴后残屑狼藉的情景。较真的人士觉得可耻，指责这些使平凡事物增光的人是淫猥与污秽的描绘者。在底比斯，曾有法律禁止描绘丑陋的对象。

这个时代某些较大幅的杰作，由于被维苏威火山的熔岩掩埋而得救，作者之名虽不传，但作品本身仍没有被人忘记。在奥斯提亚（Ostia）找到的一幅壁画，显然是大希腊时代原作的较差仿制品。此画名为《艾尔多布兰迪尼的婚礼》（*The Aldobrandini Wedding*），在被收入梵蒂冈之前，曾为一意大利家庭所有。画中爱与美之神阿佛洛狄忒就像用后世鲁本斯（Rubens）的笔法绘成很粗壮的样子，正在鼓舞那胆怯的新娘，新郎却不需任何激励，已在椅旁不耐烦地等待着；比这些中心人物画得更为精美的，是一个文雅的妇人正在一把已褪色的鲁特琴上弹奏婚礼曲。另一幅在庞培出土的壁画似乎是公元前 3 世纪希腊原作的翻版，显示阿喀琉斯有帕特洛克罗斯在其身边，愤然将布里赛斯交给好色的阿伽门农。这些画中的人物依我们的习惯与鉴赏力看来，似乎丰满多于美丽，因为我们惯于较短的上身及较长的双腿，但古时的艺术家显然比我们更熟悉希腊男女的身材。时间已剥夺这些作品的光彩，唯有历史上的想象能恢复那种无疑曾使大众及国王所赞赏的光泽与新鲜了。

更动人的显然是从大希腊绘画发展出来的镶嵌艺术。镶嵌原是埃及与美索不达米亚的古老艺术，希腊人学了过来，并把它提高到最高境界。整幅画用线分割成许多小方块，每一小块各用颜色适当的大理石板制成，拼镶起来，即合成一幅非常耐久的图画。有几幅镶嵌画，虽经许多世纪无数的人脚践踏，仍保持着原有的色彩，表达着古老的故事。在位于庞培古城的农牧神之家（House of the Faun）所发现的《伊苏斯之战》（*The Battle of Issus*）可能与公元前 4 世纪弗罗塞努斯所绘的名画有关[1]，全图长 8 英尺、宽 16 英尺，由 15 万块 2 至 3 平方毫米的石块组成。这幅图于 79 年被一次掩埋了庞培的地震与火山爆发淹没，但现已掘出的残存部分还足以证明其制作的技巧与生气。在这幅图画中，风尘仆仆的亚历山大正指挥一次攻击，他所骑名驹布塞法

[1] 这幅镶嵌画现存于那不勒斯博物馆。

路斯离大流士的战车只有数英尺。一个波斯贵族已投身于两王之间，并已被亚历山大刺中一枪。大流士不顾自己的危险——因为那征服者的下一枪正朝他刺来——从战车中俯身去看他那跌落的朋友，脸上充满焦急与悲恸的神情。波斯骑兵冲上前来拯救他们的统治者，亚历山大的长枪正停在空中。大流士脸上的那种复杂神情是这幅作品的显著成就，但其具有吸引力的部分是亚历山大坐骑的头。世间没有比这更伟大的镶嵌画了。

雕刻

雕刻品之多莫过于大希腊时期。神庙与宫殿、住宅与街道、花圃与公园，皆充满着雕像。人类生活的每一个方面，以及动物与植物的许多景象，都曾以雕刻表现出来。半身像曾使已故的英雄和活着的名人一世不朽。最后甚至连好运、诽谤、正当其时等抽象观念，也在石头上变成具体的图形。西塞昂人欧提基狄斯是利西帕斯的学生，曾为安条克城铸造一座幸运之神泰奇的铜像，作为该城灵魂与希望的化身。普拉克西特列斯的两个儿子——第马库斯与塞弗索多斯——继续发扬了雅典雕刻的优良传统。在伯罗奔尼撒，麦西尼人达莫芬雕刻了丰饶女神德墨忒尔、春之女神珀耳塞福涅、月之女神阿尔忒弥斯组合的一群巨像，曾得到很高的声誉。但大多数新雕刻家都遵循免受饥寒的路线，去为大希腊的东方富豪及国王的宫殿与朝廷工作。

公元前 3 世纪，罗得斯产生了独树一格的雕刻宗派。岛上有上百座巨像建立起来，据普林尼说，任何一座皆足以使这个城市闻名于世。其中最伟大的是日神赫利俄斯的巨大铜像，这是林杜斯人查瑞斯于公元前 280 年左右建造的。传说查瑞斯因为费用超出预算很多而自杀，由另一个林杜斯人拉凯斯完成了这项工程。这座巨像并非跨立港口之上，而是位于其附近，耸立至 105 英尺的高度，这种庞然巨物使我们看出罗得斯人喜好夸耀与大手笔。也许他们曾想用它作为一座灯塔及一种象征。如果我们相信《希腊诗选》(*The Greek Anthology*)中的一首诗所说的，这座铜像高举灯光，象征罗得斯所享有的自由——这对今日纽约港中的“自由女神像”真是奇妙的预言[1]。当然这座铜像也是世界七大奇景之一，普林尼报道说：

> 这座铜像于建立后56年被地震推倒。很少有人能用双臂合抱巨像的拇指，其他手指也比别的许多雕像大些。当巨像肢体破散时，有人看见其内部正在裂开。其中有大块的岩石，那是艺术家在建造过程中用于稳定像身的重量。据说这座巨像费时12年方才完成，所花建筑费达300塔伦——这笔钱是从德米特里攻打罗得斯失败后所留下的战争器械变卖而筹得的。[2]

在历史上几乎同样有名的，是罗得斯派的另一作品《拉奥孔》(*The Laocoön*)。普林尼曾在提图斯的宫中见过这组雕像，后来于1506年在提图斯的浴室废墟中发现了它，几乎可断定是阿格沙德、波利多鲁斯及雅典诺多罗斯的原作，由他们于公元前2世纪或公元前3世纪用两块大理石雕成。这组雕像的发现，曾对文艺复兴时代的意大利产生重大刺激，也曾给米开朗基罗以深切的影响，他曾试行恢复主要人物的断臂[3]，竟未成功。拉奥孔是特洛伊的祭司，在希腊人将木马送给特洛伊时，他曾劝守军勿予接受（据维吉尔所述），他曾说：“我害怕希腊人，即使在他们送来礼物时也不例外。”偏袒希腊人的女神雅典娜为了惩罚他的智慧，便派了两条蛇去杀他。蛇先缠住了他两个儿子，拉奥孔见此情形，立即赶去相救，也给蛇缠住，最后他们父子三

---

[1] 纽约的“自由女神像”从基座至火炬全高151英尺。

[2] 铜像倒塌后留在原处，直到653年，萨拉森人才将材料出售。搬运这些材料曾动用了900头骆驼。

[3] 梵蒂冈珍藏已恢复的断臂是17世纪意大利雕刻家贝尔尼尼（Bernini）的作品，做得十分细致，可惜破坏了整体组合的向心性。18世纪的德国考古学家温克尔曼非常欣赏这组雕像，莱辛由于读过他的作品，也受到鼓励而写了一本美学批评的书，间接、直接提到这组雕像。

人都死于毒牙的毒液。这些雕刻家采取了维吉尔使用过（索福克勒斯在《弗罗克特斯》中也使用过）的自由手法，很有力地描出痛苦的情形，但其结果与石头天然的宁静不很配。在文学以及通常在实际生活中，痛苦都会过去。在拉奥孔像中，痛苦的呼号却被给予牵强的永久性，反不如德墨忒尔沉默的悲伤那样感人[1]。使我们赞美的，是雕像的设计与技巧。肌肉有些夸张，老祭司的四肢及他两个儿子的身体却雕得庄重而谨严。如果我们在看到这组雕像之前知道这个故事，我们也许会像普林尼一样被感动，他一直认为这是古代雕像艺术中最伟大的成就。

在这个被人低估的时代，其他许多希腊城市都有很发达的雕刻宗派。亚历山大城在其悠长的历史过程中，土壤与建筑物的翻动过于频繁，未能保存希腊艺术家为托勒密王朝所做的雕刻作品。硕果仅存的保存于梵蒂冈的《尼罗神像》(*Nile*)，由 16 个水娃娃以滑稽的神态支撑，象征每年上涨的 16 肘尺的水位。在西顿，有许多不知名人物的石棺是希腊雕刻品，其中最好的一具被误称为《亚历山大的石棺》(*Sarcophagus of Alexander*)，现为君士坦丁堡博物馆（Constantinople Museum）引以为豪的陈列品，其刻工之佳，可媲美帕特农神庙的壁雕，只是尺寸较小而已。人物俊秀而比例适宜，姿态生动而清楚，现仍附着于石头上的柔和色彩，可作为希腊雕刻曾借鉴于希腊绘画的证明。公元前 150 年左右，在卡利亚的特拉勒斯，阿波罗尼奥斯与托里斯库斯曾为罗得斯铸造了一组大铜像，现称为《法尔内塞公牛》(*Farnese Bull*)：两个英俊的少年正将可爱的少女狄耳刻逼向一条野牛的角尖，因为她曾欺负他们的母亲安托波——而这位母亲正以冷漠而安静的满足欣赏这幕情景。[2] 在帕加马，希腊雕刻家曾铸成几组战争铜像，这是阿塔路斯最

[1] 此处指大英博物馆的德墨忒尔雕像。

[2] 原作已失。3 世纪罗马大理石仿制品于 16 世纪从卡拉卡拉（Caracalla）的浴室遗址中被发掘出来，曾由米开朗基罗加以修补，有一段时间放在法尔内塞宫（the Palazzo Farnese），今存于那不勒斯博物馆。

初在其首都奉献给诸神，以纪念其逐退高卢人之役。他为了表达一切希腊文化所欠雅典的恩情，或许也为了传扬他自己的声名，曾将这些铸像的大理石副件赠送雅典以建立在卫城之上。现存残缺不全的大理石副件，有卡皮托利尼博物馆中《垂死的高卢人》（*The Dying Gaul*），被误称为《帕图斯和阿里亚》（*Paetus and Arria*）的雕像[1]——这是一个宁死也不肯被俘的高卢人，先杀其妻，然后自杀的故事——也有散见于埃及与欧洲各地的较小作品。可能属于这同一批的，有一具《已死的亚马逊女蛮》（*Dead Amazon*）[2]，其塑形技术除丰满得令人难以置信的乳房之外，每一细节皆毫无疵瑕。这些雕像在表情方面显示出一种古典的含蓄作风：被征服的人遭受极大的痛苦与悲哀，但死得没有戏剧性，征服者也容许艺术家尽情描绘其敌人的优点与缺陷。这些雕刻品在构想气势的雄浑、解剖观察的正确，或施工技术的精巧与耐心方面，皆没有任何衰退的迹象。另一件几乎同样完美的作品，是帕加马卫城上的宙斯神祭坛基座周围的浮雕，再度讲述神与巨人之间的战争故事——想必是为帕加马与高卢人所设的一种适度的比喻。这套作品中人物众多，有些过度狞恶，但有些形象特别表现出希腊艺术的最佳传统。头部已失的宙斯是以斯哥帕斯的刚健手法刻出的，女神赫卡忒则是战争的恐怖与屠杀中一首温雅与美丽的抒情诗。

这个时代现已佚名的雕刻家留下来的杰作很多，所雕神像几乎将希腊神话中的主要众神包括无遗。庄严的《宙斯头像》（*Head of Zeus*）是在奥特里科利（Otricoli）发现的；特尔梅博物馆的《卢多维西的赫拉》（*Ludovisi Hera*）曾让青年时期的歌德非常喜爱，于是将此像的塑型带回德国；作为《朱庇特与朱诺》（*Jove and Juno*）的真迹复制品一度享誉盛名的《观景的阿波罗》（*Apollo Belvedere*）[3]具有学术派的冷静和缺乏热情，可是两世纪前曾使温克尔曼极感兴趣。与此种体魄不

[1] 现存于罗马特尔梅博物馆。

[2] 现存于那不勒斯博物馆。

[3] 此像之前曾存放于梵蒂冈的亭子中，因而有此名称。

强壮、温和的人像极端相反的是赫拉克勒斯，这是由雅典人格利孔（Glycon）模仿一座利西帕斯的原作而雕成的——全身肌肉过于夸张，脸上疲倦、慈祥及惊异的表情——仿佛力量正在向它自己询问从未获得答案的问题：力量的目标应该是什么？这个时代爱与美之神阿佛洛狄忒的雕像，仅比其信徒的人数少。有几个留存到现在，但大多数是罗马的仿制品。《米洛斯的阿佛洛狄忒》（*Aphrodite of Melos*）——卢浮宫所存《米洛的维纳斯》（*Venus de Milo*）——显然是公元前2世纪的希腊原作。这座雕像是1820年在米洛斯岛上发现的，在靠近其支座的碎块上刻有“sandros”字样。这具裸体像也许是安条克人阿格沙德的作品。面孔按其构成神像的表征来说，不见得十分艳丽，但整个身材有如一首好诗，显出富有自然之花的健康美，蜂腰在这种丰满的体形与坚实的臀部之间是无可取代的。虽然不很完美，但仍非常悦目的，是《卡皮托利尼的维纳斯》（*The Capitoline Venus*）及《美第奇的维纳斯》（*The Venus de Medici*）。[1] 坦率而极为肉感的，是《美臀维纳斯》（*The Venus Callipyge*，或 *Venus of the Lovely Buttocks*）[2]，她在浴池中含情脉脉地露出她那丰满的臀部，而转回头去欣赏它。比这些之中任何一座都更能给人深刻印象的，是极为宏伟的《胜利女神像》，或称《萨莫色雷斯的胜利女神》（*Victory of Samothrace*），这是1863年在萨莫色雷斯发现的，如今是卢浮宫中所存最有名的雕刻杰作[3]。这位胜利女神好像正要从翱翔中降落到一艘疾驶着的战船的船头上，并领导这艘船去攻击。她的大翅膀似乎正迎着那吹乱她衣襟的和风，在这里，希腊人把妇女不仅视为优美而且视为强健母性的观念，又支配了整件作品。这种观念不是脆弱的和短暂的青春之美，而是女人毕生对

---

[1] 现存于罗马卡皮托利尼博物馆及佛罗伦萨乌菲齐美术馆。

[2] 现存于那不勒斯博物馆。

[3] 以往曾有人描述这组雕像是德米特里一世于公元前305年所建立，以纪念其前1年在塞浦路斯的萨拉米斯海上击败托勒密一世而献给神的贡品。但新近发现这一雕像与科斯战役（公元前258年）有关，在该次战役中，马其顿、塞琉古与罗得斯的舰队共同击败了托勒密二世。

男人，要他自行振作以求成功的呼唤，就像是这位艺术家曾想为后世歌德所写《浮士德》（*Faust*）的最末几句预留一个说明的例子。能想到并雕出这种形象的文化，当然距其死亡还很远。

这群雕刻家曾使希腊艺术于其末期放出异彩，但众神并非他们主要兴趣之所在。他们把奥林匹亚众神视为题材的一种泉源，仅此而已。当此种泉源因多次重复使用而枯竭时，他们便转向尘世，乐于表现人生的智慧、可爱、奇怪与荒诞。他们雕刻了荷马、欧里庇得斯、苏格拉底等人的头像，也制成一些光滑而精致的阴阳人像，其朦胧的美，在君士坦丁考古博物馆（the Archeological Museum at Constantinople）、罗马博盖塞美术馆（Borghese Gallery in Rome）或巴黎卢浮宫，还是很引人注目的。小孩曾提供了许多令人神爽的自然姿态，像那个正从脚上拔刺的男孩及另一个与鹅搏斗的男孩[1]，皆其实例。而此类之中最好的，则是已确定为利西帕斯的学生波苏斯（Boëthus）所雕的《祈祷的少年》（*Praying Youth*）[2]。有些雕刻家转向树林去描绘其中的精灵，如慕尼黑的《巴尔贝里尼牧神》（*Barberini Faun*），或兴高采烈的山神，如那不勒斯博物馆的《酒醉的西勒诺斯》（*Drunken Silenus*）。他们在这些形象中偶尔添入爱神的玫瑰般的脸孔及顽皮的鬼把戏。

评价

原是拘谨而神圣的希腊雕刻，突然表现出一种幽默感，这可以说是大希腊艺术的一项显著特征。每个博物馆都保存了得自这个时代所遗废墟中的一些嬉笑的半人半羊神、歌唱的半人半兽神、谑闹的酒神和用作喷泉嘴的撒尿小童。也许希腊艺术由于重返亚洲从而恢复

---

[1] 现在这两座雕像皆在梵蒂冈。

[2] 现存于柏林国家博物馆。

了其原有的变化、情感与热情，这些特质都是它在臣属于宗教及城邦的古典时期几乎已完全失去的。大自然从前为人所崇拜，如今开始为人所欣赏了。然而古典的温雅并未消失：特尔梅博物馆的《苏比亚科少年》（*Youth of Subiaco*）、梵蒂冈的《沉睡的阿莉亚多尼》（*Sleeping Ariadne*）、古物馆（the Palace of the Conservatori）的《坐着的少女》（*Sitting Maiden*）都继续保持了普拉克西特列斯的优美传统。在整个大希腊时代中，雅典有许多雕刻家故意仿效公元前 4 世纪或公元前 5 世纪的式样，甚至偶尔采取公元前 6 世纪的古风，以抵抗当时的“现代化”倾向。但这个时代的精神是实验主义、个人主义、自然主义与写实主义，同时有一股趋向想象、理想主义、感情及戏剧效果的强烈逆流，艺术家谨慎地追随解剖学的进步，在画室中依照模特儿去作画的人越来越多。雕刻家所刻成的形象，不仅从正面去看，即令从一切方向去看，都是逼真的。他们使用了新奇的材料——水晶、玉髓、黄晶石、玻璃、黑玄武岩、黑大理石及斑岩——以模仿黑人的色素及半人半羊神通红的醉脸。

这些艺术家发明之丰富，不亚于技术之精湛。他们厌于重复同样的形式，他们好像预料到罗斯金的批评[1]，于是决意显示所描绘人物的真实感与个性。他们不再将取材范围限于完善与美丽的事物，也不限于运动家、英雄与神，转而制作工人、渔夫、音乐家、市场小贩、骑士、太监等风俗画或赤陶像。他们在小孩与农夫中，在苏格拉底那样性格显著的人物中，在狄摩西尼那样尖刻的老人中，在具有希腊血统的巴克特利亚国王欧西德谟斯那样强有力几乎带兽性的面孔中，以及在纽约大都会博物馆的《市场老妇》（*Old Market Woman*）那样孤寂的被遗忘的人物中，都找到了崭新的题材。他们毫不迟疑地表现了

[1] 英国作家兼批评家约翰·罗斯金（John Ruskin，1819—1900 年）曾说：“希腊艺术没有表现个别性——虽有青春与老年、强健与敏捷、善与恶等抽象的概念，但缺乏个别性。”他说这话时，只想到公元前 5、公元前 4 世纪的希腊艺术，正像温克尔曼及莱辛只知道大希腊时期的艺术一样。

肉感，他们不是为女儿贞操担忧的父母，也不是由于个人享乐主义对社会的影响而感到不安的哲学家，他们意识到肉体的魅力，便刻成了可能在一段时间免遭皱纹与光阴侵蚀的美丽人像。他们脱离了古典时代的积习，沉迷于温柔的情感中，而且以诚挚的心雕出由于未幻灭的爱情而垂死的牧人、沉溺于浪漫幻想中的美丽人像、痴想着孩子的母亲：这些似乎都是他们所要记录的现实的一部分。最后，他们更敢于面对痛苦与悲哀、凄惨的灾祸、不合时的死亡等情景，而且决意在所表现的人生中，为这些题材找到适当的位置。

凡是有自我见解的学者，必不赞成任何轻率的判断，说大希腊文化已于此时凋谢，这样的结论太容易成为在工作尚未完成之前结束希腊故事的借口。我们感觉这一时代中创作的冲劲确已松弛，但得到补偿的，是当时能完全发挥其工具效用的一种极为丰富的艺术。青春不能永存，风韵也不常在。希腊的生命也像其他每一种生命一样，不得不经历自然的衰退，接受成熟的老年。衰微既经开始，便侵入宗教、道德、文学等方面，而陆续在个别的作品中留下污点，但希腊人天才的原动力仍使希腊艺术像希腊科学及哲学一样，最后尚能保持接近巅峰的状态。在希腊文明孤立的少年期中，希腊人对美的热爱，将美具体表现出来的力量与耐心，皆不曾以如此胜利的姿态，或以如此丰富的刺激与成果，传播到熟睡中的东方诸城市。罗马人会发现这种文明，并将它再往后延续。

第十章 | 希腊科学的巅峰

欧几里得与阿波罗尼奥斯

希腊文学于公元前 5 世纪达到其顶点，哲学于公元前 4 世纪极为昌盛，而科学则于公元前 3 世纪发展至巅峰状态。君王对于科学上的探讨工作比起民主政府反而更能容忍且更有帮助。亚历山大曾用大队骆驼载运许多巴比伦天文学的板书，送往亚洲海岸的希腊城市，这些书立即被译成希腊文。托勒密王朝曾建立博物馆以奖励高深的研究，并收集地中海诸种文化的科学与文学书籍，存入大图书馆中。帕尔加人阿波罗尼奥斯曾将《圆锥曲线》（*Conies*）献给阿塔路斯一世，而阿基米德在希伦二世的赞助下绘制圆形及计算沙粒。各邦边界的消失及共同语言的建立，书本及概念的交流，形而上学的枯竭及古老神学的衰弱，亚历山大城、罗得斯、安条克、帕加马、锡拉库萨等地商人阶级的产生，各级学校、天文台、图书馆的增多，加上财富、工业及王室的奖励，把科学从哲学中释放出来，并鼓励它去做教化、富益或危害世界的事。

大约在公元前 3 世纪初期——也许更早些——希腊数学家由于发展了比较简单的记数法，而使其工具趋于便利。他们用前 9 个字母去表示个位数字，第 10 个字母表示 10，第 11 至第 19 个字母表示 20、30……90，第 20 个字母表示 100，从第 21 个字母起，依次表示 200、300 等。分数及序数则在字母后方加上一撇来表示；因此，“1′ ”便代表 1/10 或第 10 ；字母下方加一小“1”以表示该字母的千数。这种算术的速记术提供了一种便捷的计算方法。在一些现存的希腊草纸上所写的许多复杂的计算数式，小自分数，大至几百万，其所占面积，比我们用今日数字标示法作同样演算时所需要的面积还小。[1]

然而，大希腊科学家的最大成就是在几何方面。欧几里得便属于这个时代，他的名字在以后 2000 多年成了几何学的同义词。关于他的生平，我们所知道的是：他在亚历山大城办过一所学校，他的学生在数学方面都胜过其他学者。他不重视金钱，当一个学生问他：“我学几何可得到什么好处？”他便命奴隶给那学生 1 个奥勃，说道：“因为他必须从所学的东西中得到好处。”他为人极为谦逊而仁慈。公元前 300 年左右，他写成著名的《几何原本》（*Elements*），从未想到将各个不同的定理归功于自己的发现，毫不讳言他只是以合逻辑的次序将希腊人的几何知识组合起来而已。[2] 他未使用序言或辩解，直接写出简单的定义、条件或必要的假设，最后得到“共同见解”（common notions）或公理。他遵从柏拉图的训谕，以仅需使用圆规与尺所作出的图形及证明为限。他采用了先辈业已熟悉的逐步进行解释与论证的方法：假设、图示、证明及结论。其中虽稍有缺点，但其结果确是一种数学上的巧妙建筑，与帕特农神庙同为希腊智慧的象征。实际上他这本书比帕特农神庙以完整的形式存在得久多了，直到我们这个世纪之前，欧几里得的《几何原本》在几乎每一所欧洲大学中都是公认的

---

[1] 这些草纸不比亚历山大城早，但因其中使用原始的 digamma 以表示 6，可知字母表数法或许始于大希腊时代之前。

[2] 各部所记原有几何学著作的原作者如下：第一、第二两部是毕达哥拉斯，第三部是希俄斯人希波克拉底，第五部是欧多克索斯，第四、第六、第十一、第十二等部是后期毕达哥拉斯学派及雅典几何学家，第七部至第十部记述较高等的数学。

几何学教本。

欧几里得所著《圆锥曲线论》业已失传，这篇论文摘要记述了梅内古姆斯、阿里斯塔俄斯及其他学者对锥体几何的研究心得。帕尔加人阿波罗尼奥斯在欧几里得的学校里研读多年之后，采用了这篇论文作为他自己的《圆锥曲线》的起点，写了 8 本书及 387 条定理，以探讨一平面与一圆锥体交截时所产生曲线的性质。他为其中的 3 种曲线（第 4 种为圆）定下了沿用至今的名称——抛物线、椭圆及双曲线。他的发现使投射物的理论得以产生，而且使机械学、航海术及天文学大有进步。其说明费力而冗长，但其方法是完全科学化的。他的作品与欧几里得的一样明确，现存的 7 本书在今日几何学上仍是最原始的古典文献。

阿基米德

这位最伟大的古代科学家约公元前 287 年出生在锡拉库萨，他是天才文学家菲狄亚斯之子，当时最开明的统治者希伦二世是他的表兄。正像其他许多有志于科学研究又付得起费用的希腊人一样，阿基米德来到了亚历山大城，他在欧几里得的继承者门下学习，从而得到了数学的灵感，使他日后获得两种恩赐——专心致志的一生及突如其来的死亡。他回到锡拉库萨，与世隔绝，潜心研究各派数学。他常与后世的牛顿一样废寝忘食，去追求一种新理论的结果，或用油在自己的身体上，或用杆在火炉的灰中，或在希腊几何学家惯于撒在地板上的沙中，画出各种图形。他不是没有幽默感的人：他曾在自认为最好的作品《球体和圆柱》（*The Sphere and the Cylinder*）中，故意插入几则错误的定理（据说如此），一方面是跟他朋友开玩笑，一方面是让专爱剽窃他人思想的人上当。有时他以试解难题自娱，这几乎使他发明了代数学，后来曾使莱辛大感困惑的“牛群问题”（the Cattle Problem）即是其中之一。有时他制作新奇的机械，以研究其操作的原理。但他的长期兴趣仍在纯粹科学方面，这种科学被视为了解宇宙的钥匙，并非增加财富的工具。他的书不是写给学生看的，而是写给专业学者看的。因此，他常以简洁的专论向他们提出自己研究心得的奥妙结论。这些论文的创意、深度及清晰曾使整个后来的古典学界为之倾倒。3 个世纪之后，普卢塔克说："我们不可能从几何学中找到更困难与更复杂的问题，或更简单而更明白的解释了。有些人认为这一切归功于他的天才，也有些人认为这些容易又毫不费力的书页，是难以置信的努力与辛勤的结果。"

阿基米德的著作在欧洲及阿拉伯经历许多危险之后，如今尚存 10 篇。(1)《方法论》(*The Method*)，对他在亚历山大城认识的朋友厄拉多塞说明机械的实验如何能推广几何学的知识。这篇论文结束了柏拉图所订立的尺与圆规的限制，从而打开了实验方法之门。即使如此，它还是显出了古典与现代科学的不同情调：前者为求了解理论而容忍实际的方法，后者为求可能的实际效果而容忍理论。(2)《命题集》(*A Collection of Lemmas*)，讨论平面几何的 15 种"选择"，或可替换的假设。(3)《圆的度量》(*The Measurement of a Circle*)，算出 π 值——圆周与直径之比——介于 3 又 1/7 至 3 又 10/71 之间，并"将圆形变成方形"，借耗尽法以显示圆面积是与以圆半径为高而以圆周为底的直角三角形的面积相等。(4)《抛物线求积法》(*The Quadrature of the Parabola*) 是以一种方式的积分法计算弦线截割抛物线后所形成的面积，并研究椭圆面积的算法。(5)《论螺线》(*On Spirals*)，为螺线立下定义，说这是一个点从一个固定的点沿直线做匀速运动，而这条直线环绕同一固定点在一个平面做匀速旋转所绘成的图形。他以接近微分的方法，求出螺线与两条半径所包围的面积。(6)《球体和圆柱》，探究金字塔、圆锥、圆柱、球的体积及表面积的公式。(7)《圆锥体与椭圆体论》(*On Conoids and Spheroids*)，研究锥形剖面沿其轴转动所产生的立方体。(8)《数沙者》(*The Sand Reckoner*)，从几何学转到算术，几乎转到对数，阿基米德说到以 1 万的倍数或“级”（order）去表示大数目，他使用这种方法，算出填满整个宇宙的沙数——他又愉快地补充说，假定宇宙有一种合理的尺寸。他的结论说，任何人都能自行证实，世界所含的沙量不会超过63个“第八级数字的1000万单位”——依我们的写法，即10^{63}。由后人所引述其已散失著作中的资料显示，阿基米德也曾发现求非平方数的平方根的方法。(9)《论平板的平衡》(*On Plane Equilibrium*)，将几何运用到力学，研究各种形状的重心，从而得出现存科学的静力学最古老的公式表示法。(10)《浮体论》(*On Floating Bodies*)，通过求出浮体均衡位置的数学公式而创立了液体静力学，这篇论文一开始便提出当时很惊人的论题，说任何静止而均衡的液体，其表面必为球面，其球心与地球中心相同。

或许是由于一次几乎与牛顿的苹果同样著名的意外事件，引起了他对流体静力学的研究。国王希伦二世曾将黄金交给一个名叫塞里尼的叙拉古金匠，要他铸造一顶王冠。当王冠送来时，称得其重量与原先交付的黄金相等，但国王怀疑金匠换用了一部分白银，把节省下来的黄金私吞了。希伦便将此项疑惑连同王冠交给阿基米德，大概是要他在不伤王冠的前提之下去解决疑惑。阿基米德为这个问题想了许多天。有一天，他在公共浴室中洗澡，一走进澡盆，便看到水依他沉入的深度而溢出盆外，而他下沉或压入越深，体重便显得越轻。他那好奇的心智，搜索到并利用上每一项经验，突然想出了有名的“阿基米德原理”——浮体在水中减轻的重量等于所排出的水的重量。他推想浮体会依其体积而排出不同的水量，并看出此项原理可供王冠的试验。他一时得意忘形（如果我们相信沉着的维特鲁维乌斯所作记载的话），赤身冲往街上，跑回家中，大叫着：“我发现了！我发现了！”到家之后，他立刻发现白银比等重的黄金体积大，因而沉入水中时，其排水重也较大。他发现那顶王冠的排水量比等重的黄金的排水量大，于是断定其中必掺有密度小于黄金的金属。他在用于比较的纯金中，取出一部分换上白银，直到使排水量与王冠的相等为止，于是阿基米德能说出王冠中究竟掺银多少，多少黄金已被偷去。

对他而言，满足了国王的好奇心，并不及发现浮体定律与比重测量方法那样重要。他做了一套行星模型，代表太阳、月亮及当时已知的五颗行星（金、木、水、火、土），并将它们合理安置，只要转动一个曲柄，便各以不同的方向与速率而转动。但他可能同意柏拉图的看法，认为支配天体运动的法则比星辰更为美丽。[1] 在一篇原稿已失但摘要仍存的论文中，阿基米德精确地确立了杠杆与平衡的定律，所以直到 1586 年才有人加以改进。其中定理（六）说：可比较的诸物体将在与其重力成反比的距离达到平衡——这是一个以才气焕发的方式将复杂关系加以简化的真理，其感动科学家的灵魂犹如普拉克西特列斯的《赫耳墨斯》感动艺术家一样有力。阿基米德醉心于杠杆及滑轮的力量，曾宣称只要他有固定的支点可用，便能移动一切。据说他曾以锡拉库萨的多利安方言说："给我一个支点，我将撬动整个地球。"希伦要求他说到做到，并指出他的部属将大船拉上海滩时所遭遇的困难。阿基米德便安排一套钝齿轮与滑轮，他坐在机械的一端，独力将装满货物的海船从水中拉上陆地。

国王对这项表演大为欣赏，便要求阿基米德设计一些战争机器。但他们两人各有其独特的性格，阿基米德发明了这些机器之后，便把它们忘了，而希伦爱好和平，也不曾加以使用。普卢塔克说：

> 阿基米德具有高尚的精神、深邃的灵魂、丰富的知识，虽然这些发明为他赢得了超乎人类智慧的盛名，他还是不愿留下关于这些项目的任何记载。他说每一种可供实用与可以获利的艺术都是肮脏而卑鄙的。他将全部爱好与雄心都放在比较纯净而与生

[1] 两个世纪后，西塞罗见过这套仪器，对其复杂的同步运动大为叹服。他写道："当伽鲁斯（Gallus）移动这个球体时，月亮经常在铜制的机关上比太阳落后许多转，恰与天空中月亮比太阳落后的天数相匹配。因此，在这个球体上所发生的日食也正像实际上所发生的一样。"

> 活中世俗需要无关的推理方面——其所作的研究对一切其他研究的优越性是不容置疑的，唯一可疑之处，可能是所选择的主题之美与伟大，或证明的方法与工具之精密与中肯，是否值得我们钦佩。

希伦死后，锡拉库萨与罗马发生纠纷，罗马大将马塞勒斯（Marcellus）由海陆两路来攻打这个小国。阿基米德此时（公元前212年）已75岁，仍督导两条前线的防御配备。他在保护港口的城墙后方装设了弩炮，能将石头射到相当远的距离。其如雨的弹丸十分厉害，迫使马塞勒斯撤退，然后于夜间进袭。可是船一近岸，船上的水兵便被守城弓弩手从阿基米德的助手所凿墙洞中射出的箭所阻挠。此外，这位发明家更在墙内装置了大起重机，当罗马的船队驶入其攻击距离之内时，杠杆与滑轮就立刻转动起重机，朝船队抛下大块石头或铅锤，击沉其中多艘。其他起重机装有巨钩，可将敌船吊起，提升至空中，然后把它摔到岩石上，或倒栽葱似的投入海中。[1] 马塞勒斯率舰队撤退，希望改从陆路攻城。阿基米德又用弩炮投出巨石去轰击敌人的部队，罗马人又大败而逃，并说神反对他们，因而拒绝再度前进。波利比奥斯说："一个人的天才，当适当运用时，确可表现为一种如此伟大而不可思议的力量。罗马人的海陆军皆强，若能除去锡拉库萨这位老人，必有希望立刻夺取这个城市。只要他一天还在，他们便一天不敢冒险进攻。"

马塞勒斯放弃了以强袭攻取锡拉库萨的计划，改用缓慢的封锁政策。8个月后，这座挨饿的城市终于投降了。在随后的屠杀与掳掠中，马塞勒斯曾下令不得伤害阿基米德。一个罗马军人在劫掠途中，遇见一个锡拉库萨老人正在潜心研究他画在沙地上的图形。那罗马人

---

[1] 另一故事说阿基米德曾利用大凹镜将太阳光线集中，并射到罗马战船上而使它们起火，卢奇安是最早说出这个故事的人，但不十分可靠。

命他立刻去见马塞勒斯，阿基米德不肯去，希望对他的问题先求得答案。普卢塔克说："他曾恳求那军人稍候片刻，以免他把正在研究的问题于未获结论及未臻完善时就丢下，但那军人不为所动，立即把他杀了。"马塞勒斯闻讯哀悼，曾尽其权力所及安慰死者遗属。这位罗马将军为阿基米德建造了一座漂亮的坟墓，并且根据这位数学家的遗志，在墓上雕刻了圆柱中盛有球体的图像。因为在阿基米德看来，发现求这些图形的面积与体积的公式是他一生中最大的成就。他的看法并不太错，为几何学增加一条定理，的确比进攻或保卫一个城市对人类更为有益。我们必须将阿基米德视为与牛顿齐名的人，并承认他取得了"从未被历史上任何人所胜过的数学成就"。

当时若非奴隶众多而便宜，阿基米德可能已成为一次真正的"工业革命"的领袖。一篇误认为是亚里士多德作品的《论力学问题》(*On Mechanical Problems*)以及一篇误认为是欧几里得作品的《重量论》(*Treatise on Weights*)已于阿基米德之前一个世纪立下了静力学与动力学的基本原理。继承泰奥弗拉斯托斯担任吕克昂学园首脑的兰普斯库斯人斯特拉托(Strato)，曾将他的宿命的物质论转向物理学，并系统地说出"自然憎恨虚空"的理论(约公元前280年)。他又说"虚空可用人工去造成"，打开了上千种发明的通路。亚历山大城人克特西比乌斯(约公元前200年)曾研究虹吸管的物理学(虹吸管远在公元前1500年的埃及便已开始使用)，并发展了压力泵、水风琴及水钟。古埃及的螺旋式水车确实能将水向高处输送，多半曾由阿基米德加以改良，因而无意中将他的名字给了这种水车。公元前50年左右，拜占庭人费隆发明了气压的机器以及各种战争器具。亚历山大城人海伦(Heron)的蒸汽引擎在罗马征服希腊之后出现了，使当时机械方面的发展达到最高峰及终点。哲学的传统太强了，希腊人的思想又回到理论中去，而希腊的工业则安于奴隶来操作。希腊人业已熟悉磁铁，也知道琥珀的电力性质，但他们并未在这些奇妙的现象中看出工业上的可能性。古人在不知不觉中决定了现代化是没有价值的。

阿利斯塔克、希帕恰斯、厄拉多塞

希腊的数学在大希腊时代得益于埃及的刺激，因而特别兴盛。希腊的天文学则得益于巴比伦。亚历山大打开东方，促成了观念交流的继续与扩展，此种交流在3个世纪之前，当希腊科学刚在伊奥尼亚区域诞生时，即已获得助益。在大希腊时代，当希腊文学与艺术皆在衰落之中，而希腊科学独能达到其最高的发展，这种矛盾现象，实可归因于希腊与埃及及近东的新接触。

在"地球中心论"统治着希腊天文学的黑暗时期，萨摩斯人阿利斯塔克却带来了一段光明。他对天文学非常热心，几乎研究过其中所有的分支，并在许多分支中取得杰出的成就。在其仅存的论文《日月之大小及距离论》（*On the Sizes and Distances of the Sun and the Moon*）[1]中，并没有关于太阳中心论的暗示。相反，这篇论文假定太阳与月亮皆循圆形轨道绕地球运行。但阿基米德的《数沙者》一文曾明白说出阿利斯塔克创立了一种假说："群星与太阳皆固定不动，地球循圆周路线绕太阳旋转，而太阳位于此一轨道的中央。"普卢塔克也写道：斯多葛学派的克里安塞曾说阿利斯塔克竟敢"使宇宙的炉灶（地球）移动"，主张应予起诉。塞琉古人塞里库斯曾为太阳中心论辩护，但希腊科学界皆反对此说。阿利斯塔克似乎在发现不能使其学说与天体圆形运动说相匹配时，便将它放弃了，因为古希腊天文家都认为这些轨道当然是圆的。也许因为害怕被毒死，阿利斯塔克竟成了古代的伽利略与哥白尼。

最伟大的希腊天文学家在哥白尼之前竟以似乎无可反驳的理由去攻击太阳中心论，这真是大希腊时代科学的一大不幸。比西尼

[1] 阿利斯塔克估计太阳体积为地球的300倍（实际超过100万倍）——这在我们看来似乎太低了，但已足使阿那克萨戈拉及伊壁鸠鲁大感震惊了。他计算月球直径为地球直径的1/3——错了80%，又算出地球至太阳的距离为地球至月球的距离的20倍（实际近乎400倍）。他有一条定理写道："日全食时，日月皆含在同一圆锥内，而锥尖便是我们的眼睛。"

亚的尼斯人希帕恰斯虽有划时代的错误，却是一位最典型的科学家——永无止境地求知、专心又耐心地研究、谨慎而准确地观测与报告，古典学界称他为“真理的爱人”。他接触过并修饰了天文学的每一方面，其结论一直为世人所信服达17个世纪之久。他的著作很多，如今仅存一种——对索里人欧多克索斯与阿拉托斯所著《现象论》（*Phainomena*）的注释。但克罗狄斯·托勒密的《天文学大成》（*Almagest*，约140年），以希帕恰斯的研究与计算为根据，所以我们仍可从这本书去了解他。“托勒密天文学”实应称为“希帕恰斯天文学”。他大概是就巴比伦的模型加以改进而制成了当时主要的天文仪器：观象仪及象限仪。他发明了以经纬线确定地面位置的分度法，并曾设法组织地中海世界的天文家，用这种方法观察及测定所有重要城市的位置。这一计划起初因政治上的动乱而受阻，后来在托勒密王朝国势比较稳定时才得以实现。希帕恰斯对关于天文的数学研究使他列出一张正弦表，因而创立了三角学。他无疑曾从来自巴比伦的楔形文字记录获得帮助，以接近准确的数值算出阳历年、阴历年及恒星年的长度。他估计阴历一年为365又1/4天减4分48秒——照现在的估计只差6分钟。阴历一个月为29天12时44分2又1/2秒——与目前公认的时间相差不到一秒。他以与现代测量极为接近的数值算出了诸行星会合的时间、黄道及白道的倾斜度、太阳的最远点、月球的水平视差。他也算出地球与月球的距离为20万英里——只差5%。

有了这些知识，希帕恰斯断定地球中心论比阿利斯塔克的假说更适于解释诸般论据，除非假定地球的轨道为椭圆形，太阳中心论的确经不起数学的分析。但这种椭圆轨道的观念与希腊人的思想极不相合，连阿利斯塔克也未曾考虑过。希帕恰斯曾逼近此种观念并提出了“偏心”的理论，他说太阳与月亮的轨道中心不同，且略偏向地球的一边，因此太阳与月亮在轨道上的速度也有显著的不同。就差这一点，否则希帕恰斯真可以成为古天文学家中最伟大的理论家，而不仅是最伟大的观测家了。

希帕恰斯夜夜仰望天空，他忽然发现一颗星出现于以前确实没有星星的地方。为了证明他后来所作的改变，在约公元前 129 年制成一种天体目录、一张天象图及一个浑天仪，按天体经纬度标定了 1080 颗恒星的位置——这对后来研究天文的学生是极大的恩赐。他将自己的图与 166 年前提谟查瑞斯所绘的图相比较，发现在这段时期诸星位置皆已移动约 2°。他以此为基础，从而获得其发现中最精细的一项[1]——昼夜平分点的岁差——春分点与秋分点到达子午线的时刻逐年提前的时间。[2] 他算出此项岁差约为 36 秒，而目前的估计是 50 秒。

我们现在要谈到的一位学者，在年代方面原是生于阿利斯塔克与希帕恰斯之间，他的博学通才曾为他赢得“五项全能”（*Beta*）及“第二”（*Pentathlos*）的绰号——因为他在许多方面都很出色，且皆仅次于每一方面的最佳者。传统的记载说这个昔兰尼人厄拉多塞曾受业于几位非常杰出的名师：斯多葛大师芝诺、怀疑论者阿色西劳斯、诗人凯利马科斯、文法家里沙尼斯。他不到 40 岁时，即因博学而有盛名，所以托勒密三世任命他为亚历山大城图书馆的馆长。他写了一册诗集及一本喜剧史。他的《编年表》（*Chronographia*）曾想确定地中海历史上重要事件的时间。他也写过数学专论，并设计了一种机械方法以求出两直线间连比例的中项。他算出黄道的倾斜度为 23° 51′，只差 0.5%。他的最大成就是测出地球圆周为 2.4662 万英里，我们计算的结果是 2.4847 万英里。他观察夏至中午的太阳正好射在昔兰尼一口狭窄深井的底面上，又知道 500 英里以北亚历山大城中有一座方尖石塔，有同一时刻从两城间的子午线上测量方塔的投影，显出太阳从天顶偏出 7° 30′，便断定地球表面 7° 30′的弧线正好等于 500 英里，因而地球周长便是：360 ÷ 7.5 × 500=2.4 万英里。

---

[1] 若非采自其巴比伦前辈西丹努斯（Kidinnu），便是他自己的发现。

[2] 春分点和秋分点是一年中的两天，太阳在其运动中越过赤道北移（北半球的春分，南半球的秋分）或南移（北半球的秋分，南半球的春分），当天昼夜等长，故也称昼夜平分点，即是黄道与天球赤道的两交点。

厄拉多塞测量地球之后，便开始描写地球。他的《地理学》（*Geographica*）记载了许多人的报告：亚历山大的测量员，旅行家如麦加斯梯尼，航海家如尼尔库斯，探险家如马萨蒂亚人皮西亚斯——此人曾于公元前320年左右绕过苏格兰到达挪威，也许曾抵达北极圈。厄拉多塞不仅描述了各区域的地形特征，并曾以水、火、地震、火山爆发等变动去解释各种特征。他劝告希腊人放弃将人类分为希腊人与野蛮人的地域偏见。他说人不应依民族分类，而应依个体分类。他认为很多希腊人是无赖，很多波斯人及印度人是高尚的，而罗马人在维持社会秩序及政府管理方面已表现得比希腊人有才干。他所知关于北欧及北亚的情形不多，关于恒河以南的印度更少，至于非洲南部还完全不知道，但据我们所知，他或许是提到中国人的第一位西方地理学家。他书中另一段有意义的文字说："如果大西洋不是一种障碍，我们当能轻易地由海路从西班牙前往印度，只需将航线保持于同一条纬度圈上就行了。"

泰奥弗拉斯托斯、希罗菲卢斯、埃拉西斯特拉图斯

古代动物学从未再度升至亚里士多德的《动物史》所达到的水准。也许由于大家同意的分工，他的承继者泰奥弗拉斯托斯写了一篇古典论文《植物史》（*The History of Plants*），及另一篇更偏重理论的《植物的本原》（*The Causes of Plants*）。泰奥弗拉斯托斯爱好园艺，对其论题知道得很清楚。他在许多方面比他的老师更精通学理，对事实更谨慎，说明也更有条理。他曾说，未经分类的书就像无缰之马一样不可靠。他将一切植物分类为乔木、矮树、灌木及草本，并将各种植物区分为根、茎、枝、细枝、叶、花、果——这种区分法沿用到1561年才被修正。他写道："植物各部分都能发芽，因为各部分都有生命……植物发芽的方法如下：从种子、根、断口、椏、枝、切块或茎本身皆可自然发芽。"他对植物的有性生殖没有清晰的概念，只有无花果树及

枣椰树是例外。他描写这两种树的授粉与受精时，采用了巴比伦人的说法。他曾讨论植物的地理分布、工业用途及最利于其健康生长的气候情况。他曾研究500种植物的各种详情，其所达到的精细准确度，在没有显微镜的时代，实属惊人。他在很多方面都是自然主义者，坚决否定了当时对植物某些奇怪现象的超自然解释。他有科学家追根究底的好奇心，也不认为以哲学家的身份去撰写专文，讨论石头、矿物、天气、风、疲劳、几何学、天文学及苏格拉底之前希腊人的物理学理论会有损他的尊严。据萨登（Sarton）说："如果没有亚里士多德，这个时代当已被称为泰奥弗拉斯托斯的时代了。"

泰奥弗拉斯托斯的第九本"书"摘记希腊人所知植物的药性。他在一段描写中暗示了麻醉剂："白藓是对妇女分娩特别有用的植物，据说可使生产顺利，或免除痛苦。"也许因为复杂的都市文明中新奇而增多的疾病，这个时代的医药曾有迅速的进步。希腊人对埃及医药学问的研究促进了新的发展。托勒密王朝对此极有帮助，他们不仅准许解剖动物及人的尸体，并且将已判刑的罪犯交出来以供活体解剖。在这样的鼓励之下，人体解剖变成了一项科学，而将亚里士多德所说的许多误谬之见大体消除了。

卡尔西登人希罗菲卢斯（Herophilus）于约公元前185年在亚历山大城工作时，解剖了人的眼睛，并曾提了关于视网膜及视神经的良好报告。他解剖了脑，曾描述大脑、小脑及脑膜，使后世以他的名字作为希罗菲卢斯窦汇（torcular Herophili）[1]的命名，而使脑恢复了"思考之宫"的荣誉地位。他了解神经的功用，将它们区分为感觉神经与运动神经，并将脑神经与脊髓神经分开。他分辨出静脉与动脉的不同，看出动脉的功用是将血液由心脏输往全身各部，实际上是在哈维（Harvey）之前19个世纪即已发现血液的循环。他采取了柯安（Coan）医生普拉克萨戈拉的建议，将诊脉列入诊断方法之中，并用

[1] 硬脑膜或外脑膜上的血窦汇合处，中文名为窦汇。——译者注

水钟测量脉搏的次数。他曾解剖并描述卵巢、子宫、精囊及前列腺，研究了肝脏及胰脏，并订立至今仍沿用的十二指肠的名称。希罗菲卢斯写道：“若无健康，科学与艺术将一无表现，长处将无从施展，财富将毫无用处，辩才将虚弱无力。”

依我们现在所能作的评判，希罗菲卢斯是古代最伟大的解剖学家，而埃拉西斯特拉图斯（Erasistratus）是最伟大的生理学家。埃拉西斯特拉图斯生于塞俄斯，求学于雅典，然后于公元前 258 年在亚历山大城开业行医。他比希罗菲卢斯更为小心地分辨大脑与小脑，曾用活的动物做过许多实验，以研究大脑的运作情形。他描述并且解释了会厌软骨、肠系膜的乳糜管、心脏主动脉瓣及肺动脉瓣等组织的功能。他曾有一些关于新陈代谢的概念，设计了一具粗略的呼吸热量测定计。埃拉西斯特拉图斯说，每一器官皆经由 3 种路线——动脉、静脉、神经——与其他组织相通。他曾以自然的原因去解释一切生理现象，不承认与神秘实体有任何关系。他抛弃了希波克拉底的体液说——这是希罗菲卢斯所认可的。他认为医学是借卫生以事预防，而非借疗法以行医治。他反对经常吃药与放血，主张依靠有规律的饮食、沐浴及运动。

这些人物使得亚历山大城成为古代医学世界的“维也纳”。在塔拉斯、米利都、艾菲索斯、帕加马及锡拉库萨等地也有大的医药学校。许多城市都有市立的医疗组织，这些雇用的医生所得薪水并不很高，但对病人无分贫富或奴隶与自由人，皆一视同仁，随时不顾危险投入工作中，所以非常受人尊敬。米利都人阿波罗尼奥斯免费为附近岛屿的人们治疗瘟疫。当科斯所有的医生染上了他们曾力事防治的传染病时，邻近城市的医生都前往相助。大希腊时代的医生曾收到许多由地方政府颁发以表示感谢的公告。虽然古典的笑话常奚落唯利是图的庸医，这种伟大的职业却维持了极崇高的道德水准，这也是从希波克拉底传下来的最珍贵的遗产。

第十一章 | 哲学的屈服

希腊哲学包含物理学、形而上学及伦理学三部分。物理学以亚里士多德为巅峰，形而上学是柏拉图，伦理学是芝诺。物理学终止于阿基米德及希帕恰斯，正是他们将科学与哲学分离。形而上学止于庇罗及后期柏拉图学派的怀疑论。伦理学则继续存在，直到伊壁鸠鲁派享乐主义及斯多葛禁欲主义为基督教所征服或吸收为止。

怀疑论者的攻击

在大希腊文化的传播中，雅典在戏剧与哲学两方面仍继续保持领导地位。雅典社会并不太热衷于战争与革命、新科学与新宗教或美与黄金，所以还有时间去研究真理与谬见、物与心、自由与需要、高贵与卑贱、生与死等问题。许多青年常历尽千辛万苦，从地中海所有的城市到柏拉图与亚里士多德音容宛在的大厅与花园中来求学。

在吕克昂学园，孜孜不倦的莱斯博斯人泰奥弗拉斯托斯继续保持着经验主义的传统。逍遥学派实非哲学家，而是科学家及一般的学者，他们献身于动物、植物、生物、科学史、哲学史、文学史、法学史的专门研究。泰奥弗拉斯托斯在领导该学园的 34 年中（公元前

322—前 288 年），探讨了许多学术领域，曾公布涉及从爱情到战争几乎所有论题的书达 400 部之多。他的小册子《论婚姻》（*On Marriage*）曾严厉批评女人，伊壁鸠鲁的情妇里修姆写了一篇博学并且非常尖锐的答辩，予以猛烈的反驳。然而阿特纳奥斯认为“美人凭优雅而得美丽”一语所表现的温柔情感应归功于泰奥弗拉斯托斯。第欧根尼·拉尔修把他描写为“最仁慈的人，而且非常和蔼可亲”。他口才极佳，因此别人忘记了他的本名，只记得亚里士多德为他另取的意谓“他讲话像神一样”的外号。他极受欢迎，群集听讲的学生多达 2000 人，米南德便在其最忠实的门徒之列。后世特别谨慎地保存了他的《论性格》（*On Characters*）一书，不是因为他创造了一种新文体，而是由于他对人人归诸他人的过失有尖刻的讽刺。书里有个好说话的人（the Garrulous Man），他“开始颂扬自己的太太，细说他昨晚所做的梦，逐一形容他昨餐所吃的每一道菜”，最后得出结论说，“我们和以往是大大不同了”。还有个愚蠢的人（the Stupid Man），他“到戏院去看戏，竟于熟睡中被留在空屋里……他吃完舒服的晚餐，晚上不得不起来方便，回来时还未完全清醒，走错了门，被邻居的恶狗咬了”。

泰奥弗拉斯托斯一生中巧遇的几件大事之一，是城邦颁布了法令（公元前 307 年），规定哲学领袖的选择须经公民会议的认可。与此同时，阿尔戈英雄尼德斯又控告泰奥弗拉斯托斯“不敬”。泰奥弗拉斯托斯便离开雅典，但跟随他的学生很多，城中商店老板抱怨生意一落千丈。不到一年，这项法令取消了，控诉也撤回了，泰奥弗拉斯托斯又扬扬得意地回来，重新主持吕克昂学园，几乎直到 85 岁逝世时为止。据说“所有雅典人”皆参加他的葬礼。在他死后，逍遥学派并没有留存多久。科学离开了赤贫的雅典人前往富裕的亚历山大城，而从事研究的吕克昂学园便陷入穷途潦倒中。

同时，在柏拉图学园里，斯珀西波斯已继承柏拉图，而色诺克拉底又继承了斯珀西波斯。色诺克拉底领导该学园 25 年（公元前 339—前 314 年），由于过着可敬的简朴生活，曾为哲学带来新荣誉。他潜心于研究与教学，一年只离开学园一次，前去观看狄奥尼索斯悲剧。据第欧根尼·拉尔修说，当他出现时，“城中喧扰的群众让路给他走过”。他拒收一切费用，穷得几乎因欠税而遭监禁，所幸法勒鲁姆人德米特里为他付清欠款，使他得以自由。马其顿王菲利普说，雅典派来的使节唯有色诺克拉底被证明是不受贿赂的人。他的崇德令誉使菲丽娜动了心。她假装被人追赶，到他家去避难，看见他只有一张床，便问可否与他共榻。他同意了，据说是出于人道的体恤，可是对她的要求与妩媚极为冷淡，致使她愤然离去，向朋友抱怨，说她找到了一座雕像，而不是一个活人。除哲学之外，色诺克拉底不要任何情人。

他死后，希腊思想中形而上的一派即在原派殿堂的同一片小树林中近于衰竭。柏拉图的继承者都是数学家和道德家，没有花时间去思考之前曾鼓励该学园的那些抽象问题。埃里亚人芝诺的怀疑论，挑战赫拉克利特的主观主义，高尔吉亚与普罗泰戈拉方法论的怀疑，以及苏格拉底、阿里斯提波与麦加拉人欧克拉底的形而上不可知论，控制了希腊哲学，理性的时代已成为过去。每一种假说都被想到过、宣扬过，然后被人遗忘。宇宙保存了其秘密，大家对探索那种最聪明的人尚且无法得知的问题已渐感厌倦。亚里士多德与柏拉图只有一个共同点——得到最终真理的可能性。庇罗却说，最重要的是在这一点上他们两人都错了。他这句话明白表露了当时一般学者的疑心。

庇罗于约公元前360年出生在埃里斯。他曾随亚历山大的军队到过印度，在“裸体禁欲者”的门下学习，也许从他们那里学得一些怀疑论，所以后来他的名字竟成为怀疑论的同义字。他回到埃里斯，以教师的身份生活于宁静的贫穷中。他太谦逊而不愿著书，但他的学生弗留斯人泰门在一连串的讽刺诗中，将庇罗的意见传播到世界各地。这些意见只有三个要点：确定性不可得，智者不作判断；不求真理，只求宁静；既然一切理论都可能是假的，最好接受当时当地的神话及习惯。感官或理智皆不能给我们确定的知识。感官在领会事物时把事物歪曲了，理智不过是欲望的诡辩仆人而已。每一种三段论法都是将未决问题作为证据，因为大前提假充了结论。每一项推理都有与它相反的推理；同一经验可依环境或情绪而显得令人欢喜或不快；同一事物可以显得大或小，美或丑；同一行为可依我们生活的地点与时间而显得道德或不道德；同一神可依不同的种族而存在或不存在；一切都是意见，没有任何知识是十分真实的。因此，参加争论、寻求生活的其他环境或方式、羡慕过去或未来的时代，都是愚蠢的。一切欲望都是幻影。甚至生命不一定好，死亡也不一定坏，对两者皆不应存有偏见。最好的办法是安静地接受：不去改变世界，只耐心忍受现况；不热衷于进步，而安于和平。庇罗诚心过着这种半印度式的哲学生活。他谦逊地遵从埃里斯的风俗与信仰，不求避免危险或延长生命，结果活到 90 高龄。其祖国公民非常赞同他的观点，因而免除了哲学家的纳税义务，以表示尊敬他。

此时令人觉得奇怪的事情是：对形而上哲学继续进行攻击的却是柏拉图的门徒。公元前 269 年，阿色西劳斯成为“中期柏拉图学院”（the “Middle Academy”）的首领，他也许曾受庇罗的影响，竟把柏拉图反对感官知识的议论转变成一种与庇罗学说完全同样的怀疑论。阿色西劳斯说：“一切都不确定，甚至这句话也不例外。”有人告诉他这样的学说将使生命成为不可能，他答道，生命早已学会去应付各种偶然性。一个世纪以后，一位更激烈的怀疑论者接掌“新柏拉图学院”（the “New Academy”），将普遍的怀疑论加强到变成知识与道德的虚无主义。昔兰尼人卡尼阿德斯在约公元前 193 年像希腊的阿贝拉德一样来到雅典，以令人难堪的巧妙言语反驳克里西波斯及其他老师所教的每一种学说，使他们大感头痛。因为他们想要使他成为逻辑家，他曾向他们说（将普罗泰戈拉的形势倒转过来）：“如果我的推理是对的，当然很好；如果是错的，请退还我的学费。”他自己开课后，今天讲一种意见，明天又加以反驳，每次都证明得头头是道，把两种意见都破坏了。他的学生，甚至传记作者，都未能发现他真正的见解是什么。他曾攻击一切结论，说它们在理智上是无可辩护的，并叮嘱他的学生对偶然性及当代的习俗感到满足。他被雅典人派往罗马充任使节团的一员（公元前155年），曾使罗马元老院大感震惊，因为他于某日发言拥护正义，次日又嘲笑正义是不可实现的梦想：如果罗马要实现正义，便应将其凭优越武力从地中海诸国夺取的一切东西归还原主。第三天，加图（Cato）认为这个使节团是对公共道德的一种危险，便将他们遣回雅典。波利比奥斯当时正以人质身份留在罗马与西庇阿共事，也许曾听到这些演讲，他以一个实际者的愤怒讲到这些哲学家时有以下的话：

> 他们在柏拉图学园中已将自己训练得极为擅于辞令。他们里面有些人由于力图混淆听众的心灵，于是提出自相矛盾的理论，并且很善于捏造合理性，以致使听众怀疑雅典人是否能闻到艾菲索斯炒蛋的香味，也怀疑他们是否一直在学园中讨论问题，而不是躺在家中的床上，在梦中撰写这篇演说……由于这些学者过于爱好矛盾的理论，已使一切哲学受到不好的批评……他们在青年的心中灌输一种狂热，而使青年对真正有益于哲学学生的伦理与政治问题从不加以思考，而将生命耗费于捏造无用谬说的徒劳中。

伊壁鸠鲁学派的逃遁

波利比奥斯虽曾将许多年代以来那种将生命虚掷于无益空论中的理论家描绘出来，但他说道德问题已失去对希腊人心的吸引力，却是大错特错。在这段期间，取代物理学和形而上学成为哲学中主流的，正是伦理学一派的哲学。政治问题的确被搁置一旁，因为马其顿守备军的存在或其所留回忆已使言论自由受到阻挠，大家暗中知道国家自由要靠缄默去维持。雅典城邦的光荣业已成为过去，哲学必须面对政治与伦理在希腊前所未有的分离。哲学必须找出一种生活方式，既能得到哲学上的宽恕，又能配合政治上的无能。因此，哲学设想其问题不再是如何建立公正的城邦，而是如何造成自足与安心的个人。

这时伦理学朝着两个相反的方向发展：一种追随赫拉克利特、苏格拉底、安提西尼与第欧根尼的指引，将犬儒学派推广成斯多葛派；另一种源自德谟克利特，偏向阿里斯提波，将昔兰尼学派引入伊壁鸠鲁学派。这两个学派都是宗教与政治衰败时哲学上的填补物，斯多葛主义来自闪米特的悲观论、宿命论及服从论，伊壁鸠鲁学说则来自亚洲沿岸追求快乐的希腊人。

伊壁鸠鲁于公元前 341 年出生在萨摩斯，12 岁时便爱上了哲学，19 岁前往雅典，在柏拉图学园度过一年。他像后世的培根（Francis Bacon）一样，喜欢德谟克利特而不喜欢柏拉图与亚里士多德，而且从德谟克利特处获得许多基本观念来建立他自己的学说。他从阿里斯提波学到快乐的智慧，从苏格拉底学到智慧的快乐，从庇罗得到宁静的学说及一个很响亮的代表宁静的词——不动心（*ataraxia*）。他必然曾留意同时代的昔兰尼人狄奥多鲁斯的遭遇，此人曾在雅典公开传播非道德的无神论，以致公民会议控告他“不敬”——这是伊壁鸠鲁不曾忘记的教训。然后他回到亚洲，在科洛封、米蒂利尼及兰普斯库斯讲授哲学。兰普斯库斯人对他的思想与性格有良好的印象，觉得把他留在如此偏僻的城市实属过于自私而于心不安，便筹集了 80 米纳（合 4000 美元），在雅典郊区购买一幢房屋及花园，献给他作为学校兼住宅。公元前 306 年，伊壁鸠鲁 35 岁时开始住进那幢房屋，向雅典人传授一种仅以伊壁鸠鲁为名的哲学。他欢迎女人听讲，甚至允许她们加入生活在他身边的小群学生之中，这是女人自由正在增长的象征。他对身份或种族皆无差别待遇，他接收妓女也接收品格高尚的主妇，接收奴隶也接收自由人。他最喜欢的学生便是自己的奴隶米西斯（Mysis）。妓女里修姆变成他的情妇兼学生，他还为她吃醋，好像她是他依法娶的妻子一样。她为他生了一个孩子，并在他的影响下写了几本书，其风格之纯净与她的行为并不相称。

除此以外，伊壁鸠鲁生活于斯多葛式单纯及谨慎的隐居之中。他的座右铭是“生活谦逊”（*lathe biosas*）。他恭敬地参加城市的宗教仪式，但不染指政治，也不关心世事。他对水与少量的酒、面包与少量的乳酪已感满足。他的竞争者与敌人指责他能吃时便拼命塞饱，唯有消化不良时才变成有节制的人。第欧根尼·拉尔修告诉人们：“但说这些话的人都错了。有许多亲眼见过他的人，都知道他待人仁厚无比——对他本国如此，所以他本国曾立雕像以纪念他；他对朋友也如此，所以朋友多得几个城市也容纳不下。”他对父母孝顺，对兄弟慷慨，对仆人温和，他们都参与他的哲学研究。他的学生敬仰他，视其为人中之神。在他死后，他们的座右铭是：“就像伊壁鸠鲁的眼睛仍在看着你那样去生活。”

他在授课与恋爱之间写了300部书。赫库兰尼姆的火山熔岩积灰为我们保存了他的主要作品《论自然》（*On Nature*）的片断。有“哲学界的普卢塔克”之称的第欧根尼·拉尔修传下了他的3封信，后来又陆续发现了他的几种作品。最重要的是卢克莱修曾将伊壁鸠鲁的思想写入最伟大的哲学诗歌之中。

也许伊壁鸠鲁感觉到亚历山大的征服为希腊人引来了许多东方的神秘信仰，便开始提出引人注目的主张，说哲学的目的是使人免于恐惧，尤其是使人免于对神的恐惧。他不喜欢宗教，认为宗教靠无知而兴盛，又转而助长无知，而且以天上的间谍、无情的愤怒及永无止境的惩罚等恐怖使人生变得黑暗。伊壁鸠鲁说，诸神住在星辰之间遥远的太空里，享有平静而不朽的生命，但他们太通情达理，不会为人类这样渺小的生物操心。世界并非由他们所设计，也非由他们所指导，那些天上的伊壁鸠鲁主义者怎么会造出让秩序与紊乱、美与痛苦混在一起的二流货色的宇宙呢？伊壁鸠鲁又说，如果你感觉失望，不妨试想一下，遥远的诸神虽不能帮助你，也不能伤害你，你便得到安慰了。他们不能监视你，不能判断你，不能将你投入地狱。至于恶神与魔鬼，那都是我们梦中不愉快的幻想罢了。

反驳了宗教之后，伊壁鸠鲁进而反驳形而上学：我们不能知道超感觉世界的任何事情，理智必须限于感官体验的范围之内，并且必须接受这些经验以作为真理的最后测验。2000年后，洛克与莱布尼茨所辩论的一切问题，都被他一语道破：如果知识不来自感官，又来自何处？而且理智的资料必须得自感官，如果感官不是事实的最后裁判者，我们怎能在理智中找到那样的标准呢？

然而感官并不能提供给我们关于外在世界的确定知识。感官所捕捉的，不是客观事物的本身，而是客观事物表面各部所抛出的细微原子，在我们的感官上留下它的性质与形式的小复制品。因此，如果必须有一种关于世界的理论（的确，这完全是不必要的），我们最好接受德谟克利特的观点：除了物体与空间之外，没有任何东西存在，或者说任何东西我们都无法知道，甚至无法想象。所有物体皆由不可分割及不可改变的原子构成。这些原子无色、无热、无声、无味、无臭，所有这些性质是由其微粒子的放射在我们感官上所造成的。但原子在大小、重量及形式方面确有不同，因为唯有这个假定能说明物质的无限变化。伊壁鸠鲁原想以纯机械原理来解释原子的作用，但因他对伦理学比宇宙论更感兴趣，极欲保存自由意志以作为道德责任感的源泉及人格的支柱，便把德谟克利特的理论抛弃了，转而提出一种原子自发性（spontaneity in the atoms）的假定：原子经空中落下时，略微偏离垂直线，而进入各种混合体，以构成水、火、土、风四元素，并经由四元素而形成变化多端的客观景物。宇宙中有无数世界，但若对这些感兴趣则为不智之举。我们可假定太阳与月亮就像我们所见的一般大小，然后利用时间研究人类。

人类完全是自然的产物。生命也许是不知不觉发生的，凭自然选择最适合的形式而进步，也无任何设计。心智仅为另一种物质。灵魂是一种散布全身的精巧材料的实体。灵魂仅能借身体去感觉或行动，而且随身体的死亡而消失。虽然如此，我们必须接受现有知觉的证明而相信意志是自由的；否则，我们会成为人生舞台上毫无意义的傀儡。

我们宁可做人民之神的奴隶，而不可做哲学家所说“命运”的奴隶。

但哲学的真正功用并非说明世界，因为部分永远不能说明全体，而是指导我们追寻快乐。“我们所见到的，不是一套系统与无用的意见，而是一种免于一切忧虑的生活方式。”在伊壁鸠鲁的花园门口悬有引人注目的题跋：“宾客，您将在此得到快乐，因为快乐在此被视为最高的美德。”在这派哲学中，道德本身不是目的，而只是为了实现快乐生活的必要手段。“若生活不谨慎、不诚实、不公正，而想生活得快乐，那是不可能的；若生活不快乐，而想生活得谨慎、诚实、公正，也是不可能的。”哲学上唯一确定的主张是：乐即善，苦即恶。肉体的快乐本身是正当的，智慧应该为它们提供空间。但此种快乐可能产生不好的结果，必须在仅能由智慧提供的选择之下去做有区别的追求：

> 因此，当我们说快乐是主要善行时，我们所说的不是放荡者的快乐，或肉体的享受……而是身体免于痛苦，以及灵魂免受烦扰。因为连续不断的饮酒与狂欢，或与妇女相处的享受，或有鱼及其他珍馐的盛筵，必不会使生活快乐。唯有清醒的沉思方能考虑择取或避免的理由，且能将那些产生大部分混乱以困扰灵魂的无用见解扫除净尽，从而使生活真正快乐。

最后，了解不仅是最高的美德，也是最高的快乐，因为了解比任何其他才能更易于使我们避免痛苦与悲伤。智慧是唯一的解救者：它使我们免于情欲的束缚，免于对神的畏惧，免于对死亡的害怕；它教我们如何忍受不幸，教我们如何从单纯的生活善行及平静的心地喜悦中求得深切而持久的快乐。死亡在我们以智慧的眼光去看它时便不可怕了。它所包含的痛苦，可能比我们一生中历次遭受到的要短暂渺小得多。使死亡充满恐怖的，是我们对它愚蠢的幻想。试想一种聪明的满足所需要的东西多么简单——新鲜的空气、最便宜的食物、一间适中的房屋、一张床、几卷书和一个朋友。“一切自然的物品都容易得到，唯有无用的东西才价格高昂。”我们不应自寻烦恼去实现每一种想到的欲望：“凡属不能达到又不会真正为我们造成痛苦的欲望，都可以忽略。”甚至爱情、婚姻与亲子关系，都是不必要的。这些带来一时的快乐，却留下多年的悲哀。使我们自己习惯于单纯的生活与简单的方式，是理所当然的健康之道。智者从不热衷于功业，也不贪图荣誉，不羡慕敌人或朋友的好运。他避免城市中的热门竞赛及政治斗争的骚乱。他寻求乡村的平静，从身心安宁中找到最真实、最深切的快乐。因为他节制食欲，生活不事虚饰，摆脱一切恐惧，自然的“生活趣味”（*hedone*）便赐给他最高的美好，那就是宁静。

这是一个耿直得可爱的学派。能发现一位不讳言快乐的哲学家及一个替感官说好话的逻辑家，确是令人鼓舞的事。这里没有难于捉摸之处，没有要求了解的热望。伊壁鸠鲁的快乐主义虽曾提到原子学说，但对之前曾创造希腊科学与哲学的大胆好奇心表现出了一种反动。这套思想最深远的缺陷是其消极性：它认为免于痛苦便是快乐，逃脱生命的危险与充实便是智慧。这为独身生活提供了良好的借口，对社会殊少益处。伊壁鸠鲁认为国家是必要的罪恶而予以尊重，他在国家的保护之下，可在他那花园里过着不受干扰的生活，但他显然并不关心国家的独立。诚然，他的学派似乎喜欢君主政体而不是民主政体，因为君主政体比较不迫害异端——这是与现代的信念刚好相反的。伊壁鸠鲁认为，任何政府只要不妨碍他对智慧与交游的谦逊追求都是可以接受的。他对友谊的热忱不亚于前几代人对城邦的忠心。“在智慧所供给人生的快乐中，最重要的是友谊。”伊壁鸠鲁学派以久而弥坚的友谊闻名。他的书札更是充满热情的辞藻，他的学生也报以希腊人所特有的强烈情感。年轻的柯罗底斯初次听到伊壁鸠鲁的讲演时，跪地涕泣，高呼他为神。

伊壁鸠鲁在其花园中教学 36 年，爱学校而不要家庭。公元前 270 年，他身罹结石重症。他坚强地忍受痛苦，临死时还对朋友念念不忘：

“我在此生最后一天的快乐日子给你写信。膀胱的障碍与内部的疼痛已达极点，但一想到我们以往的谈话，心中的喜悦便足以克制一切苦楚。希望你多照顾梅特罗多鲁斯的孩子。”他留下遗嘱，将财产赠给学校，希望“在我们的力量所及之处……所有学哲学的人都永无匮乏”。

他身后留下接续很久的一系列门徒，都衷心地怀念他，几世纪中不肯将他的遗教更改一字。他最有名的学生，兰普斯库斯人梅特罗多鲁斯，曾将伊壁鸠鲁学说简化成一项主张：“一切好东西都与肚皮有关。”——也许意谓一切快乐都是生理方面的，最后是属于内脏的——致使希腊社会感到震惊而可笑。克里西波斯（Chrysippus）提出了反击，把阿客斯特劳拉的《烹调法》（*Gastrology*）称为“伊壁鸠鲁快乐哲学的中心要义”。大希腊各界普遍误解了伊壁鸠鲁学说，公开加以指责而私下加以接受。许多大希腊的犹太人接纳了这派学说，以致“Apiköros”一字被犹太法师用作“背叛者”（apostate）的同义字。公元前 173 年（一说公元前 155 年），两个伊壁鸠鲁派哲学家被罗马驱逐出境，理由是他们使青年腐化。一个世纪后，西塞罗写道：“何以有这么多的伊壁鸠鲁分子呢？”同时，卢克莱修则为该学说写出最完整、最好的现存说明。直到君士坦丁大帝当政时为止，这个学派有不少公然自认的拥护者，其中有些人生活糜烂，贬损了祖师的声名，从此产生“epicure”一字，意思是“贪吃者”。其他的门徒则忠实地教授伊壁鸠鲁本人一度简化其哲学的格言：“神不足畏惧，死无可伤感，善能赢得，一切所怕的事情皆能克服。”

斯多葛学派的折中

伊壁鸠鲁的思想被他的门徒中日益增多的人解释为劝人追求个人的快乐，重要的伦理问题——善的生活是什么——并未获得解答，而仅为一种新的系统化的陈述：个人的自然享乐主义如何与团体及种族所必需的禁欲主义互相协调？——如何能使社会中的各个成员被感动或被威逼而情愿走向集体生存所不可或缺的自制与自我牺牲呢？旧宗教已不再能完成此项功能，老城邦也不能再把人提高到忘我的境界。受过教育的希腊人从宗教转向哲学去寻求解答。他们在生存的危机中邀请哲学家来给他们忠告或安慰，他们要求哲学家提供一种世界观，可在事物的性质上给予人类生存以永久的意义与价值，也可使他们能正视死亡的必然性而不觉恐惧。斯多葛禁欲主义便是古典世界寻求自然伦理的最后努力。芝诺曾再度试图完成柏拉图失败的工作。

芝诺是塞浦路斯岛上基提翁的土著。这个城市有一部分腓尼基人，大部分是希腊人。芝诺通常被称为腓尼基人，有时被称为埃及人，几乎一定是希腊人与闪米特人的混血儿。阿波罗尼奥斯形容他瘦、高、黑；他的头歪向一边，他的腿细弱；虽然赫菲斯托斯的长相也不比他好，爱神阿佛洛狄忒也会把赫菲斯托斯送给雅典娜的。因为他没有杂事分心，所以很快经商致富。据说他初到雅典时，财产超过 1000 塔伦。据第欧根尼·拉尔修的记载，他在希腊东南海岸遭到覆舟之难，失去了财产。公元前 314 年左右来到雅典时，他几乎一贫如洗。他坐在一个书摊旁边，开始阅读色诺芬的《回忆苏格拉底》，不久便被苏格拉底的品格迷住。他问道："今日哪里去找这样的人物呢？"这时适逢犬儒派哲学家克拉底斯从那书摊前面走过，书商便劝他："跟那个人走吧。"芝诺时年 30 岁，进了克拉底斯的学校，因为发现了哲学而极为高兴。他说："我遇到翻船，却踏上了幸福的航程。"克拉底斯是埃及底比斯人，曾将 300 塔伦的财产捐给他的国人，过起了犬儒派的行乞生活。他斥责当时性生活的放荡，认为饥饿是医治爱情的良药。他的学生希帕希亚有饱饭可吃，竟爱上他，扬言如果她的父母不把她嫁给他，她即决意自杀。他们要求克拉底斯劝阻她，他便将行乞用的钱包放在她的脚边，说道："这是我的全部财产，现在试想你做的是什么事情。"她并未气馁，反而离开她那富有的家庭，换上了乞丐的衣服，与克拉底斯生活于自由的爱情里。据说他们的婚礼是当众完成的，不过他们的生平却是爱情与忠贞的模范。

芝诺很为犬儒派那种严格的单纯生活所感动。此时安提西尼的门徒已经变成古代的弗朗西斯僧侣（Franciscan monks）[1]，矢志守贫禁欲，在大自然中随处栖息，靠无暇修行的人施舍为生。芝诺从犬儒派取得其伦理学的纲要，且未掩藏其感谢之意。他的第一本著作《理想国》（*The Republic*）很受他们的影响，以致拥护无钱、无财产、无婚姻、无宗教、无法律的无政府主义。后来他看出这种乌托邦思想及犬儒派的社会组织不能提供实用的生活之道，便离开克拉底斯，先后在柏拉图学园的色诺克拉底及麦加拉人斯蒂波门下研习一段时间。他必然曾以折服的心情读过赫拉克利特的著作，因为他已将赫拉克利特的几个概念加入自己的思想之中——人类及宇宙的灵魂皆由“圣火”（the Divine Fire）所形成，自然法则有其永恒性，世界的重复创造及劫火（conflagration）。不过他惯称苏格拉底是斯多葛禁欲哲学的源泉及典型人物，苏格拉底曾使他受益最多。

经过多年虚心受教之后，芝诺于公元前301年建立自己的学校，他来回穿行于彩廊的列柱之间，随意演说。他对贫富一视同仁，但不很欢迎青年听讲，认为唯有成熟的人方能了解哲学。遇有青年谈论过多，芝诺便告诉他：“我们之所以有两只耳朵而只有一张嘴，就是要我们多听少说。”马其顿国王安提柯二世在雅典时，曾来听芝诺讲课，成为他的好友，询问他的意见，引诱他去享受短时的奢侈生活，并邀他以宾客身份到培拉去居住。芝诺借故推辞了，派遣门徒珀尔修斯前往。他在彩廊教学40年[2]，始终言行一致，因此，“比芝诺更有节制”竟成为希腊的谚语。虽然他与安提柯私交甚笃，雅典公民会议仍给他“城墙之钥”（keys to the walls），并投票决定为他建立雕像并赠送他金冠。其褒扬令写道：

---

[1] 1181—1226年意大利天主教僧圣弗朗西斯（St.Francise）所创立的苦修派。

[2] 关于芝诺生平事迹的一切日期，众说纷纭，其资料来源也自相矛盾。策勒（Zeller）断定他生于公元前350年，卒于公元前260年。

> 基提翁人芝诺在本城研究哲学多年，他在一切方面都是好人（原文如此），也曾鼓励从游的一切青年养成自制的习惯，且使他自己成为最大美德的表率……本城人民兹议决表扬芝诺……献给他一顶金冠……并以公费在色拉米库斯为他建立坟墓。

一般传说他活到 90 岁。第欧根尼·拉尔修说："他逝世的情形如下：他走出学校时失足，跌破了一个脚趾。他以手击地，反复吟着尼俄柏[1]的一行诗句：'我既来兮，何令我如斯？'（I come ；why call me so ？）立刻窒息而死。"

芝诺在彩廊的工作由两个亚洲的希腊人——阿苏斯人克里安塞和索里人克里西波斯相继接办。克里安塞是个辩论家，初到雅典时身上只有 4 枚德拉克马，充当普通工人，拒绝公家的救济，在芝诺门下学习 19 年，过着勤奋及禁欲的贫穷生活。克里西波斯是这个学派中学识最渊博且作品最多的人，他以 750 部书说明斯多葛学说，曾被哈利卡纳苏斯人狄奥尼西贬为博学的沉闷的模范。在他以后，斯多葛禁欲学说传遍了整个大希腊世界，且在亚洲找到了最伟大的典型人物：罗得斯人珀内修斯、塔尔苏斯人芝诺、西顿人包伊夏斯及塞琉古人第欧根尼。这一学派是在古代世界上传播最广的哲学，其原先卷帙浩繁的文献现已散失殆尽，我们仅能利用幸存的一些片断去拼凑其面貌。

将斯多葛学说分成逻辑学、自然科学及伦理学的，很可能是克里西波斯。芝诺及其继承者曾将他们自己在逻辑理论上的贡献引以为荣，但他们在这方面的著作并未留下具有启蒙价值或用处的任何可察觉的余留物。[2] 斯多葛学派同意伊壁鸠鲁的说法，认为知识仅能得自

[1] 尼俄柏是神话中坦塔鲁斯之女，底比斯国王安菲翁之妻，曾以子女多至 14 人又美丽而自夸，并嘲骂阿波罗与阿尔忒弥斯之母勒托，以致宙斯杀其子女，将她化成石人，她继续哀泣而吟此诗。

[2] 只有一些增加的术语是例外，如逻辑（logic）一词即是此派所创。芝诺的学生阿里斯托曾将逻辑家比作吃龙虾的人，不惮其烦地在大堆甲壳中去寻找小口的肉。

感官，且将真理的最后试验置于感官以其生动与持久的印象迫使心智同意的知觉作用中。然而经验并不一定能得到知识的结果，因为感官与理智之间还有情绪或好恶，可使经验歪曲而变成谬见，甚至像它使欲望歪曲变成罪恶一样。理智是人类最高的成就，也是从创造世界及统治世界的“根本理性”（*Logos Spermatikos*，或 Seminal Reason）而来的种子。

世界本身就像人一样，既是全然物质的，也是天生神圣的。感官向我们报告的每样东西都是有形的，也只有有形的东西才能产生或接受动作。质与量、美德与情欲、灵魂与肉体、上帝与星辰，都是有形的结构或过程，精美的程度各有不同，但本质上实为一体。在另一方面，一切物质都是有生机的，充满了张力与力量，永远在扩散或浓缩中，由内部与外面的能、热或火赋予生命。宇宙经过膨胀与收缩、发展与分解的无数循环而生存下来。每隔一段时间，宇宙必在劫火中烧尽，慢慢再成形，然后又历经以往的全部历史，甚至最微小的细节都会相同；[1] 因为因果的连锁是牢不可破的循环，是永无止境的重复。一切事件及有意的行为都是早已决定的；任何事物都不可能以其他方式出现，也不可能无中生有。这个连锁若有任何破口，便会使世界瓦解。

在这个体系中，上帝是开始，是中间，也是结尾。斯多葛学派把宗教看作道德的一种基础，因而认为是必要的。他们以亲切的容忍去看待民间的宗教，甚至对其魔鬼及占卜也是一样，而且找出寓言的解释以连接迷信与哲学之间的鸿沟。他们接受了迦勒底的占星术，认为其在本质上是正确的，而且想到地上事务与星辰的运动有某种神秘的及连续的相应关系——普遍感应（the universal sympatheia）的一个阶段，因而任何部分发生的无论什么事情都会影响其余的部分。他们好像在为基督教做着不仅伦理学的而且是神学的准备工作，他们以上帝为出发点去设想世界、法律、生活、灵魂及命运，将道德解释为对

[1] 所幸我们知道有些斯多葛学者对此点并不十分确定。

神意的顺从。上帝与人同为有生命的物质，世界是他的身体，世界秩序与法则是他的心与意志。宇宙是一个庞大的有机体，上帝便是其灵魂、其生命的气息、其繁衍的理由、其刺激的火。有时斯多葛学派也以非人格化的说法去设想上帝，更常将他想象成至高的天意，以无上的智慧设计及指导宇宙，调整一切部分使之合于理性的目标，让每一事物皆归于有德之人使用。克里安塞有一首诗歌，堪比阿肯那顿国王改多神信仰为一神信仰的诏书或《以赛亚》中的一神教赞颂，在诗里他将上帝与宙斯证为同一：

> 啊，宙斯，我赞美您高于所有的神：您的尊称很多，您永远拥有一切权能。
>
> 世界由您创始，您用法则支配万事万物。
>
> 芸芸众生都向您倾诉：因为我们都是您的子孙。
>
> 因此，我愿奉献一首赞美诗，并时常歌颂您的权能。
>
> 诸天听从您的命令，全体绕地运行。
>
> 您多么伟大，您永远是君中之君。
>
> 除邪恶之人所为是出于自身的愚昧，在天上、在地面、在海中，任何已做的事情都与您不分。
>
> 但您有使枉者直的技巧，在您面前，不合适的变成合适，异族变成同族。
>
> 如是，您将万事万物调配均匀，善恶混同。
>
> 您的命令至高无上，谁都永远服膺。
>
> 让愚昧从我们的灵魂中被驱散，使我们用您赐予的荣耀尊敬您。
>
> 我永远歌颂您的行为，因为您的行为适合神的子孙。

人对世界正像小宇宙对大宇宙，他也是具备有形身体与有形灵魂的有机体。凡属推动或影响身体，或为身体所推动或所影响的事物，必然是物质的。灵魂是散布于周身的一种似火的气息或灵（*pneuma*），犹如世界灵魂散布于世界各处一样。人死后灵魂仍然存在，但成为一种不具人格的能量。在最后的劫火中，灵魂也像自我（Atman）被吸入婆罗门一样，被吸入能量的大海中，这大海便是上帝。

人既然是上帝或自然的一部分，伦理的难题便可迎刃而解：善与上帝、自然或世界的法则合作。美德不是快乐的追求或享受，因为这一追求使理智被热情支配，往往伤害身心，而结果很少令我们满意。唯有将我们的目标与行为加以理智的调整，使其合于宇宙的目的与法则，才能找到快乐。个人的善与宇宙的善之间并不矛盾，因为个人幸福的法则与自然的法则是相同的。如果恶降临到善人身上，那仅是暂时的，且非真恶；如果我们了解全体，便能在各部分所现恶的后面找到善。[1] 智者研究科学，只要能找出自然法则，然后使他自己的生活适于该法则即可。依照自然去生活（*Zen kata physin*）——这是科学与哲学的目的及唯一的理由。克里安塞几乎以纽曼[2] 的语言向上帝表示意志的屈服：

> 啊，上帝，领导我，您是我命运的真宰。
> 您要我去任何地方，我都乐意遵从您的意旨。
> 我纵想反抗，
> 敢做叛徒，仍须顺从命运的支配。

因此，斯多葛门徒避开奢侈与复杂的事物，不参与经济上或政治上的竞争，以少量衣食为满足，毫无怨言地忍受生活的困难与失望。除德行与罪恶之外，他对一切——疾病或痛苦、荣誉或污名、自由或奴役、生或死，皆漠不关心。他将压制一切可能对自然的进程有所

---

[1] 克里西波斯说："战争有益于矫正人口过剩，臭虫可使我们免于睡眠过多。"
[2] 约翰·纽曼（John Newman，1801—1890 年），英国神学家，曾任红衣主教。

妨碍或对自然的智慧有所怀疑的情感：他若丧子，将不悲伤，但接受宿命的决定，将其视为暗中最好的安排。他将寻求完全的淡漠或毫无情感，借使心境平和而不因运气、怜悯、爱情的一切攻击与变化而动摇。[1] 他将是一个刻苦的老师与严厉的行政者。宿命论并不意味着放纵。我们必须使自己及他人为每一项行为负起道德上的责任。芝诺因其奴隶犯了偷窃而加以鞭挞时，那奴隶稍有学识，说道："我所以偷窃是命中注定的。"芝诺答道："我要打你也是命中注定的。"斯多葛门徒将道德看作其本身的奖赏，也看作绝对的责任与无上的义务，是从他所分享的神性而得来的。在遇到不幸时，他将记起因遵从神意即可成为神的化身，借以安慰自己。如果他对生命感到厌倦，又能在不伤害他人的情况下离去时，他将没有反对自杀的顾虑。克里安塞 70 岁时开始长期绝食，他说不愿中途撤退，终至饿死。

然而斯多葛哲学家并不脱离社会，也不像犬儒学派那样以贫穷为荣，更不像伊壁鸠鲁的门徒那样迷恋孤独。他虽不赞美浪漫的爱情，却视婚姻与家庭为必要的制度，他梦想一种公妻的乌托邦社会。他接受国家，甚至君主专制。他没有怀念城邦的意思。他认为一般人都是危险的傻子。他宁可拥护马其顿的安提柯王室，而不乐于接受暴民统治。事实上他不喜欢任何政府。他希望人人都是哲学家，而使法律变成不必要的东西。他所想到的至善并非像柏拉图及亚里士多德那样按良好社会的要求来说的，而是按良好个人的品德来说的。他可以参与政事，并支持任何有益于人类自由及尊严的动议，而不论该动议如何朴实无华，但绝不使其快乐受职位或权力的束缚。他可以为国家牺牲生命，但任何爱国主义若妨碍其对全人类的忠诚，则必予丢弃。他是世界的公民。正如前文所述，芝诺的血管中很可能流着希腊人与闪米特人的血液，所以他像亚历山大一样渴望打破种族及国家的界限，他

---

[1] 克里西波斯曾建议对已死的亲属采用最简单、最沉寂的葬仪，他认为将死的肉用作食物当属更佳。

的国际主义反映着亚历山大所曾达到的地中海东部世界昙花一现的统一。最重要的，芝诺与克里西波斯都曾希望相互战争的一切国家及阶级均可由一个大社会所取代，其中无国家之界、无阶级之分、无贫富之殊、无主奴之别。哲学家不事压迫以行统治，人人皆兄弟，同是上帝的儿女。

斯多葛主义是一种高尚的哲学，曾被证明比现代犬儒学派所能期望的更为切合实际。这种学说是在非基督教世界的人心中一次最后的努力，欲将希腊人思想的一切因素集合起来，去建立一种可为已放弃古典宗教的诸阶级所接受的道德体系。虽则只能赢得少数够水准的信徒，但这些少数人在每一个地方都是最好的道德家。正像基督教中的加尔文派（Calvinism）及清教派（Puritanism）一样[1]，曾产生了那个时代最坚强的人物。在理论方面，斯多葛主义是一种以孤立而冷酷的至善为目标的怪诞学说，实际上却产生了勇敢、圣洁、热心的贤士，如小加图、爱比克泰德（Epictetus）、马可·奥勒留，而且影响了罗马人在其属国制定法律时的法理学，并于新信仰基督教诞生之前帮助维持了古代社会的团结。斯多葛哲学家默许迷信，因而对科学曾有害处，但他们洞烛了那个时代的基本问题——道德的神学基础已经崩溃——曾尽力沟通宗教与哲学。伊壁鸠鲁赢得了希腊人的敬爱，芝诺赢得了罗马贵族的信仰。在非基督教世界历史的末期，斯多葛学派支配了伊壁鸠鲁学派，而且以后经常如此。当一种新宗教从垂死的大希腊世界智识与道德的混乱中产生时，已为它铺好道路的正是这一派的哲学家。他们承认信仰的必要，传播单纯与自制的禁欲学说，并在上帝身上见到了一切。

---

[1] 加尔文主义是16世纪法国宗教改革家约翰·加尔文（John Calvin）所倡导的学说，清教主义是16世纪英国国教中清教徒的主张。

重返宗教

宗教与哲学的冲突此时已经经历三个阶段：哲学攻击宗教，如苏格拉底之前的情形；试图以自然的伦理学代替宗教，如亚里士多德及伊壁鸠鲁的做法；怀疑论者及斯多葛学派的重返宗教——这个运动在新柏拉图学派及基督教精神中达到了最高峰。类似的情况在历史上已不只出现一次，现在也可能发生。泰勒斯相当于 16、17 世纪的伽利略，德谟克利特相当于 17 世纪英国的托马斯·霍布斯，诡辩学家相当于 18 世纪法国百科全书编撰人，普罗泰戈拉相当于 18 世纪法国的伏尔泰，亚里士多德相当于 18、19 世纪英国的斯宾塞，伊壁鸠鲁相当于 19、20 世纪法国的法朗士，庇罗相当于 17 世纪法国的帕斯卡，阿色西劳斯相当于 18 世纪苏格兰的大卫·休谟，卡尼阿德斯相当于 18 世纪德国的康德，芝诺相当于 19 世纪德国的叔本华，普罗提诺相当于 19、20 世纪法国的柏格森。

这个伟大哲学体系的时代终因怀疑主义者的兴起而结束了，他们认为不论是为求了解世界，或为求控制人群的冲动以使其合于秩序与文明，人类推理的能力都是可疑的。当时的怀疑主义在实质上并不是休谟派的，而是康德派的：他们对哲学与教条同样怀疑，破坏了唯物主义的基础，劝人安静地接受古典宗教。庇罗正像帕斯卡一样，其怀疑主义不是远离宗教，而是走向宗教，庇罗本人最后竟成为他那城市中受人尊敬的祭司长。伊壁鸠鲁学派的人放弃了政治去专讲伦理，由国家转向灵魂，仅能代表钟摆回头时的一瞬间，而且他们对个人解救的重视，已为一种注意个人甚于国家的宗教铺好了进路。有许多人不能在生命中找到伊壁鸠鲁认为满意的那些安慰，贫穷、不幸、疾病、死亡、革命或战争打击着他们，这些贤士的劝告使他们的灵魂空虚了。昔兰尼人赫格西亚虽与伊壁鸠鲁同样以快乐主义哲学的立场为起点，却断言生命中苦多于药，愁多于喜，自然主义哲学唯一合逻辑的结果便是自杀。[1] 哲学就像一个堕落了的女儿，历尽辉煌的冒险及黑暗的幻灭之后，放弃了对真理及快乐的追求，以悔改者的姿态回到她母亲——宗教——的怀抱，再度从信仰中寻求希望的基石及仁慈的赞助。

斯多葛学说一方面想为知识阶层建立自然的伦理，另一方面又想为普通人的道德保存超自然的帮助，而且随时间的进展，也给自己的形而上学及伦理思想以日益增加的宗教色彩。芝诺曾否定民间所信的神有任何真实的存在，一代以后，克里安塞却提议控告阿利斯塔克为异端。芝诺从未提过人的不朽，但塞涅卡几乎以与埃莱夫西斯神秘教及基督教完全相同的说法提到天堂的赐福。芝诺之后的斯多葛学说变成了神学而非哲学，几乎每一项主张都带着神学的形式。这派学说大部分是讨论上帝的存在与本质、世界从上帝扩散出来、神意的真实性、道德与天意的一致、人类在上帝父权之下的兄弟情谊以及世界最后回归到上帝。在这派哲学中，我们发现了原罪的意义——原罪在原始及新派基督教中都是有很严格的作用的，还有不分种族阶级的宽大精神，以及源自犬儒学派哲学家而由流传久远的基督教僧侣达到最高峰的独身禁欲精神。从塔尔苏斯人芝诺到塔尔苏斯人保罗之间，只有一步之差——这便是前往大马士革的路上所走的。

斯多葛的信念中很多成分是源自亚洲的，有些是出自闪米特。在本质上，斯多葛学说正是东方文明胜过希腊文明的一种重要表征。在罗马征服希腊之前，希腊已不是原来的希腊了。

[1] 他口才极佳，以致一时亚历山大城自杀风气大盛，托勒密二世只好将他逐出埃及。

第十二章 | 罗马的来临

皮拉斯

波利比奥斯希望知道:“谁会无用或懒惰得不想弄明白：罗马人究竟凭借什么手段及在什么政治体系之下，能在不到53年的时间，使整个有人居住的世界处在一个政府的统治之下——完成一件史无前例的大事呢？有谁会专心于其他学问，以致认为还有任何比获得这种知识更重要的事情？”这确是一个问题，我们尽可留待以后再去研究，但自波利比奥斯所写的时期以后，已有的征服次数太多，使我们不能在这上面多费时间。我们已经分析了罗马征服希腊的重要原因是希腊文明内部的分崩离析。任何大国在未经自我毁灭之前是不会被他国征服的。伐林与土壤的滥用、贵重金属的枯竭、贸易路线的转移、政治混乱所造成的经济生活的不安、民主的腐败与王朝的颓废、道德与爱国精神的衰微、人口的减少或素质降低、公民军队被雇佣军所代替、兄弟自相残杀所造成的生命财产的浪费、凶残的革命与反革命所引发的残杀才能之士——这些因素耗尽了大希腊世界的资源。就在这个时候，台伯河（Tiber）上的一个小国在残忍而有远见的贵族统治之下，正训练坚强的地主兵团，征服其邻邦及竞争者，劫掠地中海西部各地的食物与矿产，并逐年向意大利境内的希腊人居住地进逼。这些古老的希腊社会原是以其财富、贤士及艺术自豪的，如今却由于战争，由于狄奥尼西一世的劫掠，由于罗马发展成为一个竞争的贸易中心，变得贫困不堪了。土著部落数世纪以来被希腊人所奴役或驱回内陆，如今在其主人借杀婴及堕胎以谋求生活舒适之时，人口增加得很快。不久，这些土著人便起而争夺意大利南部的控制权。这些希腊城邦转向罗马求助。他们得到了帮助，也被罗马吞并。

塔拉斯畏惧罗马的兴起，向伊庇鲁斯年轻勇敢的国王求援。自从多利安人在多多纳建立宙斯神殿以来，希腊文明便在今日称为阿尔巴尼亚（Albania）的南部那片风景如画的山区中一直保持着不太稳定的立足地。[1] 公元前 295 年，自称为大力士阿喀琉斯后裔的皮拉斯成为伊庇鲁斯部族中为首一族莫罗西亚人的国王。他英俊而勇敢，是一个专制但受人民拥戴的统治者。他的臣民认为他只要将右脚踏在伏卧的人背上，便能医治忧郁，也没有人穷得让他不肯照拂。塔伦丁（塔拉斯的人）向他求救时，他认为这是一次很诱人的机会，可使他征服罗马以消除西方的危险，正像当年亚历山大征服波斯以消除东方的危险一样，而且可使他凭勇气去证明他的家系。公元前 281 年，他带着 2.5 万步兵，3000 匹马，30 头大象，横过伊奥尼亚海（亚德里亚海）。大象及神秘主义同为希腊人从印度传入的特产。他在希拉克勒亚与罗马人相遇，赢得“皮拉斯的胜利”：他的损失很大，而人力物力的资源皆减至极少，以致一名副官祝贺他的成就时，他用一句名言去回答，说再有这样一次胜利便可将他毁灭。罗马人派遣卡尤斯·法布里齐乌斯（Caius Fabricius）去与他举行交换俘虏的谈判。普卢塔克说：

> 他们在晚餐席上无所不谈，特别是说到希腊及其哲学家时，

[1] 意大利考古学家于 1929 年在布特林托掘出无数希腊与罗马文明的建筑及雕刻遗物，包括公元前 3 世纪的一个希腊剧场。

> 西尼亚斯（伊庇鲁斯的外交官）讲起伊壁鸠鲁，并说明其门徒所持关于神与国家以及生活目标的见解，将人类的主要快乐置于怡悦之中，把公共事务看作对快乐生活的伤害与干扰而拒绝参与，认为诸神距人类很远，对于一种完全无所事事及乐趣洋溢的生活，不会显示仁慈或愤怒，也不会有任何关切。他还没有说完，法布里齐乌斯便对皮拉斯喊道："啊，大力士！希望皮拉斯与萨莫奈人（Samnites）[1] 在与我们作战时也能以这样的见解自娱。"

皮拉斯既感到罗马人的坚强，又觉得不能从意大利的希腊人获得充分的帮助，便派遣西尼亚斯前去罗马议和。元老院正要同意休战时，忽见垂死而失明的阿庇乌斯·克劳迪乌斯命人把自己抬到元老院来，反对罗马与侵入意大利境内的异国军队议和。皮拉斯的希望破灭了，只好再战，在阿斯库路姆赢得另一次自杀性的胜利，然后觉得自己对抗罗马没有成功的希望，便航行到西西里，慨然决心使该岛脱离迦太基人的统治。他英勇地逐退迦太基人，但不知究竟是西西里的希腊人太懦弱而不敢拥戴他，或是他与任何暴君一样专制，他所得到的支持极少，不得不于作战 3 年之后放弃该岛，说出一句预言性的话："我留给迦太基与罗马一个多好的战场呀！"他率领残部到达意大利后，在贝内文托被击败（公元前 275 年）。在这次会战中，轻装的步兵大队首次证明优于笨重的密集方阵，从而在军事史上写下了新的一章。普卢塔克颇有哲学意味地写道：

> 在这些战争中耗时 6 年之后，皮拉斯回到伊庇鲁斯。他的战事虽未成功，却在这些不幸的遭遇中保存了不屈的勇气，而且由于其军事经验、胆力与进取心，被人认为超过同时代的一切希腊君王。但他凭勇敢的行动所收获的，又因无益的希望而丧失，为

[1] 意大利中部塞阿姆人，是罗马所遇到的在意大利境内最强的敌人。

了想要得到所没有的，竟将已有的全丢了。

皮拉斯又参加新的战争，在阿尔戈斯被一个老妇人用瓦片击死。同年（公元前 272 年），塔拉斯向罗马投降。

8 年后，罗马与迦太基开始了争夺地中海西部霸权的百年战争。打了一代以后，迦太基将萨丁尼亚、科西嘉以及西西里岛上由迦太基所占领的部分割让给罗马。在第二次迦太基战争中，锡拉库萨犯了加入迦太基一方的错误，被罗马将军马塞勒斯用饥饿政策制服。胜利者的劫掠极为彻底，以致该城未再复原。李维说："马塞勒斯将锡拉库萨的装饰品——其所富有的雕像与图画——全部运往罗马……即使将迦太基攻下，也不会得到这么多的战利品。"公元前 210 年，整个西西里落入罗马人之手。该岛变成了意大利的谷仓，退回到农业经济模式，其全部工作几乎全由不抱希望的奴隶去做。工业被阻止，商业受限制，财富遭搜刮而流向罗马，自由人口日渐减少。以后 1000 年内，西西里竟未再出现于文明史中。

解放者罗马

罗马扩张的每一步皆曾得益于其敌人的错误。公元前 230 年，罗马派遣两个使者前往伊利里亚（今阿尔巴尼亚北部）的首府斯库台（Scodra），就该国海盗攻击罗马船只的事件提出抗议。该国女王托伊塔（Teuta）因与海盗分赃，便回答道："阻止臣民从海上赢得战利品，是与伊利里亚统治者的习惯不合的事情。"当一个使者以战争威胁时，托伊塔便命人把他杀了。罗马获得如此便宜的借口去夺取达尔马提亚海岸，真是不胜欣喜，便派遣远征军于公元前 229 年将伊利里亚收为罗马的保护国。科孚、埃皮达姆努斯以及其他希腊殖民地也变成了罗马的附庸。由于希腊人的贸易也遭受伊利里亚海盗的扰害，雅典、科林斯及两个联盟组织皆称颂罗马为解救者，并准许罗马参加埃莱夫西斯人的神秘仪式及伊斯米尼运动会。

公元前216年，汉尼拔在坎尼歼灭了罗马军队，并进抵罗马城外。正当罗马面临其共和国历史上最大危机之时，马其顿国王菲利普五世与汉尼拔签订了盟约，准备入侵意大利（公元前214年）。在诺帕克图斯所举行的会议（公元前213年）中，阿托利亚代表阿格劳斯呼吁全体希腊人在第一次马其顿战争中联合一致，以对抗西方新兴的强国：

> 最好的事情是希腊人永不相互战争，如果我们经常能一心一德，就像涉水过河的人一样携手并进，逐退野蛮人的侵略，大家联合起来保全我们自己与我们的城市，那才是诸神所赐的最高恩惠……因为显而易见的，在此次战争中，无论是迦太基人击败罗马人，或罗马人击败迦太基人，胜利者绝不会以获得意大利与西西里的主权为满足，他们一定会来到这里，扩张他们的野心而不顾正义。因此，我恳求大家起来对抗这种危险，我特别要向菲利普国王陈情：陛下，您最好的保卫办法，并非削弱希腊人的力量及使我们轻易成为侵略者的掠夺品，而是将我们视为自己的身体，注意希腊每一部分的安全，就像它是您自己的领土一样。

菲利普五世肃然倾听，一时成为希腊的偶像。但据过分爱国的李维所述，他与汉尼拔的条约上曾明确规定：如果迦太基在此次战争中获胜，为了报答菲利普对意大利的攻击，将帮助他把全部希腊本土收归马其顿的版图。也许这一条款被希腊各邦知道了，包括阿格劳斯的阿托利亚联盟在内的许多希腊城邦都与罗马签订条约以对抗马其顿，而使菲利普被困于国内，不得不将其入侵意大利的行动无限期延缓。公元前205年，罗马与菲利普签订条约，以便全心对付汉尼拔。3年后，老西庇阿在扎马（Zama）击溃迦太基人。当大希腊文明最后的伟大世纪行将结束时，埃及、罗得斯、帕加马皆向罗马求援以对抗菲利普。罗马于是发动第二次马其顿战争。菲利普与全希腊及罗马为敌，仍作困兽之斗，十分凶猛。他用尽多种诡计，为达目的不择手段，而且对待俘虏极为残酷，致使阿比多斯男人在发觉无法抵抗菲利普的攻击时，便先杀妻儿，然后自杀。公元前 197 年，弗拉米尼努斯（Flaminus）——这是曾使波利比奥斯心悦诚服而甘心拥护罗马的那一类罗马贵族之一——在库诺斯克法莱（Cynoscephalae）彻底击败了菲利普，而使整个马其顿——的确也就是整个希腊——完全听从罗马的摆布。使其盟友阿托利亚联盟（该联盟自称曾赢得这次会战）极为厌恶的是，弗拉米尼努斯在索取苛刻的赔款及侵占一整船的战利品之后，仍让受到削弱的菲利普五世保持其王位，其理由是仍需马其顿作为对抗北方蛮族的屏障。

这位罗马将军曾在塔伦都（罗马人对塔拉斯的称呼）学过希腊语，也懂得希腊文学、哲学、艺术的迷人之处。他显然有诚意要从马其顿统治之下解放希腊诸城邦，并给它们在自由与和平中生存的机会。他好不容易才说服罗马的代表使他们相信这是聪明的政策，然后前往科林斯地峡运动会（公元前 196 年）。整个希腊世界的重要人物都会集于此（据波利比奥斯说，每个人都在谈论罗马的下一步行动），他让传令官宣布："罗马元老院及地方总督提图斯·昆修斯既已击败菲利普国王及马其顿人，决定给予下列人民以自由，不设守备军，不征收贡金，准许各依自己的法律自治：科林斯人、佛西斯人、罗克利安人、欧波埃人、阿哈伊亚人、马格尼西亚人、色萨利人及佩里比斯人。"这就是说，涵盖所有原非自由的希腊本土诸邦。大部分会众不能相信这种史无前例的解放令，大声要求传令官再念一次。波利比奥斯说："当传令官再次宣告后，欢呼之声响彻云霄，那种热烈的情形，真是今日听这故事的人所不容易想见的。"许多人对宣言的诚意表示怀疑，认为其中必有诡计。但弗拉米尼努斯当天就开始从科林斯撤走罗马军队，公元前 194 年，他的全部军队都返抵意大利。希腊尊他为"拯救者及解放者"（Savior and Liberator），而愉快地开始去过它最后的自由日子了。

征服者罗马

阿托利亚人对这种安排并不满意。有些被罗马人解放的城邦原是受阿托利亚控制的，此时并未交还联盟。第二次马其顿战争刚告结束，阿托利亚人便邀请安条克三世将希腊从罗马手中拯救出来。帕加马及兰普斯库斯正夹在北方高卢人不断的侵扰与南方塞琉古势力的扩张之间，便向罗马求援以对抗安条克。罗马元老院派出其最能干的将军——扎马的胜利者老西庇阿。这位罗马将军以几个军团及欧迈尼斯二世的部队，在马格尼西亚击败了安条克三世，然后转而向北逐退高卢人。罗马人将其保护行动延展到几乎地中海的全部亚洲海岸，然后班师回意大利。欧迈尼斯十分感激，但希腊本土各邦却指斥他是希腊的叛徒，说他竟召请野蛮的罗马人对抗他的希腊同胞。

此时易变的希腊人对曾从西方粗野的拯救者手中接受恩惠，已经后悔。据他们看来，弗拉米尼努斯及其后继人虽曾给希腊诸邦以自由，但也曾取得回报——凡是支持过菲利普，或安条克，或阿托利亚的城邦，皆遭他们劫掠——他们带走的战利品多得使希腊人拒绝再有这样的解放。弗拉米尼努斯得胜回国时，其希腊战役的掳获品在罗马以连续不断的纵队整整运输了 3 天：第一天有武器、甲胄、无数的大理石与青铜雕像，第二天有 1.8 万磅白银、3714 磅黄金、10 万枚银币，第三天有 114 顶冠冕。而且，罗马人通过他们的代理人，持续不断地支持希腊的富人阶层反对穷人阶层，并且禁止一切鼓吹阶级斗争的政见。希腊人并不希望用这样的代价换取和平。他们希望能自由解决自己的争端，并有机会实现扩大国家领土的野心。他们不能忍受没有改变的状态。不久，两个对立的联盟产生不和，党派斗争到处盛行。每一城市或集团都向罗马元老院提出互相冲突的控诉。元老院派遣委员会前往调查及仲裁。希腊人又指责此种干涉是采邑制度。外国控制的锁链虽属无形，却是真实的。一年接一年地，希腊人——唯有有钱的富人除外——都日益敏锐地感觉到这种锁链之苦，并祈求停止这样的自由。罗马元老院中有些议员认为罗马若不完全控制希腊，那么希腊永远不会享有秩序或安静，现在元老院开始听信他们的意见了。

公元前179年，菲利普五世去世，他的儿子珀尔修斯经过流血的斗争承继了王位。过去17年的和平使马其顿的经济得以恢复，也产生了新一代可用于战争的青年。珀尔修斯与塞琉古四世商订了联盟，并娶了塞琉古的女儿为妻。罗得斯也参加了联盟，并派出一支大舰队护送新娘。整个希腊皆大欢喜，认为珀尔修斯是希腊人当今对抗罗马的希望。欧迈尼斯二世深恐帕加马难保独立，便前往罗马，敦促元老院为其自身的利益去毁灭马其顿。他在返国途中因私人口角险遭杀害，罗马便将此次争吵解释为珀尔修斯派人暗杀国王的阴谋，而由一次外交上互相责备的备忘录宣告了第三次马其顿战争。只有伊庇鲁斯及伊利里亚有勇气帮助珀尔修斯，其余希腊各邦送来表示同情的函件，但未采取行动。公元前168年，埃米利乌斯·保卢斯在彼得那歼灭了马其顿军队，摧毁了70座马其顿城市，将其上层阶级放逐到意大利，将王国分成4个自治但须向罗马纳贡的共和国，四国之间禁止贸易及交往。珀尔修斯被囚于意大利，因受虐待，2年后死去。伊庇鲁斯大受蹂躏，其军民10万人以约合1美元1人的价格出售为奴。罗得斯虽未实际参战，仍被迫放弃亚洲海岸的领土，罗马人还在得洛斯建立了一座可与之竞争的自由港，以示惩罚。珀尔修斯的私人文件全被搜出，凡是曾向他提供帮助或安慰的人悉遭放逐或下狱。阿哈伊亚联盟的1000名显要人员，包括波利比奥斯在内，被放逐到意大利。这批人在放逐中过了16年之久，其中700人陆续死亡。当年希腊对解放者罗马的崇拜，实不及现在对征服者罗马的仇恨那样强烈。

胜利者的苛刻造成许多意外的不良结果。罗得斯被削弱后，其在爱琴海上的“警察”工作便停止了，致使破坏贸易的海盗再度猖獗。阿哈伊亚联盟诸邦许多贵族被掳去，激进派领袖于是随之得势，而阶级斗争达到最惨烈的时期之一。富人依靠罗马的保护，穷人则要求驱逐富人与罗马的势力。公元前 150 年，从意大利生还的阿哈伊亚放逐者响应否认罗马在希腊所享权力的要求。罗马为了削弱阿哈伊亚人的势力，便派遣一个委员会到希腊去，命令科林斯、奥尔霍迈诺斯及阿尔戈斯退出联盟。科林斯的一群贵妇将多桶垃圾倒在委员的头上以示答复。公元前 146 年，该联盟决议发动解放战争，希望罗马人在西班牙及非洲的战役会分散其力量而同意一种顺从的和平。高涨的爱国主义情绪席卷联盟诸邦。奴隶被解放并武装起来，债务经宣告延期偿付，土地被分配给贫民，不快乐的富人在社会主义与罗马之间战战兢兢，虽不情愿，仍不得不向争取自由的运动捐献其珠宝与金钱。雅典及斯巴达继续置身事外，但波奥蒂亚、洛克利亚、埃维亚皆勇敢地参加了战争。马其顿诸共和国也公然反叛罗马。

罗马元老院闻讯震怒，立即派来一支由穆米乌斯率领的陆军及一支由梅特卢斯率领的海军。他们的联合部队战胜了一切抵抗。公元前 146 年，梅特卢斯攻下了阿哈伊亚联盟的根据地科林斯。不知究竟是为了摧毁东方的商业敌人，就像同一年中小西庇阿摧毁西方的迦太基一样，抑或为了仿效亚历山大在底比斯的行动，以教训反叛的希腊人，这座充满商人与妓女的富裕城市竟被付之一炬，男人全遭屠戮，女人及小孩悉被出售为奴。穆米乌斯将一切可以搬走的财产全部运往意大利，连科林斯人用于装饰其城市及住宅的艺术作品也包括在内。波利比奥斯说，罗马军人曾用世界名画当作棋盘及掷骰子的台板。联盟被解散，其领导人员一律处死。希腊及马其顿被合为一省，由一位罗马总督治理。波奥蒂亚、洛克利亚、科林斯、埃维亚每年缴纳贡金，雅典及斯巴达得以幸免，并获准继续维持自己的法律。主张保护财产及秩序的党派到处得势，一切从事战争，或发动革命，或改革制度的行动一概被禁止。这些骚动的城市终于有了和平。

第五章至第十二章历史大事年表

公元前

348—339	斯珀西波斯主持柏拉图学园
329—314	色诺克拉底主持柏拉图学园
323—285	托勒密一世在埃及建立托勒密王朝
323	犹太成为叙利亚的一省
322—288	泰奥弗拉斯托斯主持吕克昂学园
321	亚历山大帝国被瓜分；米南德第一个剧本问世
320	托勒密一世占领耶路撒冷；哲学家埃里斯人庇罗及底比斯人克拉底斯诞生
319	弗莱蒙与新喜剧
318	乐理学家、塔伦都人亚里士多塞诺斯诞生
317—307	法勒鲁姆人德米特里在雅典当政
316	卡桑德为马其顿王
315—301	马其顿王安提柯一世（独眼巨人）在位
314	安提柯一世宣布希腊的自由；芝诺到雅典
314—270	波莱莫主持柏拉图学园
312—198	犹太受托勒密王朝统治
312—280	塞琉古一世建立塞琉古帝国
311	哈米尔卡侵入西西里
310	锡拉库萨独裁者阿伽索克勒斯侵入非洲
307	不利于哲学家的法律
307—287	马其顿王德米特里在位
306	伊壁鸠鲁在雅典讲学
306—302	卡桑德与德米特里为主宰希腊而战争
305	史学家、陶罗美尼亚人第迈欧斯诞生
301	芝诺在彩廊讲学；塞琉古一世建造安条克城；利西马库斯在伊普苏斯击败安提

	柯一世
300	数学家、亚历山大城人欧几里得；理性主义者欧伊迈罗斯诞生
295—272	摩洛西亚国王皮拉斯在位
290	罗得斯雕刻宗派
288—270	斯特拉托主持吕克昂学园
285—246	托勒密二世在位；亚历山大城博物馆及图书馆成立
285	泽诺多托斯任亚历山大城图书馆长；解剖学家、查尔西登人希罗菲卢斯诞生
283—239	马其顿王安提柯二世在位
280	天文学家、萨摩斯岛人阿利斯塔克诞生；阿哈伊亚联盟兴起；皮拉斯助塔伦都对抗罗马
280—262	塞琉古皇帝安条克一世（救主）在位
280—279	高卢人侵入马其顿及希腊
279	皮拉斯侵入西西里
278	阿波罗巨铜像立于罗得斯岛
277	高卢人侵入小亚细亚
275	诗人、索里人阿拉托斯诞生
271	讽刺作家、菲留斯人第蒙诞生
270	诗人、亚历山大城人凯利马科斯及科斯人西奥克里特；史学家、巴比伦人贝罗苏斯诞生
270—269	雅典人克拉底斯主持柏拉图学园
270—216	锡拉库萨独裁者希伦二世在位
269—241	阿色西劳斯主持中期柏拉图学园
266—261	克来门尼蒂战争
261	安提柯二世占领雅典
261—247	塞琉古皇帝安条克二世（天神）在位
261—232	克里安塞主持彩廊
260	诗人、科斯人赫罗达斯诞生
258	生理学家、塞俄斯人埃拉西斯特拉图斯诞生
257—180	语言学家、拜占庭人亚拉图诞生
251	西塞昂人亚拉图解放其本城
250	阿萨息斯建立帕西亚王国；《拉奥孔》；埃及历史学家曼内托；查尔西斯诗人里科弗洛诞生
247	锡拉库萨科学家阿基米德诞生
247—226	塞琉古二世在位
246—221	托勒密二世（施主一世）在位
243	阿拉托斯领导阿哈伊亚联盟对抗马其顿
242	亚基斯在斯巴达试行改革

240	罗得斯岛诗人阿波罗尼奥斯诞生
239—229	马其顿王德米特里二世在位
235—197	阿塔路斯一世建立帕加马王国
235—195	厄拉多塞任亚历山大城图书馆长
232—207	克里西波斯主持彩廊
229	阿拉托斯解放雅典
229—221	马其顿王安提柯二世在位
226—224	斯巴达克莱奥梅尼三世实行改革
226—223	塞琉古三世（救主）在位
225	罗得斯岛毁于地震
223—187	塞琉古皇帝安条克三世（大帝）在位
221	安条克三世在塞拉西亚击败克莱奥梅尼三世
221—179	马其顿王菲利普五世在位
221—203	托勒密四世在位
220	数学家帕尔加人阿波罗尼奥斯诞生
217	托勒密四世在拉菲亚击败安条克三世
215	菲利普五世与汉尼拔结盟
214—205	罗马的第一次马其顿战争
212	马尔塞鲁斯占领锡拉库萨；阿基米德死亡
210	西西里成为罗马的一省
208	塔尔苏斯人、哲学家芝诺诞生
207	斯巴达那比斯的革命
205	埃及成为罗马的保护国
203—181	托勒密五世在位
197	西诺斯会战
197—160	帕加马在欧迈尼斯二世统治下的最盛期
196	弗拉米尼努斯宣布解放希腊；帕加马图书馆建立
195—180	拜占庭人阿里斯托芬任亚历山大城图书馆长
190	《法尔内塞公牛》雕像
189	罗马人在马格尼西亚击败安条克三世
188	菲罗波门在斯巴达废止莱喀古斯制度
187—175	塞琉古四世在位
181—145	托勒密六世在位
180	帕加马大祭坛；萨莫色雷斯人阿利斯塔克任亚历山大城图书馆长
179—168	马其顿王珀尔修斯在位
175—163	塞琉古皇帝安条克四世在位
175—138	帕西亚国王米特拉达梯一世在位

174	安条克四世重建奥林匹克运动场
173	卡尼阿德斯主持新柏拉图学院
171—168	第三次马其顿战争
168	埃米利乌斯·保卢斯在彼得那击败珀尔修斯；安条克四世劫掠耶路撒冷神庙
167	阿哈伊亚领导人员——包括历史学家波利比奥斯——遭放逐
166	马卡比派首次起事；《但以理书》
165	犹大·马卡比恢复犹太神庙仪式
163—162	塞琉古皇帝安条克五世在位
162—150	塞琉古皇帝德米特里一世（救主）在位
161	犹大·马卡比与罗马订约
160	犹大·马卡比战败而死
160—139	帕加马王阿特拉斯二世在位
157	犹太成为由祭司长统治的独立国
155	卡涅阿德斯到罗马
150—145	塞琉古皇帝亚历山大·巴拉斯在位
150	天文学家、尼斯人希帕恰斯及塞琉西亚人塞琉古；士麦那诗人莫斯克斯诞生
146	穆米乌斯摧毁科林斯；希腊与马其顿成为罗马的一省

结语 | 希腊的文化遗产

希腊文明并未死亡，它在死亡之前仍然继续生存了几个世纪。当它死亡之时[1]，却成为留给欧洲及近东诸国无可比拟的遗产。每一处希腊殖民地皆曾将希腊艺术思想的精髓倾注于内陆地区的文化血液中，包括西班牙、高卢、埃特利亚、罗马、埃及、巴勒斯坦、叙利亚、小亚细亚以及黑海沿岸。亚历山大城是思想和货物的转运港：许多希腊诗人、神秘家、哲学家、科学家的作品及见解，由博物馆及图书馆经学者与学生散布到地中海全区各城市。罗马也原封不动地接受了大希腊世界的希腊遗产：其剧作家改编了米南德与弗莱蒙的作品，其诗人模仿了亚历山大城文学的风格、韵律与主题，其艺术使用了希腊工匠与希腊形式，其法律吸收了希腊诸城邦的规章，其后来的帝国组织则以东方化的希腊君主政体为蓝本。罗马征服希腊之后，大希腊文明征服了罗马，正如昔日东方文明征服希腊一样。罗马权力的每一次扩张都播散了希腊文明的酵母。拜占庭帝国结合了希腊与亚洲文明，并将若干部分的希腊遗产传到近东及北方的斯拉夫民族。叙利亚

[1] 希腊文明的灭亡可断言为在 325 年，其时君士坦丁大帝建立了君士坦丁堡，而基督教的拜占庭文明开始在地中海东部取代了“异教的”希腊文明。

的基督教徒接下了文明的火炬，传到阿拉伯，再由阿拉伯人经过非洲而传入西班牙。拜占庭、伊斯兰教及犹太的学者将希腊的杰作译成意大利文，首先激起了经院哲学，然后掀起了文艺复兴的狂潮。自欧洲的心智再生以来，希腊文明已彻底渗入现代文明，以致今日“一切文明国家在一切有关智能的活动方面，都是希腊的殖民地”[1]。

如果我们的希腊遗产不仅包含希腊人所发明的东西，而且包含他们对旧文明修改后经由各种不同路线传给我们的许多事物，我们便会在现代生活的每一方面都找到此种遗产。我们的手工艺、采矿技术、工程原理、财政与贸易过程、劳工组织、政府的工商法规，这些都是从希腊传给罗马，而后从罗马经过历史之流传给我们的。我们的民主政制与独裁政制同样是沿袭希腊的先例。虽然国家的权力推广之后所演成的代议制度是希腊所没有的，但政府对人民负责，由陪审团审判，公民所享思想、言论、写作、集会、信仰的自由观念，都深受希腊历史的刺激。这些观念是希腊人与东方人最大的区别，使他们具有独立精神与进取心，使他们嘲笑东方人的虔敬与迟钝。

我们的中小学校与大学，体育馆、运动场、运动及运动会，皆源自希腊。优生交配的理论、自足与自制的观念、健康与自然生活的崇尚，一切无羞耻的非基督教的感官享受的理想，都能在希腊历史上找到系统的说明。基督教的神学及修行（practice，此字本身即希腊文）大部分源自希腊与埃及的神秘教——源自埃莱夫西斯、奥尔菲克、阿赛林等神秘仪式[2]，源自神圣之子为人类而死、然后复活的希腊信仰，源自宗教仪杖、洁身、献祭、圣餐等希腊仪礼，源自地狱、魔鬼、炼狱、赦免、天堂等希腊概念，以及源自斯多葛与新柏拉图学派关于世

[1] 英国法学家梅因（Sir Henry Maine）曾说：“除自然的盲目力量之外，世界上凡是动的东西无一不源自希腊。”关于埃及与亚洲的知识增多之后，这种有名的夸张说法便不得不大加修改了。

[2] 奥尔菲克原是俄耳甫斯城邦祭酒神狄奥尼索斯的仪式。阿赛林原是埃及祭俄赛里斯神的仪式。在埃及神话中，俄塞里斯神是女神伊希斯的胞兄与丈夫，也是地下世界的神及死人的裁判者——相当于中国的阎罗王。

界的逻各斯、创造与最后劫火的理论。甚至我们的迷信也源自希腊人的妖怪、女巫、诅咒、预兆与凶日。若不沾染一些希腊神话的色彩，谁能了解英语文学或济慈的一篇诗歌呢?

倘无希腊传统，我们[1]的文学简直无法存在。我们的字母是从希腊经罗马及库迈[2]传来的；我们的语言含有许多希腊文字；我们的科学已借希腊的术语而创造了一种国际语言；我们的文法、修辞，甚至标点符号及分段的方式，都是希腊人的发明。我们的文学分类是希腊式的——抒情诗、颂歌、田园诗、小说、短论、演讲、传记、历史，尤其是戏剧，而且这些词又几乎全是希腊文。现代戏剧的名称与形式——悲剧、喜剧及哑剧——也是希腊的，虽然伊丽莎白时代的悲剧是独特的创作，喜剧却从米南德与弗莱蒙经由普劳图斯、泰伦斯、本·琼森及莫里哀，几乎毫无变化地一脉相传。

希腊的音乐似乎对我们来说最为陌生。然而近代音乐（在其重返非洲及近东之前）乃得自中世纪的歌曲与舞蹈，而这两者也部分源自希腊。圣乐与歌剧有些部分曾受益于希腊合唱的舞蹈与戏剧，而且据我们所知，乐理最初是由从毕达哥拉斯到亚里士多塞诺斯等一群希腊人开始探究与说明的。我们在绘画方面受惠最少，但壁画则可从波利格诺托斯经由亚历山大城与庞培，到乔托与米开朗基罗，以迄今日的壁饰寻出一条直线。现代雕刻的形式及许多技术仍系传自希腊，因为希腊的天才在这项艺术方面所留下的遗产实在是很难胜过的。我们仅在最近才把自己从希腊建筑的魔力之下解放出来。欧洲或美国的每一座城市中，都有一些商业或财政大厦，其外形或廊柱式正面取法于希腊的神殿。我们在希腊艺术中找不到性格的研究与灵魂的描绘，他们迷恋肉体美与健康美，因此不如埃及的雄伟雕塑及中国的深刻绘画那样成熟。但在古典时代的雕刻与建筑中所表现的那种适度、纯洁与和

[1] 这里所说的“我们”是指西方，尤其是指英语世界。

[2] 在意大利西南部那不勒斯湾上。

谐的教训，都是我们民族的传家之宝。

如果希腊文明现在对我们似乎比伏尔泰以前的任何世纪都要更为亲近及“现代化”，那是因为希腊人喜爱理性一如其喜爱形式，他们曾依自然界的条件去解释自然界。把科学从神学中解放出来以及科学研究的独立发展，是希腊心智上任性冒险的一部分。希腊数学家打下了三角学与微积分的基础，开始并完成了锥体剖面的研究，将立体几何发展到相当完美的程度，所以一直维持他们所留下的原状，到笛卡儿与帕斯卡才加以改进。德谟克利特以其原子理论照明了物理与化学的整个领域。阿基米德在抽象的研究之余偶尔造出的新机械，就足以使他名列最高的发明家之中。阿利斯塔克是哥白尼的先锋，或许也曾给他激励。[1] 希帕恰斯经由克劳迪乌斯·托勒密建立了一套天文学，成为文明史上划时代的重要事件之一。厄拉多塞测量了地球并绘制了地图。阿那克萨戈拉与恩培多克勒写出了生物演进理论的纲要。亚里士多德及泰奥弗拉斯托斯为动物及植物做了分类工作，几乎建立了气象学、动物学、胚胎学及植物学。希波克拉底使医学脱离了神秘主义及哲学理论，并以道德规则提高其地位。希罗菲卢斯及埃拉西斯特拉图斯曾将解剖学及生理学发展到很高的境界，在文艺复兴之前的欧洲，除伽林之外，没有别人再达到过。在这些人的作品中，我们呼吸到推理的安静空气，虽然经常感到不确定与不妥当，但热情与神话则已剔除。如果我们曾完整地保存其杰作，我们也许会将希腊科学视为人类最显著的智慧成就。

但爱哲学的人只肯无可奈何地将希腊遗产中的最高地位让给科学与艺术。希腊科学本身原是希腊哲学的孩子——产于对传奇的鲁莽挑战以及爱好探究的青年心理，这也就是在许多世纪中将科学与哲学联合在一起的力量。人类从未以如此精密又如此热情的方式去研究自然

---

[1] 哥白尼知道阿利斯塔克的太阳中心论，因为他曾在书中的一段提到它，但这段文字在后来的版本中被删去。

界：希腊人认为世界是一个有秩序的宇宙，所以应该是可以了解的，这种想法并未贬抑世界。他们发明了逻辑，制成了完美的雕像，其所根据的理由恰好相同：和谐、统一、相称、合式——依他们之见，这四种品质既提供了逻辑的艺术，又提供了艺术的逻辑。他们曾以好奇的心理去研究每一件事实及每一种理论，不仅将哲学建立成欧洲人心智方面一种特殊的事业，也设想了每一种学术体系及假说，关于我们生活的任何重大问题，几乎没有他们未提到过的。唯实论与唯名论，理想主义与物质主义，一神论、泛神论与无神论，康德式的批判与叔本华式的绝望，罗素式的原始主义与尼采式的非道德论，斯宾塞式的综合法及弗洛伊德式的心理分析——一切哲学的梦想与智慧，无不以此为其始生的时代与地点。希腊人不仅谈论哲学，而且实行哲学的生活：贤哲的人，而非勇士或圣徒，是希腊人生命的顶点与极致。此种令人心爽的哲学遗产，经过许多世纪传到我们手上，曾感动过罗马帝王、基督教神父、经院神学家、文艺复兴时代的异教徒、剑桥的柏拉图学派、18 世纪启蒙时代的叛徒以及今日热心于哲学的人。就在此刻，也许全球每一国家里都有成千上万的热心人正在阅读柏拉图的作品。

文明不会死亡，只会迁移；其住地及装束虽有所改变，但必继续生存。正如个人的死亡为他人留下生存的空间一样，一种文明凋谢后也会有另一种文明代之兴起。生命脱去老皮，而于死亡之时突然现出新鲜的少年时期。希腊文明仍然活着，它走进我们心智方面的每一次呼吸中。希腊遗产太多，我们之中没有任何人能终其一生去完全吸收。我们知道希腊的弱点——其疯狂而无情的战争、其呆滞的奴隶制度、其从属的妇女地位、其普遍缺乏的道德节制、其腐朽的个人主义、其未能与秩序及和平相配合的自由。但珍爱自由、理性及美的人，不会太关心这些弱点。他们会在政治历史的混乱之外，听到梭伦、苏格拉底、柏拉图、欧里庇得斯、菲狄亚斯、普拉克西特列斯、伊壁鸠鲁及阿基米德的呼声。他们会为这些人的存在而心怀感激，愿意越过许多世纪去与他们神交。他们会将希腊视为西方文明明媚的早晨，此种文明虽有其同类的错误，却是我们的营养及生命。

致阅本书至此的读者：

你的陪伴虽未目睹，但已感到，特为申谢。

女性大理石雕像（约公元前 2700 年至前 2500 年，基克拉泽斯文明）。基克拉泽斯群岛的青铜时代文化，与克里特的米诺斯文明和希腊大陆的迈锡尼文明并行。

上 | 克诺索斯皇宫（约公元前 1600 年至前 1400 年，米诺斯文明）

中 | 克诺索斯皇宫中皇后的大厅

下 | 克诺索斯皇宫中的御座

一幅米诺斯壁画

米诺斯执蛇女郎（约公元前 1600 年）

迈锡尼卫城狮门（约公元前 1400 年，迈锡尼文明）

黄金面具（约公元前 1500 年，迈锡尼文明）

荷马的大理石半身塑像。据推测，荷马是古希腊两大史诗《伊利亚特》和《奥德赛》的作者，这两大史诗不仅是希腊的团结与英雄主义的象征，更是整个古典时期希腊教育和文化的基础。

希腊传说中，海伦是最美丽的女人，特洛伊王子帕里斯诱拐海伦，拒不送回，引起特洛伊战争。

特洛伊战争中的阿喀琉斯和埃阿斯正在下棋（瓶画）。

上 | 阿喀琉斯在特洛伊战争中杀死潘特希里亚（瓶画）。

下 | 表现阿喀琉斯生平的石棺浮雕（180 年至 220 年）

巨人和奥林匹斯山诸神进行了殊死的斗争。诸神最后取得胜利，巨人被杀死［瓶画，古风时期（Archaic Period），公元前 530 年］。

花园中的阿佛洛狄忒（瓶画，约公元前400年）。阿佛洛狄忒是古希腊爱与美的女神。

上　正在饮酒的狄奥尼索斯（瓶画，约公元前 540 年）。狄奥尼索斯是希腊神话中的酒神。

下　献祭的队伍（瓶画，公元前 520 年至前 510 年）。希腊人礼拜神最重要的节目是献祭，而祭神的祭品、献祭程序随神的不同而有所差异。

左 沉思中的雅典娜（雕塑，公元前 270 年至前 260 年）。在希腊宗教里，雅典娜是城市的保护女神，战争、工艺和明智的女神。

右上 赶着牛群去献祭的赫拉克勒斯（瓶画）。赫拉克勒斯是希腊神话中最著名的英雄之一。

右下 俄狄浦斯和斯芬克斯。在希腊神话里，俄狄浦斯是无意中杀死亲生父亲并娶生身母亲为妻的底比斯国王。

上 | 古代奥林匹克运动会上正在热身的运动员（公元前 470 年至前 460 年）。

下 | 古代奥林匹克运动会上正在摔跤的运动员（公元前 470 年至前 460 年）。

掷铁饼者（古罗马仿古希腊雕塑）

中世纪的梭伦像。梭伦是“希腊七哲”之一，他消除了雅典城邦的极度贫困状态，为本国同胞制定了宪法和法典。

上 | 古代奥林匹克运动会上正在赛跑的运动员。

下 | 古代奥林匹克运动会上正在跳远的运动员。

古代雅典政治家伯里克利半身塑像

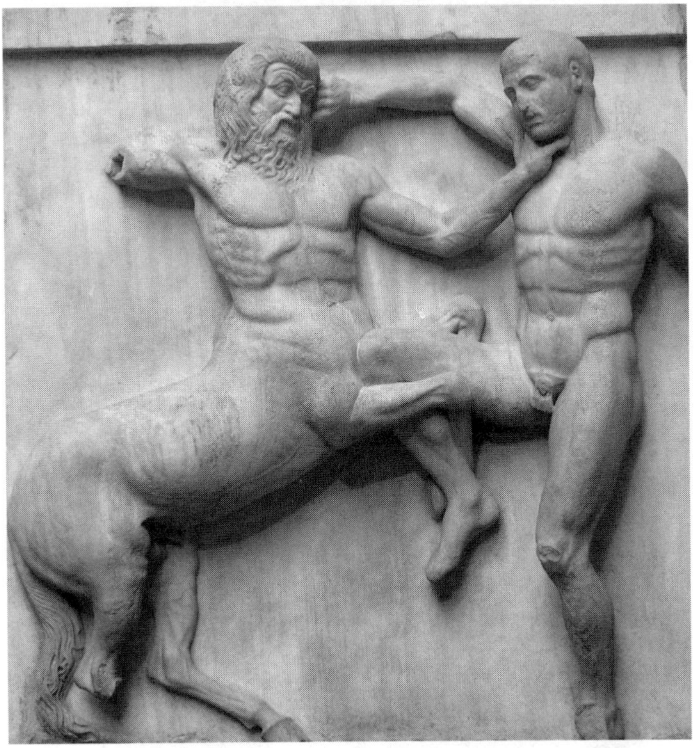

上 《命运三女神》（大理石雕塑，公元前 447 年至前 438 年），原来位于雅典帕特农神庙的东墙。

下 半人半马怪在与拉庇斯人打仗（帕特农神庙檐壁的石板上浮雕细部）。

拿盾牌的士兵（帕特农神庙的浮雕细部）

| 行进中的马队（帕特农神庙檐壁的石板上浮雕）

墓碑上的希腊家庭（约公元前 360 年）

鞋匠铺中，一位年轻女子正在试穿一双便鞋（瓶画，约公元前 500 年至前 490 年）。

铁匠铺中，赤裸的铁匠正在打铁（瓶画，约公元前 500 年至前 490 年）。

希腊抒情诗人萨福（庞培壁画）。萨福擅长以性情的流露来打动读者。

弹里拉琴的男孩（浮雕，公元前 450 年至前 440 年）

吹长笛的男孩（公元前 520 年至前 510 年）

上｜苏格拉底、安提西尼、克里西波斯和伊壁鸠鲁等希腊哲学家的头像。

下｜苏格拉底把哲学思想导向对人类生活中品格和行为的分析，或许正因如此，他被以腐蚀青年和不敬神的罪名起诉。

柏拉图像。其理性哲学的基础是绝对的、普遍的永恒理念或形式。

公元前 387 年，柏拉图创立了系统探索哲学的学院。

亚里士多德半身像。亚里士多德的知识体系博大精深，其思想对西方文化的取向和内容具有深远的影响。亚里士多德虽做过亚历山大大帝的老师，对亚历山大的影响却微不足道。

两个武士在格斗（瓶画，约公元前 540 年至前 530 年）。

亚历山大大帝像

菲利普二世和亚历山大的母亲离婚。在菲利普二世新婚的喜宴上，亚历山大和他发生争吵后，偕同母亲出逃。

亚历山大大帝石棺上的战斗场景

图书在版编目（CIP）数据

希腊的生活 /（美）威尔·杜兰特；台湾幼狮文化译.
— 成都：天地出版社，2018.10（2021. 10 重印）
（文明的故事）
ISBN 978-7-5455-4128-1

Ⅰ.①希… Ⅱ.①威… ②台… Ⅲ.①文化史—古希腊
Ⅳ.①K125

中国版本图书馆CIP数据核字（2018）第210504号

著作权登记号 图进字：21–2018–482

希腊的生活

XILA DE SHENGHUO

出品人 杨 政
著 者 ［美］威尔·杜兰特
责任编辑 杨永龙 聂俊珍
特邀编辑 吴晓斌
版权编辑 郭 淼 玉 叶
装帧设计 彭振威
责任印制 葛红梅

出版发行 天地出版社
（成都市槐树街2号 邮政编码：610014）
网 址 http://www.tiandiph.com
http://www.天地出版社.com
电子邮箱 tiandicbs@vip.163.com

印 刷 山东临沂新华印刷物流集团有限责任公司
版 次 2018年10月第1版
印 次 2021年10月第3次印刷
成品尺寸 152mm×228mm 1/16
印 张 52.5
字 数 750千
图 片 56幅
定 价 148.00元
书 号 ISBN 978-7-5455-4128-1

咨询电话：（028）87734639（总编室）